250 -

W0415341

BOB DENARD
LE ROI DE FORTUNE

Pierre Lunel

BOB DENARD
LE ROI DE FORTUNE

Edition°1

Du même auteur

L'Abbé Pierre, l'insurgé de Dieu, Édition• 1, 1989

© Édition• 1, Paris, 1991

À Béba

À tous ceux qui me sont chers,
mes enfants, ma famille,
mes compagnons de fortune, disparus ou vivants,
mes amis présents et à venir,
pour que ce récit de ma vie leur montre la force de mon attachement.

Bob Denard

Si tu peux voir détruit l'ouvrage de ta vie
Et sans dire un seul mot te mettre à rebâtir,
Ou, perdre d'un seul coup le gain de cent
[parties
Sans un geste et sans un soupir;
...
Si tu peux rencontrer Triomphe après
[Défaite
Et recevoir ces deux menteurs d'un même
[front,
Si tu peux conserver ton courage et ta tête
Quand tous les autres la perdront,
...
Tu seras un Homme, mon fils.

Rudyard Kipling

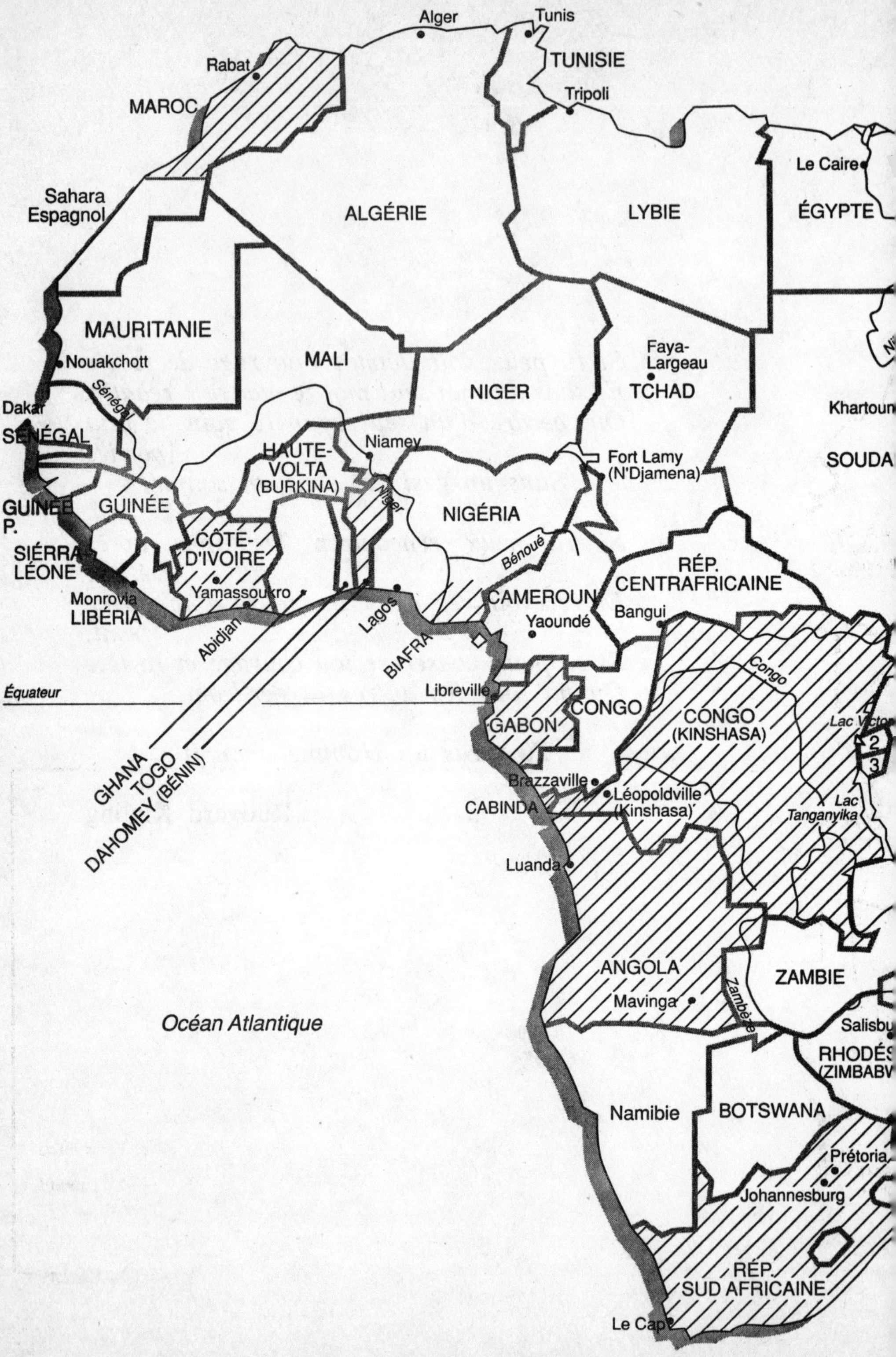
Alger
Tunis
TUNISIE
Rabat
MAROC
Tripoli
Le Caire
Sahara
Espagnol
ALGÉRIE
LYBIE
ÉGYPTE
MAURITANIE
Nouakchott
MALI
Faya-
Largeau
Sénégal
NIGER
TCHAD
Dakar
Khartoum
SÉNÉGAL
HAUTE-
VOLTA
(BURKINA)
Niamey
Fort Lamy
(N'Djamena)
SOUDAN
GUINÉE
P.
GUINÉE
Niger
NIGÉRIA
CÔTE-
D'IVOIRE
Bénoué
SIÉRRA
LÉONE
RÉP.
CENTRAFRICAINE
Monrovia
LIBÉRIA
Yamassoukro
CAMEROUN
Bangui
Yaoundé
Abidjan
Lagos
BIAFRA
Congo
Équateur
Libreville
CONGO
GABON
CONGO
(KINSHASA)
GHANA
TOGO
DAHOMEY (BÉNIN)
Brazzaville
Léopoldville
(Kinshasa)
CABINDA
Lac
Tanganyika
2
3
Luanda
ANGOLA
ZAMBIE
Zambèze
Mavinga
Océan Atlantique
Namibie
BOTSWANA
Prétoria
Johannesburg
RÉP.
SUD AFRICAINE
Le Cap

LE CONTINENT AFRICAIN ET LES COMORES

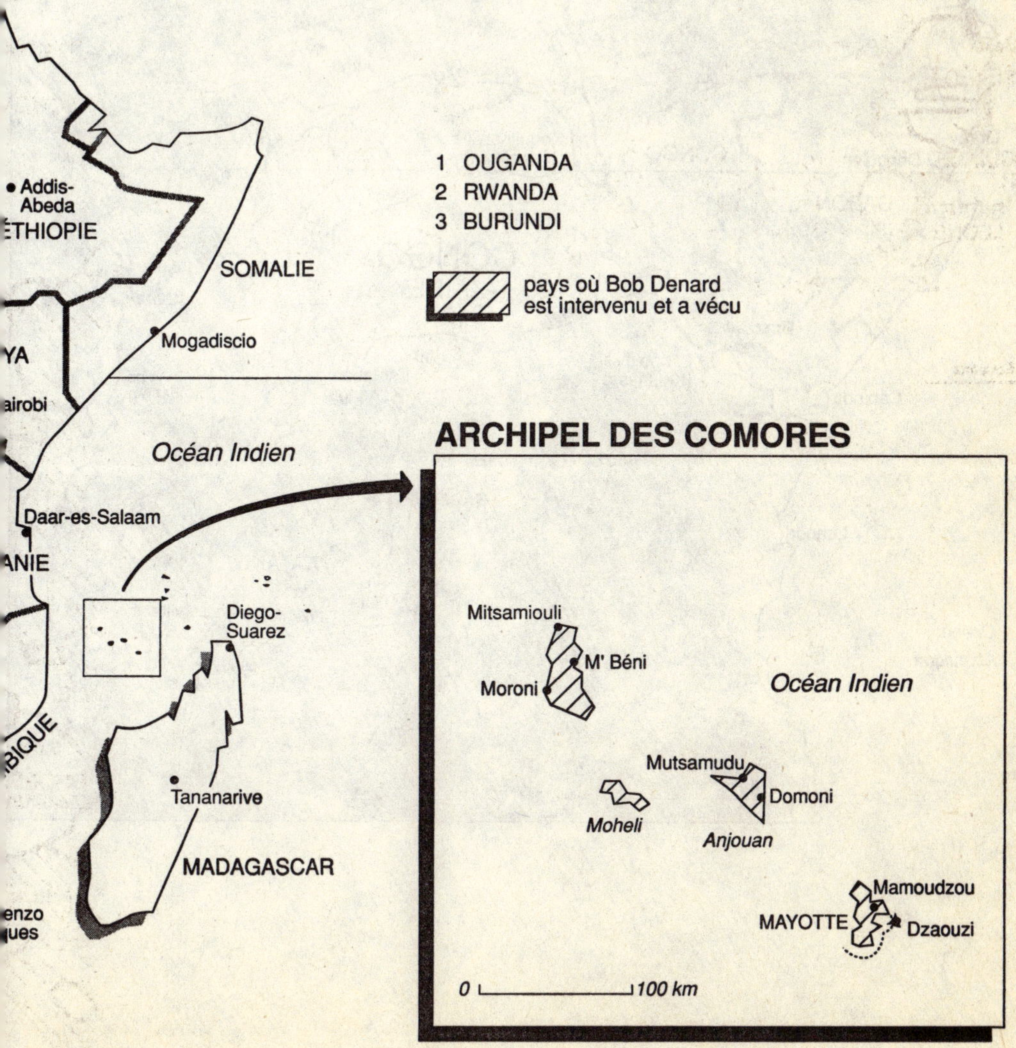

LE CONGO (ZAÏRE)

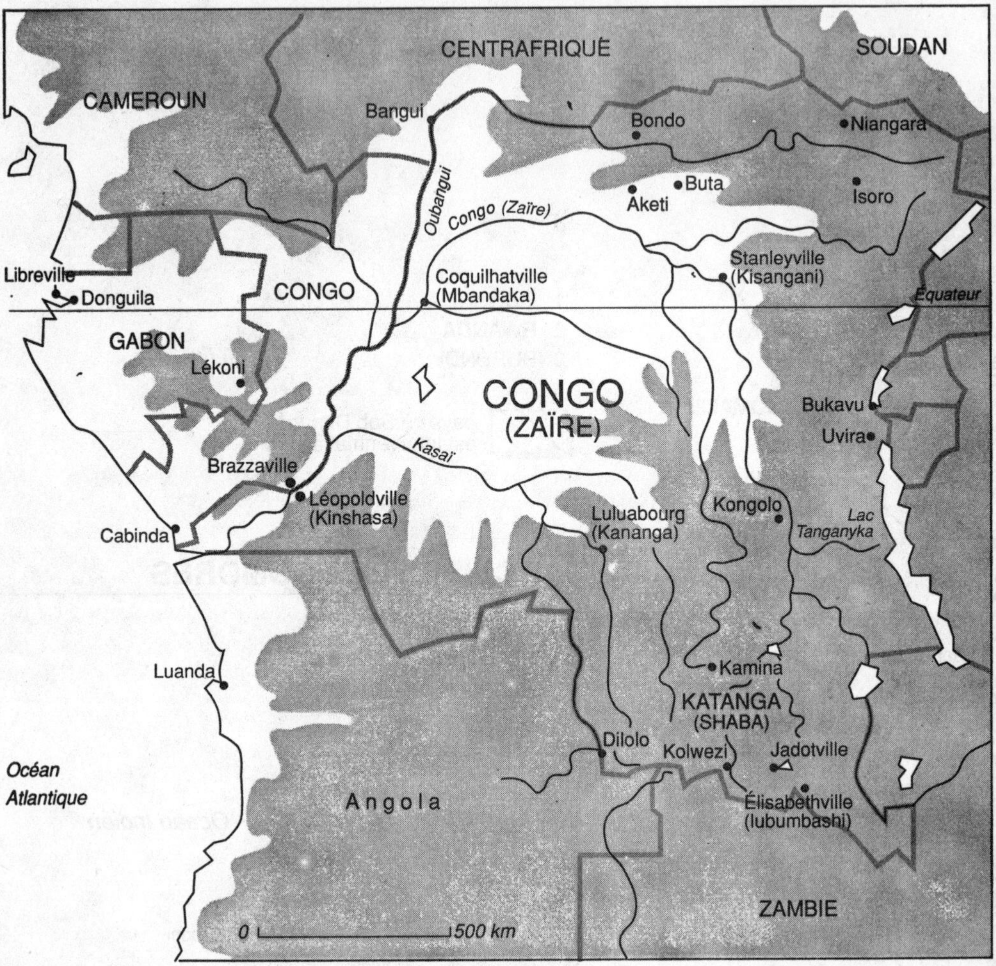

LE YÉMEN

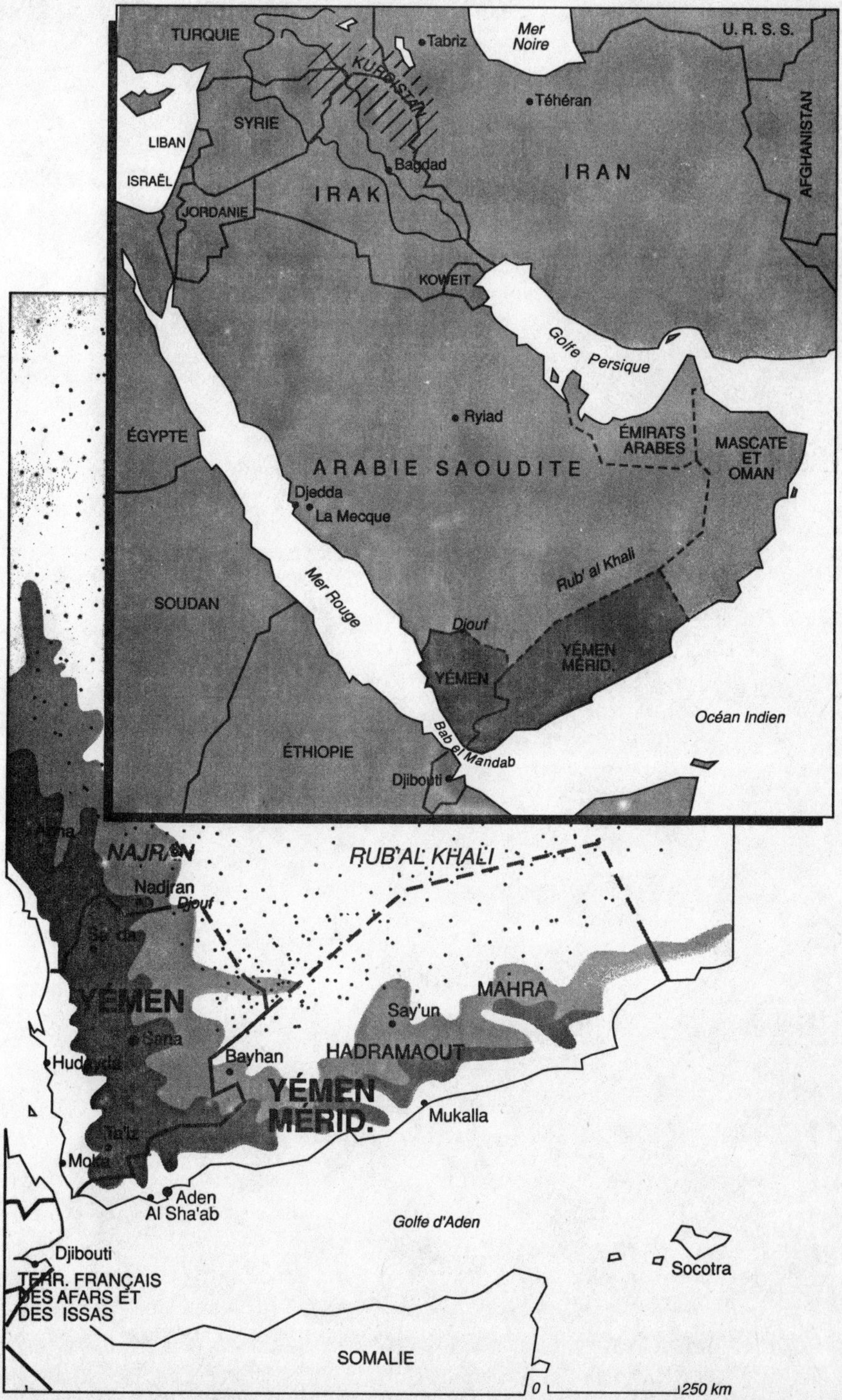
TURQUIE
Tabriz
Mer
Noire
U. R. S. S.
KURDISTAN
Téhéran
SYRIE
LIBAN
ISRAËL
Bagdad
IRAN
AFGHANISTAN
IRAK
JORDANIE
KOWEIT
Golfe Persique
Ryiad
ÉGYPTE
ÉMIRATS
ARABES
MASCATE
ET
OMAN
ARABIE SAOUDITE
Djedda
La Mecque
Rub' al Khali
Mer Rouge
SOUDAN
Djouf
YÉMEN
MÉRID.
YÉMEN
Océan Indien
Bab el Mandab
ÉTHIOPIE
Djibouti
NAJRAN
RUB'AL KHALI
Nadjran
Djouf
YÉMEN
MAHRA
Say'un
Sena
Bayhan
HADRAMAOUT
YÉMEN
MÉRID.
Mukalla
Moka
Aden
Al Sha'ab
Golfe d'Aden
Djibouti
Socotra
TERR. FRANÇAIS
DES AFARS ET
DES ISSAS
SOMALIE
0
250 km

SOMMAIRE

LIVRE PREMIER

UNE ENFANCE MÉDOUQUINE

1.

Fraîchement gravés dans le marbre d'une stèle qui se dresse, solennelle et dérisoire, une liste de noms – « morts pour la France » – témoigne de l'impôt du sang versé par Grayan-l'Hôpital à la boue des tranchées de 14-18.

Fusil de chasse en bandoulière, un homme athlétique regarde ces noms qui évoquent des visages familiers, des souvenirs d'enfants, des complicités d'adolescents. Ces lettres noires revivent, unies en une seule famille où tous se cherchent et se trouvent. Dans un village, il n'est jamais de mort inconnu ni de disparu insignifiant. Tout y vibre et vit au rythme du ciel et de la terre, dans le partage des servitudes, des joies, des peines et des espoirs. Loin de la froide illusion des solidarités urbaines, la mémoire de cet homme met au jour toute la fraternité du village, recroquevillé, petit, oublié.

En 1920, Léonce Denard a trente-deux ans, quinze ans de compagnonnage militaire. Il est né dans ce village, Grayan, en bas Médoc, qui l'a vu grandir, jouer, braconner. Souvent il en rêve sous le soleil des jungles et des déserts lointains. Grayan, ses forêts, ses landes, ses pins immenses, lui ont fait ce corps rompu à la course, au grand air, à la pluie, au vent, dans la traque des canards sauvages et des chasses sous un ciel où les nuages courent, libres. Grayan, il y revient chaque fois qu'il le peut, comme à sa source, après ses équipées de soldat. Au bout du monde, il lui semble parfois entendre l'appel de son village du bas Médoc, dans cette pointe de

Grave, triangle de terre entre l'océan et un fleuve grossi en estuaire, bout d'horizon corseté de dunes et de bois.

Les Denard sont d'origine « médouquine ». Léonce a vécu là comme avant lui son père et son grand-père. Ils y sont accrochés comme de vrais paysans parce que, cette terre, ils l'ont modelée à coups de ténacité et de labeur. Les Médouquins, au temps des rois, avaient délaissé la « culture » du sel, gagné des prairies sur les marais grâce à la complicité des marchands et des ingénieurs flamands, et assaini la terre lourde d'eau de Talais, Grayan et Soulac. Après eux, les paysans cultivèrent, au siècle dernier, une terre riche, dont ils abusèrent. On y tenta la vigne; la crise du phylloxéra au tournant du siècle ne l'épargna pas. Cependant, ils trouvèrent l'occasion de s'enrichir grâce à l'extension aux marais des vignes à haut rendement. Le sale coup, ils le reçurent, comme tant d'autres en France, de la folie guerrière de 14-18, qui faucha leurs forces vives et les laissa épuisés, apathiques, sans espoir. Les jeunes partirent vers Bordeaux, vers Royan; les vieux regardèrent, passifs, se délabrer ce qu'ils avaient bâti, la prairie manger les derniers labours, les derniers vignobles, puis ils laissèrent la charrue et se firent éleveurs, chasseurs, pêcheurs. Du village de l'arrière-grand-père Denard, il ne restait que la moitié des bras. Un pays de vieux, vide, en déclin, qui ne songeait plus à arrêter le temps. Alors le Médouquin se mit à la traque à la tourterelle, à la palombe, au canard, à la mule, à l'anguille dans les vieilles salines du Verdon, de Neyran, de Talais, de Saint-Vivien...

De cette terre, comme chacun, Léonce Denard connaît tous les recoins, du bourrelet dunaire qui à l'ouest s'abaisse et se rétrécit, des boisements de chênes et d'acacias, des clairières de cultures, ilôts ceints de marais, aux mâlines de l'estuaire, coupées de chenaux et de tamaris d'où s'envolent les canards. Il en sait les traditions et les légendes, contées à la veillée contre le feu de l'âtre, l'histoire de la route littorale des pèlerins de Saint-Jacques qui débarquaient à Soulac et poursuivaient vers le sud par Lacanau et tout un chapelet de prieurés et d'hôpitaux devenus villages : Saint-Nicolas, Soulac, Grayan-l'Hôpital, né au XIIe siècle du vœu conjugué des hospitaliers et des sires de Lesparre.

À Grayan, il n'est pas *la* maison mais *les* maisons Denard, disséminées dans le village, celles des trois frères, Alfred, Daniel et Léonce. Il est d'usage fréquent dans le Médoc de prénommer le fils aîné comme le père, et la fille aînée comme la famille. Ainsi Léonce, notre Léonce l'aventurier, répond-il au même prénom que son père et l'aînée se voit-elle honorée du prénom de Denardine. Le vieux Léonce, le père, cantonnier de son état, est un joyeux drille, poète et conteur à ses heures, mais aussi rebouteux, un brin sorcier. À la veille de mourir, il chante encore son refrain : « Cantonnier, on y est; quand on n'y est pas, on y est quand même. » Un brave homme. Paysan dans l'âme, en épousailles avec cette nature qui lui court dans le sang, fidèle à son seul horizon, il a nomadisé durant toute sa vie, dès l'aube, à travers champs et prés, s'est arrêté au chevet des bêtes souffrantes puisque Dieu, pense-t-il, lui a fait don – sans aucun pacte – de la grâce d'alléger le mal.

À sa mort, Amélie, sa femme, est demeurée seule dans la grande maison, en partie, déjà , désertée par ses enfants. Œil vif et patois en bouche, Amélie Videau, toute de noir vêtue comme les veuves permanentes d'antan, n'a pas encore achevé sa carrière de forte femme, inaugurée du vivant même de son mari. Prisant peu l'exogamie, un peu fautive dans le code des paysans – plus on s'éloigne, plus le sang se corrompt –, elle a mené tambour battant, à la férule, la maisonnée, conduit les deux aînées, Denardine, petite et menue, Gabrielle, grande et sèche, dans les bras de deux solides gaillards de Grayan et de Queyrac, réparti l'héritage du père et regardé sans joie ses deux cadettes, Élia et Augusta, indépendantes et fortes comme elle, béer au gré de leur cœur vers des vies moins banales.

Nul doute que Mélie – c'est son surnom –, comme toute mère bien souvent, s'attendrit devant son fils Léonce, ce beau garçon né en quatrième rang, porté dès l'adolescence à laisser bouillonner en lui la vie. Impulsif, fonceur, le gamin est un vrai tempérament gascon, prêt à se hérisser. Bien mal lui en prend, à ce maître boulanger dont il est l'apprenti, de le rosser dur pour une blague d'enfant, un vélo chapardé : le fils de Mélie craque une allumette et fait un monceau de cendres de la grange du patron. Celui-ci le fait boucler en maison de correction... Mais encage-t-on un Denard? Le gosse s'évade, fugue crânement à pied sur cent cinquante kilomètres avant qu'on lui remette la main au collet pour un retour peu glorieux. Aussi l'armée, qui n'abrite point sa vocation d'enfant, l'accueille-t-elle à bout de course, comme un havre, pour mater sa jeune indiscipline.

Il connaît à dix-sept ans les bataillons d'Afrique qui dompteront le rebelle, lui forgeront un caractère et en feront un soldat. Il y gagnera une batterie de médailles, glanées sous tous les soleils; en Afrique, en Asie, au Tonkin – neuf ans – contre les fameux Pavillons noirs; au Sahara, méhariste contre les tribus anthropophages du désert; en Syrie, au Sénégal, à Madagascar, réserve inépuisable de rêve et d'aventure propre à combler son ardeur. Amélie peut être fière. Une ombre, cependant, au tableau : à trente-deux ans, Léonce, le fils, celui par qui le nom se perpétue, est toujours seul; il n'est point marié ni père.

À vingt-cinq ans, Marguerite Delaumont est dotée de beaucoup de grâce; un regard très bleu, un peu languide, éclaire le beau visage aux traits réguliers, pâle, encadré d'une chevelure fauve coiffée en chignon et sertie de peignes qui lui donne un air sage. Elle prisera toujours l'élégance. On devine derrière les photos un peu jaunies beaucoup de discrétion, de pudeur, et même une manière de blessure, comme un regret, une tristesse que ne démentent ni le front rembruni ni le regard voilé. On la sait secrète, au langage mesuré, peu encline à se confier.

Marguerite est issue de la petite noblesse auvergnate. À l'origine, sa famille avait propriété et manoir, jusqu'à ce que la folie de joueur du grand-père eût mangé tout le bien. À sa mort, la ruine est consommée, terres et biens sont vendus. Il ne laisse à son fils orphelin de sept ans que des dettes. Devenu par nécessité garçon boucher à La Villette, le fils de l'aristocrate déchu épouse une demoiselle qui lui donne trois beaux bébés en six ans et lui fait la peine de mourir très jeune. Refusant de laisser sans mère ses trois filles, il se remarie avec une femme qui se révèle, pour ses enfants, une marâtre. Il s'en sépare et confie les petites à une nourrice qui saura se montrer aimante, attentionnée, tandis que lui, loin de les avoir abandonnées, sera présent, bon père, faiseur de surprises et porteur de poupées.

L'enfance de Marguerite n'est pas dénuée de bonheur, mais assombrie pourtant par l'absence d'école : elle se montre déjà éprise de lecture et de savoir. Alors, elle se lancera seule et fera du livre le compagnon, l'ami, le jeu, le divertissement. Peu à peu, le plaisir de l'autodidacte se muera en passion. Devenue, jeune fille, demoiselle de compagnie chez les Dubonnet – ceux de la fameuse réclame « Du bo... Du bon... Dubonnet » –, elle sauvegardera toujours un temps précieux pour ses lectures sauvages, la nuit, à la lueur d'une bougie, puisant à la superbe bibliothèque aux boiseries ouvragées.

Entre le travail, accompli pour une famille qui voudra la compter parmi les siens, et le plaisir de la lecture se glisse le sentiment, l'amour pour un garçon qui sera fauché dans un champ de genêts, comme Péguy, comme tant d'autres. Le chagrin inscrit sa trace, mais, un jour de 1921, Marguerite croise Léonce Denard, retour d'aventures, visage buriné, grande taille, regard vert et moustache brune relevée aux pointes. La recontre a-t-elle été favorisée par Augusta Denard, vif-argent de la famille, et Alide Lambert, son amie, tôt montées à Paris pour croquer les années folles? Peut-être... Marguerite se laisse séduire, présente son futur mari aux Dubonnet pour obtenir leur consentement, caresse encore ses chers livres et part vers une nouvelle vie.

T'ien-tsin! On n'a cessé de répéter ce nom à la fête qui a salué leurs noces, on s'est plu à évoquer une Chine nimbée de mystère et de légende.

Léonce et Marguerite commencent leur vie de couple en 1923 sur le bateau qui les conduit en Orient; lui, heureux d'offrir à son épouse l'horizon le plus saisissant qu'il a connu dans sa vie de soldat; elle, radieuse de porter un enfant qui naîtra sur le sol des pagodes et des serviteurs à robe de soie bleue.

Cinq ans de contrat lient désormais le soldat et sa femme à cette Chine dont la réalité profuse, contrastée, les bouleverse dès les abords de la mer Jaune, une fois doublés le cap Chantoung et le feu de Hou-ki, posté en sentinelle au bout de l'éperon rocheux qui marque la limite du golfe du Pe-tchi-li. L'étrave du navire fend les eaux boueuses de l'embouchure du Peï-ho, le fleuve de T'ien-tsin, à hauteur de Ta-ko, premier village de la province du Tché-li en Chine du Nord – éboulis de masures aux murs de pisé et aux toits de chaume. Début d'une lente remontée du fleuve vers T'ien-tsin où le regard de Marguerite se perd sur l'immense plaine basse, ses maigres herbages, ses champs de sorgho, ses quadrillages de petits murs. Immense cimetière hérissé de mille petits tertres – tombeaux dont la charrue du laboureur se détourne avec piété –, de boqueteaux émeraude sertissant des pagodes dorées, de villages misérables perdus dans la brume, où trottinent des Chinoises aux pieds menus, où les enfants pataugent en riant dans les mares, en compagnie de cochons noirs... Bientôt, des centaines de coolies quasi nus, dans la poussière, la boue, l'odeur forte et les cris, s'affairent sur le port de T'ien-tsin, tels des essaims, autour des collines de ballots et de caisses.

La belle demeure où vont vivre Léonce et Marguerite, dans le quartier des Concessions, va retentir des vagissements de Georgette, nouveau-née vite choyée par deux serviteurs en bleu de soie, à la natte d'ébène. Marguerite, fenêtre ouverte, brode à la lumière du jour et chante – elle adore chanter – de vieilles chansons nostalgiques ou gaies qui évoquent la France : « Et vous, Madame, beaucoup de bien chanté; chantez, Madame... » Marguerite sourit à sa servante et chante encore, pour elle, pour la poignée de Chinois assis sous sa fenêtre, rêveurs, étonnés, qui la remercient d'un sourire. Puis, tout autour de T'ien-tsin, la terre se dévoile à Léonce, telle que lui, le paysan, ne l'a jamais vue. La terre du riz, des famines, des histoires étranges ou drôles qui la parcourent comme des frissons gagnant la ville, simple enclave au milieu de l'immensité des champs.

Marguerite n'a pas perdu, au seuil des noces, son plaisir de lire. Elle voudra en savoir plus, comprendre la Chine. Probablement ne lui suffit-il pas de vivre le grouillement des rues de T'ien-tsin, les échos de la caserne de l'amirauté au cœur de la Concession française, l'affairement des soldats ou le chant nostalgique des tirailleurs annamites... Elle préfère écouter le bruissement de Pékin, de la Cité interdite, ses cris, ses rires, ses plaintes, les ordres de la légendaire impératrice Tseu-hi. Elle est allée à Pékin, a franchi la porte de Tchienmen encombrée de voitures, de pousse-pousse, de coolies écrasés de fardeaux, de caravanes de chameaux, mêlés à la foule. Elle a contemplé les trônes en bois précieux, les bahuts laqués d'or du palais de la Pureté céleste, son trône à cinq escaliers; le palais du Printemps perpétuel où Tseu-hi aimait à résider; les habitations des concubines, la salle du Progrès intellectuel où vivait Toung-tché; le palais de la douce Tseu-ngan. Elle a gravi les escaliers de la colline du palais d'Été et a contemplé, là, le spectacle étonnant des lacs impériaux ceinturés de pavillons et de palais, des pagodes de la fontaine de Jade et, en bout d'horizon, dans un poudroiement d'or, les grandes portes fortifiées de Pékin.

À son retour, elle racontera à Georgette l'histoire de Bijou-de-Ceinture, l'acteur-actrice dont Tseu-hi s'était éprise. Bijou-de-Ceinture était né pauvre, dans une de ces fermes grises qu'on voit en remontant le Peï-ho. C'était un petit comédien errant qui, à dix ans, assouplissait son corps et sa voix. Tous les mandarins voulaient l'acheter, mais ce fut Tseu-hi qui l'obtint...

Léonce, lui, mène sa vie de soldat des colonies. Aux merveilles et aux secrets de la Chine, peut-être préfère-t-il d'autres joies et goûte-t-il, avec ses amis, l'héritage asiatique des vertus de l'art d'aimer, bien gardées tout à côté de l'arsenal de T'ien-tsin, dans le « village des Caresses » – trois ou quatre maisons campagnardes, avec leurs alcools violents, leurs amours vénales, leurs fillettes à peine pubères et leurs matrones au ventre de bouddha, – ou, plus rare, dans ces boîtes chinoises, ces maisons japonaises où le champagne coule à flots au milieu du rire des filles.

Mais la Chine de ce temps-là est aussi celle de l'anarchie... Des histoires courent les rues, qui ne sont plus des légendes mais les scènes d'un théâtre d'une autre nature. La Chine est alors à feu et à sang, une Chine moyenâgeuse, qui vous emporte sept siècles en arrière, quand les Grandes Compagnies ou les routiers de Du Guesclin couraient la campagne de France. « Ne m'écartèle pas, je paierai ! » implore le paysan, à genoux aux pieds du seigneur de la guerre. « Je suis pauvre. Prends cinquante dollars, c'est tout ce que j'ai ! » gémit un autre. Le seigneur, c'est alors le *tou-koun*, le tyran, celui qui rançonne, monnaye, dilapide, vend et se vend, comme les vingt autres grands tyrans et les milliers de petits autres qui dépècent la Chine.

Il n'y a pas de véritable État. Le vieux Sun Yat-sen agonise à Canton avec sa république de pacotille, et Tchang Kaï-chek n'a pas encore amorcé sa reconquête... « Celle-ci est bien ta femme? » questionne le seigneur. Le paysan acquiesce; l'autre, d'un coup de sabre, tranche la femme en deux moitiés... « Tiens, gardes-en une; quand tu rapporteras cinquante dollars de plus, tu auras l'autre moitié! » Celui qui dit cela s'appelle Tsan Tso-lin. Cet ex-va-nu-pieds, né d'un père coolie et d'une mère ravaudeuse de hardes, s'est hissé en 1925 au sommet de la hiérarchie des tou-kouns. Il vient de prendre Pékin et d'arriver à T'ien-tsin. Tsan Tso-lin, ancien chef de bande, aventurier, intelligence vive et volonté de fer, tient la Chine du Nord sous sa botte. Les Français, les Japonais, les Britanniques l'ont aidé. Les étrangers courtisent en lui la puissance montante. Nul ne l'ignore, pas plus à T'ien-tsin qu'ailleurs. Tsan Tso-lin doit une fière chandelle à Sutton, son major anglais manchot, soldat de fortune, vigoureux, haut en couleur, qui a perdu sa main droite aux Dardanelles pour avoir, par défi, rejeté dans les tranchées ennemies les grenades que les Turcs faisaient pleuvoir sur sa compagnie. Sutton est une légende vivante : ex-chargé de mission en Amérique, dragueur d'or des mines de Sibérie, spécialiste reconnu en canons de tranchée de la bataille des Dardanelles, il a vendu ses talents au tyran du Sseu-tch'ouan, qui les a cédés contre un tombereau d'or à Tsan Tso-lin... Lorsque Tsan Tso-lin, en 1925, défile avec ses troupes à T'ien-tsin, comment ne regarderait-on pas d'abord Sutton, le mercenaire?

2.

« Oh, Madame... Beaucoup de bien chanté; chantez, Madame! » Le bruit des moteurs du bateau qui descend le Peï-ho a couvert la voix de la servante, dont la silhouette fond sur le quai de T'ien-tsin. Marguerite serre contre elle sa petite Georgette et laisse son rêve glisser le long des rives du fleuve. Jamais elle n'oubliera la Chine; elle sent bien dans ce retour vers Bordeaux qu'elle va trop tôt poser son pas dans un lieu qui n'est pas le sien. Comment pourrait-elle désirer, maintenant, cette petite vie de garnison, cet horizon borné au voisinage, aux relations entre les femmes de sous-officiers?

Un bonheur, tout de même : la naissance d'un fils conçu peu avant le retour. Un garçon, prénommé Robert-Pierre, comme son parrain, le fils d'Alfred, naît à Bordeaux le 7 avril 1929, mais n'y sera déclaré que le 10 : son père a salué la naissance de l'héritier mâle de trois jours de fête. Un an après, Léonce, à quarante-deux ans, se résout à troquer l'uniforme contre l'habit campagnard et regagne Grayan-l'Hôpital, son village, après vingt-six années de vie d'aventure.

Marguerite ne feint pas de partager sa joie, et accepte de mauvaise grâce de franchir ce cap dont elle ne voulait pas. Elle se replie désormais sur le bonheur d'élever ses petits, Georgette et Robert, sans un regard pour le village, cercle étriqué, prompt à exclure une « étrangère ». Pour elle, le rêve est fini.

Georgette – tout le monde l'appelle Nénette – et Robert, eux, grandissent ensemble, heureux de leur liberté. Frère et sœur s'entendent comme larrons en foire, l'aînée veillant sur les frasques de son cadet, dont les malices la font sourire quand elle-même ne les provoque pas. Nénette, la turbulente, la capricieuse, nourrit pour Robert l'affection complice des caractères chenapans. Au début, il est arrivé que Robert pâtisse des aimables rosseries de sa sœur. L'un de ses doigts, un peu tordu, témoigne des facéties de Nénette qui le lui mordit un jour à belles dents; il hurla, en devint, paraît-il, rouge cramoisi puis bleu. « J'ai failli en claquer », confesse-t-il. Une autre fois, à la maternité, elle gava le nourrisson de biscuits, « attentat » fâcheux dont il réchappa grâce au cri d'alerte donné par la voisine de chambre de sa mère...

Nénette a-t-elle en charge de bercer son jeune frère, elle le fait sur un mode inattendu, à la spartiate. Alix, son petit copain, l'attendant pour jouer et Robert ne voulant pas s'endormir, elle balance, pour le bercer sans doute, le landau contre le mur de la chambre. Hurlements de Robert qui, bon prince, ne lui en gardera jamais rancune...

Robert a grandi et Nénette s'évertue à guider les pas de son cadet dont la verve l'enchante. « Où diable est-il passé? » Ainsi sonne-t-elle le tocsin familial à chacune des disparitions de son frère. Il ne rechigne pas à s'évaporer dans la nature. Un jour, le voici parti en quête de la grand-mère Amélie qui s'occupe à ramasser le maïs dans le champ de la voisine; la moitié du village passera en vain la forêt au peigne fin avant que Péo ne le retrouve. Pour ce qui est du flair, les hommes ne valent pas les bêtes. Péo, loin de donner l'alerte, préfère gambader avec Robert dans les haies; Péo, un superbe berger allemand, le compagnon, l'ami du garçon. Celui-ci l'attelle à une petite charrette, l'entraîne dans ses courses, lui fait des confidences à l'oreille. Un jour on retrouve Robert, tapi au fond de la niche, dormant lové contre Péo. Un vrai chien pirate, doué pour l'aventure.

Ange gardien du « vieux », Péo semble exécrer le mercredi, jour où les amis se rassemblent au bistrot du marché de Saint-Vivien. Léonce et lui « passent contrat » : tandis que son maître boit et rit, Péo se balade et revient le cueillir à la sortie, jusqu'à ce jour où, las d'attendre, il lui pose un lapin... Léonce rentre seul à Grayan, s'interrogeant sur la loyauté du chien. Peut-être l'aura-t-il vexé pour que l'autre le laisse ainsi choir. Mais Péo n'a qu'une parole : il est simplement arrivé en retard, s'est planté devant l'estaminet, a forcé la porte au bout d'un quart d'heure, s'est assis sur la chaise du « vieux » et a montré les crocs. Pour qu'il détale, il faudra que Léonce vienne récupérer en personne l'irascible. Péo est un habitué de l'exploit. Lorsque le père a été affronté à des braconniers en armes, il a fait le « coup de feu » avec lui. Et lorsqu'il lui a demandé de surveiller sa bicyclette, abandonnée en forêt, le chien n'a pas relâché sa garde de deux jours, jusqu'à ce qu'un résinier rappelle au maître oublieux le vélo et le cerbère. Mais l'invincible, le dur, la terreur des chats, consent, pour Robert, à quitter son statut de grande race pour redevenir copain et protecteur.

La maison Denard est spacieuse sans être immense, toute en longueur, héritée des ancêtres par Léonce après qu'il eut dédommagé ses sœurs. L'ancien soldat semble heureux d'être rentré au bercail, et le petit village, sans doute flatté par ses décorations, en a fait son garde champêtre, son garde-chasse, son secrétaire de mairie. Un pli à porter, un tract à afficher, un avis à tambouriner, une surveillance à travers bois; tout cela lui laisse le loisir d'être également paysan sur le bout de terre familial agrandi à son retour de Chine. Quelques arpents de patates et de maïs, la jument pour tirer la charrue, la chèvre, le chevreau, le cochon, la petite basse-cour, le lait prélevé sur la vache du voisin autorisée à paître dans son pré, le vin dont il tire bon an mal an une quinzaine de barriques, lui font une petite propriété qui améliore l'ordinaire de sa pension de retraité militaire. Ce n'est pas l'aisance, loin s'en faut; la vie reste dure sur les sols ingrats; Robert et Nénette iront en sabots, comme leurs copains du village, mais le bonheur des enfants se nourrit davantage d'harmonie que d'opulence.

Robert connaîtra une enfance dorée entre sa mère et sa grand-mère. Il est le préféré de Marguerite – et Nénette celle de son père – et il a beau lui jouer parfois des tours pendables, le martinet reste symbolique. Robert, à huit ans, est vif, rieur, un brin moqueur, doux et affectueux avec ceux qui l'entourent. Sans doute regarde-t-il avec amour cette mère très câline qui vit à la maison, ne travaille pas au champ, ne ressemble pas aux autres femmes du village. Marguerite, toujours belle, avec son regard bleu languide, sa voix très douce, lui transmet ses rêves, lui raconte la Chine et les merveilles des romans et des contes pour enfants. D'elle, il reçoit moins l'instruction que l'éveil de la sensibilité, la passion. Marguerite peut écrire phonétiquement, sans orthographe, dans la langue simple et belle inspirée par ses lectures. Comment Robert ne la jugerait-il pas exceptionnelle? Elle modèle son caractère, y greffe l'audace, l'indépendance, une touche de romantisme et l'humour qui l'aide à supporter sa vie à Grayan. Robert sera heureux de grandir tout près d'elle, d'écouter ses contes à la veillée, de l'accompagner au cinéma volant qui va de village en village et revient tous les quinze jours. Les deux enfants se souviennent encore de la projection du film *La Tête d'un homme*, avec Harry Baur, dont Marguerite, en posant ses mains sur leurs visages, tentait sans succès de leur dissimuler les images trop fortes...

À côté de Marguerite, il y a la grand-mère Amélie. Robert, dès qu'il le peut, court l'embrasser pour lui demander encore, jamais rassasié, les histoires qu'elle conte en patois. Amélie est un trésor vivant, un coffre à légendes du terroir... Comme toutes les vieilles dames de la terre, elle vit à la maison, entre fils et bru, avec les petits-enfants. L'âge ne semble en rien avoir altéré sa forte nature, son autorité; elle persiste à diriger, à régenter comme si la belle-fille n'existait pas. Amélie Videau est de cette race de paysannes à l'activité chevillée au corps et à l'âme. Commander est sa seconde nature, à laquelle elle souscrira jusqu'à sa mort, en pleine guerre, à quatre-vingt-treize ans. Il serait abusif de dire qu'elle n'aime pas Marguerite, mais sans doute supporte-t-elle difficilement l'« étrangère », celle qui n'est pas d'ici. Elle la nargue aussi à propos de cette « passion de lire » qu'Amélie considère comme inutile et paresseuse. Amélie décrétera ne pouvoir parler en français, pour n'avoir pas à adresser la parole à sa bru et pour la mettre en quarantaine.

Mélie, l'âge avançant, s'assoira davantage, méditative en apparence, recluse dans une feinte inaction. « J'étais fasciné par sa dextérité à attraper les mouches entre le pouce et l'index! » Sous son écorce, sèche et dure comme du bois mort, elle garde pour Robert une inépuisable tendresse. Jamais le petit-fils n'aurait omis, le matin, au moment du départ pour l'école, de s'attarder auprès du visage creusé de rides, d'échanger quelques mots, de l'embrasser. Ces deux femmes, la grand-mère et la mère, la droite et la pudique, il les aime l'une et l'autre; comment aurait-il pu pénétrer le mystère de leurs relations d'adultes, le secret de leur mutisme, de leur mutuel refus? De l'univers des grands, il ne percevra qu'étouffés, la nuit, les rancœurs, les reproches entre père et mère; rien ne viendra le choquer de plein fouet, l'obliger, tout enfant, à devoir gratter sous l'apparence, à soulever les masques, en quête d'une vérité fugitive et douloureuse...

Aux yeux de Robert, Léonce est fondu dans le granit. Secret, inaccessible, il paraît plus grand que nature par sa vitalité, ses charges municipales, par ce passé qu'il traîne bruyamment derrière lui. Robert connaît par cœur l'histoire de son père, sa réputation de tête brûlée, son séjour en maison de correction, les Bat' d'Af, les lointains et la Grande Guerre. Ce qu'il ne peut deviner, c'est la souffrance, l'orgueil meurtri de l'ex-baroudeur qui vit chichement de sa retraite, des indemnités que lui paie la mairie et de l'exploitation de sa ferme. Peu à peu, Robert comprendra que, si de continuelles disputes opposent ses parents, c'est que Marguerite déteste Grayan, ses coutumes et ses mœurs, et que, si Amélie est en lutte ouverte avec sa belle-fille, c'est qu'elle la tient en quelque sorte pour une intruse...

Un jour de septembre 1939, Robert aide son père à coller sur les murs de Grayan l'avis de mobilisation. Soudain, Léonce se met à rire et plaisanter : « Allez-y donc, moi, je garderai vos femmes! » Robert, dix ans, vient de percevoir la déchirure d'un homme qui paraît heureux de pêcher, de chasser, de courir les bois et de faire ripaille, et peste, au fond, de rester là, inutile, tandis que d'autres, plus jeunes, vont se battre. Dans son esprit, le vrai métier reste l'armée, pourvoyeuse de gloire et de panache; une fois quittée, il ne reste à traîner, comme de vieilles guêtres, que les souvenirs des temps de hardiesse et des tribus sauvages du désert. « Tu vois, Robert, ces décorations, eh bien! quand je serai mort, c'est toi qui les porteras... » Robert s'émeut de découvrir en son père un dur au cœur tendre; le bravache, le provocateur, l'emporté, après le coup de gueule qu'il ne peut réprimer, se sent un peu désemparé et cherche l'occasion de se faire pardonner. Bien sûr, à dix ans, Robert est plus sensible à la tristesse qui embue parfois le regard de sa mère, après les cris et les menaces. La mère est sacrée et l'enfant se veut son rempart ; Robert confie avoir caressé – de la main ? du regard ? – le fusil de chasse accroché au mur.

Pourtant, ce père-la-rigueur, Robert l'admire pour sa nature, sa force et sa générosité de maître chasseur, maître pêcheur, maître organisateur de « rostes » près des ruisseaux, des clairières ou des dunes. Flanqué d'une poignée de matamores recrutés au village ou sur le marché de Saint-Vivien, buveurs, bretteurs, blasphémateurs et joyeux drilles, il paraît bien mousquetaire. Ébouriffante galerie que celle de ses acolytes – Roger Pur-Sang, Quatre-et-Sept, Mayouquet et d'autres, assis autour de la table de Léonce le soir, arrosant de vin leurs histoires glanées aux quatre coins du Médoc, ripaillant et riant de bon cœur... Brochette de personnages de roman, autour du « vieux » qui trône, en vrai caïd ; et soudain, puisé sans doute dans l'instinct militaire, cet ordre qui fuse : « C'est l'heure, foutez-moi le camp ! » Sans rancune, les drôles bousculés reviendront le lendemain. Cette bonne humeur, ces trognes de forban, Robert ne les oubliera pas.

Roger Pur-Sang, célibataire endurci, un brin fainéant, vivant aux crochets de sa sœur, juste occupé à produire une piquette infâme qu'il boit consciencieusement et qui le rend fou. Quatre-et-Sept, lui, prend Robert par le cou, lui raconte sa guerre de 14, les tranchées, la défaite, sa propre tombe creusée sous la baïonnette d'un Allemand, ses évasions... ratées. Mayouquet, le pêcheur, apprend à Robert la Gironde et ses mystères, les huîtres, les crabes, les moules, les filets : « Tu vois, tu poses le filet et tu attends ; l'eau monte avec la marée, et hop ! le tour est joué, les courants tournants te ramènent le poisson dedans ! » Fernand Miquau, qui fait des poèmes en taillant sa vigne, lui restitue le Médoc en vers, tandis que le vieux Gabarel l'impressionne avec sa taille d'Hercule ; Gabarel qui fend d'énormes troncs d'arbres et fait trotter sa jeune femme, Bobichonne, avec ses cinq marmots tenus par la main ou perchés sur ses épaules. Et Montégu, le coureur cycliste... Et Georges Libron, ce riche propriétaire qui boit et se commet... La cour du « vieux ».

Marguerite les regarde faire, fermée à leurs complicités, défendant bec et ongles son ménage souvent menacé. Le père, ce bel homme, n'est-il pas amateur de femmes ? Il arrive que le Don Juan qui sommeille en lui frise soudain sa moustache et parte pour une chasse peu innocente. Ses amours très « naturelles » évoquent irrésistiblement le monde de Marcel Aymé et de sa *Jument verte.* « Léonce en son royaume », ce sont les amis, et les femmes, comme celle-ci, mariée à un vieil homme, qui lui tourne autour et lui fait les yeux doux. Si Marguerite ne l'accepte pas, elle ne peut l'interdire pourtant, et se replie, se fait plus sauvage, cultive son jardin secret, la lecture et les enfants, et occupe le reste de sa vie au marché, à quelques relations épisodiques avec deux ou trois femmes du village.

Muette avec l'aïeule, Marguerite garde en revanche amitié pour les sœurs de Léonce, Denardine, Gabrielle, Elia et Augusta ; les deux dernières surtout. Elia, c'est un peu la « bande du père » ; elle enchantera Robert par sa poésie, son franc-parler. Animatrice des « Gueuletons de la Rosière », elle sait pousser un couplet, dire la bonne aventure et fabriquer des potions « magiques », en bonne héritière du grand-père, le cantonnier-rebouteux. Pour les vacances, elle embarque Robert sur le stand de flèches qu'elle tient à la foire d'Agen, toujours flanquée du mari Amédée, marin à la retraite, hâbleur et menteur, disert en tempêtes, en monstres et en sirènes de quatre-vingt-dix kilos. Elia, peu impressionnée, lui cloue le bec au milieu de ses délires d'un simple « Vieux con ! » Il faut dire qu'elle est forte du soutien inconditionnel de Georges, son chauffeur-factotum attitré, qui sait aussi vous faire le boniment ou vous concocter un remède à guérir les hommes et les vaches.

Cependant, entre toutes, Robert gardera toujours une tendresse particulière pour tante Augusta. Si Elia est un personnage étonnant, Augusta représente ce qu'il est convenu d'appeler « une nature ». Enfant, on la surnommait déjà « la petite princesse » pour sa précoce inclination vers toutes les formes du Beau. Beau, pour Augusta, signifie à la fois grand, libre, détaché des convenances, généreux, sans complexes. Très jeune, elle part dévorer la vie à Paris.

Lorsque la guerre survient, puis l'occupation de la capitale et l'exode, elle retourne au pays. D'un premier mariage, avec un fou d'automobiles qui finit par y laisser la vie, elle garde un garage et... des jumelles : Paulette, grande et belle, et Lucette, petite, menue, pleine de charme. Lorsqu'elle réapparaît à Grayan, elle est mariée de nouveau, à un Suisse, qui revend des collections de montres.

Chacun de ses retours fait sensation. Elle est terriblement à la page, vêtue à la dernière mode, entourée d'hommes bien mis et de jeunes beautés – toutes femmes libres. Mais surtout, elle arrive en voiture et c'est elle qui conduit ! Jusqu'à l'âge de quatre-vingt-quatre ans, elle continuera de tenir le volant et de couvrir en quelques heures Paris-Bordeaux. Un jour, un chauffard écervelé de soixante-dix ans pilera devant elle à l'approche d'un feu rouge ; elle l'emplafonnera avec entrain et l'enverra au cimetière. Elle, elle en restera collée à une chaise roulante jusqu'à sa mort, plusieurs années plus tard. Répugnant à être enterrée, elle obtiendra de se faire incinérer et de reposer au milieu des bien vivants, sur la cheminée du salon de sa fille Paulette.

Robert, petit paysan de dix ans, ne peut pas résister à ce pétillement, si libérateur, si insolite. Il se laisse embrasser, enivrer de parfums, de splendeur et, nature précoce, regarde hardiment ces beautés, jubile de leurs rires et de leurs bons mots.

Après cela, l'école ne peut se défaire d'une couleur gris muraille qui porte peu à l'enthousiasme et ternit les rêves d'aventure. Robert sera un élève moyen, plus distrait, « ailleurs », que mauvais esprit, s'appliquant médiocrement à une formation qui répond mal à sa nature musardière.

Dans la salle de classe, M. Dubosq a remplacé M. Santuc, un dur qui, armé d'un fouet immense, pouvait en récréation vous griffer les jambes où que vous fussiez, sans bouger de place... Dubosq n'est pas non plus un tendre ; petit bonhomme pète-sec, il invite au respect à coups de férule. Robert ne se tient pas entre ces murs. « Je pigeais vite, mais je ne foutais rien », confie-t-il, le souvenir flou, seulement marqué d'un certificat d'études glané sans histoires et sans ardeur. Il se rappelle mieux les œillades balancées en récréation sur Mme Dubosq, superbe jeune femme, assise, avec sa sœur jumelle, à tricoter et à bavarder, jambes haut croisées... Les chaleurs courent le corps de ces gamins, comme court le bruit que Robert aurait... « Bah ! je laissais dire ; cela ne me déplaisait pas et même me faisait rêver puisque, hélas ! ce n'était pas vrai... » Dubosq parti, avec la guerre, une jeune femme arrivera, que les quatre cents coups de ces diables feront vite pleurer. « Elle nous a eus au sentiment. » Ils se métamorphosent en agneaux.

Les bien-pensants s'en offusqueront : il est à craindre que le cher Robert ne se soit guère confessé de ses premières bouffées de sève, bien qu'il ait fréquenté plus volontiers l'église que l'école. L'église ! Les parents ne sont certes pas des dévots ; Marguerite – très croyante – ne pratique pas davantage qu'elle ne communie avec la vie villageoise ; Léonce, sur ce terrain, affecte une bienveillante neutralité, une sympathie héritée d'un communisme à la Peppone pour les curés du type don Camillo. Sans avoir la trogne de Fernandel, le curé du village voisin de Talais – Grayan est trop petit pour avoir son prêtre –, frère de colonial, missionnaire lui-même, avec barbe blanche et verbe dru, est un curé taillé pour les Denard : chaleureux et franc. Le dimanche, Robert sert la messe à Grayan. On l'appelle aussi pour les baptêmes, les mariages et les enterrements. Et l'été, pour cinq sous, il « officie » tous les jours au côté du vieux missionnaire qui habite chez les Pacau. Il devient expert en burettes, bénitiers, ostensoirs, assure les réponses dans le bon latin que lui a enseigné le prêtre. Ne songerait-on pas, un moment, à faire de cette figure d'ange à la coiffure lisse, aux yeux bleus empreints de douceur, un séminariste ? Robert se serait laissé faire... Il y a déjà l'« uniforme » et le désir de « servir »... « Si je n'avais pas vraiment ressenti là ce besoin de servir, je ne l'aurais pas fait ; personne ne m'y obligeait ! »

Le caractère de Robert mûrit, nourri à la fois de liberté et de rigueur. Il suffit de s'attarder devant les photos de Denard préadolescent pour lire, dans le regard de brume hérité de sa mère, toute la détermination des gens de la terre. Le garçon qui sert la messe en surplis, l'enfant sage des dimanches matins de Grayan, est aussi ce jeune loup à l'affût, dans le sable des dunes et les sentiers des forêts, éperdu de rêve, de voyage, d'aventure... « Oui, dès l'âge de dix ans, l'aventure, je la voulais ! Je voulais voyager, devenir marin comme l'oncle Amédée, le mari de tante Elia, qui rabâchait ses histoires de bourlingueur des mers. »

Tout petit, il a béé devant la mer, il a construit des bateaux – des minuscules puis des gros – plantant des clous dès qu'il trouvait des planches. Derrière la maison, il y a un étang appelé la Gravière, où se font les essais de navigation, pimentés d'un peu de danger pour corser l'aventure. Un jour un petit copain risque de se noyer ; un autre, il se prend une bonne fièvre pour avoir voulu naviguer, dans une demi-barrique, sur les eaux glacées du plein hiver. « Putain de drôle ! », s'exclame Léonce, le voyant toujours clous entre les dents et marteau en main sur son « chantier ». Robert se forge le cœur et le corps à l'école des buissons, se jette à pleins poumons dans cette vie à travers prés, bois et dunes, tous endroits épatants pour jouer, sentir la vie en soi, et ce besoin de partir, de risquer, de ne pas croupir derrière des murs, de donner ce que l'on a de mieux, de montrer aux autres le chemin, d'être à la hauteur, quoiqu'il arrive...

Un cocktail de flair, d'audace, d'insouciance. « Le bois ! J'aimais le travailler, faire des petites armoires, des petites tables, ajuster les planches, les clouer... et quand cela me prenait, me mettre à planter des clous, comme un fou, n'importe où, dans la forêt... Les armes ! Elles m'attiraient, au moins autant que les bateaux ou le bois ; mon regard les caressait, là, sur la cheminée, où le vieux les posait ; je prenais le fusil dans mes mains et un jour je le mis sous le nez de ma sœur coupable d'une rosserie à mon égard, je feignis d'appuyer sur la gâchette et je hurlai *pan, pan !* Morte de trouille, elle en tomba sur le derrière et brisa le pot de lait. Bon pour une raclée, je fonçai vers mon jardin secret, un énorme pin derrière la maison, que la foudre avait décapité. Là je planquais mes trésors, j'y grimpais quand je voulais me sentir seul et bien, passer des heures tapi, dans ce refuge fidèle et silencieux, qui protégeait ma liberté. »

Le pin décapité gardera son trésor intime, sa boîte à malices – un peu de recel aussi, comme cet argent prélevé dans le tiroir de Léonce pour sa mère – et des secrets, des histoires qui le bouleversent. Leur jument, par exemple, qu'il aime beaucoup, vient de perdre son poulain, mort-né ; elle en a souffert puis s'est prêté à un étrange substitut : une couleuvre quotidiennement s'accroche à elle et la tète... Une autre fois c'est Tit, le chien de Libron, le fils de l'ancien maire. Il a mordu l'oreille d'une de leurs vaches et Robert a crié, a paniqué. La vache est couverte de sang et va mourir... On le rassure. L'émotion séchée, la vitalité, la joie de vivre reprennent le dessus. Les inquiétudes se couvrent du bonheur de grandir en pleine campagne, au milieu des copains.

Une joyeuse bande entoure Robert, soudée comme celle du « vieux » – cuites en moins, exception faite de celle qu'il a prise accidentellement, à sept ans, en suçant le goulot d'une barrique. La « bande des quatre », tous souples, résistants à la fatigue et à la faim, amateurs de belles « rostes » près des rivières, et traqueurs des canards sur les champs des voisins... Jeannot Berger, gosse de pauvre, sec comme le jonc, et la « matrasse » qu'il ramasse en plongeant dans les marais pour la vendre au marché et gagner son pain... Michel Daspect, lui, garde les moutons, seul ou avec son frère Yvan, ou son père. Michel Lanaud est fils de propriétaire et Roger Voluzan, fils d'épicier retraité de la marine. Voici encore Guy Toujan – mais on ne s'y frotte pas, celui-là, on l'admire pour son talent de frondeur, l'accueillant si lui, l'ombrageux, le « voyou » du village, consent à venir, en cachette, naturellement, des familles qui ne l'aiment pas.

L'enfance de Robert est villageoise, drue et violente. Une manière de *Guerre des boutons*. La porte de l'école à peine ouverte, l'instituteur a du mal à séparer le clan des Garrote, Espagnols qui se tannent le cuir avec les Almont, qui eux sont du cru et les détestent. La bande à Robert arbitre, compte les points tout en ne rêvant qu'à la musarde. Voluzan, c'est l'artiste ; il n'a pas son pareil pour faucher la monnaie de son épicier de père, aussitôt dépensée à coups de bonbons chez l'épicier voisin ! Robert joue à occuper la chère tante Denardine pour permettre à ses complices de faire leur plein de grenades... Les punitions ont beau pleuvoir, elles glissent sur leurs carapaces de garnements amateurs de nouvelles astuces, de franches rigolades, de défis surtout pour épater les filles. Pour lire l'admiration dans leurs yeux, ils se projettent par exemple dans la mer à tombeau ouvert, coincés dans des pneus de camions, depuis le haut des dunes, sur les pentes raides, et arrivent au bout complètement « sonnés ».

C'est le temps des fiancées secrètes. On regarde, on s'amourache, on n'avoue rien. « Moi, c'était Paulette, elle n'en a jamais rien su », confie Robert. Puis, deux ou trois ans plus tard, le regard du garçon change, se fait exigeant. Alors la belle institutrice apparaît la nuit dans les songes, de peu innocente manière, et le jour l'amour se contemple, sauvage et beau, à l'image de la saillie des taureaux.

Soudain, une jeune femme de trente ans fait le premier pas et transforme en jeune homme l'enfant précoce. D'avoir vécu au cœur de la nature n'a pas rendu Robert moins sensible à l'éveil de la sensualité. Il y communie le jour, la nuit, en cachette de la mère, s'évade, rentre au petit matin, le visage creusé et l'œil brillant. « Je dépérissais à vue d'œil; ma mère s'inquiétait de ma santé. À maigrir ainsi, il devait y falloir le ver solitaire... Le toubib, consulté, confirmait le diagnostic maternel et m'administrait purge sur purge. Je me vidais le jour... et la nuit. J'ai flanqué les purges en l'air jusqu'au jour où j'ai été suivi et repéré enjambant en douce la fenêtre de ma chambre. Un scandale! Mais relativement discret car le père, curieusement, a pris ma défense et la grand-mère aussi... La belle était sa copine! » Robert ne cessera plus de goûter aux parties de pattes en l'air, dans les granges et les sous-bois, avec les filles du coin, avant de s'élancer sur les chemins pour achever de la brûler, cette diablesse d'énergie, aux quatre coins du bas Médoc. L'adolescent foulera chaque pouce de terrain, posera ses traces sur celles des pèlerins qui passaient jadis par l'hôpital de Grayan sur la route de Saint-Jacques et de Jérusalem; sur celles des Anglais qui abordaient au Gurp pour occuper la Guyenne – de ceux qui, avec Talbot, s'en furent mourir à la bataille de Castillon-sur-Dordogne, là où s'effondra la domination anglaise dans le Bordelais. Il marchera bercé d'histoire, de cliquetis d'épées, de poésie et de légendes, cherchera à Grayan les vestiges de l'hôpital disparu, les bornes invisibles du chemin de la Reine qui, de Soulac, descendait vers le sud, baptisé ainsi lors du passage d'Aliénor d'Aquitaine s'embarquant en 1152 pour s'unir à Henri II d'Angleterre. À Lesparre il découvrira, à demi cachée par les vieilles masures, la tour de l'Honneur, donjon gris qui évoque la rudesse de la féodalité, les assauts des pillards vikings et le sang versé dans les guerres de Religion. Sait-il, lui qui rêve des grands larges, que le Gurp abritait depuis la haute Antiquité les coureurs d'océan partis sur les traces d'Hamilcar et de Pythéas?

Son regard suit les cigognes et les hirondelles en route vers l'Afrique. Léonce lui apprend les bécasses, les hirondelles, les vanneaux, les palombes, la bécassine, perle des marais, la grive avec sa robe grise, le merle qui prophétise le printemps, les « rostes », quand au loin les cloches tintent, couteau en main, huîtres ouvertes et œil sur l'horizon, silencieux dans le souvenir des chasses merveilleuses. Toute la forêt alors se met à parler, et les hommes lui répondent, comme jadis les druides.

Amélie lui contera jusqu'à sa mort l'art d'être sorcier, guérisseur, rebouteux comme le grand-père Denard, ses secrets, les bons, ceux qui guérissent les maux de ventre ou d'estomac, réduisent les entorses, les bras cassés, apaisent les femmes en couches, et les mauvais, *lous malins*, qui battent la campagne à la nuit tombée et menacent les enfants turbulents. Lorsque vient le temps des citrouilles, on les creuse, on y met des bougies, on en éclaire au soir les chemins de croix pour conjurer les esprits. À Grayan, le bois du Fil abrite un trésor, la maison de la Modeneuve, entre Vendays et Nayrac, qu'on dit hantée; du chêne des pendus de Périgueys, il faut, la nuit, se détourner. Le Médoc, dans sa tête d'adolescent, accueille la Dame blanche et le roi des Aulnes, le roi Artus, condamné à y chasser éternellement pour n'attraper qu'une mouche tous les cent ans! Mélie, silencieuse, au couchant de sa vie, dans son geste familier, en attrape sûrement davantage. « L'océan était vide et la plage déserte. » Cette phrase, le début de la légende du sorcier de Grayan, résonne fort dans l'église où Robert sert la messe du vieux curé de Talais; le sorcier, dit le grand Pierre, sacristain de l'église de Grayan au temps des rois, se perpétuait, contait Mélie, à travers ses descendants, jusqu'au dernier qui mourut en 1913, à la veille de la Grande Guerre...

Robert est grand pour son âge, fort caractère, gentil quand il le faut et déjà tenace comme les racines de ses pins... Et une autre guerre se prépare.

3.

Il a dix ans au moment où commence la Seconde Guerre mondiale. Les années qui vont suivre seront celles d'un mûrissement accéléré, jusqu'à l'engagement.

Ce qui marque profondément l'enfant, c'est le dépit de l'ex-adjudant-chef, son père, frustré à cinquante et un ans de se voir interdire le front par cette foutue limite d'âge. Cette peine, Léonce, si avare de confidences à son fils, l'a laissée échapper ; le « vieux » enrage de « ne pas en être », de ne pas en découdre avec le Boche. Trop vieux pour l'armée, soit, mais pas trop vieux pour agir, il le prouvera bientôt.

Pour le petit Robert, l'irruption de la guerre donne d'abord aux récits et aux souvenirs un nouveau relief. 14-18, le Sahara, l'Indochine n'étaient, dans la bouche de son père, que des contes un peu fastidieux, moins amusants que les histoires en patois d'Amélie. Avec la « vraie guerre », celle qui appelle les jeunes hommes du village et change la vie quotidienne de Grayan, c'est l'aventure qui vient briser la routine et nourrit de nouveaux rêves. Robert les forgera tout seul : Léonce Denard, sitôt exprimée sa déception, redevient l'homme secret et peu commode qu'il a toujours paru à son fils. Faute d'explications qui lui permettraient de comprendre, Robert observe, écoute.

On sait que le gouvernement du maréchal Pétain s'est replié à Bordeaux, avant de gagner Vichy, et qu'il ne fait qu'accompagner le mouvement qui en deux mois à peine a balayé la France et l'a précipitée dans la débâcle. La débâcle? Robert en voit le triste spectacle, dans les colonnes de soldats livrés à eux-mêmes sur les routes, débraillés, suant sous leurs capotes, traînant leur fusil et propageant partout la cruelle image d'une défaite sans appel. Certains de ces régiments cherchent en Aquitaine une possibilité d'embarquer. C'est le cas de Polonais dont l'apparition en Médoc résume mieux que tout discours l'ampleur du déferlement allemand sur l'Europe.

Un de ces soldats est tué accidentellement près de Saint-Vivien, le bourg où se rend fréquemment le jeune Robert. Il va en vélo y faire des courses au marché. Non loin de la route, à la sortie de la bourgade, le soldat est enterré dans une clairière. Le gamin dévie de son chemin pour aller voir de près la tombe anonyme, entre les pins. La croix rudimentaire, deux morceaux de bois de pin, s'orne simplement d'un casque, un casque français semblable à celui que portait Léonce Denard, adjudant-chef de la Coloniale. Devant la tombe, dans une boîte en fer-blanc, des fleurs des champs sont régulièrement renouvelées.

Désormais, à chaque course au marché, Robert s'arrête dans la clairière et contemple la tombe. L'endroit devient pour lui au fil des semaines un autre jardin secret, qu'il ne partage avec aucun de ses copains. Sans doute serait-il bien en peine d'expliquer ce qui l'amène ici, quel rêve l'invite à cette halte. « Était-ce une prière muette, ou le symbole que représentait cette vie donnée pour la France? » se demande-t-il encore. Un jour, il trouve dans la clairière une femme vêtue de noir, recueillie, portant des coquelicots. Elle l'aperçoit à son tour. Elle qui fleurit la tombe et lui, qui sommairement l'entretient, ne se disent rien.

Dans cette rencontre silencieuse, près d'un soldat inconnu enterré en pays vaincu, s'achève l'enfance de Robert.

Le 29 juin 1940, les Allemands sont entrés à Bordeaux, la Wehrmacht parade. Les troupes triomphantes défilent dans un ordre impeccable devant les volets clos de la capitale d'Aquitaine, dont le paysage est bientôt bouleversé. La Feldkommandantur accapare la cité universitaire; la Kommandantur l'hôtel Ballande, place Pey-Berland; le général von Faber du Faur le siège de la 18e région militaire. Les troupes du général Kleitz s'installent dans les casernes, les services administratifs dans les immeubles réquisitionnés. Bordeaux vit à l'heure allemande, connaît le couvre-feu, les consignes de défense passive et les contraintes de l'Occupation.

Après être allés déposer leurs armes à la Feldkommandantur, les habitants de la Gironde vont surtout apprendre la nouvelle frontière qui partage en deux leur département. Du nord au sud, de Castillon à Captieux, la ligne de démarcation traverse le pays, stigmate d'une occupation qui s'étend de Sedan à Biarritz et délimite une zone libre où vouloir se réfugier est une entreprise mortelle. Jusqu'à ce que les Allemands eux-mêmes la franchissent, à la fin de 1942, le passage de cette frontière imposée sera la source d'innombrables drames.

À Grayan comme ailleurs, les vainqueurs se sont installés, impressionnants, et soucieux de gagner, sinon la bienveillance, du moins le respect des populations. S'établissant chez l'habitant, réquisitionnant les plus belles demeures et vivant des ressources locales, l'armée du Reich n'entend pas moins donner d'elle une image acceptable, d'ordre, de propreté, de correction. L'espoir d'une collaboration de beaucoup, d'une neutralité de la plupart, justifie ces efforts, la volonté d'éviter les incidents.

L'effet de cette politique se traduit bien dans l'impression produite chez les jeunes Français par les soldats allemands. Les gosses de Grayan, et Robert Denard au premier rang d'entre eux, sont fascinés par ce déploiement de matériel, de voitures, de motos rutilantes, par la prestance des soldats défilant d'un pas martial, par l'assurance de ces jeunes gens fiers et conquérants qui fêtent leurs exploits. La frayeur initiale, celle qu'a gravée sa mère en parlant des uhlans, de la dextre qu'ils coupent aux enfants mâles pour les empêcher de devenir soldats, celle qui saisit Robert face au feldgendarme allemand surgissant à moto sur une petite route du Médoc, tel un ange de mort ou un envahisseur barbare, annonçant l'arrivée massive et motorisée des triomphateurs, se mue en curiosité, en fascination.

Quelle puissance cette armée conquérante peut-elle exercer sur l'imagination de gamins sensibles à l'appel de l'aventure, au désir de s'évader des limites soudain trop étroites d'une vie villageoise sans surprise? « Ils paraissaient magnifiques à nos yeux de gosses, beaux, sportifs, gais, avec des machines merveilleuses, des tentes, des side-cars, des mitraillettes... Nous les regardions avec envie jouer à la guerre dans les dunes, nous étions sur leurs traces pour récupérer leurs cartouches d'exercice.... Nous refaisions des pétards avec la poudre, pour nous aussi jouer à la guerre. Ces garçons pas beaucoup plus âgés que nous, à l'exercice, courant, chantant, sanglés dans leurs uniformes aux brassards rouges... Cela nous en bouchait un coin... Et puis ils avaient des fusils ! »

Succédant au spectacle pitoyable d'une troupe accablée, cette superbe est propre à captiver, à entraîner. À faire oublier la guerre au profit de l'aventure, l'ennemi au profit du héros. Dans ces années 1940-1941, nul doute que dans beaucoup d'esprits, et pas seulement chez les plus jeunes, se superposent ces deux visions, dont le jeune Robert a reçu le choc : une pauvre tombe de soldat dans une clairière de pins et les manœuvres triomphales d'une armée que seul l'Atlantique arrête...

Pour un gamin de douze ans que la réussite au certificat d'études débarrasse de l'école et projette dans le monde adulte, l'attrait de la nouveauté est en tout cas prépondérant. De la guerre elle-même, on connaît avec retard les développements. De la Résistance, entamée dès 1941 en Gironde, on ne sait qu'une rumeur. Du tournant que constitue l'ouverture du front russe, on perçoit l'effet. Il est si négatif que tout bascule.

Les jeunes soldats fringants et polis disparaissent, happés par les combats de l'Est. Ceux qui les remplacent sont plus âgés, moins attentifs à entretenir avec la population des rapports acceptables. Et d'autres encore arrivent, aux croix gammées ostentatoires. Les Jeunesses hitlériennes, la Gestapo. Les plages se hérissent des constructions du mur de l'Atlantique, les forêts de miradors. Les restrictions, dans une région qui moins que d'autres est retournée aux travaux agricoles, se font plus sévères. Avec le blocus commercial en mer et le ralentissement de l'activité industrielle, c'est la pénurie qui menace. En même temps que s'aggravent les conditions matérielles et que se dégradent les rapports avec l'occupant, l'instauration du STO, en février 1943, et l'enrôlement des hommes dans les travaux d'édification du mur de l'Atlantique donnent à la vie quotidienne un nouveau tour, et à la guerre un autre visage.

Les réfractaires vont grossir les maquis qui, fin 1942, ont déjà aménagé vingt zones de parachutage dans le Médoc.

Commence alors la guerre de l'ombre tandis que, sous la houlette de Dhose, la Gestapo riposte par l'horreur. Les « terroristes » capturés sont emmenés au fort du Hâ ou, pire encore, au Bouscat, siège de la Gestapo, questionnés, torturés. À Grayan, des hommes partent pour l'Allemagne, d'autres tentent de passer en zone libre ou rejoignent les maquis. Certains sont à peine plus vieux que Robert. Georges Cassagne est tué en attaquant un char, Pierre Fumé est arrêté, torturé et exécuté. La guerre jusque-là lointaine, sur les fronts de l'Est ou d'Afrique, en Sicile ou dans le Pacifique, est maintenant omniprésente. Aux yeux des gamins, les héros ont changé de camp, l'occupant est clairement l'ennemi.

Chez les Denard, on écoute Londres sur un poste rond qui grésille affreusement; un cadeau d'Augusta. Très tôt, Marguerite a proclamé ses convictions gaullistes, au nom d'un nationalisme farouche. Léonce quant à lui s'absente de plus en plus fréquemment, sans explication. Va-t-il si souvent à Bordeaux pour une femme, comme l'imagine alors Robert? Un jour, son père l'emmène avec lui, et le garçon découvre pour la première fois la grande ville. Il y croise des Juifs portant l'étoile jaune et devine que la guerre est autre chose que ce qu'on en connaît à Grayan... Léonce Denard confie à son fils une lettre à porter et s'éclipse pour un mystérieux rendez-vous. À plusieurs reprises, Robert rendra de ces menus services. Son père le laisse dans l'ignorance de ses activités, mais il semble bien que son dépit initial soit oublié, et que cette guerre qui ne voulait pas de lui, il la fasse tout de même, à sa manière...

Les Denard n'apprendront qu'à la fin du conflit les activités de Léonce dans la Résistance, son engagement dans les FTP puis au Parti communiste, par l'entremise de réfugiés espagnols.

En attendant, Robert le remplace aux travaux du mur de l'Atlantique pour lesquels les Allemands réquisitionnent les hommes. Les plages se couvrent de piquets dressés contre les planeurs, on observe les batteries d'artillerie, les dépôts de munitions, et Robert n'hésite pas, avec ses copains, à grimper dans les miradors délaissés par les Allemands. Il comprend mieux à présent la frustration de son père à la mobilisation; il brûle d'agir, lui aussi, de marquer dans la guerre qu'il est devenu un homme.

Il n'a plus l'âge des contes pour enfants, et sa grand-mère qui les racontait en patois est morte en 1942. Péo, le chien, le plus fidèle compagnon de son enfance, meurt lui aussi, pour s'être gavé de farine imbibée d'eau de mer – un navire coulé au large ayant rejeté sa cargaison de sacs sur la plage.

Robert a voulu au début de la guerre s'engager dans un camp de jeunesse, rejoindre les cadets de marine dans un navire-école, le *De Grasse*, amarré à Blaye dans l'estuaire de la Gironde. Son père s'y est opposé, de même qu'il a empêché la tante Augusta de garder Robert à Paris, où elle l'avait ramené fin 1940. Robert n'est pas près d'oublier ces quelques mois, vécus, en plus, en compagnie d'Amélie qui découvrait Paris à quatre-vingt-dix ans ! C'est dur de rentrer à Grayan après avoir vu chanter Joséphine Baker et parcouru des kilomètres en voiture à pédales. C'est dur d'être trop jeune pour quitter le Médoc et trop jeune pour rejoindre les maquis. Le garçon s'impatiente. Il n'est pas jusqu'à sa première expérience sexuelle, vécue tout naturellement à treize ans avec une jolie femme mariée, qui ne l'ait convaincu qu'il était capable de faire ses preuves.

Au début de 1944, l'action de la Résistance s'intensifie, on harcèle l'occupant pour préparer le débarquement des Alliés. Aux actions de sabotage et de guérilla, à la multiplication des réfractaires, la Gestapo, aidée par la milice, répond par une répression sauvage. Après l'arrestation en mars du chef du maquis de Pauillac, un nouveau groupe se constitue autour de Lesparre. Robert et son copain Michel Daspect vont alors prendre leur part, eux aussi, à cette guerre qui nargue leur impétuosité. Ils le font à leur façon, en gamins rusés, un peu tremblants de leur propre audace.

Ils mènent leurs bêtes en bordure de prairie, vers un bois qu'ils connaissent bien, le pré d'Adrienne. Michel a la garde des moutons de la famille et Robert celle d'une vache que son père a achetée pour adoucir la rigueur des restrictions. Ils marchent en s'efforçant d'oublier les battements de leur cœur, abandonnent leur bêtes et s'enfoncent dans le bois. Il ne s'agit pas cette fois de chercher des nids, ni de monter aux arbres pour observer la mer. Le soleil tape encore, le vent souffle du bon côté, les deux garçons ont soigneusement répété leur plan. Un moment plus tard, ils ressortent du bois et poussent leurs bêtes vers le village, en se retenant de détaler. Ils réussissent même à ne pas se retourner vers le bois. On ne prête pas attention à eux. Les premières exclamations, les premiers bras tendus, à l'entrée de Grayan, les renseignent. Ils se retournent enfin : une colonne de fumée monte du bois. Puis tout à coup les flammes jaillissent, et tout le monde se tait, car on sait bien dans quelle direction elles se dirigent. Une batterie côtière est installée face à la mer de l'autre côté du bois, et le dépôt de munitions est camouflé en bordure de celui-ci... Le temps paraît interminable aux deux garçons, tandis qu'ils observent comme tout le monde l'incendie, guettant les premières explosions. Elles ne se produisent pas : le camp est fictif, un *leurre* pour tromper les repérages alliés ! Néanmoins, il brûle... De quoi emplir de fierté les auteurs d'un si joli coup fourré. Et comme il n'est évidemment pas question de s'en vanter, leur exploit n'est que plus grand dans leur esprit.

Avec l'arrivée de la police allemande, l'enquête, les interrogatoires, Robert et Michel mesurent après coup les risques qu'ils ont fait courir à tout le village. Mais la chance est avec eux, les Allemands concluent à un feu accidentel, déclenché par le soleil tapant sur des éclats de verre. Ils ne sont pas très loin de la vérité, d'ailleurs, mais les deux amis ont un peu arrangé la coïncidence du verre et des rayons pour la rendre tout à fait heureuse...

Survient le débarquement. L'objectif des forces de la Résistance est d'empêcher, de retarder du moins, la remontée des troupes allemandes du Sud vers la Normandie. En Gironde, et dans le Médoc en particulier, les maquis vont entraver les mouvements de la Wehrmacht. Autour de Hourtin, de Lesparre, de Saint-Laurent, de sérieux accrochages se produisent, transformés au cours du mois de juillet en véritables combats.

Le harcèlement mené par le groupe Jean-Dufour, de Pauillac à Hourtin puis à Lesparre, entraîne des représailles dans toute la région. Trois mille Allemands équipés de chars et de canons légers entreprennent de nettoyer la zone. Après la destruction de ce maquis et la mort de Dufour, Cominetti, dit Charly, regroupe les maquisards et prend la tête de la Résistance dans tout le Médoc. Alors que la libération de l'Aquitaine s'effectue progressivement tout au long de l'été, la Wehrmacht se replie en désordre et évacue ville après ville, abandonnant Bordeaux à la fin d'août. Crimes, destructions et pillages ponctuent cette retraite. Le retranchement de plusieurs milliers de soldats allemands à la pointe de Grave déclenche dans le Médoc, à partir de septembre 1944, une véritable campagne.

Derrière des champs de mines et des fossés antichars, près de cinq mille Allemands, infanterie, artillerie et génie alliés à des forces d'aviation et de marine, occupent cent dix casemates bétonnées installées de longue date par l'organisation Todt. À partir d'octobre 1944, c'est le général de Larminat, désigné par De Gaulle pour commander les forces françaises du front ouest, qui a pour mission de réduire ces « poches de l'Atlantique », à la pointe de Grave et à Royan. La contre-offensive allemande des Ardennes retardera l'exécution de ce programme jusqu'en avril 1945, où le déclenchement de l'opération *Indépendance*, forte de treize mille hommes et appuyée par l'aviation, contraindra l'ennemi à capituler.

Grayan se trouve au cœur de cette ultime bataille. On y a vu les Allemands, à la fin de l'été 1944, rassembler tous les véhicules disponibles et fuir. D'un de ces miradors où il a l'habitude de grimper pour observer l'occupant et, au-delà, la mer, Robert assiste à ce départ en catastrophe. Devant la Kommandantur, voisine de la maison de Roger Pur-Sang, stationne un jour une Jeep qu'on charge. Le garçon ne manque pas de repérer une mitraillette abandonnée sur le siège. Justement, le chauffeur appelé par un gradé disparaît un instant dans la maison. Robert s'empare de l'arme, une P 40. Sans se soucier d'emporter les chargeurs, il file avec son butin et planque celui-ci dans la forêt. Dans leur hâte d'évacuer le village, les Allemands ne s'avisent pas du larcin...

Au début de 1945, la zone est évacuée en prévision de l'assaut des fortifications allemandes. Alors que son père reste sur place, Robert se retrouve avec sa mère à Bordeaux. Il travaille quelque temps dans le garage de son cousin. Il a seize ans à peine, mais, cette fois encore, l'envie d'agir le tenaille. Il a récupéré un uniforme, volé un calot, il se promène dans la ville en militaire... Côtoyant des maquisards locaux, des soldats ramenés de l'Est pour renforcer les troupes qui se regroupent, il n'hésite pas. Il a falsifié sa carte d'identité pour se vieillir, et, de toute façon, personne ne cherche à vérifier son état civil. Il suit le mouvement, avertit sa mère qu'il va rejoindre le père dans le maquis de Lesparre. Il ne le retrouve pas mais rencontre Jean Berger de La Hutte, un gars de Grayan, et Yvan Daspect, et marche avec eux vers la pointe de Grave.

Les bombardements se succèdent, au printemps de 1945, sur les positions ennemies, à Vensac, à Saint-Vivien, à Montalivet. C'est dans la périphérie de ce bourg, réoccupé par les Allemands en mars, que Robert connaît le baptême du feu : un bombardement... américain. Harcelés, les Allemands ont quitté la plage pour se replier vers l'intérieur, mais le cuirassé français *La Lorraine* continue de tirer sur les blockhaus que les FFI viennent d'investir. Finalement, un combat de deux jours, du 14 au 16 avril, permet de conquérir Montalivet, grâce à une intense préparation d'artillerie et aux bombardements. Fixés dans le Médoc, les Allemands ne peuvent défendre Royan, de l'autre côté de l'estuaire. Victorieuses de ce côté, les troupes de libération contournent l'estuaire pour prêter main-forte à l'assaut ultime de la pointe de Grave, où se retrouvent les maquis de tout le Sud-Ouest et des détachements somalis et marocains.

Les groupes armés de la clandestinité n'entendent pas être dépossédés de leur victoire, mais les rivalités de clans, les manœuvres déjà entamées de l'après-guerre et la nécessaire unification du commandement entraînent le repli, la réorganisation et parfois la dissémination de ces groupes. Selon le général de Larminat, commandant sur l'Atlantique, une moitié des cent mille à cent vingt mille FFI lancés dans les derniers assauts de la libération du pays étaient des jeunes gens non encore engagés, mais avides de bouter l'occupant hors de France. Comme Robert Denard, qui guide les soldats réguliers dans les environs de Grayan et indique les pièges des marais aux FFI. En une semaine, le retranchement de la pointe de Grave est réduit.

Robert a seize ans, une formation sommaire, un physique qui le fait paraître plus vieux que son âge, l'expérience de quelques années de guerre agitées qui l'ont mûri. Il est maigre, souple, endurant; un fils de la campagne, dégourdi et précoce, qui n'a rien vu encore du monde mais sait que son avenir n'est pas à Grayan. Un aventurier en herbe qui rêve de mer et de voyage, d'uniforme et de liberté...

En attendant, il faut travailler, et vivre. Ginette est une jolie fille du village, après laquelle soupirent tous les garçons. Durant l'intermède bordelais de la fin de 1944, Robert va la voir presque chaque jour. La maison où elle habite n'est pas loin du garage de son cousin. Après l'aventure de la pointe de Grave, c'est un ami de la famille de Ginette qui fait entrer Robert à la verrerie Doumec, au service entretien. Premier contact avec le monde du travail, dans ces semaines qui suivent la fin de la guerre et laissent le jeune homme désemparé. Il découvre les 3 × 8, les fours, les souffleurs, les wagons de potasse à charrier. Il est aide-mécanicien d'entretien, parmi un essaim de femmes qui le provoquent et finissent par le jeter dans les bras d'une gamine de son âge, une Espagnole, Irène Cubero. Une amourette qui dure quelques mois, jusqu'au jour où Robert entre enfin à l'École des mousses et quitte son bleu d'ouvrier pour l'uniforme de la marine.

Il laisse derrière lui la petite Irène, de Saint-Michel, et la gentille Ginette, de Saint-Augustin, toutes deux amoureuses et déçues. Et aussi Grayan, le Médoc, et son enfance.

4.

Après un mois passé à l'École des mousses près de Brest, à Loctudy, Robert Denard est transféré, en octobre 1945, à l'École des apprentis mécaniciens de la flotte, à Saint-Mandrier, près de Toulon. Le retrouvant à la pointe de Grave avec un uniforme d'emprunt et un fusil trop grand pour lui, son père lui avait promis que, puisqu'il rêvait de l'armée, il serait servi...

Le jeune homme débarque dans une caserne qui compte cinq cents à six cents « arpettes », coiffe le béret à pompon et, après des tests où il ne brille guère, se voit proposer une formation de forgeron ou de chaudronnier. Il opte pour cette dernière. Il se plie au strict emploi du temps militaire : lever à 5 heures, sport à partir de 6 heures, instruction militaire de base, apprentissage pratique et gardes, corvées en tout genre... « de quoi devenir démerde », dit-il en se rappelant les nouilles qu'on leur servait presque à chaque repas et les hamacs qu'on dépliait le soir dans la salle de réfectoire dûment nettoyée.

Les premiers mois sont durs, Robert est parmi les plus jeunes. On l'a recommandé à Gilbert Bourgeaud, un jeune de Grayan, engagé avant lui, mais c'est Jean Legendre, un gars de Pauillac, qui lui sert de tuteur au cours de ses classes. Lui que l'océan faisait rêver ne devient pas un marin, mais il apprend à piloter, à réparer un bateau. À défaut du grand large, il connaît l'atmosphère de la salle des machines, le cambouis des moteurs Diesel. Et de l'armée, le règlement, la hiérarchie.

L'encadrement, ce sont les vieux de la Royale, ceux que le sabordage de la flotte à Toulon a rejetés à terre, qui y sont restés durant la guerre, en attendant que la France libre fasse de nouveau appel à eux. Des rengagés frustrés de combat et de victoires, des « rats de dépôt » juste bons à défouler leur rancœur sur les jeunes recrues... La spécialité d'un sous-officier marinier, chargé des services généraux et de la discipline, est d'aller ôter la culasse du fusil du nouveau qui somnole pendant sa garde. Puis il revient, provoquant les sommations et les dédaignant, assuré d'expédier au trou le soldat incapable de tirer... Jusqu'à ce que l'un d'eux, plus malin, ayant dans sa poche une culasse de rechange, n'arrête très réglementairement le gradé vicieux d'une balle au ras des oreilles.

Robert Denard connaît d'entrée de jeu des démêlés avec cette hiérarchie de la Royale qu'il ne supportera pas longtemps. À peine arrivé à Saint-Mandrier, il s'aventure dans un cimetière où des Allemands ont été enterrés sommairement, tout habillés. Pour avoir prélevé sur l'un d'eux un ceinturon portant l'inscription *Gott mit uns*, il fait ses huit premiers jours de prison.

De cette année et demie qui le verra sortir de l'école avec un brevet de chaudronnier sanctionnant la confection d'une théière à partir d'une méchante plaque de tôle, il préfère le souvenir des copains originaires comme lui du Sud-Ouest. Leroy, apprenti chaudronnier également, avec qui il partira en Indochine; Pradal, retrouvé là-bas; Lascombe, retrouvé, lui, au Maroc, dans l'aéronavale. Une petite bande soudée et fraternelle qui profite au maximum des loisirs laissés par la caserne.

À raison d'un week-end sur deux, l'armée lâche ses recrues avec cinquante francs en poche, et elles se répandent dans Toulon, dédaignant l'austère pèlerine militaire pour la vareuse échancrée, « quitte à attraper la crève », cherchant un correspondant pour pouvoir passer la nuit hors de la caserne.

Aux salles de cinéma, Robert préfère la danse, les boîtes de l'arsenal où les putes débordent de sympathie pour les uniformes en goguette, payent à boire aux plus jeunes et leur font respirer par bouffées hebdomadaires l'euphorie de la Libération. Beau garçon agile, Robert est déjà champion de la valse et du paso doble, du sourire qui charme et des menus cadeaux qui attendrissent. Au Canard Breton, tenu par madame Lolita, il rencontre Carmen, à peine plus âgée que lui, bien digne de l'initier aux mystères ravageurs du tango.

Carmen est lorraine, de Saint-Dié. Belle fille, blond cendré aux yeux noirs, dotée d'assez de caractère pour vivre de ses charmes sans être sous la coupe d'un maquereau, et d'assez de constance pour accompagner plusieurs années durant les péripéties de la vie de Robert. Elle travaille dans la zone du port mais prend bientôt un appartement en ville. Lors de ses week-ends de liberté, le jeune homme s'offre alors le luxe d'échapper aux rues chaudes du quartier de L'Aubette avec ses bars et ses bordels à matelots. À l'âge où les bonnes fortunes du corps et du cœur ne s'embarrassent pas de psychologie ni de principes, Robert profite pleinement de ces parenthèses, de la générosité de Carmen qui n'est avare ni de passion ni de cadeaux. Il n'est pas en reste et lui rend visite à l'hôpital quand elle est malade. Plus tard, Carmen s'embarquera pour le rejoindre en Indochine, sans savoir qu'au même moment il est rapatrié. Mais, installée quelques années après au Maroc, elle saura le retrouver et lui apportera des oranges en prison...

Au total, s'il ne devient pas vraiment marin, Robert ne voit pas passer ces dix-huit mois d'apprentissage, qui ne lui laissent le temps ni de s'ennuyer ni de s'intéresser aux grands événements de la planète. « On vivait complètement en vase clos, tout le temps occupés, et quand on sortait, on s'amusait, on ne regardait pas au-delà. »

Au cours de deux permissions, à Pâques et à Noël 1946, il a tout de même l'occasion de vérifier le prestige de l'uniforme auprès des villageois de Grayan. Mais ces séjours en Gironde, où sont restés presque tous ses compagnons d'enfance, lui font surtout sentir que son avenir n'est pas parmi eux. Ginette s'est mariée à Bordeaux et sera bientôt mère de famille. S'il revoit Irène Cubero, les souvenirs de la verrerie se sont estompés. Un an plus tard, en partant pour l'Indochine, Robert tournera définitivement la page. Pour l'heure, matelot-mécanicien-motoriste, il est affecté à Brest, où l'on danse en maints endroits, même s'il faut faire dix kilomètres à pied pour aller du vieux cuirassé *Paris*, qui sert de dépôt, au Petit Jardin, où la musique et les filles sont aussi entraînantes qu'à Toulon.

Puis Robert est enfin embarqué, à l'été 1947, sur un dragueur de mines YMS de Cherbourg, puis sur un aviso – un dragueur allemand dont la moitié de l'équipage est constitué de prisonniers de guerre libérés sur parole. Dépendant de la base sous-marine de Lorient, l'aviso est amarré à Saint-Malo et sert à former des pilotes de la marine. Aussi égrène-t-il tous les ports civils et militaires, de la côte belge à Biarritz, débarquant dans chacun d'eux son équipage, curieux de comparer les beautés du Sud à celles du Nord et avide d'expérimenter toutes les pistes de danse, de Boulogne au Pays basque.

À Bénodet, le mécanicien de bord de l'aviso, le bosco, le commis aux vivres et Robert prennent un jour la vedette qui sert à emmener à terre les officiers et à assurer le ravitaillement. Ils la laissent dans le port à marée haute, et, pendant que le commis va faire son marché, les autres entreprennent un inventaire systématique des bistrots du cru, ce qui ne mène pas loin mais fait bien passer le temps. Provisions faites, le commis les rejoint, assoiffé, et la bande refait pour lui la tournée, ce qui mène fort tard. De retour sur le port, les quatre hommes découvrent que la mer ne les a pas attendus. Elle est basse, et la vedette est à sec, piteusement échouée. De la digue, on aperçoit l'aviso – et des jumelles braquées sur eux. Bientôt, un youyou se détache du dragueur et s'approche du quai à la rame. C'est le commandant de bord en personne qui met pied à terre, passant devant ses hommes sans les regarder... Robert n'écope que quinze jours d'arrêt, mais ce sont autant de « points rouges » qui s'accumulent sur son livret et lui interdisent en fin de compte d'être nommé quartier-maître.

Ayant vite compris que ces mauvais points lui bouchent l'horizon, il a déjà demandé un dossier de départ pour l'Indochine. L'insistance de plusieurs fiancées bretonnes, de Concarneau à Lorient et à Saint-Malo, ne suffit pas à le retenir quand arrive le dossier de volontaire, au début de 1948.

Riche d'une petite prime, Robert va faire ses adieux à Grayan avant de rejoindre Marseille et d'embarquer sur le *Pasteur*, sous l'œil hostile des dockers communistes. Direction l'Indochine.

Dans le Médoc, Léonce est égal à lui-même, un peu vieilli, pas plus bavard. Marguerite contient ses larmes et fait bonne figure. C'est pour elle avant tout que Robert retourne à Grayan. Ils parlent de choses et d'autres pour éviter d'aborder l'essentiel, cet engagement qui la mine d'inquiétude et ce grand départ qui sonne comme une coupure définitive. Mais Marguerite Denard se garde bien de faire la leçon à son fils. Les larmes seront pour plus tard. Mieux vaut parler du mariage de la sœur aînée, Nénette, de la petite fille dont Robert est devenu le parrain, de la reconstruction du village qui s'est achevée et a employé tout le monde.

À cette occasion, Léonce a retravaillé comme maître d'œuvre, et avec cet argent et la revalorisation des pensions, un peu d'aisance est entrée dans la maison Denard, dont Robert s'assure qu'elle profite aussi à sa mère, et pas seulement aux piliers de bistrot qui entourent Léonce. Marguerite le tranquillise; elle n'a pas de regret d'avoir abandonné la ferme, au retour de Bordeaux; quant à son père, il est de moins en moins à la maison. La sœur et son mari s'y sont installés, et lui s'est construit près de la rivière une cabane où il passe des semaines entières, bricolant de-ci, de-là dans les parcs à huîtres.

Robert préfère s'en tenir aux propos rassurants de sa mère plutôt que de démêler les histoires familiales, et il profite de ses derniers moments en Médoc pour conduire la tante Augusta et son amie Mimi au casino de Biarritz! Il se fait volontiers le chauffeur de ces dames qui vont jouer à la roulette, boivent du champagne et dépensent joyeusement, l'une la fortune d'un industriel ami, l'autre les rentes laissées par son mari suisse...

Puis vient le moment des adieux au pays. Robert s'embarque pour une traversée de dix-sept jours jusqu'à Saïgon. La guerre l'y attend.

LIVRE SECOND

DE SAÏGON À CASABLANCA

1.

Robert, à dix-neuf ans, domine ses copains de son mètre quatre-vingt-deux. Longiligne, nerveux, bien pris dans sa vareuse de marin, il plaît aux dames. D'autant que son menton carré, ses traits volontaires, sa bouche sensuelle et ses yeux bleus, durs ou enjôleurs, lui donnent un faux air d'Errol Flynn. Mais l'ex-mousse aspire à d'autres aventures que les virées de port. En vérité, il piaffe d'impatience à attendre la seule cause qui vaille : la guerre. Cette guerre qui donne leur chance aux roturiers sans diplômes.

Justement, la France s'engage en Orient pour défendre et garder l'Indochine, *son* Indochine. Robert s'apprête à chausser les bottes de son père, celles qui dévorent l'espace : « Petit, ces décorations, plus tard, c'est toi qui les porteras ! » Mais Robert ne veut pas les usurper, il veut les gagner sur le terrain. « Je n'en ai rien dit, ils ne savaient pas que l'on m'avait frustré de ma guerre, parce que j'étais trop jeune; j'avais pris goût à ces coups d'épingle contre les Allemands... Et puis voilà, on me retire mon jouet, finies les armes, finis les coups d'audace. Si seulement j'avais eu l'âge de ma sœur, juste cinq ans, cinq petites années de plus, je ne serais pas resté les bras ballants, sur la touche. Ah, ça, non ! J'aurais peut-être fait des conneries, comme de m'enrôler dans la LVF, avec ce gars du village, le veinard ! – paix à son âme, il est peut-être mort, je ne l'ai jamais revu – et de galoper dans ces pays d'où il m'envoyait des cartes postales. L'Ukraine, la Lituanie, la Roumanie... Peut-être, au contraire, aurais-je fait le coup de l'évasion par l'Espagne et le Portugal, et gagné Londres. Quelle gueule ça devait avoir, les débarquements, l'Italie, la Provence, la Normandie, et la ruée vers l'Allemagne... Je me serais senti tout à fait capable de planter le drapeau français sur le Berghof, le nid d'aigle de l'ex-Führer, à Berchtesgaden ! Bah ! Trop tard ! À présent, il s'agissait de casser du Viêt, du bandit, pour l'honneur du drapeau... »

Voilà ce que pense le marin Robert Denard à bord du *Pasteur* qui l'emmène vers Saïgon. Il n'a pas eu à débattre, il est sûr d'avoir fait le bon choix en refusant l'apathie du bureau ou de l'usine. « Échapper à l'emmerdement des existences plates », il l'a réussi d'instinct, d'emblée, en choisissant la marine de guerre.

Son arrivée dans le port de Saïgon doit ressembler à s'y méprendre à celle du père dans celui de T'ien-tsin ; à ceci près que Saïgon revendique, même en guerre, son statut de perle de l'Orient, attribut que tous les connaisseurs lui accordent. En 1948, la ville grouille de soldats français et de supplétifs vietnamiens. Robert est affecté à la Flottille amphibie Indochine-Sud (FAIS) dont il connaîtra le véritable rôle quelques semaines plus tard, sur le terrain.

Pour l'heure, il écarquille les yeux et hume l'air. Saïgon enivre : simple soldat ou officier issu de Navale ou de Saint-Cyr, tout Français normalement constitué goûte ses délices. Mais loin d'amollir, l'inimitable ville nourrit l'ardeur virile, dope les rêves de mitraille et de jungle. Cette perle, colonisée, militarisée, est à la fois pourrie et tonique. Elle se déploie comme un immense camp, et les boulevards et la célèbre rue Catinat retentissent du bruit de ferraille des Jeeps, des rires et des coups de gueule des types qui déambulent, de grands colts leur battant les cuisses. Plus calme, mais aussi enivrants, magnifiques, les célèbres jardins botaniques, que l'on traverse à cyclo-pousse et qui donnent à rêver de rendez-vous et de rencontres.

Robert respire aussitôt l'*odor di femina* et trouve dans la chasse à l'amour le meilleur prélude au baroud. Il traque les Vietnamiennes à travers bars, bordels et boîtes, où l'Aviation et la Légion se battent parfois, danse jusqu'à épuisement au *dance hall* de L'Arc-en-Ciel, y ferre la taxi-girl, chasse plus difficilement l'hétaïre de haut vol qui, inflation oblige, dédaigne les soldes moyennes et devient inabordable. Les amours vénales n'empêchent pas des séductions plus raffinées : il se glisse aussi dans les lits interdits d'épouses officielles ou sur les couches presque confraternelles de certaines membres du PFAT *.

Sur la route de Cholon, le Parc à Autruches, appelé aussi Parc à Buffles, un camp d'amour en rase campagne, ceint de barbelés et d'infirmiers sénégalais, offre un flot d'adorables putes de quinze ans, fragiles statues d'albâtre, flanquées de mères maquerelles grasses comme des bouddhas. Il les quitte, chaviré, sur un dernier regard à la petite qui, dans l'ombre, lave son sexe avant le tour suivant. Son regard se porte sur l'écriteau : *Par ici, pour les fusils à trois coups*; il sourit... et hurle : le gros Sénégalais, inexorable, lui presse le sexe et lui flanque dans le canal une giclée de permanganate...

– Salaud!

– Fous-moi le camp, ce sont les ordres!

Saïgon exhale l'amour, l'opium, l'argent. Le premier et le troisième, loin d'être des vices, seraient plutôt des vertus, mais le deuxième, prétendument illicite, nargue les autorités : les fumeurs pullulent, les pauvres achèvent d'y consumer leurs corps squelettiques, sur les places et dans les rues crasseuses; les riches, eux, accèdent à leurs nuages dans des antres secrets et luxueux. Tout, ici, semble exagéré : l'amour, le commerce, la vie, la mort. C'est que la réalité première, sur laquelle tout se fonde, est aussi une philosophie : c'est la piastre. Par le jeu d'incroyables circuits, l'argent irrigue les deux camps ennemis, mais il faut du temps pour le comprendre. Robert et ses camarades sont là dans un but, un seul : « casser du Viêt », en découdre; se couvrir de gloire. Du bras de fer qui s'est engagé entre Paris et Hô Chi Minh, ils ne perçoivent que le commentaire sec des communiqués militaires et les échos d'une propagande habile à exalter la grandeur française menacée et la duplicité du Viêt-minh. On demande à l'Europe hégémonique, terrassée par deux grandes guerres, de casser ses empires coloniaux et d'en rendre les morceaux à leurs légitimes possesseurs. Mais, en France, en 1945, dans l'euphorie de la victoire, beaucoup n'envisagent même pas la moindre lézarde à l'empire. Les soldats de vingt ans sont loin de ces réflexions d'hommes de

* Personnel féminin de l'Armée de Terre.

cabinet. Pour eux, « le Viêt » défiant la France qui lui a apporté la « civilisation » est un rebelle qu'il faut réduire.

Quand Robert débarque à Saïgon en février 1948, cela fait plus de deux ans que les Viêt-minh et le CEFEO (Corps expéditionnaire français d'Extrême-Orient) s'affrontent. Leclerc, le héros de la 2e DB, qui le commande en 1946, laisse tomber : « Il me faudrait 200 000 hommes et deux ans ! » Un aveu lucide et un rêve. Avec 25 000 hommes, il nettoie le Sud en quelques raids fameux, rouvre les fleuves et les routes vers le Cambodge et le Sud-Est, libère les plateaux moï d'Annam et soumet 500 000 fidèles de la secte caodaïste de Tayninh.

« La Cochinchine et l'Annam du Sud sont pacifiés », proclame-t-on. C'est aller vite en besogne ; les bandes viêt-minh s'éloignent des routes et des fleuves et s'incrustent dans leurs maquis. La plaine des Joncs, repaire historique des hors-la-loi et des bandits, dont la pointe orientale ne se trouve qu'à vingt kilomètres au nord de Saïgon, est une impénétrable tanière, un entrelacs de marais, d'îles, de forêts de bambous ; le delta du Mékong et la pointe de Ca Mau, au sud-ouest, sont des jungles aquatiques où les Viêt-minh s'enfoncent et attendent. La Cochinchine, c'est 750 kilomètres de côtes ; 5 000 kilomètres de fleuves, de rivières, d'arroyos ; 100 000 jonques et sampans.

En 1948, les soldats ou les marins du Corps expéditionnaire doivent se battre contre un ennemi résolu à la victoire finale. Loin au-dessus d'eux, sous les lambris, dans des pièces luxueuses et feutrées, le Rubicon a été franchi. La lucidité de Leclerc et de Sainteny, convaincus d'avoir à éviter une sale guerre où la France n'aura rien à gagner, rompt devant les extrémistes des deux camps. À la fin de 1946, les dés sont jetés : le Viêt-minh de l'oncle Hô chassera la France par la force, ou la France lui imposera militairement la « souveraineté française ». Dans l'affaire, il y a la duplicité de Hô et de Giap, les erreurs grossières de d'Argenlieu, haut-commissaire, le pourrissement subtilement agencé des relations franco-vietnamiennes, et ce que d'autres appelleront la fatalité...

Denard est à la base de Phu My, non loin de Saïgon. Dans le champ de bataille aquatique que représente la

Cochinchine, invraisemblable lacis de rivières, de canaux à rizières, d'arroyos, de *song*, de *rach*... les guerres du para, du légionnaire et du marin se fondent en une seule : la contre-guérilla. Avec elle, il se sentira d'emblée en harmonie : « La vie d'opérations, de coups montés, je l'ai retrouvée ici; je me trouve dans mon élément; une opération, pour moi, simple quartier-maître de la marine kaki, c'est une chose simple et sans bavures : le rassemblement la veille au soir, la distribution des munitions, le sommeil lourd des gens qui ne se posent pas de questions. Au petit jour, on embarque dans les bateaux plats. On remonte les rivières entre les haies d'arbres et de roseaux. Et voici l'objectif à atteindre, un village à nettoyer, un repaire viêt à surprendre et à détruire à la grenade ou au pistolet mitrailleur... Qu'est-ce que cela représente pour moi? Bouffer du Viêt, crapahuter dans la rivière, chasser le canard, le cochon, le buffle, vivre sur le terrain, sauter une fille dans une paillote et ensuite rentrer à la base mener une vie peinarde jusqu'à l'opération suivante... »

Il se délecte à jouer les trompe-la-mort, par courage sans doute, par bravade aussi. L'ennemi vient de mitrailler et de balancer des grenades sur une Jeep, tuant deux marins – le chauffeur et son accompagnateur. Sur le siège reste une grenade... dégoupillée; personne n'ose s'en saisir. « Que fais-tu? Tu es cinglé! Elle va péter! », gueule à Denard son copain. Pourtant, il la ramasse; elle n'explose pas... Il a la baraka, jusqu'au jour où, dans les environs de Phu My, il conduit un camion GMC qui saute sur une mine de fabrication locale; Son voisin tombe mort. Robert appuie sur le champignon sous une grêle de balles, et soudain, une explosion énorme, une gerbe de flammes, un corps qui atterrit dans la boue. On relève Robert, pantin de boue et de sang, vivant dont on ne donne pas cher.

Brûlé au troisième degré, la peau en lambeaux, il est rapatrié sur Cholon, à l'hôpital 415. Trois mois d'immobilité, de souffrance, de greffes qui ne prennent pas, de plaies qui ne cicatrisent pas. Les semaines passsent, la médecine renonce, veut le renvoyer en France. Il serre les dents, jamais on ne l'entend gueuler quand on nettoie sa chair à vif au sérum. « Je resterai; je ne veux pas que ces types pensent que je suis une danseuse; cette putain de guerre n'est pas finie pour moi. » Son regard croise celui de l'infirmière. Il lui sourit;

elle lui répond. « Je ne crèverai pas ; je suis simplement amoché ! Sinon, pourquoi aurait-elle passé des heures et des heures à mon chevet ? Elle me soutient... Pourquoi aurait-elle perdu son temps ? »

Trois mois s'écoulent et la guérison arrive. Robert sort convaincu que la force mentale peut dissuader la gangrène, et la rage de vivre éloigner la mort. Après s'être montré au Cap-Saint-Jacques un convalescent impatient, calmé par la jolie infirmière à coups de baisers plutôt qu'à coups de piqûres, Robert Denard rejoint à l'automne 1948 ses compagnons marins de la flotte amphibie à Marine Can Tho, la base qui contrôle le delta du Mékong, en plein pays de rébellion viêt-minh.

Can Tho, ville du luxe où les latifundiaires annamites régnaient jadis sur des étendues sans fin et des légions de Nhaqués courbés sur les rizières. Can Tho, ville morte depuis que la sédition viêt-minh l'a corsetée de pièges, d'embuscades et de peur, ville de la splendeur ruinée.

Elle a perdu ses seigneurs et gagné des soldats. C'est ici que Robert apprendra à faire la vraie guerre et à ne pas mourir simplement pour se montrer. L'héroïsme à la française est une faiblesse que nourrit l'intelligence du Viêt-minh à la provoquer.

Les officiers de Navale, comme les officiers para, défient la jungle « rouge » en amateurs de « belle mort » ; c'est l'esthétique du duel contre la réalité tenace d'une idée. D'un côté, un corps expéditionnaire, mosaïque de couleurs, des Noirs, des Arabes, des Asiatiques, la Légion et une poignée de Français de pure souche, ciment de cet amalgame de mercenaires, ralliés à leurs chefs, condottieres qu'ils aiment et suivent parce qu'ils méprisent ostensiblement la mort ; de l'autre, une troupe fanatisée, prête à se sacrifier pour la cause, la libération. Le Français est héroïque, le Vietnamien efficace. D'un côté, on jure par les paladins, les pages d'armes. De l'autre, on craint Nguyên Binh. Pontchardier est rentré en France, comme Trinquier, mais leur mythe est toujours là.

Pontchardier, pour donner l'assaut, faisait mettre ses types à poil, corps graissé, bardé de cartouchières, et les passait en revue, lui-même à poil, comme l'aumônier à qui il disait, rigolard : « Pas vous, mon père, ou mettez au moins un slip. »

Une atmosphère de « grande compagnie », des routiers, des reîtres... On ne baissait pas la tête devant les mitraillettes tapies dans les bambous. Cet héroïsme à la Camerone n'impressionnait pas Nguyên Binh. Pontchardier était visible de loin; Nguyên Binh, nul ne l'avait jamais vu, il se confondait avec sa légende.

En 1948, les Français sont puissants. Ils ont les meilleures armes, ils ont tissé un réseau de flottilles, de garnisons, de paras, de légionnaires de choc et de marins de couverture, ils ont débauché les sectes de Cochinchine, caodaïstes et *hoa hao* (un million d'hommes) grâce à la piastre, ils ont la plus fantastique armada de flics, d'indics, de complicités en tous genres; et ils stagnent à cause d'un homme en qui s'incarne le combattant vietminh : Nguyên Binh.

Le héros du Sud vient du Nord, mais l'oncle Hô l'a choisi parce que ce nationaliste, même pas communiste, est rigide, fanatique et romantique. Il tient la plaine des Joncs et tous les maquis du Sud jusqu'à la pointe de Ca Mau. Tout Cochinchinois – enfant, femme, vieillard – qui n'aide pas Nguyên Binh est traître à la cause, c'est-à-dire mort, comme ne cesse de le répéter la « voix du Nambo * ». Les Nhaqués le craignent et l'aiment, comme on aime un héros ou un saint; pour lui, ils se feraient tuer jusqu'au dernier; et tous savent que Nguyên Binh n'est pas avare du sang des hommes.

La Cochinchine, le *Nam Ky*, le « pays du Sud », est capitale dans la stratégie d'Hô Chi Minh parce que là résident la richesse, la promesse du Viêt-nam; c'est donc là qu'il fera porter l'effort, en la noyautant, en imposant la politique viêtminh au peuple, en se greffant sur la piastre, le riz, le caoutchouc, en mobilisant contre l' « abject colonialisme français », en attaquant – par la terreur, la guérilla, la propagande –, en drainant vers le Nord le ravitaillement venu du Sud pour nourrir les bataillons de Hô et de Giap au Tonkin.

Fin 1948, début 1949, l'ennemi intensifie la guérilla et la France son plan de pacification, vieille réponse codifiée par les états-majors des guerres coloniales depuis que Lyautey, devant une terre livrée à la piraterie, écrivait : « L'occupa-

* Ensemble des moyens mis en œuvre (radio, publications...) pour diffuser la propagande viêt-minh.

tion armée, avec ou sans combat, y passe le soc; l'établissement d'une ceinture militaire l'enclot et l'isole définitivement s'il s'agit d'une frontière intérieure; enfin l'organisation, la reconstitution de la population, son armement, l'installation des marchés et des cultures, le percement des routes y sèment le bon grain, y rendent la région réfractaire au pirate, si ce n'est ce dernier qui, transformé, coopère à cette évolution. » Mais la vieille méthode ne marche pas en Cochinchine et cet échec se traduit dans les rapports laconiques des états-majors. Le pays est trop vaste, morcelé en des milliers d'archipels enserrés de jungle et d'eau. Le général Nyo, commandant de cette zone en 1946-1947, confiait : « Dès que nos troupes quittent une zone momentanément épurée pour opérer dans une autre, le Viêt-minh y revient et s'y livre à des représailles terribles... Pour neutraliser complètement le Viêt-minh, il eût fallu couvrir les pays du Sud de troupes, de partisans et de groupes d'autodéfense armés dans tous les villages! »... Une utopie.

Ainsi comprend-on mieux la guerre de la Flottille amphibie d'Indochine Sud et des Dinassaus (Divisions navales d'assaut), celle qu'a vécue Robert au long de mois monotones, au gré de patrouilles incessantes sur les rivières et les *rach*. Un jour, deux jours, des semaines, quand il s'agit d'aller jusqu'à la pointe de Ca Mau escorter les convois de paddy qui remontent vers Saïgon, en évitant les barrages de l'ennemi, ses mines et ses embuscades.

Robert est fusilier marin sur la 21e section LCVP, deux bateaux de débarquement à fond plat qui appartiennent à la Flottille avec les avisos, les tenders, les dragueurs, les LCI, les LCT, les VP, les LCM, les LCV. Ces bateaux, d'origine anglaise ou américaine, sont de parfaits prospecteurs et fureteurs pour *song* et arroyos, et leurs différents formats s'adaptent aux gros, aux moyens et aux petits cours d'eau. Un LCVP ne peut embarquer qu'une douzaine de types, avec, à leur tête, un *midship* tout frais sorti de Navale; le LCVP a une vitesse inférieure à sept nœuds mais un faible tirant d'eau (60 centimètres) qui le rend inégalable pour les opérations sur les rivières sans profondeur. Il est bruyant, ce qui attire l'ennemi, mais on n'a rien de mieux à offrir. Il est armé d'un canon de 20 à l'avant, à l'arrière de trois mitrailleuses Browning 30, et de deux fusils mitrailleurs sur les côtés; à bord, naturellement, chaque homme est armé.

L'affaire de Robert – sa responsabilité – est un moteur Diesel, solide, fiable, qui lui laisse le loisir, en cas de nécessité, de bondir sur la mitrailleuse postée à l'arrière et de faire le coup de feu. De ces rives luxuriantes et suspectes, à tout instant, peut vous venir la mort. « Feu à volonté ! »... On tire, mais l'adversaire est fondu dans sa terre et se volatilise dès le débarquement.

Autant de feux essuyés, de jonques prises d'assaut, de sampans coulés, dans la griserie de minuscules victoires, additionnées comme les points d'un match, avec parfois des pertes ; une avarie en plein pays rebelle met le LCVP en danger de mort, l'hélice se coince dans la vase, il faut plonger, et vite repartir ; parfois paras ou légionnaires embarquent pour venger des crimes commis sur des copains ou des villages traîtres à la cause. On imagine la vie qui se déroule, avec sa part d'exaltation, les nerfs à vif, les jungles alourdies de moiteur, les sortilèges des rives apaisées, trouées soudain d'éclairs, de sifflements de balle, de cris. Des villages menacés sont évacués, on démolit des barrages faits de jonques coulées... la routine. On s'habitue même à ne pas voir de Viêt-minh autrement que morts, blessés, ou prisonniers, à ne pouvoir repérer les embusqués des rives, ni les *snipers*, tireurs d'élite pourvus de fusils japonais, planqués au faîte des cocotiers.

Quand le baroud devient chaud, le quartier-maître Denard jongle avec la machine, le bon vieux Diesel toussotant – presque une pièce de musée – qu'il fait aller à la commande, en avant, en arrière... Une acrobatie pour ces vieilles « danseuses » faites pour les débarquements sans bavures. « On alimente à contretemps, une main sur la soupape de lancement, une sur l'injecteur et un pied tâtant le volant, afin de se rendre compte du sens de rotation ! » Le moulin rouspète, gueule, mais ne cale pas, le bon diable ! Les crachotements des mitrailleuses s'apaisent. L'arroyo continue de rouler ses eaux jaunâtres corsetées de vert. La France continue de veiller sur ses soldats.

Les opérations amphibies d'Indo ne ressemblent pas aux collisions géantes de la Deuxième Guerre mondiale mais n'exigent pas moins d'intelligence ni de courage. Trois cents Viêt-minh invisibles tiennent sous leur feu vingt-cinq soldats français... Pourtant, cette proximité constante de la mort laisse intact leur amour de l'Indo, son sortilège. Ils rentrent en France, mais beaucoup reviennent pour un deuxième, un troisième séjour; l'aventure, pour certains, prend proportion de légende. On raconte des histoires de pillages mirifiques, de trésors de temple, de razzias de pagode, dont le fruit serait planqué dans la jungle, sous les baobabs. Il y a des fous, il y a des mystiques; jamais une guerre n'a produit autant d'exemples d'« homme qui devint roi », personnages hallucinants, aristocrates ou caporaux sachant à peine lire et écrire, tenant également prosterné le peuple, parce qu'ils ont la cruauté innée et le « don de l'Asie ». Le fameux Kurtz, d'*Apocalypse Now*, a bien des ancêtres français. Quel soldat ne rêve de ces « royautés » jaillies *ex nihilo*, sur un village, un bout de fleuve ou de jungle?

Malgré les cicatrices, Robert a oublié sa blessure. À Can Tho, il vit, tel un poisson dans l'eau, les plages de paix comme les missions de guerre. Grouillant autour du poste français, une foule mélangée, dont les peaux claires ou brunes attestent les métissages : gros commerçants chinois, « bedonnants et blancs comme du lait », petits paysans qui font des acrobaties sur les ponts de singe avec leurs balanciers, femmes menues qui portent des poids terribles et cuisinent en marchant, leur bambin d'un côté, leur réchaud de l'autre. Sur le marché poussent, comme le chiendent, les paillotes des concubines, des mères maquerelles, des indics, des marchands, des trafiquants, des Viêt-minh qui se fondent et qu'on ne reconnaît pas. Des grappes de sampans s'agrègent en villages flottants, entrelacs de bois chargés d'odeurs fortes.

Le temps passe vite pour Robert. À vingt ans, il n'a pas loisir de se poser des questions sur sa vie, le sens de ses actes, à quoi, à qui, cela sert... Ce « foutu pays » s'infiltre par tous les pores de sa peau. Bien sûr, il y a le climat, l'atmosphère, la vie facile, et l'argent qu'on ne compte ni à Can Tho, ni à Saïgon, ni à Paris. Les milliards injectés dans la guerre d'Indochine sont un ballon d'oxygène pour l'économie française qui redémarre lentement – un milliard par jour en guise d'excitant – et font la fortune des trafiquants et des hommes d'affaires; pas celle des guerriers.

Eux, ils jouissent de cette hémorragie mais ne s'enrichissent pas; d'ailleurs les vrais guerriers ne s'enrichissent jamais. Peut-on courir deux lièvres à la fois, se battre et faire de l'argent? Robert, ses copains, sont au service de la bagarre. Elle est leur vie, leur but, leur jeu. Plus le jeu est individuel – parce que les unités sont dispersées dans la nature –, plus il grise les joueurs; on y aiguise des qualités très personnelles, réflexes, flair, prudence, audace calculée, cran, résistance... Puis surgit le besoin de se fondre parmi eux, parmi cette foule jaune, de partager leur bol de riz et la couche de leurs filles.

Les femmes! Le voici, le vrai « mal jaune » qui fait « s'hongkongailler » tous ces jeunes gens... Le soldat « épouse » l'Indochinoise, à un ou à plusieurs, la refile, en fait cadeau, la reprend, la recase à un ami à son départ pour la France, la marchande. Tout le monde y gagne, la fille, les parents, les amis. À Saïgon c'est le commerce, les taxi-girls et l'amour à l'heure, le *sex business.* Robert s'y laissera prendre. « La femme, ici, semble faite pour l'homme, pour son amour; elle ne cherche ni à le dominer ni à lui ressembler. En apparence soumise, elle obtient tout de lui; elle lui est supérieure, elle règne sur le couple, absolument. C'est une surprise de voir ces petits bouts de femme, si fragiles, imposer leur loi. »

Robert épuisera toutes les nuances de la volupté asiatique. Mais son plus beau souvenir restera celui d'une fille d'un village tout proche de Can Tho. Ti Sao, « Petite Fleur », a le même âge que lui et garde ses beaux yeux noirs baissés quand elle le croise chaque jour sur son chemin. Elle est la fille du chef de famille d'un petit clan, un notable. Une gracilité de statuette, une peau mate, un visage fascinant et la belle taille qu'elle doit au sang chinois de son grand-père. Ils sont restés silencieux d'abord. Elle s'est enhardie la première, il lui a ouvert sa porte, et sa couche. Elle le suivra jusqu'au bout, jusqu'à son départ, lui apprendra l'Asie, lui fera un enfant qu'il ne connaîtra jamais. La « douceur de vivre » avec elle, il la goûtera entre les missions et les alertes, à terre ou sur le sampan qu'il a acheté en bloc, avec un chien, un singe et un serpent – « quelle famille! ». Robert est heureux, ils font chacun un bout de chemin vers l'autre, lui s'appliquant à quelques mots vietnamiens, elle apprenant un peu de français; il croit tout savoir de l'amour; elle en fait son élève; il ne l'oubliera jamais.

La France? Comme elle paraît loin! Sans doute les lettres de Marguerite Denard ou de Nénette lui racontent-elles le village, les amis, le père qui vieillit... et les « marraines de guerre », recrutées par petites annonces dans *Nous Deux* ou *Le Chasseur français*, enamourées à distance des exploits mythiques de « leur » soldat – « Je t'écris à la lueur des balles traçantes... » L'Indochine dévore physiquement et moralement le corps expéditionnaire. Les jours passent, la guérilla se durcit, les bandes de Viêt-minh à l'uniforme noir se font plus menaçantes, sûres de la victoire que leurs chefs ont inscrite dans l'histoire.

Les alertes se multiplient, les missions aussi. Robert embrasse Ti Sao, quitte son sampan et s'échine sur le moteur de son LCVP qui sillonne cette jungle d'eau, de boue et de vase, débarquant des commandos chargés de réduire les poches et les PC viêt-minh. On descend de plus en plus d'ennemis, aussitôt remplacés; mystère des guerres populaires. Les bons connaisseurs de l'Asie commencent à douter de vaincre une force inéluctable, une idée : « Ils gagneront parce que nous sommes les étrangers... » Belle méditation sur l'impuissance des puissants... La France a les hommes, la technique, l'armement, l'argent; les hommes de Nguyên Binh ont le choix entre vaincre et mourir. Signe de la pression viêt-minh : la zone de Can Tho, de « zone d'insécurité », est devenue « zone dangereuse ».

Mais Robert persiste à dormir parfois chez Ti Sao, dans le village, à plus de cinq kilomètres du camp... À l'aube, l'ennemi a voulu attaquer la caserne d'un régiment d'infanterie de marine, située en bordure de Can Tho, et l'a investie à l'aube. Robert se réveille. « Je fous le camp. » Ti Sao le retient, le cache sous son lit... « Ne bouge pas. » *In extremis :* les Viêt-minh fouillent les paillotes. Deux heures à retenir son souffle. Repéré, ce serait la mort immédiate. La main de Ti Sao. « Tu peux partir, vite. Les Français contre-attaquent; il ne faut pas qu'ils te trouvent là. » Robert l'embrasse et file. Il vient de l'échapper belle. Le village, désormais patrouillé, est interdit d'accès; Ti Sao le rejoint sur le sampan. À chaque retour de mission elle est là, mystérieusement avertie. « Inutile de la prévenir de ma date de retour; elle sait tout, celle du départ comme celle du retour; d'ailleurs ils savent tout! »

À deux cents kilomètres de là, vers l'est, entre Can Tho et Saïgon, Vinh Long, autre base, sera le nouveau port d'attache de Robert. La Division navale d'assaut est tenue fermement par un officier hors normes, le capitaine de vaisseau Toulouse-Lautrec. Elle ne chôme pas. Dès l'été 1949, Robert patrouille dans la nouvelle zone, sur le LCM 17. Un héros, immortalisé par Pierre Schoendorffer, sillonne aussi le fleuve, avec une canonnière et un chat nommé Deguzzi : Pierre Guillaume, le « Crabe-Tambour ». Beaucoup plus tard, Robert et Guillaume se lieront d'amitié.

Le LCM 17 est un engin d'origine américaine, intermédiaire entre les petits LCVP et les « gros messieurs ventrus » que sont les LCT. Bateau de débarquement à fond plat, vingt mètres de longueur, capable d'embarquer une ou deux sections, presque une cinquantaine de types des commandos d'assaut, un camion, une Jeep... Une vraie petite forteresse flottante avec trois canons de 20 mm disposés en triangle à l'arrière, deux mitrailleuses latérales et deux piats – les précurseurs des bazookas, armes à charges creuses, très destructrices, qui se trouvent juste à portée de main du chef-mécanicien Denard... Sur le bateau règne en maître l'enseigne de vaisseau de 1re classe Ambrosi, petit Corse sympathique, entier, fonceur et pète-sec. « Je suis le patron ici, nom de Dieu ! »

La « sale guerre » commence vraiment. « Fini le bon Nhaqué, se souvient Robert. Le “ Viêt ” est partout ; dès qu'un type arbore une tenue noire – la tenue du maquisard –, on tire à vue, un peu comme des fous ; c'est vrai qu'on massacre des innocents, mais on n'y peut rien ; ce sont eux ou nous... » Côté Viêt-minh, une fièvre, une agressivité qui ressemble à une répétition d'offensive générale. Forts de l'affaiblissement constant des troupes françaises, de l'accroissement continu des leurs, ils n'ignorent pas l'impuissance de Paris à supporter longtemps le poids de la guerre, son impopularité, l'avance des troupes communistes chinoises dans le Nord, qui contraint les Français à prélever des troupes en Cochinchine, au bénéfice du Tonkin.

La Dinassau 8 est constamment sur la brèche, martelant des opérations coup de poing en plein cœur du pays rebelle, répondant aux embuscades, aux poses de mines, par des raids meurtriers pour l'ennemi, pour elle-même. Les dragueurs de mines n'arrêtent pas de sauter sur le fleuve : le 21 avril, c'est le tour de *La Glycine :* deux officiers, dix-sept hommes disparus ; le 20 juin, celui du *Myosotis :* deux officiers, trente hommes disparus. Le LCM de l'enseigne Ambrosi est chargé de récupérer les épaves ; il remonte le *rach* jusqu'au point où s'est déroulé le drame du *Myosotis.* Le silence est lourd, rompu par le ronron du moteur. Soudain, sur la rive bien dégagée, se détachent des silhouettes, bien droites, en uniforme et béret ; un éclair de joie : vivants ! L'instant d'après, devant les yeux de Robert et de ses copains, l'horreur : les gars du *Myosotis* pourrissent sous le soleil après avoir été émasculés et empalés.

Image inoubliable de la tradition asiatique de la cruauté, une esthétique de l'efficacité, destinée à susciter chez l'ennemi la colère, la vengeance, les massacres aveugles de villages, en représailles : tout est bon pour souder le peuple entier autour des révolutionnaires viêt-minh. Qu'importe, les soldats optent pour le talion. Qu'ils crèvent ! Le « bon Viêt » devient le « Viêt mort ». Robert, comme tous les marins, saute, mitraillette au poing, sur les jonques et les sampans, repaires à munitions, à rebelles, à ravitaillement : il fait le coup de feu, à terre, en « free-lance », au côté des commandos de choc débarqués pour pacifier, purifier l'espace de la « pestilence » viêt-minh.

À la tête de la Dinassau 8, Toulouse-Lautrec a été remplacé par une sorte de demi-dieu, une légende vivante : Pontchardier. L'Indochine n'a pas été avare d'héroïsme, de panache, de paladins superbes et brutaux, de « gueules » généreuses et impitoyables. Elle en a peu connu, pourtant, de la trempe de Pontchardier, le commandant Pontchardier, capitaine de corvette dans l'aéronavale et futur amiral. Auréolé d'avoir commandé en 1946 des commandos marine avec un brio étourdissant, cette belle figure de la Résistance à l'occupation allemande fait de ses hommes ce qu'il veut.

En mars 1946, il est question de sauter sur Hanoï. Trinquier, qui en était, décrit ainsi le « ton » Pontchardier : « Quand vous serez rentrés dans vos familles, et que vous direz plus tard : “ J'ai sauté le 6 mars sur Hanoï ”, chacun dira : “ Ça... c'est un gars qui en a ! ” »

« Même si le “ Pacha ” leur avait demandé de sauter sans parachute, ils l'auraient fait, simplement pour le panache et la gloire ! », conclut Trinquier.

Comment, si on sert sous Pontchardier, ne pas être contaminé par l'aura de cet homme gigantesque, mi-César Borgia, mi-Du Guesclin? En 1946, à son premier retour d'Indo, froissé par un accueil mitigé à Marseille, il met à sac le journal communiste *Rouge Midi*... Les communistes, encore au gouvernement, n'auront de cesse de faire réexpédier dare-dare en Asie l'extravagant. Trinquier le décrit ainsi : « Torse nu, les muscles saillant sous la peau, il portait pour tout vêtement un pantalon de saut anglais pris dans ses *combat boots*. Son poignard était fixé à ses chaussures, et il portait à la ceinture un revolver et deux grenades... » Ses types affirment aussi qu'un cœur d'or battait dans sa poitrine.

Robert l'admire éperdument. Parce qu'il a été de la « bande à Pontchardier », beaucoup en concluront que Robert Denard fut commando marine; c'est faux. En 1949, le commandement du « Pacha » ne s'exerce plus sur les commandos marine mais sur la Dinassau 8, dont dépend l'unité de Robert. Demeure l'« esprit Pontchardier ». Le chef n'a pas changé; sans complexe, ni scrupule, ni honte, il s'affiche toujours torse nu, flanqué d'une bande de jolis garçons, tous trompe-la-mort comme lui; il mène sa guerre avec un culot monstre, présent sur le terrain, indifférent au danger. Sa renommée frissonne sur les rives, dans les villages reculés, jusqu'à la plaine des Joncs. Un flair, une maestria, un prestige inégalables, une pacification qui se fait sur son seul nom.

Le principe Pontchardier a une colonne vertébrale : réagir vite et fort; en cas de doute, frapper selon son intuition au lieu de se perdre dans le lacis de l'administration militaire, de ses lenteurs, de ses combines. Trompe-toi, le ciel t'aidera; frappe, si possible en pleine cible, à côté s'il le faut, mais ne reste pas immobile... Ainsi est Pontchardier, ainsi sont-ils tous, ces « élèves à Pontchardier », fiers de leur maître, redoutés comme lui de tous, des Nhaqués, des « Viêts », des états-majors. « Hors des bordels, des lâchetés, des saletés de la vie, cela nous fiche un sérieux coup de fouet! Une sorte de prestige qui nous grandit, que de porter son nom, d'en être dignes! »

Dans les pires moments, c'est à lui qu'on pense : « Ce jour-là, ça tourne mal, se souvient Robert. Nous sommes deux, planqués dans une rizière; les balles sifflent au-dessus de nous. Soudain, tout près, une paillote, pour se planquer. On cavale. Dans le repaire un Viêt me cueille, canon sur ma poitrine. La mort; je ferme les yeux. Il tire; sa culasse se bloque; je suis si surpris que le type a le temps de cavaler en nous laissant sa mitraillette. À l'examen, c'est une copie conforme de sten, fabriquée artisanalement avec des tours à pédale, dans les grottes de la pointe de Ca Mau; à la longue, à force de coups, leur canon s'ovalise, le coup ne part plus; c'est ce qui m'a sauvé! J'ai vu la mort inscrite dans les yeux du Viêt; j'ai ressenti la peur de mourir, une fraction de seconde; la peur qui paralyse... La baraka de Pontchardier était-elle contagieuse? Sans doute, parce que ce jour-là j'aurais dû mourir. »

Cette imitation de mitraillette Sten est une piste. On la remonte jusqu'à l'origine, ces fameuses « usines » clandestines des grottes de Ca Mau, riches de tout un arsenal. Il est facile alors de comprendre l'ordre de Nguyên Binh : prendre des armes à l'ennemi; tuer l'ennemi pour s'emparer de ses armes... Les Viêt-minh s'arment sur les cadavres et les prisonniers français. La Dinassau 8 s'enfonce en raids profonds, jour et nuit parfois, en quête de PC à détruire, de dépôts d'armes et de munitions à débusquer, traquant l'adversaire comme une bête fauve qui se fait toujours plus insaisissable. Les villages deviennent déserts ou muets; la menace de la mort cloue les lèvres; Nguyên Binh est impitoyable envers les traîtres et ses commandos laissent les chapelets de têtes de ceux que l'on soupçonne simplement d'avoir parlé... L'adversaire se dérobe et avance à la fois; les plus courageux, les plus tenaces des Français commencent d'en être marqués.

Quand on a vingt ans, dans ce climat tendu, il arrive aussi qu'on perde son sang-froid et son jugement. Harassés d'épuisement, de veille, de morts d'amis laissés sur le chemin, d'ennemi qu'on ne voit plus, Robert et cinq des siens vont commettre un excès qui est d'abord une faute... Ils viennent de rentrer de mission, d'arroser copieusement le retour à la base dans le restaurant chinois d'un village au bord de la rivière So Cho Chien. L'alcool les exalte : ils voient partout « du Viêt »... Tous « viêts » : les Chinois du restaurant, le village chinois...

Ils se consultent; c'est dit. À minuit, passé le couvre-feu, six ombres chargent dans leurs bras des bordures de trottoir et traversent au pas de charge le restaurant-paillote. La cuisine s'embrase. Une fournaise qu'ils achèvent de ratisser au bulldozer, jusqu'à la plainte, inévitable, l'enquête depuis Saïgon, et la sentence. Les coupables devront à Pontchardier de ne pas être traduits devant le tribunal militaire.

Le commandant de son unité a regardé Denard : « Tu as fait le con; tu dois le payer! » Pleuvent soixante jours de prison pour Robert, quarante-cinq et trente pour les suiveurs, les cinq compères de l'équipage du LCM 17, la solde supprimée, et, plus grave, la croix de guerre, promise, qui s'évanouit comme un mirage... « Le choc! Je l'ai mal digéré. Cette croix de guerre, ce fut une frustration terrible, bien pire que mes soixante jours de prison. Je revoyais mon père, ses décorations, ses croix de guerre... " Petit, tu les porteras plus tard ", me disait-il... »

Mais Robert n'ira pas au cachot, on a trop besoin de mécanos; c'est à bord du LCM 17 qu'il purgera sa peine. Plus grave que la peine, le zèle du second-maître, « vieux con que ses camarades menacent de foutre à l'eau », cette « injustice » que Robert rumine. Ces salauds de gradés lui font payer un coup de tête brûlée. Maintenant, à froid, son orgueil regimbe; il songe aux entorses, aux fautes des officiers, à leurs crimes, à leurs folies perpétrées dans l'honneur. Il se sent floué. « Bien sûr, je m'étais trompé puisque le village était un village chinois, mais cette erreur avait été sanctionnée bien sévèrement. Tout le monde se fichait des excès, à condition qu'ils ne soient pas le fait d'un simple quartier-maître, d'un homme de main. Je devais payer les pots cassés; cela me révoltait. »

Il estime sa carrière brisée. Cent vingt points rouges avilissent un dossier, le bloquent deux, trois ans, handicap insurmontable pour un jeune sans diplôme. Dans la marine, il est fini, sauf à accepter de vieillir subalterne. Sa décision est prise : il quittera l'armée à l'issue de ses cinq ans d'engagement.

En attendant, le voici affecté à nouveau à la base de Phu My. Un éclair de bonheur dans cette grisaille : Ti Sao ne l'abandonne pas; le ventre gros de l'enfant qu'elle porte, elle accroche leur sampan à des convois pour faire les deux cents kilomètres qui les séparent, lui donne ses sourires et son amour, avant de repartir chez sa mère. Éloigné encore, affecté au Cap-Saint-Jacques, il ne la reverra plus, il ne connaîtra pas son enfant, il écrira à ses copains restés à Can Tho, sans succès; Ti Sao semble avoir disparu. À force d'insister, il apprendra d'une assistante sociale que le bébé est né, juste avant qu'il ne reparte en mission sillonner la côte cochinchinoise et la rivière de Saïgon, jusqu'à l'île de Poulo Condor – l'ancien bagne où sont passés tant de chefs viêt-minh.

Tristesse des derniers temps d'Indochine, à naviguer sous les ordres d'un type sale, un détraqué, portant barbe et chapeau chinois. « Oh! Machin! demande Robert, où est le pacha? » L'illuminé se retourne et répond, solennel : « C'est moi le commandant de ce navire! »

L'année 1950 vient de commencer. Robert prolonge encore de six mois son engagement pour essayer de retrouver Ti Sao. En vain. Il va devoir regagner la France, mais pour lui, l'Indochine garde le visage de cette fille qui lui a donné son premier enfant.

2.

Si l'épisode de Vinh Long a ulcéré Robert, il n'a pas altéré sa belle vitalité. L'Indochine l'a mûri, endurci, a trempé son caractère au spectacle mêlé de la laideur et de la beauté. La vie? Il faut la prendre d'assaut : à lui seul revient de la faire splendide!

Il est lié à l'armée jusqu'en 1952, et on parle de l'envoyer en stage aux États-Unis. Mais avant l'Amérique, il retrouve Paris qui garde, en ce printemps 1950, l'inimitable parfum de la tante Augusta, égale à elle-même, toujours prête à accueillir chaleureusement son neveu préféré. Elle a installé un salon de massage dans sa villa de Champigny, les filles y sont superbes, le champagne bien frappé. Robert se laisse câliner, danse la rumba qui fait fureur, écoute Gréco chanter *Je hais les dimanches* et André Claveau faire un triomphe avec *Cerisiers roses et pommiers blancs*.

L'été 1950, c'est Grayan, la mère qui le serre contre elle et verse une larme, sa sœur Nénette, et Léonce vieillissant en solitaire. Père et fils comparent leurs mérites respectifs, le ton monte, ils ont tous deux le sang si chaud...

Le village a changé, les maisons sont reconstruites et l'église restaurée; les copains sont mariés mais les filles sont toujours charmantes sous le soleil des dunes. Elles le trouvent beau, ce gaillard de vingt et un ans, mais s'effacent devant Jacqueline, élue rosière de Vensac et qui fait de Robert son « rosier », le temps d'un été, des promenades en Juva 4 jusqu'à Soulac, la plage chic, au bout du Médoc.

Le soleil décline, la permission s'achève; voilà Robert de

retour au 5e dépôt à Toulon, avec son atmosphère bon enfant, ses ruelles louches et ses bordels. Le Canard Breton est toujours là, mais Carmen est absente. Lolita, la vieille maquerelle au cœur tendre, lui racontera que la route de Carmen s'est croisée avec la sienne, qu'elle l'a suivi en Indo, l'a cherché à Saïgon, puis s'est consolée dans les bras d'un second-maître qui l'a épousée... « C'est triste et beau », suggère Lolita.

Au lieu de Carmen, il retrouve, pour d'autres plaisirs, Guy Carron, de Bordeaux, et l'ami Legendre, de Pauillac, lui aussi rapatrié d'Indochine. Ils vont tenter ensemble l'aventure américaine : embarqués sur l'*Arromanches*, ils échouent à Philadelphie, en stage à l' « école de feu », aux frais de la mère République, sur le chantier de réarmement du porte-avions *La Fayette*.

Le duo Denard-Legendre veut se payer une tranche de bon temps, écume clubs, pubs, dancings en tous genres, huppés ou borgnes. Il se taille même un petit succès à la télé, où on le voit articuler soigneusement *Red Cross Blood* pour une campagne de collecte de sang qui le conduit à New York, à San Francisco, à Los Angeles...

Séduits par l'Amérique, ils mâchent du chewing-gum, ânonnent l'anglais et miment la mode militaire US, glissant leur col marin sous le caban, ce qui fait plus chic et plaît aux filles. De véritablement français ne demeure que le béret avec l'inscription « Marine nationale ».

L'Amérique, c'est une bouffée de liberté. Robert a souffert de la rigueur militaire de la Royale, de la morgue de ses officiers, des barrages de la hiérarchie, du diplôme, de la famille. Comment lui, fils de pauvre, ne lorgnerait-il pas vers l'esprit « démocratique » de la Navy? De tout petits gestes font chaud au cœur, comme autant de revanches. Entend-il un *get out!* gueulé par des poitrines de boys US à l'adresse d'un officier français qui joue les passe-droit à la cantine de l'arsenal, il jubile. L'esprit américain l'exalte : c'est cela, la vie; se bâtir, sans complexe ni honte ni relâche, sans peur de se salir les mains; les boys de l'arsenal travaillent dans le cambouis tout le jour, avant de se changer le soir en serveurs, en portiers, en videurs, dans les restaurants, les bars et les boîtes; une journée continue, douze à quatorze heures, pour s'en sortir, « faire du fric », promener des filles en Chrysler rutilantes, et infliger encore des scores humiliants aux *Frenchies* sur les terrains de basket : 180 à 2 ! Le dernier panier, Robert l'a marqué à la dernière seconde, par hasard, écœuré.

Pour sauver l'honneur français, restent l'amour et la glorieuse réputation des *French lovers*. Au French Club de Philadelphie, à l'YMCA, toutes y succombent. Legendre et Denard, chasseurs couplés, s'y épuisent en parties folles, auxquelles ne manquent même pas quelques ingrédients de mélo : maris absents – voyageurs d'affaires ou guerriers de Corée –, épouses désœuvrées à la féminité ardente, ébats nocturnes et diurnes, dans la rue, sur les capots, sous les porches, coups, injures, scènes, pleurs et réconciliations pattes en l'air.

Les retours à la base sont cocasses. On boit les bouteilles de lait déposées sur les seuils par le laitier, tout au long de l'avenue, et, bien sûr, on les casse. Ce qui provoque les foudres de la PM.

Arlette et Yvette ont rencontré leurs maris américains en France, en ont épuisé les charmes et réclament des prouesses bien gasconnes à Denard et à Legendre. Un défi enfin : la France contre l'Amérique; l'Ancien Monde contre le Nouveau. « Que veux-tu », dira l'amie d'Arlette à son vieux mari jaloux, « il sait si bien faire l'amour... – Mais comment s'y prend-t-il?, répondra l'autre – Comme ceci, comme cela ! », et le vieux s'escrime à répéter les exploits de Legendre.

Pour leurs marins, elles affronteraient le diable. Elles les installent chez elles, au milieu des enfants, dans le lit et les vêtements du mari. Robert est tous les soirs cueilli à l'arsenal par Arlette en Chevrolet blanche, devant des boys médusés.

– Robert, il est rentré, il aimerait te connaître, je lui ai parlé de toi.

– Tu es folle. Qu'il soit cocu, bien; mais de là à se serrer la main...

– Nous ne sommes pas en France mais en Amérique; ici, on est libres !

Comment résister aux manigances des femmes? Une soirée fameuse, une cuite inoubliable, l'amant et le cocu bras dessus, bras dessous, se jurant amitié éternelle, un infortuné heureux, un amant déconfit... À ces jeux-là, Robert trouve une fêlure au plaisir et se lasse.

L'aventure, d'ailleurs, prendra un autre tour, gâtée par l'imbécillité jalouse d'un officier, un enseigne de vaisseau première classe, titillé dans son orgueil par l'incroyable faveur dont jouit ce marin ordinaire. La rivalité éternelle entre le Pont et la Machine. Le fâcheux se met en chasse de la belle, résolu à l'enlever à son gueux. En mousquetaire, Robert lui suggère d' ôter ses galons et de se battre à la loyale ! Il se trompe d'époque. L'autre le prend de haut et lui colle l'arme des faibles : un rapport désobligeant. Il ne cessera de poursuivre de sa hargne le jeune quartier-maître : second-maître, grade auquel il postule, Robert ne le sera pas. Il passera tout de même l'examen d'admissibilité grâce à un ingénieur-mécanicien du *La Fayette* qui sait apprécier les bons diésélistes.

Une brimade de plus après la vexation indochinoise, c'en est trop. Cinglé à vif, effondré, le jeune orgueilleux songe à déserter. De plus en plus éprise, Arlette l'y pousse : « J'attends un enfant; je le garde si tu restes; si tu pars, à quoi bon ? Déserte, reste ici, deviens citoyen américain; avec ta trempe, tu bâtiras une fortune. Je paie ta caution. » (5 000 $ de l'époque). Robert regarde Arlette et voit en rêve Philadelphie, une petite maison, les traites à la fin du mois, les enfants, l'ennui... « Non merci. Adieu... La vie est longue. »

La fin du séjour approche. Après Philadelphie, voici les deux compères sur leur porte-avions, dans la baie de Norfolk, qui se portent volontaires pour s'asseoir au côté de pilotes qui s'exercent aux manœuvres d'appontage. Une griserie : « J'avais la sensation de me poser sur une boîte d'allumettes au milieu de la mer. » C'est ainsi que se fera le retour vers la France, puis le débarquement à Toulon, avec, bien sûr, un chargement de bas nylon et de cigarettes américaines.

3.

De retour des États-Unis, à la fin de 1951, Robert ne nourrit aucune illusion sur son avenir dans l'armée française. S'il n'a pas déserté aux USA, comme le lui suggérait Arlette, il sait bien que sa carrière militaire est sans perspective. « C'était bouché pour moi. J'avais vingt-trois ans et sept ans d'armée à mon actif. Je n'ai pas eu besoin de beaucoup réfléchir, je suis parti. » Au terme de son engagement de cinq ans, au printemps 1952, il quitte sans regret une armée qui n'a plus rien à lui offrir.

Arlette lui a conseillé de poser sa candidature auprès de la société qui emploie son mari – une entreprise qui construit des bases militaires. Atlas Constructor lui propose un poste au Maroc, et c'est ainsi que Robert rejoint Nouaceur, une base proche de Casablanca, un vaste camp couvert de baraques et encombré de matériel où travaillent un millier de personnes, uniformes américains et français mêlés aux tenues civiles, dans un laisser-aller qui a peu à voir avec la discipline militaire. S'il a quitté l'armée, Robert retrouve là un cadre familier, proche de ce qu'il a connu aux USA.

Il travaille comme conducteur d'engin et mécanicien, et il a vite fait, en observant la vie de la base, de se rendre compte de l'incroyable gaspillage qui y règne. Un pillage organisé de vivres, de matériel et d'armes, malgré les barbelés qui entourent le camp. Des employés arrondissent leurs fins de mois en revendant à moitié prix, dans les ateliers de Casa, toutes sortes de pièces détachées. On retrouve dans les souks de la ville les marchandises américaines détournées; des chargements entiers, à peine débarqués dans le port, disparaissent. Robert se souvient d'un chauffeur arrivant à la base avec un lot de contre-plaqué, renvoyé de Nouaceur à Benguerir puis à Sidi Slimane (les deux autres bases US du pays) et s'appropriant finalement le chargement, parce que personne ne savait vraiment à qui il était destiné. Aussitôt, le convoyeur, en le vendant, gagne de quoi monter une entreprise de transport entre Casa et Marrakech, et se retrouve un an plus tard propriétaire d'une demi-douzaine de camions. Il devient, finalement, l'un des plus gros transporteurs du pays...

L'hémorragie qui affecte la base donne lieu à un inventaire, au début de 1953, suivi d'une enquête et d'un renforcement de la sécurité. Lassé des 3 × 8 et des réparations, Robert demande à y être affecté et travaille désormais avec les polices militaires américaine et française. Ses nouvelles tâches l'amènent à rencontrer les policiers de Casa, Français du Maroc pour la plupart. Des sympathies se créent, des amitiés se nouent au cours de discussions où l'on s'inquiète de l'atmosphère empoisonnée du protectorat – de celle de Casa tout particulièrement. Les attentats antifrançais s'y multiplient, et la police se sent impuissante. Les émeutes de décembre 1952, consécutives à l'assassinat en Tunisie du leader syndical Ferat Hached, ont fait trente-neuf morts dont quatre Européens. Leur répression, commandée par le résident général, le maréchal Juin, et mise en œuvre par le chef de région Philippe Boniface, a consommé la fracture, dans le protectorat, entre les nationalistes de l'Istiqlâl et les Français anti-indépendantistes, de même qu'en métropole, entre les intellectuels, Mauriac en tête, et un pouvoir dont la seule politique perceptible, après des années d'immobilisme, est désormais l'éviction du sultan Mohammed Ben Youssef, le futur roi Mohammed V.

Chez les policiers français de Casa, livrés à eux-mêmes et confrontés à la recrudescence de la violence qui suit l'emprisonnement des chefs de l'Istiqlâl, le sentiment d'insécurité domine et provoque une exaspération croissante. À la base de Nouaceur, où il enquête sur les vols, Robert sait quant à lui que les armes et les explosifs qu'on dérobe grossissent l'arsenal des « terroristes », ainsi qu'on désigne à présent les nationalistes. Aux policiers pieds-noirs qui lui demandent ce qu'il fait chez les Américains, et pourquoi il ne les rejoint pas, Robert répond qu'il gagne deux fois plus qu'eux, et qu'il n'est pas pied-noir, justement.

– Tu étais dans l'armée française, tu as fait l'Indo... insistent ses relations. Ta place est parmi nous.

Bob en convient, mais il hésite encore à sauter le pas. Ses préoccupations sont alors d'un autre ordre, liées à un versant de la vie marocaine que le sang et les déchirements entre communautés n'ont pas encore bouleversé.

Casablanca, au début des années cinquante, c'est pour les Français la plage d'Aïn-Saaba, lieu d'excursions dominicales, située à la périphérie de la ville, et le bal de la Maison basque, où l'on se retrouve après grillades et baignades pour écouter les chanteurs venus de métropole, danser et faire des rencontres. Robert s'y rend, comme beaucoup d'autres, avec ses amis de la base, les Bordelais Jacques Bouey et Olive Pouliquen. Il n'y passe pas inaperçu, même des jeunes filles sages, dûment accompagnées. Pour une danse qu'elle a le front de lui refuser, l'une d'elles, parmi les plus jeunes et les mieux chaperonnées, attire son attention et entre dans son existence. Robert fait preuve de persévérance pour surmonter les rebuffades initiales, et d'humilité pour convaincre de la pureté de ses intentions. Cadette d'une famille juive marocaine, très imprégnée de culture française, Giselle Riboh a dix-sept ans et demi, des yeux de braise et l'imagination nourrie de littérature. Pour les huit enfants de la famille, l'autorité paternelle n'est pas un vain mot, et l'idylle avec Robert, à peine née, en heurte les principes. Un mariage mixte, dans cet univers cloisonné et rigide, est alors une rareté. Amoureux et obstiné autant qu'ignorant des règles claniques en vigueur, Robert brave l'intransigeance paternelle de Moïse Riboh. Celui-ci meurt une semaine avant le dix-huitième anniversaire de Giselle, en mars 1953, et la présentation à la famille se transforme en visite de condoléances. Le deuil préside aux fiançailles, en mai, et encore au mariage, le 12 septembre 1953, un an tout juste après la première rencontre des jeunes gens à la Maison basque.

Dans son souci de se faire accepter par la famille Riboh, Robert se prête à un simulacre de cérémonie de passage et obtient du docteur Cohen un certificat de complaisance. Se faire comprendre par sa belle-mère, qui ne parle qu'arabe, se fondre dans cette famille nombreuse et soudée qui vient de perdre son chef, voilà dans cette période ce qui le préoccupe d'abord. En même temps, cet enracinement marocain, quoique de courte durée, le rend plus sensible à la situation du pays, où les événements s'accélèrent, de plus en plus dramatiques.

Le sultan Mohammed Ben Youssef, installé par la France en 1927, cristallise sur sa personne les affrontements qui préludent à l'indépendance. De celle-ci, on parle à peine en 1953. Même l'Istiqlâl, dans ses propositions de 1952, associe à cette revendication une coopération privilégiée avec la France. À Paris, dans les couloirs des ministères et à l'Assemblée, s'affrontent les ultras du « lobby marocain », qui prônent la départementalisation pure et simple, les libéraux, qui rêvent d'une cosouveraineté, et les partisans d'une autonomie au cadre juridique incertain. Toutes conceptions politiques élaborées si loin des réalités qu'elles seront bientôt balayées par les exigences de celles-ci...

À partir de janvier 1953, la campagne contre le sultan – trop populaire du fait de son insoumission aux directives de Vichy pendant la guerre et trop sensible au mot d'ordre d'indépendance lancé dès 1944 par l'Istiqlâl – mobilise l'énergie des autorités françaises et de leurs alliés, au premier rang desquels figurent le pacha de Marrakech, el-Glaoui, et le chef religieux de Fez, Kittany. Les guerriers berbères du premier, le prestige religieux du second paraissent au maréchal Juin les meilleures armes de la France pour sauver le Maroc de la vague nationaliste, et, d'abord, écarter Mohammed Ben Youssef. En août 1953, cette politique est couronnée de succès, en même temps que son inspirateur se voit désavoué! Le sultan est destitué, et Juin remplacé par le général Guillaume à Rabat. Les grands féodaux, les notables attachés à la France triomphent; les Berbères d'el-Glaoui campent autour de Rabat, patrouillent dans la médina de Casa. Mais dans la foulée, tandis que Paris tire Moulay Arafa de sa retraite pour remplacer Mohammed Ben Youssef, les blindés français privent El Glaoui de sa victoire, encerclant Rabat pour protéger le nouveau sultan des cavaliers berbères. El-Glaoui était le poignard, on s'en est servi et aussitôt débarrassé, pourra-t-on dire après ces semaines meurtrières d'août 1953 qui préfigurent deux années plus sombres encore. Le plan Guillaume, avancé alors, parle bien de réformes, mais c'est pour les faire dépendre d'un maintien de l'ordre que toute la politique française jusque-là a contribué à saper. Le protectorat est en fait au bord de la guerre civile.

Mohammed Ben Youssef, en exil à Madagascar, devient par sa « défaite » le héros de l'aspiration nationaliste, unifiée sur son nom. Mieux que toute la propagande de l'Istiqlâl n'y était parvenue, sa mise à l'écart soude les forces d'opposition et entraîne l'adhésion populaire à leur revendication d'indépendance. La nuit de sa destitution, la figure du sultan déchu n'est-elle pas apparue sur la lune, aux yeux de tous? Moulay Arafa, le « sultan des Français », est l'objet d'un rejet proportionnel au surcroît de popularité de son prédécesseur. Et il ne tient sa place qu'à contrecœur, restant quasiment cloîtré dans son palais, après avoir échappé à deux attentats. El-Glaoui règne encore sur son fief du Sud, mais l'alliance des féodaux et des religieux est mise à mal par les manœuvres françaises. C'est la loi du maintien de l'ordre à tout prix – pour lequel Georges Bidault, ministre des Affaires étrangères, a donné carte blanche à Guillaume – qui prévaut dans le protectorat. Treize mille personnes ont été arrêtées en août et en septembre. Les prisons sont pleines, le couvre-feu est instauré, les mosquées sont fermées. L'heure des attentats a sonné, l'enchaînement des faits a si bien dénoncé l'incapacité des politiques que ne restent aux prises, en cette fin d'année 1953, que les termes radicalement opposés d'une seule alternative : l'indépendance totale du Maroc ou son maintien à toute force dans le giron français.

Garder le Maroc français, tel est l'objectif de tous ceux, en métropole ou dans le protectorat, que l'on désigne comme les ultras du « lobby marocain ». À la chambre, au gouvernement, dans l'armée, la haute administration ou le monde des affaires, ils sont nombreux à constituer cet invisible « parti du maintien » qui se définit d'abord par ses refus. Refus de voir remise en cause la souveraineté française en Afrique du Nord, après le désastre indochinois; refus d'admettre que des décennies d'administration directe et de vassalisation se heurtent désormais à une conscience nationale qu'aucune velléité réformatrice de dernière heure ne saurait endormir; refus, en somme, d'imaginer la fin de l'ère coloniale.

Les intérêts, les convictions politiques, les personnalités de ceux que rassemblent ces refus sont diverses, voire contradictoires, mais dans le contexte français des années cinquante, face à un pouvoir politique affaibli et à une opinion publique informe, leur influence et leur action sont prépondérantes. Ainsi de grandes fortunes hexagonales, financières et industrielles, rejoignent-elles dans ce combat les intérêts du « petit père » Aucouturier, figure haute en couleur et archétype du « pouvoir colon » dont use sans vergogne ce « petit paysan devenu trop vite millionnaire » pour s'arroger un rôle de potentat local. Ainsi Émile Roche, président du Conseil économique et social et éminence grise du protectorat, trouve-t-il dans tous les partis, dans tous les gouvernements de la IVe République députés et ministres prêts à défendre la cause nationale au Maroc. Pour tous ceux-là, Juin, auréolé de gloire militaire et dernier maréchal de France, représente l'ultime recours et, pour les Français du Maroc, l'homme providentiel. Bien qu'écarté de la Résidence générale, il continue, par l'entremise du colonel Lecomte, son bras droit, chef d'état-major du ministre de la Guerre Koenig, à veiller aux affaires marocaines, tandis qu'à Rabat le général Duval prône au sein du commandement militaire la « mission pacificatrice » de l'armée française qui a fait ses preuves, en 1945, à Sétif, au prix de milliers de morts.

Dans le camp des « patriotes du Maroc », Présence française se montre la plus virulente à défendre les intérêts français. Émanation du parti radical de Casa, elle illustre comment, sous la pression des événements, un regroupement de notables se transforme en parti officieux dont le programme est ouvertement activiste. Inspirée par Émile Eyraud, pionnier du protectorat et directeur de *La Vigie marocaine*, le plus grand quotidien du pays, Présence française s'abrite sous l'aile de la puissante fraction du parti radical dite tendance Morice, farouchement hostile à tout changement dans les colonies. Alors qu'à Paris, ce même parti radical se donne pour chef Pierre Mendès France, le « bradeur des colonies »...

Mais un lobby, si puissant soit-il par ses moyens financiers et ses ramifications dans les sphères dirigeantes, ne devient populaire que par la force d'attraction de personnalités qui sur le terrain expriment ses intérêts. Plus qu'Eyraud ou que

Boniface, le docteur Causse incarne, à Casa, et à la tête de Présence française, l'engagement des Français pour garder le Maroc dans la République. Comme d'autres, colons ou administrateurs, il a l'amour du pays, l'exubérance ombrageuse et les certitudes tranchées de ceux qui ont façonné les colonies. Mais quand le chef de région Boniface, son protecteur, fait peur avec sa garde prétorienne et ses méthodes expéditives, Causse force l'admiration, la sympathie, en allant soigner seul les pauvres de la médina, en rassemblant la jeunesse désœuvrée du Maarif sur les stades, en bousculant à force de dévouement et de conviction les clivages communautaires. Dans un pays où ne manquent pas les « figures » de la colonisation, celle du docteur Causse n'est pas seulement pittoresque et chaleureuse. Elle représente aussi, par son dynamisme et son ouverture, la chance d'un élan, d'un avenir commun où seraient dépassées les raideurs militaires, les crispations politiques. Elle entretient l'illusion que cette chance n'est pas passée, déjà désavouée par l'histoire. Présence française et le docteur Causse, son chef plus encore que son porte-parole, apparaissent alors naturellement comme les catalyseurs d'un mouvement qui saurait traduire en actes ces refus que partagent, chacun à sa manière, tous les partisans d'une solution française pour le Maroc.

Plus que dans les ordres d'une hiérarchie cloisonnée, hésitante, c'est dans les mots d'ordre de Présence française que se reconnaissent les policiers de Casa qui pressent Robert de les rejoindre. Face à la montée de la violence qui suit la destitution de Mohammed Ben Youssef, l'activisme du docteur Causse et de ses amis a en métropole ses supporters, les avocats Tixier-Vignancour et Biaggi, le sénateur Michel Debré, gaulliste de choc et propagateur, dans *Le Courrier de la colère*, des thèses ultras, et, dans le protectorat, ses agents, ses hommes de main. Quoi d'étonnant à ce qu'il recrute prioritairement ces derniers dans la police?

Le soupçon y règne, en même temps que le sentiment d'impuissance. Soupçon des pieds-noirs à l'égard de leurs collègues marocains, soupçons de la base à l'égard de la hiérarchie, du corps policier à l'égard de la justice, et plus encore à l'égard des pouvoirs politiques. La menace, la trahison, sont partout présentes ou à venir, pour les policiers pieds-noirs, au sein d'une administration où la légalité est ouvertement bafouée par ceux qui s'y sont taillé de véritables fiefs.

De l'exaspération à l'action violente, le pas est vite franchi pour ces hommes qui portent l'uniforme et les armes, et s'accrochent à d'ultimes privilèges où se confondent leurs intérêts corporatistes, ceux du Maroc en péril et ceux de la France, menacée d'être amputée d'une partie d'elle-même. Impunité assurée, quand l'exemple vient d'en haut et que la légalité s'estompe dans la défaillance de l'État. Le sentiment d'être supérieurs aux Arabes, prompt à se muer en racisme meurtrier; la conviction que la seule politique qui vaille est de répondre coup pour coup, œil pour œil, achèvent de transformer des policiers en contre-terroristes. Ils ne seront pas les seuls et, à l'inverse, *toute* la police française au Maroc ne sera pas impliquée dans le contre-terrorisme. Mais dès le 31 décembre 1953, l'envoyé spécial de *France-Soir* rapporte ainsi l'opinion qui prévaut : « La plupart des Marocains et des Français considèrent l'Istiqlâl comme responsable du terrorisme, et la police comme auteur du contre-terrorisme. »

Et ceux qui appliquent la loi du talion pourraient répondre avec toutes les apparences de la bonne foi : « Quels scrupules devrions-nous avoir, quand, la veille de Noël, une bombe antifrançaise, au marché central de Casa, a tué aveuglément, en pleine foule, dix-sept personnes... des femmes, des enfants pour la plupart? »

À la fin de 1953, à Casa, les scrupules, en effet, ne paraissent plus de mise à beaucoup. Robert est de ceux-là. « Il va y avoir du baroud », lui répètent ses amis policiers. Il finit par faire le choix qu'ils lui suggèrent.

Le projet de réorganisation des bases US au Maroc signifiait, pour lui, devoir quitter Nouaceur et Casa, une perspective qui ne l'enchantait pas, pas plus que ne le réjouissait celle de se cantonner à un travail routinier. Atlas Constructor et les bases américaines ont épuisé leurs charmes à ses yeux. Il n'est pas prêt pour autant à entrer dans la police, puisque, durant quelques mois, il travaille pour Shell, à Oued Zem puis à Meknès. Giselle le suit, elle est enceinte. Elle quitte le cabinet d'avocat où elle travaille à Casa pour un autre, celui de Me Buttin, à Meknès. Après un mariage conquis de haute lutte, ce nouveau travail et sa future paternité dessineraient-ils pour Robert un horizon stabilisé, une vie professionnelle et familiale « normale »? Il faudrait, pour croire longtemps à ce mirage d'intégration, être ailleurs qu'au Maroc, ou que le Maroc soit autre. Que Robert soit bien différent, surtout. Les premières lézardes sont vite apparues dans le couple. Les liens conjugaux et les contraintes familiales se révèlent vite aussi pesantes que la routine du travail. « Sans m'en rendre compte, j'avais épousé toute une famille, avec ses solidarités, sa chaleur, et ses contraintes. » En même temps, le « baroud » annoncé se pare de toutes les séductions.

La police chérifienne en quête d'effectifs lui fait miroiter la possibilité de devenir immédiatement inspecteur. Cette promotion que l'armée lui a refusée, la police la lui promet, fulgurante. Ce n'est évidemment pas le genre d'avantage que l'administration peut garantir par avance, même au Maroc, mais à force de se l'entendre répéter il finit par y croire, autant qu'aux propos exaltés de ses camarades. La France, le drapeau, une cause menacée, trahie... Pour qui s'est engagé à seize ans, les arguments portent. La revanche sur la déception militaire est à portée de main, l'envie d'agir dans une situation troublée l'emporte sur les hésitations.

Robert a rempli un dossier. Au vu de ses états de service militaires, il est accepté dans la police. Mais pour la carrière entrevue, il doit déchanter. Il lui faut suivre la filière classique, celle qui commence par le bas de l'échelle, et un stage à Ifrane, dans le moyen Atlas. Ces trois mois de formation sont cependant écourtés : la gravité de la situation, à Casa, exige la mobilisation de tous les effectifs. Robert et Giselle se réinstallent à Casa; il est agent de ville, puis motard dans le secteur de Casa-Maarif. Mais, promotion rapide ou pas, il est heureux d'avoir sauté le pas, et pas question de faire machine arrière; tant pis s'il est « de nuit » quand Giselle travaille le jour, s'il gagne bien peu et loge à l'étroit. Il est affecté à la police urbaine, chauffeur d'une voiture de patrouille. Il travaille avec René Canton, vingt-cinq ans comme lui, ancien boxeur et cycliste, souffle inépuisable et cœur d'or.

À défaut de carrière dorée, la police offre des amitiés que le danger et les incertitudes de l'heure promettent solides. Celle de Canton d'abord, celles aussi de Raymond Beltran et de Lucien Catalano, rencontrés à l'école de la police chérifienne. Beltran est plus jeune que lui, Catalano revient de Corée. Il est resté à la circulation. Avec lui, Robert prépare et réussit le concours d'officier de police adjoint. Il intercepte à un barrage routier une voiture bourrée de tracts. Remarqué et bien noté, le voilà rapidement, non pas encore inspecteur, mais attaché à une brigade spéciale de flagrants délits dirigée par le commissaire Vergnolles : un type immense, bâti en force, partisan des méthodes musclées, qui dépend lui-même des Renseignements généraux dont le directeur est, à Casa, le commissaire divisionnaire Colomer.

Flic à Casa, la capitale industrielle du Maroc, grouillante de vie... Une ville-champignon d'un demi-million d'habitants, dont un cinquième d'Européens. C'est dans sa périphérie déshéritée qu'a été forgée l'appellation « bidonville ». Le quartier résidentiel d'Anfa, au contraire, affiche son luxe avec ostentation. La plage d'Aïn-Saaba y est encore magnifique, propice aux fêtes et aux escapades tendres, tandis que le port est le centre de tous les trafics. La jeunesse du Maarif et des banlieues misérables, surpeuplées et cosmopolites, y est plus livrée à elle-même qu'ailleurs. Ville européenne et médinas arabes sont ici imbriquées, dans un concentré explosif d'industrialisation effrénée, d'urbanisation sauvage et d'inégalités criantes. Dans un pays au bord de la guerre civile, chaque communauté trouve à Casa, plus facilement que nulle part ailleurs, des troupes prêtes à s'affronter au nom des solutions les plus radicales. Le terrorisme y échappe à tout contrôle, débordant, dans le camp nationaliste, les directives de l'Istiqlâl, trouvant chez les Français, notamment dans la police, un vivier naturel. Aussi, c'est à Casa surtout, fief du docteur Causse et noyau dur des ultras de Présence française, que se développe l'affrontement du terrorisme et du contre-terrorisme à partir de 1954.

Est-ce *de facto*, pour Robert, l'engagement dans le contreterrorisme? Oui, sans doute, parce que, justement, Casa est ainsi, et que l'action antiterroriste de la police, qui est désormais la tâche prioritaire des services réorganisés par Guillaume, débouche, par ses méthodes mêmes, sur l'action contreterroriste. Les brigades de flagrants délits sont au centre des nouvelles missions de sécurité, et bientôt rattachées à la Lucoter, branche des RG spécialisée, comme l'indique son appellation, dans la lutte contre le terrorisme, donc au centre de l'action contreterroriste clandestine. Chargées de planques, de filatures et d'interpellations, ces brigades doivent aussi permettre de découvrir et de démanteler, en remontant les filières, les réseaux terroristes marocains. Par les méthodes mises en œuvre, leur action s'apparente de fait à un contre-terrorisme policier assumé par la hiérarchie.

Celle-ci a fait le compte des victimes des attentats nationalistes : cinq morts en octobre 1953, douze en novembre, vingt-cinq en décembre... Les indicateurs marocains, paralysés par la peur, ne lui sont plus d'aucun secours, les enquêtes s'enlisent à mesure qu'une nouvelle affaire chasse la précédente. Après les mesures de sécurité drastiques prises au début de 1954, le terrorisme n'a pas désarmé. Il est devenu sélectif, exemplaire, et quasi quotidien à Casa. En choisissant des cibles « représentatives » de l'ordre colonial, il devient plus redoutable encore. Il s'accompagne, à l'égard de la population marocaine, d'une sévère campagne d'intimidation, pour la dissuader d'enfreindre les consignes de boycottage des intérêts et des produits français. Ainsi, en fumant ou en consommant de l'alcool, par exemple, les Marocains s'exposent à des représailles. Dans Casa, de part et d'autre, la peur règne. Et pour démasquer les terroristes, les policiers des brigades de flagrants délits usent de la provocation. « On était trois ou quatre en civil dans des voitures banalisées, et parfois une " chèvre " déguisée en arabe, portant un gilet pare-balles sous la djellaba, parlant arabe de préférence, allait en public boire ou fumer, ou tenir des propos hostiles au sultan en exil... Il risquait sa peau, il fallait que les autres interviennent très rapidement en cas de danger, de tentative par les terroristes d'abattre le provocateur. Mais c'est comme ça qu'on leur mettait la main dessus, qu'on pouvait remonter leurs filières très cloisonnées. C'était un boulot souvent fastidieux, le moindre relâchement pouvait être fatal. Cela a failli me coûter la vie un jour, au carrefour de la route de Mediouna et du boulevard de Suez, à 1 heure du matin. Mes collègues sont allés chercher à manger dans une boutique et m'ont laissé seul un moment. Je reste en planque, en civil, armé, observant l'animation du coin. Tout à coup une bagarre éclate, l'attroupement grossit et vient dans ma direction. J'ai à peine le temps de dégainer mon beretta 9 mm de service que le groupe se fractionne et qu'un type fonce sur moi avec un couteau. Je tire et je le manque. Il rejoint un groupe à une cinquantaine de mètres et on commence à me jeter des pierres. Je me retrouve acculé contre le mur de la station-service, au coin du boulevard de Suez, et je dois tirer pour les tenir à distance. Une pierre m'atteint au coude et je lâche mon arme. Les types se précipitent en hurlant... J'avais un P 38 dans un holster, je tire dans le tas et un gus reste au tapis. Les autres hésitent. J'entends le *you-you* des femmes, ce qui est toujours mauvais signe, et je me demande ce que font mes camarades. Tout à coup une Jeep de patrouille débouche et freine à mort, les gendarmes mobiles bondissent et défouraillent tous azimuts. Puis ma voiture revient, les gars ont entendu les coups de feu et rappliquent enfin... Je l'ai échappé belle cette nuit-là, et, après les constats d'usage, nous avons décampé. Mais dans le quartier, évidemment, on était repérés... »

De la lutte antiterroriste au contre-terrorisme, la frontière est ténue, son franchissement affaire de conviction, de révolte. Pour Robert, celle qu'il éprouve la veille de Noël, en 1953, quand les décombres du marché central livrent l'horreur brute des corps sans vie, déchiquetés par une bombe aveugle, est décisive. Il est sur les lieux en compagnie de Canton, peu après l'explosion. « De là vient mon engagement... Devant cette boucherie, il faut être une bête pour ne pas avoir envie de vomir. Canton et moi, on était écœurés, on voulait buter les responsables. » Engagement dans la police et dans l'action antiterroriste, dès lors, ne font qu'un. Robert cependant n'est pas pied-noir, cette terre n'est pas la sienne, la frustration et le ressentiment des gens qu'il côtoie lui sont largement étrangers. Et on ne trouve trace chez lui ni de la conviction politique ni du racisme antiarabe qui habillent ou sous-tendent le passage à la violence des ultras. Pour lui, les affrontements verbaux à la Chambre, les manœuvres dans les coulisses de la politique en métropole, sont aussi abscons que les puissantes rivalités d'intérêts qui divisent la communauté française au Maroc. La cause patriotique lui suffit pour choisir son camp, mais celui-ci reste longtemps identifié à son métier, à cette police qui, avec l'armée, constitue le dernier rempart contre l'abandon, jusque dans ses méthodes les moins orthodoxes. Comme beaucoup d'autres, durant l'année 1954, il demeure en lisière du contre-terrorisme clandestin.

Dans l'ombre, il en est toutefois qui ont pris les devants, appliquant dès la fin de 1952 des recettes d'action violente expérimentées en Tunisie. La Main rouge a alors montré l'exemple d'un contre-terrorisme qui choisit ses cibles et les exécute impitoyablement. Ce groupe clandestin, apparu à l'instigation de Paul Susini, tôt lié aux services secrets, a transposé son action au Maroc. Les enlèvements, en décembre 1953, de cinq personnalités proches de l'Istiqlâl indiquent quelles solutions ont sa préférence : ces activistes placés dans la police, l'administration ou dépendant directement des services secrets, répondent au terrorisme par des enlèvements, des exécutions sélectives.

Loin de ces calculs et de ce souci d'efficacité, aux comptoirs des bars de Casa, les propos exaltés d'après-boire dégénèrent, quant à eux, en un contre-terrorisme aveugle qui fait du mitraillage des établissements arabes, de la « chasse au raton », le dernier sport en vogue. À travers ces exactions incontrôlables mais chroniques, la violence réactive à l'égard d'une communauté qui est devenue l'ennemie, dans son ensemble, banalise un contre-terrorisme qui achève de creuser le fossé entre Européens et Marocains et d'empoisonner un climat déjà irrespirable. De l'acte de vengeance isolé, forme initiale d'un « contre-terrorisme spontané », on passe alors à un contre-terrorisme endémique qui fait de ses auteurs les héros d'une communauté menacée. On entre dans un engrenage de violence qui se soucie peu de politique, d'avenir ou de quelque solution réaliste que ce soit. Le slogan, celui de Camille Aymard ou du docteur Causse, tient lieu de justification et de fin ultime, « œil pour œil... »

Ces héros de l'éradication du nationalisme à coups de fusil, à force de ratonnades et de bombes déposées au hasard, parlent sans doute plus qu'ils ne font, mais ce qu'ils font fait parler d'eux, et produit des effets contraires à leurs espérances. Leurs actions ont en effet pour conséquence évidente, non pas de réduire les adversaires déclarés, mais, à l'inverse, de souder derrière ceux-ci une population arabe forcée d'un côté comme de l'autre de tourner le dos à la France. « Les nationalistes avaient imposé aux maraîchers qui venaient à l'aube ravitailler le marché central le boycott des marchands non arabes. Ceux qui passaient outre risquaient d'être abattus. Quant aux Européens qui, après une beuverie, allaient tirer à l'aveuglette, ils faisaient exactement le jeu de l'Istiqlâl. »

Dans l'ombre, les gens de la Main rouge et les services, malgré le bénéfice qu'ils peuvent tirer de ce contre-terrorisme qui s'affiche quasi officiellement et s'attribue des actions « exemplaires » auxquelles il n'a aucune part, s'inquiètent néanmoins des effets néfastes produits par ses dérapages de plus en plus fréquents. La création du CATENA (Comité antiterroriste nord-africain), à Alger en 1954, a pour but, sous l'égide du SDECE, de fédérer l'action clandestine antinationaliste. Le colonel Mercier est chargé de remettre de l'ordre dans la confusion qui préside à l'activisme marocain, pour qu'un sens politique lui soit rendu. Les représailles calculées, l'intimidation et la propagande, autant que l'action psychologique, doivent, dans l'esprit des responsables, commander une stratégie violente qui puisse à la fois contrecarrer les agissements de l'Istiqlâl et couper court, surtout, à la volonté réformatrice qui se fait jour à Paris.

C'est que l'exacerbation des antagonismes rejette dans le camp de l'ennemi, aux yeux des ultras, tous ceux qui, au sein de la communauté européenne, ne partagent pas leurs thèses. Ceux-là, les libéraux, sont vite accusés de trahison quand, en avril 1954, dans une lettre ouverte au président Coty, ils condamnent la violence et la répression. Le commandant Sartout, directeur de *Maroc-Presse*, l'organe de ce pôle libéral qui prône le dialogue et les réformes au nom d'un avenir à sauvegarder pour les deux communautés, est à l'origine de cette initiative qui fait grand bruit. Les soixante-quinze signataires de sa lettre se désignent du même coup, aux yeux des ultras, comme les nouveaux ennemis, les traîtres. Ils sont même, à plus d'un titre, en butte à une haine qui surpasse celle que suscitent les nationalistes. Pour les ultras, leur trahison ne peut en effet qu'emprunter les voies du calcul politique et de l'intérêt personnel. Pierre Clostermann, as de l'aviation française et grand résistant, mais aussi député de la Marne et ami personnel de Mohammed V ; Jacques Reitzer, administrateur de la Compagnie des eaux d'Oulmès ; Jacques Lemaigre-Dubreuil, patron des huiles Lesieur et bientôt propriétaire de *Maroc-Presse* ; Mazella, rédacteur en chef de ce même journal; les avocats Buttin, Legrand, Célier... autant de notables qui, pour les ultras, ne songent, en pactisant avec le diable, qu'à sauver leur situation, leurs affaires, ignorant délibérément le grand élan patriotique qui anime les purs.

Que ceux-là opposent à Présence française une Conscience française qui veut dialoguer avec les terroristes de l'Istiqlâl, qu'au même moment, Pierre Mendès France, le « bradeur de l'Indochine », devienne président du Conseil, qu'à Rabat, Francis Lacoste succède au général Guillaume, avec mission de sortir le protectorat de l'impasse, et la cause, pour les ultras, est entendue : les libéraux sont les complices des terroristes, les fourriers d'un abandon préparé par Mendès. Le limogeage par Lacoste de trois hauts fonctionnaires, dont les directeurs de l'Intérieur et de la Sécurité; la perspective d'une prochaine libération des leaders de l'Istiqlâl incarcérés depuis la fin de 1952; la mort d'Émile Eyraud, directeur de *La Vigie marocaine* et inspirateur de Présence française, abattu en plein centre de Casa le 30 juin 1954, sont autant de signes que l'ennemi est partout, que la guerre seule sauvera le Maroc français et que le pire est à venir.

On compte en cette année 1954 deux cent mille soldats français au Maroc, et cependant la guerre civile larvée devient une réalité quotidienne. Les crimes visant les Européens comme les Marocains se multiplient, de même que les incendies, les explosions et les sabotages. De septembre 1953 à août 1954, on dénombre cinq cents attentats, qui font plus de cent cinquante victimes, dont trente-deux Européens, et plus de cinq cents blessés, dont cent trente-quatre Européens...

4.

Par une nuit d'été de 1954, Robert est en planque sur une avenue, non loin du port de Casa, à bord d'une Chevrolet. La nuit s'étire dans le calme imposé par le couvre-feu, levé à 4 heures et demie. Les équipiers de Robert s'absentent un moment, peu avant cette heure, pour aller boire un café en bordure de la médina. Soudain, des coups de feu claquent dans la direction du port. La Chevrolet descend l'avenue à vive allure, Robert repère sur le trottoir une silhouette qui s'écroule, tandis qu'un véhicule démarre tous feux éteints. Il traverse l'avenue et le prend en chasse. La voiture fonce dans les ruelles du port puis s'engage sur le boulevard de la Gare, Robert la rejoint. Il n'a pas le temps d'hésiter ni de se demander combien de personnes sont à bord. Il dépasse la voiture, se rabat et la coince au ras du trottoir. Il saute aussitôt à terre, pistolet braqué, entend le moteur caler et distingue une seule silhouette à l'intérieur.

– Police!

Il somme le conducteur de ne pas faire un geste, s'approche et ouvre la portière à la volée. Il découvre avec stupéfaction une jeune femme.

– Sortez!

Elle a peur mais ne manque pas de cran. Elle obéit, sans un mot. Elle ne porte pas d'arme. Fouillant à l'avant de la voiture, Robert trouve sous le siège un automatique.

– Montrez-moi vos papiers!

Elle s'exécute en silence. Robert examine les papiers, le nom à consonance ibérique lui rappelle quelque chose, celui d'un homme victime quelques semaines plus tôt d'un attentat de l'Istiqlâl. Après les premières questions, la jeune femme rompt le silence, soulageant sa tension nerveuse.

– Cet homme qui a été tué, c'était mon frère...

Depuis sa mort, elle ne songe qu'à le venger. D'un air de défi, elle avoue qu'elle vient de faire sa première victime. Robert note les coordonnées de la jeune femme. Elle s'appelle Carmen, elle est pied-noir d'origine espagnole.

Il lui confisque son arme.

– Maintenant, filez ! Et promettez-moi de cesser vos conneries.

Elle a du mal à y croire mais se hâte de disparaître. Robert démarre vers le port, assez sidéré tout de même. À ses collègues, il raconte la poursuite, le contrôle d'identité. La routine...

– Une femme ; elle a eu peur en entendant la détonation...

Après tout, il ne restait nulle trace de l'agression.

L'incident est clos. Peu de temps après, Robert reprend contact avec Carmen, qui évidemment se souvient de lui, de la frayeur qu'elle a eue quand il l'a rattrapée, et aussi de son soulagement quand elle a compris que ce flic inconnu, et même pas pied-noir, ne lui causerait pas d'ennuis. Ils se revoient et deviennent amants. Elle est mariée, tient un salon de coiffure à Casa. Elle connaît bien la femme de Beltran, le copain de stage de Robert. Pour le groupe de policiers impliqués dans le contreterrorisme, elle planquera des armes, servira de relais. Ainsi le contre-terrorisme « spontané » se transforme-t-il en contre-terrorisme organisé où les policiers ont la part belle et trouvent sans difficulté des complicités.

Robert cependant est trop sobre, et trop réservé, pour mêler sa voix à celles qui clament haut et fort, dans les cafés de Casa, la nécessité de « bousiller les terroristes et leurs alliés ». Il connaît comme tout le monde ces comptoirs où s'abreuve le contre-terrorisme aveugle. Celui de l'ancien légionnaire Pfeiffer, dont la serveuse et amie, Paulette, est une figure célèbre de la ville. Celui de La Gironde aussi, un café tenu, sur le boulevard du même nom, par François Avival. Un ancien boxeur qui a eu son heure de gloire, la trentaine râblée, un physique de démolisseur des rings, du tempérament et une femme charmante, Nini. Tous les sportifs de la région fréquentent leur établissement, comme celui que tient Marinette Cerdan, la veuve du grand Marcel, champion du monde adulé, tragiquement disparu et enfant prodige de Casa. Chez Avival se mêlent Européens et Arabes et se retrouvent, comme chez Paulette, beaucoup de policiers, en civil et en tenue. La Gironde, est aussi devenue, avec l'air du temps, le point de chute d'une clientèle plus interlope, faite non seulement d'anciens combattants, militaires ou légionnaires en rupture de ban, orphelins de l'Indo, mais aussi de truands, d'indics, de mythomanes et de provocateurs – toute une faune qui partage peut-être les passions sportives du patron, mais plus sûrement ses idées sur la manière de « régler le problème » du Maroc.

Robert s'arrête fréquemment à La Gironde et écoute, observe ce petit monde dont l'hostilité farouche aux libéraux, que le nouveau résident Lacoste paraît soutenir, est le dernier cheval de bataille. De toute la virulence de ses convictions antinationalistes sans nuances, Avival donne le ton. La haine que suscite la personnalité de Mendès reste étrangère à Robert, comme cette mentalité pied-noir qui ne craint d'afficher aucune outrance. Par prudence native et par tempérament, il reste en marge. Au foyer avéré du contre-terrorisme que constitue La Gironde, il préfère un club de boules tenu par un ancien légionnaire, Oswaldo, qui est l'ami de Reynaud – le président des anciens d'Indo à Casa. Il préfère surtout le café de Marinette Cerdan, dont le bar accueille une tribu de jolies femmes sympathiques, les sœurs de la patronne en tête, en même temps que des hommes jeunes et esseulés, comme lui.

Giselle, après une première fausse couche, est à nouveau enceinte. Les sujets de discorde, principalement l'intégration dans la famille et l'indépendance revendiquée par Robert, ont fait « déserter » celui-ci. Il devient quasi pensionnaire chez Marinette, rendant des services aux unes et aux autres, déjouant le couvre-feu grâce à l'uniforme et à sa Traction. À Nénette, plantureuse rouquine et sœur de la patronne, il ne refuse rien. Dans ce milieu bon enfant, où il sort plus facilement qu'ailleurs de sa réserve, il est plus vite intégré qu'à La Gironde. Et il préfère la compagnie des femmes aux beuveries viriles. « Chez Marinette, c'était une grande famille, on se sentait bien... »

Libéré du « clan » Riboh, Robert, en effet, apprécie cette

ambiance où l'on oublierait presque l'odeur de la poudre et les cadavres. Mais, tandis qu'il franchit nuitamment les barrages de police en galante compagnie, exécutions et explosions continuent d'ensanglanter Casa. Omar Glaoui, dirigeant de l'Istiqlâl, est abattu devant chez lui, un matin, d'une rafale de mitraillette, par un homme seul. Grièvement blessé, il est transporté à l'hôpital. La police judiciaire se rend sur place; un inspecteur, au chevet du mourant, tente de recueillir son témoignage sur l'assassin. Omar Glaoui, en quelques phrases murmurées, donne le signalement de celui-ci, qui l'a abordé de face, dans la rue, avant de vider son chargeur sur lui. L'inspecteur note scrupuleusement, se penche sur le blessé pour obtenir quelques renseignements supplémentaires. Glaoui rouvre les yeux, fixe le visage tout proche et se raidit. Le tueur qu'il vient de décrire, cet homme petit, malingre, le teint pâle et les yeux à fleur de peau, c'est tout le portrait de l'inspecteur qui lui pose des questions en bégayant un peu... Omar Glaoui a vaguement conscience de vivre un cauchemar. Songe-t-il que son pays se réveillera un jour libre et souverain? En attendant, si l'homme qui l'a abattu et l'inspecteur qui l'interroge ne font qu'un, c'est vraiment que le Maroc bascule dans le gouffre. Omar Glaoui y tombe, lui aussi, sur cette dernière et épouvantable vision. Il meurt trois jours plus tard sans avoir repris connaissance. L'inspecteur Forestier a fait son travail. À La Gironde, qu'il fréquente assidûment depuis quelques mois, il peut se vanter auprès d'Avival et de ses amis d'avoir fait ses preuves.

11 octobre 1954 : une bombe est lancée contre la villa d'Antoine Mazella, rédacteur en chef de *Maroc-Presse*. Il n'y a pas de victimes. L'inspecteur Forestier est soulagé, car il aime bien Mazella et sa petite fille. Au commissaire Baldacci, son supérieur, il dénonce Avival et Congos, ami et bras droit du docteur Causse, comme les auteurs de l'attentat.

Le 29 octobre, Sartout, Clostermann et Reitzer échappent aux balles d'un tueur. L'arme est une 22 long rifle, c'est Clostermann qui l'a fournie; c'est Albert Forestier qui a tiré, prenant soin de rater ses cibles. L'inspecteur, dans le dossier qu'il tient minutieusement depuis le 1er avril 1954 sur les agissements du contre-terrorisme à Casa, impute l'attentat manqué à la bande d'Avival.

Le 23 décembre, trois Marocains sont abattus dans leur voiture au coin du boulevard Victor-Hugo, devant le bar Mamounia. Une 203 a bloqué leur Taunus le long du trottoir, un homme seul en a jailli et a vidé sur eux un chargeur de mitraillette. On a relevé le numéro de la 203, c'est celle d'Avival. Les trois hommes sortaient de La Gironde quand ils ont été pris en chasse. Cette fois, le compte d'Avival est bon. L'inspecteur Forestier, présent à La Gironde au moment de la fermeture, n'a-t-il pas entendu Avival servir aux trois hommes « leur dernière tournée »? L'enquête révélera que la mitraillette appartient à l'inspecteur-chef Delrieu, qui dirige l'équipe dont fait partie Forestier. On la retrouvera chez celui-ci. Comme on établira que le même Forestier possédait un double des clés de la 203, et qu'il est le tueur du 23 décembre...

Étrange travail que celui de Forestier, qui s'achève le 2 janvier 1955 sur la route en lacet qui descend d'Ifrane vers Casa. Revenant d'un séjour au vert de quelques jours en compagnie de sa fiancée, l'inspecteur percute un camion. Sa passagère et lui sont tués. L'hypothèse d'un sabotage est séduisante, mais la cause accidentelle est retenue par l'enquête. Pourtant, la colonne de direction de la voiture a bien été sciée... La disparition providentielle de son principal protagoniste entretient autour de l'affaire Forestier un mystère qui ne sera pas levé, mais que tous les faits suffisent à rendre symptomatique de la confusion qui règne alors au Maroc. Une déliquescence des services de l'État et une duplicité si répandue que vérité et mensonge se confondent, inextricables, au sujet du contre-terrorisme qui occupe désormais le devant de la scène.

Chroniqueur sportif à *Maroc-Presse*, soldat du Tonkin, Albert Forestier est un mythomane qui s'est forgé de toutes pièces un glorieux passé en Indochine. Il entre dans la police le 1er avril 1954 sur la recommandation de Sartout, intègre l'équipe de Delrieu comme inspecteur, immédiatement, grâce à un passe-droit qui doit laisser Robert rétrospectivement rêveur... Parallèlement, il offre ses services à Avival et au contre-terrorisme. En un mot, il est la taupe des libéraux infiltrée parmi les gros bras de Présence française. Il fournit ses rapports secrets à Baldacci, jugé intègre par le clan libéral; puis directement, par l'intermédiaire de Sartout, à Chevrier, nouveau patron de la sécurité. Son objectif est de faire tomber Avival et sa bande, de donner à Lemaigre-Dubreuil et à ses alliés de *Maroc-Presse* les arguments irréfutables pour dénoncer la gangrène qui atteint la police de Casa, exiger son épuration et des mesures judiciaires contre les inspirateurs de ses pratiques terroristes.

On ne peut prétendre que Forestier ait « inventé » le contre-terrorisme et l'implication des policiers dans celui-ci. Il est plus probable qu'il ait dû lui-même multiplier les actes sanglants pour grossir un dossier qui, sinon, serait resté trop maigre aux yeux de ceux qui le manipulaient. Et l'escalade qu'il a provoquée a eu pour résultat d'ouvrir la voie à un contre-terrorisme de plus en plus meurtrier. Était-ce le but inavouable de Sartout, que Roger Wybot dans son rapport de mars 1955 désigne comme le « machiavélique responsable » du contre-terrorisme européen? Ou bien la marionnette Forestier, emportée par son zèle, a-t-elle échappé au contrôle de ses mentors? En fait, les réponses se valent. Le contreterrorisme prôné par Présence française ne pouvait que s'exaspérer à proportion de la haine ouverte que lui inspiraient les objectifs encore dissimulés de la politique de Mendès France puis d'Edgar Faure, c'est-à-dire l'indépendance; les intérêts des patrons du clan libéral étaient, en acculant les ultras à une fuite en avant dans la violence, d'apparaître comme les garants d'un compromis politique qui sauvegarderait leur avenir au Maroc. Forestier, avec son destin de médiocre héros de série B et sa liste de soixante noms de contre-terroristes européens de Casa, remise juste avant sa mort à Mazella, a finalement trop bien fait son travail. Que sa voiture l'ait trahi ou que les services secrets aient décidé de son embardée, la mécanique qu'il a aidé à remonter est en tout cas en place. Déjouant les calculs politiques, elle aboutira, à force de règlements de comptes entre les camps libéral et ultra, au soulèvement européen de juillet 1955 à Casablanca, suivi en août de l'insurrection marocaine qui entraînera l'indépendance et le retour triomphal de Mohammed V. On pourra alors juger que, au jeu du contre-terrorisme, tout le monde s'est brûlé les doigts...

Le 2 janvier 1955, Tahar Sebti, jeune homme d'affaires marocain, patron d'une entreprise textile et proche de Lemaigre-Dubreuil, nationaliste modéré, est assassiné. Dans la semaine qui suit, six Marocains sont abattus. « Par des groupes d'autodéfense spontanée », disent officiellement les autorités du protectorat.

La liste de Forestier est connue de la Résidence générale, circule à Paris, les colonnes de *Maroc-Presse* en sont pleines, pour soutenir la demande d'épuration de la police formulée par Lemaigre-Dubreuil. Les autorités font mine de l'ignorer. Les libéraux accusent Lacoste d'avoir rallié les thèses ultras...

Les dirigeants de l'Istiqlâl sont à présent libérés, Lacoste parle encore de réformes. Pour les ultras, il est décidément « vendu » aux libéraux. Seule la chute du cabinet Mendès, auquel succède Edgar Faure fin février, lui accorde un sursis. Entre-temps, à Casa-Chicago, la situation ne fait qu'empirer.

Bien qu'il soit père de famille depuis peu, Robert, plus que jamais, se conduit en célibataire. Giselle est allée accoucher à Rabat, chez une de ses sœurs, d'un petit Philippe, né le 30 janvier 1955. Si Robert s'est plié aux règles d'un mariage israélite, il prévient Giselle qu'il ne veut pas que son fils soit baptisé selon ce rite. C'est pourtant ce qui arrive, et donne lieu à un nouvel épisode de la guerre familiale que les deux époux, bien que séparés, continuent de se livrer. « Puisque c'est comme ça, je le ferai baptiser aussi ! », s'emporte-t-il. Ce qui arrive également, dans l'église de la place Lapérouse, avec dans le rôle de la marraine Carmen et dans celui du parrain, Oswaldo. À l'insu de Giselle, naturellement.

En même temps que ces démêlés familiaux, son travail dans la lutte antiterroriste accapare Robert. Les brigades de flagrants délits n'ont jamais eu tant à faire ; elles sont montrées du doigt pour leurs méthodes, et pour abriter ces contre-terroristes dont la fameuse liste Forestier fournirait les noms. La suspicion et la colère sont à leur comble. Entre le bar de Marinette et La Gironde, dans ses discussions avec Canton et ses collègues, avec ses équipiers, Quessada et Beltran, Robert mesure cette aggravation. Il a quelquefois croisé Forestier mais il n'est pas de ceux que ce dernier a dénoncés. Il reste en marge de ceux qui, dans des tracts furieux, promettent à l'Istiqlâl une Saint-Barthélemy et aux Arabes de la médina un bombardement.

Giselle lui a présenté un inspecteur, Antoine Mellero, dont

la femme a été une de ses collègues de travail. Canton est également un ami de Mellero – la trentaine, tout en muscles, « des mains comme des battoirs ». Un pied-noir issu d'une famille très modeste, qui a grandi dans la rue avec les petits Arabes, parle arabe comme eux, et connaît Casa, ses combines, ses dessous, mieux que personne dans la police. Robert et lui se lient d'amitié, leurs caractères et leurs points de vue sont proches. À l'égard des Avival, des Pfeiffer et des exaltés qui les entourent, Mellero observe une retenue qui laisse deviner que lui-même s'occupe d'affaires autrement sérieuses. Il présente Denard à Congos, l'homme de confiance du docteur Causse, le relais entre Présence française et les plus fiables des hommes de La Gironde. Encore une « figure », Congos...« Un pied-noir un peu plus âgé que nous, une grande gueule...Courageux, mais prétentieux, le genre qui a toujours raison. » Autour de Congos gravitent Cambioso, petit entrepreneur, Martinez, chauffeur-mécanicien, et d'autres policiers. Cette fois, Robert est dans le bain, travaillant officiellement avec certains de ces policiers, opérant hors service avec d'autres. Chaque groupe, dans cette nébuleuse, agit avec une grande autonomie. Le contre-terrorisme est un réseau sans structures formelles, l'appartenance de beaucoup de ses membres à la police n'est qu'un dénominateur, le rôle de Présence française celui d'un pilote. Menaces, intimidations, engins explosifs et incendiaires, élimination de personnes arrêtées qu'on soustrait définitivement à toute poursuite judiciaire... les méthodes sont celles du terrorisme; les objectifs, sélectionnés, illustrent la défense des intérêts français. Pour les policiers, l'approvisionnement en dynamite, en grenades, en armes et en munitions est évidemment facilité. Chacun se débrouille. « On disait en exercice qu'on avait tiré deux cents coups...On en tirait cent, et on mettait autant de balles de côté. » Pfeiffer, chef mineur, a accès à des dépôts d'explosifs. À la base de Nouaceur, du matériel continue de disparaître. Au début de l'année 1954, par exemple, soixante-dix bombes incendiaires y ont été volées. Quant aux objectifs, aux adresses, qu'il s'agisse de personnes, de commerces, d'entreprises, les policiers sont bien placés pour les connaître. « On avait les dossiers, on savait ce qui se passait. C'était, à l'intérieur de la police, des sortes d'“ escadrons blancs ”. »

Une hiérarchie implicite répartit toujours le travail, à l'intérieur de cette mouvance contre-terroriste. Aux hommes de l'ombre de la Main rouge et des services, les actions ponctuelles les plus significatives, les affaires jamais élucidées. Aux seconds rôles, les opérations de diversion, spectaculaires mais surtout « destinées à accroître la pagaille ». Entre les deux, les policiers impliqués dans des actes contre-terroristes choisissent des cibles exemplaires et nourrissent l'action psychologique. Ces divers groupes ne sont pas inquiétés. À quelques notables exceptions près, la liste de Forestier ne livre en fait que des comparses, et les arrestations opérées après l'assassinat de Lemaigre-Dubreuil parmi la « bande d'Avival » ne viseront que des seconds couteaux, une douzaine de personnes dont six gardiens de la paix, inculpés pour s'être livrés depuis huit mois « à des attentats à la bombe, à la grenade, à la mitraillette et au pistolet, pour répondre à l'action terroriste ».

En mars 1955, Robert signe du sigle ODAT, Organisation de défense antiterroriste, un tract intitulé *L'homme enchaîné*. Rédigé avec Mellero, le texte dénonce nommément les hommes « enchaînés à la trahison », les « maîtres du terrorisme marocain, instigateurs, bénéficiaires... » et promet la mort aux dirigeants de *Maroc-Presse* (Walter, son propriétaire, Sartout, Mazella), ainsi qu'à Clostermann, à Reitzer, à l'avocat Legrand, etc. Par ce pendant à la liste Forestier, le contre-terrorisme trouve dans l'ODAT une signature et annonce la recrudescence des attentats de l'année 1955.

Si l'on ne sait à qui attribuer la mort du docteur Rémy, abattu de deux balles le 1er mars, l'attentat contre Clostermann, le 7 mars, est bien la concrétisation des menaces de l'ODAT.

Le déroulement de cette nuit du 6 au 7 mars illustre la double activité de Robert à cette époque. Il a dîné ce soir-là chez Marinette, il doit prendre son service à minuit. À 23 heures, ayant passé un imperméable sur son uniforme, il se rend dans le secteur résidentiel d'Anfa. Il retrouve trois collègues dont Lucien Catalano et prend le volant d'une 203 fourgonnette bâchée. À l'arrière, des armes : mitraillettes, grenades et explosifs. Robert conduit dans le quartier désert où le député a une villa entourée d'un jardin. Clostermann est chez lui, évidemment enclin à la prudence. Il s'agit avant toute chose de le faire sortir. Robert gare la 203 le long du jardin et va sonner au portail. Un berger allemand attaché près de la maison se met à aboyer. C'est une femme de chambre qui sort de la villa et vient prudemment aux nouvelles. Denard demande à parler à l'ancien as de l'aviation. La femme prétend qu'il n'est pas là. Il insiste, lui remet une lettre pour son patron. Le chien gueule de plus belle et Clostermann ne se montre pas. De la villa, ce dernier a repéré la 203 bâchée garée à proximité. Il ne bouge pas. Il ne peut savoir que la bâche est trouée, que le canon d'une mitraillette est pointé sur sa porte. Mais il a suffisamment reçu de menaces pour se méfier. Minuit approche, la 203 repart enfin. Denard veut prendre son service à l'heure exacte, pour avoir un alibi inattaquable. Après cette longue et vaine attente, il laisse la fourgonnette à ses compagnons, ôte son imper, remet sa casquette et, dans sa voiture, rejoint son service. Il est chef de véhicule et patrouille en ville. Son ordre de mission pour la nuit l'envoie justement dans le secteur d'Anfa...

Avec ses équipiers qui ne sont au courant de rien, il sillonne le quartier résidentiel, évitant les abords de la villa de Clostermann et craignant de croiser une 203 fourgonnette. Rien de tel ne se produit, Robert se rassure. Catalano et les autres auront renoncé. De toute façon, il ne s'agissait, dans un premier temps, que d'intimider le député et héros de la guerre, dont il ne comprend pas les positions pronationalistes. Il sait que certains « voulaient le flinguer...mais ce n'était pas les instructions ; il s'agissait de lui tirer une rafale d'avertissement... »

Les instructions sont celles du docteur Causse, transmises par Congos. Reste à savoir si l'on aurait averti Denard que l'expédition d'Anfa visait à tuer...Peut-être pas, car à une heure et demie du matin, alors qu'il croit ses amis loin d'Anfa, la radio de bord de la Land Rover se met à grésiller et annonce un attentat dans leur secteur. « Explosion chez Pierre Clostermann. »

Robert n'a besoin de vérifier ni l'adresse ni l'itinéraire. Ses camarades, pense-t-il, se sont décidés, après réflexion, à faire quelque chose. Un peu tendu, il se rend sur les lieux, très animés tout à coup. Clostermann a téléphoné à des amis. Il y a du monde autour de lui dans le jardin. La bombe a explosé contre la façade, faisant des dégâts plus que symboliques, mais ne blessant personne. Le chien gueule toujours. L'aviateur parle de la visite reçue, deux heures auparavant, de la fourgonnette aperçue le long du trottoir, et montre la lettre explicite de l'ODAT, remise quasiment en mains propres... Il vient au-devant des policiers, les salue, explique à nouveau l'enchaînement des faits. La femme de chambre est appelée pour donner son témoignage et décrire le visiteur de minuit. Un grand type mince à lunettes, en imperméable passe-partout, cheveux bruns. « Très grand », insiste-t-elle. Elle se tourne vers Robert. « De votre taille », précise-t-elle. Il ne bronche pas et se félicite d'avoir mis des lunettes sombres lors de sa visite. Mais, tandis qu'on procède dans le jardin aux premières constatations, il n'est pas au bout de ses angoisses, car le chien, détaché et furetant partout, s'approche de lui en grognant et vient le renifler. À cet instant, Robert n'en mène pas large et doit se dire que ses activités contre-terroristes, loin de favoriser son ascension dans la police, lui vaudront des ennuis. « Mais enfin, je m'étais engagé, et dans ce cas, on met sa peau au bout de ses idées. C'est toujours ce que j'ai fait. »

L'épisode Clostermann se termine pour lui sans dommage. Il est suivi, trois jours plus tard, par un attentat manqué contre Philippe Boniface, puis dix jours après par un autre, contre le docteur Causse, qui reçoit une balle dans la cuisse. Ces deux actions contre l'inspirateur et le leader de Présence française ne peuvent que renforcer la conviction des policiers entraînés dans le cycle violent du contre-terrorisme qu'ils sont en guerre et que seule la terreur qu'ils pratiquent leur donnera la victoire.

Leur impunité sera confortée par les conclusions d'une mission d'enquête menée à cette époque par Roger Wybot, patron de la DST à Casa. De son enquête sur les agissements de Forestier, des tentatives de meurtre avortées du mois de mars, des accusations des libéraux contre Avival, qu'un témoignage tardif et peu crédible accuse du meurtre de Tahar Sebti, Wybot tire la conclusion paradoxale, après une confrontation infructueuse entre les libéraux de Conscience française et les ultras de Présence française, que Forestier a été le principal agent du contre-terrorisme et Sartout son « diabolique manipuleur ». Ceux-là, explique-t-il, ont ouvert la voie à un contre-terrorisme couvert par la police. Il y dénonce la main du docteur Causse, plaide pour la justice en matière de contre-terrorisme. Quoique laissant dans l'ombre tous ceux qui y œuvrent, son rapport reste lettre morte, et rien ne change pour les inspirateurs, les exécutants et les hommes de main du terrorisme européen. C'est bien le signe que leurs moyens sont les bons. Ils n'ont même pas eu besoin d'éliminer Wybot, comme certains l'avaient envisagé à son arrivée.

Devenu le patron de *Maroc-Presse* en avril, Jacques Lemaigre-Dubreuil est à présent une cible de premier plan. Son assassinat marque l'apogée du contre-terrorisme. Le 11 juin 1955, alors que le protectorat est menacé de paralysie par la grève des commerçants marocains, il est abattu au bas de son immeuble, en pleine ville. Une exécution sans bavure digne de professionnels. Des quatre hommes en voiture qui en sont les auteurs, on ne saura rien, malgré le retour de Wybot, chargé d'une enquête que de multiples obstructions enliseront. Il faudra attendre 1958 pour que Louis Damiani, arrêté lors d'un hold-up à Paris, s'accuse d'avoir été l'un des assassins et désigne Mellero, Congos et un quatrième homme, Luigi, comme ses complices. Faute de preuves, et après diverses péripéties judiciaires, ces trois hommes bénéficieront en 1959 d'un non-lieu, tandis qu'une amnistie couvre les actes du contre-terrorisme au Maroc.

Après le meurtre de Lemaigre-Dubreuil, cependant, le *statu quo* auquel s'accrochait le résident Lacoste n'est plus de mise au Maroc, où l'épreuve de force entre dans sa phase ultime. Des policiers, à la requête de Wybot, sont rappelés à Paris. Les arrestations d'Avival et des comparses évoqués plus haut déchaînent la colère des ultras. À la fin de juin, Grandval remplace Lacoste, qui s'est opposé jusqu'au bout à l'expulsion du docteur Causse comme à la venue de métropole d'une escouade de policiers capables de faire le ménage dans la police chérifienne.

Le jour même de la prise de fonction de Grandval, Présence française organise une grande manifestation de soutien aux personnes arrêtées et exprime son refus de toute concession. Ce 27 juin, les Européens, appelés à faire grève, à fermer leurs boutiques, suivent massivement les consignes des ultras. Dans un tract, l'ODAT a prévenu les « traîtres » que

« l'heure des avertissements est passée! » *Maroc-Presse*, les libéraux et le gouvernement sont les cibles d'une foule qui assiège le commissariat central, l'hôtel de ville et l'immeuble du journal de Lemaigre-Dubreuil. Ce défi au pouvoir annonce le soulèvement de la mi-juillet.

Les contrôleurs généraux Dubois et Bergé, dépêchés au Maroc, rédigent un rapport accablant sur le fonctionnement de la police de Casa. Après les premières mutations, le commissaire Colomer, patron des RG, et le chef de la police du port, Baldacci, sont renvoyés en métropole, le commissaire Voiron arrêté, l'inspecteur-chef Delrieu, supérieur de Forestier, relevé de ses fonctions. L'ODAT avertit les policiers de métropole; quatre pains de plastic explosent dans le parking du commissariat central.

Le 14 juillet 1955, tout commence par l'explosion, devant un café français de la place Mers-Sultan, d'une bombe cachée dans un triporteur. L'attentat fait sept morts et trente-deux blessés, presque tous européens. C'est le signal qu'attend la rue pour exprimer sa fureur. Toute la nuit la ville européenne est en proie à l'émeute. L'avocat Legrand, assiégé chez lui, doit tirer pour se défendre et tue un jeune Espagnol. *Maroc-Presse*, le siège de la région, les boutiques marocaines sont attaqués. La même foule déchaînée, où circulent les tracts et les consignes de l'ODAT et de Présence française, parcourt le lendemain le centre de Casa, scandant des slogans hostiles à Grandval, exigeant la libération d'Avival et des policiers inculpés. « La police avec nous! » hurle-t-elle. De fait, par sa passivité face à l'émeute, et parfois son engagement délibéré au côté des manifestants, la police est dans le camp des ultras, où se remarquent par leur violence, derrière des habitués de La Gironde, des groupes de jeunes du quartier du Maarif, terrain d'élection du docteur Causse. L'armée stoppe à la limite de la nouvelle médina une contre-manifestation marocaine. On tire de part et d'autre. Lynchages, pillages, expéditions punitives dans la ville arabe, prise d'assaut avortée du siège de *Maroc-Presse*... Cette deuxième journée insurrectionnelle fait vingt-trois morts. Le couvre-feu est décrété. Grandval s'est rendu à Casa. Devant le refus du général Duval de lui prêter le concours de l'armée, il fait appel aux bataillons de la Légion étrangère de la région de Fès.

Le lendemain, les obsèques des victimes de la place Mers-Sultan sont l'occasion de nouveaux débordements qui visent physiquement la personne du résident général. Un tract, dès le lendemain de l'attentat, l'a menacé, s'il osait participer à la cérémonie, d'être « grandvalisé ». Il est pris à partie à la sortie de l'église, molesté, et échappe de justesse au lynchage, sous l'œil d'un service d'ordre « qui fait montre, note la presse, d'une incroyable complicité à l'égard des manifestants ». La foule survoltée acclame le Glaoui et le pacha de Casa, porte en triomphe des policiers et répand à nouveau la violence. Treize Marocains sont tués à la nouvelle médina au cours d'échauffourées. Des hommes en civil tirent à la mitraillette, le lendemain, sur des groupes de Marocains, route de Médiouna, et la médina se hérisse de barricades. La légion et les blindés investissent la ville arabe. Des incidents se produisent encore ce 17 juillet, mais les strictes consignes données aux militaires sont respectées. À partir du moment où la police est dessaisie du maintien de l'ordre au profit de l'armée, le calme se rétablit, l'insurrection de la médina est évitée. Les quatre journées sanglantes de Casa ont fait, du 14 au 17 juillet, soixante-trois morts et plus d'une centaine de blessés.

Si Grandval paraît sortir renforcé de l'épreuve engagée par la rue, les ultras n'ont pas désarmé. Les mesures prises à partir du 18 ne peuvent à elles seules les forcer à accepter leur défaite, encore moins la solution qui commence à s'imposer aux autorités métropolitaines et à laquelle De Gaulle a donné son aval : le retour de Mohammed V et, ensuite, l'indépendance du Maroc...

Avant la fin de juillet, l'entrepreneur Cambiaso, Mattéi – secrétaire de Présence française –, puis le docteur Causse lui-même sont expulsés. Causse reste fidèle à ses solutions pour terrasser le nationalisme et effacer deux ans de dérives anticoloniales : « Donner tout pouvoir au pacha de Casa sur la médina, y couper l'eau et l'électricité pendant trois jours... les terroristes rendront les armes ! » Et il s'écrie, à l'adresse de la métropole qui le trahit, qui trahit ses « petits gars » du Maarif et les policiers patriotes : « Paris n'y comprend rien ! On veut nous traiter comme des bâtards ! »

Pour Robert, le tumulte de juillet et ses conséquences obscurcissent l'horizon. Les émeutiers de Casa, en mettant en pratique les mots d'ordre de l'ODAT, ont échoué à renverser le cours de l'histoire. Il a des amis en prison, des membres de sa hiérarchie sont sanctionnés, comme le commissaire Vergnolles, son supérieur, chef des brigades antiterroristes, qui a été suspendu. Présence française est décapitée. La nomination, à la mi-août, du commissaire Petitjean, libéral avéré, proche de Lemaigre-Dubreuil, à la tête de la sécurité annonce une reprise en main de la police. L'enquête sur l'assassinat du patron de *Maroc-Presse*, les lumières apportées sur le contre-terrorisme, sur le rôle qu'y jouent les services secrets, la révélation des liens existant entre Avival et le SDECE, par l'intermédiaire du célèbre truand Jo Attia, dont l'accointance avec les services a déjà été, à cette époque, mainte fois évoquée, et le sera bientôt plus encore à propos de l'Algérie, promettent aux policiers qui ont joué leur va-tout dans la violence contreterroriste une rude épreuve.

Robert le sent bien : l'air de Casa devient malsain pour lui et pour ses amis de l'ODAT. Sous couvert d'arrêts-maladie répétés, et même d'une opération de l'appendicite qui lui permet d'obtenir vingt jours supplémentaires au-delà du quota autorisé, il s'en va respirer celui de Rabat, dans l'entourage du vizir du protocole du palais, Si Abderrahman el-Hajaoui, proche du pacha de Marrakech, el-Glaoui. « Par les Juvin père et fils, qui ont été de tous les cortèges de l'été 1955, nous étions en rapport étroit avec le Glaoui qui était leur intime. C'est lui qui finançait l'ODAT quand nos activités ont pris de l'extension et ont dépassé nos moyens personnels mis en commun. À ce moment, j'ai rencontré el-Hajaoui, très actif et bouillonnant. Le courant est passé entre nous. Quand, après l'arrivée de Grandval, la protection que la France lui accordait a été supprimée, je me suis rendu auprès de lui et je lui ai servi de garde du corps officieux. J'ai même fait un aller et retour en France pour porter une lettre confidentielle à un homme politique en vue du moment. »

Ainsi Robert échappe-t-il aux règlements de comptes qui commencent dans les milieux du contreterrorisme de Casa, à l'heure où les événements sonnent le glas des dernières illusions antinationalistes.

À l'approche de l'anniversaire de la destitution de

Mohammed V, Grandval essaie d'obtenir l'abdication de son successeur, Moulay Arafa. Le dernier sursaut du lobby marocain, l'action opiniâtre du maréchal Juin et de ses partisans bloquent le processus d'une sortie en douceur de la crise. C'est encore dans le sang que celle-ci se dénoue, d'août à novembre 1955.

Après les émeutes de Fès et de Meknès, à la fin de juillet, c'est à Oued Zem que se produisent les événements les plus dramatiques. Les généraux Leblanc et Miquel y laissent s'envenimer la situation dans le but de saboter la politique de Grandval. Alors que dans toute la région l'émeute se répand, des dizaines d'Européens sont massacrés par les tribus zaïanes, avant que l'armée n'intervienne et ne réplique avec une semblable sauvagerie.

Simultanément, les bidonvilles de Casa s'enflamment, le soulèvement prévisible du 20 août signifie l'échec de Grandval. Celui-ci est rappelé le 26 août. La guerre civile fait rage dans le Sud, les attentats se succèdent à Casa. Après d'ultimes tergiversations, le retour de Mohammed V est inévitable. Celui-ci est à Nice le 31 octobre; Moulay Arafa abdique; un Conseil du trône, à peine mis en place par Paris pour assurer la transition, démissionne, lui laissant la voie libre. L'indépendance acquise le 5 novembre, Mohammed V, flanqué d'Oufkir, fait le 16 un retour triomphal dans son pays. El-Glaoui lui-même, vaincu, rongé par un cancer, s'est rallié, jusqu'à se prosterner devant Mohamed V qui lui accorde l'amman.

Pour les « patriotes », ceux qui sont restés désintéressés et ceux que le contreterrorisme a enrichis, la cause est entendue et les aigreurs s'avivent.

Toujours policier, mais en butte, comme ses collègues, à la suspicion des flics de la métropole appelés par Petitjean, Robert continue de fréquenter le bar de Marinette Cerdan, Oswaldo à son club de boules et Reynaud, le président des anciens d'Indo au Maroc, chez qui il croise le colonel Battesti, officier supérieur en poste dans le Sud. C'est un Corse imposant, gaulliste de la première heure, qui sera bientôt à la tête de l'association des rapatriés d'Afrique du Nord, en même temps que le bras droit de Michel Debré au *Courrier de la colère*. Coïncidence, l'interprète de Battesti dans le Sud n'était autre, jadis, que le père de Giselle, Moïse Riboh, le chef de famille intransigeant qui ne voulait pas *a priori* de Robert pour gendre...

Jadis... le mot sonne amèrement aux oreilles de ceux que l'indépendance, officialisée le 2 mars 1956, met en face d'une situation qu'ils ont si longtemps refusé d'envisager. Nul exode massif ne se produit pourtant. Les fonctionnaires restent provisoirement en place. Mais, pour beaucoup, le premier souci est désormais de sauvegarder l'avenir.

Robert n'est pas de ceux-là, il est même prêt, pour aller jusqu'au bout de son engagement de l'époque, à compromettre fortement le sien. Mais l'opération à laquelle il participe en 1956 s'apparente à un baroud d'honneur, et il s'y implique en traînant des pieds. La cible est hautement symbolique, il s'agit de tuer Pierre Mendès France, en visite au Maroc.

5.

Depuis la perte de l'Indochine, Mendès focalise sur sa personne la haine de l'armée. Il est pour les militaires, pour les lobbies coloniaux, pour les patriotes, le « bradeur de l'empire », l'ennemi juré. Il faudra attendre la crise algérienne pour que De Gaulle endosse, de la part de l'armée, la même exécration. Encore le Général était-il des leurs et la politique d'autodétermination la trahison d'engagements auxquels ils avaient cru. Rien de tel avec Mendès; il est d'emblée, par sa personnalité, sa politique, l'homme à abattre. Après l'Indochine, la Tunisie, voilà le Maroc abandonné. La défaite des ultras est déjà consommée, mais il leur faut la venger. En éliminant Mendès, ce sont toutes les défaites récentes qu'on efface...

Un premier attentat est prévu à Casa, en pleine rue, à la grenade et à la mitraillette. Une équipe est prête, on peut s'attendre à un carnage. Robert et ses amis plaident pour l'abandon de ce plan hasardeux. Robert, même, ne s'opposerait pas à ce qu'on laisse tomber ce projet. Il ne se sent pas de compte personnel à régler dans cette affaire. Un attentat qui vient trop tard et se présente trop mal. Causse n'est plus là pour décider, les rivalités et les dissensions sont grandes dans les milieux qui ont alimenté le contre-terrorisme depuis 1953. La manière dont les événements se sont déroulés depuis un an favorise les initiatives inconsidérées et le jusqu'au-boutisme aveugle.

Mais, pour avoir hésité à entrer dans la police, pour avoir ensuite tourné longtemps autour du contre-terrorisme avant de s'y impliquer, Denard ne se sent pas le droit, au dernier moment, de mettre en avant ses états d'âme, de refuser le rôle qu'on lui donne. L'attaque n'aura pas lieu à Casa mais à Rabat, l'équipe pressentie passe la main à une autre, qui réunit Denard et Beltran, le cadet du stage d'Ifrane, plus Sérou, que Denard ne connaît pas, et le beau-frère de Beltran. Ainsi bascule-t-on d'un plan étudié à une opération improvisée, parce qu'il ne sera pas dit que Mendès aura séjourné au Maroc sans soulever la colère des patriotes...

Denard n'a pas tenté de désarmorcer l'opération en faisant valoir ses réserves, mais quand Antoine Mellero lui dit que c'est une bêtise, il en convient. D'autant que ce jugement, dans la bouche d'Antoine, équivaut à un désaveu quasi officiel de la part des hauts responsables du contreterrorisme. Mais Sérou, le plus exalté, ne veut plus faire machine arrière, et Beltran est prêt à suivre. Robert le comprend bien quand il les rejoint au Café de la Gare à Rabat. La femme de Beltran le supplie d'empêcher l'opération; lui-même essaye en vain de les faire renoncer. « Il n'y a pas eu moyen de les dissuader. Et puis, il y avait une question d'honneur. » Sur l'insistance de Sérou, il les emmène à la résidence où loge Mendès, qui a déjà quitté les lieux, en fait; mais ils l'ignorent. Beltran et Sérou descendent de voiture et se faufilent dans l'obscurité, escaladant la clôture. Robert et le beau-frère de Beltran attendent dans le véhicule, tous feux éteints.

À l'écart du centre, l'appartement appartient à la Résidence générale. De nombreux gardes y sont en faction. Très peu de temps s'écoule et l'on entend une rafale de mitraillette, puis d'autres coups de feu. Une silhouette surgit de l'ombre, franchit la clôture en sens inverse. C'est Sérou, hors d'haleine.

– Beltran s'est fait flinguer!

Robert démarre et la voiture file. Sérou est déposé à Rabat, le beau-frère à Port-Lyautey. Robert regagne Casa, furieux d'un fiasco qu'il n'a pas su empêcher. Le bilan, tel qu'il l'apprend dans les journaux du lendemain, est de deux blessés. Un garde, grièvement touché au ventre, et Beltran atteint à l'épaule d'une rafale de mitraillette. Le même jour, Sérou est arrêté. Dans les bars où il s'est attardé pour noyer son échec, il l'a parachevé en bavardant! Robert s'attend au pire, bien que Sérou ne connaisse pas son identité. De fait, quelques jours plus tard, dans l'hôtel de Casa où il loge, les hommes de Petitjean débarquent en force; ce sont des policiers de métropole, dirigés par le commissaire Gavoury, spécialiste du contre-terrorisme. Ils l'appréhendent et le conduisent à Rabat, où Petitjean lui fait « un sermon sur les devoirs de la police... Face à mon mépris pour les bradeurs, il n'a pas insisté. » Devant le juge auprès duquel il est déféré, Robert nie, bien que le serveur du Café de la Gare l'ait reconnu, jusqu'à ce que le quatrième homme soit à son tour arrêté. N'ayant plus à le protéger, Robert, avec l'assurance d'être jugé par des Français aux assises, raconte la médiocre tentative de Rabat et disculpe son équipier, qui bénéficie d'un non-lieu.

Au-dehors, les rumeurs courent; on craint surtout que Beltran, hospitalisé à Marie-Feuillet, ne parle; et il en sait long sur le contre-terrorisme. Il n'en sera rien, mais à La Gironde c'est la débandade; les rescapés choisissent de rentrer en France.

Le petit Philippe Denard a été rapatrié en avion chez ses grands-parents après une tentative d'enlèvement mal définie, et Giselle rentre à son tour, en bateau. En même temps qu'elle, Congos regagne clandestinement l'Hexagone. Pour Mellero et certains autres, le départ attendra encore un peu.

Dans les premiers temps de sa détention, Robert a eu la visite de sa femme et de son fils. Les policiers l'ont également confronté à son amie Carmen. Moyennant quelque bakchichs, les gardiens s'arrangent pour que Robert, à l'occasion de visites à l'hôpital ou chez le dentiste, puisse rencontrer l'une ou l'autre. La situation qui prévaut à la prison de Rabat ne manque pas de piquant, d'ailleurs. Dans le vide laissé par le départ des Français, les détenus européens s'emploient à assurer l'administration de la prison. En face d'eux, dans le rôle des gardiens, ce sont d'anciens détenus marocains, emprisonnés pour faits terroristes, qui désormais sont investis de responsabilités. Ainsi, d'un côté, un meurtrier de sa femme est chargé du greffe, tandis que Robert devient secrétaire du directeur, et, de l'autre, des membres des cellules terroristes de l'Istiqlâl sont les nouveaux fonctionnaires de l'administration pénitentiaire du Maroc fraîchement indépendant!

Cette inversion des rôles donne lieu à des rapprochements plutôt inattendus. « Nous comparions nos infortunes successives, et le climat était tout à fait sympathique ! » Robert a l'idée de suggérer à ses « camarades » marocains de réclamer auprès de leur ministre que leur temps de détention pour cause de lutte indépendantiste soit comptabilisé dans leur ancienneté. « J'ai rédigé pour eux une lettre dans les règles de l'art, exposant leur cas... Un mois plus tard, ils m'annonçaient, radieux, que ça avait marché ! Leurs années de prison seraient comptées dans leurs états de service ! On leur payait un rappel de solde ! Autant dire que j'avais droit à un traitement de faveur, pour la nourriture comme pour les sorties. »

L'évasion de Beltran de l'hôpital Marie-Feuillet, en septembre, met fin à ces conditions de détention dorées. Déjà, avant, Sérou ne partageait pas l'optimisme de Robert et ne songeait qu'à s'évader. Leurs antécédents, plaidait-il, ne leur vaudraient aucune indulgence après l'indépendance. Et du côté des Français, la complaisance à l'égard du contre-terrorisme semblait révolue. « Patience, on va s'en sortir », répondait Robert.

Mais son changement d'avocat renforce les craintes de ses amis et éveille même leur méfiance. D'abord défendu par Me Mélia, proche de Présence française, il se plaint vite de ne jamais le voir, et s'adresse à Me Buttin, un jeune avocat qu'il croise beaucoup, au contraire, dans la prison. Celui-ci n'est autre que le fils d'un des signataires de la pétition adressée par les libéraux au président Coty, au printemps de 1954. Ne serait-ce qu'à travers son père, son nouveau défenseur passe pour être de gauche, dans les milieux ultras. De là à être suspect de trahison, dans le climat délétère qui règne...

Robert n'en a cure ; il a confiance, et au verdict de son procès, il pourra se féliciter de son choix. Mais l' « enlèvement » de Beltran par quatre faux policiers, peu après, lui fait perdre ses fonctions à la prison, ses facilités de déplacement et de rencontre, les petits plats mijotés par les épouses des gardiens. Il se retrouve au cachot avec Sérou, dont, par la force des choses, il écoute avec plus d'attention les projets d'évasion.

S'il n'a pas brillé dans toute cette affaire par son discernement, Sérou ne manque ni d'adresse ni d'imagination. Après avoir commencé une grève de la faim, il s'emploie à façonner, avec du pain bis mouillé d'eau, une grenade quadrillée plus vraie que nature, bourrée de phosphore d'allumettes. Si ressemblante que le gardien dont il la menace leur ouvre les portes... Sérou et Robert, cependant, ne vont pas loin dans leur belle. Coincés avant d'avoir pu franchir le chemin de ronde de la prison, ils sont ramenés au cachot; leurs conditions de détention sont encore plus sévères. Beltran, quant à lui, ne profite pas longtemps de la liberté retrouvée. Repris dans la planque où ses amis l'ont caché, il est envoyé dans le Sud, sous la garde de l'Armée de libération apparue au moment de l'insurrection d'août 1955. Deux semaines qui lui paraîtront très longues, aux mains des rebelles libérés de la domination d'el-Glaoui, dont les dispositions d'esprit sont très différentes de celles des anciens terroristes de Casa. Les ennemis d'hier aspirent, dans le Sud, à devenir seuls maîtres chez eux. Mohammed V désarmera ces troupes et emprisonnera leurs chefs pour conforter son pouvoir.

En tout cas, l'action conjointe des autorités françaises et marocaines fait ramener Beltran à Rabat, où les accusés doivent être jugés. Avant que son fils ne passe aux assises, la mère de Beltran a écrit à Pierre Mendès France. Celui-ci absout publiquement ses agresseurs. « Madame, écrit-il, je comprends l'impulsion de votre fils... » Le garde blessé lors de l'attentat, une fois rétabli, avoue que s'il avait su qui se lançait à l'assaut de la résidence, il n'aurait pas tiré.

« Mendès a eu une attitude très chevaleresque... Tout ça était déterminé par le contexte de l'époque, Indochine, Tunisie, Maroc... Évidemment on ne portait pas Mendès dans notre cœur, mais il avait une décennie d'avance, on le comprend en voyant ce que De Gaulle a fait ensuite et qui éclaire les choix et le courage de Mendès à cette époque... Sur le moment, bien sûr, je voyais les choses différemment. Le contexte de la décolonisation faisait que l'histoire ne pouvait s'écrire qu'avec du sang. »

Assis lors du procès à côté d'un gendarme en qui il reconnaît Yvan Almont, un camarade d'école marié à une fille de Grayan, Robert a raison d'y voir le signe que sa confiance est justifiée. Il prend le parti de ne pas tricher avec la vérité, et son avocat, Me Buttin, convainc la cour de ses intentions modératrices lors de l'équipée de Rabat, un an plus tôt. Leur procès n'est pas celui du contre-terrorisme européen mais celui d'une « bêtise », comme disait Mellero. Sérou est condamné à un an, Beltran à dix-huit mois. Robert Denard est acquitté. Dans la foulée, ils sont libérés et peuvent rentrer en France. La page marocaine est tournée...

LIVRE TROISIÈME

CARREFOURS

1.

Après le verdict de la cour d'assises de Rabat, Denard regagne librement Casablanca. Pour lui et ses compagnons, l'heure du retour a sonné. Muni d'un laisser-passer de l'administration, il est rapatrié. Il débarque en France en avril 1957. C'est dans le Médoc qu'il se rend d'abord.

Au Maroc, il n'a pas eu beaucoup de nouvelles de la famille, mais il sait que sa femme et son fils sont à Grayan. Bien qu'il ait divorcé, Robert trouve au village l'apparence d'une vraie famille, unie autour de Philippe, trois ans...

Son père pourtant ne déroge qu'à peine à ses habitudes de vieux solitaire. Il y a toujours la cabane où il passe des semaines entières sans reparaître, la chasse et la pêche, le silence choisi comme un refuge. Mais quelque chose s'est cassé depuis le retour d'Indochine de Robert. « Au retour d'Indochine, pour la première fois, je lui ai vu des larmes aux yeux et quand je suis rentré du Maroc, il s'éteignait. »

Léonce Denard a soixante-neuf ans, les jambes gonflées par la goutte et de l'urée dans le sang. Autour de lui, le vide s'est fait; Roger Pur-Sang et les autres sont morts. Il a fini par aller voir un médecin, qui lui parle d'opération de la prostate. Il a retardé le moment d'entrer à l'hôpital de Bordeaux. Quand arrive Robert, malgré ses jambes déformées, il l'emmène une dernière fois parcourir son territoire. Cinq ou six kilomètres, et le monde extérieur n'existe plus, le silence règne, où Léonce s'enferme avec ses souvenirs, ses regrets, sa fatigue.

Sur l'aventure marocaine de Robert, il n'est même pas

curieux. L'émotion ressentie au premier retour du fils ne renaît pas. La police, le contre-terrorisme, ce ne sont à ses yeux que le service de l'État, des péripéties négligeables et de peu d'éclat au regard d'une vraie carrière militaire. Et leur piètre conclusion dans l'attentat de Rabat ne redore pas le blason de Robert auprès de son père. À quoi bon s'étendre là-dessus? semble-t-il penser d'une aventure sans gloire.

Le cours ordinaire des choses a depuis longtemps enseveli les rêves de Léonce. Il n'est pas dupe de cette insignifiance qui accable son existence. Il s'en accommode en silence. Robert, à vingt-huit ans, a sûrement l'ambition de vivre de grandes choses, mais rien jusque-là n'est venu donner corps à ce désir de sortir du lot, d'échapper à la médiocrité commune. Léonce sent qu'il est trop tard, qu'il ne verra pas son fils le remplir de fierté.

Mieux vaut se consoler avec l'irruption d'un petit-fils, sa première joie depuis longtemps, et en tout cas la dernière. Une photo les montre, également étonnés et séduits l'un par l'autre, dans la cour de la maison, à Grayan : « cette montagne face au bambin qui ne sait pas d'où il vient, ni où il débarque... »

Durant cette quinzaine de jours, Léonce ne parle à son fils ni du Maroc, ni de l'armée; ni de la mère, confinée chez elle; de Giselle, à peine, si étrangère à tous égards, et dont il doit bien deviner qu'elle n'est pas l'avenir de Robert. S'il lui parle vraiment de quelqu'un, en fixant avec lassitude l'océan et les parcs à huîtres, c'est de ce petit Philippe qui portera son nom et dont l'existence est à elle seule son ultime réconfort.

Robert a évidemment un rapport tout différent avec sa mère. La discussion n'y a pas beaucoup plus de place, mais cet autre silence est lourd d'affection rentrée, d'inquiétude inavouée.

« Ma mère, de toute façon, n'a jamais été heureuse. Elle restait là parce qu'elle n'avait nulle part où aller. » La famille, les enfants et maintenant les petits-enfants, c'est tout l'horizon de Marguerite. À l'arrivée du petit Philippe, puis de Giselle, elle ne pose pas de questions. Ils sont la femme et le fils de Robert et cela suffit. Elle les accueille, s'occupe d'eux, tremblant quand elle lit, dans les journaux, les nouvelles du Maroc, les articles qui mentionnent Robert, parlent de l'attentat de Rabat, puis du procès.

Elle écrivait au Viêt-nam quand Robert y était blessé. Elle n'a plus guère la force de le faire quand il est emprisonné au Maroc. Plus que l'âge, l'usure d'une vie qu'elle n'a pas choisie, dans ce village qu'elle exècre autant qu'il l'ignore, la blessure secrète de son mariage malmené, les inquiétudes que lui cause son fils, l'ont harassée.

À son arrivée, Robert a un choc en la voyant si vieillie. Elle n'a cependant que soixante ans, elle est assez alerte pour s'occuper de la maison, servir les siens et tenir tête à Léonce, lorsque des scènes les dressent l'un contre l'autre, entre deux éclipses du père. Mais au-dedans, le ressort s'est brisé. Et Robert, sans le vouloir, aggrave sans doute encore sa détresse, avive ses angoisses. C'est qu'il lui rappelle par trop de côtés son mari, « en pire encore »... Avec ce garçon de trente ans que son épouse n'a pas pu retenir et que son fils n'empêchera pas de repartir, elle n'a pas fini de trembler, en effet.

Lui n'est pas d'humeur à se poser plus de deux semaines. La peine, le regret seront pour plus tard, quand il ne sera plus vraiment temps. « Tout ce que je faisais, c'était pour elle, en un sens... J'aurais voulu lui donner ce qu'elle n'avait pas eu. Elle est morte avant que je puisse l'aider comme j'aurais voulu. »

Le chagrin sera pour 1967, quand Denard rentrera du Zaïre, trop tard pour la revoir vivante. Mais en 1957, il est trop pressé, trop impatient. « Tout cela me fait plus de peine maintenant, en y repensant, que sur le moment. Son malheur, cette neurasthénie où elle sombrait, je n'y pensais pas. »

Dès le mois de mai, il repart pour Paris. En chemin, il laisse son père à l'hôpital de Bordeaux. Trois jours après, il apprend sa mort, des suites de cette opération de la prostate que Léonce ne voulait pas subir. Robert le revoit dans la cabane, déjà hors du monde, le regard perdu au loin, d'un vert qui se confond avec celui de l'océan. Comment expliquer cela à Augusta, sa tante, qui l'héberge à Champigny? Robert, lui aussi, préfère le silence.

Sa tante, même à son âge, continue de mener un train éblouissant, à des années-lumière des petitesses de Grayan. Elle n'hésite pas à dépanner Robert en ces difficiles semaines de retour à la vie métropolitaine. Sa solde suspendue, puis réduite de moitié après son acquittement, Robert manque d'abord d'argent. Giselle, après son séjour à Grayan, est elle aussi montée à Paris. Elle travaille comme secrétaire et élève Philippe. Denard continue de la voir régulièrement, et bien qu'il ne s'occupe pas de l'éducation de Philippe, il participe autant que possible aux frais. Il exerce, à ce moment, plusieurs petits boulots. Puis il retrouve le milieu des rapatriés d'Afrique du Nord; et les relations nouées à Casa, à La Gironde et plus encore chez Marinette Cerdan, sont décisives.

Il se lie, surtout, avec le colonel Battesti, entr'aperçu deux ans plus tôt grâce à Reynaud, le président de l'Association des anciens d'Indochine au Maroc. Battesti s'occupe à présent des rapatriés d'Afrique du Nord. Il accélère les formalités qui permettent à Robert de toucher une indemnité de rapatriement qui tombe à point. Reynaud et Battesti sont très actifs, à la fois dans les circuits d'aide aux rapatriés et dans ceux, plus discrets, qui préparent le retour au pouvoir de De Gaulle.

À leur contact, Denard est vite repris par le tourbillon des événements qui vont en quelques mois précipiter la chute de la IVe République, installer De Gaulle au pouvoir sous la pression des militaires, et faire de Michel Debré, ardent défenseur de l'Algérie française, le premier ministre de la Ve République. Or en Algérie, justement, Massu mène et remporte, contre le FLN, la bataille d'Alger; et, en cette même année 1957, le colonel Battesti est auprès de Debré au *Courrier de la colère*, dont tout ceux qui seraient tentés de transiger avec la souveraineté française en Algérie sont la cible.

Reynaud, Battesti... pour l'Association des rapatriés et pour le projet politique qu'elle soutient, les deux hommes voyagent beaucoup, participent à des réunions. Tout naturellement, Denard leur sert de chauffeur, de garde du corps, de messager. Il est toujours fonctionnaire de police, percevant un demi-traitement, suspendu de ses fonctions. Le travail qu'il fait pour Battesti, et bientôt pour l'Amicale des anciens policiers, au sein de l'association, est donc bénévole. Tout au plus y gagne-t-il quelques défraiements. Mais ce n'est pas l'argent qui le fait courir aux quatre coins de la France durant ces mois agités. Ce qui le motive, c'est la passion des discussions politiques, la fièvre des meetings houleux, la conviction d'être au centre du mouvement qui va bouleverser la physionomie du pays; c'est de se tenir au côté de ceux qui, avec l'armée, vont balayer une république exsangue et faire enfin prévaloir leur point de vue. L'action, le mouvement, la revanche sur les responsables des récentes défaites coloniales; l'excitation d'être dans le secret de ceux qui la préparent... voilà de quoi combler l'impatience de Robert Denard.

Depuis le Maroc, ses convictions politiques ne se sont pas particulièrement affermies. Il se reconnaît dans le « ras-le-bol » (comme on ne disait pas encore à l'époque) que suscite la déliquescence politique de la IVe République, et aussi dans l'espoir que réveille l'armée, notamment ses chefs en Algérie. Mais son engagement idéologique ne va pas au-delà. Ignorance, naïveté? Dans les années 1958-1960, cette relative « indifférence politique » sera pour Denard un avantage. Elle lui évitera d'être prisonnier du choix auquel seront confrontés la plupart des gens qu'il rencontre en 1957-1958 : l'acceptation de la « trahison » de De Gaulle, ou son refus en entrant au sein de l'OAS...

Ce qui, en attendant, domine, c'est la convergence du gaullisme pur issu de la France libre et de l'activisme militaire et paramilitaire. Denard ne se pose pas de questions, ne pose aucun jalon pour l'avenir.

Si Battesti s'occupe de son présent, Me Queyrat se soucie justement de son avenir. Avocat d'une soixantaine d'années, ancien du BCRA et ami de Battesti, Queyrat s'intéresse lui aussi au cas de Denard. L'attentat manqué contre Mendès n'a pas peu contribué, faut-il le préciser, à rendre celui-ci populaire dans ce milieu. Queyrat, « un type chauve, une sorte de bouddha qui trônait derrière son bureau, au Champ-de-Mars », défend le dossier de réintégration de Robert dans la police et tente de lui obtenir une affectation à Paris. Lui aussi se déplace beaucoup et rencontre une foule de gens, dans une certaine discrétion.

Une nuit du début mai 1958, Robert le conduit, dans une Traction avant 15 chevaux, de Paris à Toulouse, pour un rendez-vous secret avec le général Miquel, responsable, en août 1955, à Oued-Zem, au Maroc, et à présent chef de la région militaire du Sud-Ouest. Une autre fois, Robert est allé chercher à l'aéroport Lagaillarde, leader des étudiants d'Alger.

Ces préparatifs sont ceux de l'opération *Résurrection*, programmée par les chefs militaires d'Alger, Salan, Jouhaud, Massu, soutenue par leurs collègues de métropole et contrôlée par le « premier cercle » des gaullistes, Foccart, Debré, Guichard, Lefranc... L'objectif avéré en est la prise du pouvoir par l'armée. Il connaît un début de réalisation avec l'appel de Salan, le 13 mai, et la sédition en Corse, le 24. Le débarquement des paras sur Paris, le 30 mai, sera *in extremis* annulé par le recours des pouvoirs publics à De Gaulle, qui a su jusqu'à l'ultime instant utiliser la menace putschiste comme instrument de son retour.

De sa place au côté des « conspirateurs », Robert a alors la légitime conviction de participer aux événements, d'être au cœur de l'action. Parallèlement, il a retrouvé Antoine Mellero, rentré du Maroc et qui dirige, rue des Petits-Champs et rue de Hanovre, l'Amicale des anciens policiers d'Afrique du Nord. Dans les bureaux de la rue Louis-Legrand, siège de l'association présidée par Battesti, il tâche de débrouiller les problèmes administratifs de nombre de ses collègues du Maroc. Les voyages de Robert, pour Battesti, Queyrat ou Reynaud, sont autant d'occasions de resserrer avec ces rapatriés des liens qui tissent dans toute la France un réseau activiste dont le « coup d'État dévié en Ve République » de mai 1958 ne désarme pas la vigilance.

En matière de réseau parallèle, Charles Delarue est orfèvre. Ancien des Brigades spéciales de Vichy, protégé du commissaire Dides et du préfet de police Baylot, c'est « un type très quelconque d'apparence, mais une grosse tête, un idéologue qui savait parler... Ses raisonnements nous paraissaient justes... »

Delarue est le maître à penser de Mellero. À l'abri des services officiels de police et de renseignements, l'ancien collaborateur a mis sur pied cette organisation anticommuniste que Roger Wybot compare à une « véritable DST parallèle », avec fichier, organigramme, indicateurs, etc. À Robert, il décrit longuement les soubresauts prévisibles d'une Afrique que la décolonisation livrerait au communisme. Deux ans avant son choix décisif de 1960, Robert se prend à rêver parfois d'un terrain d'action qui aurait la taille d'un continent...

Mais, pour l'heure, sa débordante activité ne lui laisse guère le loisir d'envisager l'avenir. Il y a trop de services à rendre, de contacts à nouer, et de voyages, de Lille à Brest ou à Marseille. « Là-bas, à Marseille, j'ai failli me marier !... » Liaisons passagères, retrouvailles épisodiques avec Giselle ; comme toujours, sa vie sentimentale est agitée, dans cette période d'ébullition politique et de fermentation activiste.

Dans ce tourbillon, Lisette Lebris fait figure de repère et de havre. Rapatriée du Maroc, où elle tenait une boulangerie et était mariée à un policier, elle est la secrétaire du colonel Battesti, rue Louis-Legrand. Une jolie blonde plutôt discrète, mais au caractère affirmé. Des yeux verts décidés, un charme sans mièvrerie. Elle occupe à l'association un poste clé, avec une efficacité et un dévouement remarquables. Issue d'une famille ouvrière de Poissy, elle a les pieds sur terre, un jugement sûr sur les hommes et l'authenticité de leurs engagements, et elle sait mener sa barque. Rétrospectivement, Robert mesure toute l'importance de sa relation avec Lisette à cette époque charnière.

« On a vécu ensemble, elle m'a équilibré... Elle-même était équilibrée, organisée, pragmatique. Dans cette période-là, elle m'a beaucoup aidé. » Lisette parle aussi de l'Afrique, et pas uniquement sur le mode nostalgique. Elle voit défiler du monde, rue Louis-Legrand, et entend citer couramment des noms illustres. La précarité de sa situation matérielle à Paris lui paraît d'autant plus difficile à supporter que l'Afrique offre d'énormes possibilités à qui sait, comme elle, se débrouiller. Elle repartira, au Niger cette fois, pour y reprendre un commerce.

En même temps que le retour au pouvoir de De Gaulle comble très provisoirement les vœux de l'armée, le passé resurgit et rattrape Antoine Mellero. Après diverses tergiversations judiciaires liées à l'enquête sur le meurtre de Lemaigre-Dubreuil – il est dénoncé comme l'un de ses assassins –, il est incarcéré à la fin d'avril 1958. Il restera en prison jusqu'en septembre 1959, date à laquelle un non-lieu et l'amnistie des faits relevant du contreterrorisme marocain éviteront opportunément au nouveau pouvoir le retentissement d'un procès gênant.

Ces péripéties, en tout cas, ont de quoi faire réfléchir Robert. Pour ce qui le concerne, c'est l'administration qui le rappelle, non pas à Paris, comme il l'espérait, mais en Algérie. Il est réintégré dans la police, touche un rappel de traitement et se voit affecté dans le Constantinois. Le contexte algérien, son passé au Maroc et son état d'esprit du moment ne l'incitent pas à s'en réjouir. Me Queyrat et ses amis le mettent en garde. Les policiers impliqués dans le contreterrorisme à Casa sont pour le FLN des cibles désignées. Robert en convient et tente de gagner du temps, mais l'administration se moque de ses réticences. Pour ne pas perdre ses droits, il s'exécute, part pour Constantine puis pour Sidi-Aïch. Son séjour y sera bref : il demande le bénéfice d'un arriéré de congés et rentre en métropole. À tous points de vue, il y a mieux à faire. En comparaison de l'aventure qu'il vit dans le sillage de Battesti et de Queyrat, réendosser l'uniforme n'a rien d'attrayant. Après sept ans d'armée et cinq dans la police, il démissionne, à la fin de 1958, au terme de ses congés. Nouvelle rupture, nouvelle incertitude. Les cadres officiels, les carrières étroites dictées une fois pour toutes par l'intérêt du service, les lois hiérarchiques et le statut de la fonction publique ne sont décidément pas faites pour cet homme-là... On veut bien de lui sous l'uniforme, dans la Navale ou dans la police, mais au prix de contraintes qu'il n'est pas prêt à subir. Encore une fois, il tourne le dos...

L'emballement du printemps 1958 – celui de l'armée, convaincue de dicter sa loi à un pouvoir civil honni, celui des milieux activistes, certains d'inverser le cours des événements – fait long feu. L'ouverture politique pratiquée par De Gaulle en juin 1958 a d'emblée raidi les plus méfiants. L'ambiguïté du fameux « Je vous ai compris ! » lancé à la foule algéroise est mal corrigée à leurs yeux par le « Vive l'Algérie française ! » de Mostaganem. L'adhésion de l'opinion publique au Général, lors du référendum de septembre puis des élections de novembre 1958, cache encore, mais pour peu de temps, la fracture entre De Gaulle et ceux qui l'ont cru « l'homme fort », sans imaginer « qu'il pût l'être pour une autre cause que la leur ».

Dès la fin de 1958, les officiers d'Algérie qui ont, le 13 mai, créé le séditieux Comité de salut public sont mutés, Salan en tête, « placardisés », dirait-on maintenant, tel le colonel Trinquier à Nice.

Élu député de Fontainebleau, le colonel Battesti démissionnera quand De Gaulle en viendra à parler d'autodétermination en Algérie. Son prestige auprès des rapatriés de Tunisie et du Maroc, son rôle à la tête de l'association, lui interdisent d'acquiescer à l'abandon qui se prépare. À l'inverse, Michel Debré, chef du gouvernement, devra mener une politique qui va à l'encontre de toutes ses convictions. L'alliance des forces qui en mai 1958 appelaient à la « Résurrection » éclate en 1959-1960, et une partie de l'armée, ainsi que l'extrême droite activiste, découvre en De Gaulle son pire ennemi. Ce divorce conduira au putsch d'Alger et au terrorisme de l'OAS.

Robert assiste à cette évolution, la comprend, mais ne s'implique pas. C'est une autre force que l'adhésion idéologique qui anime ce caractère à la fois si dépourvu d'enracinement partisan et si doué pour l'aventure.

Le voilà, à trente ans, démissionnaire de l'armée puis de la police; deux carrières interrompues, davantage de déboires que de gloire; une petite auréole, une ambition et une vitalité intactes mais sans perspective; quelques amis, beaucoup de relations; mais plus d'incertitudes que de projets. « Une fusée », se rappelle-t-il en évoquant son allure de l'époque; « il valait mieux s'écarter de mon chemin... ». Il est susceptible, bagarreur. Pour un banal incident de circulation, il casse la figure au conducteur qui a accroché sa vieille 2 CV, prend à partie les flics qui surviennent, pour une remarque désobligeante à l'égard des anciens policiers d'Afrique du Nord, et devient furieux dans le bureau du commissaire, où *L'Humanité* se trouve en évidence. « Je lui ai dit que je vomissais les communistes, que je ne répondrais pas à ses questions parce qu'il avait forcément un *a priori* contre moi... et je lui ai mis mon poing sur la figure! J'avais les nerfs à fleur de peau, constamment; un vrai écorché vif, à ce moment-là. »

La fièvre conspiratrice du début de 1958 est retombée. Deux ans après sa détention à Rabat, les mêmes sentiments d'échec reviennent l'assaillir. Échec dans la marine, échec dans l'attentat contre Mendès, qu'il n'a su ni empêcher ni réussir; la prison où il s'est vu à la merci de ceux qu'il combattait. Il a senti là les limites des causes pour lesquelles on risque sa peau. Les grandes causes qui obnubilent les consciences et exigent le sacrifice au nom d'une vérité... Il a défendu celle de la France au Maroc, jusqu'à l'absurde équipée, mais était-ce vraiment la sienne? Et celle de l'Algérie française?

Le racisme ordinaire des Européens à l'égard des colonisés, arabes ou africains, lui est étranger, et il le prouvera, dans un milieu où justement cette indifférence à la couleur et à la race n'est pas la valeur la plus répandue. Il ne se reconnaît pas non plus dans le sentiment de supériorité si « naturellement » affiché par les colons au nom d'une prétendue mission civilisatrice. « La colonisation a été un gâchis, et la décolonisation une tricherie. On a d'un côté uniquement songé à profiter d'une situation, comme si elle allait durer éternellement, puis on s'est débarrassé du fardeau au nom d'une démagogique " liberté des peuples à disposer d'eux-mêmes ", et c'était aussi hypocrite. On a détruit et jamais construit ensemble. Avec les Arabes, les Africains, on a constamment triché. Comment s'étonner qu'ils nous en veuillent? Et avec ces " cons de militaires ", qui ne voyaient que le drapeau, le drapeau qu'on enlevait, qu'on changeait, on a triché pareillement. »

Le drapeau... On n'a pas été sous l'uniforme sans y rester sensible, mais après l'Indochine et le Maroc, Robert a appris à voir autre chose et au-delà.

Reste la liberté, la grande cause qui englobe toutes les autres et se confond en ces décennies de guerre froide avec celle du « monde libre » face au communisme. À coup sûr, cette référence-là est la bannière qui réunit et mobilise les énergies d'hommes tels que lui. Mais en même temps, le souvenir de la France libre est encore vivace; l'émotion du baptême du feu à la pointe de Grave et la frustration de n'avoir pas eu quelques années de plus pour habiller de gloire cette nostalgie. Face à cette imprégnation, les raisonnements du commissaire Delarue, même s'ils paraissent « justes », n'emportent pas l'adhésion militante.

De Gaulle incarne la liberté retrouvée, la France et l'État. De quelque manière qu'on juge alors ses habiletés, voire sa duplicité, dans l'affaire algérienne, il reste « un monument, celui qui avait sauvé le pays ». Faut-il le tuer, alors, pour garder l'Algérie? Avant même le putsch des généraux et la fondation de l'OAS, cette solution extrême est celle de quelques-uns, dans les milieux que fréquente Robert. Wattin et

Belvisi, pieds-noirs de Tunisie, membres de la Main rouge et futurs responsables de l'OAS, désignent l' « homme fort » du 13 mai comme l'homme à abattre. Dans les cercles les plus engagés des rapatriés d'Afrique du Nord, certains n'entrevoient plus d'autre choix. « Ils avaient peut-être raison, ils y croyaient et savaient répandre leur conviction. J'ai pu y croire moi-même, mais au fond, je ne sentais pas la réalité de cette affaire, je me méfiais de ce combat-là. »

Mauvais combat, cause déjà perdue ou fourvoyée dès l'origine ? En 1959, Robert ne peut pas répondre à ces questions qui le harcèlent, mais il pressent que cet engagement-là n'est pas le sien. On commence, parmi certaines de ses connaissances, à imaginer l'attentat qui en éliminant De Gaulle sauverait l'Algérie. On procède à des repérages du côté de Colombey-les-Deux-Églises. Il reste en lisière de ces projets. Il se fie plus à son instinct qu'aux raisonnements, leçons d'histoire et proclamations politiques.

Il n'est pas, et ne sera jamais, le militant ni le croisé d'une idéologie. Il n'a ni la formation politique, ni la foi aveugle qui font aussi bien les chevaliers de l'Occident chrétien que les agents du Komintern. Il n'a pas non plus en lui la haine qui cimente les dévotions. Ni le culte de l'ordre qui fait les fascistes, ni celui du passé qui nourrit la réaction viscérale des pieds-noirs à l'encontre de toute évolution. Ses origines médocaines et paysannes, ses rêves d'adolescent et ses foucades d'adulte, son appétit d'espaces et de sensations, l'indépendance de son caractère, tout en fait le détourne du destin, hors du commun mais sans surprise, des martyrs des grandes causes.

Il ne recommencera pas contre De Gaulle l'action si mal engagée contre Mendès. Cette prudence ne va pas sans désarroi, et on mesure mieux le soutien de Lisette dans cette attente énervée d'une occasion, d'un signal, qui offrirait à Robert, enfin, une voie à la mesure de son tempérament.

2.

Dans cet état de bouillonnement intérieur, Robert n'est pas homme à ressasser sa frustration. Son énergie exige un exutoire. Quand une relation lui parle de son beau-père, petit industriel dans l'Allier, à la recherche d'un collaborateur, il n'hésite pas. Puisqu'il est retourné à la vie civile, qu'il lui faut gagner sa vie, pourquoi pas ? M. Roux est installé à Cusset, à trois kilomètres de Vichy. Il fabrique et vend des appareils ménagers, des meubles de cuisine et, en particulier, des chauffages d'appoint au gaz. Il est membre du parti radical-socialiste, de cette tendance Morice qui a farouchement défendu la cause française au Maroc et honni Mendès. La personnalité de Robert lui plaît, ses antécédents suscitent sa sympathie. Voilà Robert attaché de direction, nanti d'un Tub Citroën équipé des produits maison, et chargé de promouvoir à travers toute la France l'appareillage ménager dont rêvent en cette année 1959 toutes les bonnes ménagères. « Roux m'avait dit dans son bureau : “ Mon petit lapin, la France t'appartient. ” “ Attaché de direction ”, je ne savais pas trop ce que ça signifiait. C'était “ homme à tout faire ”, en réalité, mais comme la boîte était petite, j'étais maître de mon boulot et ça ne me déplaisait pas. » Robert ne rechigne ni à la tâche ni aux kilomètres. « J'ai dû faire dans les 80 000 kilomètres dans l'année, tout l'Hexagone jusque dans ses moindres patelins ! »

Au début, se souvient-il, « ça m'a paru l'Amérique ! » Il prend contact avec son nouveau métier à la foire internationale de Lyon, où tous les fabricants exposent les merveilles de la société de consommation naissante. Il loge à Charbonnière. M. Roux et sa femme, beaucoup plus jeune que lui, belle et mondaine, ne dédaignent pas les soirées au casino, les grands restaurants et les endroits chics où l'on danse. Robert les accompagne partout et joue avec élégance, auprès de madame, le rôle de chevalier servant. Les mirages de la vie bourgeoise et les paillettes de l'expansion industrielle ne durent hélas que le temps d'une foire. Ce sont ensuite des routes à sillonner, des clients à convaincre, la concurrence de grandes marques à affronter, et parfois la colère d'utilisateurs mécontents. « J'ai équipé toute la famille et vendu à ma tante Augusta un four dont la porte, au premier usage, est restée bloquée. Pas moyen de sortir le poulet qui était dedans ! »

Cette vie itinérante offre bien quelques compensations, « quand je livrais des appareils de chauffage à des filles qui grelottaient dans leurs mansardes, souvent, elles n'étaient pas contre un peu de chaleur humaine en prime... » Robert gagne correctement sa vie et ne s'ennuie pas, mais le sentiment d'attente et l'espoir d'autre chose ne sont pas comblés par les fortunes diverses de cette existence qui, il s'en rend bien compte, « ne correspondait ni à mes ambitions ni à mon caractère ». N'empêche, cette incursion dans la vie civile l'occupe un an et demi, à la satisfaction de son patron, qui s'est associé à une société d'emboutissage et met à sa disposition, au siège de celle-ci, porte de Versailles, un bureau et une secrétaire.

À Paris, Me Queyrat est décédé, mais Mellero est en prison. Robert continue de voir le colonel Battesti et Charles Delarue. Au gré de ses pérégrinations dans toute la France, il entretient des rapports avec le milieu des rapatriés. Il entend beaucoup parler de l'Afrique noire, où la Communauté française, préconisée par De Gaulle, se mue en décolonisation complète, donnant naissance à quinze États indépendants. Et de l'Algérie, bien sûr. La « paix des braves » proposée par le Général au FLN a encore envenimé le ressentiment des militaires et accru la détermination des activistes. On ignore les contacts secrets des émissaires gaullistes avec le GPRA, mais déjà l'aventure putschiste et l'explosion terroriste sont sur les rails. Robert sait bien maintenant qu'il ne sautera pas dans ce train-là.

Arrive le mois de juillet 1960. La France oublie les péripéties du drame algérien en applaudissant aux exploits de Jacques Anquetil dans le Tour de France. En Auvergne, il fait si chaud que Robert a bien du mal a convaincre les paysans de prévoir les rigueurs de l'hiver et de lui acheter des chauffages d'appoint.

Paris est loin, avec ses bruissements de complots, ses envolées géopolitiques, les soucis de Giselle élevant le petit Philippe et ceux de Lisette, prenant une boulangerie en gérance à Poissy.

Robert est seul; il est même, se souvient-il en riant, dans un endroit où on se doit de l'être, quand il feuillette un numéro de *L'Aurore* vieux de quatre jours.

On y parle de l'Afrique noire en pleine décolonisation, et plus particulièrement du Congo belge – ex-belge en réalité depuis le 30 juin. Une « colonie modèle » soudain livrée aux convulsions de l'indépendance: le 11 juillet, Moïse Tschombé a proclamé la sécession de la province du Katanga; le lendemain, le Premier ministre, Patrice Lumumba, chantre de l'indépendance et d'un Congo unifié, a fait appel à l'ONU et rompu avec la Belgique; dès le 15 sont arrivés les premiers Casques bleus; et l'on évoque enfin le spectre d'une intervention soviétique sollicitée par Lumumba contre le Katanga et ses alliés belges...

Le Congo est loin, plus loin encore que Paris, vu du fond de l'Auvergne par un homme qui n'est guère au fait de l'histoire coloniale belge ni des subtilités politiques africaines. Loin et immense, un vrai continent à lui tout seul. Le Katanga, vaste comme la France et riche comme nulle autre province grâce à son miraculeux sous-sol, s'est érigé contre l'ONU, contre Moscou, presque contre le monde entier, en État indépendant, par la volonté d'un homme politique, premier milliardaire africain, dit-on, surnommé M. Tiroir-Caisse.

Robert lit et relit cet exemplaire oublié de l'Aurore, et retient surtout que Tschombé a lancé un appel à des volontaires européens pour venir défendre, au sein de la gendarmerie katangaise, son nouvel État menacé de toutes parts. Le Katanga existe, défie la communauté internationale et le tiers-mondisme à l'ombre duquel le communisme entend gagner le continent abandonné par les anciennes puissances coloniales. Le Katanga recrute. *L'Aurore* cite le seul Français présent là-bas, sous les ordres du major belge Crèvecœur; il s'appelle Tony de Saint-Paul. Il est le premier *mercenaire* du Katanga. À cet instant décisif de sa vie, Robert Denard saisit-il toute la signification de ce mot, qui va faire, après une longue éclipse, sa rentrée dans l'histoire? En tout cas, le déclic qu'il attendait se produit soudain.

« Le Congo, le Katanga, ça restait bien vague, à travers cet article, comme à travers des propos que j'avais entendus à Paris sur la situation là-bas. Je ne savais pas où j'allais, ni même consciemment que c'était le tournant de mon existence. Mais ma décision a été immédiate, irrévocable. Un seul Français là-bas... Il y en aura bientôt deux, me suis-je dit. Fini les cuisinières et les chauffages, les doutes, tout ce que je traînais comme un boulet depuis mon retour du Maroc. Ça m'a fait un choc, l'article, la photo de Saint-Paul. Un choc et un élan. »

Cette fois, Robert Denard a trouvé sa voie, reconnu sa cause et découvert son combat.

3.

Robert Denard, c'est évident, n'a pas médité son destin de mercenaire. Sa vie s'est seulement éclairée d'une lumière crue, propre à dissiper les ombres.

Mercenaire! Peu de mots peuvent s'enorgueillir de porter charge aussi négative. On l'écrit au vitriol dans le dessein de noircir tout art de la guerre qui ne communie pas avec la gratuité. En témoigne en 1776 ce duc de Manchester, éloquent à fustiger les mercenaires de l'armée anglaise qu'étrillaient les patriotes américains : « Qu'attendre d'un homme qui pour de l'argent se bat pour une cause qui ne le concerne pas? » raille-t-il. « Comment Othello est-il entré au service de Venise? Le Maure n'avait-il pas de patrie? Pourquoi a-t-il loué à un État étranger son propre bras et son propre sang? » s'insurge Lessing. La Révolution lèvera un million de Français pour défendre la patrie, juste cause. C'est dit : le procès du mercenaire est ouvert par son juge, l'État-nation, et son enfant, le conscrit patriote, et n'est point achevé. Quelle ironie! Des millénaires d'histoire ont utilisé le mercenaire sans jamais le réprouver. Son origine se confond avec celle de la guerre, c'est-à-dire avec l'aube de la civilisation; le plus vieux métier du monde, hormis celui de putain. Les princes sont des malins. Très tôt, ils ont trouvé commode d'épargner le sang de leurs sujets, puisqu'il se trouvait des candidats professionnels à l'égorgement.

Denard s'amuse aujourd'hui de considérer qu'Héraclès louant sa massue et Thésée son épée figurent pour ses ancêtres. Trois mille ans d'Antiquité, des pyramides aux ziggourats, des déserts aux brumes gauloises, ont été écrits avec le sang mercenaire. La Grèce enfanta Xénophon, génial stratège d'une retraite dans le désert de Perse, quatre siècles avant Jésus-Christ, dont *L'Anabase* porte témoignage. Tout y est : les chefs suspicieux, les employeurs troubles, les recrues de multiple origine, les alliés locaux suspects, les patries mères caressantes... et meurtrières. Clearque le Grec ne choquerait pas en tenue léopard : « Il aurait pu vivre en paix, dit Xénophon, sans encourir de reproches, mais il choisit de faire la guerre. Il aurait pu mener une existence de facilité, mais il préfère la rude condition de la guerre... » Et les premières phrases de *Salammbô*! « C'était à Mégara, faubourg de Carthage dans les jardins d'Amilcar... Il y avait là des hommes de toutes nations, des Ligures, des Lusitaniens, des Baléares, des Nègres et des fugitifs de Rome. On entendait, à côté du lourd patois dorien, retentir des syllabes celtiques bruissantes comme des chars de bataille, et les terminaisons ioniennes se heurtaient aux consonnes du désert, âpres comme des cris de chacal... » La prose merveilleuse de Flaubert nous transporte à Carthage pour la plus célèbre révolte de mercenaires de l'histoire... Trois ans de guerre inexpiable et cinquante mille morts. Leurs chefs, Spendios et Mathô, inaugurent le musée des grands ancêtres, tout retentissant de fureurs, de trahisons, de sacrifice et de grandeur. Les étoiles côtoient les humbles, Spendios avec le Gaulois sans nom, Du Guesclin avec le routier du Moyen Âge, John Hackwood avec le condottiere inconnu, le prince Eugène avec les reîtres, Maurice de Saxe avec les lansquenets, Danjou avec les légionnaires, Malraux avec ceux de *L'Espoir*, Lawrence avec les Bédouins...

Au Moyen Âge, les mercenaires, ou routiers, se fortifièrent de la guerre de Cent Ans. La paix leur était insupportable, comme le chômage et la misère; ils se groupèrent en compagnies, les « Grandes Compagnies » tristement célèbres, pillant, rançonnant, tuant... L'ombre de leur chef, l' « archiprêtre », a plané longtemps sur les campagnes. Rameutées par Du Guesclin pour l'Italie, l'Espagne, elles se couvrirent de gloire et certains de leurs chefs s'immortalisèrent. John Hackwood, un Anglais, servit en condottiere l'État italien, à la tête de sa Compagnie blanche, ramenée de France. Il mourut vieux, dans son lit, entouré de respect et d'honneurs, et Florence lui fit en 1394 des funérailles grandioses. Destin rare pour un mercenaire, mais lui avait toujours su changer de maître à temps. Les siècles suivants furent ceux de la Suisse qui s'était illustrée en écrasant Charles le Téméraire à Grandson et à Morat. Tous les princes voulurent des Suisses. Ils se montrèrent, notamment envers le roi de France, d'une indéfectible fidélité.

La liste serait longue des grands capitaines d'aventures qui mirent leur épée au service des causes étrangères... Souvenons-nous du prince Eugène de Savoie qui arrêta les Turcs de Soliman le Magnifique à la tête d'une armée autrichienne et sauva l'Europe; de Francisco de Miranda, né espagnol, mercenaire au service de l'armée de Rochambeau, héros de l'indépendance des États-Unis, caressant le rêve de libérer le Venezuela du joug de l'Espagne, emprisonné, évadé, général de la Révolution française, accusé, jugé, condamné, acquitté, retournant au Venezuela, premier des *libertadors* et toréador éminent... De Garibaldi, héros de l'unité italienne, traînant son sabre au Brésil, pour le Pérou, le roi de Sardaigne, le roi d'Italie, l'empereur Napoléon III. De sir John Bagot Glubb, plus connu sous le nom de Glubb Pacha, qui créa la légion arabe de Jordanie... De l'Américain Claire Chennault, chef de deux cents pilotes mercenaires pour les cieux de la Chine et de Tchang Kaï-chek contre les Japonais... De Malraux et de ses mercenaires de l'escadrille Espoir...

L'histoire balise largement la route que s'apprête à prendre Robert Denard.

Le choix est fait, reste à partir. Il se dit à Paris, particulièrement au cercle des officiers de la place Saint-Augustin, que le colonel Trinquier a été contacté à Nice par un émissaire de Tschombé pour prendre la tête d'un groupe d'officiers et de sous-officiers français destiné à encadrer la gendarmerie katangaise. Trinquier recruterait. Robert lui envoie son *curriculum vitae* à Nice. Il attend, moins enclin à repartir avec son Tub sur les routes de France. La réponse lui parvient, de la bouche d'un proche du colonel parachutiste; elle est négative : « Trinquier a déjà son équipe. » En fait, le colonel n'a pas donné suite, en août 1960, à la requête de Tschombé. Sans doute a-t-il déjà, à toutes fins utiles, pris des contacts en France avec des officiers, anciens comme lui d'Algérie. Mais il attend des assurances, aussi bien de la part de la France que de la part du chef de l'État katangais. Qu'à cela ne tienne, Robert partira tout seul !

Le colonel Battesti lui rappelle alors qu'il a une sœur à Brazzaville, dont le mari dirige une petite usine. Et un contact aussi avec un commissaire affecté à la sécurité rapprochée de l'abbé Fulbert Youlou, qui préside désormais aux destinées du Congo-Brazzaville, ex-territoire français. Robert consulte des cartes et se convainc que la route d'Élisabethville, capitale du Katanga, passe pour lui par Brazzaville.

Parallèlement, Charles Delarue, toujours très au fait de la situation africaine, parle à Robert du Kasaï du Sud et de son chef, Albert Kalondji, roi des Balubas Kasaï. Cette province est la sixième du Congo, au nord du Katanga et au sud de Léopoldville, la capitale. Un vaste territoire coincé entre le pouvoir central lumumbiste et la province sécessionniste. Le royaume du diamant (il fournit 80 % de la production mondiale). Comme l'Union minière au Katanga, la Foreminière, spécialisée dans le diamant industriel, règne sur le Sud du Kasaï.

– Et Kalondji? demande Robert.

– Un ancien ami de Lumumba, mais fédéraliste, et bien décidé à damer le pion à son ex-allié du Mouvement national congolais. Il s'est installé à Bakwanga, avec, au plus, cinquante hommes armés, il a formé un gouvernement du Sud-Kasaï et il s'est allié à Tschombé.

Cinquante homme contre les troupes lumumbistes... Kalondji a mobilisé les Balubas, tandis que Lumumba poussait les Luluas à l'assaut du réduit rebelle. Les deux tribus ancestralement rivales s'entre-tuent depuis deux mois, sous le regard des soldats de l'ONU, qui attendent que les Luluas, comme toujours depuis des siècles, écrasent les Balubas. Ils ont des fusils contre des flèches et des « pouh-pouh », ces tubes bourrés de poudre qui font office d'armes quand on n'a rien d'autre.

Dans la presse de septembre 1960, Robert a l'occasion d'en apprendre un peu plus sur la sauvage guerre tribale qui sévit au Kasaï. De Luluabourg, la capitale de la province, un bataillon lumumbiste acheminé par les avions de l'ONU a entrepris la pacification du Sud. De part et d'autre, les massacres ont été terribles, mais les troupes du gouvernement central et les Tunisiens de l'ONU occupent à présent Bakwanga, le fief de Kalondji. Celui-ci et les restes de son « armée » ont fui vers l'est, vers la frontière katangaise, où des détachements tschombistes, des paras belges et des colons rassemblés en milices d'autodéfense organisent la résistance à l'avancée des troupes de Léopoldville et préparent la contre-attaque. C'est là, au long de huit cents kilomètres de frontière, que s'annonce une bataille qui peut être décisive pour l'avenir du jeune État katangais. C'est donc là que se rendra Robert, au bord de la Lubilach, une rivière sur les rives de laquelle des civils en tenue de brousse et des militaires belges qui ont refusé de quitter le pays avec leurs collègues de la base de Kamina arborent désormais un brassard marqué « CV » : corps des volontaires...

En septembre, cependant, la saison des pluies arrive et l'avance des troupes gouvernementales est stoppée par la forêt en même temps que par la nouvelle crise qui secoue les fragiles institutions congolaises.

Dès le 5, le président Kasavubu révoque son Premier ministre Lumumba, lequel dans l'heure qui suit prétend le destituer. Ce pouvoir à deux têtes inconciliables n'a plus de pouvoir que le nom. L'ONU et son secrétaire général Dag Hammarskjöld s'empressent de soutenir Kasavubu. Le colonel Mobutu, chef de l'armée congolaise, s'emploie à neutraliser l'un et l'autre en promouvant un gouvernement provisoire collégial. Kasavubu et son nouveau Premier ministre, Iléo, s'inclinent, sauvant leur titre et leur poste. Lumumba, fort de sa majorité parlementaire, s'oppose avec virulence à ce coup d'État. Au début d'octobre, il est placé en résidence surveillée à Léopoldville, sous la protection des forces de l'ONU. Le Katanga gagne un répit indispensable à sa consolidation, l' « État minier » de Kalondji, au Sud-Kasaï, survit grace à la confusion qui règne à Léopoldville.

À Paris, Robert s'efforce non sans mal de réunir l'argent nécessaire à son départ pour l'Afrique. Il a compris à quel point la situation congolaise était embrouillée, anarchique et irrationnelle, mais sa détermination est intacte. Elle se renforce même à l'idée que dans cet imbroglio politique, économique et ethnique, la volonté d'hommes décidés peut faire mieux qu'un miracle : défendre avec succès un camp assiégé, condamné d'emblée à périr, ordonner, construire une réalité, contre les impasses de l'histoire, qui en démente le cours inéluctable. Telle est l'utopie mercenaire katangaise, dont le virus va bientôt saisir Robert. Dans son impatience à le contracter, il bouscule son monde. Giselle en pâtit, aux prises avec ses problèmes domestiques. Que pourrait-elle faire de plus pour l'aider? Au fil des rencontres en coup de vent, des séances de cinéma avec le petit Philippe, des scènes et des coups de colère, sa patience s'est usée. Qu'il puisse enfin partir, vivre à sa guise et réaliser ses rêves, cet homme que malgré leur divorce elle continue de voir comme son mari et qu'elle plaint de tourner en rond comme un fauve en cage.

Lisette n'a pas la même commisération, mais fait les mêmes vœux, et, dans la mesure de ses modestes moyens, aide Robert. Celui-ci annonce à son patron sa décision de le quitter et demande ses indemnités. L'industriel de Cusset tombe des nues. Délaisser un poste aussi gratifiant pour aller au diable? Sacrifier la promotion du confort moderne à un sauvage combat de nègres, dont les échos parvenus en Bourbonnais font dresser les cheveux sur la tête? M. Roux, radical-socialiste déçu, ne comprend pas son attaché de direction. Robert, excédé de ses réticences, prend les devants. À la veille de l'hiver, il brade les chauffages, liquide les cuisinières, solde lui-même ses comptes, met son patron devant le fait accompli, et « tant pis si le bonhomme est un peu froissé ». Froissé sans doute par le procédé, M. Roux s'incline pourtant, et « fait preuve de beaucoup de fair-play », se rappelle Robert avec un sourire. Voilà en tout cas de quoi partir pour Brazzaville.

LIVRE QUATRIÈME

L'ÉPOPÉE KATANGAISE

1.

Au moment où l'avion de Robert décolle, la nouvelle de l'évasion de Lumumba se répand. Le héros de l'indépendance a fui la villa du bord du fleuve où il était assigné à résidence, au nez et à la barbe des soldats de Mobutu et des Ghanéens de l'ONU. À Brazzaville, les nouvelles de l'autre Congo se répercutent dans l'heure. À la moindre alerte, les Belges, qui sont revenus à Léopoldville depuis septembre, sont prêts à sauter dans le bac qui mène sur l'autre rive du fleuve, à Brazza. Une semaine après la fuite de Lumumba, ils peuvent retraverser et se réinstaller dans les grands hôtels de la capitale : Lumumba n'a pas atteint Stanleyville, capitale de la province orientale et fief de ses partisans. Le commandant Pongo, chef de la sécurité du colonel Mobutu, a arrêté le fuyard et ses deux compagnons sur la route de l'est. Le commissaire auquel Robert se présente de la part de Battesti apprécie ce succès à sa juste valeur. Mais dans l'entourage de Fulbert Youlou, on ne se réjouit que modérément de la suite. Après avoir été ramené en avion à Léopoldville, Lumumba a été présenté à la foule, molesté en public par les soldats congolais. Sans lunettes, sa chemise en lambeaux, l'air égaré face à la brutalité de ses compatriotes, voilà comment il apparaît sur les photos de presse. Le héros devient martyr. Emprisonné à Thysville, dans le Bas-Congo, la province du président Kasavubu, Lumumba pèse plus que jamais sur les destinées de son pays.

Du côté de la présidence, à Brazzaville, Robert écoute et s'initie aux clivages politiques qui divisent l'Afrique à partir de la crise congolaise. Les dirigeants des États francophones de l'ancienne Union française – Sénégal, Côte-d'Ivoire et Congo-Brazzaville notamment – préparent la réunion qui doit, à Brazzaville, faire asseoir côte à côte Kasavubu, Tschombé et Kalondji, isoler les partisans de Lumumba et accroître les chances de la France de prendre au Congo la relève des Belges.

En même temps, il découvre au côté de Nicole, la nièce de Battesti, l'Afrique noire vivante, bariolée, qui se jette avec enthousiasme dans l'indépendance, avec l'assistance de la France. Les jours passent et Robert a toujours pour objectif de rejoindre Kalondji. Muni d'une lettre de Fulbert Youlou pour Tschombé, il prend un vol d'UTA pour Élisabethville. De « Léo » à « Éville », ce sont mille huit cents kilomètres de forêt et de savane, sans route ni voie ferrée. Seul l'avion relie la « capitale du papier » à la capitale du cuivre.

C'est justement par la compagnie UTA que Jacques Foccart, responsable à l'Élysée des affaires africaines, tisse sur le continent africain une toile d'araignée qu'on appellera bientôt les « réseaux Foccart ». Mais à son arrivée, Robert ne pénètre pas ces arcanes et tâche de se débrouiller par ses propres moyens. Les représentants du Sud-Kasaï au Katanga le dissuadent de rejoindre les forces de Kalondji. Malgré des liaisons difficiles, il s'entête, fait le voyage pour remettre à l'empereur autoproclamé du Kasaï la lettre de Delarue, et découvre une situation fluctuante. Kalondji, soucieux de ne pas couper les ponts avec le gouvernement de Léo, ne tient pas à faire massivement appel aux volontaires étrangers. Deux officiers français, le commandant Gillet et le capitaine Lassimone, encadrent déjà son armée baluba dans la région du lac Mukamba. Robert rentre à Éville et renonce à son objectif initial. Une compatriote, coiffeuse installée en face de l'hôtel Léo II où il loge, le console et lui fait découvrir la capitale du Katanga. Une sorte de Côte d'Azur en pays minier, à 1 200 mètres d'altitude, où, à l'écart de la ville indigène, les villas et les bungalows de la colonisation bordent de longues avenues tranquilles plantées d'eucalyptus. Au Léo II, on dîne en habit et on parle flamand. Dans les quartiers commerçants grecs, les traces des incendies et des pillages de juillet n'ont pas disparu, mais Éville est une capitale propre, sûre et qui travaille, à l'ombre de la gigantesque cheminée de l'Union minière du Haut-Katanga. La province du cuivre, mais aussi de l'uranium, du cobalt, fournissait 60 % des recettes du Congo, une manne qui à présent alimente ses propres caisses, non sans nourrir d'âpres marchandages entre les financiers belges et les nouvelles autorités, lesquelles viennent de créer une monnaie katangaise.

Après la parenthèse joyeuse et bon enfant de Brazzaville, l'austérité d'Éville a de quoi surprendre. Mais Robert n'est-il pas venu ici pour des choses sérieuses, et d'abord pour se battre? Des combattants potentiels, il n'en manque pas, dans les hôtels, les bars, les bâtiments publics et les antichambres officielles. Soldats sans armée, en treillis, en tenue de brousse, en uniformes disparates, en quête comme lui d'un engagement, et souvent prodigues, à l'usage d'auditoires crédules, de récits de campagnes qu'ils n'ont pas encore entamées.

Dans l'entourage de Tschombé, dans l'armée et la police katangaises, les Belges ont gardé la haute main sur la sécurité de l'État sécessionniste. Le pouvoir et la morgue. Les « minafs », policiers belges, sont partout, imbus de leurs privilèges coloniaux, racistes jusqu'à la caricature, soupçonneux envers tous ceux qui, bien que blancs, ne sont pas belges.

Dans les bars où les reporters traquent le mercenaire avec plus d'avidité encore qu'ils ne traquent les hôtesses africaines, dans les couloirs de l'état-major où Robert use sa patience en désespérant d'être reçu par quelque responsable, Anglais, Sud-Africains et Rhodésiens forment à cette époque le plus gros contingent de volontaires. Ils sont là pour des raisons éminemment politiques, pressés de réaliser un axe Johannesbourg-Salisbury-Éville qui tiendrait éloignée du sud du continent la menace nationaliste. Ceux-là n'ont nulle envie de s'intégrer aux forces katangaises. Ils entendent mener à leur côté leur propre guerre. Ils ont la faveur des Belges, à l'inverse des francophones, bien mieux accueillis par les Africains. Dans le calme apparent d'Éville, Robert doit d'abord apprendre à se méfier.

En son absence, sa chambre est fouillée, son courrier ouvert, avec un tel souci de discrétion qu'il s'en rend tout de suite compte. Lorsqu'il sort, il repère aussitôt dans son sillage un flic belge. Il s'amuse d'abord de cette filature, balade son suiveur et rit de sa balourdise, de ses méthodes de série B à la mode belge : gros sabots et journal percé d'un trou... Mais le temps passe, les finances fondent et ces sournoises embûches sapent le moral. Sous surveillance, perdant son temps dans des bureaux, il se voit reprenant bientôt l'avion pour Brazza, pour Paris. Ces premières semaines de l'année 1961 sont aussi éprouvantes pour les nerfs que les interminables rallyes ménagers de la Bretagne au Pays basque...

Robert ne veut pas s'avouer vaincu. Il explique sa situation à Cazenave, directeur d'UTA à Éville, bien placé pour observer les curieux ballets qui agitent la coulisse katangaise. À ce moment, le colonel Trinquier est à Éville. Thyssens, avocat belge et émissaire de Tschombé, l'a relancé à Nice au début de janvier. Avec l'aval de Messmer, ministre des Armées, il a décidé cette fois de franchir le Rubicon. Un bureau de recrutement katangais fonctionne à Paris sous couvert d'une représentation commerciale. La France n'a nullement renoncé à jouer sa partie dans l'imbroglio congolais. Tout en encourageant les initiatives diplomatiques des États africains francophones, on est aussi favorable, à Matignon et rue Saint-Dominique, contre les prudences du Quai d'Orsay, à aider militairement Tschombé, à titre officieux. En outre, on ne serait pas fâché de voir en brousse tous ces officiers activistes qui ne seront jamais trop éloignés d'Alger. Trinquier et les hommes qu'il a pressentis peuvent donc accéder à la demande de Tschombé et prendre en main son armée et sa police.

Le colonel est à Éville le 26 janvier, examine la situation sur le terrain et repart dès le 3 février avec en poche son contrat et une vingtaine d'autres. Son séjour a fait du bruit, l'arrivée massive des Français à l'état-major suscite bien des rumeurs, des espoirs et des manœuvres hostiles. Les Belges, conseillers ou chefs militaires comme les majors Weber et Crèvecœur et le colonel Vandewalle, conseillers politiques comme le professeur Clémens et Carlo Huguet, organisent le sauvetage de leurs prérogatives, « ce qui, après tout, est bien légitime ». Les conditions financières faites à Trinquier les font pâlir de rage. Au Katanga, ils sont toujours chez eux. L'orgueil et l'intérêt leur commandent de tout faire pour écarter la menace française. Pour beaucoup d'entre eux, dont le seul vrai titre de gloire a été de ramener l'ordre en juillet 1960 contre quelques milliers de pillards, le Katanga indépendant est chasse gardée. À l'inverse, la relève française apparaît à Tschombé et à Munongo, son ministre de l'Intérieur, comme un acte d'émancipation politique. Et puis, les héros de l'armée française de la Libération, de l'Indochine et d'Algérie sont à leurs yeux d'une autre trempe militaire que les cadres d'une Force publique qui s'est débandée à la première mutinerie, au lendemain de l'indépendance, et qui n'a pas su former, en un demi-siècle de colonisation, un seul officier africain...

Même les colons, le parti ultra de l'Union katangaise, sont favorables à cette réorganisation, tant les inquiète l'indiscipline de l'armée. Et pourtant, les manœuvres de l'état-major belge et l'enchaînement imprévu des circonstances vont faire échouer ces beaux projets.

Pour Robert, qui n'aspire à nulle place à l'état-major mais se languit d'action, l'arrivée de Trinquier paraît de nature à lever les obstacles auxquels il se heurte. Or, constate-t-il bientôt avec dépit, il n'en est rien. Rien n'est simple décidément au Congo.

Tout ce qui y a allure militaire se doit de ressembler à un para, et il n'a pas grand mal à paraître tel. Les minafs qui s'intéressent tant à lui ont eu d'ailleurs vite fait de le cataloguer ainsi, comme un homme de Trinquier. À celui-ci, il s'est présenté, dans son CV adressé quelques mois plus tôt, comme ayant servi dans la Flottille amphibie Indochine-Sud. Celle-ci était à l'époque commandée par Pontchardier et Toulouse-Lautrec. Une interprétation erronée associe Robert aux fameux commandos Pontchardier, auxquels il n'a jamais appartenu. L'extrapolation, flatteuse, lui servirait-elle? Non pas, car la légendaire figure de Pontchardier fait de l'ombre à Trinquier, qui n'entend pas associer à son entreprise les anciens commandos de son rival. Voilà donc Robert paré aux yeux de tous d'une étiquette fort recherchée mais qui, à ce moment, au lieu de lui faciliter les choses, l'immobilise.

Cazenave, heureusement, a des relations, et aucun préjugé. C'est lui qui donne à Robert le coup de pouce décisif. Originaire lui aussi du Sud-Ouest, il dépanne Robert, à bout de ressources financières, et lui présente un ami médecin. Après de rapides démarches, celui-ci lui obtient un rendez-vous avec Godefroy Munongo lui-même, ministre de l'Intérieur et homme fort du gouvernement katangais.

Dans un bureau ministériel qui semble à la fois trop étroit pour sa stature de guerrier et assorti à son visage d'intellectuel, Munongo impressionne son interlocuteur. Munongo est le petit-fils du célèbre Msiri, roi d'un immense territoire, jadis craint dans tout le continent pour sa cruauté et son habileté politique; c'est un seigneur bantou qui a été instruit de philosophie thomiste au séminaire de Baudouinville. Munongo est un seigneur et un chef, un guerrier cultivé lancé dans la politique. Il a fondé avec Tschombé la Conakat, parti des « Katangais authentiques », vainqueur contesté des élections de mai 1960. Il s'est opposé en juillet à toute négociation avec Kasavubu et Lumumba. Par son intransigeance, il pousse Tschombé à tenir tête à l'ONU et à se libérer de la tutelle belge. Il rêve d'un Katanga indépendant qui serait le creuset d'une union idéale des traditions africaines et du développement européen.

Robert ne lui demande rien d'autre que de servir la cause qu'il défend. En premier lieu, Munongo le dissuade d'entrer dans la police, trop étroitement contrôlée par les minafs. Le Katanga a bien plus besoin de soldats que de policiers, et d'abord pour mener à bien la conquête du Nord.

Il explique que les forces lumumbistes de Stanleyville, fief d'Antoine Gizenga, ancien vice-Premier ministre de Lumumba, ont envahi la province du Kivu et pris sa capitale, Bukavu. Ils ont non seulement repoussé les parachutistes de Mobutu, dépêchés là pour éteindre la contagion sécessionniste de la province orientale du Congo, mais aussi pénétré au Nord-Katanga. Dans le Nord justement, les forces katangaises ont affaire à la rébellion baluba. Les Balubas du Katanga, à l'inverse de leurs frères du Sud-Kasaï, se battent contre Tschombé, qui les a évincés de son gouvernement malgré le succès de leur parti, la Balubakat, aux élections de mai 1960. Malgré la création par l'ONU d'une zone tampon entre le Katanga et le Kivu, la brousse est aux mains des Balubas, et les soldats lumumbistes sont parvenus jusqu'à Manono, la capitale de l'étain, menaçant directement Éville. Le pasteur Sendwé, leader de la Balubakat, en a profité pour ériger la région luluaba en État sécessionniste à l'intérieur même du Katanga et pour faire de Manono la capitale de la résistance anti-tschombiste. Voilà le front, conclut Munongo, où il est urgent de se battre. Contre l'envahisseur lumumbiste, le rebelle baluba et l'observateur onusien...

Robert est saisi d'un léger vertige à l'écoute de cet exposé, mais son instinct lui dit que sur le terrain les choses paraîtront plus simples. Munongo continue sur sa lancée, insistant sur l'impérieuse nécessité de pacifier le Nord pour rallier à la cause katangaise les Balubas, ces « juifs de l'Afrique », qui par leur compétence et leur travail sont devenus les chevilles ouvrières du Congo. À Éville, ils font tourner la plupart des services. Leur défection, par solidarité avec les rebelles du Nord, serait catastrophique pour le jeune État.

Munongo donne à Robert une lettre de recommandation pour Yav, ministre de la Défense. Après des semaines de stagnation, les portes s'ouvrent enfin. De l'épisode Trinquier, il n'a gagné qu'un paquetage, offert par le chauffeur du colonel, qui logeait lui aussi au Léo II. Un treillis et une casquette. Au moment de quitter Munongo, il ignore encore qu'après plusieurs semaines de rebondissement, l'« opération Trinquier » va se solder par un échec, à cause de l'opposition opiniâtre de l'état-major belge et, surtout, de Lumumba.

On sait à ce moment que l'ancien Premier ministre a été transféré de la prison de Thysville au Katanga, où on le croit détenu. En réalité, il est mort. La nouvelle, divulguée par Munongo un mois après les faits, et selon une version mensongère, va déclencher contre le Katanga une émotion dont les effets ne manqueront pas de peser sur le destin de la sécession. Sa conséquence immédiate, du point de vue militaire, sera l'interdiction faite par Paris à Trinquier de rejoindre Tschombé. Et quand le colonel, passant outre, revient à Éville à la fin de février, alors que Tschombé se trouve à Madagascar, il se heurte au mur dressé contre lui par les Belges, si efficacement qu'il doit repartir, entraînant avec lui plusieurs officiers, dont Godard et Broizat, qu'on retrouve en avril à Alger derrière les généraux putschistes. Ceux qui restent au Katanga le font à titre individuel, sous commandement belge. Ce sera l'équipe de Faulques : Labourdonnais, Égé, etc... Une demi-douzaine d'hommes seulement, bien loin de la centaine demandée par Tschombé pour assurer une relève française au commandement belge. Au prix d'un chantage sur la livraison de munitions indispensables aux Katangais pour reprendre Manono, l'état-major belge obtient ainsi l'éviction des officiers français et sa propre sauvegarde à la tête des forces katangaises. Petite et éphémère victoire de l'amour-propre et de la roublardise!

La conséquence la plus grave, pour le Katanga, de la mort de Lumumba sera l'adoption par l'ONU, le 21 février, d'une résolution autorisant le recours à la force pour mettre fin à la sécession katangaise.

Le 17 janvier, Lumumba, Mpolo et Okito, arrêtés ensemble lors de leur fuite vers Stanleyville, sont extraits de la prison de Thysville où le gouvernement craint un soulèvement militaire en leur faveur. Un avion belge les transporte vers le Sud-Kasaï, sous la garde d'une escorte de Balubas de l'ANC. Kasavubu et Mobutu sont trop encombrés par ces prisonniers dont les partisans relèvent la tête. Ils préfèrent s'en débarrasser en les livrant à Kalondji, puisque Tschombé est réticent à les prendre en charge. Pour échapper aux troupes de l'ONU présentes à Bakwanga, l'avion se pose à Moanda où deux autres avions attendent. Pour une raison mal définie, l'un d'eux repart avec les prisonniers, en direction, cette fois, d'Éville. Le gouvernement de Léo a-t-il voulu forcer la main à Tschombé en lui faisant, malgré l'opposition de son entourage européen, ce cadeau empoisonné? En tout cas, l'arrivée de Lumumba à Luano, l'aéroport d'Éville, prend tout le monde de court et ne passe pas inaperçue. D'autant moins que, livrés au long du voyage à la violence de leurs gardiens, Lumumba et ses compagnons sont physiquement en piètre état, mais cependant vivants. Ils sont emmenés dans la propriété d'un colon, à quelques kilomètres de là, « confiés » à des gendarmes katangais, des soldats lundas – l'ethnie de Tschombé – et bayékés – celle de Munongo. Le quartier est bouclé. Les ministres katangais improvisent, se réunissent, ne savent que faire des prisonniers. Ils défilent l'un après l'autre dans la villa, où le long supplice des trois hommes a repris et s'est aggravé. Tschombé et ses ministres n'auront bientôt plus à se demander où mettre Lumumba en lieu sûr, mais seulement comment faire disparaître trois cadavres et étouffer le scandale de cette liquidation. Avant la fin de la nuit, en effet, le 18 janvier, Lumumba, Mpolo et Okito sont morts sous les coups des soldats à la merci desquels on les a abandonnés. Munongo annonce seulement le

15 février la nouvelle de leur mort, prétendument survenue le 6 au cours d'une improbable tentative d'évasion. Alors que, depuis près d'un mois, leurs cendres ont été dispersées dans la savane...

Au moment de cette annonce dont l'effet consacre l'isolement diplomatique du Katanga et met l'ONU au rang de ses ennemis agissants, le ministre Yav, chemise bariolée et chapeau noir, adresse Robert au major Faub, officier belge chargé du recrutement des volontaires étrangers dans ce qu'on continue d'appeler la « gendarmerie katangaise ».

Ce jour-là, ils sont trois dans le couloir qui mène au bureau de Faub, et Robert fait la connaissance de Roger Bracco, de Pierre Magain, et d'un troisième homme, Dagognier, qui se tuera en vol, quelques semaines plus tard, aux commandes de son Fouga-Magister. Le premier est belge, jusque-là officier de la force aérienne. Rapatrié en 1960, il s'est mis en congé illimité sans solde et il est revenu au Katanga avec la bénédiction de ses supérieurs. Sa carrière de mercenaire débute et croisera souvent celle de Robert. Magain, un caractère ombrageux, est pilote comme Bracco, c'est un as de la Force aérienne belge. Il sera, quelques mois plus tard, aux commandes de l'unique Fouga-Magister du Katanga, avec son équipier Deulin, le cauchemar des forces de l'ONU.

Le sort de Lumumba, s'il présage de nouvelles difficultés pour le gouvernement Tschombé, n'arrache pas de larmes aux trois hommes. Huit mois après la sécession, en revanche, le Katanga déchaîne l'attention du monde entier. La presse internationale aligne les papiers sensationnels sur les volontaires étrangers, les mercenaires. Quel envoyé spécial, voyant revenir de brousse ces soldats hirsutes aux uniformes incertains et aux manières approximatives, a eu cette trouvaille de les baptiser « Affreux » ? L'expression fait florès. Les Affreux du Katanga inaugurent les clichés repoussoirs par lesquels les sociétés « pacifiées » par la démocratie et la consommation exorcisent le spectre d'une guerre jamais éteinte. Ainsi désignés, les Affreux se moquent de l'image dont on les affuble, chargée selon les cas de gloire douteuse ou de répulsion. Pour Denard, « on est des soldats, pas des acteurs – ni des brigands ! »

Le major Faub, quand il le reçoit, comprend bien son état

d'esprit. Il regarde les antécédents du candidat et traduit son grade d'officier marinier de deuxième classe par ce qu'il croit être son équivalent dans la hiérarchie belge : sous-lieutenant... Dans l'armée belge, en effet, un officier de deuxième classe est un lieutenant en second et non un sous-officier, comme en France. À la faveur de cette confusion, Robert devient sur-le-champ, dans l'armée katangaise, ce qu'il n'a pu être en sept années de services dans l'armée française. En tant que volontaire étranger, il est mis à la disposition d'un bataillon blindé rattaché directement à l'état-major, sous le commandement du major Janssens.

Ancien des commandos Marisal pendant la Seconde Guerre mondiale, Janssens fait partie des officiers belges qui se démarquent de leurs collègues en n'affichant pas d'hostilité à l'égard des Français. Il sait aussi que Robert n'est pas venu à Éville dans le sillage de Trinquier, et, conformément à ce qu'avait annoncé Munongo, l'affecte dans le Nord-Katanga, secteur de Kongolo, dans l'un des cinq groupes mobiles qui composent le bataillon – le groupe mobile C.

En attendant de partir, Robert rejoint le site, du côté de l'aéroport, où sont logés les officiers et où est rassemblé et trié le matériel de transport de troupes. C'est là que le lieutenant Dufrasne, un Belge qui a fait la Corée... dans les rangs de l'ONU, l'appelle pour la première fois « Bob ».

Le sous-lieutenant Bob Denard a donc en poche un contrat de six mois renouvelable qui lui attribue une solde d'environ 13 000 francs belges par mois, charges sociales et impôts déduits. Avec les indemnités, cette somme est presque doublée; elle correspond environ à 2 000 francs français, à peine plus que le SMIG. L'indemnité de décès ou d'invalidité totale se monte à un million de francs belges, et toutes les indemnités pour invalidité partielle sont prévues en pourcentage de ce montant, de 75 % pour la perte du bras droit à 3 % pour la perte d'un orteil. L'engagement officiel de Robert est daté du 6 mars 1961. Il fait ses adieux à Éville, embrasse Adèle, l'hôtesse d'UTA qui est sa première relation féminine africaine, et part pour le Nord, du côté de la frontière entre le Katanga et le Kivu. Sa vraie carrière commence enfin.

2.

En s'envolant d'Éville, il découvre un monde nouveau, une Afrique toute différente. Le « scandale géologique » qui fait la richesse du Haut-Katanga s'arrête aux vastes mines à ciel ouvert de Manono. Au nord-ouest, sur les rives du lac Tanganyika, Albertville est le point avancé de la colonisation, centre de communications qui commande l'accès à l'Afrique orientale et capitale d'une région riche en houille. Mais à l'intérieur, jusqu'au Luluaba – la partie supérieure du fleuve Congo –, s'étendent des centaines de kilomètres de savane africaine où la brousse et la forêt se succèdent. Un désert vert semé de termitières qui peuvent atteindre huit mètres de haut; un enchevêtrement tropical où aucun signe de vie humaine n'est décelable.

Pourtant, dans cette savane hostile, au sol pauvre et au climat malsain vivent plusieurs centaines de milliers de Balubas, de Baembas, de Basongés et de Pygmées, tribus déchirées par des rivalités sanglantes et restées à l'écart du développement. La colonisation, Robert s'en rend vite compte en débarquant à Kongolo, n'a touché que des points stratégiques, sur les axes de communication : la voie ferrée Éville-Kamina-Kabalo-Kongolo-Nyunzu-Albertville, et la route vers Bukavu, *via* le lac Tanganyika, par Uvira. En dehors des localités situées sur ces voies, les tribus vivent coupées du monde, dans un état d'arriération économique difficilement imaginable pour qui a entendu vanter partout les qualités des Balubas émigrés au Sud. Leurs frères du Nord n'ont même pas développé une agriculture capable d'assurer leur subsistance. De tout temps, bien avant la colonisation du XIXe siècle, ils sont restés oubliés du monde. Des tribus, aux marges du Haut-Katanga, ont rallié la Conakat et défendent l'État sécessionniste. D'autres, dans les villes du Nord, se sont rebellées, entretenant dans la Balubakat une sécession dans la sécession. Mais les semi-nomades des hauts plateaux constituent surtout une « armée de réserve » informelle, insaisissable, que tour à tour la Balubakat – dite BBK –, les troupes gizengistes de Stanleyville, l'ANC et la gendarmerie katangaise ont tenté de ranger à leur côté, par la terreur ou la propagande.

Quand Robert arrive à Kongolo, l'heure des grands affrontements meurtriers est passée. Le groupe mobile C auquel il est affecté y a gagné sa réputation et son surnom de *Kifakio*, « le balayeur », pour avoir fauché à la mitrailleuse les Balubas drogués au chanvre et ivres de *lukutu*, l'alcool de palme, qui se lançaient à l'assaut de Kongolo. De même, l'attaque du train transportant les troupes suédoises de l'ONU par les guerriers balubas armés de flèches et de sagaies date du début de janvier. L'heure est à présent à la « pacification ».

La garnison de Kongolo compte huit cents hommes, sous le commandement du très british major belge Dehucorne, et le groupe mobile C une soixantaine de Katangais originaires d'Éville, encadrés par une quinzaine d'Européens. Robert le rejoint à Lengwé, en brousse, où il s'agit de contrôler la route vers Nyunzu et Albertville.

À Kongolo comme à Lengwé, il est frappé par le manque d'organisation des forces katangaises : indiscipline, laisser-aller, manque d'entretien du matériel. « Une belle pagaille où chacun faisait ce qu'il voulait. Le moindre engagement sérieux pouvait tourner à la catastrophe. » Heureusement, la puissance de feu du groupe est considérable, mais quel travail à faire pour transformer cette troupe hétérogène en véritable armée !

Les premières semaines, Robert observe, fait connaissance avec les hommes et le terrain. Depuis la blessure du capitaine Baltus qui commandait le groupe, c'est le lieutenant Cuvelier, fils de général et surnommé « Cucu », qui dirige le groupe du haut de son mètre cinquante, à grands coups de gueule et de gesticulations. La plupart des Européens sont des Belges : Noddyn, Wallendorf, Roger Louis, Travel, Le Mousse, Charly d'Hulster, plus un Italien, un Polonais, deux Grecs et deux Allemands. Comme commandant en second, Robert est responsable de la voltige – les groupes d'infanterie qui patrouillent et protègent l'avancée des véhicules. À ce titre, il est chargé de la subsistance, du matériel et de la discipline des soldats katangais. Par l'intermédiaire d'un adjudant d'expérience, Kabouita, il apprend les réalités du terrain et gagne la sympathie des Africains. À l'égard de l'encadrement blanc, il suggère, ménage les susceptibilités, mais parvient à forcer l'estime de ces mercenaires plutôt hostiles *a priori*, qui rêvent de se battre plutôt que d'assurer la sécurité de leurs hommes en ralliant à la cause d'Éville les groupes indigènes.

La reprise de Manono à la fin de mars par les Katangais est le signal pour l'état-major d'Éville d'une vaste opération de reconquête du Nord, par le contrôle des axes routiers et l'action psychologique. Cette campagne de deux mois et demi en brousse, dans le secteur de Nyunzu-Niemba, en direction d'Albertville vers l'est et de Kongolo vers l'ouest, fournit l'occasion à Robert de s'imposer à la tête du groupe mobile et de l'organiser selon ses vœux.

Au long de la route n° 31, les villages sont incendiés et abandonnés, les ponts sur les fleuves Lukuga et Niemba coupés; les graffitis pro-lumumbistes, pro-tschombistes, anti-onusiens sur les décombres des maisons témoignent du passage successif des troupes qui ont laissé derrière elles ruines et cadavres. Les villageois sont partis, se cachent dans la brousse, meurent de malnutrition plutôt que d'affronter à nouveau les chaînes de vélo aiguisées des Jeunesses BBK, les fusils de l'ANC ou les mitrailleuses des Katangais. Après les carnages tribaux et les exactions militaires, il faut ramener les Balubas dans leurs villages, les convaincre de reconstruire, de remettre les ponts en état, de déposer leurs arcs et leurs pouh-pouh. Les persuader que le gouvernement d'Éville ne veut pas leur extermination, que la propagande lumumbiste est mensongère et la médecine des sorciers inefficace contre les balles. Rude tâche que cette pacification dont les arguments sont des vivres, des cigarettes, du savon. Pour la mener à bien, il faut déjà convaincre les « pacificateurs » de son utilité. Le sous-lieutenant Bob s'y emploie.

Aux soldats katangais, il faut imposer une discipline et le minimum de maîtrise qui font passer au second plan, lors de chaque contact, la vindicte tribale. Aux Européens, faire comprendre que le western est terminé, qu'un village rallié vaut mieux qu'un village rasé. En finir avec la terreur et la politique de la terre brûlée pour assurer la double réussite, politique et économique, de l'action du gouvernement d'Éville dans le Nord. La fin de la rébellion baluba, tout en consacrant l'autorité du nouvel État sur l'ensemble de son territoire, doit aussi permettre de rouvrir les voies de communication vers le nord et l'est, pour l'exportation des richesses minières du Haut-Katanga.

Cette bataille intérieure, pourtant décisive, ne sera jamais gagnée durablement par le gouvernement sécessionniste. « Trop d'erreurs avaient été commises dès le départ, trop de débordements tolérés. Remédier à cette pagaille s'imposait, mais les succès sont venus trop tard. » Au moment où Robert est nommé lieutenant et prend le commandement du groupe mobile à la suite du rappel de Cuvelier, l'ONU entame son action contre les volontaires étrangers au Katanga. La résolution du 21 février, en même temps qu'elle autorise l'usage de la force contre la sécession, réclame le départ des mercenaires. Le bombardement de Manono par des avions de la Croix-Rouge hâtivement repeints aux couleurs du Katanga, tout symbolique qu'il soit, brise le fragile pacte de non-agression entre les forces de l'ONU et celles de Tschombé. Dans un premier temps, les Casques bleus veulent contrôler, recenser et isoler les mercenaires. Passant outre, Robert et ses hommes échappent à ce contrôle et regagnent Kongolo, continuant leur action plus au nord, à la frontière du Kivu. Des accrochages ponctuels les opposent tantôt aux Balubas, tantôt à l'armée nationale.

La relève se fait attendre; le mécontentement des soldats d'Éville, en opération depuis plus de deux mois, soulève des problèmes. Mais Robert a désormais autorité sur le groupe, et les principes de base inculqués au cours des dernières semaines portent leurs fruits. L'écoute des uns et des autres, la délégation des responsabilités et la coordination des efforts, l'instauration d'une discipline stricte mais égale ont déjà changé les comportements des hommes et leurs rapports. La moindre flèche décochée du haut d'un arbre par un pygmée invisible ne déclenche plus une fusillade tous azimuts ; non plus que la fuite de villageois effrayés ou l'apparition de guerriers balubas.

Pour être relativement rares, les engagements contre ceux-ci restent imprévisibles et violents, quand la ruse, l'encerclement et la discussion n'ont pas découragé leur agressivité. À deux reprises, au cours de cette période de trois mois, Robert assiste à ces batailles furieuses où la folie du chanvre et du *lukutu* s'empare des corps et leur fait défier la mort. Les récits qu'il a entendus à son arrivée prennent tout à coup corps devant ses yeux. Les guerriers balubas hallucinés sont nus et hurlent « *Maï! Maï!* », ce qui veut dire « eau » en swahili. Les sorciers les ont rendus « invulnérables » ; les balles, croient-ils, se transforment en eau à leur contact, pourvu qu'aucun artifice, vêtement ou autre, ne fasse écran. Les balles les transpercent et ils continuent d'avancer. En face d'eux, bien que supérieurement armés et encadrés, les soldats katangais retrouvent sous l'uniforme les réflexes primitifs. Eux aussi se déshabillent, boivent de l'alcool de palme et hurlent. « La première fois, à Lengwé, je n'en revenais pas. On était tombés dans une embuscade, on entendait les tam-tams. Les hommes se sont mis à poil et ils ont ingurgité du *lukutu*. Un grand type complètement nu tirait au mortier. Kabouita m'avait expliqué les choses. Quand les Balubas arrivaient au corps-à-corps, c'était sans pitié, rituel aussi. Ils coupaient les membres, arrachaient le cœur et mangeaient le foie de l'ennemi... Après un moment, le calme est revenu. J'avais bu de l'alcool de palme, moi aussi. Alors j'ai fait comme eux, je me suis déshabillé, je n'ai gardé qu'une machette et mon ceinturon, je me suis couvert le visage de boue et j'ai sonné la charge en gueulant comme eux. En face, ils ont détalé, et un peu plus tard, la tribu s'est ralliée. À partir de ce jour-là, les Katangais m'ont considéré comme un des leurs, j'ai mangé avec eux. »

À Kongolo, selon les principes hérités de l'armée coloniale, les Européens logent dans des maisons et les soldats africains dans des casernements où ils font venir femmes et enfants. Robert se mêle à eux, impose la propreté dans les carrés, le respect des horaires, et s'occupe de tous les problèmes d'intendance. Les cloisonnements artificiels tombent, la cohésion du groupe, l'esprit de corps sont les vertus cardinales qui assurent la sécurité et l'efficacité d'un détachement d'une centaine d'hommes si disparates. Au moment où la relève, après un mois supplémentaire en brousse, s'effectue enfin, ramenant le groupe mobile à Éville, en juin, le lieutement Bob a fait ses premières preuves. En fait, il s'est découvert chef en même temps qu'il le devenait, en se fiant à quelques principes d'expérience, à sa compréhension intuitive des situations et à sa propre disponibilité à apprendre, à s'adapter. « Je me souviens de ce moment où tout le monde en avait marre et attendait la relève. Au lieu de rentrer à Éville, on avait reçu l'ordre de repartir plus au nord. J'ai réuni les gradés, européens et katangais, j'ai exposé la situation, j'ai demandé l'avis de chacun; c'était la première fois qu'on demandait leur avis aux Katangais. Tout le monde a compris; le lendemain, tout le monde était fin prêt à 6 heures pour le départ, et c'était la première fois aussi. »

En trois mois et demi, le groupe mobile a prêché par l'exemple et démenti la légende des Affreux écumant le Nord-Katanga à la manière de gangs. Le major Janssens, à l'état-major, apprécie le travail de Denard, et le commandant Faulques aussi.

Avec une poignée d'officiers français, Roger Faulques est le rescapé de la tentative française de supplanter les Belges à la tête de l'armée katangaise. Comme ses collègues, il est resté à Éville à titre individuel. Avec le grade de major, il a pris la direction du centre de formation de Shinkolobwé, près de Jadotville, à cent cinquante kilomètres d'Éville. C'est là que le groupe de Bob doit se retrouver après une courte permission, pour un stage de formation intensif. C'est la première rencontre entre Robert et Faulques, officier parachutiste dans la Légion, ancien d'Indochine et d'Algérie, chargé de mettre sur pied un bataillon parachutiste katangais. « Une gueule, Faulques, une nature. La première entrevue a été plutôt froide, il ne savait pas d'où je sortais. Son boulot, c'était de mettre de l'ordre, comme moi je le faisais à mon niveau. L'exemple de Faulques, j'ai toujours tâché de m'en inspirer. » Robert demande à être intégré dans le groupe de paras formé par Faulques, mais le major Janssens veut le garder dans son bataillon blindé. Pendant trois semaines, au camp d'instruction, Robert achève de forger l'identité de son groupe au cours d'un entraînement de style commando. Comme à son habitude, il ne laisse rien au hasard. Faulques observe. Il passe pour être avare de compliments. Ceux qu'il adresse à Robert, à la fin de cette période, n'en ont que plus de prix.

Le 11 juillet 1961, à Éville, le Katanga fête le premier anniversaire de son indépendance.

Bien qu'il soit mis au ban de la communauté internationale, il a réussi le tour de force de présenter une grande exposition commerciale, à la fois vitrine de sa richesse et défi au monde. En même temps, un grand défilé mi-civil, mi-militaire se déroule place Albert, devant une foule qui mêle colons ultras, débordants d'un enthousiasme et d'une insouciance forcés, et Africains plus circonspects, comme s'ils lisaient sur le visage de leur président Moïse Tschombé, grave et fatigué, les signes annonciateurs des orages qui menacent. C'est que Tschombé est trop fin politique pour se méprendre sur la réalité de la situation, tandis que défilent les unités de l'armée katangaises et les quelques appareils qui constituent sa force aérienne.

Tschombé sort de prison; il y a passé deux mois, du 26 avril au 20 juin, et l'épreuve a été rude. Elle en présage d'autres, plus rudes encore.

À Tananarive en mars, comme en décembre à Brazzaville, toutes les forces politiques du Congo ex-belge ont exploré les moyens de sortir de l'impasse, au moment même où la mission Trinquier capotait à Éville. Seul Gizenga, dépositaire à Stanleyville de l'héritage de Lumumba, était absent de cette réunion à Madagascar. Au prix d'un renoncement à la souveraineté nationale du Katanga, Tschombé a pu croire à la constitution d'une alliance entre Léo et Éville qui marginaliserait Stanleyville et préluderait à la formation d'un Congo confédéral. Mais un ensemble d'éléments s'est ligué depuis pour mettre à mal ce projet, au point que, un mois plus tard, à Coquilhatville, les portes entrouvertes se referment brutalement.

L'ONU a pris prétexte de la reprise de Manono et des opérations dans le Nord-Katanga pour durcir sa position. Derrière ce raidissement se profile la nouvelle politique des États-Unis et de leur président récemment élu, J. F. Kennedy. Politiquement, les USA, après le fiasco du débarquement anticastriste de la baie des Cochons, ne veulent pas isoler Stanleyville et y provoquer une sécession prosoviétique qui en ferait un Cuba africain. Économiquement, la puissance de l'Union minière, qui est le soutien principal du Katanga, porte ombrage aux intérêts des grandes compagnies US sur le marché du cuivre livré à la surproduction et à la baisse des cours. La production de cuivre du Katanga représente justement la quasi-totalité de la surproduction mondiale et, comme par hasard, la famille Kennedy possède de gros intérêts dans le trust minier Anaconda Group... À ces raisons d'intérêt immédiat s'ajoute un rêve caressé par les experts de Washington : expérimenter au Congo, par l'intermédiaire de l'ONU, une forme de mise sous tutelle complète d'un pays du tiers monde et en faire le modèle technocratique d'une gestion assistée.

À Bruxelles, dans le même temps, le gouvernement a changé; le double jeu pratiqué depuis un an a vécu, au moins à terme. La Belgique n'avait pas voulu reconnaître l'État du Katanga mais l'aidait, tandis qu'elle reconnaissait le gouvernement de Léo mais ne l'aidait pas. Deux cents conseillers civils et militaires travaillaient pour Tschombé, une quinzaine pour Kasavubu. Le gouvernement Lefèvre-Spaak, dès son arrivée au pouvoir en avril, entame un désengagement discret, prudent mais réel, qui se traduit par la communication à l'ONU de la liste des ultras et des conseillers belges de Tschombé, dont l'expulsion se prépare. Quant à Paris, après le *veto* opposé à Trinquier, c'est l'ambiguïté qui prévaut. Tout en étant solidaire de Bruxelles, le gouvernement Debré envoie de discrets émissaires à Éville pour y confirmer la toujours possible relève française au Katanga, non seulement militaire mais aussi financière et industrielle. Sur les neuf Fouga-Magister achetés par Tschombé à l'étranger, les trois seuls qui sont arrivés au Katanga ont été livrés en caisses et montés sur place par des mécaniciens de Sud-Aviation... Dans le même temps, la France ferme la mission diplomatique katangaise à Paris et expulse son responsable, Diur, avant d'annuler cette mesure aussitôt après sur intervention de responsables proches de l'Élysée...

Ce faisceau d'éléments qui pèsent sur les destinées du Katanga explique le revirement d'avril 1961 : Léopoldville se rapproche de Stanleyville; le plan confédéral de Tananarive s'efface devant un nouveau programme « unitaire »; et Tschombé, à Coquilhatville, tombe dans un piège. Lui qui croyait conclure l'accord élaboré à Madagascar se rend compte que le vent a tourné, claque la porte de la conférence et se fait arrêter à l'aéroport par les soldats de l'ANC. Il est emprisonné sur place, puis à Léo. Mais Tschombé n'est pas Lumumba, et les ressorts de la politique congolaise réservent à nouveau des surprises. Tschombé fait des promesses, et trouve en Mobutu, commandant cn chef de l'armée nationale congolaise, un allié de circonstance, tout aussi opposé que lui à l'ingérence onusienne dans les affaires du pays. Avec l'assurance que l'armée katangaise regagnera le giron de l'ANC, que la réconciliation nationale s'effectuera en rejetant les étrangers – Casques bleus, conseillers belges et mercenaires –, que l'armée gizengiste du général Lundula sera à son tour mise au pas, les deux hommes scellent un pacte et Tschombé regagne Éville juste à temps pour célébrer avec faste ce premier anniversaire de l'indépendance, à laquelle il se raccroche si fort qu'il en oubliera de tenir les promesses faites à Mobutu...

N'empêche, l'aventure katangaise reste fragile et cette commémoration pourrait aussi être la dernière. Les responsables d'Éville en ont conscience et n'ont pas manqué, Tschombé le premier, de mettre à l'abri, de préférence en Suisse, un trésor de guerre alimenté de longue date ou hâtivement constitué, selon le degré de prévoyance de chacun.

Tandis qu'il défile à la tête de son groupe devant la tribune présidentielle, le lieutenant Bob Denard n'a pas ces soucis. Dans son sillage, il entraîne une soixantaine d'hommes à la tenue impeccable. Deux sections commandées l'une par un Blanc, l'autre par un Noir. Dix Européens pour une cinquantaine de Katangais, sans discrimination autre que celle du grade. De toutes les troupes présentées ce jour-là, l'unité de Robert est la seule qui soit mixte dans son commandement. Le public africain ne s'y trompe pas, qui lui réserve ses plus chaleureux applaudissements, tandis que les colons ultras bardés d'insignes katangais et de drapeaux frappés des trois croisettes de cuivre en perdent la voix d'étonnement. La rumeur attribue à un officier français cette incongruité. « Un Français, évidemment ! » grimacent ces Blancs convaincus par leur prospérité perpétuée que le

Katanga indépendant est déjà éternel. À la tribune, Moïse Tschombé, distrait de ses pensées moroses, a un sourire de fierté et, à l'égard de son état-major belge, une expression de satisfaction non dissimulée. Il se renseigne :

– Quelle est cette unité?

Le major Crèvecœur lui répond. Tschombé se tourne vers le major Janssens et, souriant plus largement encore, le félicite.

– Et ce lieutenant, ce n'est pas un Belge...

– Un Français, Président; lieutenant Bob Denard.

Tschombé hoche la tête, ravi.

– Vous me le présenterez tout à l'heure, il donne l'exemple de ce que le Katanga peut faire et doit faire.

À la réception qui suit le défilé, Robert est effectivement présenté au président, qui lui renouvelle ses félicitations. Son groupe doit repartir vers le nord une semaine plus tard, pour effectuer à Niemba la relève d'une unité surveillée de près par les troupes de l'ONU. Dans les conversations militaires de ces jours-là, à Éville toujours si calme, du moins en apparence, le danger onusien suscite les inquiétudes des plus lucides. Il y a à présent 10 000 Casques bleus au Katanga. Aux contingents suédois, irlandais, tunisiens, se sont ajoutées des troupes ghanéennes et surtout indiennes, les Gurkhas népalais, qui passent pour être les meilleurs soldats du monde. Le chef de la mission civile de l'ONU, le Français Dumontel, a été remplacé par l'Irlandais O'Brien. Le général indien Raja commande les forces internationales. La pression de l'ONU s'accentue. Dès son arrivée à Albertville, le 19 juillet, Robert se heurte au barrage onusien.

Son groupe doit gagner Niemba par la route. Le pont sur le Lukuga est occupé par les soldats indiens qui, à la suite d'un échange de tirs avec les Katangais, ont décidé d'interdire toute relève. Robert et ses hommes doivent regagner Albertville. Ce n'est que le 7 août, après le remplacement des Indiens par des Ghanéens, qu'il est autorisé à rejoindre Niemba, par le train cette fois, car la ligne a été réouverte.

3.

Durant son séjour forcé à Albertville, il rencontre un officier de réserve de l'armée belge, Freddy Thielemans, qui va devenir son ami et plus tard son adjoint. De la base de Kamina, Freddy a rejoint Albertville, où il a toujours vécu, et repris du service actif dans la gendarmerie katangaise.

L'insouciance des Européens d'Éville n'a pas cours sur les bords du lac splendide et calme. On y mesure plus qu'ailleurs la précarité de la situation, les risques d'asphyxie économique que fait courir au Katanga la destruction de l'infrastructure routière et ferroviaire. Entrée dans une phase agressive, la politique de l'ONU peut déstabiliser, mieux que la rébellion baluba, la production et les échanges commerciaux du Katanga.

Dans la villa des parents de Freddy, où Robert s'est installé pendant cette période d'attente, on évoque ces menaces et la coalition politique qui s'est formée aux dépens du Katanga lors de la conférence parlementaire de l'université de Lovanium. Sur ce campus, à une vingtaine de kilomètres de Léo, c'est l'unité nationale congolaise qui se reforme sous l'égide de l'ONU. Cette fois, Gizenga et Gbényé, son adjoint à Stanleyville, sont là, ainsi que Sendwé et ses députés de la Balubakat. Tout le monde, même le Sud-Kasaï, est représenté à ce sommet unitaire et antikatangais, et dans le gouvernement Adoula qui se constitue. Tout le monde sauf Tschombé : l'unanimité congolaise s'est réalisée d'abord contre lui...

À Niemba, la tension est palpable. Le camp katangais est installé dans un ancien hôpital, sur une colline dominant la gare. Sur une colline voisine, le camp des Ghanéens de l'ONU. La relève s'effectue homme pour homme; Denard et son groupe n'ont pas d'armes, ils doivent se contenter du matériel et de l'armement disponibles sur place. À Nyunzu, pour Freddy, le contrôle de l'ONU est pareillement strict.

Du groupe qui part, Robert obtient des renseignements sur l'état de cette région qu'il connaît déjà bien. Par sa position, le camp est défendable, mais encore faut-il l'aménager dans cette optique. Ouvert sur la brousse, dans la direction opposée au camp de l'ONU, il offre aussi un repli, en cas de coup dur... Au lieu d'attendre sous la surveillance constante des 400 Casques bleus, qui interdisent tout déplacement, Robert met aussitôt ses 120 hommes au travail. Divisés en trois sections, dont une de garde, ils transforment le camp en forteresse, enterrent les FM, installent les mitrailleuses, un canon de 75 et des bazookas. Un sergent infirmier monte une infirmerie de campagne qui accueille les villageois, un autre improvise une école de fortune. « Puisqu'on ne pouvait pas sortir, on a fait venir la population à nous... » À la jumelle, les Onusiens observent cette activité nouvelle et surprenante. Les jours passent, occupés pour une bonne part à cette « action sociale » qui transforme les mercenaires en « missionnaires ». Robert est autorisé dans ce cadre à recruter des supplétifs indigènes, qu'il affecte aussi aux travaux défensifs. Pour les troupes ghanéennes et les quelques officiers européens qui les assistent, l'étonnement se teinte d'inquiétude : de quoi sont capables ces hommes qui correspondent si peu à l'image qu'ils se sont faite des Affreux, cette « légion blanche » de pacificateurs sanguinaires dont les exploits, racontés, amplifiés, continuent de mobiliser la rébellion baluba?

Les Casques bleus contrôlent tout le ravitaillement destiné aux Katangais. Un jour le groupe mobile prend en charge le contenu d'un wagon de vivres, et s'aperçoit qu'au lieu des denrées de base demandées, il s'agit de denrées de luxe. À peine sont-elles transportées dans le camp que le capitaine anglais de l'ONU vient les réclamer. Elles étaient destinées aux Ghanéens. Robert refuse de les restituer, en fait le partage, les distribue aux villageois... et convainc son interlocuteur de ne pas lui chercher d'ennuis. Celui-ci ne doute pas de la détermination des « assiégés ». Il est même très impressionné, confie-t-il, par l'organisation défensive du camp et la discipline qui y règne.

Quand, une semaine après, le 28 août au petit matin, le « coup dur » redouté survient, les vigies du camp comprennent, à l'importance des mouvements de troupes, que l'ONU « a mis le paquet ». Deux compagnies indiennes et un peloton blindé sont venus renforcer le dispositif onusien. Le camp est encerclé. Tous les hommes y sont à leur poste, prêts à se battre et à vendre chèrement leur peau. « Les nounous étaient d'abord des soldats, et ils rongeaient leur frein. Là, ils étaient en un clin d'œil décidés à en découdre, même à un contre cinq. On avait tout de même de quoi, une puissance de feu qui ferait du dégât... »

Le pire n'arrivera pas. Un officier de l'ONU se présente et demande la reddition des Européens, cibles exclusives de l'opération de grande envergure lancée ce matin-là dans tout le Katanga. Bob gagne du temps, joint son commandement à Albertville. Il apprend l'arrestation de ses supérieurs, le transfert de tous les Européens à Kamina, la grande base de l'Otan où l'ONU s'est installée. Le coup de filet de l'ONU, baptisé *Rumpuch*, est la première offensive concertée de M. H. et d'O'Brien, en application de la résolution des Nations unies du 21 février, et surtout des engagements pris d'avril à août à l'égard des autorités officielles de Léo.

Les hommes s'en remettent à Bob, pour prendre une décision lourde de conséquences. « Pour eux d'abord, mais aussi pour tout le Katanga. » Un nouveau contact radio lui apprend que, dans un discours accablé, Tschombé « remercie » les volontaires qui ont rejoint son combat. Il ne peut plus rien faire pour eux. Malgré les velléités de l'un ou de l'autre de s'enfuir en brousse jusqu'à Kongolo, Bob persuade ses vingt compagnons de suivre les officiers de l'ONU, laissant derrière eux les soldats katangais désemparés. Craignant un revirement, un sursaut qui déclencherait la bataille, les Ghanéens n'autorisent même pas les mercenaires à revenir au camp pour chercher leurs affaires...

Il n'y a pas de piste d'atterrissage à Niemba, aussi les volontaires sont-ils emmenés à Nyunzu, où un appareil les transfère à Kamina. Robert retrouve Freddy dans cet avion. Il se murmure déjà qu'un certain nombre d'Européens ont échappé au coup de filet, et que *Rumpuch* n'est pas la victoire totale sur les mercenaires annoncée par O'Brien.

De fait, à Kamina, où se trouvent rassemblés bon nombre

d'Affreux en attente d'expulsion, Robert fait la connaissance de Lamouline; il apprend que tous les Français du groupe de Faulques ont pris le maquis et que le représentant à Paris du Katanga, Diur, de nouveau en place, pourra aider à revenir ceux qui le désirent.

Une dizaine de jours se passent à Kamina, où l'ONU, obligeamment renseignée par les listes fournies par Bruxelles, fait le compte des volontaires manquants et expédie petit à petit ses prisonniers, après recensement. Les mercenaires mènent la vie dure aux Irlandais qui les gardent, échafaudent des plans d'évasion qui leur permettraient de rallier, dans la région, les Balubas protschombistes du grand chef Kasombo-Niembo, mais se demandent aussi si le gouvernement d'Éville ne les a pas laissés tomber. Faulques réussit à faire passer la consigne à l'intérieur de la base de Kamina : il compte sur le retour aussi rapide que possible des expulsés, car la partie de bras-de-fer entre l'ONU et le Katanga ne fait que commencer.

Rumpuch n'en est, en effet, que le prélude. Les Gurkhas de l'ONU s'installent à Éville. Cent quatre-vingts officiers réguliers belges et conseillers sont expulsés, ainsi que cent cinquante mercenaires environ, de toutes nationalités. Le 3 septembre, des mandats d'arrêt sont lancés à Léo contre Munongo et les ministres katangais, tandis qu'O'Brien somme Tschombé de se rendre dans la capitable congolaise pour y mettre fin à sa sécession. Le plan de l'ONU pour liquider celle-ci est en route; les obstacles politiques locaux sont levés depuis la formation du gouvernement Adoula; le danger mercenaire semble écarté; Hammarskjöld veut en finir avant le 19 septembre, date de l'ouverture à New York de l'assemblée générale des Nations unies. Le 10 septembre, le lieutenant Bob Denard, en uniforme katangais, débarque à Bruxelles.

Dans la capitale belge, un groupe actif de soutien à Tschombé prend en charge les expulsés du Katanga, et veille, d'ailleurs, à ce qu'ils soient remboursés d'un voyage que l'ONU leur a imposé, mais à leurs frais...Le juge Mélo, Marcel Hambursin, Bonsang, le recruteur, accueillent les arrivants. Robert est mis aussitôt dans le train pour Paris, où il arrive, gare du Nord, sans avoir pu se raser. Il se rend rue François-Ier, auprès du délégué katangais Diur. La filière qui permet de retourner sur-le-champ au Katanga est prête, qui emprunte les vols et escales de l'UTA. Ainsi « cornaqué » par le réseau Foccart, Robert reprend l'avion pour Brazzaville puis pour Salisbury. Il a tout juste eu le temps de passer chez lui, d'embrasser Philippe. Il atterrit le 15 septembre à Ndola, la ville frontière rhodésienne.

Depuis deux jours, les forces de l'ONU sont passées à l'attaque à Éville. Il n'est plus question d'y rentrer autrement que clandestinement. Avec l'opération *Rumpuch*, le temps des volontaires internationaux est révolu au Katanga. Celui des mercenaires au sens strict commence. Les Nations unies ont fait d'eux, pire que des indésirables, des parias. Ceux qui ne se soumettent pas n'ont que leur engagement personnel à faire valoir, désormais. Pour Robert, arrivé en « free-lance », cela ne change rien, mais la clandestinité impose des précautions.

À Ndola, une ambulance stationne, avec un médecin et une infirmière à son bord. Le premier demande :

– Où est le blessé?

Robert tombe des nues. Ses papiers l'ont transformé en touriste, chasseur de crocodiles. Arrive un civil belge, conseiller de Tschombé, qui doit voyager avec eux. Robert découvre petit à petit l'organisation mise en place pour aider Tschombé. Le voilà allongé à l'arrière de l'ambulance, plâtré et couvert de pansements. Le véhicule passe sans encombre la frontière et les postes de garde katangais. Celui de l'ONU, à l'entrée d'Éville, est plus soupçonneux, mais finalement, les Casques bleus ouvrent le passage :

– *Go on!*

Dans la direction du centre ville, des tirs se font entendre. La capitale sécessionniste paraît calme, étrangement désertée. Autour d'une villa de la périphérie appartenant à un colon, Staquet, des voitures civiles sont garées. C'est là que Faulques a installé son PC. Robert fait une entrée remarquée, avec son plâtre factice et ses « turbans ». De quoi dérider l'état-major français qui a pris en charge cette bataille d'Éville, la première.

Celle-ci a commencé, à l'aube du 13 septembre, par l'assaut donné à la poste centrale et à l'immeuble de Radio-Katanga. Le général Raja a lancé ses Indiens, Gurkhas et Dogras. Ils n'ont pas fait le détail, tuant les policiers de garde à la radio, ouvrant le feu sans préambule sur les para-commandos katangais de Badaire à la poste. Malgré une riposte nourrie, les Casques bleus ont eu le dessus, achevant les blessés, précipitant certains d'entre eux du haut du toit.

– Badaire n'était pas avec eux, cette nuit-là, explique Egé, responsable radio du groupe de Faulques.

Cette féroce intervention, qui devait régler en deux heures, selon O'Brien, le sort d'Éville, et même sonner le glas de la sécession, n'a fait que diviser le camp onusien, en butte aux protestations internationales, et stimuler la résistance katangaise.

Le major Faulques explique à Bob la situation. Il est aussi impressionnant en civil qu'en uniforme, le corps sec et le visage déterminé, la parole précise, le ton impavide. De sa claudication ou des cicatrices de son visage, qu'est-ce qui attire d'abord l'attention chez cet homme hors du commun? Plus que l'une ou les autres, c'est au fond le regard. Minéral, inflexible. En matière d'atrocités, il en a vu d'autres, et sa propre fin de trop près pour s'émouvoir de celle des autres.

Laissé pour mort dans les rizières indochinoises, Roger Faulques a été rendu par le Viêt-minh au 1er REP, du côté de Cao Bang. Sa survie tient du miracle. Un miracle que le général Giap a fait en déclarant : « Il s'est bien battu, il mérite d'aller mourir chez lui ». Son retour au sein de son régiment, en Algérie, en est un autre. Son aura d'invincibilité est telle qu'on le dit avoir été sauvé une fois... par la greffe d'un os de veau. En butte à la défiance, au moment de la bataille d'Alger, pour les tortures pratiquées à la villa Susini lors des affaires Alleg et Audin, Faulques s'est mis en congé de l'armée. Il est en train de prendre à Éville la place que Tschombé promettait à Trinquier, quelques mois plus tôt. Depuis, les circonstances ont changé, surtout pour les mercenaires. Faulques n'a pas à l'égard de Robert les préventions de Trinquier; il voit en lui un renfort de choix, dont les qualités lui sont déjà apparues à Shinkolobwé.

– L'ONU a déjà échoué, assure-t-il. Tschombé a endormi O'Brien, le matin du 13, en lui promettant de se rendre. L'Irlandais n'a même pas eu l'idée de lui envoyer une garde, et le président s'est échappé grâce au vice-consul britannique. Il est en sécurité à Kipushi. En cas de pépin, il passe en Rhodésie. Munongo y est déjà. Seul Kibwé s'est rendu, à des Irlandais. Ceux-là, justement, comme les Suédois, ont été horrifiés par la sauvagerie des Gurkhas, et la résistance de nos Katangais les surprend. Ils n'ont pas le moral, ils se demandent ce qu'ils font ici. À Jadotville, Clary en encercle une compagnie entière. Ils sont bien armés mais ne bougent pas...On va montrer à O'Brien ce que valent ses troupes!

Bob est aussitôt dans le bain, à l'aise dans les opérations de guérilla urbaine préconisées par Faulques et mises en œuvre par sa poignée d'hommes.

Ils ne sont pourtant pas bien nombreux. Un millier de gendarmes katangais, quelques centaines de miliciens, voilà l'adversaire qu'O'Brien espérait réduire en un clin d'œil. C'était sans compter sur la centaine de mercenaires que *Rumpuch* n'a pu renvoyer dans leurs foyers, et surtout sans le groupe des Français et des Belges de la mission Marisal, qui a su en quelques mois former un bataillon parachutiste katangais. Ceux-là vont suffire à renverser la situation avec une telle maestria que non seulement l'opération de liquidation *Morthor* se conclura par un fiasco, mais que l'ONU y connaîtra une cuisante humiliation.

Les redditions massives et les captures en sont les prémices. Dès le début de la bataille, les forces de l'ONU ont « oublié » d'occuper Radio-Collège. Quelques mercenaires emmenés par le capitaine Ropagnol s'y sont installés, pour disposer du poste émetteur indispensable aux communications des Katangais. Ils l'ont défendu avec un tel succès qu'un groupe d'Irlandais s'y est rendu, tandis que leurs collègues s'enfuyaient sous les tirs de bazooka du lieutenant Saint-Paul, dépêché en couverture.

Saint-Paul, le pionnier de l'engagement français au Katanga, que Robert s'était juré de rejoindre en découvrant sa photo dans *L'Aurore,* quatorze mois plus tôt... Il entraîne Bob, à la sortie d'Éville, non loin d'une boîte de nuit où les mercenaires fêtent leurs réussites contre les Onusiens. Dans ce secteur se trouve aussi une villa où sont cantonnés deux douzaines d'Irlandais. Bob, Saint-Paul et leurs camarades, blancs et katangais, sont moitié moins, mais se mettent à courir autour de la bâtisse en tirant comme cent, et en l'air! « À l'intérieur, ils nous ont cru une armée, et ils se sont vus sur le carreau. Saint-Paul leur a crié de se rendre, en anglais...Ils sont sortis les mains en l'air, on a récupéré leurs armes. »

– Qu'est-ce qu'on va en faire? Ils se rendent tous! s'inquiète Ropagnol avec son accent de Toulouse.

L'ancien du 9e RPC, chargé avec Badaire de la formation des paras katangais, a eu fort à faire avec ses vingt-trois prisonniers de Radio-Collège. Il a dû montrer autant de courage pour les garder en vie – les Katangais voulaient les tuer – que pour les capturer. Il en est responsable et serait prêt à affronter ses propres hommes si ceux-ci, à force de bière et de colère, voulaient se venger sur les compatriotes d'O'Brien de la sauvagerie des Gurkhas.

– On n'est pas des anges, mais on reste des soldats...

Les lois de la guerre et la convention de Genève sur les prisonniers n'ont pas cours en Afrique. Ni les guerriers balubas, ni les soldats de l'ANC, ni les gendarmes katangais livrés à eux-mêmes, ni certains des Affreux n'ont démenti cette évidence. Les mercenaires européens d'Éville ont d'autres règles, héritées des traditions militaires nationales. Les prisonniers regroupés dans une ferme du côté de Jadotville pourront en témoigner, comme les cent cinquante Irlandais assiégés par Clary et ses hommes, et qui finissent par se rendre au bout de quatre jours, sans avoir rien tenté.

– Le capitaine de Clary a eu l'idée de leur couper l'eau, annonce Faulques à ses hommes. Avec plus de deux cents prisonniers, on a une monnaie d'échange qui vaut de l'or!

C'est peu dire en effet que ces redditions irlandaises restent en travers de la gorge d'O'Brien, du général irlandais Sean McKeown, du président d'origine irlandaise J. F. Kennedy. Celle de cent cinquante-huit Suédois, quelques jours plus tard, aurait sans doute porté l'abattement de Dag Hammarskjöld à son comble, mais le secrétaire général de l'ONU meurt avant dans d'étranges circonstances.

Reclus dans son hôtel de Léopoldville, M. H. perd le sommeil à voir que Tschombé, dont il a fait son ennemi personnel, est remis en selle par ses mercenaires, supposés écartés par la rafle du 28 août; à lire les protestations internationales contre les exactions de ses Casques bleus indiens et les sarcasmes à l'encontre de la pleutrerie des autres; à apprendre que ces diables de Français poussent l'audace jusqu'à attaquer le QG de l'ONU, accompagnés de journalistes complices dont les photos ridiculisent l' « armée des Nations unies ». Faulques, Saint-Paul, Ropagnol... les listes de l'ONU, d'ailleurs bien incomplètes, n'auront servi à rien, pas plus que les rodomontades d'O'Brien ou les soldats d'élite de Raja, face à l'intrépidité de quelques-uns. Le médiocre O'Brien, égaré sur le champ de bataille katangais, reconnaîtra, un peu tard, qu'il n'aurait jamais cru qu'une poignée d'hommes pût mettre en échec les troupes de l'ONU...

Une poignée d'hommes et un seul avion, ce Fouga-Magister bricolé, seul appareil opérationnel parmi ceux que Tschombé a acquis à grands frais. Magain et Deulin, à son bord, ne se contentent pas de prouesses comme le mitraillage de colonnes de Casques bleus ou de leurs avions de transport. Ils défient, avec leur « rôdeur solitaire », un jour la tour de contrôle, un autre le QG de l'ONU à Clair-Manoir. Modestes ravages, mais grande panique. Le cauchemar d'O'Brien, à Éville, nourrit l'accablement de M. H., à Léo. Les Indiens sont mis en déroute, et Tschombé, sommé de négocier un cessez-le-feu, ne se hâte pas, pose ses conditions.

Pour Faulques, sans doute, la négociation peut attendre. Il voudrait rendre la honte de l'ONU plus cuisante encore. Mais quand le secrétaire général accepte de rencontrer Moïse Tschombé à Ndola, autant dire chez lui, la victoire politique du président katangais est trop criante pour que celui-ci n'en profite pas. M. H. s'envole pour la frontière rhodésienne la mort dans l'âme. La mort tout court lui épargne l'ultime affront, et prive Tschombé de savourer son succès. L'*Albertina,* le DC blanc aux armes de l'ONU, s'écrase dans la nuit du 17 au 18 septembre, à quelques kilomètres de la piste au-dessus de laquelle il a tourné, de manière incompréhensible. Quelles qu'en soient les causes, jamais vraiment élucidées, l'accident de M. H. est une nouvelle pirouette tragique dans l'histoire du Congo. C'est avec le Tunisien Khiary que Tschombé signe, le 21, le cessez-le-feu qui met fin, très provisoirement, aux coups de main, coups de bluff et coups de maître des mercenaires français, sauveurs d'Éville et de son gouvernement.

En quelques jours, Robert Denard a trouvé sa place et donné un aperçu de ses talents, aux côtés de Saint-Paul et de Ropagnol. Faulques ne se fait pas d'illusions sur la durée de la trêve à laquelle l'ONU est contrainte. L'ivresse triomphale des Katangais et les proclamations immodestes de leurs dirigeants ne dupent pas les plus clairvoyants et agacent ces hommes qui savent bien qu'une guerre ne se gagne pas à coups de dithyrambes. Et entre l'ONU et le Katanga, c'est bien d'une guerre, et pas seulement d'un jeu, qu'il s'agit.

Passant outre sa colère de voir les Africains repris par leurs démons familiers, Faulques s'attelle à l'organisation d'une défense de tout le Katanga, en vue d'une seconde manche inéluctable. Il répartit les secteurs et les responsabilités, ébauche un plan d'ensemble contre l'occupant onusien, l'assaillant congolais et la propension katangaise à se satisfaire d'un aimable désordre. Nommé colonel en octobre, il veut surtout développer la formation d'unités capables de mener une guerre non conventionnelle. Le centre d'entraînement fonctionne déjà, à l'abri de la curiosité des journalistes et des antennes de l'ONU. Il est situé non loin du sanctuaire katangais de Kolwezi, près du barrage de Le Marinel. C'est là que Bob est envoyé en compagnie de Labourdonnais et de quelques hommes.

La tâche de recrutement, de formation et d'entraînement lui plaît; elle est dans le droit fil des efforts entamés dans le Nord. La malchance l'empêche de s'y consacrer longtemps. Un accident l'immobilise et il doit regagner Éville, plâtré pour de bon cette fois. L'instruction sur le terrain lui manque, mais, à l'état-major où il se consacre pendant un mois à des fonctions administratives, il démontre qu'il n'est pas seulement homme de baroud. Son souci d'ordre et sa méticulosité ne sont pas moins grands dans la « paperasserie » que dans l'action. Ce sont plutôt les manœuvres de couloir et les querelles d'état-major qui le hérissent. Il est bien placé pour les observer durant ces semaines.

À peine sauvé du KO promis par l'ONU, le Katanga retourne à ses intrigues. Les lobbies s'agitent en coulisses; la politique reprend ses droits; les militaires, comme souvent, la jugent ingrate envers ceux qui ont mené la bataille, et l'orgueil africain souffre que celle-ci ait été gagnée par une poignée d'étrangers. Les héros de la veille font figure d'encombrants tuteurs, leurs prouesses accusent trop la faiblesse de leurs troupes. Avec une tranquille inconscience et une franche mythomanie, les chefs katangais s'approprient le mérite de leur survie. De vexation en mesquinerie, la méfiance envers l'état-major étranger entraîne les premiers renoncements. Ropagnol et Badaire, Lassimone, puis Saint-Paul s'en vont. Moins souples que les Belges, plus convaincus aussi de l'urgence de remédier aux désordres de l'armée katangaise, les Français sont plus vite usés par les calculs et les atermoiements de leurs employeurs. Faulques lui-même claquera bientôt la porte. Le temps lui manque sur le plan militaire, comme lui manque un ferme soutien politique. C'est à Genève, à New York et à Washington que se joue le destin du Katanga. En un an et demi, Tschombé a trop bien assimilé les roueries de la politique et de la diplomatie internationales. Son armée reste trop soumise à ses réflexes tribaux. Elle ne sera jamais à la hauteur des ambitions de son état-major. D'un autre côté, le professionnalisme de Faulques s'épuise à domestiquer une réalité rétive, et les services spéciaux français, dans l'ombre, sont trop sensibles aux aléas d'une situation africaine insaisissable.

Pendant ce temps, l'ANC passe à l'offensive dans le Nord-Katanga et l'ONU renforce ses moyens, sous la houlette américaine. Le nouveau secrétaire général, U Thant, prépare contre la sécession un assaut militaire qui promet d'être d'une tout autre ampleur que le premier.

Pour Robert, l'intermède administratif n'a que trop duré dans cette atmosphère d'incertitude et de dissensions. Il est soulagé de repartir, et comme l'urgence est partout à la fois, c'est à la frontière du Sud-Kasaï qu'on l'envoie, dans le secteur de Kaniama où les infiltrations de l'ANC mettent à rude épreuve les troupes balubas du grand chef Kasenga-Niembo. À peine arrivé, il participe, au côté de son ami Bracco, à l'attaque d'un bataillon gouvernemental qui s'avance en territoire katangais comme en pays déjà conquis. Bob et sa douzaine de compagnons encadrent l'attaque surprise de Kinsamba. Les unités de Léo se débandent, abandonnant sur place un important matériel. Avec Hetzlen, l'adjoint de Faulques, Bob fait sauter à la dynamite le pont reliant le Katanga au Sud-Kasaï. Ce retour à l'action, et à la plus violente, comble ses vœux. Il retourne à Kongolo et y retrouve un terrain et des hommes qu'il connaît bien.

Il est accueilli avec chaleur par les hommes du groupe mobile et par le major Kimwanga qui commande le secteur. La vie en brousse, dans cet avant-poste katangais, n'a pas changé depuis mars. Les routes sont toujours difficiles et les pistes étroites, erratiques, dans la forêt tropicale où le moindre trajet emprunte d'infinis méandres. Mais les mauvaises surprises, flèches empoisonnées ou tir soudain, y sont plus rares. Le major Kimwanga emmène Bob en patrouille et ils font la tournée des villages, dans un large périmètre. Les indigènes reconnaissent la haute silhouette et la moustache drue du chef blanc, viennent à sa rencontre et lui font une haie d'honneur. Les soldats leur offrent toujours des cigarettes et du savon, les chefs balubas palabrent avec eux. Un calme inespéré semble s'être répandu sur la brousse.

De fait, les guerriers balubas ont pour la plupart déposé les armes, réintégré les villages et reconstruit les cases dévastées par la meurtrière campagne de l'année précédente.Les pouhpouh se sont tus, de même que les tam-tams des hommes ivres de chanvre et de *lukutu*. La pacification du début de l'année aurait donc porté ses fruits? Le major Kimwanga l'assure, et la sympathie des Balubas le confirme. Bob s'en réjouit, échange des cadeaux et parle simplement de la paix revenue, dans l'intérêt de tous. Le major traduit en swahili et les indigènes approuvent. Ils se sont convaincus que les troupes katangaises n'étaient pas ces hordes d'exterminateurs décrites par la propagande antitschombiste, que le temps des massacres était révolu. Ils veulent reprendre leur vie de chasseurs, leurs maigres cultures, à l'écart des routes et du monde. La garnison de Kongolo les ravitaille, les soigne s'il le faut, la terreur des incendies s'est dissipée. Ils montrent, vers le nord, au-delà de la frontière du Kivu, l'immense jungle humide où d'autres tribus, des Balubas comme eux, continuent d'errer, faméliques et droguées, en quête d'adversaires à assaillir, à découper et à manger sur place. Ceux-là ont tout perdu, expliquent-ils, et même la raison. Ils n'ont rien rebâti et meurent ignorés de tous, quand les mitrailleuses de l'ANC ne les ont pas fauchés. Les villageois du secteur de Kongolo ne veulent pas connaître ce sort. Éville est loin, mais Tschombé et son État peuvent compter sur eux, pourvu qu'on les laisse en paix et qu'on les protège. Si les Katangais en sont capables, ils sont du côté des Katangais...

Robert mesure les progrès de la sécession dans le Nord, et, en même temps, tempère l'optimisme du major Kimwanga.

– Vous avez fait du bon travail, major, mais il faut consolider la paix dans votre secteur. L'avancée de l'ANC peut tout remettre en cause, rejeter les Balubas dans la brousse et en faire à nouveau des bandes nomades et dangereuses.

– L'ANC ne nous délogera plus d'ici, lieutenant!

Le major montre avec fierté le dispositif de défense mis en place dans tout son secteur. L'apaisement des Balubas a permis aux Katangais de mieux quadriller la brousse, de patrouiller en sûreté d'une position à l'autre, de réparer les ponts et les pistes.

Dans la garnison elle-même, Robert juge des progrès accomplis en vertu des principes de base qu'il a fait respecter lors de son séjour. La discipline, l'entretien du matériel et des locaux, l'hygiène sont mieux assurés. De jeunes Balubas ont rejoint les Baembas et endossé l'uniforme katangais. On est encore assez loin de la rigueur d'une armée régulière, mais les faiblesses chroniques des troupes de Tschombé ont pu être en partie corrigées.

Ce n'est pas le moindre paradoxe de cette période que de constater que le gouvernement d'Éville est en passe de réussir dans le Nord ce qui semblait hors de sa portée, et de réveiller dans son fief du Sud une menace qui paraissait jugulée.

Ici, la pacification est en bonne voie, alors qu'à Éville des milliers de Balubas ont déserté leurs maisons et même leur travail pour se réfugier auprès de l'ONU. Ils ont campé d'abord, puis bâti des huttes, sur toute la surface du jardin botanique, abattu les arbres et transformé l'endroit en un énorme bidonville africain... Ils sont plusieurs dizaines de milliers à présent à s'entasser dans cette excroissance anarchique d'Éville, parqués sous la protection des Casques bleus suédois. Les règlements de comptes tribaux, les exactions des gangs et la misère sont la seule loi de ce camp.

– Pourquoi ne rentrent-ils pas chez eux? demande le major qui ne comprend pas.

– Ils ont trop peur.

– Peur de nous?

– Oui. Le gouvernement veut les ramener chez eux, sur leurs lieux de travail, mais il leur fait des promesses alléchantes un jour, et des menaces de représailles le lendemain. C'est incohérent, et la peur est la plus forte. Celle des agitateurs et des gangs de la Balubakat n'est pas moindre... Résultat, ils crèvent de faim et s'entretuent, et personne n'a de solution.

Et au major perplexe, Bob dit avec fatalisme :

– Il y a pacification et pacification. Par la terreur, on n'arrive à rien de durable.

Mais au Katanga, où l'irrationnel tient si souvent lieu de gouvernail, on navigue à vue, défaisant ici ce qu'on a fait là. Peut-on se consacrer à autre chose qu'à parer au plus pressé, pour prouver contre vents et marées son existence? Le temps manque, même si la volonté est là. Celui des Africains a sa propre mesure, il défie les exigences de l'heure. À Kongolo, l'organisation du major Kimwanga, si remarquable soit-elle, ne peut se passer de la mise sur pied rapide d'unités bien entraînées, capables de riposter à l'ANC en cas d'offensive générale. Les armes automatiques et lourdes ont remplacé les flèches des Balubas, et les jeunes recrues doivent vite apprendre à combattre. « Venez ici vous occuper d'elles », demande le major à Robert.

Celui-ci aime la région, l'état d'esprit qui y règne, loin des querelles d'Éville. Il obtient les moyens de démarrer dans la brousse ce que Faulques a créé à plus grande échelle à Shinkolobwé puis à Le Marinel. Quelques hommes, dont le lieutenant Freddy Thielemans, et du matériel lui sont attribués. Il se met à l'ouvrage avec conviction. « Mais les événements, une fois de plus, ne nous ont pas laissé le temps de nous organiser. » Et, durant cette période, la chance semble l'abandonner.

Le 28 novembre, une colonne de l'ANC franchit le pont-frontière sur la Luika. La fuite des civils atteste l'avancée des troupes de Stanleyville, les gizengistes qui sont le fer de lance de l'offensive gouvernementale contre le Nord-Katanga. Bob patrouille de nuit en direction du pont, en compagnie de Thadée Kovalski notamment, adjoint de la première heure à Lengwé. Dans un village, c'est tout à coup l'embuscade. Les mitrailleuses crépitent. Bob est blessé, une Jeep est perdue, et la retraite de l'autre, avec une seule mitrailleuse, est périlleuse. À quinze kilomètres de là, la patrouille rejoint le peloton katangais. En l'absence du major Kimwanga, le capitaine africain est désemparé. Bob préconise une contre-attaque immédiate. Il est sommairement pansé et se sent assez bien pour y participer. La longue approche à pied, jusqu'à la rivière, n'en paraît pas moins longue. La surprise joue cette fois au bénéfice des Katangais; le détachement de l'ANC se replie précipitamment, la Jeep et son équipement sont récupérés. Bob ne veut pas en rester là et commande le pilonnage de la rive opposée, où il devine le regroupement de l'ennemi.

L'engagement est violent; Kovalski, juste à côté de Robert, est grièvement touché au poumon. « Une fois de plus... » gémit-il, accablé par le mauvais sort qui le poursuit. Mais les tirs de mortier viennent à bout de la colonne congolaise. Avant la mi-journée, les Katangais contrôlent le secteur. Quand arrivent les renforts de Kongolo, Bob devine qu'il est plus touché qu'il n'y paraît par des éclats de grenade. Il faut passer des radios. Il est ramené en avion à Kolwezi, puis à Éville. Le docteur Peters décèle un éclat sur la paroi externe de la vessie. Il faudra opérer.

– Pour ça, rentrez en Europe, recommande-t-il.

Bob fait la grimace. La mauvaise passe va-t-elle continuer? Il demande son rapatriement. Nous sommes le 4 décembre et il pleut sur Éville. La cheminée de l'Union minière fume dans le ciel bas, et les Casques bleus sont plus présents et voyants que jamais à la périphérie nord de la ville, où l'aéroport et le tunnel routier bruissent de mouvements de troupes. Des avions transporteurs US se posent à intervalles rapprochés. Urquhart a remplacé O'Brien au QG de l'ONU, Éthiopiens et Malais ont renforcé les contingents internationaux. Près de dix mille hommes dans tout le Katanga, et principalement autour d'Éville. La force aérienne de l'ONU, avec ses appareils suédois, Saab, indiens et éthiopiens, est assez importante pour terrasser la petite aviation katangaise et effacer l'affront infligé par le Fouga de Magain et Deulin. L'atmosphère d'Éville est oppressante. On parle encore de l'horrible sort fait à douze pilotes italiens, à Kindu, par les Congolais de l'ANC. Pris pour des mercenaires, belges ou français, ils ont été sauvagement tués, mis en pièces et jetés aux crocodiles. On raconte que leurs restes ont été mangés par les gouvernementaux, ou exposés aux étals du marché de Kindu... Et les Malais de l'ONU ont assisté au massacre sans intervenir.

Bob sent bien que quelque chose se prépare et oublie sa blessure. Il n'a pas tort d'être sur le qui-vive. Le 5 décembre, les Gurkhas prennent d'assaut un barrage katangais, et les Casques bleus déferlent sur les principaux bâtiments publics. À Kolwezi, les avions de Tschombé sont détruits au sol par les Canberras et les F 86 qui, dans la foulée, mitraillent le centre d'Éville, semant la panique parmi la population en attaquant indistinctement civils et militaires. La deuxième bataille d'Éville vient de commencer; Faulques et ses hommes, partis de Kolwezi et de Le Marinel, se regroupent dans la capitale investie. L'objectif des Nations unies, aussitôt réaffirmé par U Thant, est bien d'écraser la sécession en réduisant sa capitale par tous les moyens.

Comme en septembre, l'intervention meurtrière et aveugle de l'aviation provoque dans le monde des protestations, mais pour l'ONU, il faut bousculer l'adversaire, frapper vite et fort pour effrayer la population. À nouveau, cependant, le général Raja butte sur des obstacles de taille : l'hostilité des habitants; la riposte des Katangais, dont les défenses résistent; leur mobilité, qui contraste avec la lourdeur du dispositif onusien. À partir de l'aéroport, de la poste, de la radio, les Casques bleus échouent d'emblée à s'assurer le contrôle de tous les points clés de la capitale. Et dans la périphérie, les Katangais sont maîtres du terrain.

Faulques y a déplacé son PC. Il y coordonne un état-major associant tous les services de défense et de police, conjointement avec le général Norbert Muké, commandant en chef de l'armée katangaise; un colosse tonitruant et à peu près analphabète, ancien sergent-major de la Force publique du Congo, qui entretient le moral de ses troupes et la bonne humeur des envoyés spéciaux par ses déclarations de matamore. Pendant qu'il plastronne, Faulques et les siens dirigent de fait les opérations.

L'armada onusienne est d'une autre ampleur qu'en septembre, son objectif tactique facile à deviner. « Ils veulent nous enfermer dans Éville, explique Faulques, en coupant nos communications avec la Rhodésie et l'Angola. »

Ce sont, vers Kipushi, Ndola et Kolwezi, à la fois les voies d'approvisionnement et les issues de secours des Katangais. Il faut les sauvegarder et aussi tenir dans Éville même, que Faulques n'a jamais envisagé d'abandonner à l'adversaire pour se contenter d'un harcèlement périphérique. Les grandes lignes de sa stratégie sont résumées dans un plan défensif du Sud-Katanga, que l'ONU exhibe opportunément pour justifier son offensive.

Habillés en civil, les volontaires français circulent dans Éville en déjouant les barrages des Nations unies. Parmi eux, Bob, qui n'a ni hommes ni matériel. Valide et bien décidé à se battre, il lui faut mettre sur pied sans délai un petit groupe mobile capable de harceler les Onusiens tandis que des unités constituées les bloqueront en des endroits précis. Beaucoup de mercenaires sont en opérations dans le nord et l'ouest de la province; les effectifs et le matériel disponibles dans la capitale paraissent bien insuffisants pour tenir et contre-attaquer en même temps. À chacun de se débrouiller et de se dépenser sans compter. Le rappel des troupes éloignées doit permettre, après les premiers jours, de desserrer l'étau. Le colonel Faulques n'a rien à ajouter, ses hommes savent quelle gageure ce sera de tenir en échec les Casques bleus. Mais ils savent aussi qu'ils sont encore capables de leur causer bien des désagréments.

Bob rameute quelques volontaires étrangers, recrute à la hâte une poignée de Katangais et se lance dans la bagarre avec un unique mortier. Le pilonnage de la ville, les mitraillages aériens impressionnent Éville mais ne suffiront pas à la mettre à genoux. L'allié rhodésien, sir Roy Welensky, expédie à ses défenseurs un train d'armes et de munitions, mitrailleuses et mortiers notamment. Logiquement, Bob s'équipe de mortiers, une douzaine de trois pouces, et quelques-uns de 60 et 81 mm. « Quand on est numériquement plus faible, c'est le bon moyen de provoquer des dégâts chez l'adversaire, explique-t-il à ses hommes. On va leur en faire voir... »

À un ou deux kilomètres de distance, le mortier est effectivement redoutable pour des colonnes de troupes, de camions, de blindés. À condition de frapper juste, fort, et de se déplacer rapidement. Toutes choses où son groupe va exceller.

À Éville, les unités katangaises encadrées par les Européens sont « comme des poissons dans l'eau ». Dans la ville indigène, les soldats en tenue de combat vert sombre tiennent les carrefours, et le dédale des itinéraires qui mènent à la ville européenne, vers le nord, échappe au contrôle de l'ONU. Au long des grandes avenues qui se coupent à angle droit, les jardins des villas coloniales sont autant de bases d'action pour les petits groupes de combattants, à l'abri des jumelles onusiennes. Même en plein centre, sur les pelouses et les places proches des bâtiments occupés par les troupes du général Raja, les soldats de Tschombé installent leurs canons sans recul et leurs nids de mitrailleuses. Le téléphone est un précieux allié, qui renseigne sans cesse les Katangais sur tous les déplacements onusiens. La complicité active des civils,

Blancs et Africains, complique grandement la tâche des bataillons indiens, éthiopiens ou irlandais.

Une colonne de half-tracks, ces blindés ouverts de type Ferret que tout le monde appelle ironiquement des « baignoires », se dirige vers la gare? Bob et son groupe de mortiers sont immédiatement avertis. Du jardin d'une villa, ils règlent leur tir selon les indications transmises au téléphone par un riverain, à quelques centaines de mètres de là. Celui-ci observe un premier tir et commente :

– Trop long, trop au nord...

Aussitôt, Robert fait corriger. Leur allié anonyme et invisible exulte.

– C'est ça! En plein sur la fin de la colonne!

Les obus pleuvent sur cette cible trop voyante, bloquée au milieu d'une avenue désertée. Avec sa douzaine de tubes, Bob inflige aux « occupants » de sévères pertes en hommes et en matériel, récupérant souvent, en prime, de l'armement.

Durant ces premiers jours, les engagements directs restent sporadiques et font relativement peu de victimes militaires, mais les civils ont à souffrir des attaques aériennes et des mortiers de l'ONU. Le vacarme est permanent, la tension extrême, la pression des Casques bleus s'accentue et les obus tombent au hasard, touchant durement l'hôpital et les maisons, plus que les lignes de défense katangaises. Les façades sont criblées de balles, des dépôts d'essence et des bâtiments industriels brûlent dans les faubourgs. Des ripostes aux batteries suédoises touchent le camp des Balubas, où trente-cinq mille réfugiés s'entassent dans d'effroyables conditions.

Cependant, malgré les renforts, le pont aérien des Globemasters américains entre Léo et Éville et l'écrasante domination aérienne, l'ONU ne vainc pas une résistance opiniâtre. Surtout, les routes vitales pour les Katangais, en dépit des bombardements, restent hors de son contrôle. Avec l'arrivée de troupes descendant du nord et de Kamina, Faulques et ses hommes peuvent espérer gagner leur pari.

Bob est dans les quartiers sud-ouest, tenus par les Africains, quand des informateurs se précipitent vers lui en criant : « Schramme arrive avec ses hommes! »

Sur la route de Kipushi apparaît en effet l'avant-garde d'une colonne de véhicules encadrés de patrouilleurs, avec, dans la Jeep de tête, le lieutenant Jean Schramme. Il arrive de

Kasimba, à la frontière du Sud-Kasaï, avec cent cinquante hommes et des mitrailleuses de point 30 et point 50. Il a récupéré une partie de son groupe mobile d'Albertville pour rejoindre Éville à la barbe des Casques bleus. Son renfort est apprécié à sa juste valeur. Bien que leurs itinéraires aient été semblables depuis des mois, dans le Nord-Katanga, la région de Kaniama et à Le Marinel, Schramme et Denard ne se connaissent pas encore.

Fils de bourgeois de Bruges, Schramme est arrivé au Congo à dix-huit ans et en est tombé amoureux. Sous-officier de réserve de l'armée belge, il a servi chez les paras belges à Kamina, puis il est devenu propriétaire d'un vaste domaine dans le Nord. Le chaos qui a suivi l'indépendance a jeté cet éleveur et planteur respecté dans la lutte pour un Katanga indépendant qui serait à l'abri des bourrasques de la décolonisation. Exilé en Ouganda, il a bientôt repris du service, s'est imposé dans la pacification de la région d'Albertville. Emprisonné à Léo, renvoyé à Bruxelles après *Rumpuch*, il a aussitôt rejoint Faulques à Le Marinel et reformé un groupe de combattants. En décembre 1961, sa réputation est établie, ses méthodes estimées et son efficacité guerrière redoutable. Faulques lui confie la défense fixe d'un large périmètre au nord de la ville, autour du stade Albert-Ier. En très peu de temps, Schramme y enterre ses hommes, fortifie ses lignes défensives et, jusqu'au bout, cause des pertes nombreuses aux Onusiens.

Dans le même temps, d'autres renforts permettent à Bob d'étoffer son groupe. Le voilà à la tête d'une trentaine d'hommes dont douze Européens, répartis en trois sections dont une de garde. Des recrues inattendues s'y adjoignent dans la fièvre qui saisit Éville à mesure que les combats durent et s'intensifient. Un jeune homme en scooter sillonne la ville et renseigne les Katangais sur les mouvements des Casques bleus. Il s'attache particulièrement au sillage du groupe de Bob. Il a dix-sept ans, est issu d'une bonne famille belge et rêve d'en découdre, lui aussi. Avec un ami grec toujours en selle derrière lui, il supplie Bob de lui donner sa chance. « Je veux me battre avec vous, mon lieutenant. »

Bob le renverrait bien chez sa mère, mais il songe à l'adolescent dégingandé qui arpentait la pointe de Grave, vingt ans plus tôt, fier d'un fusil trop grand. Il reconnaît le feu qui brûle dans le regard décidé du garçon.

– Comment tu t'appelles?
– Karl.
– Tu n'as pas été soldat...
– Non, mais vous m'apprendrez!

Des obus tombent, des colonnes de fumée obscurcissent le ciel au nord-ouest. Une pluie fine délaie le paysage, des silhouettes courent à un carrefour, incertaines. Les déflagrations se répondent dans la moiteur de l'air. Karl tend le bras en direction d'un bâtiment éventré.

– Attention, monsieur, il y a un blindé de l'ONU caché là-bas...

– Mon lieutenant! rectifie Bob avec un sourire sceptique.

L'endroit est déserté, la canonnade s'éloigne.

– Donnez-moi une grenade, mon lieutenant, insiste le garçon.

– Tu sais t'en servir? Même pas, je parie...

Karl reconnaît que non. Bob décroche deux grenades de son ceinturon et montre la goupille. La détermination de Karl ne fléchit pas, il prend sans crainte les deux grenades et fait signe à son copain.

– Vous allez voir qu'il y a bien un blindé... mon lieutenant.

Le scooter pétarade et s'éloigne, contournant le pâté de maisons. Il disparaît et, quelques instants plus tard, une violente explosion secoue le quartier. Un blindé est en flammes, là-bas, et un scooter file sur la chaussée. Karl n'a pas tremblé.

– Tu veux faire la guerre avec nous? lui demande Bob, conquis. On va te donner un uniforme.

Karl Couke contient mal sa joie et se met au garde-à-vous. C'est ainsi qu'il intègre le groupe, et le mercenariat, pour longtemps. « Il entrait sans contrat, sans formation, par passion pure. Il a vite appris, sur le tas. Il est devenu un vrai chef de guerre. C'était un flambeur, un seigneur... »

Malgré Schramme et ses hommes, Karl et sa passion, malgré les mortiers de Bob, la situation devient de plus en plus intenable dans Éville. Les bombardements s'intensifient sur tout le centre. La Croix-Rouge est débordée, quand elle n'est pas victime des tirs acharnés de l'ONU. La partie de cache-cache de la première semaine vire au tragique. C'est une étrange guerre qui réunit dans les bars, certaines nuits lourdes, des mercenaires en civil, poisseux et fatigués, la ceinture alourdie de grenades, des journalistes qui s'en différencient à peine, des diplomates internationaux chassés de leur résidence par les bombes, des agents de l'Union minière inquiets de la protection de leurs installations; des mythomanes, des colons belges assoiffés de bière, qui ne tiennent plus d'être terrés à l'hôtel Léo II; des Africaines dont le sourire promet le repos au guerrier et l'oubli au civil. Une étrange guerre qui au fil des jours dévoile sa vraie nature et dérive vers le bain de sang.

Des Casques bleus aux yeux bridés, Gurkhas ou Dogras, investissent silencieusement des pâtés de maison, mitraillette braquée et poignard à la hanche. Les Éthiopiens encerclent les installations de l'Union minière. Ils pillent des villas, au passage, confondent tout ce qui est blanc dans la même animosité. Leurs bavures, la cruauté des Malais, achèvent de paniquer les dix mille Blancs d'Éville. Tschombé leur a interdit de quitter la capitale. La déroute, si elle doit survenir, n'épargnera personne, la mort frappera sans discrimination de race. Les Katangais ne sont-ils pas plus sévèrement touchés encore quand l'ONU, sous un feu continu, prétend liquider toute résistance dans les quartiers indigènes? Même les missions diplomatiques ne bénéficient plus d'aucune immunité. Le consulat de France est mitraillé, parce que, sans doute, ce sont des officiers français qui causent tant de déboires au général Raja. Pire que tout, la menace d'explosion du camp des Balubas promet, si elle se produit, un déferlement sauvage et meurtrier sur la capitale.

L'opinion internationale, à nouveau, s'émeut. La France, la Grande-Bretagne, la Belgique s'indignent de l'acharnement de l'ONU à mettre le Katanga à genoux. Tschombé comprend bien qu'il faut stopper l'engrenage fatal. Réfugié à Kipushi, il entame de nouvelles négociations en vue d'un cessez-le-feu. Faulques, pour sa part, donne l'ordre d'abandonner les positions défensives fixes. Dans leurs trous et derrière les murets, au fond des tranchées, sous la pluie persistante, les Katangais sont épuisés par deux semaines de veille, de canonnades, de défense obstinée et de contre-attaques. Ils émergent de l'abri des sacs de sable éventrés, hagards. Certains dorment sous le feu des mortiers. Le repli s'effectue en bon ordre, Schramme abandonne ses positions, en première ligne en direction de Kipushi. Il est prêt à repartir dans le Nord, où l'ANC généralise son offensive, relayant celle de l'ONU.

L'hôtel du Lido est occupé par les Suédois, la moitié d'Éville est aux mains des Casques bleus. Le harcèlement des groupes mobiles continue dans les faubourgs. Bob poursuit ses opérations, dans un baroud d'honneur qui va encore coûter cher aux Onusiens.

Sur la route du camp baluba, c'est une colonne prise en enfilade sous le feu de ses mortiers, et surtout, c'est une attaque d'Éthiopiens imprudemment rassemblés aux abords de Clair-Manoir, le QG de l'ONU. « Avec dix mortiers, on a dû tirer un millier de coups en vingt minutes maximum. Ce qui restait du bataillon a été aussitôt après rapatrié. » D'autres soldats du négus Haïlé Sélassié sont refoulés alors qu'ils progressent en direction du PC de Faulques, à Albertville, dans la périphérie. Des offensives éclair se succèdent ainsi jusqu'au cessez-le-feu du 21 décembre. Les voies de repli vers Kipushi et Kolwezi restent ouvertes aux Katangais, la cheminée de l'Union minière crache toujours. Faulques et ses hommes ont cédé le terrain sans perdre la bataille ni se soucier des éternels calculs politiques de Tschombé. On raconte que sept cents cercueils en plastique ont été envoyés des États-Unis au commandement de l'ONU à Éville. Même si seulement la moitié d'entre eux sert à rapatrier les corps, c'est encore chèrement payé pour une revanche qui laisse en suspens le sort du Katanga. À Kitona, l'accord que Tschombé est contraint de signer avec Cyrille Adoula, sous les auspices de l'ambassadeur américain, paraît signifier la soumission d'Éville à Léopoldville, la reconnaissance de l'autorité de Kasavubu, en un mot la fin de la sécession. Mais un accord, quand il s'agit de Tschombé et du Katanga, ne suffit pas au Congo à garantir l'avenir. Par une rouerie supplémentaire, en soumettant sa capitulation à l'aval du Parlement, le président arrache un dernier répit. À ce stade, nul doute qu'il faille encore de longues palabres pour entériner la réintégration du Katanga dans le Congo. Du temps, encore et toujours... Suffisamment pour reprendre des forces, après une défaite militaire toute relative.

Pour Faulques, le bilan est loin d'être sombre, en effet. La gendarmerie katangaise n'est ni réduite ni désarmée. Elle tient les faubourgs d'Éville; Kipushi, sa base arrière; Kolwezi, son sanctuaire. Elle peut repousser l'offensive de l'ANC aux frontières, et toujours compter sur l'aide rhodésienne, sur les lobbies bienveillants, les marchands d'armes empressés, les milliards de Tschombé, la manne de l'Union minière, malgré le désengagement de plus en plus net de la Société générale de Belgique, principal bailleur de fonds. En fait, mieux que les armes, le blocus économique serait l'argument décisif contre le Katanga. Outre la difficulté de le mettre en œuvre, compte tenu des positions rhodésienne et angolaise, personne n'a pu s'y résoudre, et surtout pas les USA, trop dépendants de leurs importations de cobalt et d'uranium katangais. Pendant la guerre, l'économie continue d'obéir à ses propres lois...

Pour le colonel Faulques, cependant, la partie se termine. Il part sur une dernière flèche à l'ineffable général Muké, auto-auréolé de gloire : « Je ne voudrais même pas de vous comme ordonnance ! »

Et il abandonne Tschombé à ses négociations avec Léo. Les services secrets français ne croient plus à l'avenir du Katanga. Michel de Clary reste cependant auprès de Tschombé, et d'autres avec lui. Mais, dans le vide créé par le départ de Faulques, le Katanga va se découvrir de nouveaux chefs militaires, sur le terrain, là où se cultivent les dernières illusions, les plus belles. Bob Denard s'impose comme l'un de ceux-là.

Le 21 décembre 1961, jour de l'accord de Kitona qui clôt la deuxième bataille d'Éville, le capitaine Bob Denard, promu à ce grade à la date du 1er décembre, reçoit la feuille de route qui l'autorise à regagner l'Europe pour raisons médicales – la blessure subie à Kongolo.

4.

Neuf mois après l'échec du « pronunciamiento d'un quarteron de généraux en retraite », la France s'achemine vers les accords d'Évian et retient son souffle : des membres de l'OAS ont essayé de tuer le général De Gaulle au Pont-de-Seine et, bientôt, au Petit-Clamart. D'attentats manqués en exécutions et en nuits bleues, les « soldats perdus » d'Algérie sont en train de perdre leur dernier combat.

Michel Debré vit ses derniers mois à la tête du gouvernement et, vue de Paris, la sécession katangaise paraît avoir vécu. Plus qu'à Bruxelles, où les amis de Tschombé l'ont accueilli, Robert peut sentir en France à quel point la cause katangaise est éloignée des préoccupations nationales. Elle n'intéresse la presse et le grand public qu'à l'occasion des accès de fièvre et de violence qui ponctuent de sanglante manière ses sursauts. Ses défenseurs se regroupent autour de l'association France-Katanga et dans les milieux militaires « activistes ». On y retrouve les mêmes personnes qu'en 1960 : l'ancien préfet de police Baylot et Charles Delarue, Trinquier, des officiers en rupture d'armée, des journalistes baroudeurs comme Duchemin ou Le Bailly.

Occultée par le dénouement algérien, la survie du Katanga n'est plus l'affaire que de quelques-uns, mais, loin de les abattre et de les faire renoncer, cette marginalisation les conforte dans leur choix. À un peu plus d'un an de distance, Robert mesure le chemin parcouru. L'homme exaspéré qui se cherchait un avenir est devenu un capitaine mercenaire qui a fait ses preuves, sait ce qu'il veut et s'acharne à trouver des soutiens pour poursuivre sa mission. Quand d'autres, à la fin de leur contrat, guettent de nouveaux engagements, lui est convaincu que rien n'est achevé du côté d'Éville.

Giselle mesure elle aussi, à sa manière, le chemin parcouru. Elle trouve « son Robert » apaisé, « plus humain », mûri par la brousse, le contact d'hommes si divers, l'épreuve. Débarrassé de son complexe paternel, guéri de ses frustrations de petit paysan médocain en butte aux hiérarchies et de ses foucades. C'est un chef qui lui revient. Il profite d'un séjour à Lesparre pour agrandir de quelques prés le terrain familial et prépare évidemment, dès que les séquelles de sa blessure sont effacées, son retour au Katanga.

À rebours du pessimisme ambiant, il répète que, là-bas, tout peut encore se jouer. La situation, pourtant, lorsqu'il revient à Éville, au début de février, a de quoi ébranler ses certitudes, mais sa résolution ne faiblit pas.

Tschombé peut bien négocier secrètement avec Léo et le Premier ministre Adoula, heurtant l'intransigeance de Munongo; le major Bousquet, qui jusque-là s'occupait d'intendance à Jadotville, peut bien souffrir de la comparaison avec Faulques, qu'il a été appelé à remplacer; des hommes, et des meilleurs, peuvent bien plier bagage... il faut réagir, se réorganiser et contre-attaquer. L'ONU est toujours là, contenant les Katangais sans reprendre les hostilités. Les Nations unies sont à court d'argent; la diplomatie sous la contrainte a pris le relais, une fois de plus, de la violence militaire. L'ONU préfère laisser faire le travail à l'ANC, quitte à aider celle-ci par son soutien logistique. C'est la reconquête du Katanga par le nord qui est en cours, tandis que Tschombé entame ses pourparlers avec Adoula. Des troupes de Stanleyville ont repris Albertville, puis Kabalo et Manono. Elles menacent Kongolo et, à l'ouest, Kaniama et Kapongo. Éville connaît à son tour les tristes conditions de vie qui sont le lot commun au Congo : privation d'eau et d'électricité, manque de ravitaillement, insécurité... Le Congo est au bord de la banqueroute, et le Katanga suit la même pente. La manne de l'Union minière ne suffit plus à combler le gouffre creusé par le ralentissement économique, le gaspillage et la corruption. Le sort du Katanga oscille entre l'asphyxie économique, la défaite militaire et le compromis politique.

Face à ce faisceau de menaces, il revient aux soldats fidèles de prendre en main le redressement de la province. Schramme montre l'exemple. À Kansimba, il met sur pied son bataillon Léopard, levier de la reconquête d'Albertville, puis du Nord-Katanga. Il est parti avec huit Européens et vingt Katangais, anciens de son groupe mobile. Il se méfie trop des volontaires européens, ces mercenaires qu'il ne conçoit que vénaux et sans scrupules, pour travailler avec eux. Ce sont des colons comme lui qui l'accompagnent, sous couvert de contrats civils de l'Union minière. C'est dans l'immense ranch d'un colon, non loin de Kapona et de Baudouinville, qu'il s'installe, recrute et commence à desserrer l'étau de l'ANC et de l'ONU.

Dans le Sud, à Kipushi, la situation est plus confuse au début de 1962. Les forces katangaises regroupées là, et leurs cadres européens, manquent de directives. Querelles, règlements de comptes et jalousie minent le moral et rendent l'ambiance irrespirable. Passant outre l'inertie de l'état-major, Denard s'adresse directement à Tschombé et à Munongo. Après un nouveau séjour à Kongolo – où le capitaine Tavernier aide le major Kimwanga à reprendre le secteur – puis une mission en Europe, il crée son propre groupe, dont l'embryon, à la ferme du Keyberg, sur la route de Kipushi, compte quelques hommes sûrs : Lefèvre, Karl et son copain grec, le Polonais Kovalski, Freddy. Il faut, à partir d'eux et d'un groupe de Katangais, tout recommencer de zéro, reconstituer une force capable de résister, d'entraîner la gendarmerie katangaise à bout de souffle et de reprendre l'initiative. Schramme et ses Léopards sont dans le Nord-Est; Tavernier et son groupe, baptisé « Marsupilami », dans le Nord. Denard et son groupe Bison vont s'installer dans le secteur de Kamina, au carrefour de routes de Kabondo Dianda.

À Kipushi, Bob a récupéré des hommes d'une autre formation, celle du capitaine Antoine, « une bande qui était la survivance des Affreux du début du Katanga... le reste s'est vite dispersé et le climat a été plus sain. » De Belgique et de France, par l'entremise notamment des frères Hambursin et de Bonsang, arrivent des nouvelles recrues.

La sélection est le premier problème, lourd de conséquences, auquel est confronté Bob. Il n'en est pas absolument maître, mais Freddy filtre les postulants envoyés d'Europe. Après dix-huit mois au Katanga, les choses paraissent plus simples : « Quand un type arrive, tu vois sa tête et tu sais déjà un peu à qui tu as affaire... Le reste, c'est son parcours, et sa mentalité. En discutant, on voit bien les affinités, il faut se fier à elles, et ensuite se montrer intransigeant sur les principes. »

La méthode de Bob n'est pas forcément « douce » mais s'inspire du respect des hommes. Des chefs comme Faulques, formés à la dure école de la Légion, cassent les individus pour en faire des soldats. « Ces pratiques-là n'étaient pas les miennes. Un gars qu'on brise perd la moitié de son potentiel. Mieux vaut choisir autant que possible ses hommes et obtenir une discipline consentie. »

Pour assurer la cohésion d'un ensemble disparate, il met en œuvre les principes affichés dès son arrivée au Katanga, dans le groupe mobile de Kongolo. « L'apparence de la troupe, c'est le fondement de son identité, donc de sa cohésion sous le feu. » Les tenues sont demandées en France, retaillées, et aucun accessoire n'est négligé : béret, foulard rouge, ceinturon... il faut veiller à tout et patienter, mais même les écussons finissent par parvenir au groupe, qui arbore fièrement son emblème de diable cornu et sa devise : « J'ose. »

Robert obtient le matériel qu'il réclame, après s'être servi en véhicules, à Kipushi. « L'ambiance là-bas était si malsaine qu'il fallait prendre les devants. Comme pour ma nomination au grade de capitaine : puisque j'avais des lieutenants sous mes ordres, il fallait bien que je sois capitaine. Tschombé a compris mon projet, et il a signé. »

Après plusieurs mois d'entraînement au sud d'Éville, dans la ferme du Keyberg, il se trouve à Kabondo Dianda à la tête d'un groupe de cent cinquante Katangais et vingt-cinq Européens. Une troupe opérationnelle et complètement autonome, de trois pelotons mixtes et d'une section d'état-major, qui dispose d'une grande puissance de feu et assure elle-même toutes les fonctions d'intendance. Dans cette compagnie légère, aucune compétence n'est négligée; ni la mécanique, ni la comptabilité, ni la médecine de base. Charles Gardien, para belge à l'allure très britannique, issu lui aussi d'une famille aisée et fort de quelques études en pharmacie, est l'infirmier du groupe. Étonnant échantillon humain que cette troupe fondue en un corps unique derrière son chef... Les Belges et les Français y sont très majoritaires. Les nouveaux, Karl et ses copains Rascar et Gardien, jeunes gens « bien nés », en quête d'aventure et d'horizons vierges; Bob Noddyn, grande gueule intrépide et boute-en-train, ancien des combats de Corée, prêt à la moindre alerte à sauter dans une auto-mitrailleuse et à « foncer dans le tas »; des paysans, tels Dosquet le Wallon et Le Naour le Breton, mécanicien et cuisinier, solides comme le roc, bonnes pâtes au dévouement aveugle; Lefèvre, dit « l'Amiral », ancien fusilier marin, lié à Delarue; et encore des rescapés des premiers barouds katangais, de vrais figures d'Affreux : un para ancien patron de café, un peu maquereau, ou Riton, chauffeur de taxi belge en délicatesse avec la justice; et encore Jean-Marie, Marc, Roger... Autant d'origines et d'itinéraires, autant d'individus, poussés là par des motivations si diverses qu'elles découragent toute typologie des mercenaires. L'appât du gain, n'en déplaise à Schramme, ne suffit pas à expliquer leur engagement. Ceux qui viennent au Katanga pour l'argent, voire le butin, déchantent vite, en général. Les bandits de grand chemin se découragent les premiers, on les voit parfois repartir le jour même de leur débarquement. Ceux qui restent sont encore assez représentatifs de l'espèce humaine, brutes et « intellectuels », idéalistes et malins, traîneurs de sabre et gamins révoltés, tous mêlés dans la brousse, sous leurs beaux uniformes, et tutoyant la mort, comme Kovalski, avec inconscience, panache ou tout simplement courage. La même envie de courage qui les empêche de goûter aux joies communes du travail routinier, des familles établies, sous le ciel morne des grandes métropoles civilisées.

Les Katangais se battent pour leurs chefs coutumiers, pour Tschombé, pour leur province trop convoitée. Les mercenaires se battent par défi, contre l'ennui des lendemains trop sûrs; par oubli et par jeu. Pour l'argent aussi, et même pour la liberté de mourir où bon leur semble. Schramme le colon, le missionnaire en armes du Katanga, a beau se méfier, leur prêter des ambitions impures, trop de calculs et pas assez d'abnégation, son rêve passera, quand celui des mercenaires reste intact, parce qu'il se réalise et se renouvelle tous les jours.

À Kabondo Dianda, celui de Bob se concrétise, dans les décombres d'une mission désertée que ses hommes transforment en cantonnement. Les murs sont relevés, la sacristie abrite l'état-major et le sous-sol une sorte de foyer qui prend facilement des allures de bar de nuit. Mais la discipline est rigoureuse, identique pour tous. Les querelles, les relents de racisme sont étouffés par la poigne du chef. Bob ne veut sous ses ordres que des soldats qui se respectent. Il veille à tout, écoute toutes les doléances mais ne tolère pas d'écart. Il paie d'exemple pour entraîner derrière lui une troupe exemplaire. La médiation de Freddy, qui parle swahili et connaît bien les hommes du Katanga, est précieuse. « Je faisais des grands discours, et il traduisait, dans leur manière à eux. Ils étaient contents qu'on s'occupe d'eux, qu'on parle leur langue, qu'on s'inquiète de leurs problèmes et qu'on les résolve, dans la mesure du possible. C'était paternel, mais pas philanthropique... On était des soldats, tous dans le même bain, dans un secteur dangereux. Susciter l'adhésion de tout le monde et faire corps, c'était vital; et pour cela, il faut le contact. L'ordre et le dialogue, une présentation et du matériel impeccables, une intendance qui suit... Ça marchait bien. On ralliait les villageois, comme à Kongolo et à Niemba. Une pacification intelligente. »

De la base de Kamina, l'ONU observe cette implantation. La ville de Kamina est aux mains des gendarmes katangais, et le groupe Bison rayonne dans un périmètre de plus en plus vaste. La phase de redressement, après les flottements du début de 1962, connaît ses premiers succès.

Dans une lettre à son supérieur, le major Baron, à la mi-août, résume la situation de la façon suivante : « Le groupe Schramme est à mon sens l'image parfaite de ce qui devrait exister dans tout le Katanga. Il a obtenu des résultats étonnants et reprit Mukato, point stratégique entre Albertville et Niemba... Le groupe Bob emploie la même méthode que Schramme et forme un commando katangais. Il est certain que l'on reparlera de ce groupe qui présente déjà la structure d'un outil solide et redoutable... Dans les secteurs où il n'y a pas suffisamment d'Européens, rien ne va. Une aggravation est à craindre. Étant donné cette situation, et l'agressivité de l'ANC soutenue par la logistique de l'ONU, il faudrait six groupes dans le genre Schramme ou Bob. L'ANC alors ne se permettrait plus d'incursions où que ce soit... »

Vers la même date, l'ONU, à la demande de Léo, ordonne le blocus de tous les aérodromes katangais. Si un blocus complet de la province est provisoirement écarté, tout comme le recours à la force, le plan Thant d'août 1962, qui prend acte de l'échec des négociations entre Tschombé et Adoula, fixe des délais pour « résoudre le problème de la sécession katangaise ». Trente jours pour l'élaboration d'une constitution fédérale katangaise, deux mois pour la réunification des Forces armées, telles sont les conditions posées par les Nations unies pour ensuite élaborer un plan de survie économique et financier du Congo. Faute d'accord de la part de Tschombé, ses adversaires sont décidés à crever définitivement l'abcès...

Toujours durant ce mois d'août, Bob est prêt à rejoindre Kabondo Dianda avec son groupe. Il a des contacts directs avec Tschombé, qu'il a mis, sans ambages, en garde contre « les éléments incompétents portant atteinte à la réputation des groupes... le grenouillage d'éléments factieux qui passent leur temps à créer un mauvais esprit, nuisible au moral des combattants... »

Il reçoit l'appui total de Tschombé, non sans susciter au passage quelques solides inimitiés. Que pense alors Moïse Tschombé de l'avenir de son pays? Sa popularité reste intacte au Katanga; peut-être même n'a-t-elle jamais été aussi grande, car les opposants se sont ralliés ou ont rejoint les provinces contrôlées par Léo. Mais le temps de la prospérité est révolu, et Éville est une capitale assiégée, occupée par les Casques bleus, hérissée de barrages et de défenses, calme comme le sont les forteresses avant l'assaut. Dans sa résidence présidentielle sous haute surveillance, Tschombé reçoit, consulte, examine les modalités du retour du Katanga dans le giron congolais. Il est prêt « à accepter toute solution raisonnable », mais refuse toujours « le chantage au blocus ou n'importe quelle coercition. »

À Kipushi, au camp d'entraînement de Le Marinel, Tschombé répète à ses soldats, à leurs instructeurs, à Bob, que « personne ne les traitera en rebelles vaincus ». Si l'ONU prétend user à nouveau de méthodes coercitives, il ne fléchira pas. « Ce sera à nouveau la guerre, et nous ne la craignons pas. » Les soldats veulent le croire, et même les habitants d'Éville, bien que leur argent ait perdu les deux tiers de sa valeur alors que les prix ont triplé. Même l'ONU, malgré ses efforts de paix, croit Tschombé capable d'aller jusqu'au bout. Alors, à côté des plans de paix dont tout le monde parle, les plans de guerre sont peaufinés, qui prévoient, plutôt qu'un blocus aléatoire, la destruction des voies ferrées katangaises. À Éville, l'ONU ne veut plus tirer la première ni répéter les erreurs de septembre et décembre 1961. Ses responsables sur place attendent tranquillement, en jouant au golf et en buvant du whisky, lcs ordres de New York et le feu vert de Léo. L'abcès purulent du camp baluba a été nettoyé. Les réfugiés ont été renvoyés au Kasaï, au Kivu, dans leurs villages. Le mage Mantefu, grand maître religieux et Al Capone à la mode baluba, a regagné la savane avec ses abominables acolytes. Aux thés de l'ONU, on frémit rétrospectivement du pouvoir qu'il exerçait par la violence et la sorcellerie : racket du chanvre et anthropophagisme religieux. On se risque même encore à évoquer les marmites à feu continu du grand chef baluba, au fond desquelles jamais la sauce ne devait manquer. Les jeunesses BBK alimentaient le ragoût magique. « Avec du singe, principalement... » se rassurent les dignes fonctionnaires. Dans le camp, des mois durant, les cadavres disparaissaient à mesure.

En attendant une éventuelle épreuve de force, Tschombé fait confiance à ses soldats, aux mercenaires qui les encadrent, à ses soutiens rhodésiens et à la crise de Cuba pour accorder un nouveau répit à son entreprise. Et le capitaine Bob reçoit à la ferme du Keyberg, dans la « case » du frère du président, son ex-épouse Giselle et son petit Philippe. Paisible intermède, bouffée d'air au milieu d'une période étouffante. Quels que soient les périls à venir, les dissensions, Robert est fier, décidé, la conscience en paix et le moral au plus haut. Il s'amuse sans arrière-pensée ni méchanceté des frayeurs de Giselle, quand un contrôle katangais, ignorant ce qu'elle fait là, la braque à la mitraillette. Giselle goûte sans remords ces vacances, les retrouvailles avec un homme si visiblement en accord avec ses désirs les plus profonds. Elle se doute bien que d'autres femmes comptent pour lui, dans ce pays où toutes les passions se conjuguent.

Elle n'a pas tort, mais qu'oserait-elle demander? Ils n'ont ni l'âge ni la complicité apaisée qui permet les confessions.

Bob aurait pourtant à dire sur les Africaines, et leur liberté qui ignore les tabous de la pudeur et les manœuvres de la séduction. On est loin, dans la brousse, des raffinements asiatiques, des rites d'approche et des serments. Tout ici a la spontanéité d'une sensualité qu'un mot, un geste, un coup d'œil, suffisent à débrider. L'amour s'y accorde à la vie guerrière, il est comme elle un élan qui se suffit à lui-même, une émotion sans fard et sans garantie. Il est comme la danse, d'une brûlante immédiateté, et d'une innocence totale. Comme elle, il se consomme et se consume sur place. Dès son arrivée à Kongolo, Robert a connu cette offrande, faite par la fille « protégée » de la mère maquerelle de la garnison. On l'appelait Chocolastic, et ses sœurs foisonnent dans la brousse comme dans les bars d'Éville.

Les moments de bagarre et de danger ont aussi le pouvoir d'exacerber les passions, de jeter les êtres les uns vers les autres et de briser la barrière des convenances. Les Européennes du Katanga savent alors prendre modèle sur les indigènes et exprimer l'impatience de ceux à qui le temps est compté. À Niemba, à Éville, Bob en a connu plus d'une que la tension du moment conduisait à toutes les audaces. Et d'autres, plus rares et plus précieuses, qui se transformaient en combattantes. Mado est de cette race; impétueuse et lucide, complice dans le plaisir et dans la lutte. Elle est celle qui compte dans cette période, et prouvera quelques mois plus tard des qualités de femme d'action à rendre jaloux plus d'un baroudeur...

Giselle ne pose pas de questions et repart heureuse. Philippe emporte le souvenir ébloui d'une nature chatoyante dans la douceur de l'hiver tropical, des serpents paresseux et énormes lovés dans les branches des arbres, des tenues léopard des soldats et de la fière allure de son père au côté du président, un homme rond et souriant aux manières de bon père de famille, volubile au sujet de ses huit enfants, et si convaincant que, dans sa bouche, le mot miracle paraît crédible.

Un miracle, toujours possible, certes, mais qui ne se renouvellera pas si on ne l'aide pas. Le capitaine Bob le sait bien, en rejoignant ses hommes à Kabondo Dianda et en tournant le dos aux mous et aux indécis pour qui le pire n'est que trop certain. Son groupe, rasssemblé devant ses véhicules, suffisamment armé, le rassure. Il est prêt, entraîné, « solide et redoutable » comme l'assure le major Baron, qui espère tout de Schramme et de Bob mais fait si peu pour sa part...

Les six groupes souhaités ne verront jamais le jour. Des trois qui constituaient le fer de lance d'une gendarmerie katangaise forte alors de trente mille hommes, deux seulement tiendront jusqu'au bout, celui de Schramme et celui de Bob. Quant à Tavernier, après avoir repris Kongolo, il se replie vers la capitale, son groupe se bat jusqu'à Jadotville, puis se dissout.

À partir d'octobre, la tenaille de l'ANC se referme sur le Katanga. Dans le Nord, Schramme ne compte que sur ses Léopards. Il tient Mukato et reprend Kiambi, parvient à contrôler une partie de l'axe Manono-Albertville, mais manque de moyens pour contrôler un aussi vaste territoire. Il n'a pas assez d'hommes pour se lancer à l'attaque de Nyunzu et de Niemba. Plutôt que de le prendre de front, les forces gouvernementales concentrent leurs efforts sur l'axe Kabalo-Manono-Jadotville. C'est dans ce secteur que se succèdent, pour le groupe de Bob, les contacts avec l'ANC. Pour l'ONU, la phase attentiste est terminée, les routes sont minées et les Casques bleus se rapprochent de Jadotville. À l'ouest de Kamina, vers Kaniama et le Sud-Kasaï, les troupes du grand chef Kasengo-Niembo subissent des revers, et dans le secteur d'Éville, des accrochages provoquent la débandade des gendarmes katangais. Alors que ceux-ci n'ont jamais été si nombreux, que leur entretien coûte une fortune à Tschombé, ils se montrent incapables de résister à la pression ennemie.

Pour le groupe Bison, la période de relative tranquillité se termine. Le secteur de Kabondo Dianda est calme, mais, dans la direction de Manono, à près de quatre cents kilomètres de là, les choses se gâtent. Bob et Schramme décident une opération combinée, vers Kikondja et Mwansa, d'une part, sur Kiambi de l'autre. Pression stoppée par le déclenchement, à Éville, du troisième round. Au colonel Lamouline, commandant le secteur, à Tschombé lui-même, Bob réclame avec insistance des effectifs supplémentaires. « Je vous demande de mettre les effectifs demandés à ma disposition pour l'occupation du terrain, écrit-il. Tant que nous ne resterons pas sur place, je doute que les populations prennent confiance, ne se sentant pas protégées... La majorité d'entre elles seraient favorables à un retour à la normale après toutes les exactions commises depuis deux ans. »

Mais, dans le Sud, l'état-major pèche par inefficacité. Dispersée et laissée sans directives, l'armée katangaise est désorientée. La compagnie Shinko, censée soutenir l'action de Bob, abandonne ses positions. Les hommes se plaignent du manque de nourriture et en tirent prétexte pour se replier en désordre de Kabondo Dianda.

À la fin de novembre et durant tout le mois de décembre, un intense ballet diplomatique entre le Congo, le Katanga, l'Union minière, la Belgique et les Nations unies accompagne la mise en place militaire du dernier acte de la sécession. Tschombé négocie toujours, concède un jour et dément le lendemain. Il convoque Schramme à Kipushi mais ne le reçoit pas, ordonne le repli des troupes du Nord.

Chaque mois, Bob se rend à Éville en Jeep avec quelques hommes pour chercher la paie de son groupe. Ils gagnent discrètement la ferme de Keyberg et, en civil, munis de faux papiers, rentrent dans la capitale en échappant aux contrôles de l'ONU. Ils se trouvent dans Éville quand, le 28 décembre, les Casques bleus passent à l'offensive, convergeant massivement vers le centre, faisant sauter les barrages katangais. Simultanément, les aéroports sont bombardés, et les troupes indiennes s'emparent de Kéravia, lieu du QG de la gendarmerie katangaise. D'autres unités entrent en action autour de Kipushi, le camp retranché des Katangais. Coincés en ville, Bob et ses compagnons entendent les tirs, constatent la faible résistance des hommes du général Muké. On ignore où se trouve Tschombé. Les Casques bleus occupent sans coup férir une « forteresse » qui se rend presque sans combattre.

Bob parvient à entrer en contact radio avec son groupe, qui se replie sur Jadotville. Dans le Nord et le Centre de la province, ainsi qu'autour de Kolwezi, les combats sont infiniment plus sévères qu'à Éville.

Mado, la belle Niçoise, n'hésite pas cette nuit-là à faire passer dans sa voiture les barrages de l'ONU à Denard et à ses camarades. Trois voyages sont nécessaires; les faux papiers, appareils photos et fausses cartes de presse permettent au groupe de franchir les contrôles. Le peu de résistance rencontrée par les Casques bleus est un coup de chance pour les fuyards. À l'inverse de la fin de 1961, la population civile ne réagit pas. Éville se résigne à la fin qu'elle pressentait depuis des mois. Une fois passées les lignes onusiennes, Bob rejoint son groupe. Dans le secteur qu'ils occupaient, Kamina est aux mains des Casques bleus. De l'autre côté, Kipushi tombe à son tour. Cette fois, la route de la Rhodésie est coupée. Rentré d'un voyage éclair à Salisbury, Tschombé lance un appel à la résistance, au regroupement des unités combattantes et menace de détruire le potentiel économique du Katanga en faisant sauter les installations minières.

Le 30 décembre, le ministre Évariste Kimba donne l'ordre au capitaine Bob de tout détruire sur son passage s'il venait à se replier, pour retarder l'avance de l'ONU. Ordre confirmé le 2 janvier par le ministre Kimba. Le capitaine Denard est chargé du commandement opérationnel de tout le secteur Éville-Jadotville-Kolwezi, Tschombé s'étant rendu dans cette dernière ville pour y encourager l'ultime résistance du « réduit » katangais. Un autre ordre de mission commande au capitaine Bob de pratiquer la politique de la terre brûlée.

Bob quitte Jadotville, où Tavernier et ce qui reste de son groupe le relèvent. Devant l'avancée des Casques bleus, les embuscades se succèdent. Le grand pont sur la Lufira, à la fois routier et ferroviaire, est détruit à la dynamite. Jadotville tombe le 3 janvier. Bob se replie vers Kolwezi et applique les ordres. À Jadotville, son groupe s'est amenuisé, ceux qui voulaient renoncer à combattre l'ont abandonné. À l'inverse, Bob récupère en cours de route tous ceux que la débandade de l'armée katangaise a laissés au bord du chemin.

Avec cette politique de la terre brûlée, Tschombé joue sa dernière carte. À Jadotville même, la centrale électrique et les bâtiments de l'Union minière ont été détruits; les stocks d'explosifs sont aux mains des mercenaires. Pour l'ONU, le gouvernement central et le trust minier, la menace de destructions massives et irréversibles est grave. C'est sur ce point que se joue l'épilogue de l'aventure katangaise, durant la deuxième quinzaine de janvier. Kolwezi et ses installations ultra-modernes, le barrage proche et ses deux centrales, Le Marinel et Delcommune, en sont l'enjeu.

À la tête d'une quarantaine de mercenaires et de quelques dizaines de para-commandos katangais, Bob tient tête aux bataillons de l'ONU et met hors d'usage routes et voies ferrées. Au pont de Likasi, sur la Lufira, il perd des hommes, surpris par des Gurkhas après la destruction du pont. « Quelques-uns dans la patrouille se sont affolés, leur véhicule s'est retrouvé dans le fossé. C'étaient des Belges, les Gurkhas les ont pris pour des Suédois et les ont aidés à s'en sortir. L'un d'eux a eu la mauvaise idée de parler français, il a été fait prisonnier, les autres ont fui le combat... »

Le 11 janvier, protégé par une escorte, Tschombé quitte le Katanga pour la Rhodésie. Depuis dix jours à Éville, déclarée ville ouverte pour éviter les bombardements, les discussions de tous ordres n'ont pas cessé; toutes sortes d'émissaires se sont relayés pour arracher au président un ordre de cessation des combats, un accord qui préserverait les installations de Kolwezi et le grand barrage qui les surplombe, sa destruction impliquant la ruine de toute la région et la perte de milliers de victimes. « Le barrage avait été miné depuis quelque temps déjà, c'est Noddyn qui s'en était chargé... »

Avec le départ précipité de Tschombé, la confusion s'installe durant plusieurs jours. Munongo, replié dans le Sud, à Mokambo, avec des éléments fidèles, paraît en mesure de résister encore, malgré des déclarations apaisantes. Le général Muké a été relevé de ses fonctions; on ne sait plus qui décide dans cette dernière tourmente. C'est en fait Bob, dans la poudrière de Kolwezi, qui a en main les clés du dénouement.

Dès le 6 janvier, Tschombé l'a nommé capitaine-commandant, responsable du commandement opérationnel des forces armées. Il a également reçu l'ordre de pratiquer sur le site de Kolwezi la politique de la terre brûlée. Dans la brusque vacance du pouvoir, entre le 11 et le 14 janvier, il continue d'appliquer les ordres.

En fait, il s'aperçoit que les dés sont pipés. À Jadotville, avant de décrocher vers Kolwezi, des responsables de l'Union minière, sourds à ce qui n'est pas l'exploitation du cobalt, ont circonvenu Tavernier, dans le dos de Bob. Quand celui-ci arrive à la mine de cuivre de Kolwezi, il se rend compte qu'on l'a dupé. « On a dû se contenter de miner le poste de contrôle de la cité industrielle; on y a installé des

Katangais, avec ordre de le faire sauter si l'ONU arrivait. On a débarqué ensuite au siège de l'Union minière, avec Karl et quelques autres. Leur service de sécurité ne nous a pas tenu tête longtemps! On a déboulé dans une grande salle, il y avait une table immense, et tous les pontes étaient là, qui discutaient ferme. Ils ont un peu pâli. On leur a dit ce qu'on avait sur le cœur, à ces enfoirés... »

À une centaine de kilomètres de Kolwezi, les forces de l'ONU ont stoppé leur progression. Le 14, Tschombé reparaît. Il a réuni ses ministres et tient à Kolwezi même une conférence de presse. Va-t-il annoncer que l'irréparable est en route? Tschombé, une fois de plus, surprend tout le monde. Il déclare que la sécession katangaise est terminée... Il accepte le plan Thant, laisse aux troupes nationalistes la liberté de se déplacer dans tout le Katanga. Une capitulation courageuse, pour « éviter les massacres et les destructions ». De sa défaite, Tschombé sort paradoxalement grandi, et quand il lui parle, dans ces moments de tension extrême, Bob sent bien qu'il n'a pas dit son dernier mot. Tschombé a préservé le Katanga, son propre avenir politique et le sort des hommes qui lui sont restés fidèles.

Il négocie avec l'ONU la retraite des forces katangaises vers Dilolo, à la frontière angolaise, et donne l'ordre de déminer les installations.

Le 19, Schramme arrive à la mission de Kanzenzé, tout près de Kolwezi, après un incroyable périple à travers le Katanga. Il arrive après la bataille, avec un convoi intact de quatre-vingts camions, vingt-quatre Jeeps, huit camionnettes et une ambulance. De Kansimba, sa compagnie a mis quinze jours, dans la boue, sous un déluge de pluie, et sans perdre un homme ni un véhicule, à traverser la province au nez et à la barbe de l'ONU omniprésente. « Ces types-là avaient fait un boulot insensé dans les pires conditions, avançant de quatre kilomètres par jour sur des pistes qu'ils créaient à mesure à travers les marais. »

De Kolwezi, Schramme gagne Mutschatscha, sur la route de Dilolo, où les hommes de Denard ont pris les devants. Le 21, conformément aux accords passés avec Tschombé, les Casques bleus investissent Kolwezi, dernier bastion katangais, dont les installations industrielles sont intactes. Le chantage à la destruction a évité la curée. À Dilolo, le passage en Angola s'effectue quelques jours plus tard. Les Portugais ont accepté d'accueillir les restes des groupes mobiles katangais. Quatre cents hommes passent sous la pluie, dans une ambiance funèbre, le pont sur la rivière Kasaï, le 26 janvier. Schramme et son bataillon au complet, avec son charroi et son armement. La rage au cœur, Schramme jure de revenir et entend bien garder ses hommes. Il pense déjà à la reconquête. Puis c'est le reliquat du groupe Bison, moins de cent hommes, dont la moitié de Blancs. Bob a laissé le choix à ses hommes; les Katangais ont quelques jours pour réintégrer l'armée nationale. Quant aux Européens, ceux qui restent sont désemparés. Le train emmène tout le monde à Luso, et commence alors l'interminable règlement du sort de chacun.

À Kolwezi, Tschombé a pris des engagements, promis de régler les arriérés, les soldes, les indemnités. Faute d'argent, la liquidation de ce contentieux est sans cesse remise, et, d'autre part, les désertions, les démissions, les cas individuels obligent à un tri minutieux des dossiers, pour la mission « M » – Marisal –, chargée d'apurer les comptes. Responsable de son groupe mais aussi de tous les volontaires dont il est désormais le chef, Bob ne parviendra pas, malgré ses efforts, à résoudre cet imbroglio. Mais Tschombé, au moment de sa capitulation, n'entend pas renoncer. Il a soumis à Bob un projet bien particulier : la constitution en Angola, avec la bénédiction des Portugais, d'un groupe de guérilla capable de reprendre sans délai, par des méthodes de guerre subversive, les hostilités contre le gouvernement Congolais et son armée. Un pari politiquement risqué – l'ONU stationne encore au Katanga et, officiellement, Tschombé s'est rallié au plan Thant – et militairement délicat à mettre en œuvre. Des semaines durant, cependant, Bob et ses adjoints s'y consacrent. Les obstacles de tous ordres finiront par le faire échouer.

C'est d'abord la rivalité entre le groupe de Schramme et celui de Denard, attisé à coup de rumeurs et de manœuvres. Les Léopards sont nombreux, soudés à leur chef, vexés de n'avoir pas pris part à la dernière bataille. Leur ressentiment de colons les pousse à croire qu'à eux seuls, en reprenant la guerre, ils vont renverser le cours de l'histoire. Leur agrégation au groupe de Bob est impossible : les tentatives de sélec-

Léonce et Marguerite Denard, en 1926, à T'ien-tsin, Chine.

Robert à douze ans, à l'âge du certificat d'Études.

Robert, en 1947, sort de l'école des Mousses, breveté mécanicien de Marine.

Ci-dessous : Robert en 1957, au retour du Maroc, avec sa mère et tante Elia.

Ci-dessous, à droite : Robert dans la police au Maroc, à l'époque des Brigades antiterroristes.

Katanga : la route de Jadotville à Kolwezi,
à l'époque du 3e round contre l'ONU.

Katanga : à Kabondo Dianda, avec Karl Couke,
pacification dans la zone des Balubas Ya Maï.

Début 1963 : fin de la sécession katangaise ; le passage de Dilolo
à Teixera De Suza, sur le pont de la rivière Kasaï.

Yémen : El Khandjer,
le prince Mohammed Ben Hussein
avec Marc Robbyn.

Antoine (Tony) de Saint-Paul.

Guy Maury.
La vie quotidienne
chez les guerriers yéménites.

Nord Yémen :
Bob « en tournée d'inspection ».

Dans les montagnes du Yémen,
au puits de Boaw, chez le prince Ali.

Juin 1965 :
Les sœurs
de la mission de Buta
viennent d'être libérées.

Fin 1966 :
entre Buta et Banalia,
un village escale
sur la route de la pacification.

Septembre 1966 :
à Kasagi, avec Piret
et des volontaires katangais
ralliés.

Septembre 1967 : Luashi, frontière d'Angola.
Un « bataillon cycliste » pour l'opération de la dernière chance — desserrer l'étau de Bukavu.

Bob sur la piste
de Luashi à Kisenge
au cours de cette opération.

tion heurtent trop les susceptibilités, et la « querelle des chefs », moins entretenue par Schramme et Bob eux-mêmes que par d'autres, et à Luso ou Luanda moins qu'à Paris ou Bruxelles, aboutit à une impasse. Elle concerne avant tout les Européens, mais la fracture entre les Katangais aussi est évidente, eu égard à la nature du groupe que Tschombé veut voir former. Les hommes de Schramme, très majoritaires, sont de jeunes Africains de la région de Baudouinville, sans attaches mais ignorant tout du Katanga, des villes, et peu préparés aux tâches qu'on envisage pour eux. À l'inverse, ceux de Bob sont déjà rodés au feu, à la guerre urbaine, et ce sont des Katangais du Sud, d'Éville. Mais ils sont peu nombreux et inclinent à rentrer chez eux.

Deux mois de tergiversations, de rendez-vous de plus en plus difficiles à obtenir avec Tschombé, de démarches concurrentes de Schramme, de voyages éclairs à Paris, de contacts à Luanda, convainquent Bob qu'il faut tout reprendre de zéro, renvoyer les Katangais, rapatrier les mercenaires et reconstituer dans un camp, en Angola, un groupe de base. Tous les contacts utiles sont maintenus avec les hommes fiables rentrés en Europe. Bob réclame des assurances, des moyens matériels, les coudées franches. Mais trop de calomnies et d'indiscrétions ont couru, et, politiquement, Tschombé se sent fragile. Les Portugais, de leur côté, se font tirer l'oreille, et pas seulement parce que les mercenaires leur coûtent cher ou courtisent trop assidûment les femmes de leurs gradés, à Luso... Tschombé est un allié trop voyant pour eux. Il vaut mieux garder ses distances.

De fait, après un bref retour à Éville, des entretiens officiels avec Léo et des démarches plus discrètes à Paris, Bruxelles ou Salisbury, Tschombé renonce à fomenter au Katanga une guérilla qui compromettrait son avenir politique. Il saura attendre son heure, persuadé que le Congo est dans une telle situation que lui, le rebelle, le paria, la « marionnette de l'impérialisme », le « valet de l'Union minière », paraîtra un jour prochain aux yeux de tous comme le recours, l'homme providentiel. L'avenir lui donnera raison.

Tandis que le président, comme on continue de l'appeler, s'achemine vers un exil européen, c'est la solution du rapatriement général qui prévaut pour les mercenaires. Schramme s'obstine à rester en Angola avec ses Léopards.

Tschombé l'encourage, les Portugais acceptent. Ayant rendu ses armes et son équipement, Schramme se voit attribuer un « camp » où tout est à bâtir. Il ne reste autour de lui qu'une poignée d'étrangers, une demi-douzaine de « mercenaires ». Il n'empêche que durant toute l'année 1963 persistera le mythe d'une « armée de mercenaires » en Angola, prête à répondre à l'appel de Tschombé.

Compte tenu des circonstances, Bob s'apprête à rentrer sans regret au pays. Mado est partie, elle aussi. La précieuse alliée lors des combats d'Éville n'a pas voulu quitter le Katanga sans revoir son préféré parmi tous les chefs mercenaires qu'elle aidait. « J'ai le moyen par l'Union minière de me rendre à Kolwezi, et de là en Angola, à Texeira de Suza », lui fait-elle savoir. Elle lui fixe le jour et l'heure. Venu par avion, Bob est là à l'attendre, ponctuel. Mais ses heures sont comptées, et Mado n'arrive pas. Après trois heures d'attente, le pilote avertit Bob qu'ils vont devoir décoller. Il lui concède une demi-heure supplémentaire. Une Mercedes déboule à toute allure sur la piste. Mado fait de grands signes, laisse le volant à l'homme qui l'accompagne pour qu'il ramène la voiture au Katanga et se précipite dans l'avion. Ils regagnent Luso où elle passe la nuit, retrouvant autour de Bob les derniers volontaires. Elle leur raconte son périple, le laissez-passer obtenu par un toubib de l'ONU, sous couvert d'une « mission humanitaire », ses démarches à Kolwezi, pour convaincre un ponte de l'Union minière de lui prêter une voiture. « Elle m'a rejoint en catastrophe, et le lendemain, elle est repartie, définitivement. Elle avait fait tout ce périple pour me voir une dernière fois... »

Bob à son tour s'envolera bientôt pour l'Europe.

« C'était normal que Schramme reste, et que moi, je rentre, puisqu'il n'y avait pas d'avenir immédiat pour moi là-bas. Tschombé avait des idées, mais pas d'argent, et il s'est finalement exilé en Europe. À Luso, c'étaient les Portugais, la PIDE précisément, qui réglaient nos notes. Compte tenu de l'inaction des hommes, l'ambiance était mi-figue, mi-raisin. Mais j'ai toujours eu des rapports corrects avec Schramme. C'était autour, et plus encore en Europe qu'en Angola, que les mauvaises langues allaient bon train. Et puis ça s'est calmé, et je me suis chargé d'obtenir pour chacun des volontaires le paiement de ce qu'on lui devait... Ça a pris du temps, on n'y est pas parvenu. »

Que ce soit pour le stockage et l'inventaire de tout le matériel, rassemblé à Luanda non sans mal, pour le paiement des soldes et les indemnités, Bob ne ménage pas sa peine. Il est responsable vis-à-vis de ses hommes. Il sait quelle confiance ils ont en lui et il ne la décevra pas. Les liens noués au cours de ces mois, au sein du groupe Bison notamment, sont de ceux qui marquent pour la vie. Binet, par exemple, couché dans un hôpital de Bruxelles, sait ce qu'il doit à Bob. « Lors du repli de Kabondo Dianda, un camarade l'a blessé accidentellement, d'une balle qui a raté de peu la colonne vertébrale. C'était un petit jeune qui avait laissé sa mitraillette armée, et il était bouleversé, brisé, surtout que Binet était un bon copain. Il a été hospitalisé à Jadotville, la bagarre faisait rage. Avec Karl et Charles, on a été le voir là-bas, quelques jours après. C'était une force de la nature et on a trouvé un squelette à l'agonie, avec des drains partout... On s'est mis à chialer, tous, de le voir comme ça, pour une maladresse. C'était la bonne sœur qui nous consolait et on se doutait bien qu'il allait mourir. On s'est démené pour l'évacuer sur Kolwezi, pour qu'il ne tombe pas entre les mains de l'ONU, et de là vers Bruxelles. Il s'en est tiré... »

Durant cette période incertaine, en Angola, Bob saura démontrer que le rôle d'un chef ne s'arrête pas avec la fin des combats. Dans une lettre du 23 avril, Tschombé répond à son insistance de voir liquider tout le contentieux financier des volontaires du Katanga, et réaffirme : « Les engagements que j'avais pris seront tous tenus et il n'est nullement question de m'en défaire... » Denard, s'il n'obtient pas toute satisfaction sur ce point, a néanmoins le sentiment, quand il retourne enfin à Bruxelles, de s'être acquitté de son devoir envers ceux qui l'ont suivi.

LIVRE CINQUIÈME

LES DÉSERTS DU YÉMEN

1.

Voilà nos baroudeurs qui débarquent à Bruxelles, le regret bien caché et le sourire aux lèvres.

L'amertume sied mal à l'aventurier. Il n'est pas question, pour lui, de se laisser couler dans une retraite geignarde et de boire le calice des souvenirs aigres. Plutôt aiguiser sa rapière, rester magnifique, et humer, sens aux aguets, le signe qui lui fera rechausser ses bottes.

Bob, Freddy, Karl, les deux Charles – Gardien et Rascar –, brûlent, splendides, les deniers qu'ils ont pu sauver du naufrage. Un studio sert d'ancrage à la poignée d'ex-Affreux revenus dans la cité mère du mercenariat – Bruxelles. D'autres « pieds-poudreux » en chômage les rejoignent.

Bob fait un rapide passage à Grayan, adulé, entouré par les Médouquins, fiers des aventures africaines du fils de Léonce. Marguerite, un peu plus vieillie, un peu plus tassée, s'accroche au cou de son Robert puis, l'œil humide, le laisse repartir sur la route.

À Clamart, il embrasse Giselle et son petit Philippe de huit ans, qui lui envoyait là-bas d'admirables lettres gribouillées – « *Cher papa...* ». Puis il s'engouffre dans sa DS rouge – couleur de muleta – et fonce vers Bruxelles, vers la place Roupp et le « repaire », après l'inévitable visite à sa complice de Champigny. « Madame Tante Augusta » a gardé l'œil vif, le goût du champagne, l'esprit de connivence.

Bob file, pied au plancher, heureux mais pas grisé. Ses réserves s'épuisent vite, et, à ce train, il aura tôt fait de brûler les « cartouches de la paix », les économies sauvées du Katanga. Car Robert gage que Tschombé ne s'empressera pas de payer ce qu'il lui doit encore. La belle vie coûte cher. De délices culinaires en sauteries torrides, les mousquetaires, qui totalisent un peu plus d'un siècle à eux quatre, rivalisent d'intempérance derrière leur boss. Le « vieux » – Bob a trente-quatre ans – gâte Denise, Karl choye Henriette, Charles Gardien rêve d'Afrique, lové contre une Zaïroise métisse, Freddy aime Jenny, Charles Rascar s'est marié... le bonheur. Quant à leur avenir, les professionnels qu'ils sont devenus cherchent désormais où donner de la mitraille. Certains de leurs camarades sont repartis vers les contrées où « ça bouge », le Laos, le Brésil, la Malaisie...

Un dénommé Régnier – qu'ils ne connaissent pas encore – aurait traîné ses guêtres du côté de chez le bon Dr Duvalier, le Papa Doc des tontons macoutes, qui ne conçoivent la terreur qu'autarcique et accordent au mercenaire la seule grâce de se rapatrier intact...

Denard pouvait-il imaginer que sa chance, à lui, se tiendrait à la foire de Paris, sous la très bourgeoise enseigne *Aux maisons Phénix*? L'étonnant Tony de Saint-Paul, le précurseur du Katanga, vend aujourd'hui du béton pour vivre et confie à Bob :

– Le Yémen, tu connais? Il faudrait avec toi vingt types.

Bob ne doute pas de Tony, alias Roger de Saint-Preux, crâne rasé et visage fin, toujours flanqué de son frère jumeau – si jumeau que les filles s'y méprennent, même au lit; une plaisanterie légendaire dont Tony s'est lassé quand il a rencontré Christiane.

Le Yémen! Un coup d'État, béni par Nasser, aurait chassé le roi, qui rêverait de revenir, avec l'appui du roi Séoud d'Arabie... Quelques volontaires experts en guerre feraient l'affaire, selon ceux qui savent – des journalistes de *Paris-Match* et du *Figaro*, Jean-Claude Sauer, Kim d'Estainville, Jacques Le Bailly, Jean-François Chauvel, Pierre Schoendorffer et le prince Michel de Bourbon-Parme, qui est aussi marchand de canons.

Dès la fin de 1962, Chauvel a parcouru deux mille kilomètres dans le Yémen en guerre, déniché dans son maquis le roi, l'imam el-Badr, relevé ses insuffisances – technique féodale, logistique et armement désuets. De retour en France, Chauvel s'est attelé à la besogne, a cherché les « chômeurs » de la guerre d'Algérie, les a persuadés de proposer leurs services à cette monarchie du Yémen de la plus pure race arabe, et d'y aller discrètement.

La mèche est allumée. Chauvel, prudent – l'ambassadeur de France, son père, est secrétaire général du Quai d'Orsay... –, ne se laisse pas pourtant distancer par ses confrères. Une première escouade – une demi-douzaine d'anciens paras – partie au Yémen, se retrouve vite isolée et impuissante. Dans le QG parisien, un bel appartement feutré du 16e, le commandant Pouget, démissionnaire de l'armée, flanqué de journalistes, fait la guerre sur des cartes militaires imprécises. Jacques Le Bailly, le premier semble-t-il, trouve tout cela « terriblement amateur » et suggère de s'adresser à « Denard et ses trente mercenaires, immédiatement disponibles ». Avec deux officiers d'active, le commandant François Hetzlen et le sous-lieutenant Tony de Saint-Paul, arabisants comme des mosquées, le tour sera joué !

Trente mercenaires ! Le Bailly y va fort. Mais Saint-Paul est séduit, et Robert va l'être. Leur accord se scelle d'une poignée de main.

– Je forme un groupe technique, vous vous occuperez de Paris !

Une décision en apparence impulsive, en réalité mûrement réfléchie.

Chauvel, lui, a conquis Bob. Entre eux naît une amitié qui ne se démentira jamais. Quant à mettre Faulques dans le coup, pourquoi pas ? Bob a toujours admiré son aîné ; il fera tout pour qu'il en soit. Pourtant, Faulques sera écarté, victime de ressentiments et de jalousies. Bob, amer, note : « Faulques, c'est un peu notre patron à tous. Il est triste que nous ne l'ayons pas avec nous, mais peut-on prendre le risque de faire capoter l'affaire ? »

Au début du mois de mai 1963, Bob et Jean-François Chauvel arrivent à Londres, rencontrent et convainquent Si Shamir, ancien ministre des Affaires étrangères de la monarchie déchue et son ambassadeur itinérant, contactent le groupe de David Sterling, patronné par les services spéciaux anglais. Les Anglais gardent en effet le regard rivé sur Aden, leur protectorat qui jouxte au sud le Yémen, pièce maîtresse de leur géostratégie arabe. Les deux hommes ramènent à Paris le prince Si Shamir, ravi de se retrouver dans un bel appartement, avenue La Bourdonnais, et, la nuit, au Lido, aux Folies-Bergère, au Crazy Horse. Bob et ses amis, eux, sont déjà dans l'aventure.

Bob prépare le départ. Chauvel est un conteur irrésistible, son évocation du Yémen est coloré comme un tableau mais précis comme une enquête. Le pays est tout petit, fermé à la civilisation, féodal. Sur cent cinquante mille kilomètres carrés, à l'extrême sud-ouest de la péninsule asiatique, vivent cinq millions d'habitants, coincés au nord et à l'est par l'Arabie Saoudite, au sud par le protectorat anglais d'Aden, à l'ouest par la mer Rouge. Ce soubresaut montagneux donne un paysage torturé, où les cimes et la roche encastrent une oasis riche, verte, prodigue à ses enfants. Le Rub al-Khali, désert terrible, la ceint au nord-est et à l'est, comme les déserts arabes le corsètent alentour.

C'est une terre hors de l'espace et du temps, figée depuis trois millénaires, qu'on a surnommée le Tibet de la mer Rouge. Les Anciens l'aimaient, et ils l'appelaient *Arabia Felix*, l'Arabie Heureuse, pour eux pays du mystère, des confins, des splendeurs inconnues, des objets rares rapportés par les caravanes pour orner les riches demeures grecques et romaines.

D'après Noël Desvergers, c'est pour l'Arabie Heureuse que l'imagination des Grecs, « si facile à s'exalter, a gardé ses plus riches couleurs »; ils peignent une « patrie de l'encens où les champs sont couverts d'une verdure éternelle, où l'atmosphère est chargée de parfums ». Strabon avait chanté Mariaba, capitale des Sabéens, et ses maisons aux murs, aux portes et aux toits ornés d'ivoire, d'or, d'argent, de pierres précieuses.

Hérodote louait cette terre, qui appelait le regard des dieux. Les Yéménites, par caravanes, allaient jusqu'en Indonésie et en Chine, en rapportaient soies, porcelaine et épices sur les routes ouvertes par Alexandre le Grand. Pour les anciens Yéménites, l'Inde n'était pas le bout du monde.

À Mariaba – aujourd'hui Marib – avait régné Balkis, la reine de Saba, aimée de Salomon, et s'était édifié un barrage, merveille de l'Antiquité à l'égal des Pyramides. Puis le royaume de Saba s'était écroulé, un siècle avant Jésus-Christ, sous les coups de l'envahisseur arabe, comme s'écroula, un siècle après, le fameux barrage. Les Yéménites y virent un mauvais présage, une amorce de déclin. Avec raison : les guerres religieuses firent s'entretuer juifs et chrétiens, et les chrétiens abyssins, au VIe siècle, s'emparèrent de cette terre, dont ils furent eux-mêmes chassés par les Perses sassanides. Ahura Mazda succédait à Jésus. Enfin, en 565, le sol se mit à trembler, et le barrage de Marib s'effondra une deuxième fois. La ruine du Yémen se consommait. Le Coran, sourate 34, verset 15, rapporte : « Nous déchaînâmes contre eux l'inondation du barrage de Marib, et, au lieu de leurs doux jardins, nous leur donnâmes des terrains portant des végétaux à fruits amers, des tamaris et des jujubiers, aux baies rares. »

L'Arabie Heureuse était devenue un désert en proie à la sauvagerie des tribus; jusqu'au rayon de lumière, le message du Prophète et l'avènement de l'Hégire, l'islam naissant, qui firent de nombreux Yéménites des *ansars*, élus apôtres.

En 893, une dynastie zeïdite, de confession chiite, naquit à Sanaa, de la guerre entre les chiites et les sunnites. Alors, à la tête du Yémen apparut un imam. Mais les tribus unies durent affronter la convoitise des Turcs, qui, de 1529 à 1628, puis en 1830 et en 1879, voulurent dépecer le Yémen. En 1905, l'imam Yahia les chassa pour de bon. L'Empire ottoman, l'« homme malade de l'Orient », céda le terrain à l'empire britannique, maître d'Aden sur la route des Indes dès 1836, et la *pax britannica* désunit les tribus et émietta le pays. L'influence britannique se renforça de l'erreur de Yahia, qui crut prémunir son royaume d'une nouvelle invasion turque en prenant le parti d'Istanbul durant la Grande Guerre. En représailles, on détruisit, en 1918, le port de Hodeïda, seule ouverture maritime sur la mer Rouge. L'Angleterre regardait s'entredéchirer les deux rois – Yahia du Yémen et Ibn Séoud d'Arabie –, pour des querelles minables sur l'Asir et le Nedjiran, qui tournèrent au profit de Séoud. Les Anglais en profitèrent pour imposer à Yahia un traité qui devait leur garantir Aden.

2.

Le contrat passé par Bob avec Si Shamir au nom de l'imam Badr déchu n'est pas écrit. Sa préparation requiert un soin méticuleux. Il faudra une quinzaine d'hommes, chiffre suffisant pour répondre à l'engagement non pas de combattants mais d'experts chargés d'instruire secrètement des guerriers archaïques.

Le 2 juin 1963, Tony de Saint-Paul est parti, en compagnie de Pierre Schoendorffer, pour enquêter sur place. Il reviendra le 5 juillet. Les royalistes manquent d'armes lourdes et légères, de munitions et de savoir-faire. Un budget préliminaire est établi pour l'équipement des hommes, un avion est affrété, une petite prime de départ est versée aux membres de l'équipe. Des salaires corrects leur sont promis, mais ils seront pour plus tard. Voilà qui casse un peu la légende des fripouilles avides d'or.

Si Shamir verse les premiers fonds, et le rôle de chacun se précise. À Pierre L., connu en Angola, de s'occuper des achats d'armes et de munitions. À Hetzlen, qu'on n'appellera plus désormais que François, de les acheminer vers le Yémen, en gardant une liaison étroite avec les Anglais à Londres et à Aden et avec l'« antenne française » (Pouget, Bourbon-Parme, Chauvel et ses confrères) à Paris. « François », à quarante ans, cumule l'expérience, la confiance de Faulques et un indéniable talent d'arabisant.

À Bob revient la constitution de l'équipe, le terrain et le

commandement. En moins d'un mois, il aura choisi dix-sept mercenaires de choc, triés sur le volet.

« C'était la crème, se souvient Bob. Je les ai choisis pour leur bon esprit. Ainsi, ils resteraient soudés et ne s'évaporeraient pas à la première embrouille. »

Bob n'est pas en peine de candidats, car son nom représente désormais une assurance. Propulsé en trois ans dans la cour des grands, il a gardé dans son sillage une poignée de fidèles – à peine ses cadets –, prêts à le suivre au bout du monde. Pour eux, il est très vite devenu « le vieux », ce qui est un compliment, une marque de respect. Dans la féodalité guerrière, les termes de « suzerain » et « seigneur » dérivaient du latin *senior*, « le vieux ». Ce n'était pas une question d'âge, mais de prestige. Le vieux, c'est celui qui commande et protège, celui à qui on prête allégeance, celui qui initie.

Autour de lui, d'abord, les quatre de la place Rouppe, Freddy Thielemans, Karl Couke, Charles Gardien, Charles Rascar, auxquels viendront s'agréger l' « amiral », Le Naour, Marc Robbyn, Marcel Dosquet, Roger Bracco, etc.

« Rascar, se souvient Bob, restait égal à lui-même, pince-sans-rire un peu smart, éternel cow-boy, avec ses guêtres pointues et ses hauts talons... Charles Gardien? Il était précieux pour ses connaissances en pharmacie, une trousse d'urgence dans une main, un fusil dans l'autre. Ce jouisseur s'inquiétait devant les maigres perspectives féminines en terre d'islam... comme nous tous d'ailleurs. »

Le Naour avait cinq ans de légion et pleurait en écoutant la môme Piaf chanter *Mon légionnaire*.

« L'amiral », ainsi surnommé parce qu'il naviguait jadis sur un petit voilier, avait une caboche de breton et était increvable.

À Marc Robbyn et Marcel Dosquet, excellents mécaniciens, aucun moteur ne résistait. Ils se montraient capables de remonter une mitraillette ou n'importe quelle autre arme qu'on leur donnait en pièces détachées. Et ils parlaient l'arabe.

Roger Bracco, Bob le connaît depuis le moment où ils se sont croisés, en 1961, dans l'antichambre d'un ministre de Tschombé, Yav.

« Il a remisé son Fouga Magister et accepté là sa première mission en dehors du manche à balai. »

Et puis il y a Freddy et Karl. Freddy, le Belge, et Bob, le Gascon, se sont rencontrés au Katanga et ne se quitteront plus. Une belle histoire d'amitié. Freddy reste toujours le lieutenant de Bob, à titre viager, fidèle jusqu'au bout. Il lui est indispensable, comme ont dû l'être dans le passé les seconds de John Hackwood, de Montefeltro, de Bracciano, de Pizarro, de Tilly, de Saxe-Weimar, de Wallenstein ou de Sutton. Grâce à lui, Bob voit avec quatre yeux, ce qui est un bel avantage dans un métier où la double vue est un gage de longévité. De ces allégeances-là, il n'en existe pas dans la clientèle bourgeoise, qu'elle soit politique ou d'affaires; elles procèdent d'une autre nature, d'une manière de pacte tacite, presque un pacte de sang.

À côté d'eux, Karl, le fils de famille. Il a vingt-deux ans, et Bob le considère un peu comme son fils.

Quant aux nouveaux recrutés avec sagacité par Bob et Freddy, ils seront, espèrent-ils, de la même eau.

Les dix-sept mercenaires, pudiquement baptisés « experts volontaires », sont fin prêts, équipés de pied en cap, jusqu'au briquet, à la trousse de toilette, au flacon d'eau de Cologne, à la trousse de couture et à la crème à bronzer – le tout temporairement entreposé chez la charmante Tante Augusta. À Nice doit les attendre, discret, Jack Mallock, et l'avion, un DC 4 de Rhodésie affrété tout exprès « pour un safari ».

Jack Mallock! Une figure de légende à laquelle les jeunes gens épris d'aventure pourraient ériger une statue en pleine jungle, comme celle de Colleoni au cœur de Venise. Jack le Rhodésien, fou d'aviation, a aidé Tschombé durant la sécession du Katanga et a soigné jalousement un Spitfire de la bataille d'Angleterre, remis à neuf de ses mains expertes, pour son plaisir, pour voler, pour, un jour, en mourir.

« Un type formidable, dit Bob, il parlait avec douceur. Lui, pas un mot de français, et moi, pas un mot d'anglais; mais il suffisait qu'on se regarde pour se comprendre. Sans des types comme lui, jamais nous n'aurions pu échafauder de tels coups d'audace. Jack se moquait de l'argent et risquait sa peau pour la beauté du geste. Plus tard, au Bénin, il a pris des risques inouïs pour quinze mille dollars à partager avec son copilote et son mécano. Jack incarnait l'aventure vraie, la plus noble! »

Jack s'est posé sur un coin d'aéroport à Nice. Bob et ses hommes, en ce 9 août, arrivent de Paris. Avant de réembarquer, ils font un petit détour en ville jusqu'à la boucherie Maury. Bob y entre. Un bonhomme jovial, sanguin, au fort accent pied-noir, est en train de servir une cliente, pendant que sa mère tient le tiroir-caisse.

– Alors, Guy, qu'cst-ce que tu fous? On t'attend.

– Minute; j'en finis avec la dame. J'arrive.

Guy Maury range, paisible, couteau et tablier, baise le front de sa mère, médusée.

– Où vas-tu?

– Une simple balade. T'inquiète pas.

Un clin d'œil à Bob.

– Je te rapporterai un sac en croco, maman... Et de belles chaussures!

Bob réprime un sourire. Au Katanga, munis de cartes officielles de chasseurs de croco, tous deux dupaient la vigilance de l'ONU et traquaient pour de bon l'horrible bête. Il advint qu'un jour un énorme saurien, abattu entre les deux yeux, hissé, reprît soudain vigueur et menaça, gueule ouverte, le mollet de Bob. Mitraillé à bout portant, le monstre s'agita si bien que l'esquif se fendit et chavira. Bob, écœuré, s'était juré qu'on ne l'y reprendrait plus. La faune du Yémen ne compte guère de crocodiles, mais Bob a bien d'autres raisons de vouloir Maury dans le clan. Le mercenaire faussement repenti est astucieux, et, pour être né au Maroc, il maîtrise parfaitement l'arabe.

Les dix-sept, réunis dans le salon de l'aéroport, congratulent Mallock puis défilent sagement, leur fiche à la main, barrée du mot « Safari », sous les yeux d'un policier perplexe qui, soudain excédé, finit par lancer à Maury:

– T'as pas vraiment une gueule à faire un safari, toi!

3.

Le 11 août, à neuf heures du matin, heure locale, après une escale technique à Benghazi, en Tripolitaine, le DC 4 de Mallock se pose à Aden. Quelques jours plus tôt, par vol régulier, Tony de Saint-Paul et Freddy ont pris le même chemin et, de là, sont partis pour Beihane, proche de la frontière orientale du Yémen.

La chaleur est terrible à Aden, et elle mord ces hommes, pourtant accoutumés au climat des brousses, prisonniers, en bout de piste, d'un zinc qui semble fondre sous le soleil au zénith.

Deux longues heures d'attente. Le temps nécessaire à Jack pour établir, avec l'aide des Anglais, le plan de vol pour Beihane.

Ils décollent pour un deuxième bond, qui doit les poser aux portes de la « terre promise ». Une heure plus tard, Mallock leur désigne un point, minuscule : Nékoub, un village frontalier, à deux pas du Yémen – atterrir en plein jour à Beihane conduirait à coup sûr à ébruiter l'affaire.

Mallock amorce sa descente. Les hommes, l'œil rivé au hublot, découvrent une vallée nue flanquée de collines lugubres, au-dessus de laquelle Mallock semble faire danser son appareil. Il accomplit les préliminaires nécessaires à l'atterrissage dans le désert, périlleux et artistique, sur une piste balisée de quatre cailloux dérisoires plantés dans le sable. Mallock, au manche de sa carcasse, éprouve toujours cette volupté de réussir l'impossible, il frôle le sol, s'immobilise, maintient un arrêt précaire, moteurs vrombissants.

L'équipe, sans échelle, saute en vitesse de l'avion, dont les roues, en dépit de l'habileté de Jack, commencent à s'enliser. Les voilà qui poussent comme des forcenés pour les désensabler et permettre à Mallock de s'arracher, de décrocher vers le ciel et de filer vers Aden.

Quelques secondes de contemplation, puis on met les équipements et les corps à l'abri d'une colline, on scrute alentour pour tenter de découvrir le comité d'accueil prévu, qui ne vient pas. Bob ignore encore que le désert n'a pas pour vertu d'épouser le temps et que la volonté de Dieu y prend toute sa mesure. *Inch Allah!*

Les heures s'écoulent, lourdes d'interrogations. Où sont-ils? Déjà au Yémen? Encore en Territoire d'Aden? Une frontière ne peut se lire aisément dans le sable.

Tapis dans l'ombre de la roche déchiquetée, les mercenaires voient soudain des formes émerger du halo, des silhouettes qui se précisent et soudain se multiplient : ils sont encerclés par des visages enturbannés et peu amènes et par des mains crispées sur de vieux fusils Mauser datant de la Grande Guerre.

Une question, gutturale et inattendue, jaillit :

– Are you Mister Bob?

Bob sourit. Ce sont les guerriers du chérif Gahid, ministre de l'Intérieur du Territoire d'Aden. Ils s'excusent de leur retard avec une politesse qui cadre mal avec la sauvagerie de cette immensité puis conduisent le groupe en camion jusqu'à Nékoub et, de là, à Beihane. C'est un gros bourg assez éloigné de la frontière pour avoir été choisi comme point de ralliement de l'expédition, une manière de base arrière.

Passé Nékoub, pauvre village de quelques masures en pisé, qui paraît désert, ils découvrent un chemin en forme d'arabesques, de contours longs et gracieux, avec des retours en arrière habilement conçus pour déjouer la curiosité des tribus voisines. Il faut s'approcher de Beihane à la tombée de la nuit seulement pour y pénétrer à l'abri des indiscrétions. Bob apprend tout de suite qu'on n'est jamais seul dans le désert et que le sentiment d'isolement y est trompeur.

À Beihane, Freddy les accueille à bras ouverts; il s'est installé ici depuis plusieurs jours en compagnie d'un spécialiste radio anglais fort sympathique envoyé par Londres. Bob vient de manquer de quelques heures Tony de Saint-Paul, parti le matin même avec Cooper, autre radio anglais, vers la frontière, pour tenter de gagner, dans le nord du Yémen, les maquis royalistes du prince Abdallah Ben Hassan, une des figures de la rébellion. Le « commandant François », arrivé avant eux, leur a emboîté le pas pour rejoindre, seul, un autre point des montagnes.

Bob et ses compères vont patienter quinze longs jours dans l'aimable propriété du chérif Gahid, un peu à l'écart de Beihane, pendant que se tissent solidement les fils de l'insurrection. L'ennui, on le traque comme on peut, chacun à sa façon, par des jeux, par l'apprentissage de l'arabe, l'œil rivé sur la frontière et la tête galopant vers ce Yémen de légende, vers son roi déchu que l'on vient soutenir contre des républicains pronassériens campés dans la capitale, Sanaa.

Ces montagnes, dont l'ombre se dessine dans le lointain, ces arêtes découpées, tranchées de vallées sombres propices aux embuscades, domaine des tribus, les mercenaires ne les connaissent que par ouï-dire. Les savants ont à loisir disserté sur leur ressemblance avec la Berbérie du Haut Atlas. « Tribus retranchées et effrontées... Luttes de clans, prédominance d'un émirat issu d'un de ces clans... Originalités préservées à l'encontre de l'orthodoxie musulmane, autarcie spontanée, compensée par l'émigration des éléments les plus dépourvus ou les plus aventureux, qui vont se moderniser en gagnant leur vie au-dehors... * »

Au Yémen, ces traits sont renforcés par une clôture plus forte encore que celle des pays berbères. Le roi est l'imam, et sa vocation spirituelle est précise. Chiite, il est issu en ligne directe du Prophète, par sa fille Fatima et son gendre Ali, descendant d'un arrière-petit-fils de celui-ci, Zeïd, fondateur de la secte chiite des zeïdites. L'imam ne peut en droit désigner son successeur dans la personne de son fils. Le choix de ce successeur revient aux nobles et aux sages de la communauté; il est fondé moins sur le sang que sur le zèle religieux. Il s'agit donc d'une théocratie, et la succession est souvent marquée de convoitise, de violence, et de sang versé. Un système archaïque qui maintient, depuis des siècles, la supério-

* Pierre Rondot, *Une crise arabe étranglée : la crise du Yémen.* Revue de défense nationale, février 1963.

rité des montagnards zeïdites du Nord, quoique minoritaires, sur les sunnites de rite chaféite *, des plateaux de la côte. Investi d'une mission quasi divine, l'imam zeïdite tient le Yémen sous sa poigne de fer et sous la tyrannie d'un stupéfiant local, le *qât*, qui altère les facultés de ses sujets, les siennes et celles de ses éventuels rivaux.

Ce régime a fermé le Yémen à l'étranger, donc à l'innovation, à la technique, à la modernité. C'est ainsi que tient l'imamat. L'imam Yahia a eu ce geste très symbolique d'acquérir le téléphone pour son palais et d'en boucler aussitôt, et définitivement, le central à clé – ce n'est pas un caprice d'excentrique mais une conduite politique.

Du vivant de l'imam Yahia, les Anglais d'Aden et les Saoudiens n'interviennent pas, soucieux d'écarter du Yémen le risque d'un coup d'État qu'ils pourraient ne pas maîtriser. Si Yahia proclame : « Nous préférons manger de l'herbe entre nous que de nous enrichir en introduisant chez nous des étrangers ! », les deux voisins applaudissent. Yahia décline, dans une atmosphère de fin de règne terroriste, s'entoure de jeunes otages, qu'il sacrifie volontiers si leurs pères trahissent, sombre dans la névrose et gouverne « par télégrammes ».

Le 17 février 1948, un bain de sang met fin aux folies de Yahia. Le vieil imam, octogénaire, est tué après quarante-quatre ans d'un règne terrible. Ses femmes, ses fils, ses frères sont torturés, décapités. Il avait commis l'erreur – contre la loi – de désigner comme héritier son fils Ahmed.

Dans le domaine de l'ineffable, le fils vaut bien le père. Voici l'imam Ahmed en 1951 : « Robe rouge, simple turban blanc à deux pans, insigne de la dignité de l'imam, paupières largement fardées de bleu, barbe teinte en noir. Il sourit beaucoup – un sourire terrible, à dents d'or. Avec ces yeux extraordinaires, ce sourire, cette barbe, il ne ressemble à personne, autour de lui... Celui qui le voit pour la première fois comprend immédiatement ce que pouvait être la majesté royale aux premiers temps de l'histoire. Il ne lui manque que

* À la différence des zeïdites, les chaféites ne constituent pas une secte de l'islam.

quelques rangées de bouclettes pour évoquer les dieux-rois de nos bas-reliefs assyriens *. »

Ahmed, le belliqueux, a le corps et le visage couturés de blessures. L'une d'elles, à la mâchoire, lui vaut un râtelier. Facétieux, il essaie ses mâchoires d'or sur le bras d'un courtisan, qui en tombe raide évanoui.

– Faites savoir à mon peuple, hurle Ahmed, que l'imam du Yémen n'a rien perdu de son mordant!

Ahmed a su venger, de façon atroce, son vieux père. Il a rallié les fidèles tribus zeïdites du Nord, a repris Sanaa, fait décapiter l'âme du complot, Abdallah al-Wazir, torturer ses complices, violer les filles sous les yeux de leurs pères, massacrer trois mille Yéménites et enchaîner le reste dans des geôles. Puis, quittant Sanaa, la traîtresse, il s'est installé à Taez, sur les plateaux du Sud.

On le dit capable de transformer des fagots de branches en serpents, de convoquer, la nuit, les djinns pour conférer avec eux, de descendre dans les puits pour tuer des créatures étranges et en remonter des trésors, grâce auxquels il bâtit des palais. Ahmed le djinn. Ahmed le devin, qui sait clouer de terreur le conjuré qui s'approche, silencieux, d'un imparable « je sais ce que tu vins faire ». Son art de subterfuge n'est pas moins remarquable que le don divinatoire qu'on lui prête, et lui a valu sur les champs de bataille quelques retournements miraculeux : Ahmed, prince héritier, blessé dans un engagement contre les Saoudiens, gît à l'écart, les yeux rivés sur ses troupes qui se débandent; soudain il se relève, fait dresser une tente et amener cinq vierges, qu'il déflore sauvagement, devant l'adversaire frappé de stupeur. Puis, saisi d'une fureur sacrée, il enfourche son cheval blanc et commande la déroute des Saoudiens.

On n'en finirait pas de raconter les prouesses d'Ahmed. Le 30 mars 1955, son frère Abdallah, ancien délégué auprès de l'ONU, mal inspiré, se laisse circonvenir par les pétroliers américains, fous de convoitise pour les richesses supposées du sous-sol du Yémen, et fait un coup d'État. Ahmed, ses prétoriens en rempart, sauve sa peau et envoie el-Badr, son fils et successeur désigné, battre le rappel des tribus du Nord et les rallier, de montagne en montagne, de ce geste superbe :

* Dr Claudie Fayen, *Une Française médecin au Yémen*, Paris, 1955.

il jette sa *jambia*, poignard recourbé incrusté de diamants, et son turban blanc aux pieds des cheikhs. Pendant ce temps lui se paie le luxe de négocier la liberté de ses femmes avec les conjurés. Soudain, alors qu'elles s'éloignent, des butors commettent l'anathème : ils fouillent les femmes du roi. Celui-ci voit rouge et, de sa terrasse, à la mitraillette, fauche pêle-mêle mains sacrilèges et corps souillés. Les profanateurs battent en retraite, et tout finit, bien sûr, par un bain de sang, des empalements, des têtes coupées.

Depuis, Ahmed le djinn s'est fait tendre. Il pleure son bouffon noyé dans un puits, il joue au train électrique, il dope à la morphine ses dons divinatoires, il enrichit un harem de concubines sublimes quéries aux quatre coins du monde. L'État va son pas, fondé sur une bureaucratie kafkaïenne et sur le bourreau. Ahmed vit, éveillé, le rêve des dictateurs, despote absolu et roi-prêtre, commandant aux corps et aux âmes. Il est sincère jusque dans ses épanchements mystiques de névropathe.

Le sociologue Saïd el-Attar, peu suspect de complaisance, souligne : « Il était certainement à ses propres yeux responsable devant Dieu du maintien de son peuple dans les voies strictes de l'orthodoxie. Il craignait que son peuple ne soit souillé par les étrangers ou les techniques modernes *. »

Voilà un aspect religieux à ne pas négliger. Les montagnards, dont Bob Denard et ses mercenaires vont être l'appui, se battront pour restaurer un théocrate zeïdite contre des républicains et des Égyptiens de rite chaféite. La guerre inexpiable.

De l'imam Ahmed, il faut encore savoir ceci. Morphinomane, il consent, en 1959, à se désintoxiquer en Italie, accompagné de trois épouses, de trente esclaves et concubines, otages, gardes du corps et ministres. Flairant un piège, il décline l'offre de Nasser d'user de son yacht et monte dans son avion. Hélas ! La faible autonomie de celui-ci l'obligerait à faire escale au Caire. Jamais ! Plutôt accepter l'avion personnel du négus, Haïlé Sélassié, puisqu'il le propose.

À Rome, les *paparazzi* traquent le harem, traqués eux-mêmes par les soudards du roi, *jambia* dégainées. Ahmed jette les milliards, il se lasse ; il a un haut-le-corps devant

* Saïd el-Attar, *Le sous-développement économique et social au Yémen*, Alger, 1954.

l'avion minable affrété pour lui par l'État italien. Il s'assied par terre, sur la piste, entouré de son sérail – et celui-ci de ses gardes. Grève du départ, suivie du départ... et du retour à Rome, car il apprend en vol que des troubles ont éclaté au Yémen. Il menace de décapiter l'équipage, prend, pour finir, le bateau de Nasser, boude à Suez, refuse de voir le raïs – il est malade de son arthrite, prétexte-t-il. À Hodeïda, il fait décapiter les « mauvais conseillers » de son fils el-Badr, qui osent parler de réformes, d'ouverture.

Ahmed est un condensé vivant du Yémen, plus complexe que seulement extravagant. Il collectionne les concubines et s'enferme dans l'austérité, dans une quête mystique, à l'écoute de la voix très pure d'un enfant. Il aime d'amour Bedraldine, une Syrienne épousée par procuration, qui ne l'a pas rejoint, dissuadée par des signes, et refuse la liberté qu'il lui offre, chevaleresque. Cette reine demeurée vierge compose pour lui des cris d'amour sublimé, auxquels il répond par de non moins superbes vers.

Intelligent, cultivé, charmeur, féroce, Ahmed est aussi politique. En février 1958, il négocie avec Nasser la fusion du Yémen et de l'Égypte, en échange d'une éventuelle protection égyptienne si ses bisbilles frontalières avec les Anglais d'Aden persistent. Les Anglais s'apaisent et il laisse tomber Nasser, qu'il accable de satires pour complaire à ses cousins arabes. Soucieux d'équilibrer la marée des capitaux pétroliers occidentaux qui s'abat sur les royaumes et les émirats arabes « frères », il concède bien une route aux Américains et un hôpital aux Italiens, mais il confie aux Russes et aux Chinois la construction du port de Hodeïda et de la route destinée à le relier à Sanaa.

La presse occidentale s'est complu à stigmatiser les folies de l'imam Ahmed. Elle l'a traité de malfaisant, de fossoyeur d'un Yémen déjà exsangue. Avec excès. Le Yémen est sous-développé; soit. Sa population est analphabète à quatre-vingt-dix pour cent? C'est peu probable et... invérifiable. La consommation du *qât* se fait au détriment de celle du café? Voire. De plus, le café dépend des cours mondiaux, non le qât. La condition des femmes y est archaïque, comme celle de l'esclave ou du paysan, et la tuberculose galopante. Ne faut-il pas voir dans tout cela la triste réalité des pays pauvres plutôt qu'une responsabilité propre aux imams? À

Hodeïda, où Ahmed expire, en septembre 1962, ses femmes se mettent à hurler; certaines se suicident. On parviendra à celer le trépas une semaine, afin de permettre la transmission du « témoin imamique » à son fils, el-Badr, imam prédésigné.

Plus malléable, celui-ci semble plaire à l'exigeant raïs, Gamal Abdel Nasser, mais pas aux Américains, qui ont leur homme en la personne de l'émir Hassan, oncle de Badr, qui semple plus sensible aux intérêts pétroliers yankees. Le destin, qui joue un grand rôle en Orient, va trancher, et un coup d'État renverse el-Badr après onze jours de règne. Commence alors la « crise du Yémen ».

4.

Les jours s'écoulent, mornes, à Beihane depuis l'arrivée des mercenaires ; les échecs, la belote, le rami et les vocalises matinales des cours d'arabe ont épuisé leurs charmes. Bob, maintien d'apparence et moral de roc, arpente nerveusement les pièces fraîches de la villa du chérif Gahid. Il s'agace de cette logistique lente, imprécise, de ce réseau d'informations floues, filtrées par des liaisons radio approximatives. Faudrait-il se satisfaire de la bonne vieille tradition orale des pisteurs, en vogue à l'époque de Livingstone, Stanley ou Burton, ou du téléphone arabe ? Freddy ne reçoit d'Aden que des messages nébuleux, et c'est à pied que d'Estainville et Schoendorffer rapportent des nouvelles des maquis royalistes, épuisés et bougons, après deux ans d'errance dans les djebels, sans équipement ni armes, ni ravitaillement, trahis par des tribus à la fidélité douteuse. Les reporters relatent des histoires horribles de journalistes anglais égarés dans le désert, massacrés, dont les têtes, maintenant, sèchent près des oueds. Kim et Pierre vont regagner Paris, laissant pour un temps l'aventure.

Les « experts » commencent à se lasser, souffrent de ne pouvoir agir. À force d'attendre, un ancien légionnaire, pourtant chevronné, soudain pris de fièvre, s'est mis à beugler *L'Internationale*, poste branché sur Radio-Pékin. L'ambiance est morose. Bob est parfois furieux de découvrir une réalité bien différente de celle que décrivent les agents anglais dans leurs télégrammes à l'antenne de Paris. Le matériel promis et vanté se résume à quelques malheureuses caisses de munitions et d'armes antiques. Bob finit par lâcher crûment, le 18 août : « Sans doute serait-il utile de bien se renseigner ou de se taire, de garder son calme, de crainte de gâcher nos chances et le sérieux de notre organisation ! »

Le commandant François arrive comme à propos, flanqué d'un journaliste anglais – le désert en est décidément prodigue ! Deux camionnettes de la tribu habbidin du chérif Gahid, une ténacité soutenue par l'absorption fréquente de thé chaud, des haltes toutes les vingt minutes pour cause de surchauffe, des repos diurnes de cinq heures l'ont conduit près du prince Mohammed Ben Hussein, qui commande la Ire armée royaliste, dans le Djouf. Celui-ci l'a reçu avec une joie non feinte et a fait défiler pour lui ses sept mille guerriers, avec leur armement désuet. Il s'est félicité de l'arrivée prochaine de « *Mr Bob and his experts* » dans sa terre de guerre, aux contours imprécis, dont il possède, à la bédouine, une connaissance intuitive, difficile à traduire sur des cartes à l'européenne.

¡Adelante! aurait dit Cabeza de Vaca à ses hommes à l'orée du Mississippi. Bob Denard, lui, décrète : « On y va... »

Il confie à Freddy la charge d'une antenne arrière à Nékoub pour assurer les liaisons cruciales, dépêche Karl et deux types en renfort de Stamboul, alias Tony de Saint-Paul, chez le prince Abdallah, qui se trouve plus au nord que le prince Mohammed, et se réserve pour lui le poste avancé de la fameuse et mystérieuse plaine du Djouf.

Pourtant, on est de moins en moins sûr de cette fichue bande de sable de deux kilomètres, à mi-distance de Beihane et de Nékoub, nécessaire à l'atterrissage imminent de l'avion qui apportera les armes. Tant pis ! Il est temps de filer, les tribus locales commencent à les observer avec une curiosité trop vive.

– Stamboul est sain et sauf, en forme et à pied d'œuvre.

C'est sur cette déclaration de Jean-Claude Sauer de *Paris-Match*, de retour – après d'Estainville et Schoendorffer – des djebels du Nord, que l'équipe s'ébranle. Les camions du chérif Gahid les laissent à Nékoub et repartent dans un nuage de poussière. On congratule Freddy, on grimpe dans un immense camion Ford, on franchit une frontière indistincte. Bob a distribué à chacun un fusil Enfield et cinquante cartouches.

« Nous roulons depuis huit jours avec la désagréable impression d'être paumés, sans boussole ni carte, dans les mains des Yéménites, qui se guident aux étoiles la nuit et dorment le jour, allant vers un but sans cesse plus lointain. Le but, d'ailleurs, semble aux mains du désert. Il n'y a plus de piste, seulement les cailloux et les craquelures, les affreuses solitudes du Rub al-Khali, le seul désert absolu du monde, le seul qui autorise la certitude du secret. À cent vingt kilomètres à l'heure, les roues écrasent les traces, cognent, bondissent aux quatre coins de l'infernal plateau; des gars sont éjectés, récupérés; des dunes sont franchies pied au plancher, après le nécessaire effort du désensablement à l'aide de plaques de tôle d'avion. Il faut deux heures pour se désensabler et huit heures pour franchir trente-cinq kilomètres. »

Tous les jours, la halte, sous le seul arbre du coin, entre 11 et 15 heures, à s'exercer au tir en compagnie des Bédouins. Dix crevaisons journalières, dix hospitalités tribales avec café « turc » à l'écorce de café vert et morceaux de foie de mouton servis sur des lamelles d'estomac cru. Obligatoire. Une épreuve! Cependant, il faut avaler coûte que coûte, honneur oblige. Charles Gardien, mercenaire-toubib de fortune, jeûne, non par religion mais par dégoût, préférant dévorer des yeux la Bédouine qui le sert, remarquablement belle. Une femme de chef probablement. Mais, ici, on ne badine pas avec l'amour. Leurs têtes – et d'autres ornements – pourraient vite pourrir sous le soleil.

Ils atteignent Reghla, le royaume des grottes, à l'aube du huitième jour. Le cheikh Si Ahmed y règne, à l'orée du Djouf, en disciple rallié mais un peu sauvage. De joie, ses guerriers lâchent des salves, en tendant à bout de bras vers le ciel leurs mausers démodés. À l'ombre de la grotte, entre deux bouchées de l'inévitable mixture, le cheikh explique à « Mr Bob » que son indépendance de chef de tribu très ancienne et très noble n'a pas nuancé son ralliement au roi. Toute nuance frise la trahison, qui est promesse de mort au Yémen. Voilà cinq mois que les républicains, pour l'exemple, ont fait non pas décapiter mais pendre – ce qui est infâme – deux chefs de tribu de la région de Sirwah, Salim al-Awar et

Ali al-Zaïdi, de la tribu du Djaham, simplement suspectés de tiédeur à l'égard du nouveau régime. La menace vaut dans les deux sens. Le cheikh Si Ahmed, prudent, s'est jeté aux pieds de l'imam déchu aux premières heures de sa « résurrection ».

Résurrection... Bob sourit au souvenir de l'incroyable aventure de l'imam Badr. Au soir du jeudi 25 septembre 1962, Radio-Sanaa, aux mains des conjurés, crache : « El-Badr, le tyran, est mort, écrasé sous les décombres de son palais. » Le prince Hassan, propre frère d'Ahmed le djinn, quitte précipitamment New York et l'ONU, où il représente le Yémen, et se proclame aussitôt prétendant. Le Iago de ce royaume shakespearien, c'est Sallal, colonel à l'œil de charbon, au sourcil en bataille, habitué des geôles d'Ahmed depuis la répression de 1948 qui a suivi l'assassinat du vieux Yahia. Au crédit de Sallal, on doit dire que son coup de main a été peu sanglant selon les « normes » de l'histoire du Yémen : vingt-trois exécutions – peut-être un peu plus –, pas d'empalements, de décapitations ni de viols en série; quelques pendaisons de princes et de dignitaires un peu lents à s'enfuir – pour que cela ait un sens, tout de même... Une révolution « propre » dirait-on. Trop! Il n'est pas certain que l'imam soit mort; la rumeur court de son évasion, déguisé en femme ou en soldat, on ne sait pas.

Les « révolutionnaires » semblent impuissants à montrer au peuple le cadavre de l'oppresseur, ce qui n'est pas bon signe. On s'évertue à proclamer qu'il a été enterré en secret. Les journalistes rencontrent l'officier qui l'a tué, touchent la mitraillette « justicière » encore chaude. Mais, en matière de prodige, l'imam Badr pourrait damer le pion à Ahmed le djinn, son père. Voilà qu'on le signale partout en même temps, ce qui confine à la sorcellerie. Jusqu'au jour où Chauvel lance son *scoop*, le 12 novembre 1962 – « El-Badr m'a dit... Quelque part au Yémen... » –, et raconte sa fuite romantique, la femme inconnue qui l'a caché, déguisé et sauvé, l'équipée d'el-Badr et de cinq apôtres, les cinq qui deviennent cinquante, puis mille; et bientôt cinq millions, déclare l'imam à Chauvel.

– Mais c'est le nombre des habitants du Yémen, réplique l'autre. Combien avez-vous d'hommes armés, veux-je dire?

– Mais cinq millions, insiste Badr, sinueux. Tout le monde est armé au Yémen !

Pourtant, par l'annonce persistante de cette fausse mort, Sallal a marqué des points et assis son coup d'État. Le trône, pourri, s'est désagrégé, renchérit la presse, sous les coups des « officiers libres ». Voire. La seule habileté de cette junte désunie et impréparée est – fait unique dans les annales – qu'elle a encaserné ses soldats pour mettre elle-même la main à la pâte. La disparition de l'imam la sert ; elle a coupé les bras aux loyalistes. On met des petits drapeaux dans la main des enfants ; on leur fait chanter, en forme de comptine : « À bas l'imam ! Vive Sallal ! », comme le chante tout le peuple du Sud, des villes et de la côte, chaféite, qui peut assouvir son vieux ressentiment contre l'autocratie appuyée sur les seules tribus du Nord. Ressentiment et espoir, qui accompagnent toujours les révolutions dans l'Orient arabe.

– Le Yémen sera le cimetière des soldats de Nasser, souffle el-Badr à Chauvel.

Comme pour lui obéir, le cheikh Si Ahmed raconte à Bob comment il a trucidé une colonne égyptienne dans le désert du Djouf et conservé les traces macabres.

Bob s'y rend. Le lieu s'appelle *sahara* Gabal, soixante-quinze cadavres y pourrissent dans le sable près des carcasses d'un char, de six scout-cars, de huit camions. Sur ces carcasses, sur ces cadavres, deux canons, trois mortiers, soixante-cinq mitrailleuses et soixante-quinze mitraillettes ont été prélevés. Les guerriers yéménites ont tout massacré, ou presque, armés de fusils Enfield ou Mauser et de *jambia*. Il ne reste qu'une poignée de prisonniers.

– Et contre les chars ? s'enquiert Bob.

Le cheikh sourit de toute sa mâchoire, largement édentée.

– On bouche d'abord le fondement de l'animal – le tuyau d'échappement – avec nos turbans. Le pilote sort, on lui coupe le cou.

Et Si Ahmed, éclatant d'un énorme rire, montre la tête de l'Égyptien, posée comme une jarre près du tronc du cadavre à l'uniforme déchiqueté qui émerge de la tourelle de l'engin.

– Le Yémen sera le cimetière des soldats de Nasser.

Soit. Soixante-quinze cadavres se momifient sous le soleil

brûlant, mais quarante mille Égyptiens surarmés tiennent les villes, les voies de communication, les ports et la moitié sud du Yémen. Ils bénéficient de cet avantage incomparable, la technique et la force, et souffrent d'un inconvénient, celui de fouler une terre qui n'est pas la leur et de décupler ainsi, par la haine, le courage des Yéménites.

– Madame Nasser *, *go home!* clame le montagnard.

Aux mercenaires de méditer la légende des sept samouraïs, qui surent rendre efficaces les villageois.

Dès septembre 1962, Nasser qui, sans doute, n'est pas étranger au complot de Sallal, a appuyé la « révolution » de Sanaa, première application hors de l'Égypte de la pratique arabe du « socialisme ». Puis, devant la résistance des « réactionnaires » zeïdites, qui soulèvent le Nord pour l'imam, il dépêche à Sallal des troupes de choc et des avions. L'islam arabe se scinde. Les monarchies sont pour el-Badr, les républiques pour Sallal, Séoud et Hussein de Jordanie se profilent derrière l'imam, mais hors du Yémen exclusivement, tandis que Gamal Abdel Nasser aligne carrément son armada au cœur du pays. Les États-Unis, soucieux de prendre l'URSS de vitesse, croient habile de négocier avec tout le monde, font promettre à Nasser son désengagement, reconnaissent Sallal et continuent d'appuyer le frère pétrolier de Ryad.

Nasser, conscient du tour, fait arroser de bombes les bases du Sud de l'Arabie. Ryad et Le Caire sont à deux doigts de s'affronter et d'embraser tout le Proche-Orient. Mais Nasser juge prudent de ne pas y risquer son prestige et de se cantonner au champ de bataille unique du Yémen. Étonné par la résistance de ces barbares médiévaux, qui enlisent ses meilleures troupes, le raïs guette en vain l'ouverture qui lui permettrait de sortir avec les honneurs et de continuer à se battre aux côtés de Sallal.

Pour répondre au désir de l'ONU, l'Égypte promettra, en effet, de se retirer progressivement, en échange d'une rupture d'alliance entre l'Arabie Saoudite et l'imam el-Badr. Ryad, bien entendu, renverse la proposition, et l'ONU se discrédite dans le vain arbitrage de ce très hypothétique double

* Ainsi les montagnards appelaient-ils par dérision l'armée égyptienne.

désengagement. Ici, l'ONU n'est pas représentée par des Casques bleus opérationnels, comme au Katanga, mais par de simples observateurs.

Le cheikh Si Ahmed s'est tellement entiché de Bob et de ses compères qu'il les choye avec ostentation, les assomme de festins de paroles, de mouton bouilli, d'estomac cru et de fantasias. Bob s'en souvient aujourd'hui encore : « Ce filou faisant assaut de courtoisie pour nous garder, je le soupçonnais de vouloir se faire une armée personnelle. Il nous tenait et ne voulait plus nous lâcher, utilisant mille ruses. »

Mais les cheikhs zeïdites ont l'habitude de s'assouplir l'échine devant les imams. Si Ahmed peut-il résister à l'impatience manifestée par le prince de rencontrer ses experts? À force de palabres et de pièces d'or, son émissaire arrache au « filou » leur départ immédiat pour le cœur du Djouf. Deux experts resteront à Reghla, en otages d'amitié.

À l'est du Yémen, le Djouf, désert parsemé d'arbres rares et de carcasses de véhicules blindés égyptiens, déroule sa solitude entre de hautes montagnes sauvages. Il se resserre soudain dans la tenaille de la roche et avoue son identité : il est le goulet de passage vers l'Arabie. Le sable cède devant la piste dure, caillouteuse, semée de buissons touffus. On ne roule que de nuit, pour éviter les bombes égyptiennes. Un sifflet strident perce le silence, repris, s'amplifiant en un concert de sifflets; les guerriers jaillissent hors des buissons comme des fantômes.

– *Maharba!* Bienvenue aux hôtes de l'émir.

Une haie d'hommes, nu-pieds, vêtus de jupes courtes, poignards énormes sur le bas-ventre, cartouchières croisées sur la poitrine, fusils Mauser tendus à bout de bras, conduit les mercenaires sous les arbres. Un visage enfantin les surprend dans le cercle des trognes enturbannées.

– *Welcome, Mr Bob.*

Membre de la famille royale, Mohammed Ben Hussein, à vingt-six ans, est l'un de ces jeunes princes qui ont rejoint le prince Hassan, leur père ou leur oncle, avant même d'apprendre la survie de l'imam Badr. Les voici maquisards, chefs de ces armées féodales, qui sont, en réalité, des agrégats de tribus. Il s'est habillé en guerrier, *jambia* d'argent à la ceinture. Il vit, combat, mange et dort au milieu de ces montagnards, qui comptent parmi les plus sauvages du monde. Les jeunes princes ont oublié le confort ouaté des instituts et des universités suisses ou américains, l'écœurement d'hier devant les excès d'Ahmed le djinn et la séduction de jeunes gens instruits pour le socialisme arabe de Nasser. Ils ont juré de vaincre ou de mourir. Le roi Séoud, l'allié tutélaire et encombrant, n'aura pas à arbitrer leurs querelles; ils les ont enterrées avec le premier Égyptien tué sur leur sol.

Mohammed Ben Hussein est cultivé, intelligent, et il se pique de stratégie. Dix jours avant le coup d'État, il sortait tout juste de l'académie des cadets du Caire, ce qui lui vaut aujourd'hui d'avoir sa tête mise à prix.

– Je connais tous les coups des Égyptiens, affirme-t-il à Bob, en anglais.

L'interprète a beaucoup d'allure; ce serait un « prince » aussi, Abderrahman de Bourbon-Condé, soi-disant de vieille race française en dépit d'un fort accent yankee – sympathique au demeurant, et vêtu comme aurait pu l'être Lawrence d'Arabie.

« *Mr Bob and his experts* » sont dévisagés par des centaines de prunelles, ardentes et curieuses, et de joyeux barbus au sourire édenté entonnent des airs de victoire d'une voix suraiguë. En l'an mil, l'atmosphère ne devait pas être différente autour des bivouacs des Vikings ou des Saxons.

Le prince Mohammed est ici le maître, comme le sont ailleurs, dans les montagnes, ses frères Ali et Ahmed, ou son cousin Abdallah. Lui tient ce pan de désert, qui relie en oblique les villes de Harib et de Marib, l'ancienne capitale de la reine de Saba, à la route qui va de Saada à Sanaa.

Le Djouf, stratégiquement, est d'un grand poids. Comme il est essentiel pour la liaison de leurs forces et le passage de leurs blindés et de leurs colonnes, les Égyptiens s'y sont installés, après l'échec de leur offensive de février 1962, dans une dizaine de camps fixes. Le prince s'enchante d'avoir détruit deux de ces camps, de nuit, en guérillero. Le jour, il est impuissant devant les blindés, les canons et les avions ennemis. Invincibles dans la montagne, inaccessibles aux chars, ses trois mille hommes, faute d'armes lourdes, sont, en plaine, la proie des Égyptiens, aussi ne s'y hasardent-ils que rarement. Le prince perd seulement deux Yéménites pour dix morts égyptiens, et il prétend disposer d'une réserve de quarante mille hommes en s'appuyant sur les tribus du Djouf. Ses guerriers, dit-il, touchent leur cible à cinq cents mètres, et il rappelle avec fierté les deux cents cadavres de paras égyptiens descendus en plein ciel lors de l'opération aéroportée de février.

Bob acquiesce et regarde en même temps la forêt des tentes dressées à flanc de roche. Les canons des mitrailleuses font office de piquets de tentes; les tubes des mortiers de 81 et les canons de 75 sans recul dérobés aux Égyptiens ne servent qu'à extraire l'eau des puits. Les commandos suicides qui bouchent de leurs turbans les pots d'échappement des tanks? De folles témérités. Leurs cocktails Molotov, sans essence, sont inoffensifs.

5.

Le 13 septembre 1963, moins de vingt jours après son arrivée, Bob a déjà son opinion : le Djouf est une clé qui garantit le libre passage vers Nedjrane, vers l'Arabie, au nord-est, et Beihane, au sud. L'ennemi l'a compris et cherche à l'isoler. Si l'on peut détruire la position de pointe égyptienne de Labanah, les villes de Marib et de Harib, dans le nord-est, isolées, pourront tomber. Une action immédiate sur Sanaa, avec, en suspens, la menace des camps égyptiens sur les arrières, n'aurait aucun sens. Pour tenir, le Djouf doit être doté en matériel, en techniciens et en commandos instruits pour couper les axes de ravitaillement égyptiens. L'armement lourd ! Voilà le leitmotiv de Bob. Sans lui, il est illusoire d'espérer saper l'action égyptienne.

À bref délai, il faudra trois groupes de combat opérationnels, entraînés, disposant de mortiers, de mitrailleuses, de canons et d'une équipe de sabotage. Pour Bob, il est inutile d'entreprendre une action sans être assuré d'un ravitaillement en armes et en munitions continu sur trois mois !

Voici les mercenaires installés à El Khandjer, leur camp, un peu à l'écart des positions du prince. Deux cent cinquante Yéménites s'échinent déjà à constituer le premier commando. Au pied du camp se déroule une bande de sable, la piste. Bracco assure qu'il pourrait y faire atterrir quatre-vingt-dix-sept DC 4 à la fois ! Mais Bracco plaisante. Certes, le prince est charmant, le vrai-faux prince de Condé est amusant, et Si Ahmed achète à ses chers experts des cuillères d'argent pour leur épargner de manger avec les doigts ; mais les Mig 19, les Yacks de la chasse égyptienne bombardent, les scorpions jaunes piquent, Bracco est ébranlé par le palu, Karl souffre du foie, Jacques des dents et de la tête, et Charles Rascar devra être évacué vers Nedjrane, en Arabie. Charles Gardien est vraiment un bon médecin de fortune, mais le moral est bas.

L'instruction du groupe commando progresse, celle du groupe armes-lourdes stagne. La discipline est absente, l'effectif a triplé, l'armement attendu n'arrive pas. Ali Ben Hussein, frère du prince Mohammed, tient, juste à côté, la position de Boaw, et il s'impatiente. Bob, avec les mortiers de 81 existants, « une antiquité », tire sans succès des obus anglais de trois pouces sur les Égyptiens de Labanah, qui partent un coup sur trois. Belle démonstration de l'inefficacité de sa force de frappe.

– Mieux vaut attaquer au couteau qu'avec rien du tout! riposte Ali Ben Hussein.

La situation sanitaire est épouvantable. Deux médecins suisses, hasardés dans le Djouf, jugent impossible d'y faire fonctionner un hôpital de campagne et se replient sur Nedjrane. Pour comble, à Beihane, le DC 4 attendu ne contient que six cents fusils – mauser de surcroît – et cent mille cartouches, et toujours pas d'armement lourd. François, à Beihane, s'emporte :

– Rien n'a été fourni du matériel demandé et payé au prix fort!

Mais il prélève la moitié du fret pour l'expédier au prince Abdallah, dans le secteur nord. Bob est furieux.

– N'en dites rien à votre émir! conclut François.

Le nouveau marchand d'armes pressenti semble régulier et objecte l'obligation d'une licence d'importation pour le matériel lourd, licence qui doit être délivrée par un gouvernement reconnu. Cette autorisation, à Aden, Londres ou Paris, on se fait fort de l'obtenir. Mais, pour le moment, il faudra se contenter des Mausers, qui sont en vente libre.

Par bonheur, à Paris, Faulques est chargé d'y regarder d'un peu plus près.

– Si Roger s'en mêle, le temps fera le reste, assure François, tout en jurant que la première des trois futures livraisons d'armes sera pour le Djouf, et avant la fin septembre : dix tonnes de matériel et d'armement lourd!

Il y a une autre ombre au tableau : l'argent des mercenaires n'est pas versé et leur moral en souffre. L'un d'eux, piqué par un scorpion jaune, paralysé de la jambe en deux minutes, ironise sur la notice qui accompagne le sérum antivenimeux : « Prière de signaler si le traitement a été efficace ou si la mort est survenue. » Un autre louche, sans aménité vers cet Abderrahman de Bourbon-Condé, conseiller du prince, vrai sujet américain, faux aristocrate, agent de la CIA peut-être, travaillant pour le contre-espionnage égyptien.

– Il s'appelle Condé comme je suis le pape. Méfiez-vous-en, avertit François, qui semble bien informé.

Il paraît aussi bien utopique de vouloir métamorphoser en soldats ces guerriers d'un autre monde; il faudrait renverser d'un coup des siècles de coutumes, de fidélités, de trahisons, de formes de vie, de mort et de combat.

– Bob, j'en ai marre, gémit Roger Bracco. On choisit les Yéménites les plus capables comme chefs de peloton; eh bien, non, ils t'objectent que chaque *jemaa* * doit être commandée par son cheikh et par personne d'autre; et la plupart de ces cheikhs sont des incapables!

L'organisation tribale peut être un obstacle. La tribu est le cocon du guerrier, et le cheikh est son père. Le cheikh est choisi par la tribu, mais le fils du cheikh, s'il est un type bien, a toutes les chances de lui succéder. Le cheikh descend en droite ligne du fondateur, dont l'histoire se confond avec celle du Yémen. L'un aurait repoussé les Sassanides, un autre les Éthiopiens, un troisième les Turcs, certains récitent par cœur une filiation hypothétique avec la famille du Prophète. Tout, entre ces tribus, est cousu de rébellions, d'allégeances, de victoires à l'arme blanche. Chefs de plusieurs milliers de guerriers ou de clans plus modestes, les cheikhs visitent le prince à leur guise, le baisent à l'épaule, en reçoivent l'accolade. Parmi eux, aucun n'oublierait qu'il est de telle tribu, qu'il lui appartient corps et âme, qu'il est né, vit et mourra en son sein.

Hors tribu, on est étranger, on n'est rien. Sallal, par exemple, a beau s'être bombardé maréchal, il n'existe pas aux yeux des cheikhs royalistes : sans tribu, il est sans his-

* Tribu.

toire ; sa biographie se résume à une ligne : un petit étudiant, un jour en prison, un jour officier. Les princes nourrissent de ce mépris la fidélité des cheikhs, maintes fois éprouvée. L'un deux, qui sauva la vie du jeune prince Abdallah Ben Mahcen coincé dans Sanaa lors du coup d'État, rassura son père en ces termes : « Votre fils est sauf puisqu'il est dans ma tribu. »

Les tribus, cependant, n'aiment que la victoire et la bonne fortune des princes. C'est pour cette raison qu'elles se sont ralliées en masse à l'émir Hassan, oncle d'el-Badr et Premier ministre de la rébellion, qui, avec elles, avait écrasé les Saoudiens en 1933 !

Certes, les cheikhs, comme les jeunes princes, ont tous eu un père ou un cousin décapité ou pendu sous l'imam Ahmed. Eux-mêmes ont parfois été de ces petits otages qui passèrent leur enfance en prison pour garantir au vieil imam la loyauté de la tribu. Mais, tout farouches et indépendants qu'ils sont, ils penchent en majorité pour l'imam Badr, dont le turban sacré, sans eux, se déchiquèterait. Zeïdites, ils sont légitimistes ; mais leur loyauté se conforte volontiers des fusils distribués par les princes, et peut même vaciller si Sallal et Nasser y mettent le prix. L'amour immodéré des armes, de leur force, les incline parfois à se montrer versatiles. Au savoir militaire, à la panoplie usuelle du mercenaire, Bob et ses amis devront ajouter patience, tact et diplomatie. Ils devront ravaler leurs colères, ou la décharger entre eux.

« Aujourd'hui, 10 octobre 1963, note Bracco, l'Égyptien semble bouger. Il faudrait quarante-cinq hommes d'urgence. Mais qu'est-ce que l'urgence dans le désert ? Un tel ne veut pas partir car son ami n'est pas avec lui ; tel autre ne partira que si celui-ci ne part pas, car ils ne s'entendent pas. Un autre ne veut pas partir tout simplement parce qu'il n'en ressent pas l'envie. Les membres d'une même tribu ? Ils ne veulent pas être séparés, refusent d'être mélangés avec une autre. Nous sommes assaillis par une bande d'énergumènes vociférants. Je tiens le coup, puis j'explose, je jette ma cigarette par terre, je me lève, et, tel Achille, je me retire sous ma tente. »

Cependant, ils se fondent dans la vie yéménite avec souplesse et humour, ce qui est le propre des vrais aventuriers. Ils se prennent au jeu, s'habillent en robe ceinturée, portent poignard et, parfois, barbe et cheveux longs.

« Si tu portais un pantalon, se souvient Bob, ces guerriers te prenaient pour un Égyptien, et ils te canardaient – et ces lascars tiraient bien ! Nous, sans jumelles, nous n'arrivions pas à voir une boîte de conserve. Eux la fichaient en l'air à mille mètres ! »

Nul mépris pour ces Bédouins en armes, mais au contraire, sous le trait, une sympathie, une chaleur...

Pourtant la vie est rude dans le djebel et le désert. Les mercenaires souffrent moins du sevrage, relatif, d'alcool, que du manque, absolu, d'amour. De cette abstinence-là, des têtes de vingt-cinq ans, même solides, peuvent chavirer. Mais, enfin, on tient. Chaque nouvelle recrue se révèle un type bien, comme ce Charles de cinquante ans, qui pèse cent kilos et qu'on surnomme la vieille. Il perd trente-trois kilos en trois mois, et « ses joues deviennent flasques » tant il s'occupe à toutes les corvées dont personne ne veut – propreté, cuisine, etc.

Respectueuses des mœurs yéménites, ces fortes natures savent s'insurger. Bracco, viscéralement aviateur, s'interpose entre le pilote d'un Mig abattu et les guerriers qui dégainent leurs *jambia: ¡ No pasarán!* L'alcool est rare, le sexe absent, la nourriture fade – conserves, oignons, riz, et pâté de lièvre frelaté qui tord les boyaux. Bob se souvient : « On tuait quelquefois un chameau ou une chèvre qu'on achetait. On faisait bouillir tout ensemble dans la marmite – viande, oignons, riz. L'eau était rare; il fallait parfois la chercher à plus de cent kilomètres. Et nos reins d'Occidentaux devaient filtrer, chaque jour, deux litres d'une eau trouble qui séjournait dans des fûts d'essence. »

Le *qât,* Freddy le juge ignoble : « Tu as l'impression de mâcher un vieux tabac passé. » Ils en consomment un peu par politesse à l'égard des Yéménites, qui y voient un signe de civilisation, sans percevoir ses vertus magiques. Exaltation du rêve, de l'appétit, de la libido, et leur satisfaction quasi instantanée. L'ersatz est par nature hérétique pour un mercenaire, qui cultive ce triple commandement de la nature : rêver en dormant, manger en savourant, faire l'amour avec passion. Il n'a aucune envie de se gonfler les joues avec cette grosse boule chiquée, dont le jus âcre exprime l'alcaloïde, réputé calmant et euphorisant. Ce qu'on en retire, c'est une vraie gueule de bois et le regard flou sous le khôl de la paupière.

L'urgence, pour Bob, n'est pas de discuter avec le prince des effets du *qât* mais de communiquer à ses amis enthousiasme, passion et foi dans les résultats de leur action. Elle est aussi de flatter auprès du prince l'authentique courage de ses guerriers pour l'inciter à les organiser mieux. Certes, organiser n'est pas bouleverser : le Yéménite restera un guerrier, ne sera pas un vrai soldat, mais il gagnera en pugnacité.

« Sans doute préférait-on les laisser opérer avec leur instinct dans les montagnes. Ma loi a toujours été – en Afrique, au Yémen et ailleurs – de ne pas leur demander de s'adapter à moi. C'est à moi de m'adapter à eux, de faire en sorte que, sans perdre leur courage, ils adhèrent à l'efficacité requise par la guerre d'aujourd'hui. »

Bob peut-il se suffire du camp d'El Khandjer, du Djouf? C'est toute la montagne « royaliste » qui le réclame. Il sillonne le djebel. Au nord se trouvent les secteurs des princes Mohammed Ben Mahcen et Abdallah Ben Hassan, le premier à Néhem-Arhab, le second dans les Kwolands, la chaîne montagneuse qui contrôle la route Sanaa-Saada. Plus au nord encore, à Borgha, tout près de Saada, siège le prince Ahmed Ben Hussein.

À Néhem, Bob voit deux tribus favorables – les Néhem et les Arhab – se disputailler avec une tribu hostile, les Béni-Hacheich, qui les séparent des Kwolands. L'armement lourd est pauvre, une dizaine de mitrailleuses sans munitions ou presque, trois ou quatre mortiers, trois ou quatre canons américains avec vingt coups chacun. Les atouts de ce secteur résident dans la proximité de Sanaa, la capitale, la combativité du cheikh el-Habari, et le courage du prince Mohammed Ben Mahcen.

Dans les Kwolands, la force d'Abdallah Ben Hassan, la tribu Khaulan, est en même temps sa faiblesse : elle est tenue d'une main de fer par le cheikh el-Ghader, personnage pittoresque, grand voyageur et amateur de strip-tease. El-Ghader est partout chez lui, dans la Sanaa du maréchal Sallal ou dans la montagne, parmi ses quatorze mille guerriers. Fabuleusement riche, génial en affaires, le cheikh distribue une manne d'or et de munitions extorquée par ruse et tractations aux Égyptiens et aux Saoudiens. Six ans dans les geôles de feu l'imam Ahmed le djinn en font un homme respecté des républicains eux-mêmes. Prudemment, Abdallah le ménage. Si el-Ghader le magnifique bascule dans le camp républicain, la rébellion est morte. Les Kwolands constituent le champ de bataille que se sont choisi Tony de Saint-Paul, Marc, Philippe, et l'Anglais John Cooper.

Plus au nord encore, contrôlant la route du Saada, le prince Ahmed Ben Hussein, autre frère de Mohammed et d'Ali, maîtrise parfaitement, depuis son réduit de Borgha, ses cheikhs et ses guerriers; il ne souffre que de la plaie chronique : le ravitaillement.

6.

C'est sur cette toile de fond que se dévident les jours à El Khandjer, le camp d'entraînement des mercenaires, aux portes du Djouf et du Rub al-Khali.

Aujourd'hui, 22 octobre, la radio émet une douce musique sud-africaine, si singulière qu'elle suscite la confidence du prince Mohammed Ben Hussein, si drôle sur ses souvenirs de Paris, ses séjours, les cabarets, Madame Arthur, le Lido, les créatures dansantes et son pari perdu sur leur sexe réel, trompé par des rondeurs si manifestement femelles.

23 octobre. Des Béni-Melhoul au port altier, une tribu récupérée de justesse, présentent les couleurs au prince, sur des ordres donnés – ô, surprise ! – en français. Sur le podium, un camion Ford 250, garni d'une mitrailleuse « pour faire plus guerrier » ; des orateurs et des poètes vomissent des gracieusetés contre Sallal, des louanges à leur prince ; un docteur coranique à la voix chevrotante psalmodie des sourates ; le prince harangue les Béni-Melhoul qui forment l'ossature du « commando-Mr Bob ».

– Vous, feddayines, qui, telle une tempête, devez tout balayer ! vous devez respecter les ordres de Mr. Bob et de ses experts, clame le prince. N'ont-ils pas tout quitté pour vous, pour venir vous aider ?

Le prince, en verve, prêche l'exemple, distribue à chacun de ces hommes son affectation, précise désormais, au sein d'une équipe, en respectant son rang, ses amitiés, sa tribu.

26 octobre. Comment reconnaître un canon de 37 dans cet amas de ferraille en pièces détachées ? se demande Bracco.

L'envoyer au camp voisin de Boaw, chez le prince Ali, pour le disposer face aux positions égyptiennes de Labanah, soit! Encore faudrait-il que son volant de pointage en élévation soit débloqué, à coups de marteau, avec de l'essence, de l'huile « que sais-je encore », ou se condamner à tirer exclusivement à 1 572 mètres! Le mercenaire s'affaire sur ce « bloc de métal amorphe » pour le transformer en « un fringant petit canon de 37 qui assurément fera pencher la fortune dans le camp royaliste »! Il le travaille, puis l'essaye, abrité derrière la roche, un bout de fil de nylon accroché à sa mise à feu. « La prudence est la mère des mercenaires! »

En vain; la percussion est morte, l'engin n'est qu'un « vulgaire lance-pierres ».

31 octobre. 7 heures du matin. Le bout de grotte, baptisé salle Quiétude, se réveille en tempête. Bracco est nu, sa couverture emportée par un raz de marée humain. À ses injures répond en immense écho : « Taïara! Taïara! » Au-dessus de sa tête, le tonnerre des réacteurs égyptiens. Bracco s'applaudit d'être aviateur et se maudit d'être au sol.

– Un aviateur sans son zinc est à poil!

L'Ilyouchine largue ses bombes, qui s'écrasent dans un bruit d'enfer, puis il file vers l'horizon. À coups de sifflet et à coups de gueule, on tente de rameuter les imprudents qui se hasardent hors des cavernes. Soudain, plus rien ne bouge; les oreilles sont tendues vers ce bourdonnement, qui renaît dans le ciel. Deux Yacks ennemis qui fondent droit sur El Khandjer. Le servant yéménite de la mitrailleuse point 50 tire comme un forcené toutes les balles que les royalistes possèdent encore.

– Arrête! Stop! hurle Bracco.

L'autre le regarde, impavide, et continue de dévider son inutile chapelet. Bracco lui balance une pierre. Le Yéménite semble comprendre et arrête le feu. Dans son regard se lit la peur; il tirait pour se libérer d'elle et de sa souffrance. Les Yacks ratissent trois fois – trois déluges de bruit et de feu – et puis s'en vont.

À la salle Tumulte, celle où l'on se rassemble, on commente l'agression dans une cacophonie en deux langues, arabe et français. Et, brusquement, on se tait; on vient de capter le petit bruit qui vient du ciel. Les revoilà! À vingt mètres de là, au pied de l'énorme rocher en pain de sucre, la point 50 s'échine à cracher sur l'Ilyouchine, qui lâche son chapelet de points noirs.

« Des bombes qui explosent en bonnes petites bombes. La mitrailleuse, en honnête mitrailleuse yéménite, s'enraye. » L'oiseau de malheur aborde son ultime carrousel et straffe ferme, droit sur la grotte du prince! Les Égyptiens seraient-ils renseignés sur le camp, sur sa disposition, sur le QG du prince?

Pause. Rediscussions dans la salle Tumulte, suivies, comme on s'y attendait, du « re-petit bruit qui vient du ciel ». Deux Yacks, encore, foncent droit et bas, au mépris de l'anodine DCA. Du côté mercenaire, ça crache. Les zincs lâchent leurs roquettes, se réalignent, narguent deux point 50 qui s'enrayent.

– Extraction trop forte; balle coincée dans le canon. C'était à prévoir! diagnostique Bracco.

Les munitions royalistes se raréfient. On réserve les deux caisses restantes pour le retour du père La Tornade.

De nouveau, ils sont là. L'œil des « experts » reste rivé sur la soute à bombes des appareils. Il faut surveiller le départ des pruneaux sans oublier le mitrailleur de queue. Les mercenaires pivotent, crispés sur les point 50, se tournent, se retournent, se tassent, se relèvent. Un deuxième zinc apparaît, puis un troisième... Seize bombes. Seize déflagrations; suivies d'un nuage opaque, gigantesque, d'où surgissent des ombres qui errent et disparaissent.

Dans la grotte du prince, une balle a cassé une jambe. Attelles, morphine. À la tension succède la torpeur, qui engourdit les corps. Pourtant, avions, bombing et straffing se succèdent, sans arrêt, jusque vers 17 heures.

De la grotte du prince s'élève un concert de hurlements. Deux mercenaires se précipitent. Une bombe a explosé juste à l'entrée et a fait sauter, à l'intérieur, deux gros obus de 57. Un carnage. Des cris jaillissent d'un amas de corps déchiquetés. Les bras se tendent, les lèvres implorent. Le prince n'est pas grièvement atteint : des éclats dans la jambe droite; il ira se faire soigner à Djeddah.

Il faut sortir les corps, dégager les blessés de l'enchevêtrement des morts. Les mains glissent sur le sang et les lambeaux de cervelle. Quinze morts sont enterrés sans prière, en urgence à cause de l'extrême chaleur et du danger qui plane au-dessus des têtes. Devant les blessés qui crient de souffrance, on se sent impuissant et rageur, morphine épuisée, rares piqûres de coagulants réservées aux blessés les plus graves.

Les mercenaires, qui savent tout, savent aussi soigner. Un Yéménite blessé est l'un des leurs, un frère en combat. Et les mains de ces frères s'accrochent à eux. Ils vivront s'ils atteignent avant demain l'hôpital de Nedjrane, à la frontière saoudienne. D'autres, moins atteints, un bout de métal dans le corps, se redressent, mâchonnent une boule de *qât* et reprennent leur vieux Mauser.

Au crépuscule, Stolz est arrivé, porteur de courrier, de médicaments, d'un sextant... Cela fait longtemps que le désert connaît les empreintes de Herbert Stolz, aventurier antisémite qui pourfend des Égyptiens flanqué d'un joli garçon aux yeux de braise.

Une guerre terrible, épuisante pour les nerfs et les corps, coincés dans les trous des montagnes, à scruter le ciel, à observer les guerriers, tassés comme des chèvres, assis durant des heures, silencieux, le corps soudain secoué d'un grand rire parce que l'un d'eux a lâché quelques mots... incompréhensibles. C'est si con de ne rien comprendre!

Mois de novembre 1963, mois d'enfer. Les bombardiers Ilyouchine, les Yacks et les Migs de la chasse égyptienne frappent fort, ébranlent la montagne de leurs tonnes de bombes.

Bob, devant la menace, a réparti sa misérable artillerie lourde : deux FM, deux alphas, un mortier, une vieille mitrailleuse Gourianoff, mais l'aviation continue de valser au-dessus des têtes. Des semaines de mort à passer là, où le silence est ponctué des « Taïara! Taïara! » de ces troglodytes, dans cette montagne criblée de trous; des grottes comme celles de la préhistoire, si petites parfois qu'il faut ramper, au milieu des mouches, asphyxié par un air lourd où flottent le musc et la sueur, entre les caisses de munitions. Cette vie enterrée est comme un prélude au tombeau.

3 novembre. Une accalmie permet de sortir dès l'aube dans la plaine, de se dégourdir.

4 novembre. Le dîner de fèves refroidit tandis que les gars

débarquent le camion de vivres qui vient de Nedjrane – corned-beef, jus de fruits, café, que l'on caresse avec volupté. Ils remettent ça! Les mercenaires se font architectes et creusent une petite sœur aux salles Quiétude et Tumulte, qu'ils baptisent la salle Paratonnerre.

5, 6, 7, 8, 9 novembre. « Taïara! »

10 novembre. Le jour, cette fois, ne se lève pas sur cette aube du désert qui fait songer à la Genèse et au doigt de Dieu. Le brouillard est épais, humide et froid, le ciel obscurci. Jour faste, eussent dit les Romains. Pas de « Taïara! » mais un camion de Beihane, chargé de courrier, de bouquins, d'un ballon.

Alors, ce 11 novembre, jour d'Armistice, de paix, on range la mitraille, on joue au volley pour se détendre, on se livre à des concours de jeux de mots, à « une partie sanglante de défoulement absolu, une manière de révolution sud-américaine ou de cirque – mauvaise foi, insultes... »

12 novembre. De nouveau, ô merveille, un jour sans « Taïara! ». Un peu plus de répit pour glaner ces médicaments précieux – sérum contre les morsures de serpents du Béloutchistan, injections pour le traitement de la maladie de Pott, petites pilules stimulantes sexuelles!

13, 14, 15 novembre. « Taïara! », ça repart!

16 novembre. Un repas à la Lucullus clôt l'entraînement féroce. L'agneau fume dans les assiettes. Les mercenaires s'engueulent, en plein désert, sur l'opportunité d'y ajouter les tripes. Pour certains, « de la merde », pour d'autres, un délice. Tripophiles contre tripophobes, nouveaux « Taïara », et le Mig qui straffe abrège la controverse.

23 novembre. Comme par miracle, la radio fonctionne et permet d'entendre la voix du bon vieux Freddy, à Nékoub. Fausse joie; la radio se noie dans un borborygme.

Arrivent décembre et Smiley – le colonel Smiley – un Anglais parachuté avec d'autres dans le Djouf, qui saute d'un secteur à l'autre et tombe au Khandjer pour alerter Bob. L'ennemi a coupé le défilé entre Marib et Sebwa, autrement dit la route qui relie Beihane aux Kwolands, QG de l'armée du Nord. Les Égyptiens, apparemment, sont au courant de l'importante livraison d'armes acheminée de Beihane et destinée à Abdallah. Aux côtés du prince, se trouvent Stamboul, Karl, Marc et Pierre. Par message codé, Stamboul avertit Bob de la probable trahison du Yéménite qui tient la radio de Boaw, chez le prince Ali. Il faudra être vigilant, les retournements sont fréquents.

Aux blessés s'ajoutent désormais les malades des villages environnants. Ils tiennent les « toubibs mercenaires » pour sorciers et les consultent pour une blessure ou... un transistor en panne. Mais la vraie « révolution » médicale se fait grâce à l'hôpital de la Croix-Rouge suisse à Ûq : les blessés, enfin, vont cesser de mourir faute de soins. Ancêtre des très célèbres Médecins sans frontières, le Dr Berretta, un Suisse, opérait à ciel ouvert, dans le désert ou dans les grottes. Lui succèdent d'abord deux médecins, égarés à la fin août dans l'enfer du Rub al-Khali en cherchant où installer cet hôpital de campagne qui soulagerait, si peu que ce soit, les détresses de la guerre.

Spirger et Wild, à force d'écumer la sauvagerie des montagnes, en y risquant deux fois leur peau, ont déniché leur havre de grâce : un petit plateau flanqué de massifs volcaniques sur la frontière de l'Arabie, Ûq, à quarante kilomètres au sud de l'oasis de Nedjrane, dans la zone neutralisée par les Nations unies. Cinquante lits, une salle d'opération toute neuve, et, en deux mois, ils opèrent cent cinquante types et soignent mille cinq cents malades. Ce sont eux encore qui sauveront la main de Guy Maury, gravement touché à l'avant-bras par un éclat de bazooka qui a sectionné l'os lors d'une manœuvre à tir réel.

À l'approche de la Noël 1963, la situation semble délicate. La bataille fait rage dans les Kwolands, où Tony de Saint-Paul et Karl rivalisent d'audace. Bob doit alors rejoindre le prince Hassan, commandant en chef de l'armée royaliste du Nord, région dans laquelle se préparerait une offensive d'envergure.

Le 17 décembre, il part, entraînant avec lui six de ses compagnons * et laissant à El Khandjer sept mercenaires sous l'intérim de Bracco. Sept pour encadrer et former des centaines de Yéménites et pour parer aux coups de main – une gageure.

* Charles Gardien, Henri van Ghyssegem, Charles Rascar, Charles Lems, René Régnier, J. Garceneau.

Le constat de Bracco est sans équivoque : « Nous n'avons plus un contrôle suffisant sur les hommes, les anciens, qu'on tient depuis deux mois. Le travail s'effectue dans une caserne sans murs ! Le prince veut des soldats disciplinés, mais quelle autorité avons-nous pour prendre des sanctions ? L'autodiscipline n'est à espérer que dans un groupe restreint, pas dans une meute de trois cents guerriers (et non soldats), qui ignorent le sens même de ce mot. Nahman, le chef de camp, est trop mou pour les reprendre. Il y faudrait le prince, qui est absent. Nous nous posons tous la même question : que faisons-nous ici ? Depuis fin septembre, un seul peloton formé est parti au baroud. Nous l'avons retrouvé quiètement installé dans ses quartiers, à Boaw, chez le prince Ali, face à l'Égyptien de Labanah. Des équipes lourdes ? Elles sont prêtes depuis belle lurette et continuent, là, à s'entraîner sur des armes qui n'ont plus de secrets pour elles ! »

Bob sent le doute poindre et l'enthousiasme se lézarder chez ses frères d'armes ; son intuition, très vive, l'avertit des remises en cause, des états d'âme. Il sait qu'à ces énergies il faut la foi qui renverse les montagnes, la volonté de se rendre utile à une cause. C'est pour cela que ces samouraïs ont voulu le djebel sauvage et le compagnonnage de ces hommes dont ils ne parlent pas la langue, dont ils ne partagent que le pain, le thé brûlant, la solitude, la souffrance et la mort.

Alors Bob s'emporte contre l'équipe de Paris, qui ne sera jamais assez rapide, jamais assez efficace. « C'est inadmissible de leur part ! »

Sur le terrain, ses camarades et lui jugent toujours insuffisante la logistique et trop lent le ravitaillement. Denard trouvera là les arguments de son réquisitoire contre l'inertie des « autres », contre leur tendance à surseoir, à louvoyer, à ne promettre que des mirages. Il ne mâche pas ses mots :

« S'il faut passer ici pour des types qui ne tiennent pas leurs engagements, je reprendrai ma liberté. À bon entendeur... Je ne serai plus solidaire si vous persistez à ne pas présenter la situation sous son véritable jour. Car je me refuse à mener les gens en bateau, à force de mensonges *. »

Bob frappe fort parce qu'il est d'abord solidaire des siens,

* Lettre du 12 décembre 1963.

ces « loups de guerre », qui se battent moins pour l'argent – la solde promise, mille dollars par mois, arrivera avec retard – que par loyauté. Ces Affreux qui s'offrent le luxe, ici, au Yémen, de prolonger de six mois leur contrat, sans garantie, pour ne pas laisser la tâche inachevée et les Yéménites sans aide. Le Yémen représente pour eux une aventure humaine, et Bob, durant tout ce temps, saura les défendre.

« Les envois d'armes se feront désormais directement par l'Arabie. Nous n'en sommes plus responsables ! », l'avertit Pouget depuis Paris.

« Puissent les Saoudiens être efficaces ! » pense Bob, qui se tourmente de la faiblesse en armes lourdes de tous les secteurs.

Tony de Saint-Paul écrase Freddy, là-bas, sur l'antenne arrière de Nékoub, de messages, d'appels... Il leur faut des armes, non seulement pour tenir, mais pour passer à l'offensive. Aussi doit-il se résoudre à la collaboration des Anglais, savamment organisés, à Londres comme à Aden, soutenus par leur gouvernement. Mais Denard assortit son compliment d'un coup de patte : « Je serai vigilant à ce qu'ils mentionnent bien, vis-à-vis des princes et de l'imam, ce qui est à porter au crédit du groupe Bob ! »

Cela procède moins d'une frilosité cocardière que d'une sagacité toute gasconne. Il ne laissera pas trahir ses « soldats sans frontières », prisonniers du désert, du djebel et du temps, écrasés sous les chapelets de bombes de l'aviation égyptienne, seuls avec leurs espoirs et leurs démons, sans le secours des nouvelles de France, de Belgique ou d'ailleurs. Le courrier arrive mal et les postes de radio ne distillent que des bribes d'infos. On comprend que le délai imparti aux Égyptiens pour décamper, sous l'égide de l'ONU, doit expirer le 5 janvier 1964. S'ils n'y souscrivent pas, les Saoudiens pourraient alors s'engager davantage auprès des royalistes. On se réjouit des rumeurs : le frère de Ben Bella, raconte-t-on, serait prisonnier des royalistes. La frontière entre royalistes et républicains serait si lâche que des guerriers de l'imam entreraient tous les jours sans contrôle dans Sanaa pour s'y ravitailler ou embrasser les leurs. Les gars de Tony de Saint-Paul, à Néhem, auraient eu la peau d'un général égyptien, Enwar el-Ghab... Fausse nouvelle. La seule certitude : les nuits sont froides l'hiver dans les montagnes, la lune éclaire un ciel très pur, et, quand le soleil émerge de l'horizon, les feux de camp brûlent encore, réchauffant à peine des grappes de guerriers à moitié gelés, couverts d'une simple toile.

Bob est sans cesse en mission d'inspection dans le Nord; Maury est toujours à l'hôpital de la Croix-Rouge et Freddy à Nékoub; Bracco et six gars sont restés à El Khandjer et, entre deux bombings ou straffings, entraînent les *askaris*, les soldats du roi. El Khandjer restera le camp d'appui des mercenaires.

Bob et les siens font des cartons au mortier sur les positions égyptiennes chez les princes Hassan et Ahmed Ben Hussein. Ils manquent d'armes, de munitions; en demandent à Bracco, qui leste un camion Ford. Mais les balles traçantes des Migs, absents du ciel depuis trois semaines, détruisent le Ford et son fret – comme si Stamboul avait vu juste, et que le ver était dans le fruit. S'il y a eu trahison, de qui vient-elle? De ce radio de Boaw? A-t-on le temps d'y réfléchir vraiment? On sait seulement que Stamboul et son ami Cooper, l'Anglais, ont échappé de justesse à plusieurs attentats à Néhem. Un jour, Cooper a allumé une cigarette, l'a reposée sur le cendrier, et elle a éclaté. Le tabac venait de Sanaa.

Il est clair que la présence des mercenaires en offusque beaucoup. La prime attachée à leur tête en témoigne, qui varie, selon leur notoriété, de cinq mille à dix mille dollars. Bracco préfère oublier et se réjouir d'une superbe mitrailleuse quadruplée à cinq cents coups, reçue en « cadeau » la veille de Noël, un peu bancale, mais prestement restaurée. Elle ira dans un buisson, dans l'oued, plutôt qu'au pied des grottes, là où la chasse ennemie, les yeux braqués sur les trous du djebel, ne la cherchera pas.

Pour rester féodal, le Yémen ne pratique pas la trêve de Dieu comme dans l'Occident chrétien, et, à Noël, le ciel est en feu. Les Migs détruisent l'armurerie d'El Khandjer. Des balles, et des obus par dizaines, de la dynamite par caisses, tout explose. Vingt-sept minutes d'enfer à secouer la voûte même de la grotte et à souffler l'énorme rocher en pain de sucre. Rien à sauver hormis trente obus de char. Les blessés hurlent, pas de médicaments, pas de véhicules.

« T'en fais pas, Bob, on s'en sortira! » lui écrit Bracco.

On imagine Bob recevant la nouvelle, impavide devant le prince Hassan, mais serrant les poings, se promettant rageusement de rendre coup pour coup, d'avoir un jour une vraie DCA et des armes d'assaut. Depuis son arrivée, il sait qu'il jouit de l'estime des princes, et le vieil Hassan, qui sait jauger les hommes, scrute avec intérêt cet homme étonnant, à l'aise dans sa robe yéménite à la ceinture de laquelle pend un colt, ce regard très bleu qui contraste avec les cheveux et la moustache noirs. Ces *Frenchies*, qui ont tué sept Égyptiens et descendu deux Migs, ne sont pas des enfants de chœur.

Bob a deviné la personnalité complexe de Hassan et perçu peut-être, inscrits dans son histoire, les dangers qu'elle recèle. Derrière le petit homme aimable à la calvitie naissante et à l'étonnant bonnet rond, se cache le premier des émirs, le frère de feu l'imam Ahmed, l'oncle de l'imam vivant. Premier parmi ses pairs, les émirs imberbes, le vieux a près de soixante ans, le prestige et la maestria. Il a été imam pendant quelques semaines, le temps que « ressuscite » el-Badr, qu'il n'estime guère, et s'est depuis installé à Borgha, en pleine montagne du Nord, au cœur du pays zeïdite, berceau des imams. Non content de s'appuyer sur ses fils et ses neveux, il a la confiance du troisième homme de la rébellion, le cadi Sayaghi, dont il a fait son vice-Premier ministre. Le cadi n'est pas prince, mais « sage » en Coran, juriste, respecté, savant, fort de l'amitié, probablement intéressée, que lui portent le roi Séoud d'Arabie et son tout-puissant frère Fayçal.

Au même moment, dans les sommets déchiquetés des Kwolands, Stamboul, pour qui le courage est la vie même, se bat sans peur. Il est heureux, il aime ceux qui l'entourent – Karl, Marc, l'Amiral, Pierre *, et les autres, les guerriers de Mohammed Ben Mahcen, un jeune prince audacieux. Stamboul, trente-six ans, reconnaît en Karl son élève. « Bob, il est formidable, ton Karl ! » Robert en ressent une légitime fierté : c'est lui qui l'a choisi.

Mines, plastic, harcèlement, raids contre les cheikhs républicains, Yacks abattus – Stamboul, Karl, Marc et les autres accumulent les prouesses.

* Ce Pierre est, semble-t-il, Pierre Schoendorffer, comme permet de le croire l'article qu'il publie à la même époque sur la guerre dans ce secteur.

Le 22 décembre, Mohammed Ben Mahcen veut haranguer une fois encore les habitants du village du cheikh, menacé de bombardements. Stamboul et Karl sont à ses côtés. La chasse ennemie arrive brusquement. Stamboul et Karl courent vers les montagnes. Soudain, trois bombardiers. Karl plonge d'instinct, Stamboul, lui, hésite – une seconde. La bombe explose, l'arrache du sol. Son corps retombe, en sang. Karl prend Stamboul dans ses bras, sans un mot. Après, jusqu'à l'enterrement, ses frères le veillent, sous la tente où ils l'ont allongé, à l'endroit même où il est tombé, en présence de l'émir Abdallah et de ses guerriers. Dans le silence, la neige et le froid, Stamboul, mort, reprend pour toujours son identité : Antoine de Saint-Paul. Un an plus tard, sa dépouille rejoindra El Khandjer à dos de chameau et, de là, l'Europe.

Le 12 décembre, il écrivait à des amis, en Europe : « Un petit mot de mes montagnes pour vous souhaiter à tous deux (trois peut-être) un joyeux et heureux Noël et un bon Nouvel An. Je ne m'étendrai pas sur mes activités. Elles sont nombreuses, et la vie que je mène est dure, très dure. Bien sûr, on ne parle pas du Yémen en Europe. Pourtant, ici, il y aurait de quoi remplir les colonnes d'un canard difficile. Ma tête, chez les Égyptiens, est passée de cinq cents dollars à dix mille. J'espère qu'elle montera encore. Preuve du bien que je leur prodigue *. »

Robert a la gorge serrée. Il se souvient d'un homme, alors inconnu, dont le nom, la photo, ornaient le journal *L'Aurore* – celui du premier aventurier français à avoir pris le chemin du Katanga.

* Cité par Le Bailly, *Une poignée de mercenaires*, Presses de la Cité, 1967, p. 216.

7.

Les subtilités de Nasser et du prince Fayçal – la tête politique de Ryad –, les roueries russes et américaines, n'atteignent pas le djebel. Là, on n'entend que le silence ou le bruit des rafales et des bombes. Le contrat de Robert ne lui demande pas de déchirer ou de recoller les morceaux entre « frères arabes »; seul y figure l'engagement aux côtés des maquisards. Dans son esprit, l'enjeu est clair. Il s'agit de s'opposer aux « rouges », en l'occurrence, les partisans du « socialisme arabe » de Nasser, adopté par Sallal. Mais le calcul « politique » est étranger à sa façon, qui ne requiert qu'une solide capacité à servir la cause des princes et du roi sur le terrain, à combattre, donc, les Égyptiens. C'est pour cela qu'il est fait, et prêt, s'il le faut, à mourir, comme Stamboul. – « Pour rien », diraient les cyniques.

Robert ne s'intéresse pas aux arcanes des tireurs de ficelles. Ceux-ci, au Yémen, ont opté pour l'enlisement, par refus d'une réelle volonté de s'en abstraire. 1964 se lève sur deux idéologies confrontées, nez à nez, sur deux camps armés. La libération chez Nasser et Sallal, l'archaïsme chez le roi? Rien n'est moins sûr. Nasser sait bien qu'il ne pourra définitivement l'emporter, et Fayçal d'Arabie et Hussein de Jordanie ont conscience que la monarchie féodale des imams est vouée au déclin. Le combat se présente, pour un regard lucide, comme absurde et sans issue; cependant il perdure. Les tribus resteront dans leurs réduits des montagnes, les chars et l'aviation à jamais défiés. Mais nul ne veut céder le premier.

Parmi les grandes puissances, l'Amérique ne se montre pas manifestement hostile à Nasser pour ne pas laisser le champ libre à Moscou, mais Ryad tire des pétroliers américains les dollars qui servent à soutenir l'imam. Washington plaide la paix, mais le désistement bilatéral de Ryad et du Caire, accepté dans son principe, ne s'amorce pas. L'ONU s'échine, en vain, à contrôler l'insaisissable trafic d'armes qui se fait à travers l'invisible frontière entre l'Arabie et le Yémen. Bientôt, écœurée, elle jettera l'éponge. Le Royaume-Uni, qui, depuis Aden, contrôle ses bases pétrolières dans le golfe Persique, fait un bouc émissaire idéal pour l'arabisme déchaîné. Mais, avec une imperturbable audace, il entretient en sous-main la guérilla du Yémen grâce à ses « experts », anciens de la RAF munis de contrats rédigés, à s'y méprendre, en « style mercenaire ». Sallal n'est-il pas une menace pour Aden?

Il serait naïf de croire en une possible détente, après la conférence arabe au sommet qui se tient au Caire, en janvier 1964, entre Séoud, Hussein, Sallal et Nasser, alors tous unis contre Israël, « le seul ennemi ». Ryad et le Caire s'embrassent en persistant, sans vouloir vraiment le cacher, à soutenir, l'un, Sallal, l'autre l'imam. Le Yémen s'enlise, et les bombes continuent à valser au-dessus du camp d'El Khandjer.

Bob, qui n'est, volontairement, ni à Paris, ni à Ryad, ni à Aden, mais au baroud, dans le djebel, se voudrait partout à la fois. À El Khandjer, près de Guy Maury, guéri de sa blessure, qui remplacera Bracco à la tête du camp; auprès du prince Ali à Boaw; auprès du vieil Hassan à Borgha ou d'Ahmed Ben Hussein dans les Kwolands; à Néhem, où Stamboul est mort et où « son » Karl se bat... Voyages incessants à travers les maquis, les grottes, durant des semaines, dans des conditions épouvantables, en Land Rover, à dos d'âne ou de chameau, à pied, point relevé au sextant, sous la menace permanente de la chasse égyptienne et des trahisons des tribus – toutes réjouissances qui lui tirent ce sourire :

« Le djebel n'a plus de secret pour moi. L'aviation ne cesse pas un seul jour de nous souhaiter un petit bonjour. Bah! Le djebel est si grand! On pilonne à fond, munitions rares, l'adversaire. Comme c'est un plaisir de le voir cavaler en tous sens. Oh! La bouffe est rare. Inutile de préciser que nos messieurs font parfois une drôle de gueule. Mais peut-on tout avoir? * »

À El Khandjer, Guy Maury et Roger Bracco mettent les bouchées doubles, se collettent avec les tribus, les assauts, la pagaille des cheikhs, avec le prince Ali, qui ne veut rien décider en l'absence de son frère Mohammed, lequel s'attarde à Djeddah pour soigner sa blessure, avec les Anglais, qui confèrent en sourdine avec Ali, après avoir probablement soustrait quelques pièces au dernier canon reçu, un vieux 40 Boford sur roue, aimable trait de confraternité.

On s'inquiète aussi du « commandant François », arrivé à Beihane et qui ne vient pas; de Karl, qui refuse à Bob de rejoindre El Khandjer, parce que, « si François quitte Néhem, tout revient à zéro », de la paye, qui tombe à moitié et en retard.

Bob, lui, n'en finit pas de parcourir le djebel et, par lettre, essaie de convertir Mohammed et Ali à une possible métamorphose de la guérilla en guerre :

« Bons sont les projets de votre oncle, le prince Hassan, et de votre frère, le prince Ahmed. Ils méritent qu'on y mette le prix. Sans sous-estimer l'Égyptien, il serait possible de lancer bientôt une offensive sur tout le front, rapide et brutale... ! ** »

Mais il lui faut dix hommes de plus, dix experts. Ils lui sont nécessaires, comme il est nécessaire de prolonger de six mois les contrats, qui s'achèvent. Dix experts en training, dix autres en combat. Pour le Nord et les Kwolands, les princes Ahmed et Abdallah sont d'accord. El Khandjer, aussi, doit impérativement les avoir. Stamboul est mort, Georges Le Naour et Philippe Camus ont été grièvement blessés aux yeux par le napalm, mais leurs camarades ne baissent pas les bras. Fêtés ou ignorés, selon l'humeur des princes, ils se sont fixé à eux-mêmes leur propre but. Karl peut bien refuser de quitter Néhem et son prince, Mohammed Ben Mahcen, il s'y montre superbe.

« Bob, écrit Freddy, es-tu au courant pour Karl, le colonel

* Lettre du commandant Bob au Capitaine Maury à El Khandjer, 9 janvier 1964.

** Lettre du commandant Bob aux princes Mohammed et Ali, 20 janvier 1964.

Karl? Inouï! N'empêche que, pour lui, tu as vu juste; tu lui as trouvé son plein emploi. Et le jeune con est extraordinaire! »

« Colonel » Karl du fait du prince, comme jadis l'adoubement faisait les chevaliers.

Et que dire de Freddy, là-bas, à Nékoub, à la frontière de Beihane en terre d'Aden, qui, depuis six mois, consent à être sevré de combat parce qu'il faut cette antenne arrière, dans ce village-fantôme en pisé, écrasé d'ennui?

À la Noël 1963, on n'aurait pas donné cher de l'avenir des mercenaires de Denard. Trois mois plus tard, le cœur intact, ils ont relancé la machine, bataillé sur tous les fronts, relevé le défi. Pour l'argent? Fait-on cela pour mille dollars? Pour la gloire? Si elle ressortit au bonheur de se dépasser, de vaincre la peur, le climat atroce, l'incompréhension des alliés, le mépris général, alors, sûrement.

Pour tout cela, une poignée de mercenaires continue de remuer ciel et terre. Robert inspecte, visite les hommes, vérifie les armes, corrige un tir, entraîne un peloton de poseurs de mines, tout près de Saada, cet îlot républicain du Nord, corseté par la rébellion.

« Aujourd'hui, tir au mortier : vingt morts, un nombre indéterminé de blessés parmi l'ennemi. »

Dans un village dont les habitants ont été massacrés par représailles, il démonte deux canons de 37, transportés à dos de chameau et destinés au front, et échappe de justesse à deux bombes qui, manifestement, le visent. Le prix de sa tête a encore augmenté.

Bob a un but : en finir avec ce type de guérilla non coordonnée, qui ne vaut que pour des coups téméraires. Plus savante, elle pourrait secouer l'armada ennemie. Puisque la rébellion a un cœur, en l'occurrence l'imam Mohammed el-Badr, quelque part sur la frontière Nord, c'est là d'abord que doit porter l'électrochoc, que doivent être larguées massivement armes et munitions, qu'un avion doit atterrir sur les trois kilomètres de piste bosselée, avec à son bord Bracco – et au sol Maury. Pour chaque secteur, Bob rêve toujours de ces dix spécialistes de combat, de ces « dix commandos », dotés d'un réseau radio parfait, dirigés par un chef qui déciderait des opérations avec le prince. Bob, à l'état-major, combinerait les coups, mettrait en place un entrelacs d'assauts coordonnés et de sabotages au cœur même des villes occupées. Le camp d'entraînement d'El Khandjer serait un modèle de discipline, par-delà les problèmes tribaux, un vrai camp, enfin, enclos, gardé, tenu fermement par Maury, qui, seul, dispenserait soldes et vivres.

Bob n'en est encore qu'à rêver ce schéma idéal, mais, à la fin mars 1964, les Yéménites commencent réellement à comprendre l'ordre, l'horaire, le silence, l'absence punie, l'assiduité gratifiée, le sens des mots *assaut, débordement, attaque frontale, embuscade coordonnée,* le maniement des mitrailleuses, des mortiers, des canons, des bazookas. Les cheikhs restent calmes – leur susceptibilité a été ménagée –, et leurs guerriers sont sur le point de s'adapter à la guerre moderne. Lorsque les Égyptiens tentent une percée vers le sud pour desserrer l'étreinte sur Saada, ils mésestiment complètement ces va-nu-pieds des montagnes. Or, l'embuscade sera parfaitement coordonnée, et les Égyptiens laisseront des centaines de cadavres au soleil et aux rapaces.

À Paris, Roger Faulques a repris les rênes de l'affaire, pressé Cham (Si Shamir) d'assurer les versements qu'ils doit, redoublé d'efforts pour disposer enfin d'un réseau de radios à cristaux qui fonctionnent, réglé le problème d'assurances de Christiane, la femme de Stamboul, fait renouveler les contrats des gars de Bob pour six mois, organisé leurs congés par groupes de deux ou trois pour trois semaines. Il a même apporté son cadeau d'anniversaire à Giselle et serré la main du petit Philippe... « Vu ton fils, Bob; toujours beau et costaud! »

Roger désire se rendre d'urgence à Djeddah, à Aden, à Beihane, pour assurer des liaisons souples, et il met en garde pour n'avoir pas à sévir :

« Pas mal de journalistes cherchent à aller là-bas, Bob. Bien recommander aux gars de s'étouffer : pas de photos, pas de récits guerriers, pas d'armes brandies. Il faut éviter ragots et campagnes de presse. À la moindre indiscrétion, les assurances seraient résiliées pour fausses déclarations. Vu? »

Faulques connaît désormais les vertus du secret. Le salon de l'hôtel *Kandara,* à Ryad, accueillera souvent ce personnage discret, qui vient y méditer entre deux voyages.

8.

En deux ans, sept tonnes d'armes et de munitions seront livrées aux guerriers de l'imam ; cela peut paraître beaucoup, c'est en réalité dérisoire. Il eût fallu armer quelques dizaines de milliers de guerriers contre les quarante mille hommes suréquipés de Nasser. En ce printemps 1964, les effectifs égyptiens, loin de diminuer, se renforcent de deux mille hommes. La guérilla fait rage.

Les républicains ne tiennent bien que Sanaa, Hodeïda, le Sud ; ailleurs – à l'Est ou au Nord –, ils se cramponnent dans des sites bunkers – Harib, Saada, Hazan el-Marib – complètement isolés de leur territoire. Bob est satisfait. Les opérations coordonnées coupent routes et approvisionnements. Taïz, Marib et Saada sont enclavées ; elles ne tarderont pas à tomber, croit-on.

Dès la fin de mars, l'aviation égyptienne doit mettre les bouchées doubles, et pilonne Harib, alimentée par le cheikhat de Beihane et protégée par Aden.

Deux fronts sont ouverts désormais, le Nord et l'Est. En ce printemps et en cet été 1964, les mercenaires vont sans cesse de l'un à l'autre par les dunes, en des marches harassantes.

« Dans le désert, la soif devient terrible et l'eau, grisâtre, a un goût de vieux cuir... À Marib, la merveilleuse, aujourd'hui les hautes maisons de pisé sont silencieuses et menaçantes de la présence de l'ennemi égyptien. Un peu plus loin, les ruines de la fameuse digue du temps de l'Arabie Heureuse, pierres blanches implacablement taillées sous la lune. Le chemin en silence ; les conciliabules des éclaireurs ;

les fusils chargés et armés; les premiers vallonnements rocheux. Les Bédouins se détendent et recommencent à parler sous la lune qui descend, tandis que, derrière nous, se lève l'aurore du désert. Le rocher de Marib s'estompe dans la brume grisâtre. On marche sans cesse. L'Amiral est kidnappé, rançonné contre trois fusils. Puis les rançonneurs font la paix et offrent le mouton bouilli, dont l'Amiral s'abstient par dignité. Ce n'est pas de l'hostilité, expliquent-ils, mais le sens des affaires, tout simplement. »

Arrivée à Djara, Kim d'Estainville est là, seul depuis deux mois, sans radio ni argent. Les tribus hésitent, et les villages redeviennent républicains par terreur des représailles égyptiennes. Le « colonel » Karl presse tous les jours son prince et ami de reprendre les combats. Tous deux ont vingt-deux ans. Mais que peut faire le prince « charmant, ébouriffé et brouillon », avec son budget de mille souverains d'or, ridicule pour l'entretien de quinze mille hommes? Le vrai maître reste le tout-puissant cheikh el-Ghader. Les Égyptiens, d'ailleurs, semblent ne plus vouloir se battre et préfèrent gagner politiquement, donc financièrement, les tribus, en achetant leur neutralité.

De cette situation absurde qui ne fait ni vainqueurs ni vaincus, les princes semblent s'accommoder, comme les guerriers, qui retournent à leur double démon de l'indiscipline et de la vénalité.

« Ils sont définitivement allergiques à toute stratégie, s'insurge Bob. À chaque fois, désormais, une catastrophe. Voilà qu'un jour je veux les secouer encore, monter un coup avec le prince Hassan. Simultanément, une préparation au mortier pour moi, pour eux, l'assaut. J'y vais de bon cœur, mais pas eux. Ils empochent leurs pièces d'or et n'attaquent pas. Hassan veut arrêter le tir par l'envoi auprès de moi d'une estafette, car je n'ai pas de radio. Son homme courant sur les escarpements, comme une chèvre, qui se met à implorer Allah! Bravo! Les précieux obus de mortier seront partis en fumée. »

El-Ghader le magnifique continue de donner dans ces pirouettes subtiles, qui frappent d'inanité toute velléité d'offensive, et le moindre seigneur lui emboîte le pas. Bob, pourtant, n'est pas vraiment décontenancé. Le temps est loin où El Khandjer, au pied du Djouf, suffisait seul à l'occuper.

Depuis, il s'est fait l'« arpenteur des djebels » – et il tiendra jusqu'au bout. Le désert n'anesthésie pas son énergie ; il semble la décupler.

« C'était vraiment la grande aventure, se souvient-il, celle qui m'a vraiment bouleversé. J'y ai mieux connu et compris les hommes que nulle part ailleurs. »

Peut-être parce que, dans ses pérégrinations, il se fait aussi médecin.

«*Akim,* j'ai mal ! » Combien de fois a-t-il entendu cette plainte, de maquisards, de villageois, de gosses aux yeux purulents ? Bob est pour eux *akim*, docteur, comme tous ceux qui ont sur eux une aspirine ! Les miracles de la pénicilline et de la pommade ophtalmo le font même un peu sorcier, comme ce fameux Tintin, un proche de Bastien-Thiry que Faulques lui a envoyé, un « type maigrichon, rouquin et quelque peu chauve » de vingt-cinq ans. « Il arrivait que des Bédouins fissent cent kilomètres à dos de chameau pour le voir. Même les femmes consentaient à ce qu'il les examinât. » Des Bédouins guéris, des enfants qui voient, les yeux lavés de leur pus – Bob et Tintin ont droit chaque fois au mouton bouilli.

Dans ce désert – un des plus beaux, un des plus sauvages –, ils se sont fondus jusqu'à succomber à son charme étrange. Immense, le vent y souffle, terrible ou plein de douceur, souverain des sables qu'il soulève, des cailloux qu'il ronge, use, burine. Il transforme, il purifie, il ensevelit. Fatalement, l'âme s'y marque. Bob devient lui-même dans la force de ce dépouillement. Assis dans une grotte, auprès du prince Ahmed, le frère de Mohammed Ben Hussein, il aime s'entendre appeler raïs Abdallah.

– Il faut que tu sois musulman, lui dit le prince Mohammed Ben Hussein, pour que tous ces gens croient en toi.

Mais c'est d'abord pour lui que le raïs Abdallah lit dans les livres de l'islam, dans le Coran, qu'il juge à la mesure de l'homme, si près de la vie, si vrai.

– Si cela continue, je vais pouvoir te marier, raïs Abdallah ! sourit Ahmed.

À l'ombre de la grotte, Bob rêve plutôt à la femme superbe de l'officier anglais qui s'occupe du courrier à Aden, « si éblouissante dans sa robe de voile au sortir du désert ». Ou à l'hôtesse éthiopienne, à ses caresses suaves, dans la moiteur des nuits d'Aden, pour lesquelles il a dû payer « une foule de types – tous les gardiens de l'hôtel –, afin qu'ils se taisent ». Pourtant, nulle ne l'attire autant qu'une bergère de village aux immenses yeux noirs pudiquement baissés. Mais touche-t-on à une femme en terre d'islam? L'incroyable arrive, cependant.

« Ahmed tiendrait-il à me garder auprès de lui? Aurait-il levé l'interdit auprès de la jeune bergère? »

C'est que le prince, en effet, a besoin du raïs Abdallah. Il ne cesse de craindre pour lui. Un jour, il se fâche d'apprendre que Bob a voulu pénétrer en secret dans la légendaire Marib, sur laquelle règne encore le fantôme de Balkis.

« Marib, se souvient Bob, était aux mains des républicains. Enfin, bien déguisé, royaliste ou républicain, malin est celui qui peut faire la distinction. Mêmes vêtements, mêmes véhicules, et souvent capables de servir les deux camps à la fois! J'en suis sorti entier. »

Quatorze mois viennent de s'écouler et les chefs royalistes continuent de se payer de mots. Mohammed Ben Hussein, dans le Djouf, s'entend bien avec Abdallah Ben Hassan, dans les Kwolands, avec Ahmed Ben Hussein, dans le Nord; Fayçal d'Arabie s'entend avec tous; et le conflit s'enlise. Le manque de ravitaillement et d'argent se fait cruel, les projets grandioses se succèdent sans qu'on y donne suite, et les agents spéciaux de sa majesté feraient bien des Franco-Belges les parents pauvres de la rébellion. Faulques, passant par Aden à cette époque, les trouve « emmerdants avec leurs précautions de roman feuilleton! ». La présence des experts, désormais, n'est plus un mystère.

Sanche de Gramont écrit, le 4 août 1964, dans le *New York Herald Tribune* : « Les royalistes ont recruté de trente à cinquante mercenaires européens, qui les ont aidés à former des groupes efficaces au combat. Ces vétérans d'autres guerres ont probablement fait toute la différence entre un effondrement complet du front royaliste et une situation qui les voit contrôler une partie du pays avec des points très forts. »

Les gars commencent à se lasser, et Bob jongle comme il le peut avec les congés, les remplacements, les renouvellements d'assurance; le recrutement devient difficile. Il s'insurge : « Pourquoi recruter les mêmes, parfois des types passablement amortis? » L'atmosphère se fait délétère, pleine de lettres désespérées, de bavardages, de déplacements et d'activités brouillonnes, de chuchotements, de coups de gueule, de réconciliations. « Bob, j'ai cinq cent mille cartouches dans mes soutes. Pas mal, hein? Pour le reste, je m'écrase et j'obéis à tes ordres! », écrit Karl. Et Roger Faulques insiste : « Mon cher Bob, tu es le patron de ton coin; c'est à toi que revient le commandement absolu. N'hésite pas; liquide si tu le juges nécessaire! »

Cette guerre, dure et épuisante, use leurs nerfs. Ils se sentent impuissants devant ce chapelet de bombes qui tombent du ciel. On les abreuve surtout d'assurances, de promesses. Alors, ils pensent à eux, à leur mère, à leur fiancée... Surtout depuis la mort de Saint-Paul – l'assurance anglaise s'est fait tirer l'oreille pour verser les vingt mille dollars. De quoi peut-on être sûr? Bob défend ses camarades. Quand il le sentira nécessaire, il ira à Paris, épurera l'antenne, fera le jour sur l'argent détourné, et il dira tout, à sa manière, directe, inflexible. Il se crée ainsi des ennemis, mais, de cela, il n'a cure.

Puis ce sera le tour du prince Mohamed Ben Hussein d'être ulcéré. Comment! Le commandant Bob se plaindrait des princes, qui ne l'aident pas et le freinent au baroud! Et il ne se confie pas à son ami Mohammed! Certes, sa désillusion est fondée et l'incompréhension de l'émir Hassan, injuste. C'est vrai que le commandant Bob peut s'irriter de l'intention offensive qui n'aboutit jamais, de sa pauvreté en munitions, mais lui, Mohammed Ben Hussein, ne lui a jamais manqué!

Sans doute; cependant, en septembre, le projet de Bob de constituer un groupe mobile motorisé avorte encore. « Un truc puissant, rapide, pour harceler l'ennemi dans ses postes, sur les pistes. Les Européens, trente Yéménites, quatre Land Rover, cela aurait fait du grabuge. » Un moyen merveilleux, à sa mesure, parfaitement adéquat à la partie désertique du Sud et du Sud-Ouest du front royaliste. L'échec, on le doit à l'« incompréhension » du vieux, l'émir Hassan, qui rumine ses revers et ses inquiétudes.

Dans les communiqués officiels internes, les victoires succèdent aux victoires, tout le monde est en liesse et tire en l'air. On pourrait en sourire.

La veille du 5 septembre, jour anniversaire de la « révolution républicaine », le troisième homme du parti du roi, le cadi Sayaghi, le sage, est assassiné sur la route du Djouf, et sa mallette, bourrée de documents, disparaît. Quant aux Anglais, ils dénigrent les gars de Bob, persistent dans leur travail de sape. « *Mr Bob? He is fishing.* » Si Shamir, à Londres, à Djeddah, se fait complice des ragots, les approuve, les glisse à l'oreille du prince Fayçal, à Ryad, qui en avise Mohammed Ben Hussein, à El Khandjer.

« Quel circuit ! On cherche à discréditer mon groupe. Ces échos me laissent indifférent. Non, je n'ai jamais reçu de budget personnel de mon gouvernement pour mener une guerre personnelle au Yémen. Tous peuvent-ils en dire autant ? Je n'ai jamais eu la prétention d'anéantir l'armée égyptienne, mais j'ai la certitude que nous pouvons leur créer bien des soucis. Je n'ai, cher prince, qu'à me louer de notre collaboration. Je pense que le mieux est de traiter par l'indifférence ces critiques et de prendre pour devise " bien faire et laisser dire ". »

Ce ton de franchise fait mouche. Mister Bob et le prince reconduisent sans peine leur pacte d'amitié.

L'aventure continue, dans l'attente et l'approximation, mais dans le refus, aussi, de se laisser user, l'envie de tenter l'impossible. En rentrant de Paris, au mois d'août 1964, Bob fait escale à Djeddah, où il attend pendant des jours qu'un émir, beau-frère d'une des concubines du roi Fayçal, veuille bien le recevoir. Il s'arrête à Beyrouth, aussi, où la chaleur est accablante. Il s'assied près de ses valises et de trois tubes bizarres.

– Qu'est-ce que c'est ? hasarde le douanier de service.

– Ça ? Un nouveau truc pour forer le sable et trouver de l'eau, répond Bob.

Ces « trucs », en fait, sont des lance-roquettes Matra, expérimentés au Katanga, avec leur canon trop court et leurs fusées qui, « alors, partaient dans tous les sens et se cassaient la gueule ». Mais elles ont été, paraît-il, améliorées. Bob et ses deux gars, n'ayant pu les fourrer dans leurs valises, les ont prises sous le bras !

– *French very good!* clament les Yéménites.

Mais les mois s'écoulent. Ils n'attaquent pas. Les princes se terrent dans leurs montagnes. Les mercenaires, finalement, se dépassionnent et commencent d'écouter les bruits de la brousse, du côté de ce Congo où l'on recommence à se battre.

LIVRE SIXIÈME

LES LABYRINTHES DU CONGO

1.

C'est lorsque Bob rentre en France, pour y prendre un repos de fin d'année durement mérité, que le tournant se dessine. Naturellement, il est là pour embrasser sa mère et sa sœur et pour remercier la chère Nénette de le vouloir tête de liste contre le maire de Grayan. « Mais crois-tu que je sois prêt à déchausser mes bottes? »

Depuis presque un an, le Congo est à feu et à sang. Un vieil ami, bien informé, met Robert en garde :

– Une merde invraisemblable, avec multiples recruteurs et légions de traîne-savates d'Afrique du Sud et d'ailleurs. Ne pas y toucher! C'est une double anarchie : celle des Noirs et surtout celle des Blancs.

Pourtant, quand Tschombé, le revenant, Premier ministre du Congo, lui fait un signe, Bob est bien tenté d'y répondre. Il se sent tout à fait prêt à lui demander de vive voix ce qu'il lui a demandé par écrit le 29 novembre, de son quartier du Djouf – à lui faire une réclamation en bonne et due forme, « concernant le contentieux d'une époque où je me trouvais à votre service... », précise-t-il, aimable, mais ferme : 2 229 252 francs belges pour Bob Denard, Freddy Thielemans, Karl Couke, Freddy Sergonne, Marcel Dosquet, Georges Le Naour, Philippe Williams, Marc Robbyn. Une vieille dette du temps du Katanga contractée et non honorée par Tschombé.

Le commandant Bob, de ce point de vue, ressemble à ces patrons mercenaires de jadis, qui souffraient mal les « oublis » des princes. Tschombé ne s'en offusque pas et ne perd pas espoir de se rallier Bob Denard. Il sait seulement qu'il lui faudra passer sous les fourches caudines de ce redoutable négociateur. Il le sait depuis cette lettre du 1er décembre :

« Excellence,

« Je viens de rentrer du Yémen, j'ai appris votre visite à Paris, et je serai très heureux de pouvoir vous rencontrer; je suis certain que notre entretien serait des plus bénéfiques à cette situation. Vous êtes sûrement au courant que, depuis dix-huit mois, je suis engagé, avec une partie de mon groupe, au service de l'imam el-Badr, du Yémen, qui lutte contre les Égyptiens qui occupent son pays, avec une armée de plus de 40 000 hommes. J'ai appris votre séquestration au Caire, alors que vous vous y rendiez en toute loyauté. Je pense que de savoir vos anciens serviteurs engagés pour défendre une cause contre vos propres ennemis ne peut que vous remplir de joie. Je tiens à vous assurer combien je regrette de ne pouvoir être parmi vos combattants actuels, mais l'opération à laquelle je participe, actuellement, n'est pas terminée. Il n'est pas dans mes principes d'abandonner ceux que je sers dans les moments difficiles. Je sais que des gens, bien intentionnés, n'auront pas manqué de me calomnier; cela ne peut m'atteindre, car j'ai ma conscience pour moi.

« Le pays où je me trouve est loin de ressembler au beau pays qui est le vôtre; les conditions de vie sont loin d'être celles que nous avons connues et que ceux qui vous servent actuellement connaissent. Nous vivons dans des montagnes arides et désertiques, dans des conditions physiques très dures, ne sortant que la nuit, pour des actions de guérilla. Le jour, retranchés dans nos montagnes, nous faisons l'instruction des guerriers yéménites royalistes. Les moyens de transport n'existent pas. Nous ne pouvons nous déplacer qu'à pied ou à dos de chameau. Malgré tout, nous faisons du bon travail. Le moral aussi est excellent. Nous ne sommes rattachés à la civilisation que par la radio. Cela nous permet d'avoir de vos nouvelles, que nous suivons avec attention.

« Malheureusement, la cause yéménite manque d'appui. Nous nous sentons, parfois, bien isolés. Extérieurement, cette cause a besoin d'être entendue. Notre encadrement, les troupes de l'imam el-Badr, gêne beaucoup les Égyptiens –

nous en avons conscience; c'est cela qui nous donne le courage de continuer. Ce sont des facteurs très importants. Je sais que vous comprendrez ma situation actuelle. La lutte que nous menons, au Yémen, est une lutte commune avec la vôtre puisque nos ennemis sont les mêmes. »

Tschombé se montre chaleureux, souple. Denard est nécessaire pour nettoyer la rébellion, et, s'il accepte la mission, il aura les pleins pouvoirs pour constituer et commander sa propre unité. Pour qui connaît Bob Denard, c'est la condition *sine qua non.* Tschombé se porte garant de Mobutu, commandant en chef de l'armée congolaise, mais Bob, prudent, préfère prendre ses assurances auprès de l'intéressé lui-même. Le 1er décembre, à Léo, Mobutu confirme les promesses de Tschombé.

« Le courant, entre nous, est passé, note Bob. Nous avions le même âge : trente-six ans, un passé similaire – lui ancien sergent de la force publique, puis journaliste; moi ancien caporal de l'armée française, puis vendeur de cuisinières. Et puis, je n'étais pas belge, ce qui balayait les rapports de l'ancien colonisateur à l'encontre de l'ex-colonisé. »

Bob, malgré tout, serait bien tenté de dire : « Que tout cela soit écrit ! »; comme les chefs militaires romains. Mais c'est l'Afrique, et il ne peut s'épargner la partie de bras de fer qui accompagne toujours ses méticuleux engagements.

Dix jours plus tard, il relance Mobutu : « Sans garanties précises, il m'est impossible d'engager qui que ce soit. » Il réclame un contrat de six mois pour tout le groupe, imputé sur le budget de la Défense nationale, géré et administré par lui. Avec, en péroraison, ce rappel ironique : « J'apprends que d'autres contrats n'auraient pas été respectés : primes de danger impayées, retards dans les transferts... »

Le 28 décembre, Bob annonce à Mobutu que, faute de ces garanties, il rend libres les hommes de s'engager individuellement s'ils le veulent; lui regagne le Yémen.

Mais c'est nanti de l'assurance écrite de Mobutu – « le groupe Denard recruté, administré et commandé par Denard » – que Bob rejoint le Djouf, El Khandjer, au début de janvier 1965. Désormais, le choix est fait et la voie tracée.

Mais, préalablement, il a pris garde que le Yémen ne soit pas abandonné. Faulques le remplacera sur le terrain auprès des princes, avec une nouvelle équipe.

Bob incline peu aux regrets et à la nostalgie; pourtant, cette fois-là, devant l'amitié insistante du prince Mohammed, devant ces askaris souriants bardés de cartouchières, il a le cœur gros.

– Bon sang! Je reviendrai! Pourquoi diable a-t-on envie de satisfaire tout le monde? Oui, je reviendrai et je créerai quelque chose de grand.

La rébellion royaliste s'enlise et va durer encore longtemps. Sur cette terre, où il a combattu, commandé, dompté l'adversité, sur tous les fronts – celui de l'ennemi, celui des amis, celui des princes –, il laisse un peu de lui-même. Mais jamais voyageur passa-t-il impunément par le désert?

2.

Dans les premières années de son indépendance, le Congo semble frappé comme d'une malédiction. La fin de la sécession katangaise, en février 1963, le départ de Denard, le retour de Schramme à la vie civile, l'exil de Tschombé sont oubliés tant le pays se débat dans l'anarchie. C'est sur ce désordre que se développe, comme souvent, l'horreur. Bob Denard n'en ignore rien. Il s'est juré de revenir un jour au Congo; il a foi dans l'aide que peuvent apporter les mercenaires aux pays africains, dont les armées nationales, encore immatures, ne peuvent suffire.

Bob croit profondément en l'utilité de son métier. Être mercenaire est sa fierté. Il se veut « professionnel éclairé » et n'avance pas les yeux bandés dans la guerre. Sur les amis, les ennemis, les employeurs, les collègues, les puissances tutélaires qui veillent jalousement sur l'essor des jeunes États d'Afrique, il porte un regard lucide. Ce qu'il voit, cette fois, au Congo, c'est une spirale de folie. Depuis le départ des mercenaires de Denard, en mars 1963, l'ONU, victorieuse, a failli à la tâche pour laquelle elle avait été mandatée en 1960 : réunifier et pacifier le pays. Qui, d'ailleurs, pouvait le faire? Le Congo est un « monstre » – de tendances, d'ethnies, de déchirements –; il est énorme et riche à susciter toutes les convoitises.

Cyrille Adoula, Premier ministre, successeur de Lumumba, essaie de tirer la leçon des crises, faute de pouvoir les prévenir. Le Katanga et le Sud-Kasaï restent insurgés; les conflits abondent entre le chef de l'État et le Premier ministre ; les querelles entre l'exécutif et le législatif ont déjà été sanctionnées par deux fermetures du Parlement – en septembre 1960 et en septembre 1963 ; 21 provinces morcellent le pays ; les responsables se sont conduits en potentats absurdes, en satrapes corrompus et aveugles, opprimant les ethnies minoritaires et les mouvements nationalistes, qui ont répondu par le tribalisme, les meurtres rituels, les vengeances horribles. Le gouvernement de Léopoldville anesthésié, les politiciens acharnés les uns contre les autres, c'est le champ libre aux fonctionnaires pourris, aux soldats de l'ANC – l'armée nationale –, sans solde, peu ou mal commandés, qui se comportent en reîtres, rançonnent, rackettent, massacrent. Une mise à sac. Une boucherie.

Adoula, qui craint l'inéluctable désengagement des Nations unies – prévu pour le 30 juin 1964 –, s'est tourné vers la Belgique et les États-Unis. Il se débat comme un beau diable pour trouver l'issue politique, lorgne vers un système présidentiel à exécutif unique, fort, libéré des chambres, le soumet à un référendum.

Il le gagne, mais trop tard. La rébellion triomphe. Le tiers du Congo, dans l'Est, le Nord et le Centre, est entre les mains de trois révolutionnaires inspirés, soutenus par Mao : Mulélé, Soumaliot, Gbényé. C'est une guerre terrible, qui est partie du Kwilu, la province de Mulélé dans l'Est. La magie renforce l'idéologie. Les sectes religieuses débordent les chefs militaires, se livrent à la sauvagerie, à l'anthropophagie. Les fidèles crient « Maï Mulélé ! » (l'eau de Mulélé), et se croient invincibles.

Enfant, Pierre Mulélé avait créé la Compagnie anti-Immaculée Conception. Adulte, il récupère son réseau et baptise avec son eau, qui rend invulnérable. Près des autels dressés à la gloire du martyr Lumumba, la foule en furie hurle « Maï Lumumba ! », « Maï Mulélé ! », et tue tous les « ennemis de la révolution ». On viole, on éviscère, on dévore les membres coupés à la machette, on fait des sacrifices humains, on tue par milliers. Une rébellion qui gagne comme un feu de forêt ; une armée gouvernementale terrorisée, débandée par ces *Simbas* * nus, au corps recouvert de terre consacrée.

La révolte des Simbas manifeste une volonté de décoloni-

* « Lions » en swahili.

sation brute, absolue, magique. Aux discours maoïstes des leaders répond l'éruption instinctive, mythique, d'une « négritude » qui s'affronte massivement au colonialisme, au néocolonialisme des puissances d'argent. Bientôt, la province orientale entière est à feu et à sang. Gbényé s'installe à Stanleyville. Mulélé se terre dans le Kwilu qui nourrit sa légende. Les Chinois se frottent les mains et œuvrent en sourdine depuis leurs ambassades du Congo-Brazza et du Burundi.

À Washington, à Bruxelles, dans les lobbies miniers et financiers, on fait grise mine; on cherche les recours; et on trouve Tschombé. Contre la légende de Lumumba, les fétiches de Mulélé, la statue de Mao, il faut Tschombé. Monsieur Tiroir-Caisse, depuis son exil doré de Madrid, n'a pas désarmé, et il a demandé à Mike Hoare de lui recruter des mercenaires en Afrique du Sud. Une envie de profiter du chaos et de reprendre son Katanga... Mais il accepte qu'on lui offre le Congo tout entier, débarque à Léo le 26 juin, clame : « Congolais, je vous ai compris! » devant une foule en délire, et commence par échouer dans son plan de réconciliation nationale.

Tschombé, Premier ministre, n'a pas que des amis. Les troupes se mutinent. Les Simbas gagnent du terrain à la vitesse du feu. À Stan, Gbényé se bombarde président d'une république populaire du Congo, reconnue aussitôt par les communistes et les Arabes anti-occidentaux. La barbarie atteint un effroyable apogée. Le monument à Lumumba de Stan ruisselle de sang comme un téocalli. Le premier sacrifié, Léopold Matabo, maire de la ville, agonise encore lorsqu'on le dépèce. On lui coupe les membres et on les distribue à qui veut les manger. On ampute le pied droit des « tièdes » à la hache; on les oblige à courir sur leur moignon jusqu'au monument à Lumumba. Seul le premier arrivé est gracié. On fend le crâne des autres, et, sur les cadavres, sur les cervelles, les femmes dansent. On décapite, on empale, on écorche, on énuclée, on émascule. Les trophées sont des mains, des langues, des seins, des organes sexuels. Des milliers de Blancs sont pris en otages, les villes tombent – Albertville, Baudouinville, Kindu, Coquilhatville. L'ONU est partie; Bruxelles et Washington ne souhaitent pas intervenir militairement; les États africains détournent la tête; l'armée est désemparée.

Tschombé se tourne vers ses mercenaires. Américains et Belges se voilent la face et expédient, les premiers des avions cargos C 130, les seconds une « assistance technique ». Les Simbas, rebaptisés Armée populaire de libération, se sont engouffrés dans le vide créé par l'effondrement brutal de l'armée nationale et, en deux mois, ont conquis la moitié du Congo. Mais leurs dirigeants s'entredéchirent, et ne parviennent pas à rétablir l'administration, à relancer l'économie, à faire d'une armée de furieux une force moderne, à glaner une reconnaissance internationale suffisante. Fous d'alcool et de chanvre, invincibles contre les soldats de l'ANC, les Simbas deviennent vulnérables dès qu'ils sont confrontés aux mercenaires blancs. Les balles cessent de se transformer en eau.

Le camp d'entraînement de Kamina, au Nord-Katanga, accueille des Allemands, des ex-légionnaires français, des Belges et des Sud-Africains. Tschombé, Mobutu et un petit homme déjà âgé, le colonel belge Vandewalle, en font le fer de lance de la 5e brigade motorisée, lancée à l'assaut des Simbas. Par vagues entières, les Simbas tombent en hurlant « Maï Mulélé ! » ; Albertville, Coquilhatville, Bukavu cèdent. L'étau va se resserrer sur Stanleyville, prise en tenaille entre le 5e commando étranger sud-africain, commandé par Mike Hoare – Mad Mike –, et les unités de l'ANC, encadrées par les mercenaires du 6e commando étranger du colonel belge Lamouline. C'est l'enfer sur Stan et dans le Nord-Est. On massacre les otages. À Paulis, au son de la fanfare militaire, les jeunes gens et les enfants dansent sur les cadavres jusqu'à en faire une bouillie sanglante.

À Bunia, on viole les religieuses sur la grand-place, rituellement, au milieu d'une foule ivre de chanvre. Une des nonnes, devenue folle, s'est mise à danser nue sur les cadavres. Celle-là, les Simbas l'épargnent. On ne tue pas les fous. Stanleyville libérée le 25 novembre, les chefs rebelles réfugiés au Soudan, il faudra encore entendre, de l'autre côté du fleuve, les hurlements des otages suppliciés. « Nous fabriquerons nos fétiches avec les cœurs des Américains et des Belges et nous nous habillerons de leurs peaux », a dit Gbényé.

Les libérateurs ne sont pas en reste d'atrocité. Ce même jour, le 25 novembre, Tschombé fait passer, discrètement, un décret-loi qui va conduire à épurer de façon sanglante les cadres de l'ANC. Il faut le rappeler, car les militaires ont eu conscience, alors, de payer le prix du chaos à la place des politiques et des fonctionnaires – les vrais responsables.

Tout le monde croit à la fin de la rébellion. Beaucoup de mercenaires décident d'en rester là. C'est prématuré. Les capitales provinciales reprises, il reste aux rebelles la jungle, les villes secondaires, les villages. Leurs alliés se mettent à aider plus activement les Simbas, progressivement dotés d'armes arabes et chinoises et de conseillers militaires.

La « pacification » va se révéler la phase la plus dure et la plus longue de la reconquête.

3.

Ce qui interdit à Bob Denard de s'inscrire parmi les premiers enrôlés de la contre-attaque congolaise, c'est qu'il s'estime trop engagé de cœur et d'action dans la révolte royaliste du Yémen. Parfaitement au courant de l'évolution de la crise, conscient de la place qu'il pourrait y prendre tout de suite, très tôt contacté par des émissaires, il aurait pu repartir pour le Congo dès septembre 1964. Mais il lui faut d'abord passer le témoin au « patron », à Faulques.

Jusque-là, il ne bougera pas, n'en déplaise aux calomniateurs.

« Cela ne peut m'atteindre car j'ai ma conscience pour moi », écrit-il à Tschombé une semaine après la chute de Stanleyville.

Il ne sacrifie pas à la hâte son engagement auprès des princes, et, enlisé dans la guérilla de position du Yémen, laisse Hoare s'illustrer seul dans la reprise de Stan.

Il lui reste le boulot énorme d'une « pacification » qui s'ébauche et de la réussite de laquelle dépend – du moins l'espère-t-on – l'avenir du Congo. Bob Denard, loin d'être une girouette que les primes ou l'aventure seule font valser au gré des barouds, aime infléchir le destin. S'il prise les jolis coups, les raids à un contre cinquante – il l'a déjà amplement démontré –, Bob est avisé, et il mise sur le long terme. Le « sabreur » est un réfléchi. Il ne quitte le Yémen qu'après avoir installé les bases d'une victoire future ou, au moins, d'une longue résistance.

Au Congo, s'il n'est pas le premier, il saura conduire

l'action que d'autres ont lancée jusqu'à l'irréversibilité. Parmi ces chefs de guerre, il en est peu qui transcendent l'esprit guerrier. Schramme peut-être, qui vient lui aussi de rentrer d'Angola avec son fameux bataillon Léopard.

Le Katanga a fait de Robert Bob le mercenaire et le Yémen, Mr Bob, l'expert. Au Congo, il deviendra le Colonel. La légende est en route. À force de ténacité mais aussi de bonheur, Bob est mercenaire comme d'autres sont acteurs ou prêtres, dans la conscience et la joie d'accomplir un destin. L'argent n'y a pas la première place, ni la gloriole. Pour durer dans ce métier, il faut beaucoup de chance et certaines qualités, parmi lesquelles l'art de s'entourer. Bob a exigé et obtenu de Mobutu la maîtrise de son recrutement et le commandement autonome d'une « unité Denard ». Pour s'assurer cette indépendance, il sait habilement rompre pour mieux gagner. Le Belge Lamouline, un lieutenant-colonel, commande le 6e commando étranger, vite appelée 6e codo ou 6-codo. C'est un commando francophone, à majorité belge, comme le 5e codo, de Hoare, anglophone, est à majorité sud-africaine. Entre les deux, cette différence : le 5e est une unité « compacte », composée de deux cent cinquante à trois cents mercenaires blancs; le 6e est un commando d'encadrement dont les mercenaires sont disséminés par petits paquets au sein des unités de l'armée congolaise, d'où sa relative faiblesse. Bob réclame de former, avec son groupe, un 7e commando, « compact ». Mobutu, qui ne veut pas mécontenter les Belges, a conseillé à Lamouline de s'entendre avec Denard. Ce qui oblige le colonel à faire le premier pas en direction de Bob.

– Écoute, plutôt que de faire un 7e, constitue ton unité à toi, au sein du 6e. L'administration a au moins le mérite d'exister; et puis, je ne serai pas là éternellement.

– D'accord, mais je serai autonome à cent pour cent?

– À cent pour cent. C'est dit.

Bob a, dès lors, ce qu'il veut : un groupe dont il est le maître. Un groupe dont le nom, qu'il choisit, n'est pas synonyme d'encadrement mais d'élite au combat : le 1er Choc.

« Avec Lamouline, dit Bob, je savais que je serais libre. Je l'aimais bien. C'était un officier plus âgé, courageux, mais assez cool, sans règles strictes. »

Reste à choisir les hommes. À ses yeux, rien n'est plus important. Une fois gagnée la confiance du patron, ses recrues peuvent compter sur lui « à la vie, à la mort ». Mike Hoare et Jeremiah Purren, les Sud-Africains, ont pu mesurer le danger d'un recrutement bâclé : leurs deux premiers groupes ont été récusés, et ils ont dû s'y reprendre à trois fois pour constituer le 5e commando. Un triple gâchis – de temps, d'argent, d'efficacité.

Pour réussir, Bob dispose de deux atouts : une poignée de fidèles issus du Yémen – Karl, Freddy, Marc Robbyn, et bientôt Roger Bruni – et un réseau « personnel », qui lui permet d'avoir sur-le-champ une vingtaine de gars triés sur le volet. Voilà le noyau du 1er Choc qui arrive à Léopoldville, le 22 février 1965. Ils sont « beaux, professionnels, sûrs ». Le mercenaire de Denard, loin d'être un Affreux, a « de la gueule et de la prestance », avec son béret rouge marqué de l'écusson para de la Légion, sa chemise et son pantalon kaki, ses chaussures basses, ses chaussettes noires et sa ceinture à boucle dorée.

« J'ai refait ce que j'avais entrepris au Katanga mais en plus militaire. À Léo, nous avons été d'emblée le point de mire de tous ces gens, qui nous regardaient avec intérêt. »

Vingt ! Bob veut multiplier par trois cet effectif dans un délai record.

Le fidèle Freddy se transporte à Bruxelles pour y prendre les affaires en main. Depuis que la Belgique n'envoie plus de paras au Congo, elle ferme les yeux sur l'enrôlement de mercenaires belges pour Tschombé. Freddy n'est pas seul. Tous les jours, arrivent de Liège, de Namur ou de Charleroi des hommes qui frappent à la porte de l'ambassade du Congo, rue Marie-de-Bourgogne, à Bruxelles. Réputée fermée l'après-midi, elle s'ouvre pourtant à qui demande le bureau de l'attaché militaire, le major Nzabia, celui du major Bertrand, du commandant Lefèbvre ou de « M. Gottvriendt ».

Celui-là n'est pas un visiteur ordinaire. Deux, trois fois par semaine, des mercenaires quittent Zaventem ou Paris pour Léopoldville, où ils vont se battre pour Tschombé et le Congo. C'est illégal, mais que ne ferait pas la Belgique pour plaire à M. T.? Bob se défie de ces enrôlements.

« L'ambassade n'était pas très regardante sur la qualité. Beaucoup, sans formation militaire, étaient attirés par le gain facile – l'équivalent de 5 000 francs par mois –, ou ils croyaient faire un safari. Il y en a eu trop, beaucoup trop. »

Bob, lui, choisit d'anciens sous-officiers para et d'autres, plus jeunes, qui n'ont pas moins de trois ans d'armée à leur actif, avec une prédilection marquée pour ceux qui s'engagent par idéal.

« J'ai toujours pensé qu'on ne devait pas accepter de se faire tuer simplement pour de l'argent. »

Le nouveau subit un interrogatoire de fond. Il doit « se mettre à poil moralement... Je veux savoir qui j'ai derrière moi et ce que le type a dans les tripes. »

À Léo, les volontaires de Denard trouvent d'emblée un état-major au complet, composé avec soin en moins de quinze jours, avec tous ses services : opérations, intendance, administration, renseignements et « action psychologique ». Pour ce service-là, Bob désigne Cardinal, mercenaire juriste, surnommé Monseigneur – un fin limier. Ses hommes, « ses guerriers », Bob ne laisse à personne d'autre le soin de les former. Ils n'iront pas au camp d'entraînement de Kamina, au Nord-Katanga, où passent les recrues de Hoare. Il en fera ici, sur place, le 1er Choc, les siens, presque une confrérie.

« Il y avait de tout, bien sûr. Les garçons de café y étaient plus nombreux que les intellectuels, mais ce n'était pas des raclures de fond de tiroir. Des types à bagage universitaire, deux ou trois fils de généraux.... Beaucoup étaient des purs, et ils se battraient bien. »

Le 1er Choc ne se choisit pas, il se mérite. À propos de son fils, un général écrira un peu plus tard à Bob :

« C'est un garçon aux sentiments extrêmes qui a abandonné ses très brillantes études pour faire quelque chose qui corresponde à son idéal. Il a été très frappé par la perte de l'Algérie, et ses compatriotes veules et sans courage l'ont profondément dégoûté. Il a choisi votre régiment sur sa réputation de cran et de courage. Je vous le répète : c'est un pur et il se battra bien. »

Pour conquérir cette réputation, pour être indiscutable, il faudra du travail, de l'allant, une discipline inexorable. Bob Denard est infatigable. Ses types, il ne les « cassera » pas, comme dans la Légion; il veut les séduire. Son style, c'est son exemple : un mélange d'enthousiasme et de rigueur, d'aventure et de principe. Qui ne s'y plie pas s'en va. Il se montre inflexible, veille au grain, relance Freddy, à Bruxelles :

« Il me faut ces soixante-dix gars, et je les veux de haute trempe. J'en vide beaucoup ici, des indésirables. Tu auras leur liste ; ne les reprends pas. Les autres piaffent d'impatience, font des conneries. Je me montre intraitable. Il faut aller vite car, à Léo, c'est un beau champ de foire. On a pris un bon départ, mais on fait des jaloux. Je ne veux pas de parade, pas de types honorés de grades imaginaires. Aucun grade avant le départ ! Souviens-t'en. Sur cent cinquante volontaires, il me faut dix officiers, vingt sous-officiers et cent vingt soldats, et non l'inverse ! »

Freddy est confronté à toutes les difficultés ; on lui dresse des embûches. Il se démène pourtant comme un diable, et dépêche à Bob soixante-dix mercenaires en deux mois. À quel prix ! Les familles des « volontaires de Bob » sont visitées par la police, leurs lettres sont ouvertes.

« Change de quartier, et, s'il le faut, de pays, écrit le Patron. Entoure-toi d'une équipe solide – trois ou quatre gars ; fais des rotations ; dupe les autorités s'il le faut ! Diversifie les filières ; regarde du côté de la France, de l'Espagne, de l'Allemagne. »

Freddy fait mouche. Arrivent à Léo, le 12 mars, trente mercenaires d'un coup – français pour deux cinquièmes, belges pour un cinquième, un groupe de Grecs et de Hongrois, un Anglais et un seul « indésirable » ! Mais Freddy paraît menacé. En haut lieu, on prêche l'harmonie, mais chacun semble recruter pour son compte, et un parti de Belges s'est juré de gripper la belle mécanique de Denard. Mystérieusement renseignés, les journalistes font assaut de curiosité et les policiers de zèle.

Malgré cela, Bob réussit à obtenir de Mobutu, le 27 février, que Freddy soit reconnu comme seul patron de son recrutement.

« Les noms et les adresses de tous les volontaires qui se présenteront à l'ambassade lui seront communiqués », précise le général.

Le « retour des Affreux », voilà qui suscite l'ardeur de la

presse. Les chiffres sont éloquents : le 18 janvier, deux cents mercenaires débarquent au Congo; le 27 janvier, cent quatre-vingts autres – sud-africains exclusivement (ceux-là sont pour Hoare). En France, *L'Express* du 1er mars fait tapage sur l'arrivée de Bob Denard, et ce journal gardera toujours l'œil rivé sur lui.

Le 20 avril, Denard est suspecté d'un « coup » à la Skorzeny : l'enlèvement de l'abbé Fulbert Youlou, ex-président du Congo-Brazza – et sur mandat de l'Élysée par-dessus le marché. On ne prête qu'aux riches ! Bientôt, l'étau se resserre autour de Freddy, dans une atmosphère de roman noir, peuplée d'indiscrétions et de trahisons. Dans ce milieu terrible, les cadeaux sont rares. Freddy, Belge à la solde d'un Français, gêne ses compatriotes et doit être éliminé. La police le talonne. Veut-il se marier? Ce sera flanqué de deux inspecteurs comme témoins.

8 avril : « Je suis passé ce matin à l'ambassade. Eh bien ! mon vieux Bob, c'est fait; je suis viré, licencié. »

Indésirable *ad nutum*.

« Le gouvernement belge m'avait prévenu qu'en cas d'indiscrétions il ne me couvrait plus, se souvient Freddy. Les autorités de Léo ont refusé alors de reconnaître que je recrutais pour eux. La porte du Congo s'est fermée pour moi, et je suis reparti au Yémen. »

Victoire éphémère pour les Belges qui veulent saper Denard car, le 15 mars, le 1er Choc est prêt pour l'aventure. Commence alors la « pacification » du Nord et de la province orientale.

4.

Sous ce terme pudique de « pacification » se cache une entreprise redoutable. L'offensive d'octobre-novembre 1964 achevée, les villes de Kindu, Stanleyville, Paulis reprises, l'ANC s'essouffle et n'avance plus. Au début de 1965, les Simbas s'accrochent solidement aux environs de Stanleyville et interdisent l'accès aux frontières du Nord-Est et à celles de la région du lac Tanganyika ; ils dominent de vastes territoires compris entre Stan, Bondo et Paulis, à l'extrême nord-est, ou entre Stan, Ponthierville et Kindu, plus au sud. Quarante pour cent du territoire et quatre millions de Congolais restent touchés par la rébellion.

Certes, l'ANC, en tenant les villes – aux notables exceptions de Buta et d'Akéti, au nord, dans le territoire de l'Uélé –, interdit aux rebelles la réinstallation d'un gouvernement et la logistique nécessaire à une opération d'envergure. Mais elle est sur la défensive depuis la mi-décembre. Chaque progression, même légère, se traduit par les embuscades terribles des Simbas. On meurt beaucoup dans le Nord-Est, et le moral s'en ressent. Les frontières sont poreuses, et, pour les Simbas, armes et ravitaillement s'infiltrent depuis le Congo-Brazza, le lac Tanganyika, l'Ouganda, le Burundi, le Sud-Soudan. Les otages ? Les libérés ne peuvent faire oublier les autres, toujours détenus en grand nombre dans les régions de Bondo et de Buta. Pour eux, l'ANC ne peut rien, et le temps passe. Hormis dans la cuvette centrale – la région de Boendi-Ikila – et le secteur de Kindu, on compte les morts et les déboires; on ne triomphe plus; on espère le second souffle.

Bob sait tout cela quand il arrive avec ses soixante-dix hommes à Stanleyville, le 14 mars 1965. Le 1er Choc ne restera qu'une semaine dans l'ancienne capitale de la rébellion, juste le temps d'une opération éclair sur Yangambi et Yanongé, de l'autre côté du fleuve Congo, pour desserrer l'étau rebelle, soustraire un millier de paysans à son influence, récupérer onze véhicules et huit cents tonnes de caoutchouc et constater que les Simbas ont troqué leurs sagaies et leurs machettes contre des mitraillettes tchèques. À Yanongé, la carrière de Badjoki, le juge simba anthropophage, est finie.

Le 29 mars, le 1er Choc est à Paulis, acheminé par des avions C 130 américains. Paulis, c'est la capitale de la province orientale, dont la population a été réduite de moitié par les tueries, la dévastation, l'exil dans la brousse. Le 1er Choc s'installe à l'hôtel Ngébé, grand immeuble ravagé, à l'abandon.

Les paras de Mobutu, les unités katangaises, quadrillent les rues l'arme au poing. Parmi elles, le commando François, commando katangais de deux cents hommes. Bob veut se l'adjoindre, il connaît bien François Kapenda. Il a fait ses premières armes avec lui; et la guerre, puis le défilé d'Éville, le 11 juillet 1961, ont nourri une amitié indéfectible. Les Katangais sont devenus le fer de lance de l'ANC, prétoriens dont Tschombé a fait une brigade à part, divisée en commandos. Jusqu'alors, François a opéré avec Marc Gossens, un Belge sympathique, géant de deux mètres qui commande son propre groupe sous le contrôle administratif de l'état-major du 6e codo. Bob intégrera les deux, François et Gossens. Marc est enchanté d'opérer en liaison avec Denard. Paulis fourmille d'officiers belges du 6e codo, qui encadrent par petits groupes les unités de l'ANC.

« Ces officiers, on les trouve partout, note-t-il; soit au titre de l'assistance technique, terme pudique pour désigner l'effort belge au Congo, soit au titre de contractuel, de mercenaire... Comme, légalement, le conseiller technique ne peut combattre, on tourne la difficulté en flanquant le conseiller d'un mercenaire pur cru. »

Penché sur des cartes, Denard a mesuré l'ampleur de la tâche, cette guérilla qui corsète les villes, mine les routes, les fleuves et la brousse, donne aux puissants la mesure de leur impuissance. Au Yémen, 50 000 Égyptiens armés jusqu'aux dents n'ont pas réussi à faire décrocher les guérilleros. Les Simbas ne se contentent plus de la *dawa* – l'invincibilité nourrie de pratiques magiques; ils se servent – plutôt bien – des armes, données par les gouvernements communistes ou arabes, qui transitent par le Soudan, le Burundi, le Congo-Brazza, l'Ouganda. Ils ne tirent plus aveuglément mais tendent des embuscades meurtrières. Il est fini, le temps des Simbas nus, qui s'écroulaient par grappes, en hurlant.

Le doigt de Bob parcourt la carte de ce pays, vaste comme un continent. On est ici à 1 800 kilomètres de Léo, à plus de 4 000 d'Éville! Là, au nord, la frontière du Soudan, celle des communistes de Khartoum. Ici, Buta et Akéti, deux villes clés à cinq cents et sept cents kilomètres de Paulis, reprises par les rebelles, qui, grâce à elles, commandent l'extrême Nord. À l'ouest, vers le Congo-Brazza, Bumba, où l'ANC s'est repliée dans une défensive absolue.

En février, il y a eu trois offensives – et trois échecs – pour libérer cent otages blancs détenus à Bondo, au nord de Buta, pour contrôler les passes des fleuves et la sécurité des convois fluviaux soumis au feu des rebelles. Stan et Paulis elles-mêmes sont des forteresses incertaines. Le territoire des Uélés entier est zone simba – Buta, Bondo mais aussi Niangara, Dungu, Watsa. On a vainement tenté, en février, de dégager les abords de Paulis, et Siegfried Mueller, avec cent mercenaires et six cents soldats congolais, a reculé. Trop de morts et trop de blessés. Si les frontières restent perméables, toute vraie reconquête est impossible; les leaders révolutionnaires réfugiés au-dehors communiquent avec les maquisards, les arment, les entraînent, les stimulent. Alors il faut les boucler.

Hoare – Mad Mike – dispose, avec son 5e codo, de trois cent cinquante hommes, des Blancs. Ce n'est pas toujours le dessus du panier mais ils sont aguerris. Du 6e codo, de Lamouline, il reste deux cent quatre-vingt-sept gars, après les pertes récentes – quinze tués, dix-huit blessés, cent vingt départs –, et la plupart sont dispersés par groupes de deux, trois, cinq ou dix, à Léo, à Stan, à Paulis.

La seule force de frappe du 6e, c'est le 1er Choc, appuyé par les vingt-cinq recrues de Gossens et environ quatre cents Katangais. Bob peut être satisfait, il a réussi à monter son commando en un temps record, à se rendre indispensable à tous ceux qui ne peuvent ni ne veulent se satisfaire des seuls Sud-Africains.

Tout chef doit s'appuyer sur des hommes qui soient avant tout les siens et pouvoir dire, comme Hoare, le 18 janvier passé : « Pas de paye, pas de bataille. » Le retard ou l'oubli dans le paiement des soldes est ressenti par le mercenaire comme une marque de défiance ou de mépris. Bob Denard a toujours détesté être « coiffé », dit-on souvent.

Ce qui pourrait ressembler à de l'orgueil relève aussi d'un sens aigu de l'efficacité. Un mercenaire n'est pas un soldat d'élite de droit divin; il le devient grâce à sa relation privilégiée avec un vrai chef, un suzerain qui lui impose un contrat d'allégeance et, en retour, le soutient, le désentrave, casse la lenteur administrative qui l'isole, le garde des perturbateurs et des jaloux. Alors, seulement, il peut se battre à un contre cinquante.

Bob est dévoré par son métier; ses hommes le sentent et l'en admirent. Comme ils admirent la franchise brutale. « Tout est un aimable bordel » constate-t-il sans craindre d'agacer. Et tout semble l'être, en effet; les très sérieux cahiers du CRISP, de Bruxelles l'attestent. Bob n'arrive pas à Paulis en père-la-vertu, désireux de balayer les scories d'une organisation délétère, ni en matamore, soucieux de faire place nette et d'occuper le premier rang, mais en commandant d'une unité qu'il veut d'élite. Alors, il dénonce et s'emporte, à sa manière. Interdire à la population autochtone de se servir de ses véhicules, de ses camions, pour transporter les marchandises? Une folie. « Ces gens ont souffert des rebelles tortures et pillages pour avoir collaboré avec les Blancs. » Ce serait ternir la présence du commando que de les obliger à crever de faim alors qu'il n'a rien à leur donner. Il s'agit de rallier la population de Paulis, travaillée par la propagande rebelle et qui se sent insuffisamment protégée. Or on lui a retiré toutes ses armes, avant la prise de Paulis par les Simbas. Résultat : un massacre. Il n'est pas question de confier à ces gens de la dynamite et des mitrailleuses mais une arme, un pistolet seulement, « c'est-à-dire un peu de sécurité, une possibilité d'autodéfense!

Quant au ravitaillement, on est en pleine mafia : un Hollandais stocke impunément les marchandises pour faire monter les prix. Tout est secret de polichinelle.

« Nul n'ignore combien nous sommes, ce que nous faisons, où nous allons, notre chemin, kilomètre par kilomètre. Bientôt, les Simbas n'auront qu'à se planquer et à attendre, fusil en joue. »

C'est la valse des coups bas. Le commandant Reider, chef de la place de Paulis, interdit à Bob de fournir un peloton à Gossens pour une mission coup-de-poing. Le règlement, dit-il, exige une décision conjointe. « Ainsi, souligne Bob, les rebelles auront le temps de décamper ! »

On imagine sans difficulté l'aménité de Reider et des officiers belges à l'égard de Bob Denard. Il a beau être mercenaire, il est et reste français.

Il faut ouvrir la route de Wamba en direction du sud-ouest, vers Stan. Hoare y est allé et a dû décrocher devant les embuscades simbas. Denard y comptera ses deux premiers morts, deux Brestois : Justin et Pelleau. Lui-même est blessé – jambe cassée en sautant d'une Jeep sur un trou d'éléphant. On peut l'évacuer sur Léo. Il refuse. À Paulis, à la rigueur, et pas avant deux jours !

On est en plein combat. Certains auraient désiré le voir partir ; ils font grise mine. Le colonel Lamouline a dépêché le major Bothu pour relayer Bob à la tête de la colonne.

« Bothu, ce n'est pas un mauvais bougre. Je l'ai connu au Katanga. Mais partir me faire soigner à Léo, jamais. »

Karl Couke et Roger Bruni ont fait des prouesses « en tête » de la colonne. Ils se précipitent à son chevet à Paulis. Karl n'est plus un colonel « à la Lawrence » ; il est redevenu lieutenant.

– Nous, on refuse de travailler avec Bothu.

Bothu arrive à son tour.

– Tu es gentil de venir m'aider, mais ce n'est pas la peine. Tu vois, je suis là. L'état-major fonctionne ; tu peux rentrer, lui dit Denard.

Bothu balance une amabilité et sort.

– Il est si difficile de remplacer quelqu'un auprès d'une troupe qu'il a créée ! commente ironiquement Bob.

Dès lors, les mesquineries et les freins délibérés ne cessent d'empoisonner la vie du 1er Choc à Paulis. Certains donnent dans la plus secrète délation; d'autres dans la provocation ostensible. Reider signe et persiste. Il fera tirer sur les bérets rouges du 1er Choc s'ils se trouvent là où ils ne doivent pas être, affirme-t-il. Bob hausse les épaules et sourit.

« Temps des magouilles monstres, se rappelle-t-il. Cela partait dans tous les sens entre les partisans de Tschombé et ceux de Mobutu. Nous, on se tenait à l'écart. Rien n'arrivait – ni vivres, ni primes, ni salaires, rien! Alors, d'autorité, j'ai repris mon autonomie! »

Il se remet lentement de sa fracture mais ne laisse à personne le soin de mener les opérations de nettoyage autour de Paulis. Les Simbas se révèlent de « sérieux clients ». La panique guette à tout moment. Bob a un remède : il frappe de sa canne, violemment, le dos de celui qui devient gris de peur. « C'est le seul moyen! » Il ne transige pas sur la discipline. Pour un larcin ou cinq minutes de retard au lever, le « trou »; et si un adjudant se montre laxiste, il est viré. Comme l'est Jean, qui, pris de boisson, a chanté des mots désobligeants pour Tschombé, en visite. L'alcool fait des ravages. À défaut de whisky, rare et cher, la bière, le cognac, le pastis, tout y passe. Une nuit, un type tire sur un autre. Virés, tous les deux.

L'adjudant-chef Papazoglakis, dit « Papa », est un renard. « Ce Grec m'est arrivé par l'ambassade. Il sait compter. Mais je l'aurai à l'œil. Je l'ai récupéré car il y a beaucoup de commerçants grecs dans le coin. Et puis, parmi mes volontaires, beaucoup sont grecs, les frères ou les cousins des premiers! »

Mais Papa a mis la main dans le sac; lui aussi est viré. Mendes, un Portugais, le remplace à l'intendance. Un type intègre, « mais quand il ouvre la bouche, je n'y comprends rien! »

Ce que Bob exige de ses hommes, il l'exige de lui-même. Il est debout à 5 heures; il se réveille seul. Rarement, c'est son garde du corps qui le secoue. La troupe, elle, se lève à 6 heures, au clairon.

Dans sa chambre, un bureau; sur sa table de chevet, un carnet et un crayon. « C'est aussi important qu'un pistolet. Je me réveille souvent. Alors, je réfléchis à mille et mille problèmes et je note. » Là, il se ressource dans la solitude, si rare. Après 6 heures, il n'aura plus une minute à lui.

« Tout remonte au chef jusqu'au moindre détail. » Bob ne s'en plaint pas ; tout tient par la main, l'œil, l'ordre du chef. Quelle différence avec « ces groupes, partout, qui n'ont rien à bouffer, délaissés, abandonnés ». Il recrute parmi eux de quoi combler les vides – les morts, les blessés, les défaillants, les expulsés. « Je vis à deux cents à l'heure. Paulis est une ville de garnison, avec plusieurs unités, qui, souvent, se mangent le nez. Et puis, ces ordres idiots, qui viennent tout entraver. »

Denard a trente-six ans ; son énergie est prodigieuse. Il va jusqu'à l'épuisement, se regonfle et repart. Il lui arrive de dormir seulement une heure plusieurs nuits de suite. Pour tenir, Bob ne boit ni ne fume. « Ni tabac, ni herbe, ni opium ; jamais ! » Il marche au café, goût qu'il tient de sa mère, et il fait l'amour, beaucoup, « pour relâcher les nerfs ». Un regard dans un bureau, dans la rue, sur le marché, cela suffit. « Pour ça, j'ai toujours eu les yeux grands ouverts. » La table l'intéresse médiocrement ; il se nourrit de peu et de tout ; c'est un frugal. « Je suis resté un homme de la terre, très simple. Je suis heureux avec un poulet *makala*, grillé sur du charbon de bois. » Cette rigueur, cette discipline, cette simplicité ont dû forcer l'admiration ou agacer. « J'aime la rigueur, jusque dans la façon de m'habiller – militaire ou civile, toujours impeccable. »

Cette manière, il l'imprime à ses hommes jusqu'à former une collectivité féodale. Un de ces mercenaires abat son camarade pour une histoire de femme. Denard crée aussitôt un tribunal d'exception, qu'il préside. François Kapenda, l'adjudant katangais, est tué par des Sud-Africains éméchés, des hommes du 5e codo, de passage. C'est à Bob de prendre l'affaire en main. Ceux de Hoare et les gars du 1er Choc aimaient François. Avant sa mort, beaucoup se sont proposés pour lui donner leur sang. Maintenant, ils veulent faire la peau des meurtriers. Le coupable est reconnu, arrêté, ramené à son chef, le commandant Peters.

– Voilà votre type. On ne l'a pas tué. Fichez le camp. Et laissez-nous enterrer le nôtre, lui dit Denard

– Allez vous faire foutre ! lui répond Peters.

Bob reste maître de lui, mais, avant de tourner les talons, il laisse tomber, glacé :

– Quittez Paulis avant le lever du jour.

Et il va calmer les siens. S'il menace les Belges, qui l'accablent de tracasseries, c'est toujours en termes froids, mesurés; mais sa volonté est inflexible. Quand il voit ses gars blessés évacués à Léopoldville et soignés avec négligence par des médecins belges, il assaille Lamouline, Vandewalle, l'état-major de Mobutu :

– Ils ont trouvé en arrivant un climat de mépris parce qu'il s'agit de l'unité Denard. On ne leur a prodigué aucun soin; les responsables se foutent éperdument de leurs responsabilités. On n'a pas sondé leurs blessures. Un type dont la tête est criblée d'éclats s'est entendu dire : « Ces éclats sortiront d'eux-mêmes ! » C'est inadmissible.

En deux mois passés à Paulis, le 1er Choc s'aguerrit par des sorties de deux cents à quatre cents kilomètres pour « assainir » la région avec des unités de l'ANC et, plus au nord, le 5e codo, de Hoare.

Tout reste à faire : rétablir les communications fluviales, routières et ferroviaires, relancer l'administration, amorcer l'économie. Du 15 avril au 10 mai 1965, tandis que Hoare, ses deux cent soixante-dix volontaires et ses six cents Congolais remontent de Bunia, au nord-est de Paulis, pour boucler la frontière de l'Ouganda, le 1er Choc, joint à d'autres, comme le 8e codo du capitaine Piret, reprend Wamba, clé de tout l'Uélé! L'Uélé! Dans ce Nord-Nord-Ouest, grand comme la France, on a enfin décidé de frapper, de couper la route du Soudan, en brisant le verrou, le triangle rebelle de Buta-Akéti-Bondo, trois villes « décisives ».

Ailleurs, beaucoup de coins restent à « pacifier » – le Kwilu, là où a eu lieu l'étincelle de Mulélé; la Maniéma, où opère Schramme; le Kivu central...

Mais Buta est une authentique capitale rebelle. Trente et un missionnaires y ont été massacrés. Le moment est opportun pour tenter une offensive d'envergure. En face, les divisions entre factions rivales entament le moral et l'efficacité. À Aba, le QG de l'armée rebelle reste fidèle à Soumaliot, et le général Olenga refuse de renforcer Buta, où le colonel Makondo se déclare fidèle à Gbényé, détesté par Olenga.

Bob n'est pas dupe des progrès de la « pacification ». On n'a rien gagné si le terrain reconquis n'est pas aussitôt réoccupé, réorganisé. La plupart du temps, les villes reprises sont vides, et les commandos passés, redeviennent incontrôlables. Souvent, elles sont gagnées, perdues, regagnées, reperdues, comme Bondo ou d'autres. L'insécurité est partout.

Mercredi 26 mai 1965. Depuis l'aube, deux colonnes progressent simultanément en direction du nord-ouest. Le 1er Choc est parti de Paulis, le 5e codo de Niangara, plus au nord. Le premier a pour objectif Buta ; le deuxième, Bondo. L'opération porte le nom de *Violettes impériales.* D'ailleurs, toute la « pacification » du Nord est affublée de noms de fleurs. La veille, Bob a reçu des nouvelles du Yémen. Faulques a fini par obtenir ce que Denard réclamait comme un forcené : la création d'un groupe autonome opérationnel dans le désert.

Devant court une colonne légère, Charly one : vingt Européens, quarante Katangais, dotés d'une belle puissance de feu, sur des véhicules rapides. Bob les a triés sur le volet et confiés à Karl Couke et à Roger Bruni, « leaders d'un groupe d'attaque qui doit prendre les coups... et les rendre ». Bruni, plus ancien, a accepté d'être le second de Couke, alors qu'il est « le vrai patron de l'affaire », et Karl le respecte. Karl est égal à lui-même – « le même panache que Tony de Saint-Paul, beau, téméraire, exubérant, prêt à toutes les folies, à toutes les générosités ; ses types l'aiment. » Derrière eux, suivent Charly two, une colonne légère, Bob et son état-major, puis le gros de la troupe, Charly three.

En plaçant à l'avant-garde un mercenaire pour deux soldats ANC – proportion énorme –, Bob s'assure contre le pire danger : la peur.

« Il y a la peur avant, la peur pendant, la peur après, dit Denard. Les plus dangereuses sont les deux premières, dont souvent souffrent les Africains. Pris de panique, ils se mettent à tirer à gauche, à droite, en l'air dans tous les sens ! Ils peuvent même te tuer. Cela, je l'ai vécu des dizaines de fois ; ces gars qui deviennent gris. Oui, tu vois leur peau noire devenir grise ; ils tremblent, courent ou restent figés. Il n'y a rien à faire, rien hormis leur faire mal ; le mal, la douleur l'emportent sur la peur. Gueuler ne suffit pas. »

En couverture aérienne, Bracco et Lieberg font des prouesses. Un jour, à court de carburant, ils doivent sauter en parachute de leur T 28.

Et la colonne vertébrale de Bracco gardera des séquelles de l'arbre qui a fait obstacle à leur descente.

Buta est à quatre cent soixante-dix kilomètres de Paulis. Le premier jour, ils s'en rapprochent, d'un coup, de cent cinquante kilomètres. Mais au bout, c'est l'embuscade, terrible, à Poko. Quarante Simbas restent sur le terrain; deux volontaires blancs – « des hommes de haute valeur » – sont morts, Jacques Beaucourt et Dieter Wieck, et deux autres sont grièvement blessés.

Bob est taciturne. « Je pense à mes morts, à mes blessés, et mon amertume est grande. » En possession d'armes automatiques, les Simbas, enivrés à l'arak, se ruent à l'assaut en hurlant, tandis que, dans Buta qui s'affole, le colonel rebelle Makondo proclame que les otages européens seront exécutés.

Le 1er juin, Bob entre dans Buta, déserte. Un prisonnier simba lui montre une plantation reculée, où Bob va libérer vingt-trois sœurs, six missionnaires blancs et l'évêque de la région, Mgr Mbali.

Buta a été atteinte en un raid éclair de quatre jours, et Hoare, de son côté, a accompli une semblable prouesse. Le même jour il a traversé Bondo sans s'arrêter et foncé vers Banalia et Stan. On patrouille dans Buta, ville fantôme. Les habitants, craignant des représailles, ont fui avec les rebelles.

« Le spectacle est désolant : hautes herbes dans les rues, où les rats circulent librement; voitures renversées et brûlées, portes et fenêtres arrachées, murs recouverts d'inscriptions rebelles, circuits électriques et conduites d'eau détruits. »

Bob est inquiet. On a signalé cent otages environ dans la région. Un Belge, M. Legros, en a réchappé. Les Simbas l'ont conduit sur la berge du fleuve, mains liées derrière le dos, et poussé dans l'eau d'un coup de machette. Ses liens se sont détendus, et il a pu se désentraver et nager. De nuit, il est rentré chez lui à l'insu des rebelles, affalés ivres morts, et s'est caché dans le plafond, vivant ainsi terré durant trois mois, assistant tous les jours au viol de sa femme. Malgré l'horreur, elle l'a sauvé en lui faisant passer des vivres la nuit. Les rebelles l'ont emmenée avec ses deux enfants.

Le 1er Choc patrouille dans la mission déserte, entend des bruits étouffés, des appels. Ce sont deux soldats de l'ANC que les missionnaires ont sauvés en murant la cache où ils ont vécu, enfermés, pendant six mois !

« Ces gars avaient gardé leurs armes et ne bougeaient pas.

« Cette nuit-là, dans Buta reconquise, Bob ne peut pas ne pas penser aux menaces du colonel Makondo. La « pacification » ne fait que commencer ; les Simbas résisteront longtemps. Croient-ils encore en cette magie qui les protège ? Les prisonniers lui ont dit que les baptêmes magiques continuaient. Le candidat simba avance, torse nu, vers le docteur ou la sorcière, se place droit sur une machette placée à plat sur le sol, reçoit l'aspersion de liquide blanchâtre, accompagnée des formules.

– Malgré le fusil d'un soldat, malgré les bombes, vous demeurerez invulnérables, et tout cela se transformera en eau, psalmodie le docteur. Un Simba toujours courageux va toujours de l'avant. Vous ne devez pas reculer.

– Maï Mulélé ! Maï Lumumba ! répond le candidat.

Le docteur, maintenant, incise le candidat avec une lame de rasoir, sur le front, entre les yeux, sur les mamelles – surtout la gauche, celle du cœur –, sur le dos, sur les hanches, sur les pieds. Dans ces incisions, il place un produit de couleur noire, le *dawa*. Deux coups de machette, très vifs, sur la poitrine du Simba. Le sang ne coule pas – ou très peu –, preuve de son invulnérabilité, tandis qu'il hurle de plus en plus fort : « Maï Mulélé ! Maï ! »

Baptisés, les Simbas deviennent alors d'une terrible dureté. Pourtant, les docteurs, les « baptistes », doivent leur manquer, puisqu'ils meurent sous les balles. Sans doute ont-ils enfreint leurs interdits. Ont-ils fait l'amour avec leurs femmes ? Ont-ils mangé la nourriture des femmes ? Se sont-ils lavés ? Ont-ils reculé, fui, tourné la tête, volé, touché le sang d'un blessé ou d'un cadavre, tué des innocents et des femmes ? Ont-ils cessé de chanter : « Je ne recule pas, je ne recule pas, jamais je ne reculerai avant le jour où Mulélé aura vaincu ? »

Oui, ils ont violé leurs tabous, commes les fillettes impubères qui les servent et les femmes qu'ils ont empalées sur des bâtons pour s'exciter. Ils ont obligé les couples mariés à forniquer en public tandis qu'ils les transperçaient d'une lance et leur enjoignaient de continuer l'acte jusqu'à la mort. Ils ont forcé les pères et les filles, les frères et les sœurs, les fils et les mères à faire l'amour en public.

Mais, se dit Bob, si certains croient encore en l'invulnérabilité de leurs corps aux balles, malgré les morts et les blessés, s'ils les expliquent par les violations de leur code, beaucoup, pourtant, doivent s'interroger sur leurs hécatombes. Leur nombre a tant décru. Les parents accusent les officiers de l'Armée populaire de libération, l'APL, d'envoyer leurs enfants à la mort. Les gens sont las du mépris qu'on leur manifeste, de la réquisition des vivres, de l'enrôlement forcé, des viols. Ceux qui se battent encore le font sous l'empire du chanvre, fumé, bu, mêlé au vin de palme. La drogue renforce le *dawa*. Des blessés graves, criblés de balles, restent debout et avancent encore.

Quant à l'exécution rituelle des otages, Bob sait comment elle se passe.

Pour tout cela, on se réjouit de la prise de Buta. Tschombé proclame, avec un optimisme pour le moins prématuré :

– Il reste l'espoir qu'il y a encore des vies sauves. Blancs et Noirs, nous devons travailler la main dans la main. Pour moi, la rébellion est une chose terminée. Il y a encore quelques foyers par-ci, par-là. C'est normal dans un pays aussi vaste, où vous les voyez se cacher dans les forêts par groupes de cinquante, cent.

« Bravo, commandant », écrit à Bob le très brillant ministre de l'Intérieur, Nendaka. Le ministre est un enfant de Buta. Les colonels Mulamba, patron de la 5e brigade, et Lamouline le félicitent aussi. Mgr Mbali, l'évêque survivant, dit une messe des morts.

Le 8 juin, on a retrouvé le cadavre d'un père missionnaire blanc. Ceux-là, les Simbas semblent les semer comme des signes de piste. Où sont les autres? La population civile commence à rentrer, les enfants crèvent de faim et de maladie. On n'a rien pour les soigner. Les patrouilles se multiplient, dans des conditions affreuses. Il pleut, la brousse devient boue; la forêt inaccessible, les hommes sont harassés, grelottent de dysenterie, de malaria.

Le 17 juin, des civils parlent de la mission de Buta. Les Simbas ont emmené les nonnes pour qu'elles s'occupent de leurs blessés. Tous les jours, on les piste, on les traque, inlassablement.

Puis, le 26 juin, en forêt, des prêtres sont retrouvés – tués, dépecés – et aussi quinze sœurs missionnaires, qui ont été violées. On sauve aussi Mme Legros, l'épouse du miraculé de Bondo, ses deux fillettes, Anne et Chantal, une Portugaise et ses enfants, et une Anglaise, Margot Hayes.

Bruni, fou de colère, oublie toute prudence, fonce sur la route de Stanleyville, se fait cueillir par une embuscade, perd deux mercenaires, grièvement atteints.

En l'absence de Freddy, Bob trouve un homme pour le seconder dans la reconstitution de la région, Bertrand de La Tribouille, officier français, « un type bon enfant, un peu bedonnant mais débrouillard à l'extrême. » Mais, pour reconstruire, il faut préalablement détruire, et faire sauter un autre maillon simba. *Paradis perdu* est le nom de code de l'opération qui leur ouvre les portes d'Akéti, à cent cinquante kilomètres de là. Bob y laisse Karl et fonce vers Bumba, à l'ouest, dans la direction de la frontière du Congo-Brazza. Embuscades ici et là. Trois morts, trois blessés graves.

« C'étaient des nouveaux, disciplinés et courageux. Nous les regrettons. »

Selon les autorités, la rébellion est peut-être terminée, mais le 1er Choc, en un mois, compte, depuis son départ de Paulis, dix mercenaires tués, et tant de morts et de blessés katangais... La vieille tactique mercenaire n'a pas changé; elle se fonde sur la vitesse et la puissance de feu, le raid éclair, les commandos en Jeep lancés à toute allure sur les positions et les villages ennemis, l'appui du feu concentré des mitrailleuses lourdes et des fusils automatiques. Mais les Simbas deviennent plus rusés et plus meurtriers. Souvent, ils bloquent la gâchette de leur mitrailleuse Gourianoff avec un bout de bois et fichent le camp. La mitrailleuse tire un quart d'heure sans s'arrêter. « Avec toutes ces balles qui fusent, on se dit qu'il y a cinq cents ou mille types en face. Il n'y en a aucun. »

Les trous d'éléphant font des ravages. « Ils les creusent sur la route et les recouvrent de tôle, de terre ou de gazon, et ils impriment sur cette couverture des traces de roues. À vive allure, c'est très efficace ! »

Dans la jungle, les mercenaires sont souvent loin, isolés, sans hélico d'appui. Cette fois-là, un bazooka, à bout portant, a fait sauter une Jeep. Celui-ci a eu de la chance, l'explosion lui a sectionné la jambe, et la brûlure, du même coup, l'a cautérisée. Il tiendra, quitte à ce qu'on le réampute ensuite plus proprement. Les deux autres sont morts; on les enterre sur le bord de la route. Deux jours plus tard, au retour, on les retrouve déterrés, à demi dévorés – le foie, le cœur, les jambes et les bras. Nouvelle sépulture.

« Ici, le respect des morts n'existe pas. »

Le 21 juillet. La tentative des rebelles pour reprendre Buta est féroce. Pendant la nuit, ils se sont regroupés dans la vallée encaissée de la rivière Buta, et, à l'aube, ils ont jailli, et se sont infiltrés jusqu'au centre ville, cachés par les herbes hautes. Ils ne décrocheront que sous le straffing appuyé de l'aviation, non sans avoir massacré la famille d'Alphonse Mbongoma, un professeur. « Les trois femmes gisent, les crânes éclatés, et deux enfants ont été tués et mutilés à coups de machette. Deux petits survivants se sont réfugiés contre le corps de leur mère. »

Devant ces atrocités, comment garder le contrôle de soi, maîtriser l'envie de se venger? Les ordres de Bob, sur ce sujet, sont sans appel : les prisonniers ne seront pas massacrés.

« C'est inutile, dangereux. Bien sûr, il m'est arrivé de flanquer des raclées pour obtenir des informations décisives. De torture, d'horreurs, jamais! J'en ai connu qui auraient découpé des prisonniers en petits morceaux. Je ne le supporte pas. La torture m'est odieuse, aussi bien pour les animaux que pour les hommes. »

Mais il est difficile de les tenir tous. Un jour, en représailles, les rebelles ont massacré des Pygmées. Ils ont été poursuivis, encerclés et capturés à leur tour. Un des Européens, Billois, s'était pris d'amitié pour ces Pygmées, avait épousé une de leurs filles et accomplissait avec eux un beau travail de pacification. Eux le surnommaient Bwana Mukubwa (Bwana cinq-tonnes). Bwana regarde le camion qui vient d'amener les rebelles simbas.

– Billois, descends-moi les prisonniers! ordonne le major Pinaton.

– D'accord, mon major.

Billois, très calme, ouvre les battants du véhicule, prend sa mitraillette et les descend.

– Tu es con, Billois, gueule Pinaton. Fous-moi le camp avec tes Pygmées!

« Je ne l'ai pas puni. Il avait voulu venger les femmes et les enfants. »

Bob Denard a-t-il eu conscience que ces Simbas étaient attachés à une idée légitime, la négritude?

« Il suffisait d'ouvrir les yeux. Partout où on passait, les villages étaient détruits, la population décimée. »

Et au désir d'un Congo différent?

« Différent? Pour nous, c'était le communisme, une révolution communiste de plus. Alors, on ne se posait plus de questions dès lors que ces gens étaient dotés d'armes russes et chinoises. »

5.

Buta, Akéti, Bumba, Bunduki. Reste à reconstruire tout ce territoire des Uélés ravagé, anéanti. Dans les villes, façades blanchies, rues dégagées, commencent à affluer par milliers les premieres victimes des guerres, les civils. Ils sont malades, ils ont faim; les petits enfants ressemblent à des squelettes vivants. La cadence des avions s'améliore. Les vivres frais arrivent, comme en ce jour du 16 juillet, où les C130, ventrus, dégorgent deux tonnes de riz, deux cents sacs de poisson fumé et du lait en poudre.

Tschombé, Mobutu, Mulamba se fendent de télégrammes dithyrambiques et de lettres de deux pages. Dans les mains de Bob, une lettre lointaine, modeste, venue du désert, et qui l'émeut bien davantage :

« Nous avons tous appris par la presse tes succès militaires. Tu fais, avec ton groupe, un travail sensationnel, et tu passes un peu pour le réformateur d'une armée de brigands qui finissent, sous toi, par devenir de vrais soldats. Freddy. »

Mais la louange ne va pas sans le fiel. Depuis le 1er juillet, le commandant Bob est major. Une promotion qui fait des jaloux au sein des états-majors. Pour beaucoup, la coupe est pleine. Où s'arrêtera donc le Français? Faute de pouvoir critiquer le 1er Choc, couvert de lauriers, il faudra bien tenter de démolir Denard en secret – mal gardé d'ailleurs. Les délations anonymes pleuvent sur les bureaux de Vandewalle, de Tschombé, de Mobutu, de Mulamba, l'homme de Mobutu, et même sur celui du roi des Belges! Ne s'agit-il pas là d'une

« affaire d'État, capitale pour la Belgique, son renom et la continuation de la présence belge au Congo »?

Certains stigmatisent l'ambition « effrénée » de Denard. Si Lamouline part, « les Français, qui font tout pour éliminer, à certains postes, tout ce qui est belge, sortiront vainqueurs ». Le 6e codo tomberait dans les mains françaises.

« J'ai reçu les renseignements que tu m'as demandés au sujet de Denard, répond une plume affectueuse à son correspondant gradé, à Léo. Ses états de service sont impressionnants. Certes, il a eu des ennuis avec la justice française, mais pour un attentat contre Mendès France. Tu m'avais parlé d'une affaire de femmes! L'intéressé est célibataire et père d'un gosse d'une dizaine d'années, voilà tout. »

De l'encre d'un autre officier, dont on taira le nom, ceci : « Il me répugne de critiquer un collègue *(sic)*, mais il serait naïf de ne pas vous faire remarquer que le nouveau venu *(sic)*, quartier-maître dans son armée d'origine, est à votre service depuis quatre mois et bénéficie déjà de promotions qui nous furent refusées après sept mois. »

Devant ce déluge, Bob Denard a pris le parti du silence. Il est tout à sa « pacification » des Uélés. Il commande en chef depuis Buta et place Karl à Akéti. Cette région est la sienne, son secteur, à lui seul. Mike Hoare et son 5e codo, Bondo prise, sont redescendus sur Stan, où, bientôt, les attend une autre tâche : la liquidation de la poche de Fizi-Baraka, à l'est. Le 14e codo, commandé par Tavernier, vieille connaissance de Bob, ira dans le Nord-Est, tout près de la frontière de l'Ouganda. Après l'effort de mai-juin, l'ANC, essoufflée, marque le pas. Les stocks constitués en 1960, pour faire éventuellement face à une guerre de quatre ans, sont épuisés; on ne dispose même plus du matériel et des munitions de première nécessité.

« Rééquiper, recruter, former. » « Tenir et pacifier. » Voilà les mots d'ordre. Si l'on tient solidement les centres – treize positions clés autour de Paulis –, les Simbas, eux, tiennent la brousse. Il faut grignoter le terrain, l'occuper, rallier la population. C'est lent, terriblement lent.

« Les Simbas s'enfoncent de plus en plus. Les hommes parcourent des distances énormes pour trouver des contacts. »

Ce sont les villes qui, les premières, reprennent vie.

Le 25 août, Bob se réjouit : « À ce jour, 1 100 adultes ont regagné Buta, dont 501 enfants – très peu d'hommes, car la presque totalité est simba, soit par idée, soit pour toucher un salaire. »

Pour « pacifier », il faut se faire nomade, sillonner un territoire grand comme la France, visiter sans cesse Bumba, Akéti, mais aussi les postes de Dulia, Titulé, Lienart, Kumu. Comme Schramme, qui pacifie « son » Maniéma avec son bataillon Léopard, différant en cela de Hoare, plus à l'aise en pompier volant, Denard ne veut pas d'histoire inachevée. Tenir avec cent mercenaires et cinq cents Katangais relève de la gageure. Sans illusion sur le recrutement « magique » de « cent types tout neufs », il crée, avec les unités rebelles ralliées, des groupes contre-guérilla, commandés par leurs propres chefs, en échange du pardon.

« Je n'ai même pas eu à imposer cette solution. Je l'ai fait sans rendre de compte à personne. Ces gens qui se laissent récupérer sont au bout du rouleau. Comme ils ont coutume de se faire trucider, il y faut de la séduction. Des vivres, par exemple, sur le bord de la route. D'abord, ils n'y touchent pas, les croyant empoisonnés. Puis on les mange devant eux, et ça marche, car ils crèvent de faim. »

Aux rabat-joie, Bob rétorque : « À quoi ça sert d'obliger un officier rebelle arrêté à appeler à la reddition avant de lui loger une balle dans le crâne? Après, personne ne viendra. »

Pacification signifie communication. Faute de routes sûres, restent le fleuve et le rail. Un rapide coup d'œil sur une carte souligne l'évidence : il faut remettre en marche le train qui va d'Akéti (à l'ouest) à Mungbéré (à l'est); près de 1 500 kilomètres. À part cet axe, il y a le fleuve Congo, qui permet d'aller de Léo à Akéti et à Bumba, et même arrive à Stan, mais ne dessert nullement l'immense zone des Uélés, isolée. Paulis et tout l'Est manquent cruellement de carburant. « Ravitailler tout cela par camion, c'est un bordel! La ligne a été sabotée, les trains ne circulent plus. On s'en occupe. On ne peut pas laisser les Uélés en proie aux infiltrations par la frontière soudanaise. »

Bob compte sur le lieutenant Couke :

– Karl, remets-moi ce train en route! Les convois, sur le fleuve, sont relancés. Il me faut ce train!

– Avec qui?

– Prends Mendes, les Portugais. Trouve des ouvriers chez les Congolais!

Karl installe son poste de commandement dans un wagon de luxe, « un genre de salon pour les grands pontes des temps coloniaux », et... en avant le cheval-vapeur! Les Belges d'avant l'indépendance, s'ils n'ont formé ni officiers ni hauts fonctionnaires noirs, ont en revanche fait d'excellents ouvriers spécialisés congolais.

– Et maintenant, on récolte et on évacue le coton et le café!

– Avec qui, mon major?

– Avec les rebelles, pardi!

– Et les non-ralliés, tu y as pensé?

– Oui; le train les ralliera mieux que les fusils.

28 août. Vingt wagons démarrent en fanfare d'Akéti, après vin d'honneur, discours, clique militaire et prise d'armes. Les autorités, dont Lamouline, Mulamba et Denard, embarquent, coincés entres les wagons de coton et les citernes de pétrole. Un train armé blindé, qui fait « la rafale » à cinquante à l'heure, Bracco et Lieberg en couverture aérienne, pour rallier Buta, située à deux cents kilomètres... Une manière de western.

Karl rayonne. C'est son œuvre. Il a placé de grands écussons du 1er Choc sur les wagons, court dans tous les sens, ranime les ardeurs.

« Il ne manque que le champagne – parce qu'on n'en a pas! »

Il a tout prévu et a placé à l'arrière un wagon chargé de rails de secours et un wagon-atelier. Sait-on jamais...

Le train creuse à travers la brousse, s'arrête pour une panne, une embuscade, un sondage des voies. Une épopée!

Entre Akéti et Buta, c'est parfait. Entre Buta et Paulis, ça se gâte : les rebelles ont dévissé les rails – mal, probablement, car on passe, grâce au poids du convoi. Plus loin, les rails sous la pression s'écartent; le conducteur croit à une embuscade et bloque la motrice, sèchement. Les wagons se couchent, excepté les citernes de pétrole. Les mercenaires, armés, sont sur le qui-vive.

« C'est un miracle que les rebelles n'attaquent pas. Ils sont probablement très démunis ».

Durant trois semaines, on transvase. « Les ouvriers congolais sont formidables. Pour eux, ce n'est pas une catastrophe; pour moi, c'est un désastre; pour Karl, l'anéantissement. On veut s'en mêler, puis on finit par les laisser faire. Ils décrochent tout, se servent des rails de derrière, qu'ils posent à l'avant, puis on repart au pas! À Paulis, c'est un vrai triomphe pour ce premier train qui arrive depuis un an. »

Les trains, baptisés *Charly one* et *Charly two,* sont devenus la colonne vertébrale de la relance économique de la région, donc de la vie, de la nourriture et des soins, du pain et des remèdes.

Les hôpitaux constituent une arme décisive de la pacification. Les Simbas, sans doute forts de leur invulnérabilité, les avaient détruits. Les médecins blancs ont fui, laissant sur place le matériel et leurs assistants noirs, et ces Noirs continuent d'opérer, sous la direction du toubib espagnol du 1er Choc, le Dr Redondo!

– Mon colonel, c'est la catastrophe!

– Mais non, toubib! Regardez-les. Ces types ont appris sur le tas, par contagion, en assistant vos confrères. Ils opèrent intuitivement.

– Colonel, l'anesthésie pose un vrai problème. Soit le patient se réveille au beau milieu de l'opération, soit il ne se réveille pas.

Les médecins blancs tarderont à revenir, mais pas les commerçants grecs ou portugais, qui accourent sans se faire prier. Ceux-là savent tout faire; marchands géniaux, ils font de l'argent à partir de rien, se métamorphosent en planteurs, relancent la culture du coton et du café, flanqués d'ex-Simbas ralliés par centaines, civilement reconvertis, sous la houlette de tuteurs choisis parmi les mercenaires.

D'entrée, Bob a proclamé : « Chaque chef de zone aura dans son secteur des plantations abandonnées depuis un certain temps. Il devra les remettre sur pied, nettoyer, planter, produire. Dans l'attente des premiers rendements, on vivra de l'assistance américaine. On se nourrira, et on nourrira les populations. Elles se rallieront. »

Qui mange s'apaise. « Major Bobo » sillonne son secteur, increvable : « Je cours de village en village et je prêche le travail, qui sauvera le Congo. »

La situation est épouvantable. La rébellion, stabilisée, présente des frontières confuses, un front bizarre, qui, à Stanleyville, passe par la rive gauche du fleuve, à Uvira, au-delà du quartier commerçant, partout, quelque part dans la forêt, la savane. La zone « pacifiée » se confond avec l' « insécuritaire », immense *no man's land* où marchent les hommes de guerre – un millier environ dans l'Est et dans le Nord, pour l'équivalent de 5 000 francs par mois, payés très en retard ou pas du tout.

Ils savent qu'on parle d'eux comme d'un groupe effrayant et pittoresque, qu'on les appelle soldats ou tueurs à gages, repris de justice, romantiques à la défense de l'Occident blanc, névrosés du racisme, du combat et de la mort, mais aussi qu'on respecte leur courage.

Combien sont morts ou vont mourir? Nul ne le sait. Bob a perdu trente camarades en quatre mois. D'urgence, il lui faut du plasma, des antibiotiques. Sous ces climats, la moindre blessure, une coupure, une petite hémorragie, une fièvre peuvent être fatale. Le pays est exsangue. Dans les villes, trente petits enfants meurent chaque semaine, et en brousse, sûrement davantage. Bob Denard, patron de fait, responsable absolu, d'une main de fer châtie l'anarchie, l'exaction, sans auditeur militaire, flanqué du seul Cardinal, le « juriste-mercenaire », et de l'autre main protège, tout à la fois seigneur et juge.

Officiellement, il est responsable civil et militaire pour toute la région des Uélés. Il fait son travail sans tapage, écarte les importuns, dissuade les écrivaillons.

« Si, au sein du corps des mercenaires servant dans les rangs de l'ANC, il existe des gens qui ont mauvaise réputation, il existe aussi des hommes conscients de leur devoir et qui font de grands sacrifices. Ceux-là ne peuvent pas être payés, serait-ce à prix d'or. »

Le 19 octobre 1965, il a noté, lapidaire, dans son journal de bord : « Malaise civil et militaire suite au départ du Premier ministre, Moïse Tschombé. » Ça ne va pas bien entre le président Kasavubu et son Premier ministre. Le danger de la rébellion diminuant, à Léo le pouvoir se déchire. Le 13 octobre, Kasavubu à réuni le Parlement, destitué Tschombé, qu'il accuse de vouloir démembrer le Congo, et nommé à sa place Évariste Kimba.

C'est sur le rôle des mercenaires et des conseillers étrangers de Tschombé, sur l'image négative du Congo, que porte la vraie querelle. L'autoritarisme de M. T. l'a desservi auprès des politiciens avides, sur lesquels s'appuie Kasavubu. Or Tschombé semble pouvoir compter sur les mercenaires, sur ses gendarmes katangais – ses prétoriens – et sur certains groupes de pression belges et américains.

Vite, on verse dans le comique : le Parlement rétablit Tschombé; Kasavubu le redestitue et réinvestit Kimba. Mobutu observe et se tait. Une fois Kimba définitivement en selle, s'annoncent le rapprochement avec les pays non alignés d'Afrique, la remise en cause de la présence mercenaire et le début d'une tentative de conciliation avec les rebelles.

Les militaires n'aiment pas cela. Le 24 novembre, un an jour pour jour après la reprise de Stanleyville, les chefs de l'armée passent à l'acte « devant le chaos grandissant ». Mobutu chasse Kasavubu et remplace Kimba par son fidèle Mulamba. Tschombé, dans son coin, se réjouit pour rien; il ne sera pas rappelé. Le Congo s'est trouvé un nouveau sauveur.

Peu de temps avant, Mobutu, prudemment, a dépêché Mulamba à Stan, auprès des chefs mercenaires réunis, et il les a alertés de la menace que représentent pour eux Kasavubu et Kimba. Les mercenaires respectent Mulamba, un des meilleurs officiers de l'armée, et entendent le message. Sans doute gardent-ils, comme Bob, de l'estime pour Tschombé; mais ils ne font pas de politique. « Tschombé, se souvient Bob, avait contre lui d'être katangais, un mélange d'aura et de handicap ! » Mulamba a pris Bob à part. Le Français a sous ses ordres plus de cent cinquante mercenaires et un millier de Katangais.

– Major, il y en a assez de cette anarchie. Nous, nous faisons la guerre, puis les politiciens font des sottises et c'est nous qui payons.

– Moi, mon général, répond Denard, je suis un soldat. Si le général Mobutu fait cela, sans doute a-t-il de bonnes raisons.

– Pour vous, rien ne changera, vous êtes, tous ensemble, le

fer de lance de la pacification. Mobutu ne vous lâchera pas, reprend Mulamba.

Nul doute que Mulamba ait prodigué la même argumentation à Schramme, à Hoare, à Tavernier.

« Ces magouilles politiques nous étaient presque étrangères, se souvient Bob ; elles nous gênaient tous. »

Mobutu soigne les mercenaires. Un mois avant le coup d'État, il a donné l'ordre de porter à huit cents hommes l'effectif du 6e codo, ce qui implique de reprendre trois cents mercenaires, dont cent cinquante seront récupérés par Roger Bruni. Ainsi Denard et lui peuvent-ils renforcer le 1er Choc. En outre, s'il faut deux mois pour chasser Vandewalle, le protschombéen, du quartier général de Léo et placer auprès du nouveau commandant en chef de l'ANC, Bobozo, le général belge Delperdange, il suffit de six jours pour ôter Lamouline et son adjoint Protin de la tête du 6e codo. Le bénéficiaire de cette opération est Bob Denard. Qu'il ait été le premier visité par Mulamba ne doit pas étonner.

« Sans doute ne souhaitait-on pas me voir basculer du côté de Tschombé. »

Le 1er décembre 1965, voici le major Denard intronisé commandant du 6e codo.

– Avec tout pouvoir pour en redresser la désastreuse situation, précise Bobozo. Commandant, mais par intérim.

Cette restriction – le fait de l'entourage belge de Mobutu, et en particulier du fameux major Pauwis – ne le surprend pas. « Il ne m'a jamais dit qu'il ne m'aimait pas. Ce sont les autres qui le disent. Mais je ne fais pas attention aux ragots. »

– Par intérim ? Alors, c'est non », réplique Bob. Si vous voulez vous servir de moi, j'ai mon groupe, mon expérience ; je crois faire du bon boulot. À vous d'en décider.

– C'est dit. Vous commanderez le 6e comme lieutenant-colonel.

Faut-il qu'il soit « incontournable »... Si beaucoup de conseillers belges sont alors évincés, c'est, semble-t-il, de son plein gré que Hoare a regagné sa maison de Durban, en Afrique du Sud. « Je n'avais pas d'atomes crochus avec lui, mais je reconnais qu'il est très respecté par ses hommes. »

En aura-t-il davantage avec son successeur, John Peters ?

Sûrement pas. « Le 5e et nous, nous n'avions pas les mêmes problèmes. C'était un commando exclusivement blanc, et, d'après ce que j'ai pu en connaître, ils avaient recruté des durs – mais pas toujours de première classe. Il y avait des règlements de compte entre eux. Ils se battaient. »

Restent donc en piste trois vieilles connaissances, appelées à tenir tout le Nord et l'Est du Congo : Denard, Tavernier, Schramme. Un souvenir du Katanga, lorsque les groupes s'appelaient Bison, Léopard, Marsupilami.

Le 6e codo, sous Denard, c'est la Belle au bois dormant qu'on tirerait en sursaut de sa léthargie.

« C'est la chienlit. Tout va à vau-l'eau. Les clans le gèrent comme une affaire privée. Ni prime ni salaire régulier. On oublie d'indemniser les familles des morts et des blessés. »

Denard frappe vite et fort.

« Cela ne m'a pas apporté d'amis, mais tout le monde a compris. »

C'est la purge, le grand ménage de l'état-major, une demi-douzaine d'officiers « irresponsables, pourris, irrécupérables » répartis entre Léo et Stan. À Stan, Bob débarque flanqué de trois fidèles, Cardinal, Biaunie, Jean-Louis.

« Un état-major ? C'est un bien grand mot. Plutôt un office de transit, où les gars passent pour régler leurs petits problèmes, pour se faire affecter ici ou là. » Un quarteron de Blancs, ivrognes, joueurs, « installés dans leur petit réduit de luxe avec leurs petits plats, inaccessibles au commun ».

Bob « abolit les privilèges » et les relève de leurs fonctions. Direction Léo. Avant d'en repartir, Bob y placera l'adjudant Ghys, nouveau venu, qu'il fait lieutenant. Roger Ghys est un personnage clé. Il est arrivé un beau jour, tout droit de l'ambassade.

« La petite trentaine, grand, costaud, beau parleur, bonne gueule et intelligent – et surtout maître expert en dossiers. »

Léopoldville est atteint par la tornade. De l'examen des dossiers émanent d'inquiétants aveux : de l'argent aurait été détourné. Mobutu donne carte blanche à Bob. Un procès ? Cela rejaillirait sur tout le monde et éclabousserait les bataillons. Non, mieux vaut rassembler les coupables.

– C'est très difficile de s'y retrouver. Mais vous avez mis des familles dans le besoin. Vous ne sortirez de prison qu'une fois les problèmes réglés par vous-mêmes !

Les présumés coupables, des techniciens et des comptables, font trois mois de prison et, dans la journée aident les proches de Denard. Enfin, tout est remis en ordre, et Bob tient parole : ils ne seront pas condamnés mais renvoyés en Europe, aigris, meurtris. Bob s'est fait des ennemis irréductibles.

Si le 6e codo a mal à la tête, le corps est tout aussi gangrené, et il appelle l'ablation. Avec une infinie patience, on finit par dénombrer 1 200 volontaires – 1 200, alors que Mobutu, sous-informé, voulait le porter à 800 !

« Il en sortait de partout, se souvient Bob ; ils s'étaient peu à peu fondus dans le coin de leur choix, magouillant, se foutant de leur solde, vivant de l'ivoire, du café, du coton, du trafic, du pays... Bref, les grandes compagnies ! »

D'un coup, on en retranche deux cents, et des décisions en rafale permettent à Bob de refaire son 6e commando. Finis les « transits relaxants » des fins de contrat et des prétendus malades.

– J'interdis à un volontaire de se dire exempt de service quand il est en pleine possession de ses moyens la nuit. Je ne veux pas de volontaires touristes. Je serai impitoyable pour ceux qui, par l'exemple qu'ils donnent ou par leurs actes, sapent le moral de leurs camarades. Je tiens absolument à ce que le mot « volontaire » soit l'objet du plus profond respect et que les hommes qui portent ce nom soient un exemple frappant de courage et de discipline. On oublie trop facilement le sacrifice de certains quand on observe les agissements et la dégradation morale de certaines bandes, dont on fait une généralité. Il existe, au bataillon, beaucoup de braves et d'honnêtes volontaires, et je me ferai un devoir d'éliminer les crapules qui, dans le seul but de donner libre cours à leurs mauvais instincts, s'infiltreraient sous notre bannière.

Le recrutement en France, en Grèce, en Italie, en Espagne..., se fera directement par l'ambassade du Congo, avec l'aide efficace du major Botété.

– Confiez-moi cela, dit Bob à Bobozo. Avec deux officiers de liaison, je supprime le gaspillage de temps et d'argent. Un type mal recruté, et renvoyé au bout d'un mois, coûte 40 000 francs belges. Stupide!

Bob n'éprouve nulle passion à triturer la paperasse, mais il sent que c'est nécessaire. Le mercenariat va changer. Le soldat est appelé à devenir « pacificateur ». La guerre se fait d'une autre manière. Beaucoup sont désorientés.

« Laissez-nous rentrer dans toute cette racaille », chantent les mercenaires. Ce sont des hommes de choc, pas des infirmières.

L'intelligence de Denard est de lire dans le futur. Le programme, désormais, est d'obtenir « la sécurité par la stabilité, l'action psychologique ». Il a commencé à le mettre en œuvre à Buta, et il doit le développer en grand, au prix d'énormes difficultés.

Le fracas des armes s'apaise, et la fraternité entre mercenaires et troupes de base de l'ANC en pâtit. Très terre à terre, les soldats congolais s'interrogent : à quoi servent désormais ces Blancs?

Denard vise le long terme. Il voyage à travers la province orientale, d'un groupe à l'autre, tranche, parle, convainc. Il sait se montrer diplomate, trouver le mot juste. Le ton? Le voici, devant ses vingt-sept officiers, réunis le 14 mars 1966 :

– Messieurs, on porte le nom de mercenaires. Nous devons le faire respecter, par notre tenue, notre conduite, par nos relations avec les diverses autorités du pays, civiles ou militaires. Ce nom de mercenaire n'a pas été créé par nous mais se trouve dans le dictionnaire, et il dit clairement ce qu'il recouvre. Si nous prêtons le flanc à la critique, on nous accusera toujours d'en faire plus qu'en réalité.

Le regard bleu balaie l'assistance... Karl, Bruni, Marc Gossens, Dulac, Kereneur, Velozo, Zambon, Rosar, Cristoyannis, Larapidie, Cardinal, Marc Robbyn... Sur ceux-là, il peut compter.

– La légitimité de notre présence? Le travail. L'assistance technique belge? Pratiquer la main tendue. Nous ne sommes pas ici pour prendre leur place; il y a de la place pour tous. Qui sommes-nous? Faisons peau neuve, soyons exemplaires, nous, militaires au service du Congo. Soyons inflexibles. Finies les nostalgies du baroud. Les attaques personnelles? Méprisez-les. Je suis français, et alors? Je ne vois ici que des hommes qui sont payés par une nation qui se veut forte et qui se cherche. Beaucoup n'ont pas compris qu'il ne reste au Congo que des étrangers et des Congolais.

Depuis les territoires uélés, le rôle de « pacificateur » de Bob s'étend à la province orientale, à l'exception du Maniéma, où « règne » un autre grand : Schramme. Tavernier, qui, depuis Watsa contrôlait le Nord-Est, avec le 14e codo, a été remercié sans façons. Le 1er Choc, Bob le laisse aux mains de La Tribouille, puis de Robert Noddyn. Il y prélève ses fidèles, qu'il place partout ailleurs, Dulac à Bukavu, Larapidie à Kitoulé, Bruni à Akéti, Laboudigue à Paulis, et d'autres à Bumba, Bondo, Mgumbéré, Niangara, Watsa. « C'est nécessaire. On ne peut pas laisser les types livrés à eux-mêmes dans des lieux sans rebelles. Je crains trop qu'ils s'endorment et que ça pourrisse ! »

Voilà le colonel en avion, en train, en voiture, en bateau, pour vérifier son nouveau label, le « label BD ». Les doléances pleuvent. Ici, certains trafiquent de l'essence ou des armes. Là, on viole, on pille les civils. Là-bas, on diffame, ou on torture les prisonniers.

– Imbéciles ! Quelle différence la population fera-t-elle entre les rebelles et nous ?

Le colonel va partout, veut tout voir, assiste aux palabres des chefs de village, toujours hôte de marque, honoré de la « case de passage » et de la plus jolie fille du coin.

– Êtes-vous fier de ce que vous avez fait ?

– J'étais bien dans ma peau ; voilà tout. En accord avec mes idées. Je n'ai jamais pu faire quelque chose à contrecœur. Ou, alors, pas longtemps.

– Cela faisait de vous une manière de gouverneur ?

– Bah ! Je savais que, tôt ou tard, il faudrait rentrer dans les casernes. Je me considérais comme un militaire.

6.

Kisangani. L'ancienne Stanleyville est écrasée de chaleur en cet été de 1966, ce qui ne saurait conduire le chef mercenaire à se départir de sa sobre élégance, chemise et pantalon kaki, cravate marron, béret des commandos. Il ne donne toujours au repos que quelques heures. Il travaille comme quatre, son métier lui plaît, et il y excelle. Sur la brèche dès l'aube, il donne ses derniers ordres tard dans la nuit, toujours sobre dans ses habitudes, sauf peut-être en amour.

Il a installé son QG dans une école désaffectée, un peu à l'écart. Une semi-ruine, rapidement métamorphosée en dépôt correct.

Georges Penchenier, du *Monde*, l'a décrit ainsi : « Des bâtiments bas, crépis en rose, s'ouvrent sur un large patio. L'armurerie renferme, huilées, rangées, étiquetées, des armes hétéroclites, fabriquées aux États-Unis, en Belgique, en Tchécoslovaquie ou même en Chine, les unes d'origine gouvernementales, les autres récupérées sur les rebelles. Derrière le bar et la cantine, les cuisines sont tenues par des Noirs, qui utilisent, pour les corvées, des prisonniers simbas. Dans les bureaux de l'état-major, des casiers métalliques contiennent les dossiers et les fiches de chaque mercenaire. Rien d'improvisé dans tout cela. Pas de laisser-aller *. »

Penchenier – privilège rare – a pu rencontrer Denard, qui lui a déclaré :

– J'ai regardé dans le Larousse. Mercenaire, cela veut

* *Le Monde*, 4 août 1966.

dire soldat de métier. Nous sommes des soldats et nous nous comportons comme tels!

Il lui avoue aussi sa fierté d'un 6e codo retrempé, sa parfaite entente avec les états-majors de l'ANC. Sans doute des frictions existent-elles en brousse à propos du rang ou entre de jeunes sous-lieutenants congolais et des sergents mercenaires accrochés à ce qu'ils considèrent comme leur guerre. Sans doute aussi les ex-gendarmes katangais n'ont-ils jamais réellement fraternisé avec les troupes congolaises et se sentent-ils parfois un peu exilés à deux mille kilomètres de chez eux. Probablement voient-ils d'un œil peu amène ces détachements de jeunes soldats formés en Israël, bien nourris, bien payés, qui n'ont jamais essuyé le feu, rester dans leurs cantonnements tandis qu'eux, les Katangais, vont au front de la frontière du Soudan, en loques et pieds nus.

– La rébellion est brisée. Qu'allez-vous faire? demande Penchenier.

– La rébellion est cassée sur le terrain, mais l'état d'esprit rebelle subsiste. Si nous partons, cela recommencera, explique Denard. Et il ajoute, avec humour : Vous en connaissez, vous, des coins où je pourrai retrouver du travail? Ou faut-il que je retourne définitivement à la vie civile?

– C'est ce qu'a fait Mike Hoare!

– Oui. Mais je n'arrive pas à croire que je suis au bout du rouleau. Vous connaissez le Brésil? Le Brésil... Il paraît qu'il y en a, de la place, là-bas. Pourquoi pas, après tout?

Son rire bref éclate. Il ne pense pas un mot de ce qu'il vient de dire du Brésil. Une entreprise doit être menée jusqu'au bout, telle pourrait être sa devise. Bob n'a pas achevé de « refaire » son 6e codo, de l'épurer, de le constituer en noyau dur d'une troupe à l'utilité diversifiée – pour le combat comme pour la « pacification », pour l'instruction comme pour la relance des plantations –, Mercenaires et fermiers, rempart contre le désordre, si menaçant pour un pays jeune et si compliqué.

Le Congo et le monde regarderont ces mercenaires actifs, bâtisseurs, convertis à des règles, à un code d'honneur, avec un regard neuf. De ses pleins pouvoirs, il fait une arme contre les débordements de la soldatesque gouvernementale, d'autant plus sanguinaire dans les villes et les villages du

Nord et du Nord-Est qu'elle avait fui quelques mois plus tôt devant les Simbas, presque sans combattre, par panique. Il empêchera ces soudards, qui veulent exorciser le cauchemar de leur peur, d'être féroces bêtement, de traquer, de torturer, de fusiller, de voler, de violer au simple soupçon d'une aide et à la rébellion. On ne rallie pas à coups de meurtres.

Les six premiers mois de 1966 sont une rude épreuve pour les nerfs. La rébellion éteinte, Mobutu étend sur le pays une chape de plomb. Certains mercenaires murmurent – des Belges surtout –, qui ne renoncent pas à l'espoir d'un éventuel retour de Tschombé.

Bob se fait un devoir d'observer et de se taire. Informé des mécontentements, des intrigues, Bob n'enfreint pas la loi du silence, que sa conscience exige à l'égard de ses frères d'armes. Sur Tschombé, son opinion est faite : c'est un homme du passé. Sur Mobutu, il ne porte pas de jugement. Militaire étranger au service d'un État, il n'a pas à s'immiscer dans sa politique intérieure mais à bien servir cet État. Ce pacte de loyauté, passé avec Mobutu le 25 novembre, il ne le transgressera pas.

Mais il serait naïf de penser qu'un mercenaire de sa trempe puisse rester ingénument ignorant des coulisses politiques. N'a-t-il pas toujours voulu savoir où il posait les pieds? Il a observé l'irrésistible ascension de Mobutu et l'effacement de Tschombé, le spectre grandissant de ce pouvoir militaire, béni par les Américains.

Ces paroles de Mobutu, il les a entendues : « Les volontaires étrangers? Ce sont des hommes valables, qui aident réellement les populations de l'intérieur. Cela me peine qu'on les traite comme des mercenaires à chasser. On ne les chassera pas. Je sais qu'ils viennent ici pour gagner de l'argent, mais beaucoup travaillent par idéal. » Propos qui tranchent avec ceux de l'ex-président Kasavubu, désireux de se rapprocher des puissances « progressistes » d'Afrique. Voilà qui rassure, pour le moment.

Moïse Tschombé, lui, est mal en point. Curieux destin. Bob se souvient du Tschombé qui se déclarait « absolument ravi » du coup d'État de Mobutu, de ses mots, prononcés au lendemain du 25 novembre : « Il m'a sauvé la vie en prenant le pouvoir. » Grossière erreur. Bob a assisté à la reprise musclée du pays par un militaire habile, qui ne songe pas à jouer le rôle du fameux général Monk et à rappeler les politiciens katangais.

L'armée a décidé. Plus de politiciens. Aucun. C'est clair. Tel est la profession de foi de Mobutu, flanqué de son fidèle Mulamba en Premier ministre très « militaire » qui tient ses ministres au garde-à-vous, petit doigt sur la couture du pantalon.

Tschombé, chez qui l'intelligence le dispute à la passion de l'argent et du jeu, a compris, dès qu'il a vu son fidèle à lui, Godefroy Munongo, se rallier au nouveau maître dans l'espoir d'une prébende.

Le 30 décembre 1966, Tschombé s'exile une fois de plus. Aussitôt circulent des rumeurs au sujet de nouveaux recrutements de mercenaires par une filière portugaise; des mercenaires destinés à le remettre en selle, entraînés à Nova Cintra, à la frontière de l'Angola et de l'Afrique du Sud. La PIDE, la police politique portugaise, jouerait à les sélectionner, à les interroger, à les tester, avant d'en nourrir le camp de Nova Cintra. Ils seraient cent, cent vingt. Mais ce ne sont que des rumeurs.

Pendant ce temps, Mobutu grandit à l'ombre du parapluie américain. Le 22 mars 1966, le Parlement apprend qu'il ne sera plus consulté mais simplement « informé ». « Je leur ai dit : " Reposez-vous d'abord. Faites une pause de cinq ans " », aurait confié Mobutu au très sérieux journal *Der Spiegel*. Bientôt, il cumule tous les pouvoirs – législatif, exécutif, judiciaire –, et le Corps des volontaires, futur parti unique, le proclamera « second héros », après le grand « martyr », Patrice Lumumba.

Et Bob songe que Moïse Tschombé s'enferre, se perd dans les déclarations : a-t-il réellement voulu faire enlever, à Genève, avec l'aide de barbouzes belges, Victor Nendaka, l'un de ses ennemis jurés, rallié à Mobutu ? Quoi qu'il en soit, le bruit circule à Léo – à l'initiative de qui ? – d'un complot pro-Tschombé, qui cristalliserait les oppositions à Mobutu.

Puis les événements se précipitent. Tschombé est officiellement taxé de « traîtrise », et, le 19 mai, déchu de son mandat de député, Mobutu fait le ménage, pend quatre anciens ministres, les « comploteurs de la Pentecôte », déplace quelques généraux, emprisonne et exile tous ceux qui peuvent lui faire de l'ombre. Itinéraire classique des pouvoirs militaires.

C'est alors qu'éclate, le 23 juillet, la mutinerie de Kisangani. À son retour triomphal à Léopoldville, en juin 1964, Tschombé, Premier ministre, avait rappelé ses fidèles gendarmes katangais, réfugiés en Angola après la liquidation de la sécession katangaise – 4 000 fidèles. Dans la lutte contre les Simbas, ils ont fait merveille, à la différence d'autres unités de l'ANC, qui se débandent facilement. De fait, ils ont glané des lauriers dans la reconquête au sein de la 5e brigade mécanisée.

Pour un observateur « sur le tas », aussi averti que l'est Denard, le Congo continue d'être malade. C'est toujours le « drame congolais, que l'Europe connaît bien mal. La faim, la peur, le sang, la corruption, l'inégalité la plus criante, l' horizon des nantis dans le saint des saints de Kinshasa et, tout autour, tout le reste, qui crève de faim et de peur. L'horizon des nantis, de ceux qui mènent la danse, est limité à la journée qu'ils vivent. Pourvu que ça dure... Chaque soir, ils espèrent qu'il y aura un lendemain. Mais jusqu'à quand? »

Bob, un jour, dira : « La vérité, c'est qu'il n'y a pas d'armée congolaise. L'Armée nationale congolaise, l'ANC actuelle, est issue de la Force publique, laquelle, depuis la mutinerie de juillet 1960, n'est pratiquement jamais sortie de l'anarchie. Mobutu sait bien que les cadres européens sont indispensables à l'ANC. Livrée à elle-même, elle ne serait plus que bandes de pillards et d'assassins. »

Il pense aussi au gâchis « des questions de personnages, des questions de politique; en un mot, des affaires tribales. Oui, nous avons, nous, Français, subi, aussi, des siècles de luttes tribales. Nous savons ce que c'est. Au Congo, il faudra attendre longtemps avant qu'il existe un esprit national. »

Et Bob songe à Tschombé, appelé par le président Kasavubu, devenu Premier ministre; à l'ANC pourrie, décomposée; aux Simbas, qui menaçaient Léo à Adoula qui déclarait : « Je suis un homme fini »; aux dirigeants qui faisaient leurs bagages; à Mobutu qui a obtenu de Tschombé que celui-ci amène dans ses valises les gendarmes katangais, tellement supérieurs au feu à l'ANC; aux Katangais, « appuyés par nous », qui avaient réussi à stopper l'insurrection simba; au régime de Léo, sauvé; à l'atmosphère empoisonnée de la capitale; aux divisions entre chefs (Kasavubu, Tschombé, Mobutu) – « oui, nous étions loin, mais, même à l'autre bout du pays, même au fond de la brousse, les querelles des grands venaient compliquer notre tâche » ; à Tschombé, « éliminé »; à Mobutu, « réaliste » qui se rend compte qu'il va avoir des problèmes avec les Katangais demeurés dans l'ANC; aux rumeurs de complots que Tschombé organiserait depuis son exil européen, ce qui n'est pas fait pour calmer Mobutu; à cette « sorte de génie que Tschombé a toujours eu pour s'envelopper de brouillard », pour susciter ces allées et venues, ouvrir sa porte à tout le monde, « provocateurs comme conspirateurs velléitaires » – « oh! vue de près, cette cour ne devait pas être bien dangereuse, mais vue de Kinshasa, c'était tout différent. Mobutu prenait très au sérieux les intrigues menées autour de Tschombé. »

Alors, que faire de ces Katangais, formellement fondus dans l'ANC mais restés groupés en unités autonomes, homogènes, dotées de leurs propres officiers, souvent de leur propre réseau de communication?

En janvier, déjà, des rumeurs de mutinerie ont circulé à la frontière entre le Congo et l'Ouganda. « Purement imaginaires, et destinées à semer la confusion dans les esprits », s'est trop vite empressé d'assurer le gouvernement.

Voici qu'à Bukavu, le 16 juillet, ce n'est plus un « mirage » mais bien une amorce de sédition : les Katangais se disent « las d'être toujours envoyés dans les mauvais coins »; ils refusent de « bouger ». Cette fois encore, pourtant, le danger semble se dissoudre.

Mais à Kisangani, le 23 juillet, l'affaire tourne au drame.

Que s'est-il passé? À Kinshasa, on se rallie très vite à la thèse du complot, ourdi depuis l'étranger par plusieurs « créatures » de Tschombé – le célèbre Clemens, professeur à l'université de Liège et Mario Spandre, avocat; ils seraient « couverts » par des groupes de pression financiers et meurtris pas la politique de « congolisation économique » menée par Mobutu. Pour beaucoup, il s'agit d'enfourcher leur dada, immuable depuis 1960 : une sorte de confédération congolaise, dont le Katanga constituerait le « centre », un Congo

« Tschombéen », ouvert aux influences des mêmes cercles blancs.

À leurs yeux, Mobutu peut être, très paradoxalement, tenu pour une réincarnation de Lumumba. À détruire! Tschombé, assure-t-on, ému par le film *Le Jour le plus long*, aurait échafaudé un scénario très élaboré d' « invasion du Katanga ». Il a son réseau d'amis – tous les ex du Katanga, ivres de nostalgie, dans toutes les capitales européennes –, sa botte « secrète » – les mercenaires, bien sûr, qui n'aiment que lui –, et « sa » troupe, ses ex-gendarmes katangais, qui lui doivent tout. Croient-ils, ces gens-là, à un vrai coup d'État, qui renverserait Mobutu? Peut-être; plus sûrement, il s'agirait de susciter assez de désordre autour de Mobutu, de l' « affoler » assez pour rappeler le « providentiel » Tschombé; Tschombé, qui, raconte-t-on, ne veut jamais le pouvoir, qui se fait seulement un devoir de l'accepter si on l'en prie. Ce n'est pas difficile de « troubler » le Congo; on s'y relève à peine d'une rébellion qui laisse la nation et l'État pantelants, exsangues; il suffit d'un coup sur la plaie pour que cela saigne à nouveau. Songer à s'appuyer sur les Katangais, mal intégrés, signifie relancer le tribalisme. Et Bob sait que celui-ci a déjà fait trop de morts. Un bien curieux tribalisme, d'ailleurs, que celui-là; presque un tribalisme « de ralliement », de « fusion ». Les ex-gendarmes veulent être tenus pour des Congolais à part entière, mais ils se sentent exclus, en marge, comme porteurs d'une faute originelle, la sécession du Katanga en 1960. Alors, ils dénoncent la « tribalisation » – hostile à eux – du grand QG de Kinshasa, leurs promotions ralenties, leurs soldes retardées. Ils sont, eux, les meilleurs guerriers du Congo, frustrés, presque « complexés ». Paradoxe.

Tschombé a fait là un cadeau pourri à Mobutu. Bob Denard a pesé ce que valent au feu ces deux mille cinq cents « vrais soldats », dont les écharpes rouge et jaune et les couteaux de brousse figurent dans chaque bagarre depuis 1960, la crainte qu'éprouve Mobutu à l'idée de les désarmer, de les licencier; leur ras-le-bol d'être en permanence postés au nord-est, à six cents kilomètres de Kisangani et si loin de chez eux; la haine qui grandit entre eux – surnommés *diabos* – et les autres soldats de l'ANC, qui « règnent avec morgue et [leur] prennent toute la bière fraîche et les plus belles filles ». Bref, les diabos sont las de chasser, las de ces battues ininterrompues, depuis les onusiens de 1961-1963 jusqu'aux rebelles simbas. Ils sont fatigués de la guerre; ils veulent regagner leurs pénates et respirer l'air du pays. Mais ils ont peur aussi : de petits groupes déjà démobilisés croupissent dans des geôles, à Kinshasa. Une manière d'avertir les diabos.

L'étincelle, d'abord prévue, paraît-il, pour le 21 juillet, s'allume le 23. Quelle main allume la mèche? Pour Kinshasa, aucun doute, le cerveau militaire de l'opération, c'est le colonel Vandewalle, ancienne éminence grise de l'état-major du temps de Tschombé. C'est un spécialiste de l'« action combinée », or l'affaire se déclenche à la fois à Kisangani, à Bukavu, à Albertville et à Lubumbashi.

Vandewalle n'est-il pas un tschombiste convaincu et une victime du coup d'État de Mobutu? Comme d'autres; par exemple Lamouline, que Denard a remplacé à la tête du 6e commando, ou Protin, ou Bothu... Mais il faut un bras – solide – pour réussir ce coup. « On » aurait pressenti le Rhodésien Peters, le remplaçant de Mike Hoare à la tête du 5e codo, rhodésien et sud-af. Hoare comme Peters, visités sur place, en Afrique du Sud, se seraient récusés. La cause de Tschombé, qu'on aime bien mais qui n'a jamais été très généreux avec les mercenaires, vaut-elle qu'on risque sa peau? En tout cas, Hoare et Peters ont répondu non. Peters a filé à Londres assister à la finale de la coupe du monde de football – averti, dit-on, qu'on préparait son « enlèvement ».

De retour à Léo, il aurait rencontré Mobutu et lui aurait lâché le morceau. Celui-ci connaît donc le complot. Il semble trop tard pour prévenir l'opération; mais on peut encore gripper la machine. Denard, patron des mercenaires du 6e, dont le QG est à Kisangani, se trouve alors à Kinshasa. Mobutu l'avise de ce qui se trame. Bob est-il surpris? Pas vraiment. Son flair le met sur ses gardes, et des « amis » l'ont averti (« on veut votre peau »). Bob avait l'intuition qu'un coup se préparait; jamais les conspirateurs ne l'ont pressenti. Si Tschombé y a peut-être songé, d'autres n'auraient pas voulu en entendre parler. Et cela se comprend si le complot intègre bien des chefs évincés du 6e codo, qui ne portent pas le Français dans leur cœur.

Y aurait-on pensé qu'il serait fou d'imaginer Denard trahissant ses engagements. Ce baroudeur hors norme s'engage à fond dans ses combats, jusqu'à la preuve de la « déloyauté » de son employeur. Tschombé, il l'aime bien, mais, le 25 novembre, il a dit oui à Mobutu; il ne le trahira pas.

Ainsi, faute de Denard, on aura le major Wauthier, qui peut-être, comme d'autres, aurait rêvé d'hériter du commandement du 6e commando après la disgrâce de Lamouline. Que Wauthier soit un protschombiste ardent ne saurait surprendre; il a été proche du colonel Vandewalle puis de Protin, au temps de la sécession katangaise, avant d'assister Tschombé comme attaché militaire, lors de son premier exil à Madrid. Ainsi les bras séculiers du « complot » sont-ils deux seconds couteaux : Wauthier pour le 6e codo, et peut-être Weeks, l'ex-adjoint de Hoare, pour le 5e.

Tschombé joue gros jeu sans avoir dans sa manche un ou plusieurs des grands, Denard, Hoare ou Schramme, qui ne semble pas non plus avoir été pressenti. Bob, désormais au courant, regagne la capitale de la province orientale.

Le 23 juillet, les Katangais passent à l'attaque. Quelques jours plus tôt, les bataillons de diabos disséminés dans le Nord-Est ont reçu l'ordre de rallier Kisangani, d'y venir épauler le régiment katangais baka du lieutenant-colonel Tschipola. Le premier à s'ébranler sera celui de Wauthier, qui quitte Isangi. Avec lui, vingt mercenaires. De quelles assurances, de quelles certitudes les a-t-il bercés? En tout cas, parvenus à Kisangani le 20 juillet, ils ne doivent pas être très contents de se trouver devant un coup d'État à faire alors qu'on les a convaincus d'aider à consolider un coup d'État... déjà fait.

Dans la nuit, probablement à la suite d'une querelle, un coup de feu part et tue Wauthier dans sa chambre d'hôtel. Pascal, son adjoint, l'un des deux seuls témoins « a toujours maintenu la thèse de l'accident, d'un mauvais maniement d'arme, d'un coup malencontreux; arrêté, interrogé, il n'a jamais changé sa déposition ». Voilà qui est bien brouillon pour un complot soigneusement organisé. Sur l'ordre de Bob, le commandant Piret va convoyer le corps de la victime jusqu'à Kinshasa, probablement s'empêtrer dans ses déclarations devant les autorités militaires, et se retrouver en prison au camp Kokolo. Wauthier mort, son bataillon diabo, dont il a réussi à conforter le régiment baka, à Kisangani, n'a plus de chef.

Que se serait-il passé si Wauthier avait réussi? Bob est formel : « Ils m'auraient sûrement éliminé. Seulement, voici : les Katangais se retrouvaient sans véritable patron, puisque le seul qu'ils pouvaient avoir, c'était moi. Et j'avais décidé de ne pas bouger! »

Aussitôt, Bob réagit, vite, de sang-froid; il ordonne très secrètement de prélever sur le 1er Choc, à Buta, pour renforcer sur place sa petite équipe de quarante gars, insuffisante entre deux mille Katangais et un millier de soldats ANC. Pourquoi cette mutinerie, prévue pour le 21 juillet – Wauthier ne serait peut-être pas mort –, ne se déclenche-t-elle que le 23? Il faudrait le demander au président Mobutu.

Samedi 23 juillet, 11 h 45. À l'Hôtel des Chutes, mess de la 5e brigade, des bouchons sautent en l'honneur d'un bébé qui vient de naître à Bruxelles, celui d'un officier belge de l'assistance technique. Des officiers ANC, tous conviés, ceux du 1er bataillon, stationnés sur la rive gauche, et ceux du 3e, stationnés sur la rive droite, seuls les seconds sont là. Les premiers n'ont pas quitté leur poste.

Soudain, la fusillade éclate. Les diabos ont ouvert le feu sur eux, occupé l'aérodrome et les bâtiments de la radio, et proprement massacré le colonel Tschatschi, qui s'était aventuré près de leur camp; Tschatschi le terrible, le patron de la 5e brigade, leur bête noire. Denard et ses mercenaires, eux, ont fait tout aussi vite pour occuper la poste et les banques, transformées aussitôt en forteresses. Les soldats ANC des 1er et 3e bataillons perdent cinquante hommes mais résistent bien au feu des Katangais de Tschipola. Au bout de deux jours de mitraillage, rien n'aura bougé. Les Katangais attendent-ils quelque chose, des secours?

Bob, lui, en sandwich entre Congolais et Katangais – quarante types entre mille et deux mille hommes! –, proclame sa neutralité. « Si j'opte pour les uns ou les autres, ce sera un massacre, et je n'en veux pas. Il y a des mercenaires, des frères d'armes, en face [une partie de ceux de

Wauthier]; et puis, ces Katangais, cela me rappelle trop de souvenirs. »

Habilement, Bob « organise » cette neutralité, en protégeant ceux des officiers et des soldats ANC qui veulent trouver refuge auprès de lui... après les avoir désarmés. « Le droit d'asile auprès de moi est sacré pour tous ceux de la 5e brigade! » Ce qui signifie, implicitement, que ce qui est bon pour les Congolais ANC l'est aussi pour les Katangais; il s'agit d'une neutralité absolue.

Une neutralité n'est efficace que si elle est « active »; Bob et ses hommes sillonnent inlassablement la ville « pour s'assurer que le débat se limite bien aux militaires, respecte les civils, congolais ou européens, et les bâtiments publics ».

Cela vaut-il de perdre son humour? « Un jour, je me trouve en train de décharger un camion de vivres, au milieu des balles qui sifflent de partout. Je me retourne, plus de chauffeur. Il s'était fait la malle. »

Vue de Kinshasa en transes, la situation n'apparaît pas claire aux autorités qui surveillent Denard avec un peu d'inquiétude. Après tout, n'y avait-il pas déjà des Blancs du 6e codo – ceux de Wauthier – du côté des Katangais? Voici soudain que le commandant en chef à Kinshasa, Bobozo, panique, « fait des conneries, arrête des gens à moi; j'ai dû me fâcher », relève Bob.

De quelles « conneries » peut-il accuser Bobozo? Elles sont graves, qu'il ait agi ou non sur l'ordre de Mobutu. Toujours est-il que, à Bumba, à Buta, à Akéti, donc dans la zone du 1er Choc, les Congolais de l'ANC se mettent à arrêter les mercenaires blancs, « ses » hommes, comme au même moment partout ailleurs dans le pays, « par précaution ». Il semble que, durant deux ou trois jours, Kinshasa ne comprenne rien à la « neutralité » du colonel Bob et s'alerte de voir des gars du 1er Choc rallier Kisangani.

Tout le monde ne s'en est pas aussi bien sorti que Karl Couke et ceux de Bumba. Bob a eu un mort à Bondo, un autre à Akéti, deux à Doulia. Il y a eu des coups, des brutalités. Un mercenaire, à Doulia, a dû creuser sa tombe, nu; il ne sera pas tué. Il faudra une semaine pour rapatrier une centaine de gars du 1er Choc sur Kinshasa.

En attendant, à Kisangani, Bob garde des nerfs d'acier. S'il a tenu à prendre la poste, c'est pour être le seul maître de la communication avec la capitale et avec le président. Il parle à Mobutu. C'est par lui que le président connaît l'évolution de la situation. Bob Denard, par sa neutralité, peut se transformer en médiateur, en porte-parole, car Mobutu s'est décidé à négocier, sans autre choix pour l'immédiat, et cela autorise l'espoir d'un pourrissement de la mutinerie, coupée – toute précaution est prise – d'appui extérieur.

De la négociation sort un mémorandum des mutins, en dix points, dans lequel leur chef, Tschipola, prend soin de préciser que les mercenaires ne sont pour rien dans la mutinerie (il faut couper court à cette idée de complot puisque les « légions » promises par Tschombé ne sont pas au rendez-vous, à l'exception des gars de Wauthier), que les Katangais sont mécontents de leurs conditions de vie et des discriminations dont ils sont victimes, qu'ils se battent depuis cinq ans (si l'on compte leur temps d'exil en Angola), qu'ils sont les meilleurs, donc, des bataillons « d'élite », qui doivent être tenus pour tels. Naturellement, on parle aussi d'amnistie.

– Ils veulent Mulamba, téléphone Bob à Kinshasa.

En Léonard Mulamba, aujourd'hui Premier ministre, ils respectent le soldat sous les ordres duquel ils se sont battus.

Arrive Mulamba. Sans fanfare. Mulamba, qui confiera plus tard crânement : « Ils voulaient me tuer. J'ai croisé les bras, j'ai souri et j'ai dit : “ Et alors? ” Alors, rien ne s'est passé, rien du tout. »

Mobutu fait mieux. Il dépêche aux mutins, le 29 juillet, l'ex-fidèle de Tschombé, rallié au régime et doté en échange du poste envié de gouverneur du Sud-Katanga, Godefroy Munongo en personne. L'accueil est tout aussi froid. Munongo ne fait pas mieux que Mulamba. Au moment de quitter provisoirement Kisangani, celui-ci doit se contenter de « geler » les positions : Tschipola commande sur la rive droite et le major congolais Otschudi sur la rive gauche. Denard continue de « maintenir l'ordre ».

Kisangani entre dans un drôle de calme. Décidément, téléguider un complot depuis l'extérieur n'est pas chose aisée! L'opération combinée – si elle a en vérité été prévue ainsi – a échoué, puisque rien ne s'abat sur Bukavu, Albertville ou Lubumbashi. Rien. Si Weeks, l'adjoint de Peters, a accepté (comme on l'a dit) ce que Peters a refusé, aucun contingent de nouveaux Sud-Africains protschombéens ne sautera sur l'un de ces points chauds?.

Sans doute la CIA est-elle experte à dissuader ces préparatifs-là. Hoare et Peters ont-ils œuvré en sous-main? On n'en sait rien, mais un DC 6 bourré de mercenaires qui était prévu pour Lubumbashi arrive vide à Kinshasa! Dès lors, Mobutu a gagné. Mais cela, on l'ignore à Kisangani. Le climat reste tendu, et Bob sait que le bataillon de Wauthier n'est pas le seul à avoir fait mouvement vers la ville. Le 14e codo aussi. Ce ne sont pas des tendres, ceux du 14e. Ils aiment bien leur région de Watsa, dans le Nord-Est, qui regorge d'or. Ils « pacifient », bien sûr, mais ils savent aussi apprécier les filons dans les mines de Kilomoto.

Tout cela est très clandestin et se passe à l'insu de Bob Denard pour l'instant. Le 14e, commandé par le major Mboyo avec, à ses côtés, l'Allemand Wilhelm et son adjoint, Delamichel, surnommé *Frenchie* – car c'est un Français, établi en Afrique du Sud –, descend vers Kisangani, bien équipé et armé avec, on l'apprendra plus tard, une Jeep lestée des lingots d'or de la mine de Kilomoto.

Leur route est hachée d'embuscades. Accrochés à Titulé, ils laissent sur le carreau près de vingt morts – sur six cents qu'ils sont, dont le commandant Wilhelm. Dix mercenaires sont blessés; dix sur vingt et un! De nouveau agressés à Buta, sur la rivière Itimberi, ils foncent droit, mais ralentis à Banalia par la traversée du fleuve Aruwimi, ils n'arrivent que le 15 août à Kisangani.

Le « drôle de calme » y règne toujours, et Frenchie et ses hommes se disent qu'il n'y a pas de coup d'État. Le colonel Bob s'évertue à le leur prouver, à les calmer. Bob est entouré de ses principaux lieutenants, de ses hommes, qu'il est allé récupérer à Kinshasa voilà dix jours, après avoir appris leur arrestation par hasard, par un civil qui a eu la présence d'esprit d'écouter Radio-Brazzaville.

– Vous êtes libres. C'était une erreur.

Ainsi se sont excusés les militaires congolais. Et les hommes du 1er Choc sont libérés avec les honneurs, victimes de la « rafle ». Pour faire bonne mesure, Louis de Gonzague Bobozo, au nom de Mobutu, a épinglé l'ordre du Léopard sur la poitrine du Patron.

Vers la fin d'août, la « guerre froide » de Kisangani semble s'apaiser; les mutins haut gradés parlementent à Kinshasa avec Mobutu; tous regrettent le sang passé, refusent le sang futur. Tout doit être lavé le jeudi 28 août par une messe commune de requiem.

Puis la méthode change, et arrivent de Kinshasa des renforts ANC, le 2e bataillon de paras, car Mobutu a décidé, probablement depuis le début, d'en finir, et il n'attend que ce prétexte : la décision prise par Tschipola et le régiment Baka de regagner le Katanga, leur terre.

Quelle sera alors la position de Bob Denard? Intuitivement, il a senti ce que serait le chemin de la rébellion des diabos katangais, campés sur leurs positions. Le maître, Mobutu, est courroucé, la diplomatie ne peut que s'enliser, et le problème katangais sera résolu par la force. Bob se dit que, le moment de l'explication venu, il peut espérer, grâce à la compétence de ses mercenaires, la maîtriser par une intervention éclair et éviter les massacres. Durant les innombrables palabres du mois d'août entre les deux parties, il n'a cessé de plaider la reprise du travail et la remise en ordre de la 5e brigade. « La population n'a que trop souffert. » Mais il plaide par devoir, sans illusion, puisqu'il connaît la résolution du maître de Kinshasa d'en finir avec ses cauchemars.

Le 3 septembre, ses officiers, ses compagnons, Dulac, Couke, d'Hulster, Abeidjon, Faugère, Robbyn, Hofman, Larapidie, Billois, Brasseur entourent un Bob Denard grave, tendu, résolu.

– Mon colonel, demande Abeidjon, ne pourrait-on pas ouvrir une enquête sur nos morts, à la suite de la rafle de Doulia?

Que croit-il, le lieutenant? Que Bob Denard oublie ses morts? Mais est-ce le moment? Et, avec un haussement d'épaules :

– Oui. Et pourquoi pas aussi une autre enquête sur les mines d'or de Kilomoto, ou sur la mort du colonel Tschatschi, ou sur l'odyssée du 14ᵉ codo? Nous avons chacun notre intime conviction là-dessus; gardons-la pour plus tard.

Bob force la voix :

– Je ne sortirai pas d'ici avec des *si* et des *mais*. Je veux la confiance ou non. Le président et moi en avons décidé : je reprends en main ce bataillon, son recrutement, ses licenciements, son encadrement, sa hiérarchie, son unité.

– On vous suit, colonel.

À Dulac, flanqué de Larapidie et de Billois, Bob confiera le 1ᵉʳ groupe de combat, soixante-quinze hommes triés sur le volet, des durs, des pros; à Couke et Robbyn, l'état-major de Kisangani; à Hulster, la constitution d'un second groupe de combat avec les renforts attendus; à Abeidjon, la liaison avec Kinshasa.

– Messieurs, conclut Bob, l'assistance technique – la belge et les autres – fait partie de la politique des États. Ce que souhaite le président Mobutu, ce sont des techniciens qui soient à lui, et il les veut fidèles! Fini le temps des commerçants, les petits trafics, le café, l'ivoire. Au travail.

Et, cela, il le répète fermement pendant une visite éclair à ceux de ses hommes qui sont stationnés à Kinshasa. Le futur, voilà ce que Bob Denard a dans l'esprit tandis que les nuages s'amoncellent sur Kisangani.

– Un corps qui ne fasse qu'un. Tous – Français, Belges, Italiens – fondus ensemble. Vous n'êtes pas des gamins, vous êtes des hommes. J'aimerais que vous vous rendiez compte à quel point vous représentez quelque chose. Vous avez tous une conscience, et même une conscience de mercenaire; ça doit valoir un certain prix. Si, à Kisangani, je n'avais pas fait mon choix, non seulement vous n'auriez pas été payés, mais c'eût été, pour vous, le massacre. Réalisez – je vous le demande – que vous êtes une grande famille. Je veux bien en être le père, mais, alors, pesez vos devoirs comme vos droits!

Le 23 septembre 1966, deux mois jour pour jour après son déclenchement, la mutinerie va s'éteindre, d'un coup. L'ANC met le paquet; le 3ᵉ bataillon prend, sur la rive droite, le camp Kétélé et écrase les diabos du régiment baka.

Bob Denard et les siens prennent d'assaut l'aérodrome. Deux jours de combats acharnés. Le 25, la rébellion a rendu l'âme, mais Bob a perdu trois de ses officiers. Robert Noddyn, une balle dans le ventre, perd son sang à profusion et va probablement mourir. Bob marche de long en large comme une bête fauve. Impossible de faire opérer Noddyn sur place. Son ventre durcit.

« C'est alors qu'on a attaqué comme des fous, libéré la piste, fait venir un avion, et Robert a été évacué, sauvé *in extremis*, la balle s'étant logée à un petit millimètre de la colonne vertébrale. »

Les ex-mutins se subdivisent désormais en trois catégories : les tués, les capturés, les fuyards. La plus grande part a foncé droit, vers Kindu, vers le sud, en colonne, dans l'espoir insensé de rejoindre le Katanga. Ceux-là, Bobozo a donné mission à Bob Denard de les « rechercher et de les détruire ».

Ils achèveront leur longue marche, coincés au sud de Punia, à 250 kilomètres de Kisangani, entre le 10e codo, de Schramme, le 6e, de Dulac, et le 5e, de John Coleman. Sur les trois mille qui ont pu s'échapper de Kisangani, seuls trois cents seront évacués, par bateau, jusqu'à Lowa et Kindu, où des avions doivent, selon l'ordre de Kinshasa, les acheminer à Kamina, au Sud-Katanga. Une poignée en a réchappé, qui erre vers Kasésé, à l'est de Punia, où Schramme les suit, les arrête, les désarme et... garde avec lui les meilleurs pour renforcer son 10e codo. Schramme, écarté comme Denard du « complot », aurait eu ce mot : « C'est une affaire africaine dont on ne peut attendre que des déboires. »

Le 16 octobre, le colonel Tschipola se rend. Le 23 octobre, on le traîne devant la foule du stade Tata-Raphaël, à Kinshasa. Le 9 mars 1967, il sera condamné à mort et exécuté.

Mobutu n'oublie pas les injures. Il oublie, en revanche, les promesses faites à Denard et à Schramme : Tschipola et ses officiers ne devaient pas être inquiétés. Bob Denard vit un véritable triomphe. À Kinshasa, qu'affectueusement on continue d'appeler Léo, il est reçu en héros, choyé. On se l'arrache dans les soirées, les cocktails, les femmes n'ont d'yeux que pour lui. Ici, il vit une romance avec une superbe fille d'origine italienne. À Buta, il a laissé un petit bijou de quinze ans, Francesca, cadeau d'un chef de village.

« Je l'ai renvoyée à l'école, songeant qu'il était de mon devoir qu'elle s'instruisît. »

À Kisangani, il y a Marie-Élise, qui tiendra une grande place dans sa vie. À dix-huit ans, cette jeune métisse, de père grec et de mère zaïroise, a connu l'aventure peu commune d'avoir été, avant la reconquête de Buta, demandée en mariage par le colonel simba Makondo, emmenée prisonnière en brousse par les rebelles avec sa mère et sa sœur, et, après s'être échappée, d'avoir erré six mois dans une zone infestée de guerre. Bob l'a tirée d'affaire, puis perdue de vue. Il l'a retrouvée, l'a demandée à sa famille, à la mode africaine. Elle partage désormais sa vie à Kisangani. Ce qu'il répond aux journalistes congolais qui lui tressent des lauriers?

– Depuis le début des événements du Congo, j'ai eu soixante hommes tués. Quelle autre preuve pourrais-je donner que je partage les souffrances des Congolais? Je leur dis : « Travaillons ensemble, cessons les querelles de famille. Et vous, journalistes, aidez-nous à faire bannir le mot “ mercenaire ”. Une autre époque s'ouvre. » Les événements ont valu à Denard, et à Schramme, la confiance de Mobutu. « Il nous devait une fière chandelle et il le savait. »

Mobutu ne veut plus, maintenant, des mercenaires de jadis. Il veut une sorte d'unité très réduite, épurée, qui soit une élite de superconseillers militaires privés et fidèles.

L'épuration commence avec la fin de « l'épopée » du 14e codo. Dans les bureaux de Kinshasa, les limiers de Mobutu ont flairé cette histoire de lingots d'or dérobés au départ du 14e de Watsa, dans les mines de Kilomoto. Le patron de la sûreté, le colonel Singa, veut ces 218 kilos de lingots. Denard veut mettre la main dessus avant les Congolais et sauver la mise aux « durs » de Frenchie Delamichel, qui, pour n'avoir plus d'avenir au Congo, restent des frères d'armes. Ils ont assez cher payé de leurs morts, entre Watsa et Kisangani.

C'est Biaunie, l'un de ses lieutenants, que Denard charge de cette discrète et rocambolesque enquête. « Cet or, on l'a abandonné à la colonne katangaise; on a eu la trouille », clament les uns. « Des hindous auraient été à deux doigts de l'acheter », soufflent les autres. « Un Européen, lui, l'aurait vu caché dans une Jeep au 14e codo », suggère un troisième.

– L'or est-il au Congo? demande Biaunie.

– Non, répond un autre. Pour moi, il se trouve toujours à Kisangani, à l'hôtel Victoria, puisque la Jeep y est. À propos, mon lieutenant, le type qui pilotait la Jeep, il ne la quittait jamais; il y couchait.

Bob et Biaunie sont convaincus que, si l'or est bien à Kisangani, à l'hôtel Victoria, il ne sortira jamais clandestinement : la ville et l'aéroport fourmillent de contrôles. Bob continue de ne pas vouloir les arrêter, et Biaunie accélère sa traque. La nuit, à l'hôtel, un type, blessé, grelottant de fièvre, crie soudain dans son délire : « Mon or! Mon or! » Interrogé, il parle, et, à force de patience, les lingots jaillissent de sous le plancher, des malles planquées sous les lits, des manches de climatiseurs...

C'est ainsi que Frenchie et une poignée de gars, affublés de plâtres et de pansements fictifs, quittent le Zaïre, tandis que Bob, en grande pompe, restitue l'or à Mobutu... à l'exception de quelques lingots. Ceux-là ont été formidablement cachés, et seront, semble-t-il, récupérés plus tard, par leur « propriétaire » qui, déguisé en routard chevelu et flanqué de deux aventurières, aura traversé l'Afrique entière en home-car.

7.

Sauveur du régime et héros de Kinshasa à la fin de 1966, le colonel Bob Denard peut croire à ce moment qu'une nouvelle page s'ouvre dans l'histoire de ce pays, pour l'avenir duquel il se bat. Après sept années de guerre et de désordre, qui ne rêve de voir le Zaïre oublier enfin le Congo? Qui ne souhaite que, sur les décombres d'une décolonisation si peu préparée, émerge un État capable d'assurer la paix civile?

Pour Bob, Mobutu peut être l'homme de ce sauvetage; et il est convaincu d'avoir, à ses côtés, un grand rôle à jouer. Être à la fois le garant de la paix et le levier du redressement économique, voilà son ambition, au service de celle de Mobutu. L'action menée par le 6e BCE dans la province orientale et jusqu'aux frontières du Nord se veut exemplaire de ce double programme, militaire et économique.

Au début de 1967, les dernières poches de rébellion sont en passe d'être réduites dans le Nord. Le major Pinaton, nommé à la tête de la 3e compagnie, en février, pour reprendre en main une situation incertaine, résume son action dans le bilan suivant :

« Quinze jours après mon arrivée, nous avions pris Panga, une des dernières " capitales " rebelles, au nord de Kisangani, et, dans les quatre mois suivants, sans subir aucune perte, infligé de lourds dommages à l'ennemi (trois cents tués), fait huit cents prisonniers et récupéré trois cents armes automatiques; rallié vingt-cinq mille personnes, rouvert deux cent cinquante kilomètres de routes, reconstruit cinquante-neuf ponts, remis en état trois plantations. J'avais reçu les félicitations du général Tschinyama... »

Dans plusieurs rapports d'inspection, à la suite de tournées de plus de deux mille kilomètres, Bob note cette consolidation militaire et insiste sur l'urgence d'une aide matérielle aux populations. « L'important est d'envoyer des vivres et des médicaments de première nécessité, de fournir des graines, des semences – paddy, arachide –, pour permettre la réimplantation des populations dans leurs villages. »

Une opération survie, menée par Bob en février 1967 avec des délégués des Affaires sociales, procure aux villageois chassés dans la brousse par la guerre civile huit tonnes de vivres, de vêtements et de médicaments. Dans chaque secteur visité, les responsables militaires et les directeurs de dispensaire, médecins ou religieux, sont chargés de la répartition de cette aide d'urgence. « J'entends encore, se rappelle Bob, la mélopée des bateliers sur la rivière des Uélés, reprise par les femmes sur la rive : *Tata a koumi n'zila assili* * (Papa est venu, la faim est partie). »

Après avoir décrit l'opération, détaillé l'état sanitaire des populations et indiqué les efforts d'infrastructure à réaliser (routes, ponts), Bob conclut ainsi son rapport, le 26 février 1967 : « La relance économique s'amorce dans certains secteurs, mais il serait souhaitable qu'au-delà de cette opération unissant les forces civiles et militaires des équipes polyvalentes soient créées. Ces techniciens devraient non seulement disposer d'un matériel suffisant mais aussi d'une liberté d'exécution qui leur permette d'éviter les tracasseries administratives. Je souhaite, dans l'avenir, être appelé à remplir, dans un cadre plus grand, de semblables missions, pour rendre sa pleine prospérité à la république démocratique du Congo. »

Ce qu'il organise et contrôle dans le Nord-Est, Bob voudrait l'étendre à tout le pays. Que les remerciements de Ferber, le consul américain de Kisangani, « pour la collaboration exemplaire de vos hommes pendant la récente opération humanitaire de Panga », en avril, soient le prélude à une coopération d'envergure nationale, où tout le monde

* Transcription phonétique (N.d.A.)

unirait ses efforts pour stopper l'effrayante régression du Congo des années 60.

Robert connaît trop bien le Congo pour se bercer d'illusions et son expérience ne le dispose pas à l'angélisme. Ses espoirs reposent – plus logiquement – sur un rapport de forces que les événements de 1966 ont profondément modifié, en faveur de Mobutu d'abord, de lui-même ensuite. Par-delà les louanges qu'on lui tresse, les honneurs qu'on lui rend, il peut à bon droit revendiquer dans l'avenir du Zaïre un rôle que ses succès sur le terrain l'ont montré capable d'assumer.

À la fin de 1966, Mobutu a fait le vide autour de lui sur la scène congolaise. Le deuxième exil de Tschombé, l'exécution des prétendus « comploteurs de la Pentecôte », la mise à l'écart de Munongo puis de Mulamba après la mutinerie, laissent le champ libre au général-président. Le Corps des volontaires de la République, constitué dès le lendemain du coup d'État de 1965, jette les bases, à la fin de 1966, du parti unique, le Mouvement populaire de la révolution, au moyen duquel Mobutu entend gouverner sans partage. La restructuration administrative du pays et les efforts pour restaurer une armée nationale au service du gouvernement sont les signes d'une volonté de reconstituer un État fort. Dans ce contexte, Bob a fait la preuve de son efficacité, de sa loyauté et de son utilité.

« Vous avez le pouvoir politique, plaide-t-il auprès de Mobutu, et, pour sortir votre pays de l'ornière, vous avez besoin d'une armée qui mérite ce nom. L'ANC, sans encadrement professionnel européen, n'est qu'une bande de pillards et un facteur de désordre. Faites encore confiance à ceux qui ont sauvé le Congo contre les rebelles puis votre propre pouvoir contre les mutins. La paix revenue, la réconciliation est possible, et avec elle la relance de l'économie. L'armée saura montrer l'exemple si vous me faites confiance. Ensuite, je partirai, et les mercenaires pourront quitter le pays, comme le réclament les États africains de l'OUA et tous ceux qui croient que nous ne sommes là que pour nous remplir les poches ou perpétuer le colonialisme. »

Voilà, en substance, les arguments du colonel Denard pour convaincre Mobutu du travail qu'il peut accomplir, « dans un cadre plus grand », à son service et dans l'intérêt du pays. Ensuite, il retourne à Kisangani et se remet à la tâche, tout en sachant bien qu'il est loin de Kinshasa et de ses éternels calculs politiques, que ses atouts sont réels mais sa position, par nature, fragile.

Parce qu'il est militaire, Mobutu suscite sa confiance. Autant Tschombé, l'homme d'affaires retors et le politicien acrobate, a fini par épuiser son crédit, autant Mobutu lui paraît capable de redresser la barre.

Pourtant 1967, cette année de tous les espoirs, va se transformer, selon une mécanique inexorable, en l'année de tous les déchirements, de toutes les mystifications. Le piège qui se met en place au cours des six mois suivants n'a d'autre issue que l'affrontement; et il fonctionne si bien que la défaite est inéluctable. Pour le « sauveur du régime », elle sera cruelle.

Dans la partie qui va s'engager, le mensonge est roi, et, comme toujours en matière de politique, il est tissé de vérités parcellaires, de mystères mal éclaircis, d'intoxications mutuelles. Dans le puzzle qui se met en place, chaque bribe de vérité est là pour conforter le mensonge de l'ensemble; le vrai est un morceau du faux.

Pour imaginaires qu'ils soient, les dialogues de la pièce qui pourrait s'intituler *Les Mercenaires, dernier acte, ou Comment s'en débarrasser*, lui donnent son sens. En ouverture, le général Mobutu, président de la république démocratique du Congo, qui explique, en souriant, à Bob :

– Vous avez fait un travail formidable; mais, à présent, la rébellion est matée, vous êtes trop nombreux.

– Tout à fait d'accord, président. Le temps de la guerre est révolu. Il faut de vrais soldats, moins nombreux mais plus professionnels. Les contrats ne seront plus renouvelés, et il y a des volontaires pour le départ. On ne garde que les meilleurs.

Mobutu acquiesce. Bob diminue ses effectifs européens à cent quatre-vingts hommes. Mais Mobutu reprend :

– J'ai parlé à mes homologues africains de notre projet de brigade mixte, des soldats africains encadrés par des techniciens étrangers de qualité. J'ai leur accord. Vous commanderez cette brigade.

– Trois mille hommes et trois cents « techniciens »?

– Exactement, colonel. C'est le moyen non seulement de reconstruire l'ANC sur de nouvelles bases, mais aussi de créer l'ébauche d'une force armée modèle, une légion africaine, souhaitée par l'OUA. Les Américains y sont favorables; ils fourniront du matériel moderne. Vous serez basé à Thysville, tout près de Kinshasa.

– Pour disposer de trois cents techniciens européens, il faut recruter, président.

– Chargez-vous-en.

Bob commence à recruter, tandis que, d'un autre côté, on licencie. Le lieutenant Faugère en France, le capitaine Polavieja en Espagne, mènent en décembre et en janvier des missions aux objectifs bien spécifiés : contacter des soldats de métier, de préférence sans antécédents au Congo et sans contact avec les recruteurs de Tschombé. C'est ainsi que l'officier Hubert Pinaton signe, à l'ambassade du Congo de Paris, un contrat de technicien – et non de mercenaire ou de volontaire –, débarque à Kinshasa le 29 décembre et prend le commandement, avec le grade de major, de la 3e compagnie, en attendant d'intégrer l'état-major de la brigade mixte en gestation. Celle-ci n'existe encore « que sur le papier », mais nul doute qu'elle verra le jour et que Bob en aura la responsabilité.

Louis de Gonzague Bobozo, général commandant en chef de l'ANC et parent de Mobutu – ce qui est sa principale qualité –, écrit à Robert au début de février : « Je vous assure de mon total appui dans la mission difficile qui vous attend quand on se mettra à la création de l'unité combien importante que vous êtes appelé à diriger. »

Mobutu n'est pas en reste d'assurances à ce sujet, et Bobozo précise à la fin de mai la mission et ses modalités : « Dans le cadre de la création de la 3e brigade mixte indépendante, le QG de l'ANC confère au lieutenant-colonel Denard un pouvoir spécial lui permettant de sélectionner, parmi les auxiliaires locaux, des jeunes gens capables de servir l'ANC », avant cette ultime confirmation, le 15 juin, se référant à plusieurs notes de mars, avril et mai : « Je vous informe que le commandant de la 3e brigade mixte est confié au lieutenant-colonel Denard qui a tout pouvoir pour la reprise en main des anciennes unités ANC et la sélection des auxiliaires. » Tous les commandants de groupements destinataires doivent détacher des hommes dans cette unité nouvelle, « apporter toute facilité » et « exécuter strictement » les ordres de son commandant, sous peine, « étant donné le caractère particulier de cette unité, de sanctions sévères ».

Pourtant, le sang neuf que l'on attend d'Europe pour encadrer cette fameuse BMI est réduit à quelques éléments. À la mi-janvier, en effet, les missions de Faugère et de Polavieja sont brusquement stoppées. Au dépit de ses recruteurs, Bob ne peut qu'opposer les ordres de l'état-major de Kinshasa. C'est qu'en Espagne, notamment, où Tschombé est reparti, il est impossible de garder le secret d'une telle mission. Et qu'au second plan de la scène, derrière Mobutu et Bobozo, le chœur des États africains s'émeut. Alors qu'il n'est question que de renvoyer chez eux les mercenaires, on les réengage sous couvert d'« assistance technique »?

La main sur le cœur, Mobutu proteste de sa bonne foi. Son prédécesseur, Kasavubu, avait promis à l'OUA, à Accra, à la fin de 1965, de « régler le problème », conformément aux vœux réitérés de l'ONU et des États africains. « J'en viendrai à bout petit à petit », disait-il prudemment. Mobutu ne dit pas autre chose, mais le ton est plus ferme, et la méthode moins incertaine.

« Ils partiront d'eux-mêmes, j'en fais mon affaire. » L'OUA demande des gages, Mobutu un peu de patience. Il rassure la communauté africaine si habilement que le prochain sommet de son organisation est décidé pour septembre 1967, à Kinshasa. « La question des mercenaires étrangers sera réglée d'ici là », jure-t-il.

En attendant, il prend des initiatives d'un autre ordre. C'est la « congolisation de l'économie », qui vise à rompre la dépendance économique vis-à-vis de l'ancienne métropole. Et, aussi symboliquement qu'il a décrété Lumumba « héros national », Mobutu prétend régler unilatéralement le contentieux belgo-congolais.

Les Belges s'émeuvent, la Société générale de Belgique fait ses comptes. Mobutu rassure les hommes d'affaires : « Je donne des gages à mes amis africains... »

N'empêche; Bruxelles et Kinshasa sont brouillées. Aux

financiers des sociétés belges, Mobutu concède des arrangements; aux politiques, il ne lâche rien. Le spectre de Tschombé plane à nouveau. Pour les ex-colons, alarmés, Tschombé est la solution miracle, et Schramme le recours.

– Que fait Schramme? soupire-t-on d'un côté.

– Que fait Mobutu contre Schramme? s'enquiert-on de l'autre. Comment s'en débarrasser?

– En le renforçant, répond Mobutu aux impatients.

En décembre 1966, il a convoqué Schramme et l'a mis en demeure de dissoudre son 10e codo katangais dans l'ANC. Schramme, maître du Maniéma, conscient de sa supériorité militaire sur l'ANC, a pris de haut cette sommation. Pas question ni de livrer ses hommes en ordre dispersé à Mobutu ni de les laisser désarmer. Au lieu de chercher l'affrontement, Mobutu lâche du lest.

– C'est bon, major. Vous pouvez garder vos mutins katangais de juillet, et même accroître le périmètre où vous faites si bien régner l'ordre. Continuez dans cette voie.

Outre Bobozo, Bob assiste à l'entretien. Et il ne dit mot. Schramme sort du bureau présidentiel la tête haute, persuadé que Mobutu ne peut rien tenter contre lui et qu'il lui suffira de prendre le moment venu l'initiative pour l'acculer dans les cordes, dénoncer sa « dérive communiste », sur laquelle il n'a aucun doute, et constater la vacance d'un pouvoir complètement discrédité. L'heure de Tschombé et d'une restauration katangaise aura alors sonné. Bob, ce jour-là, trouve Schramme bien présomptueux et Mobutu fort habile. Il pressent que, bientôt, il lui faudra choisir l'un contre l'autre et que toute conciliation entre ces deux hommes sera impossible. Il a bien entendu la conclusion de Mobutu :

– Nous verrons cela dans quelques mois, major Schramme. Il est indispensable d'aboutir à une solution – pour vous et vos Katangais.

Quelques mois... Six mois vont suffire à amener tous les protagonistes du drame au point de non-retour, dans une situation où aucun d'eux n'aura plus le choix ni de sa décision ni des moyens de la mettre en œuvre. À la lancinante question : comment s'en débarrasser?, les réponses, paradoxales, de Mobutu ne visent qu'à cet objectif : être maître du moment.

Mobutu a deux chefs mercenaires d'envergure en face de lui. Un allié français, donc moins suspect que les Belges, les Sud-Africains ou les Rhodésiens aux yeux de l'OUA, et un ennemi avéré, Schramme. Il peut jouer l'un contre l'autre, mais affronter les deux ensemble, ligués contre lui, c'est une autre affaire! Pour l'avoir commandée, il sait bien que l'ANC, comme le dit le colonel Bob, ne pèse pas lourd face aux 6e et au 10e codos réunis.

– Qu'à cela ne tienne, susurre une voix nouvelle, dans l'ombre de la grande scène congolaise; nous allons vous aider à remédier à cette faiblesse. Dans une situation comme celle-là, on ne peut se fier uniquement aux réactions de l'adversaire. Il faut aussi pouvoir compter, le moment venu, sur ses propres forces.

Cette voix, c'est celle de Devlin, premier adjoint à l'ambassade des États-Unis à Kinshasa et responsable de la CIA au Zaïre. Les États-Unis ont tiré les leçons du fiasco de l'ONU au Katanga, à la fin de 1961. Les technocrates de Washington ont remisé leurs brillantes démonstrations selon lesquelles le sort des pays du tiers monde ne se réglait pas par la politique mais par la tutelle technique et la mainmise économique. Ils sont persuadés, maintenant, que le tiers monde est un champ de bataille politique.

Mao l'a bien compris, et les Chinois ont profité de leurs erreurs, et des atermoiements des Soviétiques, pour y avancer leurs pions.

Parallèlement au retrait de l'ONU à la mi-1964, les Américains affirment une présence directe sur la scène congolaise dès le mois de juin de la même année. Les premiers mercenaires à intervenir contre les rebelles à ce moment n'étaient-ils pas des Américains – vite retirés, il est vrai – et surtout des pilotes cubains anticastristes? Puis c'est officiellement l'aide américaine en matériel et en conseillers techniques. Et, après le coup d'État de Mobutu, la même aide, mais par l'intermédiaire de la Wigmo, agence paramilitaire d'assistance au Congo, basée au Lichtenstein et entre les mains de la CIA. Sous Tschombé, en 1964-1965, des Israéliens et des Américains – en plus de l'assistance belge, « naturelle » – ont commencé à former des paras congolais, à Ndjili, et des unités terrestres, à Kitona.

Avec la brouille belgo-congolaise, sous Mobutu, les Américains deviennent le premier soutien du régime, et les liens de Mobutu avec la CIA sont si avérés que l'URSS en viendrait presque à « protéger » Tschombé contre d'éventuelles vengeances de Kinshasa.

Devlin conseille la patience à Mobutu :

– Quand Schramme se sentira assez fort pour vous renverser, il aura une mauvaise surprise ; l'ANC est encore un ramassis d'incapables, sauf les gens que nous formons, et ceux-là, aidés par nous, donneront une leçon aux Katangais et à Schramme.

Mobutu, face à la CIA, ravale sa fierté africaine. Il préférerait devoir son succès à Denard.

– Le colonel est loyal – il l'a prouvé –, et, s'il pouvait commander réellement la brigade mixte indépendante, me débarrasser de Schramme quand je le déciderai...

La solution est séduisante pour Mobutu. La caution de la France, à coup sûr, le dédouanerait en Afrique de son allégeance trop marquée à Washington. Mais Devlin ne lâche pas le président.

– Denard est loyal, mais, si la France joue Tschombé contre vous, Denard penchera vers Tschombé.

Mobutu fait la grimace. Les Américains ne sont pas plus malins que d'autres en politique – à certains égards, les Congolais leur en remontreraient –, mais ils ont l'avantage de posséder les moyens d'imposer leur loi. D'exiger, par exemple, la dévaluation de 300% de la monnaie zaïroise, ou de modérer la vindicte anti-occidentale des supporters de Mobutu au moment de la velléitaire « congolisation » de l'économie.

C'est le département d'État qui indique alors, tant à Bruxelles qu'à Kinshasa, jusqu'où aller trop loin. Mobutu nationalise, annule les anciennes concessions du sol et du sous-sol congolais, mais la Société générale de Belgique obtient tout de même l'exclusivité de l'exploitation du cuivre pour l'Union minière. Ce sont là des arrangements de haute politique ; pour les basses œuvres, voyez l'antenne de la CIA. Elle a sa petite idée pour contrer l'ascension de Bob, et surtout son accession à la tête de la fameuse brigade mixte. Le 5e codo, de Mike Hoare, fer de lance de la lutte contre les Simbas, en 1964, a toujours fait bande à part dans le milieu des mercenaires.

Au Katanga déjà, les Sud-Africains et les Rhodésiens prenaient leurs ordres à Johannesbourg ou à Salisbury plutôt qu'à Élisabethville. La volonté de retrait de leurs hommes par ces deux capitales, en 1966, permet à Mobutu de dissoudre en douceur le 5e codo, qui disparaît effectivement de la scène en avril 1967. Le président peut alors clamer :

– Vous voyez bien que je m'en débarrasse!

Mais Mike Hoare a regagné Durban depuis plusieurs mois. Il est toujours disponible et assez dépité, sans doute, que Mobutu ait fait confiance à Bob, plutôt qu'à lui, pour commander les forces étrangères.

Devlin lui fait alors savoir que ce commandement ne serait pas hors de sa portée. Leurs rapports sont plus qu'amicaux. Pour le capitaine de Clary, ex-conseiller de Tschombé, à Éville en 1961-1962 comme à Kinshasa en 1964, resté célèbre pour avoir fait prisonnier les Irlandais assoiffés de Jadotville, Hoare est l'homme de la CIA dans les rangs mercenaires. Dans une lettre à Bob, en avril 1967, il raconte comment Hoare s'est vu promettre le commandement de l'ensemble des mercenaires et comment les Sud-Africains, qui lui ont demandé des explications sur ses manœuvres, ont été plutôt satisfaits de l'échec de celles-ci.

À la même époque, John Peters, successeur de Hoare à la tête du 5e codo, écrit, lui aussi : « J'ai été content que vous ayez gagné dans votre bataille avec Hoare, [car] je vous considère comme l'homme le plus qualifié pour cette place de commandant de la légion. »

La manœuvre de Devlin a échoué; Mobutu répète avec satisfaction à l'intention de ses conseillers US :

– Je suis indigné de la cabale qu'on a montée contre le colonel. Qui a pu inventer des choses pareilles?

Impassible, Devlin marmonne :

– Ce sont des mœurs de mercenaires. Il est bien temps de vous en débarrasser, président.

Quelque part, au nord de Kisangani, dans un poste de la 3e compagnie, Bob écoute les bruissements de la brousse, à l'heure de la nuit où les voix, les moteurs, les armes se sont tus. C'est d'abord un silence irréel, un vide brutal dans l'obscurité qui s'étend. Puis l'oreille discerne des crissements, des cris brefs, l'écho feutré de courses. La savane africaine se peuple en quelques instants d'un foisonnement de vie invisible.

En deux mois et demi de commandement, le major Pinaton a appris, comme tant d'autres, à aimer ces instants. Il respecte le silence du colonel, assis en face de lui. Bob songe au théâtre de Kinshasa, aux acteurs qui déclament dans la lumière et à ceux qui soufflent dans la coulisse. S'ils se taisaient tous enfin, un instant, entendraient-ils la rumeur du Congo? L'appel de ce pays qu'ils dépècent et saccagent tous à leur tour, depuis tant d'années, avec les meilleures intentions du monde?

Ce qui se trame depuis des mois, si loin d'ici, a pour objet l'avenir de Bob, son rôle dans ce pays – et celui de Schramme –, la place du Congo sur les cartes géopolitiques qu'on affiche à l'ONU, au siège de l'OUA, à la Maison-Blanche, à l'Élysée...

« Ils parlent, ils complotent; et ils mentent toujours... Ils se débarrasseront de moi, peut-être, mais les maux de leur peuple, les séquelles de la guerre, de l'anarchie, qui les guérira? »

Faute de réponse, Bob préfère consolider ses forces, entretenir le moral de ses hommes. À Panga, l'état-major de la compagnie, grâce à Pinaton et à son adjoint, Billois, est assaini, la remise en ordre s'est faite sans faiblir. « La bande de gens hirsutes se livrant sur place à tous les loisirs possibles – bains, chasse, poker – mais pas à la guerre », décrite par le major à son arrivée, a été épurée.

– Il y a de tout parmi les mercenaires, dit Bob à Pinaton. Bien plus que dans une armée régulière, tout est question de commandement. Il ne suffit pas d'un chef; il faut des adjoints fiables et une vigilance de tous les instants. Quand on est dispersés sur d'aussi vastes territoires, tout le travail doit être inlassablement contrôlé et soutenu. Le moindre laisser-aller dégénère. Vivement qu'on aille à Thysville s'occuper de cette brigade mixte!

Un mois plus tôt, du 20 au 22 mars, le président Mobutu est venu en visite officielle à Kisangani. Rien n'a manqué, ni le défilé des troupes, ni les bouquets offerts par les enfants des écoles, ni les danses folkloriques, ni le cortège de pirogues sur le fleuve. Une belle réussite, appréciée par Mobutu, Bobozo et les responsables du CVR. Le général Tschinyama, commandant du 3e groupement, et le lieutenant-colonel Denard ont été félicités par le chef de l'État. Mobutu a entretenu Bob, à nouveau, de la mise sur pied de la brigade mixte.

– Ça avance, colonel; vous aurez trois bataillons et tout pouvoir pour organiser cela.

– Mais l'ordonnance qui doit fonder légalement cette unité, président?

– Je m'en occupe. Il y a tant à faire pour gouverner... En attendant, préparez-vous.

« À quoi, au juste? pense Bob. À commander l'unité d'élite du Zaïre ou à sauver ma peau? »

Mobutu est reparti ravi, flanqué des cadres du futur parti unique. Pas une fois il n'a été fait allusion aux bruits qui courent à Kinshasa d'un coup d'État imminent, attribué tantôt aux tschombistes, tantôt aux mercenaires, tantôt au seul Bob Denard.

Au major Pinaton, qui s'étonne de l'hostilité affichée par les Belges à l'égard des Français dans les états-majors et même dans les unités et du rôle qu'on prête au major Pauwis dans les couloirs présidentiels, Robert rappelle :

– Ça date du Katanga, de Trinquier. Ça ne s'est jamais vraiment arrangé depuis.

Et il ajoute, laconique :

– On n'arrête pas de creuser sous nos pieds.

Pinaton est allé se coucher, perplexe. Déjà désabusé, après à peine trois mois au Congo?

« C'est un professionnel, et il fera son métier sans état d'âme, juge Bob. Il en faudrait beaucoup plus... »

Une fois n'est pas coutume, il marche seul dans la nuit, autour du poste du kilomètre 76, sur la route de Panga. La comédie de Kinshasa, il n'a pas grand-peine à l'imaginer, même si des arrière-plans lui échappent. Il sait d'autres choses encore.

Dans la capitale, un tract signé d'une énigmatique Unité de mercenaires au Congo-Kinshasa et intitulé sans détour *Ultimatum* a circulé fin janvier. Il exigeait du président

Mobutu la révision de sa politique économique et sociale, l'annulation des textes récemment pris en la matière, et « la révision urgente de [son] équipe ministérielle, dont la plupart des membres sont de véritables rebelles ». Ces mercenaires anonymes, alarmés par la paupérisation qui les guette du fait de la dévaluation, prétendent faire et défaire le gouvernement. Quelle que soit l'origine de la provocation, elle prépare le terrain à la liquidation. La rumeur d'une rupture entre Mobutu et les mercenaires n'a fait qu'enfler depuis lors. Avec le procès des officiers mutins katangais et de Tschombé, en mars, Mobutu a fait monter la pression. Devant le tribunal militaire d'exception, le lieutenant-colonel Tschipola, ancien chef des diabos, quatre autres officiers et un civil ont été condamnés avec Tschombé et son frère Thomas. Trois condamnations à mort : Tschipola, un capitaine, et Moïse Tschombé par contumace. Quinze à vingt ans de prison pour les autres. Le ministère public a longuement exposé à l'encontre du Premier ministre en exil les accusations de recrutement de mercenaires, en Belgique et en France.

Bob est aussi indigné que Schramme, à l'annonce de l'exécution de Tschipola. Mobutu leur avait promis qu'il aurait la vie sauve quand ils l'avaient escorté eux-mêmes à Kinshasa. Schramme ne brille pas par son sens politique. Que Mobutu rende hommage à Lumumba et il est à ses yeux convaincu de communisme. Dans son Maniéma fortifié, il se prépare à la guerre et rêve, plus que jamais, de réincarner Stanley un siècle après.

Il ne suffit pas qu'à Kinshasa on spécule à haute voix, avec l'accent de Bruxelles ou de Washington, sur la brouille entre Bob et Mobutu, indissociable d'une réconciliation du Français avec Tschombé. Ni qu'on prête à ce dernier au moins deux plans de reconquête du Congo. À force de tendre l'oreille aux bavards, qui se vantent de ne rien ignorer de ce qui se prépare simultanément à Madrid, à Lisbonne, à Luanda et à Salisbury, les plus crédules scrutent le ciel de Kinshasa, s'attendant à y voir apparaître Moïse Tschombé, parachuté au-dessus du palais présidentiel pour y reprendre les rênes en un tournemain. Barricadé dans sa résidence à l'instar de Schramme dans son QG, Mobutu finit par lorgner le ciel, lui aussi. Devlin le « rassure » :

– Les tschombistes montent un coup contre vous; c'est évident.

Mobutu rêve de faire subir à Tschombé le même sort qu'aux conjurés de la Pentecôte, mais l'Américain balaye Tschombé d'un revers de la main.

– Les amis de Tschombé, précise-t-il; pas votre ami Moïse.

Mobutu récapitule toutes les informations en provenance de Madrid, mais Devlin secoue la tête.

– Tschombé est un commerçant, un politique, pas un militaire comme vous, président. Vous l'imaginez à la tête de troupes séditieuses, prétendant conquérir le pouvoir par la force?

Mobutu ne l'imagine pas, certes, mais il n'en a pas moins froid dans le dos à cette évocation. L'Américain insiste : « Tschombé attend que le pouvoir tombe pour le ramasser. Il complote – c'est sûr –, il noue des contacts, échafaude des plans, se rêve déjà à votre place... Mais il faut, pour cela, que d'autres fassent le travail. Tschombé ne bougera que si on lui offre le Congo sur un plateau! »

Schramme, les mercenaires et leurs alliés fomentent-ils d'ores et déjà un complot, une opération militaire, contre Mobutu? À Madrid, on s'agite beaucoup; on parle. Tous les services secrets mettent leur grain de sel dans une confusion telle qu'aucune menace vraiment sérieuse n'y est repérable. En Angola et en Afrique du Sud, les rumeurs sont à peine moins nombreuses et les menaces à peine plus réelles. Cependant, Bob, comme d'autres, prend connaissance début mai d'un « ordre d'avertissement », estampillé *Très secret*, émanant de l'état-major, qui décrit avec un luxe de détails le plan d'un complot tschombiste de grande envergure et la riposte mise en place par les autorités congolaises.

« Dans son ensemble, la situation du pays est calme, annonce ce document. Mais les ennemis de la République n'ont cessé de monter des coups de force. « La preuve : les hommes de Tschombé vont attaquer le pays sur trois fronts – deux à la frontière de l'Angola, un à la frontière soudanaise (« attaque de diversion », précise le document). Tout est quantifié, les hommes qui vont se lancer à l'assaut du régime, leur matériel (armement lourd, véhicules, etc.), leurs objectifs (Thysville, Ndjili et Kinshasa pour une partie des assaillants, Kolwezi, puis Kamina et Élisabethville pour le deuxième groupe), et même la date du déclenchement de l'offensive. (« L'ennemi compterait entamer cette offensive simultanément le 29 juin 1967 à 4 heures. ») La seconde partie du document met en place la défense et programme la contre-offensive, dans le Sud et l'Extrême-Nord.

Ainsi, dès le 2 mai, la date de l'affrontement recherché est déterminée, et l'éternel complot contre la République devient une réalité. On lui donne même un nom, qui – fait unique dans les annales des complots – restera inexplicable. Le complot Kérilis existe, même si tout est inventé. Il s'intègre de manière indispensable dans le puzzle qui doit provoquer les hostilités. Que cette vaste intoxication, qui aura d'autres prolongements, en juin, soit l'œuvre de Mobutu lui-même, des Américains, de Schramme, qui s'est vanté, plus tard, d'avoir au moins réussi cette opération-là, ou de ses alliés extérieurs, peu importe au fond. Chacun croit tirer le plus grand bénéfice de ces ombres fallacieuses qu'il montre pour faire peur à l'adversaire et obliger tout le monde à prendre parti. Le sort des armes désignera le vainqueur de ce poker menteur.

A posteriori, on voit bien toutefois le double avantage pour Mobutu du plan Kérilis : mobiliser ses défenseurs contre une invasion d'envergure, aux proportions quasi extravagantes, et forger les motifs d'une liquidation brutale des Katangais. Si Schramme est l'auteur du plan et croit assez naïvement éloigner l'ANC vers un théâtre d'opérations lointain, il ne souffle mot de ses espoirs à Bob, en tout cas, quand celui-ci lui rend visite une première fois au début de 1967. Il lui dit simplement ses inquiétudes et son isolement face aux intentions de Mobutu de désarmer son 10e codo.

Bob repart rapidement. Il offre à Schramme de le renforcer, y compris à son détriment.

« Bien que le 10e codo fasse partie intégrante de la brigade, se plaint le commandant de la base de transit du 6e BCE, je continue à voir passer ici [à Kinshasa] des masses de matériel à destination du 10e codo, alors que nous avons toutes les peines du monde à en obtenir quelques kilos pour le bataillon lui-même. Il est indéniable que ce matériel est acheté, mais beaucoup de factures sont remboursées par l'ANC. [!] »

Bob s'en tient à sa ligne de 1966 : rester loyal à Mobutu, tout en aidant Schramme. Sa marge de manœuvre se rétrécit de jour en jour. Le destin fait que le mois de mai 1967 va accélérer dramatiquement son enfermement, et qu'un malheur intime qui en annonce d'autres, va se mêler à la mécanique.

Le 7 mai, il reçoit un télégramme lui annonçant la mort de sa mère. Il rentre en France le 9.

« Je n'ai rien dit, et je suis parti, après avoir informé Mobutu et Bobozo. J'avais très peu de nouvelles d'elle à cette époque. Quand je suis arrivé, elle était morte. De ne pas l'avoir revue vivante, ça m'a vraiment fait mal. »

Fidèle à ses sentiments de toujours pour Grayan, Marguerite Denard n'a pas voulu être enterrée au village.

« Elle l'avait bien précisé à ma sœur. Alors, on a fait comme elle voulait, et on l'a enterrée à Bordeaux. J'étais très attaché à Grayan, moi, au contraire. Dans cette période, tout allait vraiment de travers. »

8.

De très loin, et dans le silence qui était son refuge face à un monde inamical, Marguerite a pu suivre à grands traits le cheminement de son petit Robert. Il n'y a pas eu pour eux d'ultimes retrouvailles, pas de réussite à fêter, qui aurait mis un peu de baume au cœur de la vieille femme, pas d'inquiétude maternelle, comme un reproche muet à tant d'éloignement, qu'un geste du fils aurait balayée. Robert revient trop tard avec le sentiment de n'avoir pu assez prouver.

Du Katanga au Yémen, puis de nouveau au Congo, l'aventure a connu de ces soubresauts qui ne laissent pas le temps du retour en arrière, qui remettent toujours à plus tard l'attendrissement et la consolation. L'aventure de la guerre dresse aussi, autour de ceux qui y abandonnent leur destin, une barrière qui les isole du monde commun. L'aventure mercenaire plus encore, qui n'existe que par ses actes et peine à faire valoir ses justifications. Son exotisme n'est pas que de pacotille; il résume, faute de mieux, cette étrangeté que les valeurs admises ne parviennent pas à assimiler. L'ambivalence des Affreux du Katanga était déjà patente. Les mêmes hommes, cinq ans plus tard, à Stanleyville, étaient sacrés héros, et les voilà en passe d'être rejetés en enfer. Les armées qu'on dit régulières se parent, même dans la défaite ou les égarements putschistes, de vertus. Accablées ou vilipendées, elles trouvent dans la société civile des défenseurs. Celles des mercenaires demeurent irrégulières, irréductibles. Elles n'ont pas de mots pour plaider leur cause et doivent se passer d'avocats. Leurs actes seuls parlent pour elles, et leurs témoins sont suspectés d'office. La rançon de leur légitimité toujours en procès, ces hommes la paient en même temps qu'ils y puisent leur fierté, celle d'appartenir à une caste qui édicte ses propres règles, qui rejette autant qu'elle est rejetée.

Au début de 1967, au Congo, les mercenaires, qui rêvaient de changer de nom, voire de fonction, et de trouver grâce aux yeux du monde, vont devoir rendre des comptes à nouveau.

Rentré trop tard au pays, Bob n'aura pas expliqué à sa mère que le mercenariat est un métier, qu'on peut défendre pour de l'argent une cause qui ne vous concerne pas, et que, dans cette conjonction si bien faite pour susciter l'opprobre, l'honneur, la grandeur d'âme et la conscience peuvent aussi bien qu'ailleurs se faire valoir. Sans doute une mère, à l'encontre de la société, se garde-t-elle d'en juger. Étrangère à son village, réfractaire au monde qui l'entourait, Marguerite Denard savait le prix, elle aussi, d'une vie qui choisit la quarantaine et se passe des assentiments. Devant sa tombe, Robert mesure ce qu'il doit à ce courage-là.

« Entre Grayan et Bordeaux, je ne suis resté que peu de temps, parce qu'il n'y avait plus rien à faire. » Robert se rend à Paris et rencontre plusieurs personnes pour qui le Congo est le premier souci. D'un côté, le colonel Botété, attaché militaire à l'ambassade du Congo, homme de confiance de Mobutu dans la capitale, par lequel transitaient, jusqu'en janvier 1967, les nouvelles recrues étrangères. D'un autre côté, des personnalités belges tschombistes déjà vues à l'époque du Katanga, quand elles se chargeaient d'y faire repartir les expulsés d'août 1961. Jean-Pierre Bonsang et le juge Mélo prennent contact avec Bob et lui transmettent le désir de Tschombé de le rencontrer.

« Je leur ai dit que c'était un peu tard, d'abord, et aussi que son entourage était pourri. Trop d'escrocs, des gens qui prétendaient vendre n'importe quoi à tout le monde... Cela entretenait autour de Tschombé, en Espagne, une ambiance malsaine, où je ne voulais pas tremper. »

Bob n'a pas oublié non plus les dettes non réglées de l'ancien président, le fameux contentieux qui l'a si longtemps occupé en Angola au début de 1963. Il ne cache pas sa défiance, même si ses interlocuteurs lui rappellent son engagement pour le Katanga, le retour triomphal de Tschombé à Kinshasa en 1964 et l'ingratitude à son égard de Mobutu, dont les ambitions dictatoriales vont, selon eux, écraser le Congo. Non; Bob n'ira pas voir Tschombé; et, si les principes ne suffisaient pas, l'opportunité lui dicterait ce refus. « Si nous nous étions vus, j'étais sûr que cela se serait su. »

Évidemment, les invites, les pressions amicales ne vont pas sans promesses et prédictions d'un prochain retour au pouvoir de l'« homme providentiel ». Mais des promesses, de la part de Tschombé, Bob en a tant entendues!

Alors qu'il les accueille avec le plus grand scepticisme, d'autres personnes vont y ajouter leurs conseils. Durant ce séjour parisien, en effet, Bob rencontre aussi des hommes de Jacques Foccart, grand maître de la politique africaine de la France.

Secrétaire général de la Communauté, Foccart a un bureau à l'Élysée, et il s'est, en bonne logique, annexé le service Afrique du SDECE, dirigé par un de ses très proches amis, Maurice Robert. Éminence grise de De Gaulle, celui qu'on dépeint déjà comme l' « homme le plus mystérieux et le plus puissant » de la Ve République, a installé ses services propres dans l'hôtel de Noirmoutier, 138, rue de Grenelle. C'est là que s'organise, sous les apparences d'un véritable « ministère parallèle », le système Foccart. C'est là que Bob rencontre un homme qu'il a déjà croisé à deux reprises, Jean Mauricheau-Beaupré. Ancien résistant et membre des services secrets, ancien journaliste, il était rédacteur au *Courrier de la colère*, de Michel Debré, en 1957-1958, qui préparait le retour de De Gaulle et résistait à l'abandon des colonies. Il était aussi, à Brazzaville, conseiller de Fulbert Youlou, lorsque Bob avait débarqué au Congo ex-français, en novembre 1960.

En cette période incertaine du printemps 1967, Mauricheau-Beaupré conseille donc à Bob de prendre le parti de Tschombé dans le nouvel affrontement qui s'annonce. Bob lui explique sa position; la confiance que lui accorde encore Mobutu, malgré les rumeurs qui veulent les dresser l'un contre l'autre; sa loyauté envers le président congolais.

– Et puis, ajoute-t-il, on vient de sortir d'une mutinerie, je n'ai pas envie de m'embarquer dans une autre. Tschombé et ses promesses, ses conspirations, je n'y crois plus.

À sa manière volubile et enflammée, Mauricheau-Beaupré balaye les réticences de son interlocuteur.

– Peu importe Tschombé ! lui lance-t-il ; il est ce qu'il est ; vous avez raison. Mais il est là, et c'est sur sa personne que se cristallise l'opposition à Mobutu. C'est Tschombé, faute de mieux, parce qu'il faut écarter Mobutu !

– Parce que Mobutu est devenu communiste? ironise Bob.

– Laissons ces croyances à Schramme ! plaisante le collaborateur de Foccart. C'est, tout au contraire, parce que Mobutu est trop lié à la CIA, trop dépendant des Américains, et, en plus, complètement aligné sur leur politique pro-israélienne.

Mauricheau-Beaupré invoque les accords bilatéraux entre Kinshasa et Tel-Aviv, l'instruction des paras de l'ANC par des spécialistes de Tsahal. Dans la crise, qui s'aggrave, au Proche-Orient, Mobutu se range totalement du côté d'Israël. (Faut-il préciser que cette discussion précède de quelques jours seulement le déclenchement de la guerre des Six Jours?)

En tout cas, la religion des services secrets français est faite. La politique africaine de la France a subi un grave revers en 1963, à Brazzaville, où Fulbert Youlou a été renversé, et même – comble d'infamie ! – jeté en prison. Ses amis français l'en ont tiré, mais le nouveau pouvoir, sur lequel Paris avait fondé quelques espoirs, a vite connu une dérive marxiste calamiteuse. Il y a des Cubains à Brazzaville, et, si Mobutu consolide son régime avec l'aide des Américains, l'influence française au Congo aura vécu. La Communauté et son pilier en Côte-d'Ivoire, le président Houphouët-Boigny, attendent un sursaut français.

Mauricheau-Beaupré cite le contre-exemple du Gabon, où la passation des pouvoirs à Omar Bongo est en train de réussir au profit d'un grand ami de la France. Plus prosaïque, Bob lui rétorque que « prêter la main au renversement de Mobutu, c'est tirer les marrons du feu au profit de Schramme et des Belges. »

Mauricheau-Beaupré ne s'arrête pas à cette préoccupation. Quant à la suite du programme – si, d'aventure, Tschombé est ramené au pouvoir grâce aux mercenaires –, il est aussi moins disert. « Quelle aide ? Quels appuis ? » se demande Bob. Il sait bien qu'à ce moment les forces censées être rassemblées aux frontières du Congo pour porter l'estocade à Mobutu n'existent que sur le papier, dans les beaux plans de désinformation, et dans la tête des naïfs. Mais, sur ce terrain, l'homme de Foccart reste décidément bien vague. « La France s'en occupe... » Il n'ajoute pas qu'elle commence aussi à s'occuper du Biafra, et préfère reprendre sous un autre angle :

– Ne pas prêter la main, mon colonel, comme vous dites, c'est d'abord devoir désarmer Schramme, et, ensuite... Mobutu se débarrassera de vous, même contre son gré, même en s'excusant ! L'OUA ne l'y obligera peut-être pas, d'accord. Mais les Américains ? Vous aurez encore plus sûrement tiré les marrons du feu pour ceux, qui, aussitôt, se retourneront contre vous.

Bob soupire. La rivalité franco-américaine au Congo a ceci de paradoxal qu'elle l' « invite » au même choix, de gré ou de force : se soulever contre Mobutu, renoncer, pour un avenir incertain, que les omniscients services ne se risquent pas à prédire, au commandement de sa brigade mixte africaine. On lui enjoint de briser son rêve, et accessoirement de risquer à nouveau sa peau. Et, s'il est trop tiède, on lui forcera la main.

Bob quitte la rue de Grenelle et la France, où Mauricheau-Beaupré, contrairement à tant d'autres, en ce dernier mois de mai avant 1968, ne « s'ennuie » pas. « Le Général estime... L'intérêt de la France... Nos amis africains... »

9.

Le 6 mai 1967, on se bat depuis la veille sur le Golan; l'armée israélienne est passée à l'attaque. Et Bob regagne Kinshasa. Le général-président Mobutu pourrait être ravi. S'il l'est, il n'en laisse rien paraître en recevant Bob. À ses premiers mots, celui-ci constate qu'on a – et avec quel empressement – enfoncé le clou qui doit faire éclater leur alliance.

– Vous avez vu Tschombé, et il vous a acheté! lui lance sans détour le président.

S'attend-il que Bob, sous l'attaque brutale, perde pied? La dénégation tranquille le désarçonne.

– C'est faux. Je n'ai eu aucun contact avec lui.

Mobutu n'a pas le front de le traiter de menteur. Ses sources l'auraient-elles trahi?

– Vous avez vu ce criminel le 1er juin! affirme-t-il.

– On vous a menti. Je peux le prouver. D'ailleurs, ce jour-là, j'étais en compagnie du colonel Botété, de votre ambassade de Paris, et du colonel Malila.

Bob n'en démord pas, et pour cause, puisque c'est l'exacte vérité; et il le prouve. Le mauvais procès de Mobutu à son encontre tourne court. Reste le procès d'intention. « On s'était employé à monter Mobutu contre moi. » Qui? Bobozo soutient le commandant de la 3e brigade. Il croit en l'un comme en l'autre. Pour lui, ce sont Pauwis et les Belges de l'entourage du président qui ont répandu le fiel, les conseillers restés à Kinshasa, qui supportent Mobutu et espèrent Schramme, en attendant Tschombé. Bob n'accuse personne en particulier. Tout le monde – Tschombé, les Français du 138, rue de Grenelle, les Américains – a aussi bien pu y mettre la main. Qu'importe! Les dés sont déjà jetés. Il reste à savoir comment, et surtout quand, on décidera qu'ils ont assez roulé.

Bob découvre qu'en son absence l'ambiance s'est dégradée. Entre Belges et Français, c'est une évidence qu'elle ne peut guère empirer encore. « Je vais pourtant devoir me battre avec eux et pour eux », songe-t-il avec amertume. Mais, au sein même du 6e BCE, il a suffi qu'il s'éloigne pour que les intrigues se développent. Un tel accuse l'autre d'ambitions suspectes et d'un « arrivisme qui pourrait s'exercer aux dépens du lieutenant-colonel Denard, dont l'éloignement fait croire que ces intrigues pourraient être payantes ». Faudra-t-il encore démêler le vrai du faux dans ces accusations qui empoisonnent les relations?

Bob regagne Kisangani. On parle d'accrochages entre unités de l'ANC et hommes du 10e codo, à la limite du secteur de Schramme. « Assertions non fondées, fausses accusations qui ne servent qu'à jeter le trouble », rapporte-t-il après vérification. On parle d'autres choses encore, non vérifiables, à propos de Schramme et des avions qui atterrissent au Maniéma. Dans l'extrême nord de la province, la 1re compagnie de combat, du capitaine Couke, continue à ramener des civils dans les villages, à distribuer vivres et médicaments. Karl en réclame d'autres, demande 10 000 vaccins antivarioliques. Mais ailleurs, par exemple du côté d'Albertville et de la 5e compagnie, les rumeurs, qui enflent de jour en jour, font des ravages.

Le major Noddyn est belge, on vient lui rapporter amicalement : « A Kinshasa, les Belges de l'assistance technique ont des billets d'avion pour rapatrier leurs familles dès que ça va barder. » Ou bien encore : « Vous aurez les Américains contre vous, comme Wauthier l'an passé. Ça promet! »

Ailleurs, on spécule sur ce qui agite Kinshasa, à l'heure des prédictions fiévreuses et des paris.

– Bruxelles et Schramme ont toutes les cartes en main. Denard sera bientôt hors jeu. Ce que Hoare a raté, Schramme va le réussir!

– Et renverser Mobutu ensuite!

– Et téléphoner à Moïse : « Voilà, c'est fait, la place est libre, toute chaude. »

Journées affligeantes. Tant de mensonges, de demi-vérités, dans une ambiance de plus en plus délétère. Ceux du 5ᵉ codo, dissous, ont quitté le Congo. On prétend que leur dernier chef, Schroeder, peut rassembler en un clin d'œil deux mille hommes prêts à revenir. Au service de qui ? De Denard et de Schramme ou de Mobutu ? Tous ceux qui ont vu le 5ᵉ codo à l'œuvre en 1966 connaissent la réponse : « Si les Sud-Afs reviennent, on les aura contre nous ! » L'obsession de la frontière, de la ligne à passer pour sauver sa peau, revient hanter les esprits les moins assurés.

« Toute cette comédie depuis des mois, j'en avais vraiment par-dessus la tête. Et puis, la mort de ma mère, ce séjour à Paris... et, au retour, cette impression que tout allait à la catastrophe, inéluctablement... J'étais pas mal perturbé. »

Le sabotage du pont de la Lubudi, le 12 juin, fait encore monter la pression. Placé entre Kolwezi et Dilolo, cet ouvrage d'art est vital pour le Congo. C'est par lui que s'exporte, par train, la plus grande partie de la production de cuivre du pays. D'autres tentatives de sabotage ont lieu dans le Sud-Katanga.

En même temps qu'il dénonce cette agression contre son peuple, Mobutu désigne les coupables, en exhibe certains, tous convaincus d'avoir trempé dans l'odieux complot le fameux complot Kérilis.

Trop tôt dévoilé, il rancissait ! À l'approche de la date fatidique du 29 juin, il retrouve sa pleine consistance. Des Belges et des Français, les auteurs du crime, et leurs complices katangais, sont identifiés en quelques jours, arrêtés avant la fin du mois, pour être présentés, le 29 juin précisément, aux journalistes, invités tout exprès. S'agit-il des spécialistes de la subversion annoncés ? Pas tout à fait ; ceux-là sont en fuite ; mais on connaît et on donne leurs noms. On livre à l'indignation congolaise des comparses, dont l'un, pour faire bonne mesure vis-à-vis de Bruxelles, est un Belge exhibé à Élisabethville, battu, brûlé, amputé de quatre doigts. Mais il est vivant, n'est-ce pas ?

Et les autres – à Kinshasa – indemnes, avec, parmi eux, Michel Thibaut, ami de Bob et fils de l'ancien consul de

France à Éville où il a participé à la première bataille katangaise... Macabres jeux du cirque, offerts en pâture aux journalistes européens, au peuple congolais électrisé. Le 29, nulle invasion des ennemis de la République ne s'est évidemment produite; l'anniversaire de l'indépendance, le septième, mobilise tout le Congo. La fête sur le pied de guerre!

Bob a vu grossir l'orage, comme tout le monde. Après l'annonce de l'attentat contre le pont de la Lubudi, le compte à rebours est commencé. Il est temps de rendre visite à Schramme, puisqu'il n'y a pas d'autre issue que la guerre, avec lui, contre l'ANC et Mobutu. L'ultime preuve en est l'ordre donné à Bob par celui-ci de désarmer le 10e codo.

« J'étais en train de me faire avoir, et même c'était couru, vers le 20 juin, quand je suis allé chez Schramme. Rien n'était clair dans mon esprit, sinon ça. Et je n'étais pas en position de force, avec cent quatre-vingts types et des Katangais dont beaucoup étaient en cours de répartition dans les unités de l'ANC, puisqu'il fallait casser les bataillons katangais. »

Cette fois, Bob ne se rend pas chez Schramme en avion, mais par la route. Il passe deux jours au QG du Belge, constate l'état de ses forces, rencontre ses adjoints.

– Cette fois, ça y est, annonce-t-il; Mobutu veut en finir avec le 10e codo.

– Je ne laisserai pas désarmer mes Katangais, répète Schramme avec plus d'assurance encore qu'en décembre 1966.

– On a monté Mobutu contre moi, et, après le 10e codo, tous les mercenaires seront visés. Ce que vous avez réalisé ici, ce que je fais dans le reste de la province, tout est remis en cause et directement menacé. Le Congo succombe à ses vieux démons.

Les deux hommes scellent leur alliance et élaborent un plan d'action. Mais ils sont d'accord pour ne pas prendre l'initiative. Au Maniéma, Schramme a installé ses troupes en position défensive. Bob visite ses postes avec ses adjoints et se convainc que le fief est imprenable par l'ANC. Schramme dispose de six bataillons katangais, d'une centaine d'hommes chacun. Les civils travaillent, plantent, entretiennent l'infrastructure de la région. Des prisonniers, anciens rebelles simbas, fournissent une réserve d'auxiliaires. Le système Schramme, fondé sur le modèle colonial « idéal », fonctionne, administrativement et militairement, de façon efficace. Introverti, peu bavard et presque timide, le major a l'air de dire : « Qu'ils y viennent ! » Le défi s'adresse à l'ANC – et à Bob, s'il lui prenait l'envie, malgré sa décision de ne pas exécuter l'ordre de Mobutu, de l'affronter.

Bob devine que l'alliance n'a pas dissipé toute méfiance. De complot, d'aide extérieure, Schramme ne souffle mot. Des « assurances » qu'on lui a données à Paris, Bob ne parle pas non plus. Alors les deux hommes, réunis objectivement par les manœuvres de toutes sortes, s'en tiennent à une sorte de « programme minimum » de résistance à toute agression.

– Je suis dans une situation inverse de la vôtre, explique Bob à Schramme en présence de ses gradés. J'ai cent quatre-vingts hommes dispersés. Il y a ceux de Kinshasa, la base administrative, ceux de la base de transit, à Kisangani, avec mon état-major, et quatre compagnies dispersées dans toute la province orientale. La deuxième relève directement de l'ANC, la cinquième également, pour son approvisionnement.

Bob n'a plus de Katangais sous ses ordres (Schramme est retranché dans son fief, tandis que ses forces, à lui, sont à l'intérieur du dispositif adverse). La différence est de taille. Elle nourrit à la fois la méfiance de Schramme et l'inquiétude de Bob.

– Je ne peux rien préparer sans prévenir l'ANC et Mobutu, résume-t-il. À la moindre alerte, ce serait dans le pays la chasse aux Blancs, les mêmes massacres qu'en 1960 !

– Il faut se tenir prêt à agir, rétorque Schramme.

Bob acquiesce, bien conscient, une nouvelle fois, qu'il n'est pas maître du jeu. Leur plan prévoit, à la première tentative d'intervention de l'ANC contre eux, qu'ils prendront le contrôle de Kisangani et qu'ils regrouperont leurs forces. Mais la question du moment où les hostilités vont se déclencher leur échappe à l'un comme à l'autre. Et ce moment est plus proche qu'ils ne l'imaginent.

Une semaine exactement après l'entrevue, le 30 juin, jour anniversaire de l'indépendance, Mobutu fait, à Kinshasa, l'étalage de son pouvoir. Dix heures de défilé, où les nouvelles unités para encadrent les danseurs balubas, où les troupes du MPR, le parti unique, créé en avril, succèdent à la caravane publicitaire des entreprises congolaises.

À des milliers de kilomètres de là, dans le ciel espagnol, un avion privé, parti à la mi-journée de Palma, redécolle d'Ibiza après une halte. Sur le trajet de retour vers Palma, il est détourné par un homme armé. Les deux pilotes, sous la menace, mettent le cap sur Alger. L'homme qui brandit un automatique s'appelle Francis Bodenan. C'est un Français, il a été libéré au début de 1966, après avoir été condamné à douze ans de prison par les assises de Seine-et-Oise en 1957. Arrivé en vue d'Alger, il envoie un message à la tour de contrôle, à l'intention du colonel Boumediène :

– Tschombé à bord. Priorité absolue pour atterrir.

Le Hawker-Siddeley se pose, après des tergiversations, sur le terrain militaire de Boufarik, à trente kilomètres d'Alger, en début de soirée. Avec ses compagnons de voyage, deux inspecteurs espagnols, le couple Sigal, des Belges, Marcel Hambursin, belge également, ancien responsable de la mission M. à l'époque katangaise, Moïse Tschombé est emmené, menottes aux poignets, à Alger.

La joyeuse excursion entre amis, dans le cadre d'un séjour à Palma qui avait pour objet une importante opération immobilière, se termine en drame pour celui qui rêvait de renverser Mobutu. Après Lumumba, Hammarskjöld et bien d'autres, Moïse Tschombé est à son tour victime d'un de ces coups tordus dont le Congo, depuis 1960, n'a pas été avare.

Bodenan, en 1975, dans une interview à *Jeune Afrique*, reconnaîtra avoir été acheté par Mobutu et son ambassadeur de Bruxelles pour trahir Tschombé, qu'il avait su appâter par ses mirifiques projets. Qu'il ait été aidé et « piloté » par la CIA paraît plus que probable. Que d'autres services aient trempé dans cette opération d'envergure n'est pas exclu. En fait, les intérêts de tous ceux, alliés ou rivaux, qui, depuis plusieurs mois, tramaient un nouvel affrontement au Congo se rejoignent pour débarrasser la scène de l'exilé de Madrid. Avec son arrestation, à Alger, dans l'attente d'une extradition qui sera obtenue par Mobutu et jamais réalisée par Boumediène, la comédie congolaise s'achève. Dès que la nouvelle en est connue, c'est l'épilogue dramatique qui commence, la guerre entre Mobutu et ses mercenaires.

Bob le comprend dans l'instant, en ce premier jour de juillet. Les grandes manœuvres souterraines sont terminées. On l'a poussé dans le camp de Schramme, et, à présent, ils sont dos au mur, contraints d'agir vite, au moment choisi par leur adversaire.

Mobutu, sans doute, exulte de voir écarté l'épouvantail Tschombé. S'il redoute d'avoir à affronter Schramme et Denard ensemble, Devlin peut le rassurer :

– Ils se croient les plus forts.

– Ils ont de bonnes raisons d'en être convaincus !

– Évidemment ! Schramme se croit invincible, et tout a été fait pour qu'il ne doute pas un instant de sa supériorité. Voilà sa principale faiblesse.

– Denard est plus dangereux...

– Certes, mais il est obligé d'improviser. Il sait que c'est un gros handicap et, jusqu'au dernier moment, il sera gêné par cette impréparation.

– Il n'est pas homme à reculer quand il s'engage.

– Non. Il ira jusqu'au bout, mais avec le doute installé en lui.

Trop de certitude d'un côté, l'ombre d'un doute de l'autre... Mobutu et Devlin n'ont pas pu tout prévoir, mais même ce qui leur échappe viendra ajouter à leurs atouts.

À son état-major de Kisangani, non loin de l'aérodrome, Bob a mis en place un système radio autonome. Rendez-vous est pris avec Schramme. Le 3 juillet, les deux hommes se rencontrent pour la quatrième fois, sur la route de Lubutu, entre Punia et Kisangani, au premier poste tenu par le 10ᵉ codo.

D'un côté, les certitudes de Schramme :

– Après l'enlèvement de Tschombé, nous sommes en état de légitime défense ! Il faut passer à l'attaque avant qu'ils n'entreprennent quoi que ce soit contre nous.

L'attitude défensive de la fin de juin n'est plus de mise. Pas seulement parce que le recours politique de Schramme a disparu avec la mise hors jeu de Tschombé. Le surlendemain, 5 juillet, une cérémonie est prévue à Kisangani, le baptême d'une nouvelle unité fluviale, sur le Zaïre. Deux bataillons de l'ANC doivent présenter les armes.

– Ils n'ont pas mobilisé huit cents hommes pour ça ; c'est grotesque ! assure le major. Ils sont là pour nous ! Il faut attaquer après-demain, à l'aube.

De l'autre côté, les incertitudes de Bob :

– Mes hommes doivent assister à la prise d'armes. Je peux contrôler rapidement Kisangani, mais, dans le Nord, il y a des difficultés. Couke et sa 1re compagnie sont en opération loin vers la frontière soudanaise. Et Pinaton, qui est plus près, n'a presque plus de véhicules. Son charroi est à Kisangani pour réparation.

Le plan prévu le 22 juin implique la prise simultanée de Kisangani, de Bukavu et de Kindu – cette dernière localité à la pointe sud d'un triangle tourné vers le Katanga, terre d'élection de Tschombé et des mercenaires, base naturelle d'une opération de reconquête du pouvoir. Même privé de Tschombé, Schramme veut aller au Katanga, soulever la population locale et, à partir de la moitié est du pays, menacer la capitale. Un schéma sécessionniste qui reproduit celui de 1960.

D'une opération éclair sur Kinshasa par les commandos aéroportés, il n'est question que dans le pseudo-plan Kérilis. L'horizon des mercenaires reste le Katanga, réservoir d'hommes pour défier Kinshasa. Des hommes, des armes, des munitions. Bob dit pouvoir compter sur les Katangais des 7e et 9e codos, intégrés dans l'ANC depuis la mutinerie de 1966 et basés à Uvira, au sud de Bukavu.

– Ils rallieront Noddyn et la 5e compagnie. N'empêche...

La précipitation de Schramme le laisse circonspect. Le major belge abat alors ses cartes.

– On m'a fait des promesses, assure-t-il ; nous ne serons pas seuls.

Il révèle à Bob ce qu'il lui a caché en juin. Un avion Héron s'est posé par deux fois sur la piste de Yumbi, piloté par Purren et amenant chez Schramme des émissaires katangais. Le jour même, ce 3 juillet, un DC 4 piloté par Jack Mallock, l'aventurier rhodésien, vieille connaissance du Yémen, a débarqué à Punia une pleine cargaison d'armes et de munitions ainsi qu'une poignée d'hommes, des Sud-Africains.

– Purren a reçu beaucoup d'argent, ajoute Schramme, et

contacté ses amis. Nous aurons une aide aérienne, qui bombardera l'ANC, et des hommes; plus qu'une poignée : deux cents!

Bob comprend mieux pourquoi Schramme est si sûr de son fait. Avec ses renforts, qui leur résisterait? Il n'est plus temps de poser des questions sur la consistance du plan monté en secret par Schramme et ses relations. En Angola, en Rhodésie et en Afrique du Sud, des alliés se tiennent prêts. Et, pour emporter la conviction de Bob, le Belge précise :

– Purren et ses hommes débarqueront à Kisangani après-demain.

Une fois encore, Bob est mis devant le fait accompli. Fort de leur entente, Schramme a décidé du jour de l'attaque, et tout est en route. Alors, à Dieu vat! De toute façon, les allées et venues des avions entre l'Angola ou la Rhodésie et le Maniéma ne peuvent longtemps passer inaperçues. Et le renfort attendu sera suffisant pour tenir Kisangani jusqu'à l'arrivée des troupes éloignées.

Le minutage, les codes radio et les mouvements des unités sont rapidement décidés. Il reste une trentaine d'heures à Bob pour avertir ses hommes du déclenchement de l'opération.

En rentrant à son état-major, il ne peut s'empêcher de penser à l'ironie d'une situation où la mécanique des événements prend chaque fois le pas sur les décisions de chacun. Schramme a bien œuvré à une insurrection pour le compte de Tschombé. Celui-ci écarté, le mouvement s'accélère. Et c'est Purren, de l'extérieur, qui commande l'explosion!

Bob le pressent-il? Dans la mystification congolaise du premier semestre de 1967, Purren est la dernière pièce du puzzle bâti à coup de mensonges et d'intoxication. L'ancien de la force aérienne katangaise, le recruteur patenté de Hoare en 1964, les envoie, sur une promesse, à l'assaut de Mobutu et de son régime, au nom d'un homme politique emprisonné qui, à force de manœuvres, s'est attiré la défiance de presque tout le monde.

« Si l'argent qu'on lui a confié ne s'est pas envolé en route, songe-t-il, pourvu que Purren ne nous amène pas les mêmes incapables qu'en 1964. » Il garde trop en mémoire les ambiguïtés du 5e codo en 1966 et les intrigues de Hoare à son encontre pour être rassuré. Purren et ses promesses ! Que son ami Bracco, expulsé du Congo en 1965 à l'instigation de la CIA, soit dans le coup, depuis Madrid, contrebalance quelque peu ses appréhensions. N'empêche... La partie qui s'engage, avec autant de cartes truquées, est à qui-perd-gagne. Il va cependant la jouer à sa manière, jusqu'au bout, et quoi qu'en pensent ceux qui l'y ont entraîné...

10.

Le mercredi 5 juillet 1967, à Kisangani, Bob attend l'arrivé de Schramme, prévue pour 6 heures du matin, pour prendre le contrôle de la ville. Il compte sur deux compagnies du 10e codo, soit trois cents hommes, lui-même disposant sur place d'une soixantaine d'hommes. À 6 heures, Schramme n'est pas en vue, des barrages de l'ANC l'ayant retardé. Avec deux hommes, à bord d'une Jeep, Bob vient à sa rencontre. Il a fait prévenir par son radio la base de transit de Kinshasa. « Restez en stand-by, message suivra. » Il rejoint la colonne de Schramme, fait demi-tour avec elle. Le major fonce sur Kisangani avec des Jeeps armées de mitrailleuses, des camions et un blindé Ferret. Mais une centaine d'hommes seulement – onze mercenaires et une compagnie. Malgré les bataillons de l'ANC dépêchés à Kisangani, Schramme juge ses forces suffisantes. Leur irruption au camp Kétélé, dans la périphérie de la ville, paraît lui donner raison.

Il est 8 h 15, et plusieurs centaines de soldats de l'ANC sont réunis pour le salut au drapeau, dans la cour du camp. Les véhicules entrent sans oppositon dans l'enceinte, foncent vers le centre, et les hommes du 10e codo ouvrent le feu sans préambule. Le tir dure une demi-heure à peine.

« Surprise totale, garnison bousillée, commentera plus tard, lapidairement, Schramme. On a parlé de plusieurs centaines de morts et de blessés. Il y a eu en fait une trentaine de victimes, et l'état-major du 3e groupement s'est enfui en ville, où nous les avons fait prisonniers. »

Par cet assaut, le chef du 10ᵉ codo a signé le soulèvement et coupé toute marche arrière à ses auteurs. Il n'est plus question, dès lors, de composer, et tous les militaires blancs du Congo sont voués à être les cibles de l'ANC.

Le drame, symétrique du massacre du camp Kétélé, aura lieu à Kinshasa. Après le message initial, Bob veut avertir la base de transit. Son radio, Jean-Louis essaye une heure durant, sans succès, de rétablir la liaison avec la capitale. « Les conditions météo avaient changé, et le contact radio, réussi à 6 heures, n'a pas pu être renoué. Les gars ont été arrêtés à 10 heures à Kinshasa, soit 9 heures chez nous, à Kisangani, sans savoir ce qui se passait. Ils ont payé pour les autres, sacrifiés comme des moutons. Je voulais attendre la dernière minute pour les prévenir de prendre le large, de gagner les ambassades. Trop tôt, cela aurait immédiatement alerté l'ANC de notre opération et déclenché une chasse à l'homme dans tout le pays. La malchance, le mauvais sort – appelons ça comme on voudra – a causé leur perte. Ils ont fini en martyrs. »

De fait, les trente hommes de la base administrative de Kinshasa, arrêtés dès le déclenchement du soulèvement, seront emprisonnés puis sauvagement exterminés. Parmi eux, l'ancien encadrement de la 2ᵉ compagnie du 6ᵉ BCE.

Pour l'heure, en ce 5 juillet, les hommes de Schramme ne peuvent tenir le camp Kétélé. Contrairement aux prévisions, le succès de l'attaque initiale n'a pas porté un coup fatal à l'ANC. Tout au contraire, une contre-attaque oblige les Katangais à quitter le camp, et ils essuient aussitôt après, à l'entrée de Kisangani, un tir violent. Un camion de munitions et le blindé Ferret sont détruits.

La reprise du camp par l'ANC dope les Congolais. La ville résiste. Schramme est obligé de s'installer défensivement.

Malgré les combats dans le secteur de l'aéroport, le Héron de Purren parvient à se poser. À son bord, des Sud-Africains, dont le major Wicks, ancien second de Hoare. Mais les deux cents hommes promis par Purren?

– Ils ne sont pas là, avoue Purren. Pas encore.

Et il promet d'aller les chercher dans les jours suivants! Pour Bob, d'emblée, l'opération s'annonce désastreuse, au-delà même de ce qu'il craignait. Excès de confiance, défaillance de communication, promesses non tenues, qui les privent des renforts indispensables face à une ANC qui, pour la première fois sans doute, ne se débande pas à la première salve. En deux heures, dès cette matinée, les événements de Kisangani portent en germe tout l'échec du soulèvement. Et il s'agit de faire face, aucune négociation n'est plus envisageable, même avec le général Tschinyama, chef du 3e groupement et ami de Bob, emprisonné dès l'arrivée du 10e codo en ville puis libéré dans la matinée par le colonel.

Si les transmissions étaient efficaces entre les insurgés, elles les convaincraient encore plus qu'ils sont vraiment très mal partis.

Bukavu, le 5 juillet. La veille au soir, le major Noddyn a averti ses hommes que, d'Uvira, ils feraient mouvement dans la nuit vers Bukavu pour prendre la ville avec l'appui de la 3e compagnie du 10e codo. Au major Kaniki, qui commande la garnison katangaise du 7e codo, Noddyn ne donne aucune explication précise sur le soulèvement. Ne comprenant pas ce qui se passe, les Katangais prétendent désarmer les mercenaires. Ceux-ci discutent. Entre la 5e compagnie et les Katangais, aucune concertation n'a été faite. Palabres et retard; la colonne n'est pas au rendez-vous de 6 h 30 à Bukavu.

Quand elle arrive, à 10 heures, le capitaine Raymond Noël et sa compagnie ont pris la ville. Ils n'ont pas trouvé non plus, au cours de leur approche, le sous-lieutenant Van Bocholt, équipé d'une radio. Les Katangais qui devaient se rallier ne bougent pas, à Uvira et dans la plaine de la Ruzizi; les contacts directs avec les chefs, à Kisangani, sont impossibles.

L'adjudant Serren-Rosso note successivement, à propos de ces premières heures : « Il y a un malaise entre nous et les Katangais. La lenteur des préparatifs de la colonne est exaspérante; on dirait que le major veut arriver après la bataille. À Bukavu, il ne donne aucun ordre et s'enquiert dès les premières heures du chemin le plus court pour rejoindre le Burundi. Dès le début, il manque le principal : l'accord de tous et la radio. »

À Kindu, le 5 juillet au matin, les hommes du 10e codo, commandés par le capitaine Hendrickx, s'emparent sans coup férir de la ville. L'ANC s'enfuit; la 2e compagnie de Schramme tient la piste d'aviation et les points stratégiques, et elle fête son succès éclair. La contre-attaque imprévue de l'ANC surprend des hommes en pleine ripaille, et ce sont des soldats ivres, mercenaires et Katangais, qui sont tués. Quelques hommes seulement parviennent à s'enfuir, à travers la brousse, pour rejoindre Yumbi à pied!

Dans le Nord, le 4 juillet à 20 heures, Bob est venu voir le major Pinaton pour le prévenir de l'attaque du lendemain. Les hommes de la 3e compagnie doivent occuper Banalia, tenir le bac et permettre à ceux des 1re et 2e compagnies de redescendre avec eux sur Kisangani. Pinaton a des patrouilles en brousse, ses véhicules sont en révision à Kisangani. Il lui faudra trois jours pour récupérer ses hommes et faire la jonction avec ceux de Couke.

À Kisangani, cependant, le 5 juillet, tout paraît encore possible, malgré l'improvisation, la faiblesse numérique, la vive résistance de l'ANC. Ils sont moins de deux cents contre les bataillons congolais, regroupés sur la rive gauche du fleuve. Aux premiers coups de feu du matin, la ville a retenu son souffle, et ses habitants se sont barricadés chez eux, les Blancs dans leurs villas des quartiers résidentiels, les Noirs dans la ville indigène, désertée et morte en pleine journée. Kisangani, ville fantôme sous un ciel d'orage traversé par les tirs d'armes lourdes et les explosions d'obus. Le silence s'y fait tout à coup, irréel et menaçant. Après la confusion des premières heures, chaque camp regroupe ses forces, consolide ses positions. Un calme précaire s'installe, bientôt rompu, à nouveau, par les déflagrations.

La bataille éclair escomptée par les mercenaires se prolonge – à leurs dépens. Le coup de force a déjà échoué; les paras congolais tiennent, attendant les renforts, acheminés de Kinshasa par les avions de transports américains. Du côté des insurgés, les Jeeps ont beau circuler à toute vitesse d'un point à un autre, l'infériorité numérique est criante, le front trop large pour si peu d'hommes.

Kisangani n'est pas Élisabethville. Bob le mesure en allant d'une position à une autre avec ses groupes mobiles. Là-bas, en 1961 et 1962, contre l'ANC et l'ONU, la population était derrière ses soldats – alliée, au moins complice. Rien de tel à Stan. Les anciens simbas se calfeutrent chez eux, terrorisés par cette nouvelle explosion de violence. Les Blancs ont peur du lendemain, des inévitables représailles auxquelles les expose le soulèvement.

Dans la capitale, Mobutu tonne contre l'agression dont son pays est victime. La chasse au Blanc menace à nouveau de déferler sur le Congo, et aucune voix d'opposition ne s'élève pour donner une légitimité politique à la révolte. Les mercenaires se battent seuls. Aux yeux du pays, c'est un règlement de compte entre l'armée nationale et ses étrangers qui a commencé, et non une révolte contre un régime qu'on voudrait croire honni. Nul soulèvement populaire, nulle rébellion, même au Katanga, ne vient au secours des « tueurs à gages » dénoncés par Mobutu aux Nations unies.

Il y a très loin, décidément, de Kisangani à Éville ! L'ANC lance, en fin d'après-midi, des contre-attaques et tente de reprendre la ville. Le bataillon regroupé de l'autre côté du fleuve aurait-il l'intention de traverser ? La menace se fait partout plus pressante.

Avec Jean-Louis, son radio, Leduc, son chauffeur, et Bortoletti, son garde du corps, Bob se rend auprès de la position qui garde le port fluvial. Là, comme ailleurs, les tirs sont très nourris, le dispositif des mercenaires est trop lâche, faute de combattants.

Bob saute de la Jeep et observe. Il pointe une longue-vue sur la rive adverse. Les armes légères crépitent de part et d'autre du fleuve. Le chef de la position s'inquiète, mais Bob refuse de rester à couvert et s'avance le long d'un bâtiment portuaire, pour mieux juger de ce qui, peut-être, se prépare là-bas, de l'autre côté. Il redresse sa haute taille, au mépris du danger. Ces unités parachutistes formées à Ndjili par les Israéliens, ce n'est plus l'ANC qu'une attaque surprise, un feu d'enfer et un rush brutal mettaient en déroute. Des balles sifflent non loin de là, sur le mur. Il ressent un choc, il porte la main à son crâne, et il s'affaisse. Impossible de lutter contre cet écroulement. Il perd connaissance. Jean-Louis se précipite. Le temps d'un démarrage en trombe vers l'hôpital, Bob a retrouvé sa conscience. « Ce n'est rien, bougonne-t-il. Rien de grave, un éclat. »

Mais le sang coule de l'estafilade qu'il sent au sommet du crâne, et ses forces ne reviennent pas avec ses esprits. Le médecin, français, qui l'accueille voit arriver un homme chancelant mais lucide, prêt à se passer de ses services dans la minute tant il est persuadé de n'avoir qu'une stupide égratignure – lucide mais incapable de se tenir debout. Le docteur Choukroun examine la blessure et fait la grimace. Bob ne demande rien, mais, quand on le met sous perfusion, il devine que c'est plus grave qu'il n'y paraît. La balle a touché l'os mastoïde, une poche s'est formée dont il faut réduire la pression sous peine de paralysie complète. Le toubib parle d'opération et Bob de retourner en ville.

Dehors, il pleut. La nuit tombe. On campe, de part et d'autre, sur ses positions. « Les Congolais n'attaquent jamais de nuit », se répète-t-on dans les rangs mercenaires pour se remonter le moral après cette première journée désastreuse. « Soleil est blessé », dit aussi la rumeur, courant d'une position à l'autre. Soleil, c'est le nom de code du colonel Denard. Et Léopard est celui de Schramme. La nuit du 6 juillet paraît bien longue aux hommes, aux aguets, dont l'un des chefs est hors de combat.

Elle est aussi calme et incertaine à Bukavu. L'officier radio manque toujours; les communications passent sur les ondes de la radio du consulat de Belgique. Les mercenaires se taisent, dans l'attente d'ordres qui ne viennent pas.

À Kindu, l'ANC est maîtresse de la ville; la garnison de Luluabourg est attendue en renfort. La route du Sud – du Katanga – est fermée aux insurgés.

Dans le Nord, le major Pinaton gonfle ses maigres effectifs d'une centaine d'ex-rebelles simbas prisonniers et prépare l'attaque des postes tenus par les paras congolais, sur la route de Banalia.

Au Congo Palace, à Kisangani, ceux qu'on appelle déjà les otages des mercenaires, treize journalistes débarqués le matin, les mêmes qu'on avait conviés à l'exhibition des saboteurs du pont de la Lubudi, passent une nuit d'angoisse à faire des paris sur la victoire. L'ANC est toujours là, cela seul suffit à inverser les pronostics. Il a fallu les mitraillages en piqué sur les lignes gouvernementales, par trois T 28 pilotés à tour de rôle par un seul mercenaire, Peppone, pour desserrer l'étau.

Le 6 juillet au matin, les tirs reprennent, les obus des mortiers et des 75 sans recul font trembler les immeubles, où les habitants se terrent. Les Jeeps armées de point-30 et de point-50 recommencent leur rodéo. L'ANC s'accroche, « mordante », comme disent les soldats. Schramme tient toujours les défenses fixes, l'aéroport. Mais, à nouveau, l'étau se resserre. Sans Soleil, quelle chance de s'en sortir? s'interrogent ceux du 6e codo. Est-il même encore vivant?

Au plus fort de la fusillade, une Jeep passe à toute allure. Le colonel Bob est à côté du chauffeur, assis bien droit, attaché sur le siège. Il fait le tour des positions, donne des ordres. Le moral remonte, la réplique aux tirs de l'ANC se fait plus virulente. Bob promet des renforts pour le jour même.

Aux journalistes qu'il rencontre, il montre « un visage basané, un peu lourd mais ferme, barré d'une moustache. Son béret rouge cache les bandages qui lui enserrent la tête. » « Bob Denard sourit dans sa moustache, heureux de nous voir », écrira J.-C. Kerbourc'h, seul Français parmi les treize journalistes bloqués à Kisangani par le soulèvement. Bob, décontracté, lance au groupe des otages :

– Vous êtes ici des témoins privilégiés; je vous demande seulement d'être objectifs. Nous n'en sommes pas à tuer les femmes et les enfants, n'est-ce pas? Nous ne combattons pas un régime, mais il faut que ça change.

Sa Jeep repart vers l'aéroport.

Quelque chose peut-il changer au Congo sans que le régime de Mobutu soit renversé? La déclaration de Bob pourrait être une perche tendue au maître de Kinshasa. Mais comment espérer négocier après le massacre du camp Kétélé et alors que l'ANC peut l'emporter à Kisangani? Mobutu, après son message à la nation congolaise du mercredi, déballe au conseil de sécurité de l'ONU, le vendredi, le fameux plan Kérilis. Les pressions s'organisent, sous l'égide des USA, pour dissuader le Portugal, l'Afrique du Sud et la Rhodésie d'apporter leur soutien aux mercenaires.

À l'aéroport, le Héron de Purren est reparti, en quête d'introuvables renforts. Bob dispose de quatre DC 3 de la Fac et d'Air Congo. Il fait réquisitionner l'équipage de celui qui a amené les journalistes. Les deux pilotes obtempèrent – ils n'ont pas le choix. Sur le tarmac, Bob leur dit :

– Il me faut des renforts, d'urgence. Vous allez me les chercher.

Les deux pilotes montrent leur DC 3 criblé de balles.

– Remettez-le en état avec de la toile; ça ira! ordonne Bob.

Sous la menace, les réquisitionnés s'activent. L'avion peut partir.

– Pour où?

– Buta.

– La piste fait à peine huit cents mètres; c'est beaucoup trop court!

– On n'y arrivera pas!

Bob montre aux deux hommes les soldats qui l'entourent, puis l'avion.

– Vous allez le faire, et vous réussirez! Nous autres, on en fait bien d'autres, tous les jours!

Et, pour apaiser la conscience, sinon la fureur, des deux pilotes, il leur tend un ordre de réquisition en bonne et due forme.

Au milieu de l'après-midi, le DC 3 revient à Kisangani et y débarque le capitaine Faugère et ses Européens de la 2e compagnie, plus quelques Katangais. Alvárez et Lagarrigue, les deux héros malgré eux, ont réussi, effectivement.

– Bravo! les félicite Bob. On va recommencer, mais cette fois à Bondo. La piste n'est pas plus courte qu'à Buta.

Deux équipages de la Force aérienne congolaise sont « invités » à réitérer l'exploit de leurs collègues. Soixante-dix hommes, la moitié des effectifs du major Couke, sont ramenés à Kisangani avant la nuit. En trois vols, les mercenaires ont accru leurs effectifs de cinquante pour cent. Quand l'ANC, ce soir du 6 juillet, attaque l'aéroport, ces renforts permettent aux mercenaires d'en conserver la maîtrise, vitale pour eux. Seul un appareil est détruit.

Bob peut être satisfait, malgré la paralysie qui, après ses jambes, gagne son bras droit au long de cette journée d'inlassable activité. Les conjectures alarmées de la veille n'ont plus cours. Soleil a été vu partout, sur la piste et dans le centre de Kisangani, théâtre, à la mi-journée, d'un bluff qui rappelle à Bob, par sa réussite, les plus belles heures d'Éville, six ans plus tôt.

Après un intense échange de tirs d'armes automatiques et de mortiers, les mercenaires ont brusquement décroché du centre ville. Les Congolais se sont aventurés à leur poursuite, s'avançant à découvert, savourant le coup de grâce bientôt porté à l'adversaire. La contre-attaque a été foudroyante. Les Jeeps ont resurgi sur les flancs de l'ANC, moteur grondant en surrégime, point-30 et point-50 braqués, crachant un feu d'enfer. Les mitrailleuses lourdes ont balayé les rues, fauchant les soldats du colonel Otshudi dans un ballet meurtrier. L'ANC s'est repliée en totalité sur la rive gauche du Zaïre, du côté des pêcheries. Cette fois, les mercenaires sont maîtres du centre et d'une bonne moitié de « Stan », comme ils continuent de l'appeler dans la joie retenue d'un succès qui effacerait presque le fiasco de la veille.

En rentrant à son QG, près de l'aéroport, Bob n'est cependant pas dupe. La situation est redressée à Kisangani, mais Kindu est perdue, et Bukavu aussi à la suite d'un imbroglio incroyable.

À Bukavu, ce 6 juillet, on annonce que le major Poto-Poto descend de Goma avec son bataillon. En attendant ce renfort, l'ANC, qui a subi des pertes sévères, la veille, au camp Saïo, s'est égaillée vers le Ruanda et a regroupé quelques forces au pont-frontière. Le major Kaniki et ses Katangais, finalement, montent d'Uvira pour se joindre aux mercenaires.

Au cours de la matinée, le lieutenant Deville, de Yumbi, le QG de Schramme, passe en clair sur la radio, pour Scorpion et Neptune – c'est-à-dire Noël et Noddyn –, un message ordonnant à leurs compagnies – respectivement la 3ᵉ du 10ᵉ codo et la 5ᵉ du 6ᵉ codo – de rallier Kisangani au plus vite. Plus tard, à l'ambassade de Belgique au Ruanda, Deville, après avoir nié être l'auteur du message, certifiera l'avoir transmis alors qu'il était ivre.

Que tel ait été le cas ou que le message ait été un faux, Bukavu est abandonnée en toute hâte par les mercenaires, qui n'ont depuis la veille aucun contact direct avec leurs chefs, à Kisangani. Ce n'est que dans la plaine, après avoir forcé au mortier un barrage de l'ANC, qu'ils retrouvent des civils et le radio Van Bocholt. Et c'est le lendemain seulement, sur la route de Yumbi, qu'ils établissent ce contact, pour s'entendre dire qu'il ne fallait pas quitter Bukavu !

« Certains étaient trop contents d'abandonner la ville. Sans secret radio, nous étions à la merci d'une faute ou d'une intoxication », dira plus tard l'adjudant Serren-Rosso.

Faute ou piège, l'ANC reprend Bukavu et se venge sur ses habitants de sa déroute du mercredi. Le major Kaniki et ses Katangais, apprenant le départ des mercenaires, font demi-tour et regagnent Uvira.

Aux premières heures du vendredi 7 juillet, Soleil paraît s'éteindre doucement. Éveillé pourtant, l'esprit lucide, il maudit sa grande carcasse qui le trahit. La lourdeur des membres s'accentue, la paralysie gagne encore, clouant Bob sur son lit. Une drôle de douleur, sourde et inexorable, une incapacité à faire obéir ses muscles. Il lui faut quelque temps pour se convaincre que son corps, si endurant, si entraîné, refuse de marcher, de courir, de le porter là où il faut, où on l'attend, où on a besoin de sa présence, de ses ordres ; la voix et le geste, la tenue impeccable et le visage ferme au moment de commander la manœuvre, d'essuyer le feu et de rendre coup pour coup. Les images défilent, nettes et familières, le film de l'indispensable matraquage des positions de l'ANC pour que décroche enfin ce 3e bataillon para qui tient tête à ses hommes. « Tenir la ville et respirer plus au large ! L'arrivée de Karl et d'Hubert va faire pencher la balance de notre côté, Schramme a du monde en renfort à Punia, à Yumbi, à Obokélé. Nous gagnerons... si j'en suis. »

Le cerveau bataille ferme, mais tout seul. Le Colonel se redresse, retombe. À ses côtés, la fidèle, la vaillante Marie-Élise sursaute. Depuis des heures qu'elle veille, elle s'est assoupie. Deuxième nuit d'angoisse. Et l'état de Bob empire ; elle le voit bien. Elle replace vivement sur son crâne le sac de glace. Soulagement fugace. Bob sourit, tente encore de bouger. La raideur se propage partout, sournoise. Une infirmité intérieure qui est pire que le sang, les plaies, la blessure franche d'une balle. Celle de mercredi sur le port, n'a fait que l'effleurer ; et quel dégât ! Invisible, mais total. Un mal à l'image du reste, une traîtrise de plus, un simulacre qui cause l'irréparable.

Bob n'a pas peur de la mort, et il n'y pense pas. Il peste, enrage. Un frôlement de balle ne peut pas avoir raison de sa santé de fer, de sa vitalité ! Ou, alors, la guerre a changé ; elle tue en douce, elle rapine la vie en hypocrite, elle traite le soldat comme le bon bougre dont le cœur lâche, un beau matin, à force d'usure secrète.

Bob s'insurge. S'il s'est vu mourir un jour, c'est d'une rafale, nette et sans bavure, d'un feu d'artifice d'explosions, à engloutir la terre entière. Ou alors bien vieux, dans des bras parfumés, après une nuit d'amour. Mais de cette impotence qui, petit à petit, le tétanise, jamais!

Il refuse encore tout crédit à l'anxiété de Marie-Élise. Elle l'aide, efficace et tendue. À force de conviction, de volonté, le voilà assis, l'œil assombri mais vif, les mâchoires serrées.

La vie reprend dans le QG, et, avec le jour, les tirs, de part et d'autre du fleuve.

– L'ANC n'a pas décroché, mon colonel. Ils tiennent sur la rive gauche.

– Pas de nouvelles du Nord?

– Aucune, mon colonel.

Faute de radio, le major Pinaton n'a pu donner ni recevoir de nouvelles depuis le 4. Et, faute de véhicules suffisants, lui et Karl doivent faire marcher leurs hommes. Cent vingt kilomètres de Banalia à Kisangani. Mais sont-ils seulement arrivés à Banalia?

Bob ne dit rien; il reçoit ses officiers, écoute les rapports et donne des ordres : renforcer l'aéroport pour que Peppone continue d'arroser l'ANC avec les deux T 28; prévoir une liaison sur la route de Banalia; envoyer à nouveau les avions réquisitionnés pour ramener d'autres renforts, de Punia, et des munitions – mais Punia, c'est l'affaire de Schramme.

– Schramme est dans son QG, colonel, il ne reçoit que ceux du 10e codo.

Bob ne dit mot et serre les dents. Il trouve la force de rester assis, de se redresser, à chaque visite de ses hommes. Ils tiennent, mais l'incertitude plane, assourdit les voix. Bob ne peut plus parcourir les postes en Jeep; il reste cloué sur son fauteuil.

Pressentant la suite, les officiers ont le masque des mauvais jours. Ce n'est pas la pugnacité de l'ANC qui leur fait ce visage fermé mais l'état de leur chef, cette pâleur de la face, la crispation de tous les muscles, l'effort surhumain qui se devine dans chaque geste. Et la parole plus brève, arrachée dans un souffle.

Dans les Jeeps, les postes de mortier, on imagine la nervosité de ses hommes. Le colonel Bob va mal, de plus en plus mal. La glace, sans cesse renouvelée par Marie-Élise, n'a fait que retarder l'échéance. « Elle m'a sauvé la vie avec ça, en évitant pendant deux jours que le cerveau ne se paralyse. »

Mais, au terme du quatrième jour, Bob doit admettre l'évidence.

– Un DC 3 est prêt à partir pour l'Angola avec des blessés, colonel. Et un autre pour la Rhodésie.

– Il y a assez de place pour emmener tous les blessés?

– Vers la Rhodésie, il en reste. Tout est prévu là-bas.

Bob fixe Marie-Élise, son radio, Jean-Louis. Il acquiesce, tend le bras gauche pour qu'on l'aide. À présent, tout le côté droit est paralysé.

– Il n'y a plus de temps à perdre, dit Marie-Élise.

Les autres le savent bien, qui l'ont vu au fil de ces heures rendre peu à peu les armes à la souffrance. Bob reçoit Schramme, commandant du 10e codo, lui donne tout pouvoir avec le grade de lieutenant-colonel. Pour ses commandants de compagnie – Pinaton, Noddyn, Couke, Faugère – il dicte :

« Kisangani, le 7 juillet. Devant la nécessité d'une évacuation, suite à ma blessure, je vous informe que le commandement de la totalité des volontaires, durant mon absence, sera assuré par le major Jean Schramme. Je vous demande votre franche collaboration et de le servir avec honneur et fidélité. »

Le DC 3 d'Air Congo est celui qui a amené les journalistes, deux jours plus tôt, au cœur de la bataille de Kisangani. Un pilote suisse réquisitionné est aux commandes. Ce soir-là, il pose l'appareil à Kariba – à deux cents kilomètres de Salisbury –, sans une goutte d'essence.

Durant le vol le transfert dans un avion sanitaire et le trajet jusqu'à la capitale rhodésienne, le blessé reconnaît enfin qu'il est plus que temps. Les illusions qu'entretenaient la bataille, les bruits de la guerre et l'énergie désespérée du chef sont, cette fois, dissipées. La lente effraction du mal a fini par rompre les résistances de la volonté et l'acharnement de la conscience. Robert arrive à Salisbury dans un état grave. Un chirurgien l'opère d'urgence.

Dans la course contre la montre, Marie-Élise est tenue à l'écart, victime des réalités rhodésiennes, qui lui éclatent à la figure dès son arrivée à Salisbury. L'accès de l'hôpital pour Blancs lui est honteusement refusé ; elle est arrêtée, conduite dans un centre de transit. Elle s'insurge, tempête et, grâce aux pressions des amis de Bob, obtient d'être libérée.

Quand Bob reprend conscience après l'opération, Jean-Louis est là et le rassure. Le pronostic médical est réservé, mais il est sauvé.

– Et Marie-Élise ?

Elle a du cran, un caractère digne du sien. À force d'opiniâtreté, elle force le barrage racial et les portes de l'hôpital. Quand il se réveille, deux jours plus tard, elle est à son chevet.

11.

À Stan, le rêve de Schramme s'évanouit. La percée vers le Katanga n'est plus envisageable. Des renforts sont arrivés, mais pour l'ANC ! Pourtant, le major Pinaton et le capitaine Couke ont fini par rallier la capitale provinciale, le 8 au soir, après une longue marche et de multiples accrochages. Avec eux, cent trente hommes. Les munitions ne manquent pas mais des armes lourdes et des véhicules, ont été abandonnées à Buta et à Bondo. Les Jeeps-mitrailleuses, l'arme de prédilection des mercenaires avec le mortier, sont vulnérables aux balles. Pas de blindé, trop peu de canons, et un front qui s'étire sur des kilomètres, de l'aéroport au centre et à la centrale électrique. La partie est inégale.

Pinaton note, le 9 : « Mes hommes sont maintenant étalés sur douze kilomètres. C'est très fluide, et je doute que l'on puisse tenir en cas de forte attaque. Nous perdons chaque jour des véhicules sur des mines que posent des éléments de l'ANC infiltrés. Le moral est bas au QG du 6e codo. En perdant Bob, nous avons perdu cinquante pour cent de nos chances de succès. Schramme reste sur la défensive au lieu d'attaquer à la sortie de Kisangani en direction de Punia. Il n'est jamais venu nous voir sur nos propres positions. »

L'ANC se renforce avec l'aide de la logistique américaine, et Purren ne revient pas avec les troupes promises. À mesure que les jours passent, l'espoir s'amenuise, le coup fourré devient patent. Cent, deux cents, cinq cents hommes ! Les promesses inflationnistes de Purren ne lui coûtent rien, et

Schramme s'est fait berner. Il attend jusqu'au 11, il attend jusqu'au 15... Avant ce dernier délai, il devra décrocher.

Entre-temps, toutes ses initiatives tournent court. C'est l'envoi, le lundi 10, de l'équipage Alvárez-Lagarrigue et de leur DC 3 rafistolé à Yumbi. La piste n'est pas trop courte, mais l'orage éclate, énorme, effaçant le paysage, fondant la piste dans la forêt. Aux commandes, les acrobates sauvent l'appareil; mais pas question d'atterrir en aveugle. Les mercenaires de Schramme leur ordonnent de se poser à Obokété, plus au nord. Ils y parviennent, mais il n'y a pas de renforts à embarquer. La position doit tenir sur place en cas de repli. On se rabat sur les munitions, l'armement lourd.

Lesté jusqu'à la limite de ce qu'il peut emporter, le DC 3 redécolle. L'orage ne l'a pas attendu. Il sévit au-dessus de Kisangani. L'appareil tangue, ballotté comme un fétu. Des tirs de l'ANC l'atteignent. Un moteur endommagé, l'avion bat de l'aile. Les mercenaires sont verts, le cœur au bord des lèvres. Leur exploit de la semaine précédente, les pilotes réquisitionnés ne le réitéreront pas pour Schramme. Au contraire, ils ordonnent de délester l'appareil. L'armement, les munitions sont balancés au hasard de la forêt, les armes et les uniformes des soldats avec. Alvárez et Lagarrigue mettent le cap sur le Ruanda, avec leur escorte malade et en petite tenue! Avion, hommes, renforts, armement, autant de perdu pour ceux de Kisangani.

Le même jour, obéissant à l'ordre de Schramme de retourner à Bukavu pour reprendre la ville, les compagnies de Noël et de Noddyn ont fait demi-tour, rebroussant chemin à Walikalé. Au chantier Amsar, une embuscade est tendue aux troupes de Poto-Poto, qui tiennent le carrefour de la route de Goma et doivent venir chercher des véhicules. Tout est prêt quand un nouveau message radio demande aux mercenaires de repartir vers Yumbi.

Serren-Rosso note : « Exécution joyeuse par Noddyn et Van der Vecken. Les gars sont écœurés. Nous embarquons une quinzaine de civils et repartons vers Walikalé et, le lendemain, vers Lubutu, avec femmes et enfants du 10ᵉ codo. »

C'en est définitivement fini des chances de rallier les unités katangaises d'Uvira et des environs de Bukavu. Quelques semaines plus tard, elles seront là et se battront... contre les mercenaires.

Le 10 encore, l'ANC concentre ses attaques sur l'aéroport. Un feu d'une intensité inouïe.

Cela continue le lendemain, sur le centre, au mortier de 120 et de 81, au canon de 75 SR. Schramme, malgré les instances de Pinaton et de Couke, s'accroche, contre toute évidence, aux renforts de Purren – « jusqu'au 15 ». Le capitaine Faugère est sérieusement blessé.

Dans Kisangani terrorisée, hostile aux mercenaires et effrayée d'être bientôt livrée à l'ANC, Schramme et son demi-millier d'hommes livrent un combat sans espoir. Les T 28 mitraillent, de l'autre côté du fleuve, les positions de l'ANC et la gare ainsi qu'un dépôt de carburant. La rive gauche s'embrase. Dernier baroud des insurgés. Dans la nuit, l'ANC essaie de franchir le fleuve, encore rougeoyant des lueurs d'incendie. Les Congolais sont si sûrs d'eux, si conscients de leur toute nouvelle force, qu'ils attaquent même la nuit. Schramme tient jusqu'à l'aube, repousse l'assaut, mais, dans la matinée, il réquisitionne tous les camions disponibles. Dans le calme revenu, des convois s'organisent. Schramme a averti ses officiers. Après une nuit de combats virulents jusqu'au corps à corps, il a décidé de jeter l'éponge. Repli prévu à 17 heures.

« L'ennemi est installé en embuscade sur huit kilomètres à la sortie sud de la ville, note le major Pinaton. Nous n'avons aucune chance de nous en sortir, je n'emporte même pas mes affaires de toilette. »

Malgré un déluge de feu, Schramme réussit à décrocher sans casse, en contournant le dispositif de l'ANC. Le 13 juillet, Kisangani est aux mains de celle-ci. La bataille aura duré une semaine. « À un contre dix », se consolent les vaincus. « Seuls contre tous, une fois de plus », conclut Bob avec amertume, dans son lit d'hôpital, à Salisbury.

Le neurochirurgien, le docteur Lévy, est un homme prudent. Après cette opération effectuée *in extremis*, il réserve son pronostic et, les jours passant, refuse encore de se prononcer. Non que la vie de Bob soit menacée, mais les séquelles sont imprévisibles.

Le docteur Lévy ne peut s'empêcher d'être admiratif devant la force de caractère du blessé, son incroyable volonté de retrouver au plus vite l'usage de ses forces. Ces trois semaines de juillet qui suivent sa trépanation, Bob ne songe qu'à récupérer et à redevenir opérationnel. Les nouvelles du Congo, pourtant mauvaises, ne l'accablent pas. Il n'est pas homme à se morfondre ni à céder au découragement. Peu lui importe même d'analyser la succession des événements qui l'ont conduit là, dans cette chambre d'hôpital, qui ont poussé Schramme à marcher sur Bukavu et causé la mort d'amis.

Bob a bien compris le piège mis en place de tous côtés contre les mercenaires au cours des six derniers mois. Il sait les raisons de l'échec du soulèvement – l'impréparation, le manque de coordination, des moyens trop faibles, les défaillances des uns ou des autres, les trahisons, la malchance... Il sait tout cela, mais il s'obstine. Se remettre sans délai et pouvoir se battre à nouveau, cela seul compte.

À peine sent-il les premiers signes de rétablissement qu'il entame une rééducation forcenée. Le moindre retour en arrière le persuaderait qu'il s'est fourvoyé dans un mauvais combat, qu'il est temps de mettre les pouces.

Égrener ses griefs? Se sortir du guêpier congolais avec les honneurs? Il n'en fait rien, au contraire. L'introspection n'est pas plus son genre que les regrets, et, si l'amertume doit venir, ce ne sera qu'après qu'il aura tout tenté.

« J'ai agi. J'ai pris le parti vers lequel on me poussait. Je ne refais pas l'histoire, moi. J'ai un engagement moral envers Schramme, un devoir vis-à-vis de mes hommes. Ils peuvent encore compter sur moi. On a perdu une bataille mais pas la guerre. »

Y croit-il encore vraiment, alors que les mercenaires ne sont pas en position de force pour faire céder Mobutu, négocier le sort de Tschombé, ni même seulement pour entraîner dans la révolte une fraction des Katangais, pour l'avenir desquels ils ont pris les armes? La question, en juillet 1967, lui paraîtrait absurde, spécieuse. Bien sûr qu'il y croit. Les questions qu'il se pose sont uniquement tournées vers l'avenir; par quels moyens retourner en sa faveur un sort jusque-là défavorable? À mesure qu'il recouvre des forces, se remet à marcher et s'acharne à brûler les étapes de sa convalescence, il ne veut plus voir que l'action à entreprendre.

« Je ne refaisais pas l'histoire, je voulais la rattraper, et en changer le cours. »

Marie-Élise a regagné la Belgique, la Rhodésie, raciste, n'étant pas prête à accepter, fût-ce au côté d'un chef mercenaire, une métisse. Jean-Louis, le fidèle, l'ami, s'escrime à renouer le contact avec les forces de Bukavu. Le lieutenant Biaunie, embarqué à Kisangani avec Bob, s'occupe d'autres contacts dans les pays alliés. À Bruxelles, à Paris, on s'agite en coulisse. Du côté de la rue de Grenelle et de l'hôtel de Noirmoutier, on n'a pas oublié Bob. On dépêche des émissaires pour la corvée d'hôpital, presque de condoléances. Sincères regrets et vœux de prompt rétablissement. L'énergie du colonel, sa détermination, coupent court aux discours de circonstances.

– Ma santé, je m'en occupe. Dans moins d'un mois, je serai sur pied ! Et vous, qu'est-ce que vous pouvez faire pour m'aider à présent ?

Les bonnes paroles ne sont plus de saison, il s'agit d'organiser l'aide à Schramme. Il faut des hommes, de l'argent, une base de départ pour monter une opération.

– On va y réfléchir, mon colonel.

– Dépêchez-vous ! Je serai bientôt prêt.

À le voir bouillir d'impatience dans son lit, ses interlocuteurs n'en doutent guère. Mais les pensées de Mauricheau-Beaupré, qui rend visite à son tour au blessé, sont déjà accaparées par le Biafra.

Faute de liaison avec Bukavu, Bob, est à l'affût de toutes les nouvelles. Il les obtient de bonnes sources. Bracco fait la navette entre la Rhodésie, l'Angola et l'Europe.

– Après l'abandon de Kisangani, tout le monde s'est regroupé à Yumbi. Il y avait de quoi faire pour réorganiser les hommes, se ravitailler et remettre le matériel endommagé en état. Schramme a tenté quelque chose vers le sud, vers Kindu.

– C'était le plan, acquiesce Bob. Regrouper nos forces à Kindu et descendre sur le Katanga.

– Oui, sauf que Kindu était renforcée par la garnison de Luluabourg. Pinaton, Couke et Billois sont quand même allés jusqu'aux mines de Taïlo, à trente kilomètres de Kindu. Ils se sont fait sérieusement accrocher et ont dû remonter vers Punia, en faisant sauter les ponts et la centrale électrique de Lulundi. Schramme n'a pas voulu forcer la route du sud; l'indécision a duré huit jours sur la direction à prendre. Heureusement, les paras de Kisangani ont été retardés au sud de la ville.

– Le pont de la Lubudi?

– Schramme l'avait fait sauter. Ils ont mis quinze jours avant de pouvoir passer le fleuve.

Bob n'a pas besoin de consulter de carte de la région. Il imagine Schramme à Punia, entouré de mercenaires, de Katangais, de civils, de femmes, de gosses, de colons. Une cohorte de véhicules et d'armes, hésitant sur sa destination.

– Tel que je connais Schramme, il a décidé tout seul.

– Oui; il a choisi Bukavu. Noël a été le seul à le contredire. Il voulait rester à Yumbi pour la piste et au Maniéma pour faire de la guérilla.

– Avec des civils sur les bras? Impossible.

– C'est ce qu'a répondu Schramme. Un avion de la Croix-Rouge est arrivé le 22 et a proposé l'évacuation d'une partie d'entre eux au moins. Schramme a refusé, les civils s'étant placés sous sa protection. Il s'est mis en route vers l'ouest. Bracco lui-même s'est posé, à cette époque, à Obokété en compagnie des pilotes Purren et Liebert et du capitaine français Souêtre. Schramme était parti depuis deux jours, et ils avaient saboté nos deux T 28. Encore un défaut de radio et de liaison!

Le Héron est reparti. Au nom de Purren, Bob fait la grimace.

La colonne de Schramme s'étend sur des kilomètres, entre Utu et Itibéro, un carrefour à deux cents kilomètres de Bukavu, où l'ANC attend les mercenaires – une compagnie d'infanterie renforcée par un bataillon, pour une embuscade d'envergure. Couke et le capitaine Gino, commandant de la 1re compagnie de Schramme, ouvrent la marche avec leurs hommes. Karl fait l'ouverture du feu au carrefour. Pas de réaction. La colonne s'avance, et elle tombe dans le piège. Gino est tué, Karl décroche en catastrophe.

– Tu le connais, Bob. Il a contre-attaqué tout de suite après et repris le carrefour, en brave.

– Oui, et il est mort en brave.

Karl fauché par les balles, pour prix d'une victoire éphémère. Un chef de vingt-trois ans, plutôt rebelle à la discipline militaire classique mais redoutable de vaillance, depuis ce premier jour, à Élisabethville, où il allait en scooter, avec quelques grenades, faire sauter un engin de l'ONU.

– L'ANC a repris Itibéro. La colonne s'est repliée sur Utu. Schramme voulait venger Gino, son premier adjoint du temps de Kansimba et de la formation du bataillon Léopard. Il a monté une contre-embuscade et attendu l'ANC le temps qu'il fallait. Ils ont fini par venir. Tout le bataillon Nyoka – deux compagnies entières – détruit le 1er août, par Leleup et ses gars d'un côté, Laboudigue et le capitaine Monga de l'autre. Schramme en couverture, Noël en défensive. Une leçon d'école.

Bob retrouve le sourire. Ses hommes, ceux du 10e codo et les Katangais de Monga n'ont pas fait de détail. Trois blindés anéantis, trente camions détruits ou récupérés, des centaines de cadavres du côté gouvernemental. Une belle vengeance posthume pour Karl.

– Lui et Gino ont été enterrés à Mikolo, conclut Bracco.

La colonne de Schramme passe Itibéro et déjoue quelques embuscades de l'ANC. La route de Bukavu est ouverte.

– Désertions et débandade du côté congolais, commente Bracco. Il n'y a qu'au carrefour de Goma-Bukavu que des gars ont morflé. Leleup a encore été flambant.

L'adjudant Guy Leleup, de la 5e compagnie de Noddyn. Bientôt lieutement et chef de compagnie.

– Il est de la race de Karl, dit Bob.

Jean-Louis les rejoint, excité. Depuis des jours qu'il essaye d'établir la liaison avec Bukavu, sur toutes les longueurs d'ondes, il vient de capter un signal, au milieu des messages de radio-amateurs. Le contact est établi – enfin! On cherche de part et d'autre des fréquences de dégagement, on échange des codes.

Bob marche avec des cannes. La motricité revient. Les efforts quotidiens produisent des résultats qui lui paraissent encore trop médiocres. Pourtant, Bracco est sidéré par les progrès accomplis depuis sa dernière visite.

– La jambe droite traîne, se plaint Bob. Elle va rester un peu raide, j'en ai peur.

– Tu ressembleras à Faulques! plaisante le pilote.

Le 7 août, la « longue marche » vers Bukavu touche à sa

fin pour Schramme et son long convoi. Pas moins de deux mille personnes, cent cinquante véhicules! Un tiers de soldats, mercenaires et Noirs, trois cent cinquante Européens et un bon millier de femmes et d'enfants, acheminés sans pertes civiles jusqu'à Bukavu, ses crêtes adossées à la frontière du Ruanda et ses luxueuses villas héritées de l'aristocratie belge. Un écrin de verdure, de quiétude et de bon goût, un climat d'une douceur idéale, une perle entre lacs et montagnes escarpées.

– Pour vaincre ou mourir, Schramme a choisi un bel endroit; pas de doute. Dommage que ce soit un cul-de-sac sans piste d'atterrissage! rigole Bracco.

Contre ceux qui rêvaient encore du Katanga, contre les partisans de la guérilla à Yumbi ou de la prise de Goma, où les avions peuvent se poser, Schramme a opté pour la montagne et la frontière toute proche, à deux pas. Si proche que l'obsession de son passage et de l'abandon ne cessera, au fil des semaines, de miner les volontés.

« C'était une erreur, sans doute, d'aller s'enfermer à Bukavu, mais il y avait les civils, toute cette cohorte dont Schramme se sentait responsable jusqu'à ce qu'il la mène en lieu sûr et lui fasse passer la frontière. Ç'a été déterminant. »

Bob devine aussi, dans le choix de Schramme, l'influence des anciens colons, qui l'entourent depuis le début, les *codokis*, moins soucieux de stratégie militaire que de sécurité. De bonnes raisons qui se révéleront funestes, comme cette frontière, lancinante invite, la profusion de vivres et d'alcools, le confort des villas, le sentiment d'occuper une position inexpugnable et d'avoir de quoi tenir un long siège. Et aussi les bonnes relations entre la Belgique et le Ruanda, les changeurs et les banquiers amis, de l'autre côté – moyen de convertir en dollars, même à un taux usuraire, le trésor de guerre amassé en cours de route ou trouvé sur place. On ne perd pas l'espoir, non plus, de fomenter des révoltes dans la population indigène, de lever des maquis au Ruanda...

Au fil des semaines, les bonnes raisons militaires céderont le pas aux bonnes raisons tout court, aux calculs d'avenir. Mais pour l'heure, en cette mi-août, les mercenaires, qui ont pris la ville le 7, s'installent, occupent les crêtes, organisent la défense. Les civils ont été évacués le 9. Schramme a réorganisé ses effectifs, un petit millier d'hommes, dont cent vingt mercenaires. Il forme quatre compagnies et des services, distribue les fonctions.

Après avoir repoussé les premières attaques de l'ANC, à la tête de la 4e compagnie, à la pointe du dispositif, le major Pinaton, en accord avec Schramme, reprend sa liberté et quitte Bukavu. Obéissant aux ordres, il a constamment assuré, lors de la marche, la couverture arrière de la colonne et enduré l'ostracisme des Belges qui entourent Schramme.

Il note avant de quitter le Congo : « Nous nous installons sur la position assignée. Pour nous, c'est toujours la guerre et son inconfort, tandis que d'autres font ripaille en ville et dorment dans des draps. Mes hommes sont très mécontents. Je descends à Bukavu le 10. C'est la belle vie des conquérants, alors que les hauteurs qui dominent la ville ne sont toujours pas défendues. À Bukavu, aucune consigne d'alerte et même pas de veille radio, malgré les ordres. L'indiscipline règne, dans un désordre total. Le 13, une patrouille accrochée par l'ANC; deux tués. Bukavu ne répond pas à mes appels radios, j'envoie deux Jeeps en ville, pour que nous soyons débloqués. Un blessé grave de plus. Le 14, j'écris à Schramme, lui rappelant de faire occuper les hauteurs et demandant ma relève. Il m'envoie une Jeep et me rend ma liberté, conformément à notre conversation d'Utu, deux semaines avant. Depuis janvier 1967, je n'ai décidément jamais accroché avec ces Belges, officiers et soldats d'occasion! »

Pinaton et Robbyn s'en vont. Après la mort de Karl, de Gino, d'Hendrickx, les blessures de Bob et de Faugère, un autre chef va manquer à Bukavu. Lucide et sévère, l'officier supérieur a mis le doigt, après une semaine seulement, sur le mal qui va ronger la petite armée mercenaire tout au long du siège. Plus que l'incompréhension – très réelle – entre Belges et Français, c'est la fracture entre ceux qui font toujours la guerre et ceux qui profitent déjà de la paix.

Un autre officier, promu commandant de la 4e compagnie, qui défend la fameuse position Baka, fera plus tard ce bilan amer et sans complaisance des trois mois légendaires de Bukavu : « Sur cent vingt mercenaires, quarante se sont battus honorablement, en entraînant ponctuellement une vingtaine d'autres. »

Mais, le 14 août, tout paraît réalisable à Bob, quand Jean-Louis entre enfin en liaison avec Victor Van Bocholt, le radio de Schramme, et Pierre, celui du 6e codo, installés dans la presqu'île de Bukavu. Le message est de tenir, là-bas, suffisamment longtemps pour que, de son côté, Bob monte à partir de l'Angola une opération d'invasion du Katanga. L'objectif reste de soulever l'ancien État sécessionniste, d'ouvrir un deuxième front, à mille kilomètres de Bukavu, pour contraindre l'ANC à disperser ses forces.

Schramme se range sans difficulté à ce plan simple et logique. Que peut-il faire d'autre d'ailleurs? Sans soutien, les mille hommes du Bukavu n'ont pas la moindre chance de percer avec succès vers le sud du pays. En face d'eux, en une quinzaine de jours, c'est la moitié des effectifs de l'ANC qui se trouve rassemblée. Quinze mille hommes, les meilleures troupes de Mobutu, dont les paras-commandos du 3e bataillon, commandés par le général Masiala. À partir du 20, des T 28, pilotés par des Congolais puis par des Cubains anticastristes, bombardent la ville.

Entre-temps, le petit avion de Bracco, en provenance de Rhodésie, s'est présenté au-dessus du camp retranché, cherchant en vain un endroit où atterrir. À son bord, l'inévitable Purren et un capitaine katangais, ancien chef de la sûreté de Tschombé. Ce dernier doit sauter en parachute avec un poste émetteur fourni par Salisbury. Les pistes proches de Bukavu sont contrôlées par l'ANC. Dans Bukavu, aucune solution ne se présente à Bracco, qui, finalement, amerrit sur le lac Kivu. Le capitaine katangais n'a pas osé sauter. Les trois hommes s'en sortent, mais la radio et l'avion sont perdus. Jusqu'à l'évacuation, Bracco restera bloqué à Bukavu, avec Peppone.

Puis c'est au tour d'un DC 3 chargé de trois tonnes de munitions venant d'Angola d'atterrir dans la ville assiégée. Schramme, cette fois, a fait aménager une piste de fortune sur l'ancien terrain de golf, derrière le camp Saïo. Elle est trop courte. Le train d'atterrissage accroche une souche oubliée, et l'avion s'écrase. Par miracle, la cargaison n'explose pas, et les deux pilotes, Liebert et Vanenberghe, sont saufs. Mais l'appareil est inutilisable. Un troisième, un DC 4, sera pris en chasse par les T 28 et obligé de larguer son ravitaillement sur Bukavu avant de s'éloigner.

Apprenant ces échecs et ces demi-réussites en Angola, Bob peste contre la malchance qui poursuit ses initiatives d'aide à Schramme. Il a quitté l'hôpital à la fin d'août, faisant fi des conseils des médecins. Fort des assurances des Portugais, obtenues avec la caution des services spéciaux français, il est maintenant en Angola. C'est la PIDE, la police politique portugaise – et non l'armée, trop réticente –, qui prend en charge la logistique de la préparation de l'opération du Sud. Par radio, Schramme est informé de ces préparatifs, concrétisés par un plan d'action daté du 11 septembre.

La situation s'est stabilisée à Bukavu. Une période d'accalmie succède aux durs combats de la fin d'août, qui ont vu l'ANC subir de lourdes pertes et les mercenaires élargir leur périmètre de défense. Au fil d'attaques repoussées, et de contre-attaques qui les obligent à se replier, les forces gouvernementales perdent le moral et se désorganisent. Des renforts arrivent toujours, mais pour remplacer des unités décimées, acculées à la fuite ou suspectées de vouloir se mutiner. Même parmi celles du 3e bataillon, des défections surviennent. Le manque de communications efficaces, du côté de l'ANC, est aussi dommageable que chez les mercenaires. À deux reprises, les Congolais ont été bombardés par les T 28 alliés. L'ANC est au point de rupture, répète-t-on.

Du côté de Schramme, on tient; on est prêt à percer vers le sud. Radio-Bukavu multiplie les appels à la rébellion des anciens simbas contre Mobutu, par la voix du capitaine Monga ou de la Panthère noire, l'amie métisse d'un mercenaire allemand.

En réalité, les proclamations de Radio-Bukavu et les espoirs de Schramme s'apparentent à la propagande de Mobutu. Plus discrètement, des contacts sont pris entre les insurgés et Kinshasa par l'intermédiaire de la Croix-Rouge. Ces efforts de négociations, encouragés par Washington et surtout par Bruxelles, traînent en longueur en septembre et octobre. Schramme parie sur la désagrégation de l'ANC, qui entraînerait le soulèvement du pays et la chute de Mobutu, sur le retour en force de Bob au Katanga, sur sa propre force, qu'il surestime.

Les contacts radio avec Bukavu, quoique difficiles, entretiennent de chaque côté un optimisme largement fabriqué. Schramme s'impatiente : Bob le croit prêt à bondir hors de Bukavu, à bousculer l'ANC, à rallier toute la province orientale à leur cause. En fait, Schramme s'inquiète des tensions et des tentations qui minent sa troupe. Tensions entre Belges et Français, entre anciens colons et militaires, entre officiers supérieurs et sous-officiers, entre vieux et jeunes, entre ceux que l'inaction énerve et ceux qui ont déjà tourné la page. Tentation des uns de prendre des initiatives audacieuses, de sortir de Bukavu pour harceler l'ANC, prendre une piste d'aviation, lever des maquis. Schramme le leur interdit : ceux-là sont les meilleurs; il ne peut courir le risque de les perdre, car, sans eux, Bukavu ne résisterait pas un jour de plus. Tentation des autres, plus nombreux, de franchir la frontière, de sauver leur peau et leur avenir. Les plus honnêtes sont partis, certains restent, mais ils ont déjà déserté. Schramme compose. Son impatience trahit ses difficultés à maintenir la cohésion et l'allant de sa troupe. Serren-Rosso, dont l'indignation relaie le découragement du major Pinaton, résume ainsi l'affaiblissement moral des insurgés : « Avec les arrivées des avions, le moral remonte. Puis c'est l'engourdissement, Bukavu s'assoupit dans la routine. Les nouvelles du Sud redonnent confiance aux hommes, mais l'action qui doit survenir là-bas apparaît bientôt comme la seule planche de salut. On attend Denard comme le Messie, et son opération comme le débarquement de Normandie. »

La rapidité d'action, l'intrépidité, la faculté d'adaptation et un moral de conquérant ont été les meilleurs armes des mercenaires au cours de toutes les campagnes africaines. La situation à Bukavu, telle qu'elle s'enlise à l'automne, les prive des atouts qui leur ont si souvent donné la victoire.

À Schramme, qui trouve les jours bien longs dans Bukavu, assiégé, Bob fait répondre qu'il peut compter sur lui. Il s'agit de mettre sur pied, le plus vite possible, une unité mercenaire recrutée à Bruxelles et à Paris. « Ils étaient recrutés au pied levé. À peine une centaine. J'ai pris ce que je trouvais – des anciens mais aussi des gars qui n'étaient pas entraînés. »

Les premiers volontaires arrivent à Luanda fin août. Une dizaine d'hommes, dont les Portugais ne savent trop que faire. Ils sont emmenés dans une ancienne mission, au Mont-de-l'Espérance, entre Silva Porto et Villa Luso. Bob se rend à Lisbonne pour réceptionner les suivants.

« Il fallait garder le secret, et beaucoup d'entre eux, si on les avait laissés à l'hôtel, auraient passé leur temps à se soûler et à bavarder. Alors, j'ai demandé aux Portugais un endroit pour les garder. Le seul, c'était la prison Cascais, à Lisbonne. Les gars arrivaient par petits paquets, on les transportait en car et ils avaient le sourire. Arrivés à la prison, un fort pas très gai sur les hauteurs, ils faisaient une drôle de tête. Je leur expliquais qu'ils en avaient pour quelques jours, avant de prendre l'avion. Certains sont restés une semaine, à quatre ou cinq par cellule, à taper le carton et à boire de la bière. Des cellules ouvertes. Puis ils ont fait Lisbonne-Luanda en avion, en première parce qu'on avait un accord avec la compagnie portugaise. Ça s'est bien passé; il n'y a pas eu de fuite. »

Les effectifs, au Mont-de-l'Espérance, grossissent jusqu'à quatre-vingt-dix volontaires, auxquels se joignent une cinquantaine de Katangais. Là, les problèmes commencent, pas tant avec les volontaires qu'avec les fournisseurs. Les Portugais assurent gîte et couvert mais se font prier pour aller au-delà. Depuis la retraite en Angola, au début de 1963, leurs rapports avec Bob sont entachés de soupçons. Bob se souvient d'un refus de visa au printemps 1963, alors qu'il voulait se rendre à Lisbonne. Il ne suffit pas que Paris et Pretoria appuient son projet, il lui faut de l'argent, des armes, des véhicules. Une action de commando à partir de la frontière doit être rapide et puissante et rallier immédiatement à elle une force katangaise qu'il faut pouvoir armer. Bob passe plus de temps en discussions avec ses commanditaires qu'à préparer un tant soit peu ses hommes à l'action, et il s'exaspère des difficultés.

À Luanda, il faut tout arracher – et continuer à rassurer Schramme, qui essaie d'acheter un avion pour que ses pilotes rejoignent l'Angola. L'affaire, sur le point d'être conclue, capote. Nouvelles promesses sans suite.

Dans le même temps, tout en continuant ses attaques aériennes sur Bukavu, l'ANC se réorganise. Le colonel Babia, venu de Kinshasa, est à l'origine d'un profond remaniement de son dispositif. Les familles des soldats présents dans la région, dont les difficultés matérielles sapaient le moral des hommes, font l'objet d'un soin particulier. Surtout, les communications entre les unités au sol et entre celles-ci et l'aviation sont entièrement revues. Cinq officiers américains d'une mission militaire d'assistance accompagnent Babia sur le terrain. Après leur visite, deux avions chargés d'équipement, un matériel radio perfectionné et des renforts de paras sont envoyés à Bukavu. Un plan d'offensive général est élaboré par l'état-major de Masiala.

Durant cette période, des escarmouches continuent de se produire, tandis que les discussions avec la Croix-Rouge se poursuivent. « L'ANC ne veut plus se battre, ils sont à genoux », dit-on du côté des mercenaires, qui attendent toujours l'offensive dans le Sud. Ce qui se prépare, dans le calme apparent des premières semaines d'octobre, déjouera en fait tous leurs pronostics.

Dans le Sud, en Angola, Bob tape du poing sur la table. Croit-on, dans les capitales qui le soutiennent, qu'un simulacre d'opération au Katanga suffira à soulever une population qui s'agite sans moyens face aux troupes de l'ANC, dégarnies par le siège? La tiédeur des uns, la mauvaise volonté des autres retardent sans cesse le moment de s'occuper enfin des choses sérieuses. Dans un rapport du 6 octobre adressé à toutes les parties prenantes, Bob met chacun face à ses responsabilités.

« Depuis trois mois, nous n'avons pu réaliser qu'une aide très minime par rapport à ce que le major Schramme était en droit d'attendre. Depuis le 14 août, par périodes éloignées, nous avons entretenu son moral. Aujourd'hui, nous arrivons à l'échéance. Si, dans l'immédiat, nous ne lui avons pas apporté une aide matérielle efficace et un appui par diversion, nous aurons sur la conscience de l'avoir condamné, car nos promesses pour le faire tenir lui auront fait fermer les portes d'une négociation possible qui lui aurait permis de sauver la peau de ses hommes. Nous n'avons pas le droit de sacrifier des gens qui ont cru à ce que je leur disais. D'après ce que j'ai pu constater ici, l'aide déjà reçue m'est insuffisante pour permettre de faire pencher la balance de notre côté. Il nous appartient donc, maintenant – s'il n'est pas trop tard –, de dire au major Schramme ce que nous sommes en mesure de faire pour lui, et de me dire tout aussi franchement ce qu'on est en mesure de faire pour moi et si je peux compter sur votre appui total, sans réserve, dans un délai minimum. Il est nécessaire, vu que les moyens sont mal définis, de laisser à ceux qui opèrent sur le terrain une certaine liberté de manœuvre et d'improvisation, qu'il est difficile de prévoir dans un plan d'action. Je vous demande donc, premièrement, le ravitaillement immédiat en munitions des hommes du major Schramme; deuxièmement, la mise à exécution du plan du 11/9, par l'équipement du groupe se trouvant déjà ici. »

L'ANC se prépare. Elle retire ses unités jugées trop friables et profite des conseils américains, alors que Bob attend des armes et des véhicules pour son groupe et que Schramme lorgne le ciel de Bukavu dans l'attente d'un hydravion chargé de munitions qui ne viendra jamais. L'épilogue qui s'annonce est en tout point conforme à ce qui se passe depuis neuf mois au Congo : une comédie de dupes jouée sur le dos des mercenaires.

D'abord fixée au 22 octobre, l'offensive dans le Sud doit être reportée, faute pour Bob et ses hommes d'avoir reçu l'armement promis. Celui-ci n'est distribué que le 28. Une centaine de fusils Fall, quelques mitraillettes Sterling, six mitrailleuses MAG, quatre mortiers de 60 et deux bazookas. Le strict minimum. Et il manque surtout le charroi.

Le mardi 30, les hommes de Denard sont dans le train qui les conduit à Texeira, où des camions les emmèneront à la frontière, à Luashi. Mais les camions ne sont pas pour eux; ils repartent. Cent cinquante hommes sans véhicule passent la nuit du 31 octobre sur un pied de guerre qui leur paraît bien modeste.

À Bukavu, l'offensive de l'ANC a commencé, le 29, à 3 heures du matin, par un pilonnage d'artillerie sans précédent dans toute la campagne congolaise. À Baka, la position la plus exposée, Martin-Cordier, jeune sous-lieutenant sorti de Saint-Cyr, venu au Congo pour se désennuyer de la vie de caserne, est déjà tombé. Clé de voûte de la défense de Bukavu, Baka, flanquée des positions Pétrus et Vénus, sur un front de plusieurs kilomètres très en avant de la ville, tient encore.

La nuit où Bob et ses hommes sont dans le train, en direction de la frontière, une opération a lieu à des milliers de kilomètres de là, à l'embouchure du Zaïre, dans la province du Bas-Congo, tout près de Kinshasa. Cinq canots pneumatiques emportent vers l'île de Bula-Bemba treize hommes, spécialistes des raids commandos, dont l'objectif est de libérer Godefroy Munongo, ancien ministre de l'Intérieur et homme fort du Katanga, détenu dans le pénitencier situé sur l'île. Ces hommes, six Français, trois Belges, deux Cubains, un Hongrois et un Noir américain sont passés eux aussi par le Mont-de-l'Espérance, pour préparer leur mission. Repartis pour Luanda, ils se sont embarqués sur un chalutier portugais qui les a laissés à l'embouchure du fleuve. Soutenant cette action à leur manière habituelle, c'est-à-dire en traînant les pieds, les autorités portugaises leur ont imposé ce long trajet d'approche depuis Luanda, interdisant un départ de San-Antonio-du-Zaïre, à proximité de Bula-Bemba.

Cette contrainte et le retard pris à remonter le fleuve amènent le commando en vue de la forteresse au moment où le jour se lève. Repérés par des Congolais, les treize hommes, dirigés par Michel Winter et Thadée Surma, ancien du SDECE et du 11e Choc, doivent rebrousser chemin et remettre l'opération au lendemain.

Les canots abordent la plage, et le groupe avance jusqu'aux abords du pénitencier. Il est soudain épinglé dans le faisceau d'un projecteur. Les gardes ouvrent le feu. Le commando doit battre en retraite.

Il n'y aura, bien sûr, pas d'autre tentative, et Munongo restera incarcéré à Bula-Bemba jusqu'au 30 août 1968. La mission spéciale mise sur pied par Bob et les services français se termine, le 1er novembre, par un autre fiasco.

En l'absence de Tschombé, il importait de donner à la révolte contre Mobutu un chef politique. L'ancien bras droit de Tschombé, le petit-fils de Msiri, pouvait être, par ses origines, sa stature personnelle, un leader naturel du Katanga à nouveau soulevé. Il aurait pu faire oublier le capitaine Monga, promu colonel et autoproclamé le 10 août, à Bukavu, chef d'un gouvernement de salut public fort improbable. Propulsé par Schramme, Monga était, comme lui, bien meilleur soldat que politique. Mais, faute d'un débouché politique africain, d'un homme qui eût incarné le changement en face de Mobutu, l'action des mercenaires paraîtra jusqu'à la fin une rébellion européenne.

Le 1er novembre, à Bukavu, l'ANC a forcé une brèche dans le dispositif de défense de Schramme. Toutes ses unités se préparent à l'assaut final. La position Pétrus, qui flanque Baka au sud, doit être abandonnée, malgré la vaillance des hommes en première ligne et les mortiers de Laboudigue. Leleup, dernier chef de la 4e compagnie, tient encore Baka. Avec une énergie désespérée, il lance une contre-attaque, et reprend Pétrus avec dix Katangais. Sur les quatre kilomètres de route escarpée qui montent à la position, le groupe de soutien, emmené par Schramme et Séron, est bloqué par un terrible feu croisé. Isolé, Leleup est condamné. Sa prouesse, comme celle de Karl à Itibéro, est magnifique de panache mais son succès éphémère. Le lieutenant Guy Leleup est pris et aussitôt exécuté. Son adjoint, Desbles, doit ordonner le repli. Les « haricots verts », comme les mercenaires désignent les paras congolais, grouillent sur les pentes, entre les 2e et 4e compagnies. Seul, à Baka, un adjudant congolais rallié tient tête, avec une mitrailleuse, aux hommes du général Masiala. À force de chanvre et de désespoir, jusqu'à l'aube...

On se bat pied à pied sur les crêtes. Martínez et ses Popoyes, suivis par le reporter Michel Honorin, reprennent une position intermédiaire. Mais Martínez, sans soutien, redescend. « Beau reportage, faute tactique. » La première compagnie de l'adjudant Bernard, devenu lieutenant, avec Henry et Billois ; la 2e, du capitaine Laboudigue, avec Wendolowsky et Perrin ; la 3e, du capitaine Raymond Noël, avec Alex, Zambon et quelques autres encore, toujours prêts à soutenir les premiers, font des prodiges pour retarder l'échéance. Mais, malgré Blain, Minter et Séron, la 4e compagnie cède devant l'ANC, tellement supérieure en nombre et en puissance de feu. En ville, on attend l'irréparable. La chute de Baka promet à l'ANC celle de Bukavu.

À l'aube du 1er novembre, l'opération *Lucifer* est déclenchée, au Katanga, par le colonel Robert Denard. Elle commence par un raid cycliste.

Le major Piret et quinze hommes passent la frontière à

vélo, pour aller près de Kisengé, au siège d'une société minière exploitant le manganèse, s'emparer de camions. Le reste de la troupe fait mouvement vers Luashi, de l'autre côté de la frontière. Luashi contrôle, les objectifs sont de prendre Kasagi puis de faire mouvement, d'un côté vers Kolwézi, de l'autre vers Dilolo. En trois jours, il s'agit de contrôler l'axe Dilolo-Kasagi-Mutshasha-Kazenzé et de rallier et d'armer suffisamment de Katangais pour prendre Kolwezi, tout en assurant la défense de la route du Nord, menant à Kamina par Sandoa. Le plan opérationnel, ambitieux, exige de la rapidité dans l'action offensive, une consolidation défensive simultanée et un effet d'entraînement tel qu'une véritable armée puisse s'ouvrir, par Kolwezi, le chemin de Jadotville et d'Éville – toutes conditions dont la réalisation dépend largement de la situation sur le terrain.

Or, au terme de la première journée, Bob dispose de deux Jeeps et de six camions. Le lendemain, il occupe sans problème Kasagi et y installe son QG. Le Belge d'Hulster et les Français Delamichel et Larapidie commandent les trois pelotons.

Larapidie, par Kisengé, où se trouve un peloton ANC, doit marcher sur Dilolo. À Kisengé, il est fortement accroché par une compagnie congolaise dépêchée de Dilolo à la suite de l'opération cycliste de Piret. Larapidie ne passe pas, la compagnie congolaise résiste bien.

Le premier peloton, commandé par d'Hulster, progresse vers Kolwezi, tandis que le deuxième occupe Nasoni, sur la route de Kamina. Des renforts ANC arrivent à Dilolo. Avec l'appui aérien de T 28 et l'aide logistique américaine, l'armée congolaise réagit beaucoup plus vite et vigoureusement que prévu, tandis que les mercenaires sont très retardés dans leur action, par l'évacuation des civils et des blessés.

Kisengé n'est prise que le 4 au matin. Les civils sont évacués vers l'Angola, les blessés vers Luashi. L'embuscade suivante a lieu à Divuma, le samedi soir. Une section de renfort déborde l'adversaire, et, malgré un tir violent, l'ANC décroche. La progression reprend jusqu'à quarante kilomètres de Dilolo. Des volontaires locaux, armés et contrôlés par Piret, sont envoyés en renfort dans cette direction.

À Nasoni, la 2e compagnie a mis hors de combat une unité ANC. Le secteur est calme, des contacts sont pris à Sandoa, fief tschombiste.

En direction de Kolwezi, du côté de la mission de Kazenzé, le premier peloton est attaqué et repoussé, par des blindés de l'ANC. « Comme à Divuma, note Bob, non seulement l'ANC ne décroche pas, mais elle monte des embuscades sérieuses. La précision des tirs est à mettre au crédit des conseillers étrangers, probablement américains. » Parvenu à cent kilomètres de Kolwezi, le premier peloton doit battre en retraite. D'Hulster meurt au cours du retour de ses hommes vers Kasagi.

Le dimanche 5 novembre, Bob dresse un rapport de situation, qui signe l'échec initial de l'offensive du Katanga. « Suite à la pression des éléments ennemis supérieurs en nombre et en matériel, j'ai été amené à prendre les dispositions suivantes : repli des 1er et 2e groupes, qui se trouvaient à cent kilomètres de Kolwezi, sur la route Luashi-Kasagi et sur la route Luashi-Masagi; repli du 2e groupe de quarante kilomètres de Dilolo, à la route Luashi-Katoka. »

Ses forces sont regroupées, au cinquième jour de l'opération, dans un périmètre de trente kilomètres autour de la base administrative et logistique de Luashi. Le bilan est de quatre morts, dont trois volontaires européens; vingt-deux blessés, dont douze Européens; et quinze déserteurs parmi les volontaires. Cinq cents volontaires locaux ont été enrôlés, mais ils n'ont pas d'armes.

Ce dimanche 5 novembre, après une semaine de combats, de replis successifs dans Bukavu, jusqu'à une ligne de défense très resserrée, et une dernière offensive de l'ANC, Schramme a donné l'ordre d'évacuation, et Purren a organisé le passage de la frontière. Cent vingt-neuf mercenaires, dont cinquante-cinq Belges, vingt-neuf Français et seize Italiens, passent à Cyangugu, au Ruanda, avec deux mille cinq cent vingt-six Katangais, dont mille cinq cents femmes et enfants. L'hydravion n'est pas venu, mais Schramme a sauvé la peau de ses combattants et les millions du « trésor de guerre » de Bukavu. Le camp de Bujumgé les attend. Le sort des Katangais fait l'objet de tractations entre la Croix-Rouge, l'OUA et Mobutu; celui des mercenaires ne sera réglé qu'au printemps de 1968, par un rapatriement général, et ces hommes ne seront pas inquiétés, sauf Schramme, arrêté et jugé pour le meurtre d'un ressortissant belge au Maniéma au printemps de 1967.

Sur les trois mois de siège de Bukavu et l'héroïque résistance des mercenaires, on pourra désormais épiloguer. Les drames de la 4ᵉ compagnie, en charge de la défense de Baka, résument assez bien la réalité de cette aventure, tissée de hauts faits et d'indignité, à l'instar de toute l'aventure mercenaire.

Premier commandant de cette unité, la plus éprouvée à Bukavu, le major Pinaton s'en va dès le mois d'août. Le lieutenant Pascal Seron lui succède; il est blessé au poumon, mais se battra jusqu'au bout. Le sous-lieutenant Paulus le remplace, mais il reste en ville, évitant toujours de monter à Baka; pour refus d'obéissance, il est désarmé par Schramme. Le lieutenant Serren-Rosso dirige alors la compagnie. Paulus est toujours en ville, jouant au poker et plastronnant. Au cours d'une dispute, Serren-Rosso le tue; il est dénoncé par un déserteur à l'ambassade de Belgique au Ruanda; il reste consigné, jusqu'à l'évacuation, dans la villa des pilotes. Leleup prend alors le commandement de la 4ᵉ; il meurt en héros.

« La page s'est tournée, sans trop grands dommages, conclut Serren-Rosso. À quarante, nous avons tenu Bukavu pendant trois mois. Nous sommes prêts à recommencer, mais, cette fois, les fausses idoles n'auront pas droit à la parole. »

Pendant ce temps, au sud du Katanga, Bob réclame encore et toujours des vivres, des médicaments, et surtout des armes, des véhicules, des renforts en hommes. Le repli devant l'ANC, les accidents, la confusion, autant d'échecs qui ont fortement démoralisé ses hommes.

Le lundi 6, après un peu de repos, le combat reprend, en direction de Dilolo exclusivement. La pression de l'ANC s'accentue. Les Katangais ne se soulèvent pas en masse. Avec quelles armes combattraient-ils une ANC revigorée, mordante, qui rejette les mercenaires vers Luashi? Bob est contraint à la défensive, au sauvetage de sa colonne, dépourvue de munitions et de ravitaillement. De Dilolo, Kolwezi et Kamina, les troupes congolaises réduisent la poche et condamnent sans appel le plan *Lucifer*.

Le 9 novembre, pour éviter d'être encerclés, Bob et ses hommes font retraite vers la frontière angolaise. L'ANC attaque Luashi. Les mortiers de 81, qui ont tant fait pour la réputation de Bob, à Éville, en 1961, sont, cette fois, dans l'autre camp, et leurs tirs sont dirigés avec une précision inconnue à ce jour dans l'ANC.

Piret décroche à son tour. Bob envoie un message à Luanda, suggérant de poursuivre une action subversive de guérilla. Il reçoit la réponse suivante, le 10 : « Arrêter toute action révolutionnaire et déposer les armes. Militaires ont instructions pour les recevoir. »

Le dernier message de Schramme avant qu'il ne passe la frontière était : « Ici Schramme en personne. Situation sans issue. N'avons plus de munitions. Ne savons pas encore comment cela va finir. Réglerons nos comptes plus tard. Vous êtes tous des assassins. »

Rentrant vaincu en Angola, Bob ne doute pas que ce pluriel ne soit bientôt transformé, par Schramme et par d'autres, en un commode singulier. Après la défaite, le procès. Après l'échec, le soupçon, les accusations. « Bob Denard a-t-il trahi ? »

Cette année 1967 qui s'achève, et, avec elle, l'aventure congolaise, laisse un goût de cendres. L'homme fort du régime à la fin de 1966, le sauveur de Mobutu, est devenu un paria pour ce pays qu'il espérait sortir de l'ornière. Contraint à un soulèvement qui n'était pas le sien et ne devint jamais la cause des Congolais, il a frôlé la mort, s'est battu jusqu'au bout, et, dans le camp des vaincus, le voilà maintenant montré du doigt, rejeté par ceux qui espéraient tout de lui et que son échec transforme en accusateurs, jusqu'à la calomnie.

Il mesure alors la fragilité de la cause qu'il a choisie, celle d'une aventure mercenaire qui mythifie ses chefs mais les préfère morts au combat plutôt que vaincus par l'adversaire ou désavoués par l'histoire. Il constate sa dépendance de soutiens extérieurs, aussi prompts à multiplier les promesses qu'à les oublier ; l'hypocrisie des alliances proclamées, si vite dissoutes dans les sables mouvants du calcul politique, de l'intérêt personnel. Il a appris l'insurmontable handicap que constitue pour les mercenaires une action menée en leur propre nom, la versatilité de l'opinion et les règlements de comptes à l'intérieur de la caste des soldats de fortune, le poids de l'impréparation, du manque de moyens ou de stratégie, ces aléas qui sont la faiblesse des armées de circonstance et obligent les chefs, constamment, à payer d'exemple, à se montrer ce qu'ils ne sont pas : des surhommes.

Affaibli physiquement, obligé d'improviser, de négocier interminablement une aide qu'on lui refusait, Bob a failli en novembre 1967, prétendront ceux qui, avec la même mauvaise foi, auraient rendu un vibrant hommage à sa mémoire, s'il s'était sacrifié comme Karl, comme Leleup, comme d'Hulster. Ceux-là ne sont pas les plus nombreux, mais ils parlent fort, comme après la retraite de 1963. Bob laisse dire. S'il confie son amertume, c'est plutôt à l'égard du Congo, de l'incroyable gâchis de sept années d'horreur et de mensonges.

Schramme pleure un rêve qui ignorait l'histoire et que l'histoire a brisé. Bob regrette une chance que l'histoire offrait et que tout le monde s'est acharné à manquer. Lui aussi tourne la page. Il sait la fragilité des actions humaines, la limite du courage et la contingence des engagements, tout ce qui est la trame de l'existence et que la vie qu'il a choisie concentre en un excès du destin. Celui-ci, il l'assume en conscience. Son excès, dans la comédie de dupes congolaise, a bien failli le perdre. Il saura désormais le contenir, sans rien renier.

LIVRE SEPTIÈME

LA PART DE L'OMBRE

1.

Dans les premières heures de l'année 1968, une animation inhabituelle règne aux abords d'une résidence de Fontenay-aux-Roses. La rumeur a couru les salles de rédaction : reporters et photographes battent la semelle au pied de l'immeuble où le « célèbre mercenaire Bob Denard » s'est cloîtré à son retour en France... Journalistes et cameramen échangent les derniers bruits glanés dans les capitales africaines, dans les couloirs des ministères parisiens et dans les bars « bien informés ». Denard blessé, demi-mort à Kisangani; Denard ressuscité à Dilolo, mais pour quelle débandade... L'épopée congolaise s'est achevée dans la confusion, le tandem Schramme-Denard s'est déchiré, d'âpres polémiques agitent les milieux mercenaires, à Bruxelles surtout, sur le lâchage du colonel, la trahison des uns ou des autres. Les réfugiés de Bukavu sont toujours parqués au Ruanda. Les langues vont bon train, et elles accusent. Dans ces milieux, soupçon vaut vite jugement. Après l'Angola 63, l'Angola 67 déclenche sur la tête de Bob un nouveau procès sommaire.

Dans l'appartement de Giselle, Bob n'aspire qu'au repos. La blessure morale est plus douloureuse que la blessure physique. À ceux qui le guettent sur le trottoir, à ceux qui ailleurs le chargent de tous les péchés de la défaite congolaise, il n'a rien à dire. À quoi servirait de refaire l'histoire, de se justifier, d'accuser à son tour? Une interview donnée à Jean-François Chauvel, à Salisbury, a clairement situé les responsabilités des États européens dans le gâchis congolais, alors que là-bas tout restait encore possible. Depuis, Bob a tenté sans succès de remplir ses engagements, Mobutu et ses alliés ont gagné la partie, et des compagnons d'armes, des amis, croupissent dans un camp à la frontière ruandaise. D'autres, parmi les plus chers, sont morts. Bob n'a pas le cœur à se répandre en déclarations. Qu'on l'oublie ! La fidélité de ses hommes et la paix de sa conscience lui suffisent. Il n'alimentera pas les règlements de comptes des lendemains de défaites ni la curiosité morbide de l'opinion publique.

« J'avais mené cette opération à la frontière angolaise alors que j'étais physiquement mal en point, et ensuite, j'ai eu besoin de respirer. Je manquais vraiment d'oxygène. Je suis d'abord allé au Portugal, où des médecins m'ont soigné. Les contrats de mes gars ont été honorés, sans que la France débourse un centime. Puis je suis rentré à Paris et j'ai fait de la rééducation. »

Une fois au moins, il laisse éclater sa colère contre des reporters qui l'assiègent. Giselle se souvient de l'avoir vu, à Fontenay, en prendre un à partie, et briser une caméra indiscrète, au retour d'une séance chez le kiné... La tranquillité et « l'oxygène » sont chichement comptés à Bob, mais la presse finit par se lasser. Du côté de la faculté de Nanterre, d'autres fureurs se manifestent, qui annoncent un printemps exceptionnel.

C'est toujours vers l'Afrique et ses soubresauts postcoloniaux, pourtant, que Bob continue de porter son attention. Vers le Biafra, en l'occurrence, dont de rares échos signalent, dans la presse française, la dramatique sécession.

Tout a commencé dans cette province nigériane le 30 mai 1967, lorsque le général Ojukwu a proclamé l'indépendance de la république du Biafra. Lors de son séjour en France, à ce moment-là, Bob a vaguement entendu parler des Ibos et de leur chef, d'un destin qui rappelle à certains égards celui du Katanga.

Comme tant d'autres colonies africaines, le Nigeria, 55 millions d'habitants et près de 300 tribus, est devenu indépendant le 1er octobre 1960. Les Anglais n'y ont pas mieux fait que les Belges au Congo; les rivalités ethniques, l'inégal développement du Nord et du Sud et un potentiel économique énorme, mais encore largement dépourvu de structures, voilà la nouvelle poudrière africaine... Théoriquement promis à devenir une grande puissance continentale, le Nigeria a connu en huit années toutes les affres d'une décolonisation peu et mal préparée. Le gouvernement fédéral de Lagos dirige tant bien que mal un pays grand comme près de deux fois la France, riche comme peu d'autres en Afrique, mais dont la conscience nationale est encore dans les limbes.

Bob s'est vite familiarisé avec la carte économique et politique de ce géant aux pieds d'argile : au nord, lieu de la domination ancestrale des Haoussas, la richesse agricole – arachides et coton – et un modèle social féodal menacé; à l'ouest, les Yorubas produisent du cacao et de l'huile de palme, et réclament un *leadership* que l'industrialisation, l'urbanisation et le dynamisme politique de leurs chefs justifient à leurs yeux, mais que leur conteste en 1960 l'alliance entre Haoussas et Ibos; ces Ibos qui tiennent l'Est – le pays des ressources minières et surtout du pétrole. Dissensions tribales, inégalités de développement et blocage politique, rien de nouveau sous le soleil africain.

À l'époque où Bob se bat pour le Katanga, Lagos, la capitale, a rejoint le camp des États africains modérés, et l'opposition yoruba accuse le gouvernement de rester inféodé à l'Angleterre, aux intérêts néocoloniaux. Sur fond d'immobilisme social, c'est l'éternel clivage entre « progressistes nationalistes » et « conservateurs ». L'éclatement du parti qui rassemble les premiers ne profite pas à la coalition des seconds. Douze millions d'Ibos se sentent trop menacés par l'hégémonie de trente millions d'Haoussas, et la fracture Nord-Sud est plus forte que les alliances politiques. Le président Azikiwe, en 1964, est à la tête d'une fédération de quatre « États », mais le Nigeria, faute de cohésion nationale, retourne à ses divisions tribales. Bob l'a vu ailleurs : face à un développement qui ne profite qu'à des minorités, les institutions politiques calquées sur les modèles étrangers, de type colonial ou « socialiste », se révèlent vite également impuissantes. « Ce sont les solidarités tribales qui prennent le dessus; la coutume est plus forte que la loi, parce qu'elle protège contre les injustices et rassure face au modèle de développement qui bouscule trop les traditions. »

Au Nigeria comme ailleurs, lorsque ces tensions deviennent inconciliables, une seule force peut prétendre les réduire : l'armée. C'est ainsi que le général Ironsi prend le pouvoir, par le coup d'État du 15 janvier 1966, contre les potentats du Nord et les faiblesses du régime parlementaire de Lagos. La tentative que fait l'armée de réaliser un État unitaire susceptible de briser les anciens cadres ethniques apparaît vite aux féodalités du Nord comme la revanche des Ibos, majoritaires dans l'armée et l'administration. Les premiers pogroms anti-Ibos se produisent en mai 1966 dans le Nord; Ironsi est assassiné en juillet, l'armée se mutine et deux mille Ibos sont tués. Le général Gowon accède au pouvoir, et le général Ojukwu entre en rébellion, au nom de la province de l'Est qu'il gouverne, et des Ibos minoritaires et catholiques, bientôt en butte – malgré la modération initiale de Gowon – à une extermination massive de la part des Haoussas musulmans... « Gowon et Ojukwu ont le même âge et sont passés tous les deux par Sandhurst, le Saint-Cyr anglais », explique Mauricheau-Beaupré en août 1967, quand il vient voir Bob en Rhodésie. « Et ils faisaient partie tous les deux des forces nigérianes envoyées au Katanga par l'ONU en 1961, précise le colonel. Je me suis battu contre eux deux, sans doute... »

Jean Mauricheau-Beaupré, le bras droit de Jacques Foccart à l'hôtel de Noirmoutier, parle encore du Congo, mais c'est déjà le colonel Ojukwu qui accapare son esprit et le Biafra qui mobilise son énergie tourbillonnante. « Il faut l'aider, par tous les moyens ! » répète-t-il.

Le prélude à la déclaration d'indépendance du Biafra s'est manifesté par de vastes déplacements de populations entre le Nord et le Sud et par des massacres. Alors que Gowon tente encore de négocier une formule constitutionnelle qui préserverait l'unité de la fédération, les Ibos sont victimes du déchaînement des haines tribales. Trente mille morts de mai à octobre 1966, deux millions de réfugiés en route vers la province de l'Est, tandis qu'on cherche à Lagos un État nigérian introuvable... L'irréparable est alors sûr. D'avertissement en ultimatum, Gowon et Ojukwu se précipitent vers la guerre civile. Lagos impose le blocus économique total de la province de l'Est, et Enugu, sa capitale, devient le 30 mai 1967 celle du Biafra indépendant.

Au mois d'août, à l'hôpital de Salisbury, Bob apprend que

la guerre a commencé le jour même où il était évacué de Kisangani. Mauricheau-Beaupré est persuadé que, malgré les apparences, elle peut être gagnée par les Ibos, riches, entreprenants, catholiques de surcroît. Et que cette victoire est dans l'intérêt de la France. « Il s'agit d'y travailler, colonel ! »

Pendant cette période, Bob est occupé à retrouver, simplement, l'usage de ses jambes en tirant comme un forcené sur ses membres. Quant à Jean-Louis, il essaie d'établir le contact avec Schramme, enfermé à Bukavu. Mais Mauricheau-Beaupré parle du pétrole du Biafra, de la résistance militaire inespérée des Ibos aux premières offensives de Lagos et des possibilités, pour des mercenaires, de rejoindre Ojukwu... « Des Français, évidemment », ajoute-t-il.

Il explique que, face à une armée qui est passée de dix mille à quatre-vingt mille hommes, qui vient de commander des armes à l'Angleterre, à la Belgique et à des pays de l'Est, les forces d'Ojukwu ont réussi, après deux mois de lutte, non seulement à contenir l'offensive fédérale, mais aussi à prendre le contrôle de la province du Midwest et à menacer Lagos avec quelques vieux avions français rafistolés ! « Cette situation va provoquer une intervention étrangère en faveur de Lagos, prédit Mauricheau-Beaupré. Nous, nous serons avec le Biafra. »

Nous... Mauricheau-Beaupré et ses amis qui « font » la politique africaine de la France en ont de bonnes, se dit Bob sur son lit d'hôpital en pensant au Congo, à ses hommes du 6e codo embarqués avec Schramme dans le piège de Bukavu, à ceux qu'il doit trouver pour tenter leur sauvetage. Dans les coulisses parisiennes cependant, à l'automne 1967, alors que le Biafra n'existe pas encore pour l'opinion publique française et à peine pour la politique officielle de De Gaulle, c'est d'Enugu qu'on parle, et non plus de Bukavu. Ne pas se fier aux apparences ! Un émissaire d'Ojukwu est refoulé d'Orly alors qu'un envoyé de Lagos est reçu au Quai d'Orsay; pourtant, à la fin de 1967, le choix est déjà fait, sous la prudence officielle.

Bob se rééduque et recrute des hommes pour l'opération en Angola; il s'informe aussi et prend des contacts, en septembre et en octobre 1967. Un marchand d'armes français,

Pierre L., dès juin 1967, a fourni trois B 26 à Ojukwu et mis en place, par le Portugal, une filière aérienne d'aide au Biafra, avec un dénommé Favier. Il a lui-même posé un DC 4 à Enugu, puis fait acheter par un intermédiaire, Okwesa, un DC 7 cargo et un super Constellation. Le pilote Languillaume est le premier étranger engagé par les Biafrais. L'homme d'affaires américain Wharton prend ensuite le relais. Intermédiaires et marchands d'armes se disputent le pactole biafrais, facturant par exemple 350 000 dollars le super Constellation acquis auprès d'Air France pour 150 000 dollars. Pendant ce temps, Schramme scrute en vain le ciel de Bukavu...

Fort des assurances d'Ojukwu, dont le trésor, abrité dans une banque suisse, se monte à trois millions de dollars – mais en livres nigérianes –, Pierre L. propose un plan ambitieux. Il prévoit de fournir au Biafra une aviation, une marine d'intervention rapide, des mercenaires, les moyens de briser le blocus économique... Les noms qui accompagnent ce plan d'aide économico-militaire sont ceux de Jack Mallock, Michel de Clary, Roger Faulques, John Peters et Bob Denard. Le marchand d'armes se voit grand ordonnateur de la victoire biafraise, grâce à la fine fleur de l'internationale mercenaire. Mais les seigneurs précités ne feront pas cause commune pour Ojukwu. Dans leur spécialité, comme sur le marché des intermédiaires et des conseillers, la concurrence règne. Pierre L. verra ses grandes ambitions tourner court.

Quant à Bob, il a créé le GATI, un groupement d'assistance technique indépendant, en vue d'aider le Biafra, et au début d'octobre 1967, il envoie auprès d'Ojukwu le mercenaire-juriste Cardinal pour négocier l'engagement du GATI dans la guerre. « Cardinal », écrit-il le 9 octobre à Ojukwu, « est le responsable de la gestion administrative de mon personnel. Il vous exposera le fonctionnement de notre organisation... Seuls les officiers du GATI mandatés par mon autorité sont habilités à me représenter, afin d'éviter toute ingérence extérieure. » Il confirme le 24, en tant que colonel commandant le GATI, que le capitaine Cardinal, officier de son état-major, responsable du service section S 1, est son chargé de mission et son mandataire exclusif. C'est que les négociations avec Ojukwu se heurtent à des obstacles et ne sont pas à l'abri « d'ingérences extérieures », à la veille de l'assaut final contre Bukavu...

L'acte d'engagement entre la république du Biafra et le GATI du colonel Denard, d'une durée de six mois renouvelable, est prêt. Il n'y manque que la date d'effet et la signature d'Ojukwu. Après une entrevue avec celui-ci à Port-Harcourt le 17 octobre, Cardinal fait le compte des problèmes encore en suspens. Condition *sine qua non*, Bob exige, en prélude à l'envoi au Biafra d'une équipe spécialisée, la mise à sa disposition, sur un compte en Suisse, de 900 000 dollars – six mois de paye, primes et frais, pour ses hommes. Exigence que le gouverneur militaire de la province sécessionniste tarde à satisfaire. Il voudrait d'abord voir à pied d'œuvre les volontaires annoncés, dont la liste ne lui suffit pas. Enfin, la question de leur armement, que le contrat prévoit à la charge du Biafra, n'est pas réglée.

Ojukwu tergiverse et renvoie la décision finale aux derniers jours d'octobre, qui coïncident avec la chute de Bukavu et le déclenchement de l'opération de diversion censée sauver Schramme. Le 26, une dernière rencontre entre Cardinal, Arturo Mbaneffo – le représentant d'Ojukwu, que Bob lui-même a tâché de convaincre – et Pierre L. ne donne pas de résultat. « L'argent n'est pas encore versé, rapporte Cardinal. Arturo veut voir la marchandise avant de payer. » En fait, Ojukwu se méfie de L., associe le GATI à celui-ci et juge le colonel « trop loin pour s'occuper de deux pays ». Ojukwu est aussi en contact avec Faulques. Soucieux autant que Bob d'obtenir des garanties, ce dernier est plus en mesure, à cette date, de discuter leur réalisation. Cardinal conclut sa mission le 30 : « Nous sommes dans l'impasse, le problème du leader reste entier. » Deux jours plus tard, alors que le « commando cycliste » du major Piret ramène quelques véhicules à Bob et à sa troupe passés au Katanga, l'affaire se dénoue. Faulques et Brun, son envoyé auprès d'Ojukwu, sont en partance pour Enugu ; le GATI manque le contrat biafrais. Guy Moreau, autre négociateur des « engagements mercenaires », au Congo comme au Biafra, écrit à Bob : « Le 2 novembre, Faulques me demande si vous êtes sur le Biafra. Je réponds par l'affirmative. Il me dit que si Denard est sur le Biafra, il retire sa candidature. Mais avez-vous des garanties ? Car Faulques a déjà touché l'argent permettant de partir là-bas avec cinq hommes, pour étudier la situation. »

Échec militaire au Congo, insuccès « commercial » simultané au Biafra, l'année 1967, jusqu'au bout, reste marquée d'un sort contraire... Mais, pour ses quatre-vingts hommes, sous les ordres de d'Assignie, Leroy et Bernard, Faulques n'obtiendra pas que les promesses faites soient tenues. Au début de 1968, lui-même passe la main.

Pendant cette période, l'équilibre militaire qu'Ojukwu avait réussi à préserver est rompu au profit de Lagos. La « guerre totale » prédite par Mauricheau-Beaupré a véritablement commencé avec l'aide massive apportée aux fédéraux. Celle de l'URSS d'abord, importante et inattendue, après les revers essuyés en Afrique par Moscou au cours de la décennie écoulée – ce sont des Migs soviétiques, des avions tchèques, une centaine d'instructeurs, puis des bombardiers Ilyouchine que le général Gowon, pourtant peu suspect de communisme, reçoit à la fin de 1967. Celle de l'Angleterre ensuite, le gouvernement Wilson ne pouvant pas faire moins, après avoir tenté de ménager ses intérêts dans les deux camps, que de voler au secours de Lagos pour y contrer l'influence grandissante de Moscou et parer à la menace économique qu'elle implique. Armes légères, mortiers, canons, chars, half-tracks viennent alors compléter la panoplie de Gowon, dont la trésorerie par ailleurs se grossit des redevances pétrolières de la Shell-BP, fer de lance de l'exploitation des énormes ressources nigérianes. Ce forcing anglais entraîne du même coup, au nom de vieilles habitudes anglo-saxonnes, une neutralité bienveillante des USA à l'égard du pouvoir de Lagos, privant ainsi Ojukwu du soutien américain qu'il avait espéré. Ce sont enfin des mercenaires anglophones qui rejoignent Gowon, pour côtoyer à Lagos et à Kano les pilotes soviétiques et égyptiens. John Peters, en effet, pressenti par Pierre L. pour le compte du Biafra, a finalement rallié les fédéraux, recrutant pour eux quelques dizaines d'hommes, des pilotes surtout. Comme l'écrit Jean-François Chauvel au début de 1968, « des mercenaires, pour la première fois, s'affrontent dans les deux camps ». Il n'y aura pas en réalité, malgré les déclarations belliqueuses de Mike Hoare prêt à se battre contre les mercenaires français, de combats « fratricides » entre mercenaires blancs.

La situation créée par la guerre du Biafra illustre néanmoins le profond changement que connaissent les luttes postcoloniales à la fin des années soixante. Les deux camps qui partageaient jusque-là le monde et la conscience des mercenaires, qui fondaient leur choix de se battre pour le « monde libre » et contre Moscou, se révèlent tout à coup bien moins étanches. L'alibi anticommuniste, si souvent invoqué au Katanga et ailleurs, tombe entre Lagos et Enugu. Les réalités politiques nationales, qui expliquent les choix de Peters d'un côté, de Faulques puis de Denard de l'autre, et les intérêts économiques qui les sous-tendent priment, à partir du Biafra, le combat idéologique. Si un chef mercenaire tel que Bob est bien toujours « du même côté », ce côté est d'abord celui de la France et de ses alliés africains. Les tractations tôt entamées avec le colonel Ojukwu par le GATI témoignent de cette mutation, qui annonce pour Bob un véritable recyclage. « Cette période, c'était la fin de l'épopée, une reconversion en même temps qu'un retour sur soi. On s'était battu avec des moyens réduits contre des machines gigantesques. Ce n'est pas le sentiment d'échec qui l'emporte après le Congo, mais celui de l'impossible. Tenir tête à un contre cent, être à pied contre des blindés... Avec le Biafra débute autre chose, l'ambition change de nature, et je m'adapte, mieux que certains autres peut-être. On se prépare à opérer différemment. »

Bob reçoit des nouvelles du Biafra, au début de 1968, par quelques-uns de ses hommes, Biaunie notamment, qui se battent aux côtés de ceux de Faulques. La pression des Nigérians est alors intense; les troupes d'Ojukwu doivent se replier à la fois de Calabar, de Bonny et d'Enugu, les trois fronts de l'Est, du Sud et du Nord, en direction du grand port de Port-Harcourt. Acculées, elles réussissent quelques prouesses dans la tradition de la guerre de mouvement et de harcèlement chère aux mercenaires, comme cette embuscade de mars 1968, sur la route Onitsha-Enugu, qui coûte au général Adekunle, « le Scorpion noir », chef des armées de Lagos, cinq mille hommes et trois cents caisses de munitions... Cependant, si la « patte » des mercenaires se reconnaît dans ce genre d'exploits, jamais le terrain d'opération biafrais ne leur a fourni une mainmise opérationnelle susceptible de changer véritablement le cours de la guerre. Celle du Biafra, pour « civile » qu'elle soit, reste sous la coupe des États, des grandes puissances et de leurs alliés. Dans ce jeu, si peu fait pour les individus, comment s'étonner que les grands chefs de guerre aient cédé le pas aux escadres de Migs et aux avions transporteurs de munitions? Aux hommes, la guerre du Biafra est cruelle, plus encore que toute autre. Effroyable aux civils affamés, mitraillés, parqués dans les centaines de camps de réfugiés; sans pitié pour les soldats, meurtrière pour les volontaires étrangers: leur pourcentage de pertes, comparé aux précédentes campagnes africaines, est énorme. Sale guerre jusque dans le destin du colonel Steiner, héros du Biafra durant une année à peine, recruté par Faulques, naturalisé Biafrais puis remercié sans façon par son patron Ojukwu, expulsé comme un soudard par ceux dont il croyait être devenu le compatriote, le frère...

Sale guerre à laquelle Bob participe dans l'ombre, au nom de la France.

Après l'aventure katangaise, l'échappée yéménite et l'imbroglio congolais, tandis que Gowon prétend rayer de la carte le Biafra rebelle, la France se rappelle plus que jamais au bon souvenir de Bob Denard, au printemps de 1968. À la fois comme un pays tout à coup livré au désordre, comme un champ de bataille où l'affrontement garderait l'apparence d'un jeu, et comme une marmite en ébullition où quelqu'un d'avisé peut trouver de quoi nourrir ses ambitions à long terme.

Le désordre de mai est peu susceptible de trouver grâce aux yeux du colonel Bob. « Le désordre, c'était l'ennemi, tout naturellement, pour quelqu'un comme moi, militaire et fils de militaire... Mon aventure ne pouvait pas être celle des gens qui occupaient la rue. Je ne me sentais pas vraiment gaulliste, pas plus qu'en 58, mais tout s'écroulait, on se voyait au bord de la guerre civile; l'État était menacé de destruction, alors, on se retrouvait du côté de l'ordre, logiquement. Le bon droit, c'était de se défendre contre le chaos. »

« Si Che Guevara vivait encore, on pourrait peut-être s'entendre, aujourd'hui, faire une fondation ensemble... Il se battait pour son idéal; je serais très honoré de lui serrer la main, en tout cas. »

Mais en 1968, le soldat-mercenaire est prêt à prendre les armes même s'il sait, au fond, que cette guerre-là n'est pas la vraie : l'État joue sa survie, mais les combattants ne risquent pas leur peau...

« C'était une époque assez folle, une autre aventure davantage que de la politique. Je me battais beaucoup pour le plaisir, pour la castagne. » Après les bombes et les balles, les cadavres dans la brousse africaine, Paris est un champ de bataille plus distrayant que mortel. Bob y forme des appariteurs pour « casser du gauchiste » dans les facultés, rameute tout ce que ses relations comptent de bras disponibles – retour d'Angola, de Bukavu –, et la bagarre tient lieu de mitraille, entre colleurs d'affiches, manifestants et troupes de choc du pouvoir. Mais celui-ci, où est-il? Pour Bob, il est au 138, rue de Grenelle, plus qu'au siège du SAC voisin. À l'hôtel de Noirmoutier, « c'est là qu'on a vu passer les décennies Foccart ».

Jacques Foccart lui-même, il le rencontrera plus tard. À cette époque, la suspicion, voire la haine, de l'extrême droite pour l'homme lige du Général est à son comble. Les plaies de 1958 ne sont pas cicatrisées, le combat de Foccart contre l'OAS les a au contraire avivées. Par sa presse, ses agents d'influence, l'extrême droite accuse sans nuances Foccart d'être la fameuse taupe soviétique infiltrée de longue date dans l'entourage de De Gaulle. La fameuse « Colombine » révélée par l'agent défecteur soviétique Golitsine dès 1961, et décrite de façon si plausible par le romancier américain Pierre Uris, en 1967, dans *Topaz*. Accusations infondées en ce qui concerne Foccart lui-même, mais toujours alimentées par des rumeurs. L'épilogue de l'aventure mercenaire au Congo ne constitue-t-il pas une nouvelle « preuve » de la duplicité du « petit homme dans l'ombre du grand », à qui l'on impute tant?... Comme d'avoir volontairement sacrifié Schramme à Bukavu et Denard à Dilolo, en faisant détourner au profit du Biafra l'aide que l'un et l'autre attendaient pour vaincre Mobutu...

Sourd aux sirènes du gaullisme pur et dur, en 1968 comme en 1957-1958, Bob reste à la marge des cercles activistes de l'extrême droite. Si les deux milieux font cause commune en Mai 68, dans la défense musclée qui du régime, qui des valeurs de l'Occident, lui mène sa barque en se défiant de tout amarrage trop contraignant. L'expérience, jusqu'à la plus récente, l'a prémuni de tout contrat exclusif. Le soldat reste un mercenaire. Et le chasseur est trop rusé pour se livrer pieds et poings liés à un employeur. À partir du « virage dans l'ombre » de 1968, toute la « politique » de Bob sera de devenir, face à ses commanditaires, un partenaire traitant dans un rapport de forces. Forgée à l'expérience Tschombé et Mobutu, cette ligne de conduite vaudra plus encore dans la décennie qui s'ouvre, à l'endroit des Services, et Bob y restera fidèle jusqu'à en éprouver toutes les limites...

En attendant, en mai 1968, il passe tous les matins rue de Grenelle. « On voyait l'ambiance et on faisait des équipes. On allait dans les coins chauds, au quartier Latin ou du côté de Renault, on collait, on se bagarrait, on allait sucer l'essence dans la voiture de tel ou tel ministre, chercher du matériel à l'École militaire. On était tous en blouse grise, un “ gang des blouses grises ”, quoi... Pour coller des affiches, les gars recevaient cent francs par jour, payés cash sur des fonds qui se trouvaient dans les coffres de la rue de Grenelle. Mauricheau-Beaupré organisait tout ça... Moi, on me payait mes frais, la location d'un appartement rue des Sablons pour recevoir des gens, mon essence et la nourriture. Drôle de période, avec le Biafra en parallèle. On se retrouvait le soir tous ensemble pour bouffer, dans une ambiance de corps de garde, et on repartait faire le coup de poing contre les barricades. »

À la fin de mai, De Gaulle disparaît et la France retient son souffle. Mauricheau-Beaupré a présenté à Bob Maurice Robert, chef de la section Afrique du SDECE, bras droit de Foccart à l'intérieur des services secrets depuis près de dix ans, grand superviseur des stratégies africaines de l'Élysée et de l'hôtel de Noirmoutier. « Un Bordelais comme moi, ouvert et chaleureux; on est devenus des amis, par la suite. » Le Général est de retour et c'est la grande manifestation gaulliste des Champs-Élysées. Bob a collé partout les affiches de l'appel, du retour à l'ordre. À l'intérieur des Comités de défense de la République, émanations du SAC accueillantes aux hommes de l'extrême droite antigaulliste, l'action civique a regroupé toutes ses troupes. Bien que le PCF et la CGT aient été dès la première heure les meilleurs remparts de l'ordre social menacé, c'est l'épouvantail communiste, judicieusement agité par De Gaulle, qui rassemble et mobilise les militants, les hommes de main et les électeurs. Puis la France se calme et le Biafra revient au premier plan.

Port-Harcourt tombe en mai, au plus fort de la tourmente parisienne. Privés de débouché maritime, les Biafrais se replient dans le centre de l'ancienne province de l'Est, « le réduit ibo ». Steiner, à la tête d'une brigade de cinq mille hommes sans cesse regarnie – car ses pertes sont très importantes –, entretient l'espoir par ses raids. Plus que jamais, les Biafrais sont dépendants, en armes et en munitions, de l'aide extérieure. La filière portugaise d'acheminement, par Lisbonne, où se trouve l'homme d'affaires Wharton, et les îles de São Tomé et de Principe, est alors supplantée par une filière française. Libreville, la capitale du Gabon, en est la plaque tournante.

Dans les premiers mois de 1968, Bob vient d'acheter en Italie, à Alitalia, deux avions, un DC3 et un DC4. Puis il s'est rendu en Tchécoslovaquie, auprès de la société Omnipool, pour y acquérir des armes. Le budget de l'aide secrète au Biafra, se souvient-il, est de quatre cent millions de francs, fournis à la Côte-d'Ivoire, selon un procédé couramment employé dans les années soixante par Jacques Foccart et ses amis indéfectibles, les présidents Houphouët-Boigny et Bongo : les budgets officiels de la France à destination des pays africains amis font l'objet de ristournes qui alimentent les « caisses noires » des opérations des services. Ainsi Mauricheau-Beaupré peut-il financer les achats de Bob à l'intention du Biafra sur des fonds mis à sa disposition par Abidjan ou Libreville.

Dans les coffres de l'hôtel de Noirmoutier, l'argent qui permet de payer les colleurs d'affiches et les appariteurs musclés sert également à rémunérer les pilotes professionnels qui chaque nuit s'envolent pour Libreville. « Eux aussi étaient payés cash, au moment du départ, sur la cagnotte de la rue de Grenelle, dans les six millions lourds... Les gars étaient réglés au pied de la passerelle, juste avant de décoller. Certains arrivaient à faire deux livraisons par nuit ; je me souviens d'un type de l'aéronavale, un super-pilote de DC3, qui faisait deux allers-retours entre 5 heures de l'après-midi et 6 heures du matin. Un jour, il n'est pas revenu. On dit qu'il aurait percuté le mont Cameroun. »

À partir du milieu de 1968, l'aide française au Biafra prend une ampleur croissante que le général Gowon ne manquera pas de dénoncer sans encourir de démenti. Paris cependant n'ira pas jusqu'à reconnaître le Biafra. Seuls la Tanzanie, la Zambie, le Gabon et la Côte-d'Ivoire, en avril-mai 1968, s'y risqueront. Mais, le 31 juillet, De Gaulle tout à coup invoque le droit à l'autodétermination des Ibos et, dans une conférence de presse en septembre, confirme l'engagement de la France au côté d'Ojukwu. Le monde entier découvre à ce moment le martyre du peuple ibo, et une intense campagne auprès de l'opinion publique dénonce le génocide perpétré contre le Biafra. La France, remise de ses frayeurs du mois de mai, y est tout particulièrement sensible. Son aide à Ojukwu n'a donc aucune difficulté à se parer de vertus humanitaires, laissant dans l'ombre son versant militaire et ses réelles motivations, plus prosaïques.

Celles-ci sont à la fois politiques et économiques. La vieille méfiance du Général à l'égard de toute hégémonie anglo-saxonne y a sa part, l'influence de la Côte-d'Ivoire et du Gabon va dans le même sens; les intérêts pétroliers d'Elf, dont la filiale, la SAFREP, concessionnaire d'un des trois grands gisements biafrais, est en concurrence directe avec la Shell, plaident la même cause. Cela rappelle la tentative amorcée sept ans auparavant au Katanga en vue de supplanter les Belges, maîtres de l'extraction du cuivre à Éville. Pour le même résultat... Ojukwu rejoint Tschombé dans le cimetière des illusions françaises d'agrandir le « pré carré » de l'influence nationale en Afrique.

Au nom du Biafra, Bob, lui, endosse de nouvelles responsabilités et entame son « recyclage » grâce aux services. En juillet 1968, Robert Denard quitte la scène et disparaît au profit de Gilbert Bourgeaud, né à Caen, le 30 janvier 1929... « J'ai pris le nom d'un de mes anciens copains d'enfance de Grayan. Après le Congo et Bukavu, ce n'était plus possible de continuer sous le nom de Denard, de voyager en Afrique sous cette étiquette-là... Il m'a bien fallu me refaire une virginité. »

Le « vrai-faux » passeport établi par les bons soins de la Piscine, pour services déjà rendus mais surtout à venir, met un terme à la décennie mercenaire et au rêve de se voir à la tête d'une armée d'élite africaine. Avec lui naît l'homme de l'ombre, spécialiste d'un créneau étroit mais convoité par tous les chefs d'État aficains : celui de la sécurité – de leur personne, de leur régime, et des coups portés à celle des autres. Il s'agit bien d'un autre monde, « plus souterrain, plus éclaté », et d'un autre métier, sinon par sa nature, du moins par ses méthodes.

À l'été 1968, malgré le pont aérien nocturne établi entre Abidjan, Libreville ou les îles portugaises et le réduit ibo, où les DC 3 et DC 4 se posent tant bien que mal sur des pistes de fortune, le sort de la guerre paraît très défavorable à Ojukwu. Les derniers hommes de Faulques, restés bien après le renoncement de leur chef, baissent les bras. Bob a battu le rappel des siens à la fin de juin, du côté de Maubeuge, pour une « table ronde » rassemblant tous les anciens compagnons du Congo, ceux de Kisangani, de Bukavu et de Dilolo. Il s'agit d'en finir avec le passé, malgré la campagne de presse qui, en Belgique, charge Bob de tous les péchés de la défaite de Schramme, et de jeter pour l'avenir des bases d'action nouvelles.

Dans les mois suivants, quelques dizaines d'hommes iront encore se battre au Biafra, au côté de Steiner et des quelques-uns qui lui sont restés attachés. Comme l'écrit Biaunie à cette époque : « Mon colonel, sachez que nous restons vos hommes. En dépit de notre reclassement dans la vie civile, nous sommes toujours à votre entière disposition... Et cela est bien naturel lorsqu'on vous connaît... ». Ils seront une trentaine, des Français et quelques Italiens et Sud-Africains, à rejoindre Umuahia, à contenir avec les troupes ibos l'avance des fédéraux, non sans succès puisque l'écrasement prévu du réduit biafrais ne se produit pas à l'automne. Leur action, conjuguée à l'approvisionnement massif en armes et en munitions assuré par la France, et au pont humanitaire forçant le blocus économique, permet à Ojukwu de stabiliser à nouveau la situation, de gagner un long répit. Alors qu'on tente de négocier à Addis-Abeba et que la pression humanitaire contraint les alliés de Lagos à reconsidérer leur aide militaire, l'armée d'Adekunle piétine face au réduit ibo. « Les troupes sécessionnistes sont mieux armées qu'elles l'ont jamais été », lit-on à la fin de 1968 dans la presse, qui cite ce témoignage d'espoir dans les rangs biafrais : « Jusqu'à présent, il fallait décrocher à chaque combat faute de munitions. Maintenant, tout est changé, on peut y aller. Les armes arrivent. Les Nigérians vont se casser les dents sur le réduit biafrais. »

Bob contribue à sa manière à ce sursis, tout en sachant bien, par les lettres qu'il reçoit de ses compagnons engagés sur le terrain, à Abba ou du côté d'Onitsha, que le redressement est précaire; que même Steiner, son artisan, est menacé, et que les foucades d'Ojukwu hypothèquent l'avenir à l'égal du déploiement de forces de son ennemi le général Gowon. Les avions pour le Biafra ne suffisent pas, explique-t-il. Surtout avec les contraintes de clandestinité qui pèsent sur ces vols. On charge de vingt à trente tonnes de matériel dans un avion, alors qu'un bateau peut en emporter de cinq cents à six cents tonnes. Le délai d'acheminement est bien plus long mais l'économie substantielle. Ça vaut la peine...

À l'automne 1968, au nom d'une société panaméenne hâtivement constituée, il se met en quête d'un bateau à acheter auprès d'agences maritimes spécialisées. Il le trouve à Boulogne, c'est la *Marie.* Bob dispose alors d'un vrai budget pour l'acquérir, l'armer, payer l'équipage. « Les vendeurs n'ont pas posé de questions; ils changeaient leur flotte et ils étaient contents de me vendre ce bateau qui, autrement, partait à la ferraille. Le Bosco, qui revenait du Biafra, faisait partie de notre groupe; il a recruté un commandant de la marine marchande. Il a fallu un peu de temps pour préparer la *Marie*, qui est devenu le *Mi Cabo Verde.* Jean-Louis, mon radio, s'est chargé d'installer un poste avec une fréquence spéciale. Quand on a été prêts, on est allés à Cherbourg pour charger, en secret, à l'arsenal. Tout ça se faisait à l'écart, il n'y a pas eu de fuites. Le premier voyage, je m'en souviens! On est sortis par un vent de force 7, et sur ce rafiot plein à ras bord de munitions, ça faisait drôle. En haute mer, un navire soviétique, qui avait peut-être flairé quelque chose, menace de nous arraisonner... Il a fallu demander l'aide de la marine nationale pour qu'ils nous escortent. Le bateau soviétique a été dissuadé de venir voir de trop près ce qu'on transportait! Du coup, à chaque voyage – et il y en a eu cinq, jusqu'au printemps 1969 –, on était sous bonne escorte, dans le golfe de Guinée, jusqu'à Libreville. Comme quantité de munitions, ça faisait pas mal. Les armes n'étaient pas toutes françaises, loin de là, il y avait beaucoup de matériel de récupération. Au milieu de l'Atlantique, on balançait des fûts et on faisait des cartons dessus pour essayer les armes. »

À Libreville, des chalands délestent le *Mi Cabo Verde* de sa cargaison destinée à Umuahia. Bob et sa vingtaine d'hommes, dont un équipage gabonais, repartent alors vers le sud, jusqu'au port sud-africain de Walvis Bay, sur les côtes de la Namibie, et embarquent d'autres munitions et d'autres armes pour les mêmes destinataires, mais fournies cette fois par Pretoria. « Le pont aérien plus le *Mi Cabo Verde* ont permis à Ojukwu de tenir jusqu'à la mi-69, mais ça n'a pas suffi à lui faire gagner la partie. »

À Libreville, la garde présidentielle est en train de naître; c'est le major Pinaton, revenu de la déception essuyée au Congo, qui, avec une équipe d'anciens volontaires de 1966 et 1967, réceptionne la marchandise. « On avait loué une villa à cet usage, tout se faisait sans anicroche, en collaboration avec les Gabonais et l'ambassade de France. C'est là que j'ai rencontré l'ambassadeur, Maurice Delaunay, un ami de Maurice Robert. »

Ancien FFI, vieux routier de l'administration coloniale, notamment en poste au Cameroun à la fin des années cinquante – où il s'est distingué en réprimant énergiquement la révolte des Bamilékés –, Delaunay est depuis 1965 ambassadeur à Libreville, pièce maîtresse de la fructueuse coopération entre le président Bongo et Paris. Avec Raphaël-Leygues, ambassadeur à Abidjan, et quelques autres, il est de ces diplomates indispensables qui sont les piliers de la politique africaine de la Ve République. Indispensable à De Gaulle et à Foccart, mais aussi à Bongo, qui n'aura de cesse, après que ceux-ci auront quitté les affaires, de voir revenir auprès de lui, en 1975, « son » ambassadeur, envoyé un temps à Madagascar.

En 1968-1969, la garde présidentielle gabonaise, déjà forte de mille deux cents hommes supérieurement entraînés et équipés, devient l'orgueil, en même temps que la clé de voûte militaire, du régime de Bongo. Les officiers français la forment et l'encadrent; Bob Maloubier d'abord, grande figure du camp de Cercottes, le berceau du service Action du SDECE à son origine; puis Yves Le Braz, ancien du 1er REP qui lui succède; ensuite le légendaire Loulou Martin. Sous leurs commandements, la GP de Libreville, sous les ordres directs de Bongo, voire à sa solde personnelle, et sous le contrôle des amis de Foccart, Robert et Delaunay, devient le point de ralliement de nombreux mercenaires des campagnes africaines de la décennie écoulée. Bob, après le Biafra, poursuivra au Gabon son opération de reconversion, sans toutefois intégrer la garde.

En attendant, il fait de joyeuses escales à Libreville avant de reprendre la mer à bord du *Mi Cabo Verde*, et noue, entre Paris, Walvis Bay, Abidjan et le Gabon, des liens étroits avec des responsables sud-africains. Dès son aventure au Katanga, Bob a eu affaire à des mercenaires sud-africains. Ceux-ci, constitués derrière Hoare en unité spécifique, ont connu leur heure de gloire au Zaïre en 1964-1965, et on a vu de quelles spéculations ils étaient l'objet en 1967. À partir de l'année suivante, ce sont des responsables militaires de haut niveau que Bob rencontre. À Paris, une mission militaire dépendant de l'ambassade œuvre à doter l'Afrique du Sud de services secrets organisés selon le modèle français. Jusque-là, les services de Pretoria n'avaient qu'une mission intérieure, comme un « deuxième bureau », et étaient rattachés à des autorités civiles. L'objectif du brigadier Martin Cotzé et de ses collègues est d'en faire un équivalent du SDECE, tourné vers l'extérieur et intégré à l'armée. Il est aussi de briser l'isolement diplomatique dont souffre la République Sud-Africaine pour cause d'apartheid intransigeant. Mal vue par la communauté internationale, mise au ban de l'Afrique en pleine décolonisation, la RSA trouve en France et chez ses amis africains une compréhension dont elle a grand besoin. Mauricheau-Beaupré, pour le compte de Foccart, est le grand artisan de ce rapprochement, auquel s'associent Houphouët-Boigny, sans ambiguïté, et Bongo, avec plus de nuances. Leur conviction est qu'il ne sert à rien d'écarter la RSA des affaires du continent, même, et surtout, pour que les choses évoluent à l'intérieur. Leur intérêt est de compter sur Pretoria, comme sur la Rhodésie, pour maintenir un axe Paris-États africains amis-Afrique du Sud face au communisme africain.

Le soutien de la RSA à la cause biafraise traduit concrètement cette compréhension instaurée entre Mauricheau-Beaupré et Vorster, Premier ministre sud-africain. Les nouveaux services secrets de Pretoria bénéficient des conseils des Français, et le général Lutz, leur premier chef militaire, est reçu par Houphouët-Boigny, à Yamassoukro, parfois en présence de Bob. Ainsi s'organise discrètement, à travers l'aide à Ojukwu, et grâce à des hommes du SDECE comme Gildas et Surma, entre autres, une coopération franco-sud-africaine dont les relais sont Abidjan et Libreville. Bob y tiendra lui aussi une place importante.

À la fin de 1968, les nouvelles du Biafra sont dramatiques. L'âpreté des combats autour du réduit ibo, les pertes énormes subies par les troupes d'Ojukwu, tout annonce la fin.

Comme souvent – et Bob, ailleurs, en a été maintes fois le témoin direct –, le vent de la défaite souffle des miasmes nauséabonds au visage des vaincus. Il ne suffit pas de succomber, il faut encore supporter l'incompréhension, la suspicion, le déshonneur. C'est Rolf Steiner, héros de l'indépendance biafraise, soldat plus que mercenaire, missionnaire autant que soldat, qui se voit reprocher les revers subis; c'est lui que l'état-major d'Ojukwu met en quarantaine et prive sournoisement des moyens de se battre. Lui reproche-t-on de se prendre pour un autre Schramme? De tirer la couverture à soi, pour sa gloire personnelle ou pour le compte des services français? De trop souligner par ses succès l'impuissance des gradés biafrais? Un jour de novembre, en tout cas, dans l'antichambre d'Ojukwu, tout se conclut pour lui, et durement, en quelques minutes. Le temps d'une fouille qu'il n'accepte pas, d'une gifle qu'il encaisse sans broncher, devant témoins. Ojukwu laisse éclater sa colère contre ses alliés, sa rancœur contre les chefs européens de son armée, et décide sur-le-champ l'expulsion de Steiner et des quatre mercenaires qui l'accompagnent. L'un d'eux rapporte, en guise d'épilogue, comment un garde biafrais a arraché au héros national de la veille le drapeau français qu'il entendait récupérer sur sa voiture, et l'a déchiré, piétiné... Marc Gossens, géant flamand truculent, soldat de dévouement et ami fidèle, « qui pleurait, tout attendri, quand il était ivre », tombe ce même mois de novembre à Onitsha, sous les balles d'un *sniper* spécialement chargé, dans les rangs fédéraux, d'abattre les mercenaires du camp biafrais. « Il est mort dans mes bras après avoir reçu une balle dans le cœur », écrit à Bob un futur fidèle, Armand Ianarelli, parti pour le Biafra en « free-lance ». « Sur 2 500 hommes engagés dans les combats pour reprendre Onitsha, il y en a près de 2 000 hors de combat. »

Et d'autres, blessés, fourbus, payés mille dollars par mois pour connaître un feu ennemi d'une intensité qu'à Bukavu ou ailleurs ils n'ont jamais connue si meurtrière...

L'entêtement d'Ojukwu à ne rien vouloir négocier avec Lagos malgré une position militaire de plus en plus fragile, des dissensions vraisemblables quant aux promesses faites en matière de concessions pétrolières, et surtout, le départ de De Gaulle, en avril 1969, sonnent le glas de l'engagement français au côté des Ibos. Pour Bob, il est temps de désarmer le *Mi Cabo Verde* après que ses hommes ont quitté le Biafra. Le bateau finit sa carrière en Côte-d'Ivoire, où il devient navire-école. « On a laissé le chef mécanicien qui a signé un contrat de trois ans avec la marine ivoirienne. Houphouët-Boigny a payé à tout le monde six mois de salaire supplémentaires et m'a gratifié, pour services rendus, de vingt mille dollars... »

À son arrivée au Katanga, en 1961, Bob Denard avait gagné en entrant en mercenariat plus de galons que dans toute sa carrière régulière. En une année, Gilbert Bourgeaud a gagné plus d'argent que Bob dans toutes ses campagnes africaines. Un agent qui ne vient pas des Services, même à l'époque du Biafra où Bob collabore assez étroitement avec eux : « En 68-70, ils m'ont fourni bien sûr des facilités, mais je n'ai jamais, ni à ce moment ni plus tard, émargé au SDECE ou à la DGSE ensuite. Sinon, j'aurais droit maintenant à une retraite ! Dans toutes ces années, il y a eu entre nous une sorte de marché moral, un deal où je gardais mon indépendance. Ce que j'ai fait avec l'aval des Services n'a jamais été officiellement leur action, encore moins l'action de la France. J'ai toujours agi sans cette couverture-là... Je suis resté mercenaire, je n'ai jamais été fonctionnaire, et ça vaut pour tous les gens avec qui j'ai été en affaires... Vis-à-vis des services français, c'était un jeu implicite qui arrangeait tout le monde. Pour leurs propres affaires, ils ont un service Action, c'est bien normal. Moi, je n'étais tributaire de personne, ni engagé ni protégé. C'était un échange de bons procédés, je n'avais pas à empiéter sur leurs plates-bandes, sinon, ils me disaient “ Stop ” ! Ils ne me le disaient même pas ; on me le faisait comprendre, c'est arrivé quelquefois. Mais je gardais ma liberté et ils y trouvaient leur compte. »

Ainsi se mesurent les changements d'époque et se vérifie le succès d'une reconversion dont la base devient le Gabon et qui garde l'Afrique comme horizon.

2.

Les années 1970-1974 sont celles de la présidence de Georges Pompidou et le moment d'une sourde lutte d'influence, à Paris, autour des « réseaux Foccart ». À peine remercié – durant l'intérim de Poher –, Jacques Foccart s'impose à nouveau à son poste de secrétaire général de la Communauté, avec le soutien des vieux gaullistes, contre les libéralo-centristes qui réclament avec d'autres la fin des « barbouzes », polices parallèles et organisations clandestines dont les agissements ont été au centre des débats politiques de l'après-De Gaulle. Mais, s'il garde tout son rôle en matière africaine, Foccart est en principe tenu à l'écart des services secrets que Pompidou demande à Alexandre de Marenches, nouveau patron du SDECE, de « nettoyer », l'affaire Markovic étant passée par là...

Péripéties parisiennes qui, pour Bob, restent lointaines et d'importance relative. D'autres portes s'ouvrent qui assurent son avenir, toujours lié aux intérêts de la France, incarnés par Mauricheau-Beaupré et davantage désormais par Maurice Robert, Maurice Delauney, Pierre Debizet, patron du SAC et conseiller à Libreville et Philippe Leterron, autre conseiller du président Bongo. Le « clan des Gabonais », précise-t-on dans les milieux informés.

Bob, toutefois, continue de préférer l'action sur le terrain à la fréquentation des palais et aux intrigues de cour. De cette grande famille qu'est la garde présidentielle de Bongo, il se sentirait volontiers le « cousin voyageur ». Elle lui paraît le théâtre et l'enjeu de trop de rivalités, il est plus à l'aise au milieu de ses hommes, dans la brousse. À Lékoni, tout près de la frontière du Congo ex-Brazzaville, devenu République démocratique du Congo, ils organisent une ferme modèle. « L'idée de Bongo était de réaliser tout au long de la frontière avec le Congo communiste des kibboutz, des fermes militaires disposées tous les cent kilomètres. Beaucoup d'anciens mercenaires, des paras, venaient chercher là un nouvel engagement. » Une de ces fermes, entre Libreville et Port-Gentil, sert alors de camp de formation et d'entraînement de la garde présidentielle. Bob, avec quelques autres, démarre à Donguila, à une centaine de kilomètres de la capitale, une nouvelle exploitation. Il y reste pendant une année entrecoupée de voyages. « C'était une ancienne mission en bois; des sœurs y donnaient des cours à des pensionnaires. Il y avait là un vieil abbé gabonais, astrologue et philosophe à ses heures. Il avait une très belle bibliothèque. Je venais le voir le soir et on parlait. Il observait les étoiles avec un vieux téléscope. On se barbouillait de citronnelle pour éloigner les énormes bestioles – les fourous – dont les piqûres causaient une fièvre de cheval! »

Bob a fait venir Marie-Élise de Belgique. Ils s'installent quelque temps après à Donguila, au lieu de faire la navette avec Libreville. Max Richard, Blain, anciens du Zaïre et de Bukavu, défrichent, plantent des tomates, élèvent des singes... D'autres des poulets. À Lékoni, à Moanda, des « volontaires du progrès », titulaires de contrats gabonais de techniciens, travaillent au développement économique du Gabon. Les titres sont des plus divers; on trouve des chefs de chantier, section zootechnie-pâturage! Travaux agricoles qui ne sont pas seulement des couvertures pour renforcer la sécurité des frontières du Gabon. Elles correspondent à une réelle volonté d'expansion économique confiée à des militaires. « Il n'y avait pas de piste à Lékoni, village natal de Bongo, qui n'était qu'un gros village de brousse. On a fait un terrain d'aviation en latérite, de huit cents mètres sur six mètres de large. Tous les villageois s'y sont mis pendant six mois, et Roland Raucoules, un ancien de l'OAS qui était pilote de la garde présidentielle, a pu se poser à Lékoni au lieu de nous débarquer à Franceville. »

Durant la période qui s'étend de la mi-1969 à la fin de 1970, Bob, fermier, renoue avec ses racines terriennes.

Il séjourne quelques mois dans une autre ferme, en Côte-d'Ivoire. « Avec ce qui restait des fonds destinés au Biafra, on a acheté des tracteurs et construit des bâtiments. Houphouët-Boigny m'avait emmené en tournée pour m'expliquer les cultures, me montrer les rizières, les plantations de cacao et de café, la production de mangues et d'avocats... Je logeais chez l'ingénieur agronome qui s'occupait de cette ferme quand Bokassa est venu en visite officielle, avec tout son aréopage et son harem ! Il y a eu une grande fête en son honneur à Yamassoukro et j'avais été invité. Après quoi, Bokassa visite la ferme avec Houphouët et passe en revue tous les ouvriers, les responsables... J'étais parmi eux, en tenue de brousse cette fois. Bokassa sort de sa poche des décorations du Mérite agricole centrafricain; et le premier qu'il décore, en le félicitant du boulot accompli, c'était moi ! Houphouët m'a fait discrètement signe de ne pas moufter... »

Fort des conseils du grand frère ivoirien, Bob retourne au Gabon pour en faire profiter le jeune émule Albert-Bernard Bongo. De multiples affaires se montent au Gabon, comme cette compagnie Affretair qui, sous la houlette de l'inévitable Jack Mallock, et avec l'aide du fidèle Jean-Louis, casse le blocus de la Rhodésie pour acheminer à Libreville les tonnes de viande dont les éleveurs de Ian Smith ne savent plus que faire. Fructueuse affaire pour ces derniers, pour le Gabon, et par ricochet pour la France, dont les représentants au Gabon assurent le fonctionnement de ce pont aérien.

Tout à son recyclage, la mise en valeur économique et la sécurité intérieure gabonaises, Bob a peut-être trouvé sa terre d'élection, quitte à se brouiller avec Mauricheau-Beaupré qui prend ombrage de ses projets ! Mais sans doute y a-t-il au Gabon trop de monde, trop d'intérêts concurrents et pas assez d'espace. Certains de ses amis rêvent de grands territoires vierges, de l'île déserte ou du continent inexploré où quelques hommes de leur trempe s'en iraient édifier mieux qu'une ferme expérimentale, plus qu'un ranch-pilote : une société toute neuve, pure de toutes les scories d'une société pourrie, où s'incarneraient les vraies valeurs de ces combattants privés de cause à la hauteur de leurs ambitions... Bob ne rêve pas d'une Australie sans Australiens et reste au contraire en éveil, à l'affût de ce qui se passe à portée de main, en Afrique. Son immersion dans la quasiclandestinité, son souci de discrétion, la distance prise avec la France et ses encombrants Services lui assurent une grande disponibilité. Une liberté d'action vis-à-vis du SDECE, où Maurice Robert reste en charge de l'Afrique, mais où les amis de Foccart sont moins en vue. Une faculté intacte de flairer les occasions pour son propre compte. Des moyens financiers autonomes, un réseau d'amitiés, de relations et d'informations toujours entretenu garantissent cette liberté. Le hasard, aussi, a sa place dans cette activité souterraine qui répugne à se fixer.

Le kiné chez lequel il continue à faire de la rééducation, à Fontenay-aux-Roses, parle de lui à l'une de ses patientes, une femme de banquier qui a des intérêts au Maroc, où Hassan II vient tout juste de réchapper au mitraillage de son avion. Par l'intermédiaire d'Etchika Choureau – femme d'un antiquaire parisien connu et amie personnelle du souverain chérifien –, Bob, recommandé au roi, va étudier sur place les moyens d'assurer sa sécurité. « Je pars pour le Maroc, j'arrive à Casa où les souvenirs ne manquent pas et des amis du roi me reçoivent, somptueusement. Hassan II, à Rabat, me rassure sur sa sécurité personnelle, mais me parle de la Libye où Kadhafi, deux ans après avoir pris le pouvoir, est devenu une bête noire. On évoque la possibilité de monter un coup contre Tripoli, de contrer Kadhafi et de libérer les prisonniers politiques. Le roi Hussein de Jordanie est partie prenante à l'affaire. Dès 1970, le roi Idriss, déposé par Kadhafi, avait commandité une opération avec les Anglais. »

En 1970, en effet, il s'agissait de libérer des prisonniers politiques, au nombre desquels se trouvait le neveu du roi déchu. Les Anglais ont contacté une équipe française, dont des amis de Bob, Le Bosco, Larapidie et Roger Bruni, faisaient partie. Ils achètent une grosse vedette de guerre à Toulon et se préparent, de Bari à Dubrovnik, puis à Brindisi. Mais la surveillance des services italiens et yougoslaves bloque l'opération. Elle reprend quelque temps après du côté de Tanger, avec un chalutier, mais sans plus de succès – Bruni, principal rescapé de la première équipe, étant arrêté à Sète. Enfin, après la mort violente du général Oufkir, chef de la sûreté marocaine, Hassan II prend le relais, au lendemain de l'affaire de Skirat, et s'adresse à Bob. Après sa première visite à Rabat, celui-ci dresse avec Freddy un plan opérationnel, pour une opération de commando menée par deux cents hommes et femmes.

« Je retourne là-bas et j'expose mon idée : un bateau de plaisance embarquant deux cents " touristes ", quatre vedettes rapides et des véhicules légers. Sur une carte de la région, étalée sur une table basse dans le salon, le roi, remarquable stratège, vient me faire un briefing, au détail près. L'homme qui m'avait conduit chez lui n'a pas participé finalement à l'entretien. Hassan II lui a tendu un énorme livre et lui a dit : " Tiens, avec un dictionnaire, on ne s'ennuie jamais. "

« Au bout d'un moment, le roi s'aperçoit de mon inquiétude et m'en demande les raisons. C'était la nuit du 23 au 24 novembre 1972, et Marie-Élise accouchait de notre fille, Katia, dans une clinique française. J'aurais bien voulu avoir de ses nouvelles. Alors Hassan II fait téléphoner partout, à son ambassade à Paris, et on finit par joindre la clinique. Tout allait bien là-bas... Au palais aussi; le roi était d'accord avec mon plan, mes demandes financières. On se remet à notre ouvrage et entre un type qui me voit là, seul avec le souverain. C'est Dlimi, qui a succédé à Oufkir. Il fait la gueule et, à partir de là, les gens de la sécurité marocaine ne me lâchent plus, sans doute vexés que j'aie pu avoir accès au souverain, dans son bureau. »

En France, l'émissaire désigné par Hassan II remet à Bob de quoi prospecter et acheter le bateau devant servir à l'opération. « On commence à chercher en Grèce, en compagnie d'un ingénieur naval qui s'y connaît mieux que nous. Tous les bateaux là-bas sont trop chers, alors on va voir au Nord. On débarque par moins vingt à Stavinger, en Norvège, et à la descente d'avion, on se fige au garde-à-vous, raides de froid. On a commencé par aller s'acheter des caleçons longs, puis on a trouvé un bateau qui faisait l'affaire, un ancien destroyer US réhabilité en bateau de transport civil, capable de contenir deux cents hommes environ, et des véhicules; et de filer vingt nœuds, après quelques réparations. Il fallait verser cent mille dollars de dépôt de garantie. On ne les verse pas encore, on retient le bateau et on repart en Sicile. De ces démarches, je rends compte régulièrement au roi, tandis que, parallèlement, on recrute un ancien capitaine de paras et un adjudant-chef copain de Bruni. »

Ce début de recrutement, pour la première fois, passe par des annonces dans la presse. Un bureau rue Flandrin, à Paris, filtre les premières candidatures. Bob retourne à Rabat. À présent, c'est Dlimi qui le prend en charge, le fait suivre et surveiller. Le plan général de l'opération vise « à effectuer une incursion de sabotage » à grande échelle, avec « investissement et destruction de la résidence de Kadhafi ». Le Maroc assurera le transit du groupe, fournira des renforts et l'armement – munitions, explosifs...

À Rabat, cependant, la méfiance des services de sécurité du colonel Dlimi pose des problèmes à Bob. Après un séjour forcé de quinze jours à l'hôtel, sans contact avec le palais, il est près d'abandonner. Les obstacles s'aplanissent néanmoins, et une entrevue avec Hassan et un colonel jordanien relance la préparation du raid sur Tripoli. Jusqu'au jour où, entre deux portes, le roi signifie à Bob que tout est annulé. Il vient de recevoir Kadhafi à Oujda...

« J'avais envoyé deux hommes et une femme à Tripoli pour des repérages, sous couvert de voyage touristique; pas mal de frais avaient été engagés, même si on n'avait pas encore recruté vraiment... Tout s'est trouvé stoppé. »

Ce coup avorté illustre, par ses protagonistes, ses objectifs et les moyens envisagés, quelle tournure prend la carrière de Bob à cette époque. Le chef de guerre se métamorphose en spécialiste des opérations de déstabilisation de la politique secrète des États « amis ». S'illustre aussi la nature particulière de ses rapports avec les services français, toujours prompts à tirer parti de ses talents et de son entregent, mais méfiants dès qu'il ne les met pas à leur service exclusif.

« Même à l'époque du Biafra, ils avaient envoyé un de leurs gars chez nous, pour nous infiltrer. Il est arrivé un jour en jean, la flasque de whisky dans la poche revolver, pas rasé, ressemblant aux premiers Affreux du Katanga, quoi... Pour la Piscine, les mercenaires devaient ressembler à cette caricature ! “ Briefé ” comme ça, le type – il s'appelait Saint-Simon – n'a pas été long à comprendre son erreur. Les gars l'ont jeté au bout de vingt-quatre heures, et on a appris d'où il venait. Voilà l'image que la France, les Services, avaient de nous ! »

Le relâchement très sensible des liens entre Bob et Mauricheau-Beaupré, à ce moment, s'il est aussi le fait de divergences personnelles, traduit les limites d'une collaboration qui reste ponctuelle et révisable au coup par coup. Installé dans sa base arrière au Gabon, ouvert à toute proposition, Bob est alors assez conscient de la précarité de cette situation pour se lancer, chez lui, à Lesparre, dans une entreprise commerciale qui tient à la fois de la couverture et de la « poire pour la soif ».

« L'avenir restait incertain, beaucoup de gens se reconvertissaient vraiment dans des emplois civils, et, comme j'avais des fonds à investir, je me suis lancé dans le garage... Mon cousin m'a servi de relais auprès de Citroën pour monter cette affaire. Évidemment, on n'a pas fait les choses à moitié; j'ai emprunté, on a construit à Lesparre un garage digne d'une grande préfecture, sans lésiner sur la dépense. Avec du marbre partout, une villa attenante et deux douzaines de vendeurs! La grande vie pendant deux ou trois mois, une inauguration en grande pompe, de la publicité partout dans la région, et une politique commerciale qui a porté ses fruits au début, vu les remises qu'on pratiquait mais qui menaient tout droit à la faillite! Je me souviens des premières réunions avec les représentants, je leur parlais comme dans un briefing militaire... Puis j'ai laissé carte blanche à mon cousin, qui était là, plus que moi, dans son élément, et j'ai repris mes voyages. »

Le garage Citroën de Lesparre continuera tout de même de fonctionner jusqu'en 1981, donnant à Bob, outre un titre somme toute pratique de P-DG, une base de repli légale et française.

Une autre aventure, plus littéraire que militaire, montre encore en 1973 à quel point les interventions des mercenaires ont acquis une notoriété qui les transforme en thrillers de politique-fiction, assez authentiques pour que le goût du pouvoir et du risque de certains y soit satisfait, assez spectaculaires pour que leur échec lui-même soit source de profit... C'est l'opération montée par l'écrivain Frederic Forsyth contre la Guinée équatoriale, dont on ne sait plus finalement si elle a été imaginée pour nourrir le scénario d'un bon roman d'aventures, ou si son instigateur s'est consolé de son fiasco en en tirant un best-seller. Toujours est-il que Forsyth avait acheté un voilier et cherchait des hommes pour débarquer à Santa Isabel, capitale où beaucoup de Biafrais s'étaient réfugiés au cours de la guerre contre le Nigeria. « Il avait engagé des Anglais et un groupe de Français, où quelques-uns de mes hommes s'étaient mêlés, comme Billois et Alain Henri. Ils sont partis d'Espagne mais n'ont pas dépassé les Canaries. Il y avait eu, comme souvent, trop de bavardages, et la police est intervenue. Après, il n'est plus resté à Forsyth qu'à écrire *Les Chiens de guerre*, qui lui a rapporté sans doute beaucoup plus que ses lubies de chef mercenaire. »

Ayant choisi l'ombre après avoir goûté à la célébrité, Bob, ne fait rien, quant à lui, qui soit de la littérature. Il voyage, pose son sac à Lesparre, où Marie-Élise s'est installée avec leur fille; à Paris, où il a un studio, et toujours de multiples contacts; à Libreville, à Donguila, où le « système » Bongo fonctionne, où ses amis, à chacun de ses retours, ont au coin de l'œil la même interrogation muette : Gilbert, ou le Colonel, ou le Vieux, serait-il sur un coup, aurait-il trouvé le lieu où l'horizon, soudain, se dégagerait? Sur une plage gabonaise, tout l'horizon, pour Bob, se résume bientôt à une silhouette qui marche, tranquille et magnifique, face à la mer. Ce n'est pas l'Australie rêvée par l'un ou l'éden espéré par l'autre, mais une jeune beauté métisse qui pose pour les peintres et concentre tout l'héritage de l'Afrique et des îles de l'océan Indien. « Elle s'appelait Claudette et était mauricienne, je l'ai abordée et le courant est passé entre nous... » Ces aventures-là sont toujours infiniment plus simples que celles du mercenariat et, en 1974, Claudette est à Boulogne, où Bob vient également poser son sac, entre deux équipées.

Il est retourné aussi au Maroc; après l'abandon du projet contre Tripoli, il continue de voir le colonel Dlimi à titre amical; il est retourné pour le plaisir à Casa, sur les boulevards et le port, et à La Gironde, à l'ancien bar de Marinette. « Pour le clin d'œil, vingt ans après. Je ne suis pas un type à me bercer de nostalgie. » N'empêche, cette activité faite d'allers-retours, d'écoute, d'observation, tarde à déboucher sur quelque chose de déterminant. Les relations, les projets, les contacts ne peuvent masquer un certain ressassement. « Je recevais des nouvelles de partout, j'avais tout un réseau personnel, et je peux dire que rien dans les milieux mercenaires ne se faisait sans que je l'apprenne. Je n'avais même pas besoin de chercher l'information, elle venait à moi. J'étais abonné à l'AFP, j'avais quelques amis journalistes, comme Chauvel, toujours très précieux ; Badaire, l'ancien du Katanga... Et puis mes compagnons, dispersés ici et là, quand ils n'étaient pas restés en Afrique, au Gabon notamment, et des amis de toutes sortes... Ça n'a jamais été très organisé, c'était mon monde, informel et disséminé, à l'écart des choses publiques. Je n'étais pas devenu un agent secret, mais j'évoluais dans l'univers des secrets, et ça me plaisait bien. Il y avait toujours cette pointe de curiosité qui me gardait en éveil, à l'affût. C'est la conjonction de tout ça qui m'a conduit par exemple au Kurdistan, en 1974. D'un côté, un reportage d'un ami qui s'était rendu là-bas pour la télé et m'avait parlé de la situation. De l'autre, Maurice Robert ayant quitté le SDECE en 1973, c'est son successeur à la direction des Services qui me met en rapport avec une délégation kurde venue en visite à Paris pour y demander de l'aide. Je les ai rencontrés à l'Automobile-Club de la place de la Concorde, ils m'ont donné un billet pour me rendre sur place. C'est exactement tout ce qui m'a été offert, j'ai assuré personnellement le reste, au cours des trois séjours que j'ai effectués là-bas en 1974. »

Éternel problème kurde, toujours noyé dans la guerre et la défaite depuis que ce peuple, à cheval sur cinq frontières, aspire contre vents et marées à exister comme nation et se heurte à la raison d'États qui lui dénient ce droit...

En 1974, le Kurdistan en est à sa cinquième guerre, qui n'est pas la dernière. Les Kurdes d'Irak ont à nouveau entamé, face au parti Baas, au pouvoir à Bagdad depuis 1968, la lente reconquête de leur autonomie. Une partie de bras de fer où alternent les concessions législatives du régime militaire et les massacres de populations kurdes maintenues politiquement et économiquement dans une situation d'infériorité. On a dénombré en moins de dix ans trente-cinq coups de force de l'armée irakienne contre des villages kurdes, certains délibérément rayés de la carte avec leurs habitants. En même temps que Bagdad nationalise son pétrole, en 1972 et 1973, et l'« arabise », au détriment des Kurdes sur le territoire desquels elle en extrait une bonne part, elle concède aux Kurdes, dans un souci éphémère d'apaisement, une négociation sur leur autonomie. L'échec de celle-ci, au printemps 1974, mène inéluctablement à une nouvelle guerre. À la proclamation unilatérale par Saddam Hussein d'une loi d'autonomie rejetée par les Kurdes eux-mêmes, ceux-ci répondent par une proclamation inverse. L'épreuve de force devient inévitable. Dès avant l'issue des négociations, Bagdad a procédé aux préparatifs militaires qui vont lui permettre d'écraser une nouvelle fois le Kurdistan.

Bob s'envole pour Téhéran au début de juillet et, grâce aux contacts noués précédemment, gagne la frontière, les montagnes où déjà plus de cent mille civils kurdes ont pris le chemin de l'exode vers l'Iran, fuyant les cent vingt mille soldats de Bagdad, leurs chars et leur aviation.

« Un taxi m'avait amené de Tabriz, par trois heures de route dans les montagnes, jusqu'à Mahabad. Là, des émissaires du Parti démocratique kurde m'ont pris en charge et, par Hallabja, nous sommes passés au Kurdistan irakien. Il y avait un nombre de réfugiés énorme : plus de trois cent mille en une année sont partis pour l'Iran. Un vieux *peshmerga* qui avait appris le français chez les pères franciscains m'a servi de guide et d'interprète. Dans un village, après quelques jours dans les montagnes, à pied ou en voiture, j'ai rencontré Marsoud Barzani, le fils du vieux chef kurde Mustafa Barzani. J'ai vu des gens calmes, très déterminés; et pourtant, dans les positions avancées, les vallées profondes de la région de Rawandouz, les colonnes de blindés irakiens ne cessaient d'avancer, à cette période, avec l'appui de l'aviation, des bombardiers Mig et Tupolev qui faisaient des dégâts. »

Les Kurdes veulent des armes, de l'artillerie et des moyens de défense antiaériens. Leurs fusils, Kalachnikovs et vieux bazookas, ne peuvent leur permettre de faire face à l'armée irakienne supérieurement équipée. Pendant quelques semaines, Bob vit dans les montagnes, rencontrant plusieurs équipes de reporters étrangers sensibilisés au sort des Kurdes à nouveau menacés d'extermination. Il partage la rude survie des combattants des montagnes et mesure, dans les secteurs les plus chauds de l'offensive gouvernementale, les besoins en armement et en assistance technique des résistants kurdes. « L'Iran les armait, mais c'était très dur pour eux de faire face au rouleau compresseur irakien. Je leur ai donné des conseils, notamment dans la façon de placer leurs mitrailleuses pour faire barrage aux attaques aériennes. Je leur ai montré comment prendre les avions ennemis en enfilade, pour faire un rideau de feu efficace contre les mitraillages des Migs. Quelques Européens se trouvaient dans les vallées, qui n'étaient ni des soldats ni des journalistes. Partout, les Kurdes étaient très actifs, très vaillants. Rien à voir avec le Yémen, où la guerre était plutôt molle, comme une toile de fond embrasant de temps en temps le désert. Là, c'était tout autre chose. »

Les chiffres des victimes reconnues par le gouvernement irakien, pour les douze mois qu'a duré cette cinquième guerre du Kurdistan, de mars 1974 à mars 1975, sont éloquents : mille six cents soldats de Bagdad tués, près de huit mille blessés...

Après son premier séjour et plusieurs rencontres avec Barzani, Bob rentre à Paris et dresse un rapport sur la situation et les besoins des quelque cinquante mille *peshmerga.* Il retourne ensuite là-bas, toujours par Téhéran et Tabriz, passant la frontière iranienne, habillé en Kurde et aidant de ses conseils la résistance. « Les Kurdes avaient peu de moyens et n'avaient pas la mentalité d'enrôler des volontaires. Surtout, politiquement, ils se sont fait avoir par l'accord d'Alger, qui s'est conclu sur leur dos... »

Après le traité d'amitié et de coopération de 1972 entre l'Irak et l'URSS, celle-ci n'a cessé d'armer Bagdad, contraignant du même coup les Kurdes, qui s'étaient auparavant tournés vers Moscou, à accepter l'aide que leur proposait le shah d'Iran, vieil ennemi de l'Irak. Par l'effet d'entraînement des alliances politiques, Téhéran se tourne alors vers les États-Unis, leur réclamant une aide pour aider les Kurdes à mettre Bagdad en difficulté. Un accord est conclu entre le shah, Henry Kissinger et la CIA, chargée de mettre en œuvre un plan de seize millions de dollars de soutien aux insurgés kurdes. Mais dès l'abord, souligne en 1976 le rapport Pike rendu public par la presse américaine, Nixon et Kissinger, comme le shah, « ne désiraient pas que nos clients [les Kurdes] puissent obtenir la victoire. Ils voulaient que les insurgés fussent à même de soutenir un degré d'hostilité juste assez élevé pour saper les ressources de l'État voisin [l'Irak]... ». Le shah n'utilise donc la carte kurde que pour ce qu'elle peut lui apporter dans son conflit avec Saddam Hussein; quant aux États-Unis, leur politique « n'est qu'un instrument qui sert à dissuader l'Irak de tout aventurisme international ». Rapportées à l'actualité la plus récente, ces réalités politiques résonnent seize ans plus tard avec le même cynisme brutal que relevait alors le rapport Pike... Les encouragements à la guerre prodigués à Barzani conduisent celui-ci à refuser la médiation soviétique du printemps 1974. Et pourtant, Bob l'a bien vu, l'aide de Téhéran et de Washington aux *peshmerga* se résume en un armement très insuffisant, sinon périmé.

Néanmoins, les Kurdes résistent à l'offensive irakienne d'août, et Bob a pu vérifier, là aussi, les opérations. Mais, ensuite, c'est Saddam Hussein qui, par l'intermédiaire de l'Égypte et de l'Algérie, tend la perche à Kissinger et au shah pour résoudre le problème kurde et s'ôter du pied cette épine. La contrepartie est que Bagdad fermera les yeux sur l'accord de paix entre l'Égypte et Israël, dit « accord du Sinaï ». Tel est le marchandage diplomatique qui aboutit sur le dos des Kurdes à l'accord d'Alger du 6 mars 1975, par lequel l'Iran ferme sa frontière aux combattants kurdes, verrouille ses cols, refoule les « frères kurdes » dont il chantait la veille les louanges. Un accord consacré au mois de juin suivant par un traité irano-irakien, dont l'Algérie se porte garante, envoyant même des soldats à la frontière du Kurdistan iranien pour renforcer et contrôler son étanchéité.

Ainsi, personne, en 1975 comme aujourd'hui, ne veut d'un État kurde, et les combattants des montagnes sont délibérément sacrifiés... Des pions dans une partie qui leur échappe, des cartes entre les mains des adversaires du Proche et du Moyen-Orient. Bob a senti, entre ses différents séjours au Kurdistan, le poids de cette « sainte alliance » contre l'émancipation nationale kurde. Ses contacts à Paris lui ont vite fait savoir qu'il n'était pas question que Barzani et ses *peshmerga* pussent aller trop loin et trouver sur le marché international de quoi vaincre.

À la fin de 1974, relate un article du *Monde* du 3 avril 1975, le shah avait augmenté son aide militaire aux Kurdes pour renforcer leur dépendance à son égard. Missiles antichars et pièces d'artillerie de 155 mm furent alors fournis aux insurgés. « Mais les Iraniens avaient imposé un contrôle draconien sur l'assistance militaire fournie à l'armée kurde, dans le but d'empêcher la constitution de dépôts d'armement et de munitions qui auraient donné aux *peshmerga* une certaine liberté d'action. » L'Iran livre des armes, mais les munitions sont distribuées au compte-gouttes. Et dès l'annonce de l'accord d'Alger, qui prend les Kurdes complètement au dépourvu, « des camions militaires iraniens remorquent vers la frontière les canons de 155, remportant l'équipement fourni aux maquisards, et même des vivres... ».

Quand on a vu au Katanga, au Yémen, au Biafra, l'ampleur de l'aide des grandes nations aux sécessions africaines, et l'importance des engagements de mercenaires dans ces conflits locaux, on mesure *a contrario* dans l'exemple kurde la limite étroite de l' « idéal » des volontaires. Leur action ne saurait outrepasser la volonté des États, et leurs moyens d'action réels sont suspendus à celle-ci. Ainsi les Kurdes ne pouvaient-ils avoir droit qu'à des conseils, pour se battre aussi bien que possible jusqu'à leur défaite programmée...

Après avoir envisagé de continuer une guerre de partisans, Barzani et les dirigeants du PDK choisissent finalement l'exil en Iran, et payent leur naïveté politique. Comme dit Kissinger à propos des promesses non tenues faites aux Kurdes par les États-Unis : « Une action des services secrets n'est pas une œuvre de missionnaire. »

Bob l'a appris lui aussi, malgré sa sympathie pour Marsoud Barzani et son admiration pour le courage des *peshmerga.* « Seul, je ne pouvais pas faire grand-chose de plus pour eux. L'accord d'Alger a fermé les portes, qui n'étaient de toute façon qu'entrouvertes. »

En Afrique, les portes sont toujours ouvertes, les suites de la décolonisation toujours agitées. Bob y revient après l'intermède kurde. L'Afrique reste le terrain de prédilection des mercenaires, et, pour lui particulièrement, le champ d'action privilégié.

Forsyth avait voulu libérer la Guinée équatoriale du dictateur Macias; d'autres Guinéens s'emploient à renverser Sékou Touré, au pouvoir à Conakry depuis 1960. Le Regroupement des Guinéens à l'Extérieur dénonce depuis de longues années le régime policier de Sékou Touré, la répression dont sont victimes les opposants, au gré des multiples complots déjoués par le pouvoir, le délabrement de l'économie « socialiste » qui fait en même temps la part belle à la dépendance étrangère, notamment à travers les consortiums miniers, la faillite sociale, etc. Ils trouvent une oreille attentive dans des pays voisins, Sierra Leone et surtout Côte-d'Ivoire, où le président Houphouët-Boigny est de longue date la bête noire de Sékou Touré, qui l'accuse périodiquement de toutes les tentatives de déstabilisation de son régime. De fait, c'est à Abidjan que Bob entre pour la première fois en contact avec les opposants guinéens. En 1970, déjà, des officiers en exil ont effectué un débarquement maritime qui a échoué et déclenché une répression sévère. Puis, en 1973, Sékou Touré dénonce un nouveau complot fomenté avec l'appui d'Abidjan, de Dakar et de leurs alliés « impérialistes ».

En 1975, les leaders du Front anti-guinéen contactent Bob Denard. Sa mission pourrait être de former et d'entraîner leurs cadres militaires, en vue d'une nouvelle action dans leur pays.

En Afrique même, ce genre de préparatifs risquerait de poser des problèmes diplomatiques graves. Bob propose la France où, sous couvert d'un séminaire de promotion sociale et de formation de cadres commerciaux, l'entreprise pourrait passer inaperçue... Citroën, dont le garage de Lesparre est concessionnaire, fournit la raison sociale adéquate. À la veille de l'été, Bob a l'idée de s'adresser à une organisation catholique de Dax qui œuvre dans l'action sociale. « Mon père, je cherche un endroit tranquille dans la région... »

Pour le P-DG du garage Citroën de Lesparre, un enfant du pays, le brave homme se met en quête d'un lieu approprié à la réflexion et à l'enseignement. Tous les camps de vacances sont occupés, mais il existe dans les Landes, à l'écart de la Nationale 10, un petit château tenu par des sœurs, qui accepteraient peut-être de louer leur parc... Les sœurs de Magesc sont effectivement installées dans l'endroit idéal, au cœur de la forêt et à l'abri des curieux. « Il s'agit d'un séminaire d'été, pour des Africains, explique Bob. Nous pourrions camper, et nous ne vous causerons aucun dérangement. » Les sœurs consentent, et c'est ainsi qu'avec Bruni, le vieux compagnon, et Pierrot, un nouveau, Bob monte dans le parc, à l'écart, deux grandes tentes militaires où arrivent par petits groupes une douzaine de Guinéens.

« Il y avait une grande tente pour l'instruction; une autre servait de dortoir, et on faisait la cuisine en plein air. Ça sentait le paramilitaire, mais les sœurs n'y ont vu que du feu. On faisait beaucoup de sport dans la forêt, et du maniement d'armes sous la tente. Les sœurs ne venaient jamais voir de près ce que nous faisions, elles nous trouvaient bien studieux et j'avais arrondi le prix de la location du terrain, qui était bon marché. À part un civil qui un jour nous a observés à la jumelle, il n'y a pas eu d'indiscret. Mais on était aussi très prudents... »

Le programme comporte des cours d'économie politique dispensé par un habitué des séminaires, Michel, « qui deviendra un ponte du CNPF », un entraînement sportif poussé, et une instruction militaire complète, quoique évidemment cantonnée, discrétion oblige, à des aspects théoriques. « En fait, ces Guinéens étaient les premiers mercenaires africains, et on préparait sur le papier un plan opérationnel contre Sékou Touré. J'avais acheté tout à fait légalement un échantillon d'armes démilitarisées, mais qui faisaient très bien l'affaire, pour apprendre... À la fin du séjour, les gars étaient prêts, on a conclu cette formation par une randonnée dans les Cévennes, avec des véhicules... »

À cette époque, Bob ne fait dans les Landes que de brefs séjours. Au printemps 1975, Pierre Claustre le contacte, par le truchement de Christian Olhagaray. Il est prêt à tout tenter pour récupérer sa femme Françoise, l'ethnologue française que détiennent alors en otage les rebelles toubous d'Hissène Habré.

Pierre Claustre a accepté d'acheter des armes avec une partie de la rançon et de les livrer au ravisseur : « J'ai besoin de types musclés à bord de l'avion... si la promesse n'était pas tenue... » Bob n'est pas contre, mais l'affaire ne dépassera pas le commencement d'exécution, un premier voyage en DC4 s'achevant au bout d'une piste nigérienne.

Finalement, c'est entre deux passages au « camp » de Magesc, en août, que Bob entend parler en détail de petites îles qui vont désormais prendre une importance décisive dans sa carrière et son destin.

3.

Au cœur de l'océan Indien, à l'entrée du canal du Mozambique, à mi-chemin entre l'Afrique et Madagascar, se trouve l'archipel des Comores. La Grande Comore, Moheli, Anjouan, Mayotte, « îles de la Lune » pour les anciens Arabes et ancienne colonie pour les Français. Et pour tous, l'image même de l'exotisme : on les évoque comme l'« archipel aux parfums » – aux plages de corail, embaumées des senteurs de l'ylang-ylang. Mais cette poussière est en réalité un condensé de l'histoire et de l'actualité de l'océan Indien. Pour le passé, les ethnies primitives, les influences arabes, les sultans esclavagistes et batailleurs, la volonté farouche de préserver son âme de la contagion de la grande voisine, Madagascar. Pirogue à balancier, manguier, cocotier, arbre à pain, gingembre et bétel témoignent encore du vieux fonds animiste issu du grand ensemble bantou d'Afrique orientale, progressivement mêlé d'apports asiatiques malayo-polynésiens. Dans ces eaux, dit-on, croisèrent les flottes du roi Salomon par Mogadiscio, Zanzibar, Mafia, Kilwa, Madagascar... On y commerçait l'or, l'ambre gris que rejettent les cachalots, l'ivoire, les cornes de rhinocéros et les esclaves – tous ces luxes qui rappellent les voyages de Sindbad le marin ! L'islam s'y est diffusé très tôt, dès le xe siècle, par l'œuvre du légendaire Mohammed Ben Othman et du sultanat sunnite de Kilwa, situé sur la côte orientale d'Afrique.

Au tournant de 1500, les Portugais n'y mettent qu'un pied, dont la trace sera vite effacée par les musulmans chiraziens, conduits par Ben Haïssa. Ils se fondent avec les chefferies traditionnelles de l'Archipel pour créer cinq clans qui vont se disputer douze sultanats. Voici venue l'ère des « Sultans Batailleurs », aristo-théocratie dominant une société tripartite de nobles qui commercent et gouvernent, d'hommes libres qui cultivent et d'esclaves issus d'une traite florissante.

Autour de cette zone fructueuse, la piraterie européenne exclue des Caraïbes vient rôder un temps, qui fait pâle figure à côté des prédateurs malgaches de la seconde moitié du XVIIIe siècle. L'histoire des Comores est pleine alors de villes détruites, de tueries et du cri des femmes suicidées d'Iconi, qui préfèrent à l'esclavage la liberté de se précipiter d'une falaise. Une terreur qui pousse les Sultans Batailleurs dans les bras des grandes puissances, l'Angleterre très passagèrement, et surtout la France.

De la colonisation française, soulignons simplement ceci : le Sultan Batailleur, las d'être pillé, monnaye au puissant son aile protectrice moyennant quelques terres; les habitants eux-mêmes, las d'être tondus, au bout de quelque temps se révoltent; on les réprime. Ce qui conforte l'absolutisme colonial, coupable d'abus. La colonisation française ne fut aux Comores ni pire ni meilleure qu'ailleurs. Et de cette léthargie sortit une indépendance brutale, impréparée, génératrice de lendemains qui déchantent. Les Comores détiennent une position clé sur les grandes routes de l'océan Indien, et son rôle géostratégique devient alors déterminant. En effet, si, dans le même temps, l'Éthiopie vient à perdre mille kilomètres de côtes érythréennes, la mer Rouge risque de n'être plus qu'un lac soviéto-arabe. Quant au Yémen, il contrôle le détroit de Bab El-Mandeb et la Somalie, Gardafui; aussi les Anglais et les Américains tâchent-ils de desserrer l'étau.

La France veille également : après la perte de Diego-Suarez, elle s'est militairement redéployée entre Djibouti, la Réunion, les Comores. Bien davantage que la Réunion, autant que Djibouti, les Comores sont donc une haute zone stratégique : les super-tankers qui font la navette entre le golfe Persique et l'Europe, via le cap de Bonne-Espérance, frôlent les côtes comoriennes. Ainsi s'éclaire la passion qui agite la classe politique française au sujet de Mayotte, la « Quatrième Ile », qui refuse l'indépendance après la proclamation unilatérale de celle-ci le 6 juillet 1975.

– Colonel, c'est Claude Dumont à l'appareil. J'aurais besoin de vous voir rapidement... Une affaire urgente.

Ce simple coup de fil d'un ami, ancien sénateur d'Algérie, vient d'inscrire les Comores sur la route de Bob Denard. Bob a confiance en Claude Dumont. Celui-ci est un ancien sympathisant de l'OAS, peu suspect d'indulgence à l'égard des régimes dits progressistes en place en Afrique, de ceux sur lesquels s'étend le néocolonialisme rouge. Consul honoraire de Bolivie, il s'est reconverti dans l'import-export et travaille avec le marchand de canons Stakmann.

Bob ne connaît rien encore des Comores, ce sont là des horizons qui échappent à ses « zones naturelles depuis vingt ans », qui lui paraissent *a priori* dépendre davantage des Tanzanie, Kenya et Ouganda anglophones... « Il y avait bien dans le coin Madagascar, mais enfin on n'avait pas les yeux fixés dessus. » Dumont lui fait rencontrer Yves Le Bret, Français, installé de vieille souche à Moroni, alors « ambassadeur itinérant » au service du nouveau pouvoir sur l'archipel.

C'est là, à Paris, au 5, rue Alphand, dans un bel immeuble appartenant à l'État comorien, que Bob va signer un codicille à son destin, en présence des « témoins » Dumont, Le Bret, Saint-Hubert et d'un ancien ministre des PTT du général De Gaulle. Pour être un microcosme de l'océan Indien, les Comores présentent une extraordinaire complexité, ce qui n'est pas fait pour lui déplaire. Voici en résumé ce qu'il apprend alors.

Durant les décennies de la colonisation, les colons ont confisqué les deux tiers des meilleures terres et les paysans ont courbé passivement l'échine tandis que leurs sultans, emprisonnés, achetés, entretenus, n'étaient plus que les ombres de leurs ancêtres guerriers. Les îles sont restées vaguement rattachées à Madagascar, puis sont devenues un Territoire d'outre-mer en 1946, à l'avènement de la IVe République. Après le référendum de 1958, elles sont restées dans la République française contre l'octroi d'une certaine autonomie, de plus en plus large jusqu'à ce que, vers 1972, l'on commence réellement à parler d'indépendance. Celle-ci est même solennellement inscrite dans le futur par une déclaration commune de Bernard Stasi, alors ministre des DOM-TOM, et d'Ahmed Abdallah, alors président du

Conseil du gouvernement des Comores, qui prévoit sur le sujet une consultation populaire dans les cinq ans et un transfert progressif des compétences.

Ce sage processus avortera par la conjugaison d'une pensée politique immature, de la sécession de Mayotte et des erreurs françaises. Chez les Comoriens, tous ne sont pas d'accord; en vérité ils s'entredéchirent comme jadis leurs ancêtres les sultans : si le Parti vert et le Parti blanc, c'est-à-dire Saïd Mohammed Cheikh et Saïd Ibrahim, s'inscrivent dans le processus sage de l'autonomie progressive, en revanche le Molinaco, le Pasoco, partis « de gauche », marxistes pour certains, réclament de sauter plus rapidement le pas. Après bien des querelles et quelques regroupements, l'Oudzima (« l'Unité ») s'oppose à l'Umma (« la Communauté »). C'est le choc de l'indépendance immédiate contre l'indépendance progressive.

À la fin de 1972, l'Oudzima, qui a le vent en poupe, propulse son chef Ahmed Abdallah sur le devant de la scène. Issu d'une famille noble de Domoni (Anjouan), Abdallah n'est pas un *homo novus* : disciple de Saïd Mohammed Cheikh, sénateur de 1958 à 1972, c'est un politicien et un homme d'affaires prospère, une des plus grosses fortunes de l'archipel.

Pourquoi ces gens prudents ont-ils soudain versé vers l'indépendance rapide? Les Comores, avec environ la moitié de toute la population des TOM, ne reçoivent guère plus de 10 % des aides allouées à l'ensemble de ces territoires. Un calcul d'homme d'affaires se conjugue alors à l'élan patriotique pour espérer soutirer de l'indépendance des subventions plus gratifiantes de la France. Il existe cependant un écueil : Mayotte. Sans épiloguer sur les raisons profondes, historiques et culturelles, du particularisme mahorais, il saute aux yeux que le transfert de capitale de l'archipel de Dzaoudzi (Mayotte) à Moroni (Grande Comore) est une catastrophe économique pour Mayotte.

Mécontent, le Mouvement populaire mahorais, avec à sa tête Marcel Henry, se radicalise, arrache à la France la promesse d'un vote île par île en cas de référendum sur l'indépendance, au grand dam des gens d'Abdallah qui veulent l'« indépendance dans l'unité ». L'on s'empêtre à Paris, la situation se dégrade à Moroni. Là, les « indépendantistes dans l'unité » deviennent un Front national uni (FNU) qui, à son tour, se radicalise. En mai 1974, Giscard l'emporte sur Mitterrand et déclare : « Est-il raisonnable d'imaginer qu'une partie de l'archipel devienne indépendante et qu'une île, quelle que soit la sympathie qu'on puisse éprouver pour ses habitants, conserve un statut différent ? » Le 22 décembre 1974, les trois îles – Grande Comore, Anjouan, Moheli – se prononcent pour l'indépendance par un oui massif. Mayotte répond majoritairement non, à 63 %.

Mayotte est entrée dans une sécession que l'on appelle pudiquement « attachement de Mayotte à la France ». Mais tous se tournent vers la France. À Marcel Henry qui déclare : « Si Mayotte ne reste pas française, nous redeviendrons l'archipel des Sultans Batailleurs », Abdallah rétorque : « Le rôle des Français n'est pas de nous diviser, mais de nous aider à nous unir. » La position intransigeante d'Abdallah s'effrite aux Comores. Au Palais-Bourbon, après des débats très passionnés, une majorité se rallie à une procédure compliquée d'accession à l'indépendance : celle-ci est reportée et soumise à la préparation d'une constitution par tous les partis politiques (!) et à son adoption île par île. A-t-on jamais vu qu'une constitution doive précéder une indépendance, raille Abdallah ; nous avons fait marche arrière de deux ou trois ans, c'est navrant et écœurant ! Que lui reste-t-il, comme solution ? La fuite en avant. L'ancien « allié de Paris », devenu paradoxalement le « père de l'indépendance » par le fait de la maladresse du Parlement français, proclame l'indépendance unilatérale le 6 juillet 1975. M. Beaux, délégué général de la République, décrète aussitôt l'état d'urgence, levé le soir même sur ordre de Paris. À quoi bon provoquer davantage Abdallah puisque Mayotte – c'est là l'essentiel – a aussitôt proclamé qu'elle restait française ?

D'ailleurs, les jours d'Abdallah semblent comptés. Ses vieux démons ont repris la politique comorienne et le déstabilisent. On le taxe d'autoritarisme. À Paris, le prince Saïd Ibrahim le critique : « La France nous a apporté la République ; c'est bien ; mais la démocratie est restée en France ! » Aux Comores, un des jeunes disciples d'Ibrahim, Ali Soilih, fomente la destitution d'Abdallah élu le 6 juillet à la tête de l'État, « avec la bénédiction de Paris ! » ricane Abdallah. Il sait que ne le protégeront ni la Légion étrangère, évacuée, ni la Gendarmerie, retournée sous les ordres du délégué général français.

Les Français ont-ils mis la main à la pâte pour aider Ali Soilih à réussir son coup? Il n'existe aucune preuve. Mais n'y a-t-il pas des culpabilités par omission? Le 3 août 1975, à l'heure de la sieste, Ali Soilih en personne et une dizaine de conjurés neutralisent les cinquante hommes de la Garde comorienne, seul corps armé à disposition du chef de l'État parti la veille pour son fief d'Anjouan. Selon les propres confidences d'Ali, il aura suffi de « deux voitures R4, quatre fusils de chasse et cinq pistolets empruntés à des commandants de bateau ». Avec habileté, le Conseil national de la Révolution, nouveau pouvoir, rassemble toutes les tendances opposées à Abdallah et pousse au premier rang une personnalité rassurante : le prince Saïd Mohammed Jaffar. Ali se tient modestement à l'arrière.

Le coup du 3 août provoque aussitôt, chez les non-alignés d'Afrique, un tollé; on désigne du doigt le coupable : la France, soucieuse de se débarrasser d'un perturbateur inflexible sur la question de Mayotte. Le président déchu ne reste pas inerte, en appelle à l'OUA, dénonce les « achetés de la France ». Si Ali et ses amis espèrent encore résoudre sans mal le problème de Mayotte, Marcel Henry et les Mahorais, le 11 août, ont brisé définitivement les ponts : « Mayotte se donne à la France pour échapper aux trois autres îles et à leur sultan. »

Tout cela, Bob Denard l'apprend de Le Bret, entrepreneur français aux Comores, fondateur d'Air Comores, et ancien parachutiste. Lui est tout acquis à Ali Soilih qui, dit-il, représente l'avenir et l'espoir. Puisque la France a au moins fermé les yeux sur son « coup d'État », elle continuera bien à « fermer les yeux » sur ce qui permettrait à ce jeune pouvoir de se consolider. Et, après tout, celui-ci ne pourrait-il pas se montrer moins intransigeant qu'Abdallah sur Mayotte? À condition d'agir vite, car Abdallah, lui, s'est barricadé sur son île d'Anjouan.

D'un côté les habitants de la Grande Comore, ralliés à Ali Soilih; de l'autre les Anjouanais derrière leur « patron » Abdallah. La situation peut s'envenimer. Ali a eu beau désarmer les cinquante membres de la Garde comorienne et récupérer quelques fusils et mitraillettes, est-il raisonnable d'envisager une opération sur Anjouan, tandis qu'Abdallah, appuyé sur son « pouvoir légal », lance appel sur appel aux Comoriens et, pêle-mêle, à Kadhafi à Tripoli, à Boumediène à Alger, à Amin Dada à Kampala (l'ineffable Amin étant le président en titre de l'OUA) ? Qui peut aider Ali Soilih, dont on connaît la propension aux lectures « progressistes », bien qu'il soit encore loin de se montrer un disciple avéré de Mao Tse-tung ? La France ? Sûrement pas ; en tout cas pas directement. Madagascar peut-être, où règne une dictature marxiste. Mais la vieille haine entre Malgaches et Comoriens frappe d'inanité l'hypothèse. Reste que cela pourrait être l'affaire d'une petite équipe de mercenaires, d'une douzaine d'audacieux...

Contacter le grand Denard pour la cause d'un homme à la sensibilité de gauche peut paraître bizarre. Mais Ali Soilih est loin d'avoir encore montré son vrai visage, et le groupe de ses supporters européens présente aux yeux de Bob toute garantie « idéologique ». Celui-ci, par ailleurs, a toujours rêvé d'une base arrière où il pourrait entraîner ses recrues, plus discrètement qu'à Majesc dans les Landes, d'un coin où se replier loin des regards si besoin est. Quoi de plus séduisant pour ce dessein-là que cette « chiure de mouche » dans l'océan Indien ? Il accepte. Les amis des Services fermeront les yeux, donneront le feu, sinon vert, du moins orange. Aussitôt, il envoie aux Comores deux hommes en éclaireurs, un pilote de la GP gabonaise, Roland Raucoules, et le « spécialiste en tous genres », ancien du SDECE, Thadée Surma. « Thadée est une figure ; états de service brillants en Indo, en Algérie ; homme de terrain, bourré de qualités, une force de la nature. Je le connais bien ; c'est l'homme idéal qu'il me faut pour être le précurseur dans cette opération. »

Bob se rend chez des amis du Gabon ; avec quinze mille dollars, produit de la vente d'une collection de timbres, il achète les trois cents armes automatiques nécessaires, loue un avion à Jack Mallock et, le 5 septembre 1975, débarque à Moroni, seul, avec son fret « spécial » de 10,4 tonnes, dans un aéroport surveillé par la gendarmerie mobile française. « Une situation folkorique, mais pas dangereuse ; le coup d'État est bel et bien achevé. » Les armes seront stockées dans la villa d'Yves Le Bret, où se trouvent Roland et Thadée. Le lendemain, l'avion régulier d'Air France débarquera les cinq « collaborateurs » nécessaires : Roger Bruni, le commandant Pierrot qui sert d'instructeur aux Guinéens de Majesc, Alain, Henri, deux anciens paras, et Roger de Compiègne. L'équipe se tient prête.

Dès le premier jour, Bob a rencontré Ali Soilih. Cet homme de trente-huit ans, aux traits déjà empâtés, est intellectuellement séduisant et le premier contact s'avère bon. « Ali est intelligent, beau parleur. Il débite des théories qui paraissent saines. On ne peut détecter ce qu'il deviendra... », note Denard.

Ali Soilih, inconnu encore, qui semble posséder « la stature d'un chef », se contente pour l'instant du poste de délégué à la Défense et à la Justice. C'est un rural, né le 7 janvier 1937 à Chouani, un petit village de la Grande Comore. Il n'est pas de ces aristocrates qui affichent orgueilleusement leur naissance dans certains quartiers de l'intérieur des villes murées; il ne prétend pas, comme eux, descendre du Prophète. C'est un intellectuel, un agronome qui a laissé de bons souvenirs au Centre national d'agronomie tropicale de Nogent. Ministre des Travaux publics, puis directeur de la SODEC, la Société de développement des Comores, il a grandi sous l'aile du prince Saïd Ibrahim. Pour sa naissance « en brousse », pour son attachement au milieu paysan, il suscite l'animosité des milieux conservateurs. Ali Soilih manifeste beaucoup de chaleur à Bob Denard. « L'île d'Anjouan, colonel, paraît capable de résister. Bien sûr, on y compte des sympathisants. Mais le ralliement sera difficile. Les communications sont coupées; seuls quelques vols spéciaux d'Air Comores ont pu évacuer les fonctionnaires et les gendarmes français ! »

Pour Bob, cette histoire ressemble à un retournement de la nouvelle génération contre un vieux féodal. L'évolution normale des jeunes ! Il chasse le doute qui, fugitif, s'était installé. Non, Le Bret est bel et bien la garantie que cela ne changera pas. Que ce n'est pas un coup d'État communiste ou procommuniste.

Ali remercie Bob pour ce qu'il a fait : sans lui, sans ce matériel, il n'aurait pas tenu. Il n'a pas fallu longtemps à Bob pour se rendre compte qu'Ali est « nu ». Si toute la racaille de Moroni – tout de même une ville de quinze mille habitants – s'est rassemblée derrière lui, ce sont de très jeunes gens, en haillons, non encadrés, manifestement affamés et agités. Particulièrement un groupe, une sorte de commando spécial qui « arrête sans raison, rançonne, bastonne, se soûle... » On les appelle les *Mapinduzi*, terme qui, en swahili, signifie : « celui qui fait tomber », ainsi qu'Ali les a baptisés, à l'instar des gardes révolutionnaires armés de la Tanzanie marxiste. Le 3 septembre, deux jours avant l'arrivée de Bob, Ali flanqué de sa garde prétorienne – douze *Mapinduzi* – est allé à M'Béni, au nord de la Grande Comore, mettre la main sur Mohammed Taki, un fidèle d'Abdallah. Reçus à coups de pierres, hués, ils ont fait feu sur les villageois, en tuant trois et en blessant douze. Tout cela est pour le moins maladroit. La situation reste très tendue à la Grande Comore où les fonctionnaires ne sont pas payés, où le ravitaillement en riz et en sucre accuse des lacunes. Ali a cru bien faire en réduisant autoritairement les prix et a provoqué, par contrecoup, une recrudescence de la pénurie.

À Moroni, Bob a laissé Roland et Thadée. Il s'est installé avec les autres à quarante kilomètres de là, à Itzounzou, en pleine montagne; un endroit idéal pour former et entraîner.

Roland s'occupe de « l'aviation », Thadée du bateau, un vieux LST, laissé là, sur la plage d'Itsandra, par la marine française, qu'il retape bien en vue des regards, pour donner à songer qu'il pourrait bien servir à débarquer sur Anjouan.

À Itzounzou, en quinze jours, on forme des gens qui n'ont jamais suivi d'instruction militaire. Une cour des miracles : « Des jeunes, en loques, avec ou sans chaussures, pantalon et chemise déchirés, quelques casquettes prises à la Garde comorienne. D'uniforme, point; on travaille en blue-jeans; c'est le folklore. Deux cent cinquante jeunes gars venus autant pour la gamelle que par conviction, parmi lesquels il faudra trier. Le temps presse. Il n'est pas question de leur faire passer une visite médicale, des tests. Sur les deux cent cinquante, on en garde cent, répartis en quatre sections. Vite doublés par cent de plus, " une réserve ! " » Comme Bob déteste le débraillé, un ami, Christian Olhagaray, patron d'une société d'import-export de Bordeaux, expédiera des uniformes.

Leur apprendre à tenir un fusil, à tirer, à lancer des grenades, en quinze jours, relève de la gageure. L'aventure s'émaille d'anecdotes cocasses : Bracco a bondi sur un gars qui, grenade dégoupillée, la conserve sagement dans sa main.

Lorsque les jeunes « recrues » se trouvent brutalement nez à nez avec des silhouettes camouflées, placées là pour leur faire exercer leurs réflexes, c'est la débandade : « Les Comoriens s'effraient au moindre coup de feu, surtout une arme à la main. » Bob qui, ce jour-là, progresse derrière un Comorien, en fait l'amère expérience : le jeune homme voit la silhouette, prend peur, se retourne; Bob, vite, se jette à terre; l'autre abaisse son arme vers lui, affolé. « Dans sa tête, il doit se demander : Mais qu'est-ce qu'il fiche à terre au lieu de se trouver debout? » « Lève ton arme, nom de Dieu! » hurle Bob, et l'autre finit par sortir de son hébétude.

Heureusement les ont rejoints quelques Comoriens, anciens de l'armée française, une douzaine de « vrais soldats » et quatre des Guinéens entraînés à Majesc. « Ils vont pouvoir se faire la main. » Avec l'arrivée de Dulac, le principal adjoint de Bob, et de Helmut, un Allemand, ancien de la Légion, qui le suit depuis 1965, sept Européens « très professionnels » sont à pied d'œuvre. Les sections iront sur le terrain pour de petites missions; ainsi à M'Béni, le village « effervescent » qui réclame un peu d' « intimidation » : baraques encerclées, notables réunis, petit discours approprié de maître Bob. « Je découvrais la " démocratie comorienne ", avec son féodalisme encore vivace, chaque village sous l'influence du notable du coin. » Ou à Moroni : « Camions réquisitionnés, deux cents hommes défilent, bien en rang, fusil entre les jambes pour démontrer que c'en était fini de la pagaille! »

Les Européens de Moroni, eux, sont divisés entre les pro-Soilih et les anti-Soilih; c'est Le Bret contre Groussoles, directeur de cabinet d'Abdallah qu'il a suivi sur Anjouan. Il arrive que les anti-Soilih – peut-être pressentent-ils les orientations futures du jeune agronome – soient virulents. L'un d'eux a bien essayé d'écraser Denard avec sa voiture. Le délégué général Beaux, ne voulant pas d'incident, l'a fait expulser. Un autre, à la tour de contrôle, refuse de laisser atterrir un appareil d'un vol régulier chargé de fret pour les mercenaires, si ces derniers ne se retirent pas de l'aéroport... « Un mauvais esprit navrant... Après tout, le calme est revenu à Moroni. Plus de types incontrôlés, de vols, de viols, d'agressions! Quand la gendarmerie mobile française, elle, se contente d'observer, sans bouger, depuis son cantonnement! »

Par bonheur, il y a les pro-Ali, tous les pilotes d'Air

Comores, les « types de Le Bret » et le patron du Cœlacanthe, la boîte en vogue de Moroni... Quels rapports avec les services officiels français, la délégation générale? Aucun : « Ils nous ignorent, et réciproquement. » Sur la date de l'opération, le colonel Gilbert a décidé de ne rien dévoiler... « Lorsque je serai prêt, je préviendrai vingt-quatre heures à l'avance! »

Nuit du 19 au 20 septembre. Bob et le grand René (Dulac) s'affairent sur leur plan secret : l'opération sera aérotransportée. Il a été soumis à Ali Soilih, et ainsi béni : « OK, vous réussirez! » La veille, Bob a survolé Anjouan, relevé sur la piste d'aviation d'Ouani des fûts d'essence vides, remarqué tout à côté une piste en terre, de dégagement, utile en cas de *crashes*. Il dispose de trois avions : un petit Cessna monomoteur, un DC3, un DC4 d'Air Comores. Parmi les hommes, les cent « meilleurs » seront du coup, derrière les sept Européens. Les autres sont laissés à Itzounzou, sous le commandement de quatre Guinéens bombardés sous-lieutenants pour accroître leur autorité, et de douze anciens sous-officiers de l'armée française. Les Comoriens de l'assaut auront leurs fusils, mais sans munitions. « Trop incompétents pour s'autoriser le moindre risque de catastrophe! »

Jour J : 20 septembre, minuit. Le 21 septembre, à 2 heures, tout le monde est sur le terrain d'aviation. 4 heures : le premier avion décolle. Il doit arriver sur Anjouan à l'aube. Le petit Cessna se posera le premier avec quatre gars à son bord. Sa mission : dégager les fûts afin de permettre au DC3 de se poser, trois minutes plus tard, et au DC4, après trois minutes encore. Temps précisément minuté; timing respecté.

À bord du Cessna se trouvent Le Bret, Dulac, Thadée et un Comorien. Ils se posent sur la piste en terre, dégagent les fûts, prennent d'assaut la tour de contrôle, désarment sa dizaine de gardes. Quelques coups de feu éclatent. Les deux Dakotas atterrissent sans encombre. L'opération se déroule impeccablement. Simplement, les coups de feu ayant alerté Abdallah dans sa demeure, située au-dessus du village d'Ouani, celui-ci a eu le temps de déguerpir. Deux collaborateurs du président déchu ont été arrêtés, dont le docteur Boudra. Celui-ci vocifère et Dulac le calme d'un coup de pied bien placé. Abdillaï Mohammed, le préfet de l'île, homme très vif et sympathique, s'est livré. « Monsieur le préfet, lui dit Bob, nous n'avons comme objectif que de ramener le président Abdallah à Moroni et de contrôler l'île sans effusion de sang. »

Hélas, sur le port, le groupe qui s'empare du *Tritonis*, un petit bateau, est assailli à coups de pierre et de machette par la foule accourue de Mutsamudu, la principale ville d'Anjouan. Un jeune homme nommé Moissi, un *Mapinduzi* d'Ali Soilih, est tué. Ali en fera aussitôt un héros national. Le préfet intervient avec habileté et tout rentre dans l'ordre. L'affaire s'est soldée par deux morts et quelques blessés; vingt-cinq gardes d'Abdallah se sont rendus; douze sont en fuite. Lui-même semble insaisissable : réfugié à Domoni, son village natal, puis dans la montagne, « il paraît inexpugnable parce qu'il est le chef de tous ces gens, leur notable, leur patron ».

Bob a renvoyé ses amis surveiller la Grande Comore, il reste seul à Anjouan avec ses cent Comoriens. Ali Soilih, arrivé dès le lendemain, a joué son va-tout, beaucoup promis, semé la zizanie entre les notables. Quarante-huit heures après, Abdallah s'est « rallié », selon le communiqué officiel, autrement dit il s'est rendu. « Son cas est tranché, proclame Ali. Il est demandé aux Comoriens de l'oublier. »

« La première fois où j'ai vu le président Abdallah, se souvient Bob, c'est à l'aéroport d'Anjouan. J'ai vu arriver un homme en tenue locale, très fier, un port de tête superbe. Il nous regardait tous et n'avait l'air nullement impressionné. » Lui présent, il ne surviendra rien de fâcheux à Abdallah. Ali, d'ailleurs, se montre généreux et lui consent de demeurer en résidence surveillée dans sa maison de Djoumdjoum, du côté de Daché dans le haut de Moroni, et d'en confier la garde aux hommes du chef mercenaire et à quatre « Amazones » d'Ali. En moins de deux mois, Ali a conforté son régime avec son assise territoriale. Bob et le grand René sont repartis vers d'autres cieux. Mais le colonel Gilbert n'a nullement envie de lâcher les Comores. Périodiquement, il y revient.

Fin 1968 : le *Mi Cabo Verde* au secours du Biafra isolé…

… ici, dans le golfe de Guinée.

Biafra.
Marc Gossens.
Avec son fils adoptif.

Mort, ramené par ses hommes.

Gabon, 1970. La mission de Donguila
où sont formés les futurs « kibboutzin » de Lekoni...

... qui protégeront la frontière.

Camp de maquisards kurdes, sur la route qui rallie Tabriz...

... à Mahabad et Hallabja.

L'*Antinéa* fait route vers les Comores, via le cap de Bonne-Espérance.
Ici, au large de Sainte-Hélène.

13 mai 1978, Itsandra, à Moroni : la plage du débarquement.

Les Forces armées comoriennes nouvellement créées défilent.

Le colonel Saïd Mustapha M'Hadjou prie à la mosquée de M'Béni.

Tchad, fin 1981.
Jean-Baptiste
à la base de Ouadi Doum,
frontière du Soudan.

L'impluvium
du Centre intégré
de développement rural de Sangani,
créé par la G.P.
avec l'aide financière
et technique de l'Afrique du Sud.

Le début du développement
touristique : l'hôtel Itsandra.

13 mai 1978-15 décembre 1989 : la Garde présidentielle.

L'adieux aux armes.

4.

Que va faire Ali Soilih ? Il commence par une habile diplomatie. Fort de sa clémence envers le président déchu et de ses amis – deux d'entre eux seulement seront expulsés, Raymond Groussoles et Charles Pech –, il parlemente avec la France au sujet de Mayotte, le nœud gordien. Puis c'est l'impasse : les Comores, représentées à Paris par Mouzawoir Abdallah, refusent de reporter à plus tard la candidature du nouvel État, incluant Mayotte, aux Nations unies ; Olivier Stirn, qui a en charge les DOM-TOM, annonce au Parlement le 16 octobre que la France organisera une consultation à Mayotte. La Tanzanie, qui préside alors le Comité de décolonisation des Nations unies, met en garde la France contre « le danger de balkanisation des Comores ». L'ONU admet l'archipel comme 143e membre de la communauté mondiale, sans parrainage français. Paris reconnaît officiellement la sécession mahoraise.

Le fossé se creuse entre la France et les Comores, soutenues par leurs nouveaux amis, parmi les plus « progressistes » de l'OUA, mais aussi par la Chine, la Syrie, la Libye... Ali, très habilement, va alors imaginer de forcer la main au gouvernement français en débarquant, pacifiquement, à Mayotte, pour une marche solennelle. « Qu'en pensez-vous, colonel ?... Si je l'appelais la Marche rouge ? » Bob réagit aussitôt : « Là, vous y allez un peu fort. Il y a déjà eu la Marche verte au Maroc, appelez-la donc la Marche rose, ça fera bien. »

Le 21 novembre, Ali débarque avec ses amis de deux DC4

d'Air Comores sur le terrain de Dzaoudzi. Lui et ses cent cinquante militants sont sans armes. « Ali était un type vraiment courageux. Il m'avait dit : " Tu nous laisses là. Ils nous tuent, mais il faut que Mayotte devienne comorienne. Sauf si je te le demande, tu ne viens pas nous chercher ! " » Il parle aux Mahorais. Le conflit est inévitable et M. Beaux donne l'ordre aux légionnaires et aux gendarmes de s'interposer. « Un bordel monstrueux... Finalement, il me donne le feu vert pour que j'envoie les avions ! » Ali devra rembarquer dare-dare pour Moroni, accuser de l'échec – abusivement – l'intervention militaire française, et Beaux fera rapatrier en France tous les fonctionnaires et gendarmes français, quatre cents personnes et leurs familles.

Le roi est de plus en plus nu, sans budget, sans technicien qualifié, l'administration erratique. Dans la nuit du 19 au 20 décembre 1975 meurt en pèlerinage à La Mecque le prince Saïd Ibrahim; le « maître » d'Ali disparu, celui-ci perd son appui irremplaçable dans un système toujours féodal, mais choisit la fuite en avant, se fait élire à la tête de l'État, en remplacement du prince Jaffar, par le Conseil exécutif et le Conseil national de la Révolution. En six mois, Ali Soilih s'est imposé comme le maître absolu des Comores et n'apparaît plus dans la « rupture » comme un « putschiste pro-français ».

Quelle sera l'attitude de Bob Denard? Pendant les deux premiers mois, « il n'y a pas eu de friction; Ali avait besoin de nous ». Mais, au lendemain de l'échec de la « Marche rose », pourquoi Ali ne songerait-il pas à conduire une opération armée contre Mayotte? « Il est exclu, souligne Bob, que le colonel Gilbert y participe, cette exigence-là devant entraîner le rapatriement de tous les " techniciens " (entendons : mercenaires) européens ! » Or, dès le mois de décembre 1975, Ali envisage de faire complètement « table rase du passé ». Le 5 décembre, lorsque Bob lui propose d'organiser l'armée en plaçant ses officiers guinéens à des postes de responsabilité et d'instruire un peloton d'élèves-gradés, Ali, soudain, ne veut ni d'armée structurée ni de grades. Il semble tolérer encore Helmut à Moroni et Bracco à Anjouan, à la condition toutefois que ceux-ci servent ses desseins. S'ils devenaient des hôtes encombrants pour sa politique, il s'en débarrasserait sans remords.

– Monsieur le Président, j'ai appris que des commissaires politiques infiltrent l'armée; cela ne me plaît guère.

– Colonel, je ne veux pas d'armée au sens où vous l'entendez. Les Comores n'ont pas les moyens de se payer une armée. Il faut une milice qui soit celle du peuple. Elle devra travailler aux champs, élever des lapins, des poules. Pour que le peuple mange, il faut que tout le monde travaille. Je veux le bonheur du peuple.

C'est là la moindre des choses pour un chef d'État. Mais, pour l'obtenir, est-il besoin de planer au-dessus des nuages? Ali lui paraît fatigué; physiquement, il a changé; son cou est enflé, ses yeux sont globuleux, exorbités. Bob sait bien à quoi la rumeur attribue ce changement. Ali boirait, Ali se débaucherait en compagnie de ses quatre gardes du corps féminins; Ali même se droguerait... Mais Bob a toujours détesté les rumeurs.

De ses compagnons du coup d'Anjouan, il ne peut laisser ici que Bracco et Helmut, des « affaires » requérant ailleurs les cinq autres. Dès lors, la situation va se dégrader lentement. Le 14 janvier, Bracco lui écrit : « Sans doute Helmut manque-t-il de diplomatie, mais Ali est irréaliste... Enfin, nous venons de fêter au champagne la nomination de notre ami Le Bret comme ambassadeur itinérant des Comores auprès des gouvernements occidentaux. » Bracco, qui est flanqué de Gilçou, quarante-cinq ans, ancien para, recruté par annonce sur *France-Soir* – « Recherchons personnes pour assurer gardiennage dans pays étrangers ».

Gilçou s'est envolé le 16 janvier 1976 pour Moroni, conquis par Bob Denard, par « son visage ouvert, sa façon amicale, très directe, très franche ». Chargé par Bracco de former des élèves gradés, Gilçou en recrute vingt-trois, les meilleurs sur les trois îles, avant qu'Ali, deux mois après, n'interdise cette formation.

En février, première épine, Bracco est expulsé par Ali pour avoir voulu s'opposer à une manifestation antifrançaise à Anjouan. Gilçou reste, seul officier blanc. Sur la passerelle de son avion, Bracco lui enjoint une dernière fois de partir. Mais Gilçou résiste : le Colonel souhaite conserver quelqu'un sur place, et lui, qui vient tout juste d'arriver, s'intègre bien parmi les Comoriens et voudrait rester un peu.

Parce que les relations avec Ali se tendent, parce qu'il voyage beaucoup et qu'on le requiert ailleurs en Afrique, Bob n'est pas mécontent de laisser parmi ses instructeurs guinéens ce Blanc qui pourrait être une source de renseignements précieux. Ce serait mal connaître sa ténacité que de le croire prêt à abandonner si vite son rêve d'établir une base arrière aux Comores.

Pendant les premiers mois de 1976, il fera quelques « sauts » à Moroni pour y constater l'inéluctable déclin de ce rêve. Ali supprime en avril le peloton d'élèves-gradés et introduit ses idéologues au sein de l'« armée » du camp de Voidjou. Il ordonne aux recrues de Gilçou de « faire régner l'ordre sur Anjouan ! Précaution inutile car le calme y règne ». Il a fait appel à une première vague d'instructeurs tanzaniens, suivis de Malgaches et d'autres, issus des pays progressistes qui désirent lui apporter leur aide. Avec son Premier ministre Abdillaï Mohammed, l'ancien préfet d'Anjouan, et son gouvernement de large union qui semble abolir les anciens clivages, sa politique de « réconciliation » nationale n'a pas l'heur de plaire à ceux qui trouvent trop belle la part faite aux partisans d'Ahmed Abdallah.

L'ère des complots commence. Le 3 avril 1976, douze personnes sont inculpées pour avoir « visé à assassiner le chef de l'État ». Les irréductibles amis d'Abdallah, Ali Moudjrae, Mohammed Taki, Omar Tamou, sont pourchassés, tandis qu'Ali dénonce « l'axe criminel et réactionnaire reliant Mayotte à la province malgache de Majunga, à la Réunion, à Paris ! ».

Le différend franco-comorien sur Mayotte est dans l'impasse. En février 1975, Bob joue les bons offices auprès du président Senghor, crédité de l'amitié des deux pays et jugé seul capable de trouver l'ouverture. À Senghor, le colonel Gilbert souligne « l'entêtement des parties », la situation des Comores « dramatique à tous niveaux », les caisses de l'État vides – tous éléments qui justifient l'appel de détresse à tous les pays frères –, et il lance cet avertissement : « Les techniciens que j'ai mis à leur disposition ne sont plus payés. La seule force de sécurité existante risque, s'ils partent, de se dissoudre et le pays de sombrer dans l'anarchie. Tout ce que nous avons fait serait réduit à zéro. » L'intervention du président sénégalais pourrait peut-être « éviter à la France de se retrouver, pour son intransigeance, au banc des accusés vis-à-vis de l'OUA... ». Irréductibilité sur le problème mahorais et suppression complète de toute aide économique ne peuvent qu'aboutir à la radicalisation du régime d'Ali. Aura-t-il d'autre choix alors que de se livrer aux Tanzaniens, Mozambiquais, Malgaches ou... Chinois?

Quelques mois plus tard, la rupture est consommée. « Je constate que je ne pourrai plus travailler avec Ali », note Bob. Une dernière fois, il l'a rencontré sur l'île d'Anjouan. Ali semble illuminé : « La révolution est en marche, colonel; la révolution continue, mais les hommes changent. » « Il poursuit un rêve, pense Bob; il plane complètement. » Ali ne supporte plus aucune contrainte, s'adresse aux Tanzaniens pour conforter son armée mais garde Gilçou pour entraîner ses commandos; de cadres, il n'en veut pas – « les armes, c'est la force » –, et il choisit les responsables parmi les plus bêtes. « Ainsi les abus dégénéreront en massacres. Ali suit une idée fixe et se prend pour le Bon Dieu. »

Les gens sont sans doute mécontents, mais il l'ignore, s'isole dans sa tour d'ivoire de M'Rodjou, dans les hauts de Moroni, l'ancienne résidence du délégué général français. Nul ne le met en garde, car nul ne l'ose. On a peur de lui. « Il n'y avait que deux personnes capables de lui dire la vérité en face, Le Bret et moi... Mais j'étais occupé ailleurs et Le Bret, envoyé à l'extérieur, n'était jamais là. » Le vent de la débâcle souffle sur Moroni.

5.

À l'automne de 1975, les Comores n'ont pas encore pris dans l'esprit de Bob la place prépondérante qu'elles acquerront trois ans plus tard. L'Angola la leur dispute, et l'importance de ce pays en Afrique apparaît beaucoup plus grande que le sort des petites îles de l'océan Indien. L'indépendance est tout fraîche, bien que les luttes de libération nationale y aient commencé, comme ailleurs, au début des années 60. Mais, plus longtemps qu'ailleurs, le pouvoir portugais de Salazar s'y est maintenu et a retardé l'échéance de la décolonisation. Après la mort du dictateur, son successeur Caetano prolonge le régime quatre ans encore, jusqu'à la révolution des Œillets d'avril 1974. Dès lors, l'indépendance devient inéluctable. Elle est officielle en 1975, mais suscite aussitôt une nouvelle guerre entre les factions nationalistes qui s'entre-déchirent depuis 1961.

À Luanda, la capitale, c'est le MPLA de Neto, socialiste, soutenu par le bloc soviétique et Cuba. Au nord, le FNLA de Holden Roberto, très lié à Mobutu, le voisin zaïrois. Au sud, où l'offensive du MPLA l'a rejeté, l'UNITA de Jonas Savimbi, soutenu par les Occidentaux. À partir de juin 1975, après l'éclatement d'une très éphémère union nationale, la guerre civile en Angola devient pour toutes les puissances régionales et mondiales un nouvel enjeu, à la taille du pays, de ses ressources minières et pétrolières.

Face à la domination politique et militaire du MPLA, les Occidentaux, États-Unis en tête, encouragent la résistance sur deux fronts. Au sud d'abord, il s'agit de stopper l'avance des gouvernementaux, de donner à Savimbi et à ses troupes, les Fala, sinon les moyens de reconquérir le pays, du moins ceux de créer un front intérieur solide, adossé à la Zambie et à la Namibie. Là, ce sont les Sud-Africains qui interviennent directement, pour faire pièce, avec l'aval de Washington, aux Cubains venus renforcer en nombre les troupes du MPLA. Cette contre-offensive vigoureusement armée paraît renverser le rapport de forces angolais en faveur de Savimbi , lorsque l'opinion internationale et africaine s'émeut. Les Sud-Africains – un millier d'hommes –, parvenus tout près de Luanda, doivent stopper, faire demi-tour. C'est pour les remplacer auprès de Savimbi que des contacts se nouent en France. Bob, alias Gilbert Bourgeaud, contacté par Devlin, sa vieille connaissance zaïroise, se voit allouer un budget de quatre cent mille dollars US et le feu vert des services français pour fournir à L'UNITA une équipe opérationnelle. Celle-ci, forte d'une vingtaine d'hommes seulement, est sur le terrain en janvier 1976. Une autre équipe, engagée quelques mois plus tôt au Cabinda, vient la rejoindre.

Le Cabinda, c'est le deuxième front des Occidentaux en Angola, une enclave annexée en 1950 par l'Angola portugais, située au nord de l'embouchure du fleuve Congo; 7 000 km^2 coincés entre la république démocratique du Congo et le Zaïre. Les cinquante mille Cabindais suscitent toutes les convoitises, de l'Angola comme du Zaïre : leur petit territoire en un « trou à pétrole », un Koweit d'Afrique en miniature, assure-t-on dans les capitales intéressées. Outre Luanda et Kinshasa, celles qui lorgnent vers le Cabinda et son pétrole sont celles qui soutiennent Savimbi à l'autre bout du pays. Et Libreville tout particulièrement, car l'entourage français du président gabonais se confond de plus en plus dans ces années-là avec une excroissance de la société nationale Elf. Maurice Robert, l'ami de Bob, ayant quitté le SDECE en 1973, est plus que jamais présent au Gabon, mais cette fois pour le compte d'Elf-Erap. Maurice Delaunay, l'ambassadeur un temps « exilé » sous Pompidou, est revenu à Libreville. Jacques Foccart lui-même, rescapé d'une nouvelle disgrâce éphémère, a retrouvé son rôle de conseiller; c'est Journiac, cependant, qui prend sa place dans les affaires africaines après l'élection de Giscard d'Estaing. Mieux que jamais, la collaboration entre la France et Bongo fonctionne, mais c'est l'état-major d'Elf qui a pris le relais, de façon quasi officielle, du SDECE... Dès la fin de 1974, le *Washington Post* écrit que le Gabon « centralise les armes et les fonds destinés au Front de libération de l'enclave cabinda »... Ce FLEC, qui proclame l'indépendance de l'enclave le 1er octobre 1975 et constitue un gouvernement en exil très disparate, a été tenu à l'écart des négociations pour l'indépendance angolaise auxquelles ont participé les trois grandes factions – MPLA, FNLA et UNITA. Il a trois têtes, pas moins. Franque, à Kinshasa, soutenu par Mobutu et les Américains; Tchioufou à Brazzaville; N'zita à Cabinda, soutenu par Bongo et la France. Ces derniers voudraient l'indépendance, Mobutu rêve d'une annexion, Brazzaville d'une réintégration du Cabinda à son territoire, alors que Neto et le MPLA tiennent au contraire à maintenir l'enclave dans l'Angola... Pendant quelque temps, avant la révolution portugaise, le FLEC se bat surtout par la plume. Puis il prend les armes lorsque les premiers mercenaires anglais viennent appuyer Holden Roberto et le FNLA. La France ne peut rester en dehors de l'affaire, sauf dans les discours officiels. C'est ainsi qu'en novembre 1976 une équipe d'une dizaine d'hommes est envoyée par Bob au Cabinda *via* le Zaïre.

C'est Dulac qui dirige cette équipe chargée d'encadrer les troupes du FLEC armées principalement par Mobutu. « Un effort de Kinshasa tout de même important », écrit Dulac au moment de résumer le fiasco de l'action coup de poing décrétée par les chefs du FLEC, N'zita en tête, pour le 11 novembre 1976. « L'opération a lamentablement échoué, écrit-il... L'échec est dû principalement, je dirais même essentiellement, à la nullité des troupes du FLEC. On a essayé évidemment de me faire porter le chapeau, mais la manœuvre a échoué aussi... » Dulac, en attendant la suite, car le FLEC ne désarme pas, désengage son équipe et « espère même qu'ils puissent se retirer tout simplement ».

« Mes gars effectivement se sont retirés de ce guêpier du Cabinda, et ont rejoint l'autre équipe dirigée par Freddy et André auprès de l'UNITA de Jonas Savimbi, qui est tout de même d'une autre trempe que les petits chefs qui se rêvaient à la tête d'un Cabinda riche comme le Koweit. » Ainsi sont-ils vingt-cinq à se regrouper auprès des Fala, dans le Sud, au début de 1976, tandis que Bob, à Paris, est brièvement embarqué par la police pour avoir eu des contacts avec les ravisseurs du P-DG de Phonogram, la filiale de Philips...

« C'était au moment où mes gars partaient. Des anciens de l'OAS m'avaient approché pour me proposer quelque chose au Nicaragua, comme conseiller. Ils avaient selon eux le financement, et m'ont remis une somme pour acheter du matériel. Je ne sentais pas cette histoire, d'autant que dans les services français, on n'était au courant de rien, je m'en étais assuré; le fameux financement restait très énigmatique. Dans tout ce mouvement entre Paris, les Comores et les préparatifs de l'Angola qui relayaient le Cabinda, je me méfiais; j'avais l'impression d'être surveillé. Cette histoire montée par Prévost était louche, ça s'est terminé par une descente de l'anti-gang du commissaire Ottavioli chez moi, où j'avais quand même des armes de poing, des documents, les passeports des gars en transit... Ils ont tout embarqué au Quai des Orfèvres, et moi avec. “ On sait ce que vous faites. On vous a suivi – Puisque vous le savez, pourquoi vous me le demandez? ” Bien sûr, je connaissais les gars dont ils me montraient les photos. Leur patron m'a reçu après des heures, il m'a parlé de cet enlèvement. Je tombais des nues. Il m'a dit qu'ils me surveillaient, etc. Je n'ai pas nié avoir rencontré ces gars, mais j'ignorais tout de l'enlèvement... Puis, on me rend mes affaires, documents et armes, ils n'avaient même pas regardé les premiers, et je signe un procès-verbal. »

Au moment de relâcher Bob, un des policiers lui lance :

– En vingt ans de maison, je n'ai jamais vu ça! Vous n'avez pas de port d'arme et on vous rend vos revolvers... Pour un peu, on devrait s'excuser! Vous avez le bras long, Monsieur Denard...

– Je ne crois pas, mais vous avez dû mettre votre nez dans une affaire qui ne vous regardait pas, rétorque Bob sans se démonter.

– Ça, j'ai bien compris!

Pour Bob, l'affaire se termine là, il n'a fallu que quelques heures à la Piscine pour le couvrir. « Ça avait bien fonctionné; c'est d'ailleurs la seule fois où ça a joué de cette façon-là. »

« Et encore, ajoute-t-il, je n'avais rien demandé. »...

En Angola, peut-on, avec vingt-cinq hommes, prétendre

remplacer un millier de Sud-Africains? Autour d'un noyau d'anciens fidèles, ce sont des nouveaux recrutés par petites annonces dans la presse internationale ou par cooptation. Concession à la modernité, un répondeur téléphonique parfois enregistre les candidatures, sérieuses ou farfelues, comme celle-ci : « Authentique chef de guerre, n'accepterais en aucun cas de servir en sous-ordre. »

Le vivier des paras démobilisés à la suite de la guerre d'Algérie s'appauvrit, aussi faut-il chercher parmi des hommes qui n'ont aucune expérience du feu. On arrive à en trouver dix pour le Cabinda et vingt-cinq pour l'Angola. Aussi déterminés soient-ils, ils ne pèsent pas lourd face à quinze mille Cubains qui, cependant, ne sont pas « des foudres de guerre et attendront un mois avant de pousser leur offensive vers le sud et de nous rentrer dans le lard; en attendant, on les a bien empoisonnés ».

Ce sont Freddy, André et le Bosco qui répartissent les hommes de Bob sur les points stratégiques du front, et organisent une guerre de harcèlement. « Détruire par des sabotages des équipements de l'organisation ennemie, faire des raids pour les retarder. Quand il y avait des accrochages avec les unités avancées du MPLA ou avec les Cubains, on décrochait rapidement, on disparaissait dans la brousse et on agissait ailleurs sur le front, par petits groupes d'une demi-douzaine. Les soldats de l'UNITA ne sont pas très doués pour ce genre d'opérations. Il faut bien que l'on s'enfonce, parfois à deux, jusqu'à deux cents kilomètres de la base pour opérer ces destructions. »

Une tâche dont l'ampleur devient vite écrasante. « Il fallait protéger le port de Lobito, vital pour Savimbi; défendre la ville, protéger les chefs de l'UNITA, organiser une ligne de défense sur un front de 180 kilomètres... Compte tenu des carences des Fala dans l'organisation, c'était mission impossible. Il aurait fallu être dix fois plus... »

Les « conseillers techniques » français mesurent à quel point il est difficile à une troupe disparate, où les rivalités sont aiguës entre Noirs et Blancs, anciens colons et nationalistes, « politiques » et militaires, de faire face à un adversaire nombreux et mieux équipé, appuyé sur la plus grande partie du territoire. « Après plusieurs semaines de tâtonnements, le MPLA et les Cubains sont passés à une offensive plus franche et généralisée... On a joué les pompiers, courant là où ça chauffait le plus, pour essayer de gagner un répit. Une guérilla retardatrice. » De Lobito sur l'Atlantique à Luzo dans l'Est, vers la frontière zaïroise, le front s'étire, le territoire aux mains de l'UNITA se réduit à une grande poche de résistance, entre les mois de janvier et avril 1976.

Bob écrit à ses deux adjoints, Dulac et Freddy, combien il lui est difficile, de Paris, de se faire une idée claire de la situation. « Je comptais venir sur le terrain, mais il me faut franchir un mur invisible du fait de mon passé », regrette-t-il. Le passé de Bob au Congo et en Angola lui colle à la peau, en effet, et rend délicat tout voyage dans cette partie de l'Afrique.

Dès la fin de l'été 1975, au moment où se met en place l'aide française au FLEC cabindais, Bob a écrit à Mobutu, dont le pays sert de base arrière aux opérations du Cabinda. « J'aurais été très heureux de vous rencontrer afin de lever cette hypothèque qui pèse sur moi et de dissiper toutes les équivoques pour l'avenir... » Bob évoque un « examen de conscience » en forme d'autocritique, et se déclare prêt, à nouveau, à « servir le Zaïre ». Le vieux rêve de la Brigade mixte... Au début de 1976, après le « démontage » de l'équipe au Cabinda et la réunion de ses hommes en Angola, il manifeste encore sa bonne volonté en regrettant les difficultés qui empêchent un contact sûr et discret entre lui et Mobutu. *In extremis*, alors que le repli dans l'extrême-Sud angolais doit s'effectuer sous les attaques des Migs de Luanda, Bob, par l'Afrique du Sud, se rend à la frontière angolaise, à Rundu, une zone complètement isolée entre la Namibie et l'Angola. « Il s'agissait de récupérer le plus vite possible une quinzaine de nos hommes dispersés et menacés par les raids aériens des Cubains, dans un territoire où les tribus étaient hostiles. La plupart ont fait des périples immenses, en voiture, à pied. Je restais sans nouvelles d'eux. Un repli qui relève du miracle. C'était de la folie d'envisager là-bas une action de guérilla durable, j'en ai parlé avec Savimbi, à Gago Coutinho. Il aurait fallu être au moins deux cent cinquante ; c'était mission impossible. À la mi-mars, la solution qui s'imposait était de rapatrier l'équipe, de liquider les indemnités des gars morts et blessés et les salaires de tout le monde. À partir de ce moment-là, notre subsistance n'était plus prise en charge ; il y avait comme d'habitude des questions d'assurances, car les compagnies ne couvraient pas l'Angola ni le Liban, d'ailleurs... Et puis on voulait ramener le corps d'Henri Alain, le fils du général Alain, un grand et beau type, pondéré, très réservé, qui avait été tué là-bas. Un ancien de mon 6e BCE qui s'était illustré avec Schramme à Bukavu. On n'y est pas parvenu, hélas. Il a été enterré sur place. Les gars ont dû tenir encore plusieurs semaines, beaucoup grelottaient de palu ou de fièvre typhoïde, " straffés " par les Migs sur la dernière piste à notre disposition, avant de pouvoir passer la frontière et repartir vers l'Europe ou le Gabon, en avril. » L'équipée angolaise s'achève.

Bientôt, dans le Nord, treize mercenaires qui se battent pour le FLNA d'Holden Roberto se font prendre. Le procès de ces hommes, dix Anglais et trois Américains ; la condamnation de leur chef, le colonel Callan ; les cent quarante morts dénombrés dans les rangs des mercenaires anglophones en Angola ont laissé dans l'ombre le courage et l'audace de Carnot, du Bosco, du petit groupe de Bob. Il n'empêche que l'éradication du mercenariat en Afrique est à l'ordre du jour de la session de l'OUA qui se tient, ironie de l'histoire, un an plus tard... à Libreville !

Entre-temps, bien qu'acculé dans le Sud, Savimbi n'a pas renoncé à la lutte. Les maquis de l'UNITA s'apprêtent à tenir, de longues années encore, avec l'aide de quelques volontaires restés en « free-lance », comme le lieutenant-colonel André, responsable de la formation et de l'entraînement de milliers de soldats de l'UNITA dans le sud du pays.

Pour Bob, toujours très attentif à ce qui se passe aux Comores, les deux opérations angolaises se soldent par un échec relatif, qu'expliquent en partie des circonstances peu favorables. Au moins ont-elles permis à Savimbi de se replier, d'obtenir un répit, et peut-être de se refaire.

En fait, depuis quelques années, s'esquisse une sorte de « multinationale du mercenariat », qui prend alors toute sa dimension. Le Gabon en reste la plaque tournante, et Paris l'antenne. Entre l'Europe et l'Afrique, Bob traite avec les chefs d'État et les services secrets occidentaux, comme chef d'une équipe spécialisée capable de monter des coups, d'intervenir dans les conflits régionaux, d'assurer la survie ou, au contraire, le renversement de régimes amis ou adversaires ; « des pompiers volants », en quelque sorte...

Lorsque Hassan II et la France s'inquiètent de la situation en Mauritanie, où le pouvoir de Moktar Ould Daddah paraît fragile face à la pression appuyée du front Polisario au Sahara occidental, Bob se rend à Nouakchott et observe. Le président Moktar joue les marabouts, se croit protégé des dieux et néglige les précautions relatives à sa sécurité. « Tout particulièrement en contact avec son directeur de cabinet, je me suis vite rendu compte des besoins, surtout dans une période agitée où le Polisario menait des raids de plus en plus audacieux, loin à l'intérieur de la Mauritanie. »

Bob sait que l'armée est dans le Nord, postée face à la menace sahraouie, et découvre à Nouakchott une présidence donnant directement sur le désert, à peine gardée, quasiment offerte à un éventuel assaillant. Ould Daddah n'a pas de sécurité rapprochée. Il va souvent à pied, sans escorte, sans garde du corps, de la présidence à sa résidence personnelle. Bob lui rend visite sans qu'aucun contrôle ne l'arrête. Une autre fois, alors que le chef de l'État rentre de Dakar, Bob, à l'aéroport, vient à sa rencontre, monte la passerelle sans être inquiété et se trouve nez à nez avec le président surpris.

« Ce coup-là, ça l'a quand même inquiété de se voir ainsi à la merci de n'importe qui animé d'intentions belliqueuses. Son fatalisme et son habitude de vivre ainsi ont été un petit peu dérangés. Je suis resté deux bonnes semaines sur place, j'ai fait des propositions au cabinet militaire, pour que soit mise sur pied d'abord une équipe de sécurité rapprochée, des spécialistes... Puis j'ai fait des suggestions concernant la défense en général, le renforcement de la sûreté intérieure. Le Polisario pouvait aussi bien atteindre Nouakchott au cours d'une de ses *ghazzia*, ces raids éclairs de mille kilomètres à travers le désert. Je ne croyais pas si bien dire... Pour Ould Daddah, il était déjà un peu tard... »

La sollicitude de Bongo à l'égard de son homologue mauritanien et les inquiétudes de Hassan confronté à ce maillon faible qu'est la Mauritanie dans la guerre du Sahara sont en effet confirmées un mois après le départ de Bob. En juin 1976, un raid du Polisario attaque Nouakchott et le palais présidentiel ; les guérilleros se retirent vers la frontière algérienne malgré de lourdes pertes. Ould Daddah, cette fois, a compris la leçon. Il met sur pied une garde présidentielle, suivant les conseils de Bob, et crée en novembre une académie militaire, avec des officiers français pour assurer la formation. Puis il demande officiellement l'aide du Maroc pour la défense de son pays, et celle de l'armée de l'air française. L'armée d'opérette de la Mauritanie, moins de deux mille hommes, a trop besoin de renforts pour dédaigner ceux des grands voisins, et surtout l'aide précieuse de la France, de ses Jaguars basés au Cap-Vert, et de ses techniciens civils et militaires qu'Ould Daddah avait pourtant prétendu chasser en 1973...

Bob, lui, est reparti pour le Gabon, afin de se pencher sur d'autres problèmes de garde présidentielle. La fameuse GP, avec ses chefs français et ses redoutables Marocains, laisserait-elle à désirer, tout à coup? C'est que Bongo règne sur un ensemble de clans – nationaux, militaires et civils, familiaux – qui entretiennent autour du pouvoir un climat d'émulation mais aussi de rivalités, de suspicion et de rumeurs. La mission d'inspection générale de ses armées, GP incluse, qu'il confie à Bob en 1976 participe sans doute d'une manœuvre. Bob trouve le cadeau quelque peu empoisonné et rend un rapport prudent sur l'organisation de la garde présidentielle, unité d'élite du pays, handicapée, dit-il, « par une certaine lourdeur » et qu'il propose de rendre plus opérationnelle. « La décision de réorganiser la GP, conclut-il, appartient au chef de l'État, mais, pour la mener à bien, ne faut-il pas fournir à l'inspecteur général qui en sera chargé l'appui moral indispensable et un soutien total? » Au vrai, Bob ne « sent » pas très bien cette mission et le rôle que Bongo voudrait lui faire jouer à ce moment-là à Libreville. « Je me trouvais mal à l'aise, entre le groupe d'officiers de la GP et des gens comme moi, rattachés à elle, mais restant autonomes. C'est pour Bongo, remarquable stratège politique, une manière de mettre les individus en concurrence et ainsi de mieux tenir son monde; mais cela m'a mis en porte à faux et cette mission a tourné court. »

Gilbert Bourgeaud préfère rester disponible pour des opérations à l'extérieur. La Guinée, peut-être, dont il a entraîné des opposants à Magesc un an et demi plus tôt. En fait, c'est le Bénin, l'ancien Dahomey, qui, à la fin de 1976, soudain, accapare tous ses soins, tandis que l'ombre se profile d'un retour aux Comores...

Le Maroc va servir d'intermédiaire, puis de commanditaire, et met d'abord en rapport Bob et le docteur Zinsou, « chef du Front de libération et de réhabilitation du Dahomey ».

Ayant connu depuis son accession à l'indépendance cinq coups d'État militaires et sept présidents, le Dahomey, devenu république populaire du Bénin en 1975, exprime jusqu'à la caricature l'instabilité des pays africains où l'État issu de la décolonisation se montre longtemps incapable d'exprimer une réalité nationale. Le coup d'État d'octobre 1972, qui porte au pouvoir le chef de bataillon Mathieu Kérékou, entraîne l'exil de Zinsou, renversé par les militaires trois ans plus tôt. Malgré divers complots, Kérékou préserve l'unité de l'armée et conduit son pays, à partir de 1974, à une radicalisation politique qui fait du nouveau Bénin un État marxiste-léniniste. Mais l'exécution, sous prétexte d'adultère avec la femme du chef de l'État, du capitaine Aikpe, à la mi-1975, déclenche les premières émeutes contre le pouvoir. En même temps que Kérékou dénonce les complots fomentés de l'extérieur par Zinsou et les « impérialistes », son ambassadeur à Bruxelles, Gratien Pognon, rejoint l'opposition. Zinsou trouve alors une oreille attentive à Rabat. Milices populaires, parti unique se confondant avec l'appareil d'État, nationalisations... toute l'évolution du régime de Cotonou ne peut qu'inquiéter les voisins francophiles – Togo, Côte-d'Ivoire, Cameroun, Gabon, Sénégal, ainsi que le Maroc, le Bénin ayant reconnu, dans la crise du Sahara occidental, la République sahraouie. Toutefois, malgré l'idéologie affichée, le Bénin entretient toujours de bonnes relations avec des pays occidentaux, notamment la RFA, et, dans une moindre mesure, la France et les États-Unis. C'est donc bien pour le compte principal des pays africains, Maroc d'une part, Gabon et Togo d'autre part, que s'organise à la fin de 1976 une tentative mercenaire de renverser le « grand camarade » Kérékou...

« Le Maroc a fourni tous les moyens, et le Gabon le transit... J'ai d'abord envoyé sur place un homme, le capitaine Gérard, pour dresser après une semaine de séjour un tableau de la situation locale, un repérage des lieux, une évaluation des forces armées et du climat politique. » Le rapport en question insiste sur l'isolement du régime en Afrique, la pauvreté du pays, malgré ses récents efforts d'industrialisation, les rivalités au sein de l'appareil dirigeant et la faiblesse des forces armées. Celles-ci seraient en outre divisées pour des raisons à la fois politiques et ethniques. Muni de ces renseignements, Bob indique aux opposants en exil que « seule l'intervention de l'extérieur d'une force armée peut être à l'origine d'un changement politique radical », facilité selon lui par le manque d'adhésion de la population à la dérive marxiste et autoritaire du régime. Comme toujours en pareil cas suit un plan opérationnel en trois phases, la préparation de l'opération, l'opération elle-même et la phase post-opérationnelle. La première comprend le recrutement de la « force Oméga », son regroupement et son entraînement, son équipement, son acheminement vers l'objectif.

« Là, le recrutement change. Les anciens ou bien ne sont plus disponibles, ou bien ne sont plus adaptés à une opération de commando de ce type. » Hormis l'état-major rapproché de cinq ou six, Bob dispose en permanence d'une dizaine de fidèles toujours enrôlables, « une petite association, une *cosa nostra*, très sélective et impénétrable ». Reste le plus difficile : trouver les autres, « anciens paras, légionnaires, commandos marine, un ou deux pilotes, deux ou trois radios, un ou deux toubibs. Les beaux temps du recrutement d'après l'Indochine ou l'Algérie sont clos et tous les petits groupes comme les anciens paras sont noyautés par la police... Il me faut cent types dont une fraction d'Africains ! Ceux-ci seront une trentaine, enrôlés à Abidjan et à Dakar ; des Guinéens travaillant aux Comores “ pour se faire la main ” et des Béninois opposants. Pour le gros de la troupe, soixante Européens s'avèrent un minimum. » Pour ce recrutement nouvelle formule, le problème crucial reste le contact. L'agence Havas-Contact, à Paris, fera l'affaire : une annonce dans dix journaux nationaux et régionaux lance l'appel, au nom d'une société de sécurité, la Société gabonaise de services, créée à Libreville par Bob : « Société de sécurité outre-mer recherche cadres toutes compétences ayant servi dans l'armée... » Cinq mille réponses ; un raz-de-marée. À l'issue d'un premier tri effectué sous l'œil avisé de Roger Bruni, il en reste cinq cents ; Bob a loué, sur les premiers fonds – 145 000 dollars –, un appartement dans le 15e arrondissement pour centraliser les préliminaires de cette sélection inédite. Sur cinq cents candidatures examinées, reste cent cinquante hommes à convoquer dans divers hôtels parisiens, pour une série d'entretiens serrés. Dulac, Cau, Bruni et, *in fine*, Bob lui-même, retiennent ainsi soixante hommes, écartant tous ceux qui suscitent le moindre doute sur leurs motivations ou leurs capacités. Puis c'est le départ pour la base d'entraînement de Benguerir, au Maroc. Les hommes partent par petits groupes dans la première quinzaine de décembre, munis d'un billet d'avion et d'une avance sur solde de six mille francs, correspondant à un mois de salaire.

Le contrat du Groupement étranger d'intervention, signé par Gilbert Bourgeaud et le FLERD, établi un budget préopérationnel pour quatre-vingt-dix hommes engagés pour trois mois. Une banque luxembourgeoise, qui est également celle de Bongo et d'Elf, la SIBA, puis une banque à Genève recevront les deux tranches du premier versement. Pour l'opération proprement dite et sa suite, 400 000 dollars seront versés par les nouvelles autorités du Bénin, somme garantie par Hassan II. Le contrat est daté du 5 novembre 1976. Un mois plus tard, les hommes sélectionnés sont au Maroc, accueillis par la gendarmerie royale et transportés à la base de Benguerir, dans l'Atlas.

Il y a là des anciens du Biafra et de l'Angola, d'anciens légionnaires d'origine allemande, « des gens qui avaient besoin d'un entraînement intensif pour se remettre dans le bain ». Bob laisse à Dulac le soin de l'instruction et de la mise en condition des hommes. « Ça a été une erreur, mais je ne pouvais être là-bas tout le temps. Dulac a voulu " casser " les types, dans le style de la Légion, mais nous ne sommes pas des légionnaires. »

Dc fait, l'entraînement, dans cette base désaffectée, où les conditions de confort sont très sommaires, est intensif, tout entier consacré au sport, à la technique militaire et à l'instruction commando. « Dix heures par jour de terrain, sans beaucoup souffler, dans une recherche de conditionnement physique et mental complet. On n'avait pas le temps, et un objectif important, qui ne souffrait pas l'amateurisme. »

Dulac, « le Grand », prend donc en main cette troupe disparate, qui comprend des soldats aguerris et des jeunes officiers de réserve qui ont besoin d'une « remise en forme » poussée. « Une autre erreur a été de privilégier le grade plutôt que l'expérience, et ça a donné lieu à des frictions bien compréhensibles, d'autant que Dulac a séparé les officiers de la troupe, au lieu d'assurer en priorité l'homogénéité du groupe. Je n'aurais pas mené les choses de cette façon, mais quand on m'a alerté, c'était trop tard. Une première date, pour l'opération, avait été repoussée, mais les Marocains craignaient des fuites et étaient pressés. »

Dans les quinze premiers jours arrivent les Africains dont la présence est jugée indispensable, politiquement et psychologiquement. D'abord les Béninois, puis les Guinéens. Le seul temps libre accordé au groupe se situe au moment des fêtes de fin d'année, mais, hormis cette brève détente, Dulac soumet ses hommes à un régime d'enfer. Beaucoup de marches, de tir et de tactique sur le terrain. Des exercices de nuit aussi, malgré la fatigue des recrues. « Dulac est un bon soldat, il a vraiment fait ce qu'il fallait pour tirer le meilleur parti de sa troupe. »

« L'entraînement a été poussé à la limite de ce que l'on peut demander à un homme. Le jour J, il faudrait aller très vite, un raid éclair, conduit à la perfection, avec quelques véhicules légers et une grande puissance de feu. »

Les armes sont des FAL belges, des fusils mitrailleurs MAG, des lance-roquettes antichars et des mortiers français, des bazookas M 72 et des point-50 américains. Un armement d'origines diverses mais de haute qualité, et des munitions à volonté. « On a tiré en un mois plus de munitions que j'en ai vu utiliser dans toute ma carrière dans l'armée française », racontera une des recrues, ancien sous-officier.

À Benguerir, toutefois, le cloisonnement reste de rigueur, gradés et soldats, spécialistes et hommes de troupe. Les visites du colonel Maurin, qui se mêle à tous les groupes, sont d'autant plus remarquées. Le colonel traîne la jambe et suscite l'admiration de ceux qui le connaissent. Il s'agit bien sûr de Gilbert Bourgeaud, alias Bob Denard, qui garde secret, pour la majorité de ses hommes, le but de l'opération. *Black out* total. Les lettres sont passées à la censure. Il n'est pas question de dire où l'on est ni ce que l'on fait. Les hommes savent bien qu'ils sont au Maroc, dans un camp gardé par les forces royales, à quelque cent kilomètres de Marrakech, mais ignorent leur prochaine destination. « On leur demandait beaucoup sans leur expliquer pourquoi, et ça a causé des problèmes, sans aucun doute. Il fallait être doublement volontaire, pour venir là et pour aller se battre sur un terrain qu'on ne connaissait pas. C'est pour cette raison que Philippe de Dieuleveult a renoncé. » Les jours passent, le conditionnement de la troupe s'accélère, la tension nerveuse s'accentue. Où va-t-on faire le coup de force? Certains, le soir, « travaillent au pendule » sur des cartes Michelin d'Afrique... Entre les Guinéens et les Béninois qui composent majoritairement le groupe africain, lesquels vont aller se battre dans leur pays? « Le secret et la pression étaient dès le départ essentiels à cette opération. »

15 janvier 1977. Ultime partie de la phase préopérationnelle : l'acheminement des quatre-vingt-dix hommes vers cet énigmatique objectif. Juste avant l'embarquement de sa troupe dans le DC8 de Jack Mallock, le colonel Maurin et un officier marocain, le colonel Dlimi en personne, passent les hommes en revue; à leur côté, le responsable politique qu'ils vont installer au pouvoir avec ses amis du FLERD, l'ex-ambassadeur du Dahomey à Bruxelles, Gratien Pognon... C'est donc vers le Bénin – apprennent les hommes – que s'envole le DC8, *via* Franceville, au Gabon.

À Franceville, les hommes de la GP de Loulou Martin, Pinaton en tête, sont là, ainsi qu'un DC7 à hélices qui perd de l'huile. Le transfert des hommes et des armes s'effectue, mais le décollage est retardé, jusqu'à 3 heures du matin le 16 janvier. Piloté par un Américain assisté d'un mécanicien sud-africain, l'avion vole vers l'ouest, puis plein nord. « Le pilote était un as; un Américain qui mâchouillait un cigare énorme. Il a volé deux heures au ras des flots, pour éviter la détection des radars, et son coucou est arrivé au large de Cotonou au lever du jour, sans encombre. » L'aéroport de Cotonou est en bout de plage; l'avion s'y pose, ce dimanche matin, et enfile immédiatement la bretelle menant près de la tour de contrôle, pour éviter de prendre la piste sur toute sa longueur et d'avoir à faire demi-tour. « L'avion tremblait terriblement, le pilote freinant à mort en inversant les gaz. »

À peine immobilisé, le DC7 dégorge sur la piste son contingent d'hommes. Par la porte arrière, une barre lisse permet aux membres du commando de glisser à terre. En quelques secondes, quatre-vingt-dix hommes sont à pied d'œuvre pour, selon l'ordre d'opération du GEI, « éliminer le régime actuel et mettre en place l'équipe nouvelle issue du Front de libération et de réhabilitation du Dahomey ».

Le 16 janvier 1977, à 7 heures du matin, le plan de Bob entre dans sa phase opérationnelle qui va durer exactement quatre heures et signifier l'échec sans appel d'un coup pourtant « parfaitement préparé et mis en œuvre »...

Le programme de l'attaque par surprise prévoit dans un premier temps, soit une heure maximum, l'attaque par trois groupes, vers l'est, de la Présidence, de la résidence de Kérékou et du camp militaire. Attaquer, occuper, neutraliser Kérékou, puis investir les bâtiments publics de la capitale, secteur ouest, afin que la nouvelle équipe dirigeante soit « présentée » à la population dans un délai de cinq à six heures après le déclenchement. La force Oméga se donne donc une matinée pour prendre Cotonou – ville de trois cent mille habitants.

Sur l'aéroport, cependant, dès l'arrivée du DC7, deux blindés béninois pointent leur nez, intrigués, tandis que le commando dégringole sur la piste. De la porte avant de l'appareil, Bob et Bruni tirent les premiers et dissuadent à la grenade antichar les deux blindés d'avancer. Un groupe de protection occupe l'aéroport et installe en défensive mortiers et mitrailleuses lourdes, tandis que deux groupes s'élancent à pied sur les trois kilomètres de sable qui séparent la piste de la Présidence et du camp militaire Guezo. Le troisième groupe, initialement affecté au contrôle de la route côtière, reste dans les parages. L'effet de surprise paraît tout relatif aux deux colonnes qui s'avancent vers le centre le long d'avenues désertées, avant de se heurter à un feu ennemi inattendu...

Eux qui croyaient envahir Cotonou, ce dimanche matin, sans rencontrer de résistance, s'étonnent d'abord de ne voir aucune activité dans la ville. Puis d'essuyer un feu nourri. Cela commence au débouché de la cocoteraie et s'amplifie aux abords de la Présidence, défendue par des mitrailleuses, tandis que des mouvements d'engins et de troupes s'effectuent du côté du camp militaire. De fait, l'ennemi est prêt à se battre ; Kérékou n'est pas là où on devait le « neutraliser », et l'avance du commando est stoppée. Est-ce le renfort imprévu d'une unité nord-coréenne séjournant à Cotonou ? La place de l'Indépendance, en tout cas, reste inaccessible, et leur préparation intensive ne suffit pas aux hommes désorientés, fatigués par de longues heures de vol, par la progression dans le sable, à franchir l'obstacle, ni même à s'adapter à cette résistance. La population locale, contrairement aux assurances des opposants béninois, ne manifeste « aucune sympathie active » à l'égard des envahisseurs. « De nombreux civils circulent et manifestement indiquent nos positions aux autorités », note Bob. Tirs d'armes automatiques, mouvement de blindés, défense à l'arme lourde des points stratégiques... « Il faudrait trente hommes de plus et du matériel lourd. » Une heure après le débarquement sur la piste de l'aéroport, son opinion est faite, le succès est impossible, l'ennemi en alerte a réagi vite et fort, la mobilité et la puissance de feu de la force Oméga, qui devait assurer sans coup férir la conquête de Cotonou, sont mises en échec. Le repli est à l'ordre du jour... À partir de 9 heures, il s'organise. À 10 heures, la décision de rembarquer est prise. Sur leur Jeep, Bob et Bruni se trouvent nez à nez avec un blindé. « Arrête-toi, je vais le bazooker ! » commande Bob. Bruni ne répond pas, appuie sur la pédale et coupe par la cocoteraie.

Une heure plus tard, sous les balles, les hommes remontent en bon ordre dans l'avion qui décolle aussitôt, les quatre moteurs poussés à fond, sur un bout de piste, et qui vire à basse altitude au-dessus de l'Atlantique, direction le Gabon.

Il est 11 heures. L'opération a duré exactement quatre heures. Bob laisse derrière lui deux morts, un Européen et un Africain. L'Européen n'a pas eu le temps de décrocher avec les autres. Blessé à la cuisse, il a préféré se tirer une balle dans la tête plutôt que d'être fait prisonnier. L'Africain, un Guinéen originaire du Sénégal, Bâ Alpha Oumarou, oublié à l'aéroport, est capturé par les Béninois et son récit va évidemment édifier l'opinion publique. Moins pourtant qu'une caisse, oubliée elle aussi sur la piste, au milieu des munitions et de l'armement abandonnés sur place. Une caisse où Bob a demandé à Bruni de ranger tous les documents relatifs à l'opération. Débarquée avec ses semblables à Franceville, elle aurait dû y rester ; mais, dans la nuit, le transbordement du matériel a été complet ; la fameuse caisse verte, sur laquelle est inscrite la mention « munitions 81 mm », s'est retrouvée au milieu des autres dans le DC7, puis sur la piste de l'aéroport de Cotonou. Et dans la précipitation du rembarquement, elle y est restée...

C'est ainsi que les autorités béninoises, puis l'OUA, la mission d'enquête du Conseil de sécurité des Nations unies et la presse sauront tout de la mission sur le Bénin, de la force Oméga, de ses commanditaires, de ses moyens, de ses effectifs... Et aussi de Gilbert Bourgeaud, grâce à sa carte d'identité, à son permis de conduire, à ses laissez-passer gabonais, à son contrat du 3 août 1976 avec la république du Gabon, rétribuant 500 000 francs CFA par mois ses fonctions de conseiller auprès de la présidence, à ses virements bancaires... De quoi assurer à Kérékou un éclatant succès politique, aux mercenaires un retentissant procès dans l'opinion publique africaine, et à leurs employeurs un embarras diplomatique majeur. De quoi casser la carrière de Gilbert Bourgeaud, et celle de Bob Denard, assez rapidement reconnu, sinon dans la presse et les organes d'enquêtes officielles, du moins dans les milieux informés.

Pour Bob et son état-major, l'opération de Cotonou, même si elle a échoué, reste un succès technique, compte tenu des moyens employés et de la résistance imprévue rencontrée. Le fiasco politique et les conséquences publiques les intéressent moins que le déroulement militaire de l'opération, sa préparation sérieuse, son déroulement conforme aux plans, jusqu'à ce qu'un rapport de forces défavorable oblige à décrocher. Les pertes ont été limitées, les hommes, après un « débriefing à Franceville », n'ont pas été inquiétés, et ont pu rentrer chez eux. L'état-major et les fidèles restent tout acquis à leur chef, prêts pour la plupart à le suivre ailleurs. Aux Comores, par exemple...

D'autres se montrent enclins à moins d'indulgence. Certains participants au raid s'interrogent sur la méthode de préparation employée, sur l'état physique et moral de ces hommes lancés dans une aventure dont ils ignoraient au départ le but; sur la confusion qui a pu régner dans les premières heures de l'opération au sein des groupes d'assaillants et sur les objectifs précis de l'assaut. Comment échouer sur un coup aussi bien préparé? On s'inquiète de fuites éventuelles qui auraient alerté le pouvoir béninois, qui expliqueraient la mobilisation rapide des forces de Kérékou et leur pugnacité, l'appel très vite lancé sur les ondes par le président; bref, tout ce qui n'était pas prévu dans cette action pourtant entourée du maximum de précautions. L'épisode de la caisse oubliée, avec ses documents si complets, écrits en clair, ne fera d'évidence que conforter le doute. Dans les services spéciaux, l'échec est acceptable, peut-être, mais la faute qui l'accompagne, et compromet tant de pays en livrant tous les ressorts d'une opération de ce type, paraît impardonnable. Des bruits courent, à nouveau, sur le compte de Bob, dont la presse se fait l'écho, après la publication par *Afrique-Asie* de l'intégralité des documents saisis. Kérékou aurait-il monté lui-même l'affaire, pour raffermir un pouvoir menacé de l'intérieur? Ou bien l'Algérie aurait-elle eu vent du projet et en aurait-elle averti le Bénin? Plus grave encore, aux yeux des gens qui recourent à ses services en Afrique : Gilbert Bourgeaud aurait-il trahi? Vendu la mèche au « camp ennemi »? Ou bien Bob Denard a-t-il décidé de « trahir Bourgeaud », de signer un coup manqué pour mouiller ses commanditaires, au premier rang desquels Bongo, président du Gabon mais aussi grand manipulateur des clans sur lesquels s'appuie son pouvoir?

Bob ne s'attarde pas à toutes ces théories formulées *a posteriori*. À Libreville, puis bientôt en France, où il revient dès le mois de mars, il se tait, fait le dos rond. Depuis le Katanga en 1962, il est habitué à ces polémiques qui l'ont poursuivi au Congo, en Angola. Que n'a-t-il déjà entendu déverser sur son compte de chef de guerre, et maintenant de « prestataire de services » traitant avec les gouvernements? L'histoire des mercenaires, depuis près de vingt ans, a déjà connu de ces échecs collectifs d'où émergent des hauts faits individuels; la légende glorifie ceux-ci en oubliant ceux-là. Elle consacre des héros à contre-courant de l'histoire de la décolonisation, champions de causes perdues dont le mythe nourri de nostalgie se bâtit sur la défaite inéluctable de leurs « partis ». Comment s'étonner que ceux qui survivent à cette contradiction suscitent, y compris autour d'eux, à l'intérieur de leur caste, des jugements sans nuances? Qu'à l'admiration aveugle des uns s'oppose la rancœur des autres? Que le héros mercenaire soit constamment tiraillé entre la représentation et le soupçon? Avec la mutation des années 70, la reconversion dans l'action clandestine, les liens occultes noués ici et là, le vernis d'idéalisme a pu parfois se diluer dans les eaux communes de l'intérêt. Où un Schramme ne pouvait survivre, où un Faulques ne s'engageait qu'à pas comptés, Denard a su s'immerger, naviguer, tirer son épingle du jeu, diriger son destin plutôt que le subir. Qu'importent alors les échecs comme celui de Cotonou, et leurs causes, puisque l'essentiel est de perdurer dans sa vocation ? Le fait est qu'après Cotonou, malgré la défiance des uns, la suspicion des autres, Bob Denard, survivant à Gilbert Bourgeaud, continue d'exister assez puissamment pour repartir, du côté de l'océan Indien cette fois.

LIVRE HUITIÈME

ANTINÉA

1.

Que sont devenues les Comores? Elles se sont anémiées depuis que leur intransigeance au sujet de Mayotte se conjugue aux maladresses françaises pour y imprimer le sceau d'une décolonisation ratée. Ali Soilih n'est peut-être pas une espèce de Pol Pot assoiffé de sang, mais il conduit son pays vers une faillite résumée ainsi par son Premier ministre, l'intelligent Abdillaï Mohammed : sur un budget annuel de huit milliards de francs CFA, une fois les six milliards de l'aide française disparus, les recettes propres s'élèvent à un milliard; soit un trou de sept milliards! Depuis que la France a coupé les vivres, les velléités d'économies et de lutte anti-corruption demeurent une gageure. Quant à l'ONU, elle donne deux mille cinq cent tonnes de riz alors qu'il en faut quinze mille!

Abdallah, président déchu et gérant de l'import-export comorien, s'est vu prier par Ali Soilih de reprendre langue avec les importateurs pour résoudre le problème du riz. Puis, magnanime, et sur la pression discrète de Denard, il a consenti à s'exiler en France. De passage aux Comores, au début de 1976, Bob avait rédigé un long mémoire à l'adresse du Sénégalais Senghor pour souligner qu'une totale défection française préluderait à d'autres alliances...

Ali dépêche une ribambelle d'ambassadeurs itinérants, sans parvenir à faire rentrer beaucoup d'argent dans ses caisses : cinq cent millions de francs CFA de l'OUA, quelques miettes du plan alimentaire de l'ONU, un million de dollars du Koweït; beaucoup de belles promesses surtout, un chaud soutien pour la réintégration de Mayotte au sein des Comores, cinquante professeurs sénégalais, tunisiens et belges, quelques médecins canadiens. Ce qui n'est pas insignifiant mais ne peut combler le gouffre du lâchage français.

Au lendemain de la fameuse « Marche rose », Ali, pour ne pas se laisser dévorer par son opinion, parle de déclencher sur Mayotte la guérilla, le terrorisme. Car Mayotte, comme pour l'irriter davantage, a répondu massivement « oui pour rejoindre la France » au référendum du 8 février 1976; ce qui d'ailleurs gêne Paris, hostile à cette « départementalisation » prématurée, relancée à hauts cris par Marcel Henry et ses partisans. Un processus plus lent paraît souhaitable à beaucoup, qui permettrait de conserver une chance de reprendre contact un jour avec Moroni.

Un deuxième référendum, le 11 avril, porte sur le maintien à Mayotte du statut de TOM. La réponse est négative. La départementalisation doit être immédiate ou ne pas être. Paris ne cède pas à la pression mahoraise et l'espoir point alors d'une reprise de la coopération entre les deux États. Elle achoppe sur la question de la présence militaire française à Mayotte, qui reste insupportable à Moroni. Finalement, Ali Soilih conclut au début de l'été 1976 : « La France est notre ennemi numéro 1. »

Dès lors, dans son esprit, l'ancienne patrie définitivement passée aux profits et pertes, Ali peut se consacrer à son grand œuvre : *réformer* les Comores. On parle désormais de bâtir une « réforme fondamentale » (en lieu et place de « loi fondamentale » ou de « Constitution ») après avoir préparé le terrain par une « transformation radicale des mentalités », autrement dit une « révolution culturelle ». L'idéologie a pris le pas sur le réalisme, et l'utopie du bonheur sur le bonheur tout court. Ali rêve, éveillé, de Comores « déféodalisées », modernes et autosuffisantes. De son rêve, certains ont fait une caricature, un nouveau chapitre de *La Vie des douze Césars* de Suétone. C'est exagéré, mais il n'est pas niable qu'il conduisait les Comores au précipice. De cette curieuse dictature, Gilçou, l'officier de Denard resté sur place, tracera un portrait un peu moins extravagant, moins suspect aussi que les philippiques diverses suscitées par « le fou de Moroni ».

La décentralisation prônée par l'agronome-politicien n'est

pas une mauvaise idée, puisqu'il s'agit de rapprocher l'administration du peuple et de briser le poids des féodalités. « Dès que les *mudiria* seront achevées, nous aurons gagné ! » proclame Ali. Ces *mudiria* qui lui tiennent tant à cœur représentent le socle de la décentralisation : un regroupement administratif de quatre mille à cinq mille personnes avec, au centre, en rase campagne, équidistant des principaux villages, un bâtiment qui regroupe tous les services – justice, stockage du riz et de la viande, état civil, services des lois et règlements, tutelle d'établissements publics, police économique... Les *moudir*, chefs des *mudiria*, se doivent de traquer la fraude et le marché noir, le bénéfice illicite et le gonflement artificiel des prix, en un mot, de briser le *m'karakara*, la magouille...

Dans ce phalanstère du troisième type, Ali Soilih, pris dans un délire à la Fourier, imagine des fermes pénitentiaires plutôt que la prison, des halls d'information où la radio diffuserait la bonne nouvelle aux paysans, des centres culturels « pour une culture autogestionnaire », des dispensaires, des écoles... Une revanche de la campagne sur le fait urbain, du paysan de la brousse sur les féodaux issus des quartiers clos de murs. Cela échouera, faute d'argent pour acheter le ciment des bâtisses et faute de riz, toujours monopole des marchands d'import-export et sans lequel il n'est ni liberté ni bonheur.

« Un état socialiste, mais original, avec une touche comorienne. La seule chose qui eût manqué dans ces *mudiria*, note Bob, est une mosquée. S'il avait commencé par faire cela, il gagnait. » Mais Ali veut bien davantage ; il veut briser les féodaux et leurs alliés, piliers de la tradition, charlatans et bureaucrates, sacrifier la « bourgeoisie jouisseuse » sur l'autel du nouvel homme comorien. Cet *Homo novus*, il le veut libéré des traditions et des tabous, des dépenses ostentatoires d'inhumation comme de « Grand Mariage », qu'il supprime. Le Grand Mariage, c'est la plus vieille tradition comorienne, le rite indispensable pour qu'un homme – souvent à quarante ans révolus – devienne un véritable adulte jouissant du droit de la parole en public. Bijoux d'or – parfois plusieurs kilos –, cadeaux, cérémonies fastueuses offertes par l'époux, compensent l'apport de la maison par l'épouse ; un luxe qui peut lui coûter l'équivalent de trois mille francs, une fortune dans un pays où le salaire mensuel de l'ouvrier est inférieur à deux cents francs par mois. Ali taxe cela d'immoralité et de danger pour les pauvres qui, s'endettant vis-à-vis des notables, soutiennent sans le savoir l'insupportable féodalité des clans. Son erreur est de s'y attaquer avec brutalité. Là où il faudrait éduquer, Ali brise. « Il a imposé sa volonté par la force, souligne Gilçou. Pour des Comoriens, craintifs de nature, c'était insupportable. »

Ali juge la femme opprimée ; il la libère en la débarrassant d'abord des signes extérieurs de son asservissement : le *chiromani*, le voile noir, ne lui couvrira plus la face. Interdit, comme aussi le décolleté et la minijupe. Des femmes, par centaines, ont solennellement choisi Magudju, « forum » de Moroni, là où se joue la palabre politique et sociale des mâles, pour y brûler leur voile. Par ordonnance, Ali consacre l'autodafé. Par ordonnance encore, il limite la dot du mari à huit grammes d'or ou d'argent.

L'islam et la tradition sont bafoués. Sorciers, devins, astrologues, harcelés comme mystificateurs et sangsues pour le peuple, donc complices des féodaux, dépouillés de leurs grimoires, sont pourchassés. À l'adresse des récalcitrants, on restaure ce vieil ostracisme comorien, le *gungu*, où le coupable, affublé d'un collier de coquilles d'escargot, couvert de cendres, est traîné devant une foule hilare, puis expulsé. « J'avais la conviction qu'un peuple ne peut aborder et réussir son développement économique en traînant de telles séquelles et j'ai franchement soutenu la jeunesse partout dans sa volonté de changement », confessera un jour Ali Soilih à Bob.

On discrédite les vieux, les jeunes sont exaltés. La peur s'installe aux Comores. L'homme nouveau sera jeune. Le 3 août 1976, anniversaire de la révolution, Ali jubile à voir défiler sa jeunesse, aux couleurs rouge et verte du futur ; déclare libre l'accès pour tous les enfants à la classe de sixième, proclame d'y faire enseigner le Coran en comorien. Que les jeunes défendent leur révolution, se groupent en comités populaires, arrachent les *chiromani*, pourchassent les réfractaires, bousculent les notables !

Un « État lycéen », raillera la presse, où élèves de première et de terminale, groupés en « bureaux politiques », nourrissent le « dynamisme révolutionnaire », traquent les déviations, garantissent la paix, la nourriture en riz, en sucre et en sel, organisent la jeunesse. Ali Soilih multiplie les meetings et les discours fleuves à la radio tandis que pleuvent les coups sur le dos des gens trop pieux à l'entrée des mosquées, que de « notables » maris sont forcés, sous la menace, de balayer devant leurs femmes et que les *mudiria* commencent de s'ériger par le travail forcé.

Zèle dont Ali n'ignore rien, pas plus que celui, plus sauvage, de ses commandos *moissi*. Car les *mapinduzi*, les « gardiens » qui l'accompagnaient lors de son coup d'État, sont devenus des *Moissi*, en hommage à celui des leurs tué lors du débarquement de septembre 1975 sur Anjouan. Cette police politique, composée de très jeunes gens vêtus de noir et de rouge, basée dans l'ancien camp de la garde comorienne, en plein cœur de Moroni, traque les « inciviques », les suspects, les tièdes. Les *Moissi* sont la main du président. L'inspecteur de police Amada, patron de la Sécurité et leur chef, ne reçoit d'ordres que d'Ali. « Ces jeunes, sympathiques et ouverts durant les cours d'instruction, note Gilçou, partaient brusquement en mission; là, ils devenaient violents. Je les voyais revenir avec leurs victimes; les visages étaient tuméfiés; souvent ils les laissaient croupir dans des citernes. » L'armée – six cents hommes, encadrés par des Tanzaniens – vit dans la torpeur. En revanche, les *Moissi* s'agitent, rééduquent, humilient, torturent. Les bases de la nouvelle société voulue par Ali sont en place et l'islam sera « purifié ». On ne se veut pas irréligieux; on prône un nouvel islam où la femme serait libérée, le notable privé de son Grand Mariage, donc de sa place privilégiée à la mosquée. Bientôt, quatre mille Comoriennes en treillis pourront exiger d'aller « libérer Mayotte du joug colonial ». Mayotte qui demeure « la grande affaire ».

Pour le bonheur d'Ali, le 21 octobre 1976, à une majorité écrasante de cent deux voix contre une et vingt-deux abstentions, l'ONU a porté une condamnation contre la France dans cette « affaire ». Ali parle alors d' « effacer la brouille » avec la France et reçoit en décembre 1976 une délégation envoyée par Giscard d'Estaing. Serait-on à la veille d'une reprise de la coopération? La réponse d'Ali est sybilline : « Le jour où seront achevées les *mudiria*, peut-être ! » Comment ne se sentirait-il pas isolé en ce tournant de l'hiver

1976-1977? Il redouble de prudence. À Moroni, à Paris, courent des bruits de complots; le nom d'Abdallah, le président déchu, flotte sur toutes les lèvres; ce « valet de l'impérialisme », tonne la propagande d'Ali – lié à Marcel Henry, le leader mahorais en personne –, s'emploierait à soudoyer des mercenaires avec l'argent de Paris.

Entre le 20 et le 22 décembre survient le drame de Majunga, à Madagascar. Une querelle entre deux familles de Madagascar – une comorienne, une malgache –, dans une ville du Nord-Ouest, a rallumé la vieille haine portée par les Malgaches aux Comoriens et déclenché le massacre de la communauté comorienne. Mille quatre cents disparus; les maisons pillées et brûlées, les survivants internés. Courageusement, Moroni a organisé le rapatriement de ses vingt mille ressortissants, dont beaucoup de blessés graves. À leurs soins, leur logement, leur survie sont dévolus l'argent et le ciment destinés à l'achèvement des *mudiria*. Une bonne œuvre, mais une aggravation de la faillite. Le plan des *mudiria*, le socle de la réforme d'Ali, marque le pas. Un malheur ne venant jamais seul, après Majunga, c'est Singani, un petit village englouti avec son voisin Hetsa par la lave du Khartala qui noie cent hectares des meilleures terres.

En février 1977, l'écho du « coup du Bénin » est parvenu jusqu'à l'archipel. La crainte est alors réelle que ce débarquement sur Cotonou ne soit la répétition d'un raid futur sur les Comores, fomenté par un « président déchu » prêt à tout pour recouvrer « son trône », aidé par une poignée de gaillards.

2.

« J'ai vécu avec le Colonel des moments exceptionnels. Tandis que nous agissions chacun de notre côté, en notre âme et conscience, j'ai conservé de lui un souvenir profond. Cela n'a rien à voir avec les affaires d'État », confessera plus tard Ali Soilih. Un sentiment peut-être sincère, comme celui, aussi, de débarrasser les Comores de la présence encombrante de Denard. Les rapports se sont détériorés, voilà qui paraît évident dès juillet 1976, comme le souligne Saint-Hubert – l'un de ceux du « coup de 75 ». Bob aura tout tenté, surtout de dissuader Ali de rompre avec la France. Saint-Hubert, « ambassadeur » de Bob, a alors essuyé un camouflet en compagnie de l'ambassadeur du Sénégal Guillabert : la France a beau promettre de donner un statut de collectivité française et non de département à Mayotte, Ali refuse de composer et réplique en public par un discours incendiaire.

Deux nouvelles tentatives sont également vouées à l'échec, dont la dernière, le 20 novembre. Ce jour là, à Orly, Bob, qui reçoit les cinquante passeports nécessaires au projet *Cotonou*, glisse à Saint-Hubert qu'à l'égard d'Ali il se montrera ferme et évoquera, à défaut du bon vouloir des Comoriens, « son remplacement à la tête du pays par des moyens expéditifs ».

2 décembre : « J'ai pris la décision, quant à moi, de tout faire pour le faire disparaître de la scène politique. Sa violence contre la population devient intolérable. J'ai repris contact avec toi et nous avons décidé de passer à l'action », note Saint-Hubert. « Pour le nerf de la guerre, pourquoi ne

pas s'adresser aux principaux intéressés au renversement d'Ali Soilih... les éliminés de 75? », suggère Bob.

Quant à Yves Le Bret, « ambassadeur itinérant » d'Ali Soilih, il ne démord pas de sa mission. Il quête des fonds, plaide la cause du président auprès des États, des banquiers et même... de Bob Denard. Bob a de la sympathie pour Le Bret, son caractère bourru, son laconisme, sa manie du secret, sa franchise. Le Bret a misé sur Ali, mais il lui garde son amitié, même s'il se trouve parfois en contradiction avec lui. Bob ne lui a jamais caché qu'Ali, à ses yeux, courait vers l'enfer. Le Bret pense que l'enfer est pire ailleurs et qu'une révolution « à la comorienne » vaut mieux qu'un retour d'Abdallah et des « soi-disant vieux sages ».

– Crois-moi, Ali se calmera s'il ne se sent plus menacé, s'il peut faire ses *mudiria*. Il renouera avec la France.

– Je ne te dis pas qu'il a de mauvaises idées, rétorque Bob. Mais l'idéologie perd tout. Je suis un paysan, je déteste l'idéologie toute faite. J'ai foi dans l'homme, la bonne volonté, le bon sens, le travail, la conscience. Ali pousse les Comores à la ruine. Non à la féodalité, au *m'karakara*, soit; s'attaquer à la religion, aux coutumes, et le peuple écrasé, c'est trop. Les hommes de plus de trente ans perdus pour la société? Les jeunes de quatorze ans au pouvoir? Non!

– Reviens le voir aux Comores!, demande tout de même Le Bret. Abdallah s'agite... Aide-nous à le neutraliser. Montons un kidnapping... Avec un des bateaux d'Olhagaray; Abdallah réexpédié à Moroni, ce serait mieux.

– Je n'ai pas le temps, Yves, je me consacre à mon patelin!

Bob, pour donner le change, n'a rien trouvé de mieux, en effet, que de s'intéresser à la politique locale et de conduire une liste aux élections municipales de Grayan...

« Je médite une campagne à l'américaine. On va s'amuser comme des fous. »

Au début de janvier 1977, Saint-Hubert a repris contact avec Abdallah le proscrit et lui a suggéré de se tourner vers le colonel Gilbert. Le président déchu est dans une telle impasse que le conseil lui semble une aubaine et qu'il en oublie d'un coup le passé.

15 février 1977, Paris : un salon feutré du restaurant La

Pérouse abrite les conciliabules d'Ahmed Abdallah, entouré de Mohammed Ahmed et de Kalfane, un gros commerçant indien, avec son « persécuteur », Bob Denard, flanqué de Saint-Hubert et de René Dulac. « C'est tout de même extraordinaire, se dit Bob. Ce président que j'ai fichu à la porte me demande de le remettre au pouvoir. »

– Monsieur le président, cela me fait plaisir de vous revoir ici.

– Moi aussi, et aussi de vous parler... librement.

– Je vous dois des excuses. Je suis l'artisan de votre malheur, de celui de votre peuple. Je me fais un devoir de réparer cela.

– Vous êtes un homme droit, je le sais. J'ai confiance en vous. Aidez-moi à redonner sa liberté à mon peuple.

– Président, vous savez qui je suis et connaissez sans doute mon passé. Consultez vos relations. Je voudrais votre confiance absolue, un contrat moral.

– Ma confiance, vous l'avez, elle ne faillira pas.

Mohammed Ahmed sourit. « Il est rondouillard, sympathique, intelligent. Mais moins éloquent qu'Abdallah », note Bob.

– Président, à partir d'aujourd'hui, silence et discrétion absolus. Ne parlez à personne de nos rencontres... Vous êtes sûrement surveillé. Mohammed Ahmed seul établira les liaisons. Est-ce que vous savez que Le Bret m'a proposé d'organiser votre enlèvement?

– Et si nous en faisions le simulacre? suggère Abdallah en riant. Ne faut-il pas donner confiance à Le Bret? Gardez donc le contact.

« Abdallah inspire le respect malgré les rumeurs qui courent sur lui. Il choie sa famille? Mais il considère objectivement le peuple comme sa famille. Paternaliste?... C'est un peu désuet, mais nullement antipathique! » Sa confiance accordée, sa décision prise, Abdallah, en seigneur, ne reculera pas, ira jusqu'au bout. Avec un réel amour, il parle à Bob des Comores, des appels au secours quotidiens, de sa famille emprisonnée, de ses deux plus jeunes fils, des jumeaux, que l'on cache à Anjouan. « Ce peuple souffrait. Tant de sources en témoignaient. Libérer les Comores, ce n'était pas un coup d'État, mais une souffrance à soulager. Une mission. » Une « opération spéciale » que Bob évalue à trois millions de francs. « Ah, je manque de parfum pour sauver mon pays ! », gémit Abdallah. Ce qui signifie que le rapport de l'essence d'ylang-ylang baisse. Bob prendra l'habitude de ces formules imagées. Le trio – Abdallah-Mohammed Ahmed-Kalfane, trois des plus grosses fortunes de l'archipel – a fini par réunir la somme, l'a confiée à Bob, dans une valise, en grosses coupures de 500 F, sans reçu, sans témoin, « en confiance ». 250 000 francs rémunèrent Saint-Hubert. Le reste est discrètement placé en banque.

L'opération *Comores II* commence sous de bons auspices. D'emblée, Bob décide qu'elle se fera « par air » – aéro-transportée – comme pour le Bénin, dont l'échec final ne peut masquer la réussite technique. Sans doute depuis le raid sur Cotonou surveille-t-on un peu mieux les aéroports, mais cela reste le moyen le plus simple, le plus rapide.

Mars 1977. L'OPS est prévue, avec l'appui logistique rhodésien et Salisbury comme base de départ. Contact pris, le transit pour le regroupement pourrait s'effectuer *via* l'Afrique du Sud. Bob n'en touche pas un mot à Abdallah. Il connaît le poids du secret. « On est en train de travailler. Ne vous inquiétez pas, monsieur le président. »... « Abdallah voyait beaucoup de monde, demandait de l'aide à droite et à gauche, allait à La Mecque pour prier... et probablement tendre la main. Je lui avais dit : “ Président, ne demandez plus rien à personne. Il nous faut être *discrets*. ” »

Dans le coup se trouvent Dulac, le Grand, son premier adjoint, professionnel de grande classe, et des « jeunes », Jean-Louis, Gérard, Laurent, connus et appréciés lors de l'OPS-Bénin. « Les Comores? Aucun de nous deux n'était fana, se souviennent Jean-Louis et Gérard... Mais, lui, on l'aurait suivi jusqu'au bout du monde ! » Pour le recrutement, on dispose, « depuis le Bénin, d'hommes tout prêts, qui se connaissent, techniquement au point, entraînés » : Jean-Louis, toubib dans le civil, s'occupe de la partie sanitaire et médicale, Gérard de la paperasserie, des contacts, du recrutement.

À la fin d'avril, on peut compter sur quatre-vingt-deux hommes lorsque survient la mauvaise nouvelle : leur passage en Rhodésie va poser un problème, car l'Afrique du Sud se dérobe et refuse le transit, contrairement aux promesses de ses « services ». Motif invoqué, la sécurité. Une tuile, car depuis avril, des équipements sont achetés, et les gars « retenus » et payés, « qu'il a fallu démobiliser et indemniser pour éviter les fuites ». Certains vont en Rhodésie où le pouvoir blanc recrute contre les rebelles de Mugabé, « parfois avec mon consentement et une promesse de retour, pour d'autres sans l'espoir de nous revoir ».

Pour égarer les curieux, on laissera évoquer de fausses pistes... São Tomé, la Guinée équatoriale. « Il suffit de glisser l'info à certains individus pour qu'elle diffuse à travers les milieux professionnels. » Après la défection sud-africaine, on se rabat sur le sultanat d'Oman qui pourrait faire une bonne base de départ; on y compte une société de Jack Mallock et l'appui de certains amis marocains. Les Rhodésiens entretiennent des contacts excellents avec Oman. Le chef de la *Special Branch* et son homologue du sultanat, un général de brigade d'origine canadienne, poussent l'affaire « pour la défense de l'islam et contre le marxisme en Afrique ».

L'accord semble conclu le 25 avril, à l'hôtel Britania de Londres. « Abdallah et surtout Mouzawoir Abdallah, l'actuel ministre des Affaires étrangères d'Ali Soilih, qui s'est engagé en secret auprès du président déchu, mèneront une politique pro-occidentale dans le cadre du non-alignement. En outre, la création d'un centre d'entraînement antisubversif apporterait une aide bénéfique avec un maximum de sécurité aux pays qui pourraient en avoir besoin », assure Bob en retour. Malheureusement, l'affaire achoppe encore. Trois mois s'écoulent en vaines palabres. En septembre 1977, Abdallah « est déçu, parle peu et prie beaucoup ». Les voilà seuls, sans appui, avec un budget largement entamé, ce qui altère l'humeur du troisième homme, le commerçant indien Kalfane qui, en voyant Bob, crierait volontiers « au voleur ! » Ce qui l'élimine *ipso facto* du complot, avec les remerciements d'Abdallah et la promesse ferme de renoncer à l'opération qui, décidément, ne serait pas sérieuse. *Exit* Kalfane.

Cependant Abdallah et Mohammed Ahmed, eux, continuent de faire totalement confiance à Bob Denard. Mais il faut deux millions supplémentaires, et ils ne les ont pas. Bob devra alors prêcher d'exemple et investir dans l'opération, faire ce qu'il n'a jamais fait en vingt ans de carrière

– prendre sur ses économies, hypothéquer son garage de Lesparre, réunir un million. « Jamais je n'avais ressenti cela. Cette fois, c'était différent, je m'étais épris des Comores. Toujours me trottait dans la tête l'idée d'y établir cette base arrière dont Ali Soilih avait ruiné l'idée... Mais, surtout, une prodigieuse envie de réussir et de libérer ce peuple. Le destin me faisait signe une seconde fois; cela ne se méprise pas. Cette fois, ce n'était ni le Bénin, ni l'Angola ni tout le reste. Je crois dans les signes, dans la chance, mais plus encore dans la volonté de vaincre en allant jusqu'au bout de ses limites. Et puis, on ne reste pas sur un échec. »

Il a décidé de réaliser l'opération par mer et s'en est ouvert à Saint-Hubert. Il pose la question de confiance à ses adjoints :

– Voilà, je veux faire une opération complètement indépendante, en achetant un bateau ! Cela a l'air insensé; mais ma décision est irrévocable. Je ne veux de vous qu'une réponse : acceptez-vous d'en être ou non?

– Tu es complètement fou ! riposte le Grand. Tu veux faire le tour de l'Afrique avec un bateau, des types qui ne sont pas des marins, et débarquer avec des fusils de chasse calibre 12? Je le répète, tu es fou. C'est impossible !

Dulac, froid, organisé, intelligent, le meilleur dans la profession, a le jugement sûr, et Bob accuse le coup tout en pensant : « le Grand a lc mal de mer, je le sais ! Quant à trouver mon idée de fusils de chasse inadaptée, il me fait marrer, lui qui en 1975 a débarqué sur Anjouan avec trois types face à cinquante, sur un petit Cessna. Il sait parfaitement qui il a en face, et même avec une arbalète il n'hésiterait pas. » Dommage, car Bob porte au Grand une belle estime.

– Helmut?

L'Allemand, vieux copain de Bob, va dans le même sens que Dulac.

– 10 000 francs que vous échouez, patron.

Pari tenu ! Les deux plus jeunes, Jean-Louis et Gérard, se sont regardés, interloqués.

– Nous, patron, on démarre dans le métier. On vous fait confiance. On n'a pas beaucoup d'argent, un million de centimes ou deux, mais on les met dans l'affaire avec vous. On vous suit.

– D'accord, mais à partir d'aujourd'hui je ne peux plus vous payer. C'est l'aventure qui commence. Je vais vous demander tout et ne rien vous donner. C'est un coup de poker. Merci de le tenter.

À compter de ce moment, ils partagent le secret, avec Abdallah, Ahmed, Saint-Hubert, à l'exclusion de tout autre, y compris des deux amis laissés aux Comores, Christian Olhagaray et Gilçou. On peut toujours redouter une imprudence et Radio-Cocotier s'emporte si vite...

À Abdallah, Bob a conseillé de jouer un nouveau rôle, celui du dépité, qu'il interprète à merveille, et de déclarer si besoin est à son entourage que l'affaire est close! « Nous allons désormais nous voir moins, président, c'est préférable. » Comme il faut des noms de code, Abdallah s'appelle désormais « Bako » et Mohammed Ahmed « Gache ».

Rien n'est moins simple que d'acheter un bateau à l'usage de l'opération. Il faut d'abord se fabriquer une nouvelle identité. Avec de vrais-faux papiers achetés – il y a pour cela des filières –, voilà Bob Denard dans la peau de M. Henri-Antoine Thomas, citoyen de Genève, désireux d'acquérir un bateau pour sa société de géophysique – une société panaméenne, édifiée par les soins de Saint-Hubert et domiciliée en Suisse, à Genève. M. Thomas aura un appartement à son nom et un compte en banque. Bob n'éprouve pas plus de peine à enfiler la défroque de Thomas qu'à entendre la douce voix de la beauté mauricienne, rapatriée sur Paris et mère d'une petite fille, l'appeler du seul nom qu'elle lui connaisse : Gilbert.

Le hasard remet M. Thomas sur les traces du commandant Guillaume, le fameux « Crabe-Tambour », l'homme qui a rallié en jonque la Somalie italienne depuis l'Indochine en soixante-douze jours, l'homme de courage et d'amitié qu'il a connu à l'époque du Biafra. Bob lui explique le type de bateau qu'il recherche, la route qu'il compte prendre, non pas celle de la Méditerranée et du canal de Suez, trop « chaude », trop contrôlée, mais la voie atlantique et le cap de Bonne-Espérance. Le Crabe-Tambour ne pose aucune question sur la destination, ce n'est pas son habitude. « J'ai compris ce que vous voulez! », dit-il simplement.

Ensemble, ils ont fini par dénicher à Lorient un chalutier de haute mer, de soixante-quinze mètres de long, baptisé *Cap Fagnet*; il a déjà effectué des missions de géophysique. Le *Cap Fagnet* est désarmé dans le port; *à vendre.* « Un grand morutier classique, une des plus belles coques qu'on ait jamais construites ! » tranche Guillaume qui connaît bien le bateau. Mais, pour plus de sûreté, ils vont l'« expertiser » ensemble, pendant ce mois de décembre 1977. Le bateau est en liquidation judiciaire, ce qui alourdit les formalités. Peu importe à M. Thomas qui jongle avec ses faux papiers, se met d'accord sur le prix avec le syndic – une dame de la bonne bourgeoisie – et verse cash le million deux cent mille francs demandé.

Le bateau, désarmé depuis six mois, a besoin d'une sérieuse remise en ordre : « On avait l'impression que les gens étaient partis en fermant la porte. Je me suis dit qu'il y en avait bien pour 800 000 francs de travaux ! » Prévision qui s'avèrera optimiste. Et s'il peut trouver facilement des techniciens radio, ou en électronique, il n'a pas de mécanicien de la marine. « L'ancien chef mécanicien de ce bateau, signale Mme le syndic, vient de prendre des congés de longue durée... Mais pour vous aider, peut-être... »

Le chef Pierre – c'est son nom – accepte. « Soyez prudents, les gars, signale M. Thomas à ses adjoints Jean-Louis et Gérard, c'est un leader CGT du coin. » Mais le commandant Guillaume a confiance en lui et la réciproque est vraie. Il est sympathique, il aime son métier et le travail bien fait.

Décidément, M. Thomas se sent bien dans sa peau en armateur de terrain, en homme de bateau, comme au temps du Biafra, du *Mi Cabo Verde*. Il ouvre un compte en banque à Lorient, prépare avec Saint-Hubert l'immatriculation du navire sous pavillon panaméen, et contemple l'« outil » : 75 mètres, un tirant d'eau de 6 mètres 50, une autonomie de mer de trois mois avec ses 500 000 litres de gas-oil, une grande chambre froide de 500 m^3 pour stocker les vivres. « Mieux vaut voir grand pour ne pas avoir de surprise ! » Tout irait encore mieux si « ce satané ancien propriétaire » du *Cap Fagnet*, héritier assez ruiné d'une grande famille d'armateurs de pêche reconverti dans la géophysique et l'exploitation sismique des océans, ne voulait y fourrer son nez. « Il m'interroge, note Bob. Qui suis-je? Où vais-je? Quelle est cette société? Il m'énerve à la fin! » Pour le décider à leur ficher la paix, Bob lui propose de lui louer un bureau. L'autre, « trop heureux de mettre un peu de beurre dans ses épinards », se montre moins curieux. « Nos bureaux à Lorient se trouvaient ainsi – c'était prémonitoire – *rue du Bout-du-Monde*!

3.

Moroni, 1977. La « table rase » voulue par Ali Soilih pour purifier le pays des miasmes du passé impose à l'étranger l'image d'un régime fou. La purge des fonctionnaires, ces trois mille cinq cents « parasites féodaux renvoyés chez leurs mères », doit sa précipitation à la faillite financière. L'accueil des survivants du massacre de Majunga, l'installation des sinistrés de l'éruption du Khartala ont achevé de vider les caisses. La loi fondamentale du 23 avril 1977 instaure une « république démocratique, laïque et sociale » (incluant Mayotte), appuyée sur le pouvoir populaire de base des cinquante-sept *mudiria*. Mais les discours d'Ali ne nourrissent pas son peuple; l'isolement s'aggrave; Air France ne dessert plus les Comores. Le riz manque cruellement. Les *mudiria* au coût de trois cent cinquante millions de francs CFA, piétinent. Le pays est paralysé. Les impôts – sans fonctionnaires – ne rentrent pas. Le Trésor est vide.

« Le 13 avril 1977, j'ai dissous le gouvernement, toute l'administration; j'ai démissionné de mon mandat de chef d'État, je suis rentré dans mon village. L'Assemblée nationale m'a donné un mandat de six mois pour mettre en place les nouvelles institutions », déclare Ali. Les Comores sont gouvernées par un conseil d'État coiffant les ministres du Plan, des Affaires intérieures, des Affaires extérieures; un pouvoir populaire d'ouvriers et d'étudiants chargé de la sécurité et du commerce des denrées de première nécessité; une administration décentralisée, comprenant les *mudiria* (communes) et les *bavou* (régions).

L'aide financière extérieure est une goutte d'eau, un chèque du roi d'Arabie Saoudite : deux cent cinquante millions de francs CFA; un chèque d'un sultan du Golfe : soixante-quinze millions de francs CFA; un chèque de la Ligue arabe : deux millions et demi de francs CFA; un chèque de la Libye : deux cent cinquante millions de francs CFA; de petites aides de la Suède, du Nigeria, de l'Irak pour les rescapés de Majunga. Devant l'énormité du trou créé par le retrait de l'assistance française, un triple choix s'offre à Ali : de nouveaux impôts? C'est impossible et irréaliste. La tutelle d'une grande puissance? C'est insupportable... « Mon idée est de maintenir coûte que coûte l'unité des trois îles en attendant de se réconcilier avec la France et donc avec Mayotte », souligne-t-il. Reste à réclamer au peuple des sacrifices et à bloquer les salaires, qui seront versés un mois sur trois.

Le 28 octobre 1977, Ali a demandé par référendum un délai de grâce au peuple, accordé par 55 % de votes favorables, et s'est lancé dans une planification ambitieuse qui permettrait de parvenir, dans le futur, à l'autosuffisance alimentaire, en réduisant les importations de riz, en augmentant la culture du maïs, en favorisant le petit élevage et la pêche. Sans grand succès. Il faudrait pour cela nationaliser les grands domaines à cultures de rapport – vanille, girofle, ylang-ylang – qui, seules, rapportent des devises. Mais ce serait tuer les Comores.

Ali semble assister, impuissant, à l'inéluctable dégradation. Il est peu probable qu'il ait pu tout contrôler, désorganisation, exactions des commandos *moissi*, brutalités, tortures. Entouré de flatteurs, de courtisans, il vit coupé du monde, hors des réalités. Il ne sort de M'rodjou, sa résidence, que pour ses visites sur Anjouan, huit jours tous les deux mois. Il craint Anjouan, elle reste l'île d'Ahmed Abdallah, de ses partisans, que l'on trouve même parmi la jeunesse étudiante de Mutsamudu et de Domoni. Mais Ali aime braver le destin, et il sort seul la nuit, en voiture, sans protection, sans garde du corps, en « rêveur » peut-être, mais courageux certainement.

La libération des femmes, qu'il veut absolue et rapide, au mépris des coutumes et de la religion, doit se manifester à la base. En août 1977, il ordonne à Gilçou de former une police mixte de cinq jeunes par *mudiria*, trois filles et deux garçons. Comme il y a une soixantaine de *mudiria* en projet, cela fait trois cents adolescents à instruire militairement... « Les filles étaient beaucoup plus douées que les garçons, se souvient Gilçou, mais on sentait bien que tous ces jeunes n'étaient venus que pour la gamelle ! »

Déterminé à alphabétiser le peuple, « Ali en confie la tâche à de jeunes doctrinaires maladroits... Toute l'autorité allant à la jeunesse, ce qui bafoue les traditions de l'islam. Comités de village, comités révolutionnaires. » Comités, comités, comités, Ali endoctrine. « Les vieux, très religieux, remarque Christian Olhagaray, toujours aux Comores, s'assoient sur des bancs devant la mosquée, au soleil, et l'on peut voir leurs mines se ternir, lire dans leur regard qu'ils attendent le miracle qui viendrait les sauver. Leurs enfants se détachent d'eux, ce dont ils souffrent, comme du noyau familial qui s'effrite. C'est de bonne logique marxiste, et les conseillers européens d'Ali, Chagnoux entre autres, l'encouragent dans cette voie. » « La machine est en route, elle doit tout écraser sur son passage pour satisfaire ses vues de l'esprit », constate Bob.

À l'hiver 1977, si l'ONU et l'OUA continuent d'accorder au pouvoir comorien leur soutien de principe sur l'affaire de Mayotte, la situation se dégrade terriblement à l'intérieur. Milices et commandos répriment un vent de contestation sur Mohéli, arrêtent, déportent une centaine d'opposants mohéliens sur la Grande Comore, tirent sur les groupes séditieux de Mutsamudu et d'Ouani à Anjouan. Un mort. Cinquante blessés opérés sur place dans des conditions invraisemblables par le Dr Boudra. Ali transfère les groupes d'opposants anjouanais sur la Grande Comore, terrorise la famille de l'ancien président Abdallah. Les prisons se remplissent. On ne juge pas, car il n'y a pas de magistrats. Le régime de l'arbitraire et de la peur, le délire de la suspicion s'aggravent. Des commandos *moissi* font irruption dans la grande mosquée de Moroni ; on arrête des mouftis, on supprime les chapelets...

Ali, a-t-on dit, a fait un rêve, interprété ainsi par une de ses femmes : « Tu seras renversé par un homme en noir accompagné d'un chien ! » Le voici aussitôt qui pourchasse les jeunes gens habillés de noir et fait abattre tous les chiens de l'île. S'il est courageux, Ali est comorien, donc superstitieux. Pris par la manie de la parole, il parle, il moud du vent, dans des meetings, à la radio, dès 5 heures du matin, dans des séminaires où il disserte interminablement du futur dans une salle de classe. Nul ne peut s'y soustraire, jeunes ou adultes, dignitaires ou ministres. Le maître d'école Ali Soilih explique la révolution au tableau. On vit dans la psychose du coup d'État. On ne parle que de débarquements, d'ombres de sous-marins rôdant dans les eaux comoriennes – rumeurs auxquelles Ali semble donner crédit. « Il se doutait, j'en suis certain, que quelque chose se préparait », assure Christian Olhagaray.

4.

Lorient, janvier 1978. Les travaux avancent et l'ambiance n'est pas mauvaise autour du bateau. Certes, le Patron n'est pas toujours commode, et Jean-Louis et Gérard, les deux piliers, subissent déjà ses tempêtes. « Tout est dans ma tête. Rien n'est écrit. La liste des détails est quelque chose de fou. Le soir, on se retrouve souvent tous les trois pour faire le point de la journée. On s'encourage. Il arrive qu'on n'en puisse plus. Arrête-t-on? Continue-t-on? Ils doivent subir mon mauvais caractère, mes ressentiments, mes doutes, car cette fois, moi qui ne doute jamais, devant les emmerdements techniques, il m'arrive de douter. Je me plonge dans la machine jusqu'au cou, en combinaison de travail; la nuit je rêve de la machine, je descends voir le moteur, je le caresse comme s'il s'agissait d'une femme. Il faut y croire. On ne pense plus à l'opération elle-même, au débarquement, obsédés par ce foutu bateau qu'il faut réarmer, rendre vivable pour cinquante types dont la plupart n'ont jamais navigué! »

Le commandant Jean-Louis, le toubib, trente-deux ans, râblé, large d'épaules, est un ancien para rencontré au moment de l'opération de Cotonou, brillant médecin de surcroît, un enthousiaste et une « sale caboche ». « Il arrive que je gueule, il m'arrive d'être brusque et maladroit, alors Jean-Louis boude deux, trois jours, en continuant de travailler comme un forcené. Cela s'est produit déjà trois ou quatre fois en un mois, et je sais que cela se reproduira. Parfois j'explose : “ Mais tu m'emmerdes! Tu as fini de faire la gueule? ” Il s'excuse. J'éprouve de l'affection pour lui », confie Bob. Son rôle est énorme : les vivres, la médecine, les Zodiac, la plongée...

Gérard, connu lors de l'opération en Angola, est l'officier d'administration de Bob – un grand beau gosse de vingt-huit ans, séducteur, cultivé, talentueux, humour à l'anglaise, un tantinet dilettante. Dulac absent, Bob mise sur l'absolue jeunesse. Jean-Paul, un « ancien de Cotonou » encore, vient de les rejoindre ; « le seul de nous quatre à connaître vraiment la mer, au point qu'il deviendra " le fils du Bosco "... Celui-là, quand je suis avec lui, je lui fais faire n'importe quoi. Dès que je le quitte, il fronde... Un sacré bonhomme, magnifique de courage à Cotonou... »

Tous les soucis sont heureusement compensés par l'atmosphère chaleureuse de Lorient, la gentillesse du chef mécanicien Pierre, sa table hospitalière, sa femme « qui suscite les convoitises de Gérard », et les virées où, pilotés par Dominique, le fils de Pierre, ils se gardent d'oublier le conseil du Patron : « Baisez, mais ne vous épanchez pas sur l'oreiller ! » Le Patron, lui, ne lâchera jamais un secret, même à la compagne de ces jours difficiles, rencontrée par petite annonce. « Je ne sortais pas avec eux dans les boîtes de nuit. J'étais le Patron, j'avais un rang à tenir. Mais pouvais-je rester seul ? »

Sur le bateau, ils ont l'œil à tout : la machine, la coque, les appareillages nécessaires, le réaménagement du poste d'équipage à l'avant... « C'est un bon bateau, monsieur Thomas, assure le chef mécanicien ; je repartirais volontiers avec lui à Terre-Neuve ! » Les jours s'écoulent. Techniciens, experts, bureau Veritas. La note grimpe. Il ne reste que six cent mille francs sur les trois millions du premier « contrat » passé avec Abdallah. Il en faudra bien davantage. Les salaires des cinquante du commando, à mille dollars par mois, pour un contrat de trois mois, représentent à eux seuls cent cinquante mille dollars ! Mais la machine est en route, pas question de faire marche arrière.

La sophistication du matériel embarqué fait rêver : Maniavox pour navigation par satellite, appareil météo, radio, pilote automatique, grue hydraulique pour l'avant. « Mais, monsieur Thomas, il y a déjà une grue à l'arrière ! » s'étonne Pierre. « Peut-être, mais elle est mal placée. Celle-ci sera nécessaire pour les bouées. Dans une mission géophysique, il faut ce qu'il faut! » Cette grue servira en fait à mettre rapidement à l'eau les Zodiac du jour J. « Je ne sais pas ce que vous allez faire, je n'ai jamais vu ça! » persiste tout de même le chef, médusé par tant de luxe. « Vous savez, mon cher Pierre, on n'est jamais trop bien équipé. Le positionnement, par exemple; les récepteurs par satellite offrent une garantie considérable. Sait-on jamais ce qui peut arriver? Avec un sextant bien sûr, vous pouvez naviguer. Mais avec ça, vous savez où vous êtes à cinquante mètres près. Dans ce métier, monsieur Pierre, il faut de la haute précision! »

Échelles de plongée, de débarquement, bientôt, tout est fin prêt, mais il manque à Bob des techniciens. Une annonce parue dans le journal *Le Marin* lui permet de recruter trois mécaniciens et un électricien. Pour le radio, inutile d'en chercher un, ce sera Hugues, récemment entré dans le compagnonnage et qui les rejoindra bientôt : « Nous voilà en février, une bonne douzaine à bord, avec le cuisinier, quand soudain se déclenche une grosse tempête, et une satanée grue du port, avec son balancier qui frôle le château, se fracasse contre le bord avec un bruit épouvantable! Il a fallu un remorqueur pour déplacer le bateau du quai, le dégager de l'emprise de cette grue, avec force engueulades en jargon marin entre M. Thomas et le pilote du remorqueur. Si ce n'était pas arrivé à marée descendante, le bateau coulait, merde! J'en arrive à implorer tous les saints de la terre et du ciel... Des courts-circuits jouent avec ces moteurs électriques qui ne sont pas au point; si l'humidité se fiche dans les circuits, on n'en sortira pas! »

L'équipe de choc, celle du départ, s'est complétée de Jean-Baptiste et de Damien. Jean-Baptiste n'a pas « fait Cotonou »; un mètre quatre-vingt-deux, vingt-quatre ans, une figure d'ange, officier sorti sous-lieutenant des EOR de Coëtquidan, le voici lieutenant « chez Bob ». « Jeune, j'avais suivi les événements du Congo. Rentrer chez le Colonel? Un rêve de gosse. Ce rêve s'est réalisé le jour où je l'ai rencontré. » « Tu veux travailler sur une plate-forme pétrolière? » lui a demandé Gérard au téléphone. « J'ai dit oui, puisque c'était Gérard, donc c'était le " vieux ", et je me suis retrouvé en rade de Lorient! » « Tu es un intellectuel, j'apprécie, lui dit Bob. Mais à ce jour, j'ai davantage besoin de bras... Tu aimes le bois? Tu seras charpentier! »

Depuis, Jean-Baptiste « le charpentier » s'occupe de la charpente, « et Dieu sait s'il y avait à faire sur le bateau ! » Dans les moments de loisir, il contemple, fasciné, l'appareillage de navigation sophistiqué. Bob le remarque et se dit qu'il pourra devenir un vrai marin. Damien, le copain de Jean-Baptiste, a le même âge, une belle allure. « Mais ils me l'ont caché, ils m'ont bluffé, ils ne m'ont pas dit que Damien n'était pas un militaire. Ils ignorent que je ne tiens pas l'instruction militaire pour un critère. Damien, qui est bâti en para, s'est bâti un faux passé de para... »

Bob se rappelle que, plus tard, Damien est venu se confesser.

– Mon colonel, il faut que je vous fasse un aveu.

– C'est grave ?

– Oui, c'est grave !

– Bon, vas-y, je t'écoute.

– Mon colonel, je n'ai jamais été militaire.

Bob éclate alors de rire :

– Tu te fous de ma gueule !

– Non, non, je vous assure, je vous ai menti.

– Qui le sait, à part Jean-Baptiste ?

– Personne !

– Alors tu fermes ta gueule et tu reprends tes fonctions. Tu n'es pas militaire, mais je ne m'en serais pas aperçu !

Tous ces jeunes gens qui peu à peu « investissent » le bateau croient dans l'étoile du « vieux ». Hugues, le radio, « par définition l'homme des secrets... un solitaire, avec moustache roulée à l'anglaise, rentré tout juste de Rhodésie » ; Jean-Luc, son copain ; et Van, le Hollandais, deux mètres, trente-huit ans et quinze ans de Légion, qui connaît si bien Moroni et Mayotte, et sait se débrouiller de tout – « cuisinier, peintre, mécano ». « J'ai pu faire une sacrée équipe ! »

Le bateau prend tournure ; il est temps : Bob a engagé ses propres fonds, ce million qui s'avère insuffisant.

– Monsieur le président, confie-t-il à Abdallah, tout avance bien mais ce navire devient un gouffre. Il a englouti mon million. Il manque un million et demi pour la nourriture, les équipements, les armes.

– Il faut ce qu'il faut ! répond Abdallah.

Bob, qui préfère prendre cette réponse comme un signe

encourageant, a fait confectionner un paquetage complet pour cinquante hommes, avec sacs à dos, bérets verts, écussons, ceinturons. Il a choisi des tenues noires. « La nuit, le noir ne se voit pas, et j'ai pensé au choc créé par des gars qui débouleraient en noir ! Je n'étais pas au courant de la vision d'Ali Soilih, de son cauchemar au sujet de l'homme en noir accompagné d'un chien. J'ignorais aussi que le propriétaire du chien, prévu dans l'équipe, embarquerait avec l'animal ! »

Reste à nettoyer la coque. Bob préfère que l'équipe de plongée qui a commencé de la gratter ne continue pas. Puisqu'il n'y a pas de cale sèche à Lorient, on carènera ailleurs. En tout, il veut un travail parfait ; pas du rafistolage.

A la fin de février 1978, les travaux touchent à leur but, et M. Thomas peut contempler les papiers de l'*Antinéa.* Peut-on rêver plus beau nom pour un bateau qui va s'engager dans une expédition de géophysique baptisée elle-même *Atlantide* ? Les certificats de navigation ont été dûment enregistrés par le consulat de Panama et les contrôles de sécurité délivrés par Veritas. Quant au monceau de factures, il n'en contient que de légales. « Je veux que dans cette affaire il n'y ait rien d' " illégal ". Pas plus les deux Zodiac, deux Sillinger d'une capacité de vingt-cinq hommes chacun, achetés avec leurs moteurs de quatre-vingt-dix chevaux au salon nautique de Paris, que les armes. » Il n'est pas question d'armes de guerre, d'armes de trafic. Elles seront achetées dans une armurerie ! Des armes de chasse et de grande chasse ; un lot en calibre 12, genre spécial police ; des Berettas, des fusils de chasse à l'éléphant. Cent cartouches par homme, pas davantage. Tout cet arsenal sera stocké en lieu sûr, à Bordeaux.

« Il vous faut prendre un commandant ! Choisissez bien », lui conseille Guillaume. Depuis le Biafra et le *Mi Cabo Verde,* Bob aime les bateaux au point d'aimer les commander lui-même. Cependant, pour ne pas éveiller les soupçons, il prendra un commandant pour convoyer l'*Antinéa* jusqu'à Las Palmas, aux Canaries, où on s'arrêtera pour caréner. Une bonne idée que Las Palmas : sous couvert d'une relève d'équipage, cela permettra de compléter l'embarquement du « commando ». Bob se décide pour l'homme que lui a chaudement recommandé Guillaume. « C'est un peu un hippie de la mer, a dit le Crabe-Tambour, mais c'est un très bon navigateur. Il a commandé un petit chalutier et il vient de convoyer un voilier depuis l'île Maurice, en passant par le cap de Bonne-Espérance. C'est bien votre chemin, non? » Bob se rappelle tout de même son étonnement lorsqu'il a vu arriver Faquet. « Le type devant moi est petit, avec des yeux très vifs et des cheveux très longs; il porte un sac en cuir, un anneau d'or sur le lobe de l'oreille droite... Trente, trente-cinq ans, blond, une espèce de Viking, tirant fort sur sa bouffarde... Sympathique, mais pas vraiment le genre de la maison... Bah! C'est l'idéal pour ce que je veux en faire! Il a l'air de planer. Puisque Guillaume, qui s'y connaît, le tient pour un bon navigateur, *adelante*! En revanche, le Réunionnais qui l'accompagne a giclé, avec un coup de pied au cul... Il caressait un peu trop la braguette des gars! »

En fait, la stratégie de Bob est d'engager Faquet comme second, avec un commandant au-dessus de lui – le capitaine Blanchard – mais seulement jusqu'à Las Palmas. Là, il compte ne garder que Faquet comme second, si cela est nécessaire.

Jean-Louis a équipé une infirmerie et embarqué un petit bloc opératoire; Gérard achève de boucler la paperasserie, les techniciens et les mécanos vérifient une dernière fois la machine. Rien ne s'oppose plus au départ.

À Paris, Ahmed Abdallah manifeste de l'impatience, de la nervosité; il montre à Bob une lettre : son fils est en prison, torturé, tous ses biens sont confisqués. Bob lui promet de fixer très vite la date du départ, de venir le voir avant pour un dernier briefing et surtout de gagner.

Dans la nuit du 11 au 12 mars, veille d'élections législatives, un fourgon roule entre Bordeaux et Lorient, avec à son bord Bob, Gérard, les armes et les équipements. Le moment est bien choisi : douaniers et badauds auront d'autres chats à fouetter que de fureter trop près. Trois fois, les gendarmes les arrêtent pour vérifier leurs papiers. « Nous allons à Lorient livrer du matériel à bord d'un bateau! »

Lorient, 5 heures du matin. « Il est trop tôt pour avoir l'air honnête. Nous attendons le lever du jour pour descendre tout ce beau matériel dans la cale à poissons désaffectée. Une cale très profonde où personne ne va. On passera un gros cadenas et le tour sera joué. »

La première équipe, celle qui doit partir de Lorient, s'est complétée. Bob a voulu René, le « lieutenant Noël », un Belge très bon soldat, toujours présent depuis 1965, sauf à Cotonou; il a fait l'OPS Comores 75. « Bon cœur et mauvais caractère, une force de la nature, je l'aime beaucoup, il me le rend bien ! » Bob lui a simplement dit qu'il avait besoin de lui pour une opération, et pour faire la cuisine. René ne pose pas d'autres questions, il arrive. « À partir de ce jour, on a commencé à bien manger, même à trop bien manger... » Seule condition, imposée par le lieutenant Noël : il n'a pas voulu abandonner à terre son chien, Raqui, un superbe berger allemand, qui devient, ainsi, à bord, une sorte de mascotte. Le lieutenant-colonel Roger Bracco, mercenaire historique, égal à lui-même, « toujours smart, un peu officier british, intelligent, brillant discoureur », vient lui aussi d'embarquer. Dans la hiérarchie, il ne peut qu'occuper la seconde place, après Bob. Parmi les neuf Belges arrivés en même temps que lui, un inquiet, un optimiste, un frêle, deux costauds tous buveurs de bière et amateurs de femmes : « Abdoul », Louis, Vantil, Alfred, Alain « aux cheveux gominés, moustache bien taillée, taille bien prise de danseur de tango. » Plus un fameux tandem : Fréture et Coco. À leur vue, Bob s'est raidi : Fréture est grand, fort, « avec un regard qui ne témoigne pas d'avoir fait Saint-Cyr ! » Coco, lui, est maigre.

« Un bon infirmier », a dit Bracco. « Peut-être mais qu'est-ce qu'il vient foutre là ? Il boit, c'est flagrant, songe Bob. Ils veulent une cabine pour deux; ce qui pourrait être ambigu n'est que la preuve d'une amitié sincère; rien de plus... J'ai compris, quand ils picolent, l'Hercule ramène l'avorton... »

Le commandant Jean-Louis, le toubib, a violemment réagi :

– Infirmier, mon cul ! Patron, ce type ne touchera pas aux médicaments. Foutez-le à la cuisine...

Ils avaient tort tous les deux : Coco ne sera pas seulement un excellent infirmier, il se révélera aussi un homme très intelligent.

Ils sont désormais vingt-cinq. Les vingt-cinq autres embarqueront à Las Palmas. Chacun, marin ou pas, a sa fonction, ce qui ne surprend personne, hormis le chef mécanicien, « un peu rigolard » à la vue de ces « vrais-faux » marins et de leur commandant en second, le capitaine Faquet, toujours bizarre. Les autres, très sérieux, jouent leur rôle, encaissent leur salaire, entre sept mille cinq cents et dix mille francs.

Pierre a la larme à l'œil, il sait qu'il ne partira pas. « Très sympathique mais trop dangereux avec ses idées politiques! » Pierre qui s'inquiète et lui répète de prendre des marins. Bob lui répond que les marins, c'est fait pour naviguer, mais qu'eux, ils partent pour un contrat de géosismique sur Punta Arenas, au Chili. Quant à l'assureur, mi-figue mi-raisin, il veut savoir ce que Bob finance. Mais la société panaméenne installée en Suisse et surtout le vrai contrat décroché par le miraculeux Crabe-Tambour – des recherches sismiques dans le détroit de Magellan – désamorcent son ardeur à poser des questions.

Enfin, le commandant du navire jusqu'à Las Palmas, le capitaine Blanchard, embarque le dernier : « Il est mieux qu'il monte *in extremis*; un commandant veut tout savoir. »

Le 22 mars, dans l'après-midi, après des essais concluants, l'*Antinéa* est prêt à appareiller. Pour leur donner une ultime émotion, la police est montée à bord afin de viser les passeports. Un appareillage assez drôle, mêlé d'ordres saugrenus pour ceux qui restent sur le quai : « Prends la corde! »

Les oreilles « marines » se dressent car il n'y a qu'une seule corde à bord, celle de la cloche! M. Thomas fronce le sourcil et s'adresse à ses gars en termes marins... « À chaque manœuvre, tout le monde se dispute la place pour ne pas avoir à subir le célèbre regard bleu en colère. »

Quelques jours plus tôt, au domicile de Mohammed Ahmed à Paris, s'est tenue l'ultime rencontre entre Bob Denard et Abdallah. « Nous partons le 22, président. Le jour J, là-bas, sera pour fin avril, début mai. Vous ne devez avoir aucun contact avec qui que ce soit, pas le moindre mot, la moindre allusion qui pourrait... » Abdallah sait à quoi s'en tenir; ne tente-t-il pas le plus formidable pari de sa carrière? Il a dressé la liste de ceux sur lesquels Bob peut compter en arrivant : Ahmed Cassim, commandant de l'aéroport; Mouzawoir Abdallah, ministre des Affaires étrangères; Salim Ben Ali; le grand cadi Saïd Mohammed Abderrahman; Abbas Djoussouf; Saïd Hassan. Sur Anjouan : Abdillaï

Mohammed, ministre des Affaires intérieures, et Tadjoudine. Sur Mohéli : Ali Mbaraka. Certains sont en prison, d'autres jouent un double jeu et font bonne figure à Ali Soilih tout en misant sur Abdallah.

Sur place, un seul est dans la confidence, Christian Olhagaray. Il est au courant de l'opération mais n'en connaît pas la date. Bob lui a conseillé de rester branché sur sa radio, ainsi pourra-t-il lui faire signe s'il en a besoin. Il lui en coûte sans doute de ne pas tout révéler à Christian qui, par l'intermédiaire de sa société bordelaise, lui a offert toutes les facilités, lui a prêté son argent quand il était à court, a fourni un plan détaillé des emplacements « stratégiques » aux Comores – milices, sentinelles –, etc. Mais on ne peut prendre de risque, si minime soit-il. Christian repart vers les îles et attend.

5.

Moroni, mars 1978. Les Comoriens sont de plus en plus las des excès du régime d'Ali. L'isolement international s'aggrave. Pas d'accords de défense : « C'est absolument contraire à mes convictions. Je ne voulais pas qu'une puissance antagoniste vienne rendre irréversible la rupture avec la France », déclare Ali. Pas d'accords politiques : Sénégal, Koweït et Chine sont seuls représentés à Moroni. Un seul accord économique : celui passé avec la Chine, qui porte sur du matériel.

La Ligue arabe, les émirats du Golfe, les seuls États qui pourraient soutenir les Comores financièrement, alertés en sous-main par Abdillaï Mohammed, se défaussent, convaincus que la « purification de l'islam comorien » passe désormais par la persécution. Beaucoup n'hésitent pas à fuir Anjouan pour tenter de rejoindre Mayotte sur des embarcations de fortune. Jusqu'alors plus de deux cents y sont parvenus, en pirogue ou en boutre, pourchassés par les milices ou les commandos *moissi*. Pour dissuader cet exode, les pirogues de pêche sont détruites à coups de hache. Mais tout est bon pour quitter le pays : une mission officielle, un stage, un voyage...

Les témoignages sur la débâcle du système s'accumulent. Le régime, dans l'impasse, se raidit. Le 16 janvier 1978, Abbas Djoussouf, un ingénieur, ancien proche d'Ali, est arrêté sur l'accusation de complot contre la vie du chef de l'État. Jugé à la sauvette, traîné devant la foule de Moroni, il est incarcéré avec ses « complices » dans des conditions insupportables. Ali profite de l'occasion pour décapiter son opposition. Les procès publics se multiplient, qui ne sont que des parodies de justice. Accusés traînés torse nu devant l'accusateur public au milieu des Jeunesses populaires et des *Moissi* vociférants. Pas de défenseur, et la foule comme jury. Contrôle d'identité, simulacre de débat, autocritique, puis la foule condamne ou élargit. Si elle hurle « À mort ! », la sentence est immédiatement appliquée.

Le 17 mars, à Iconi, sur la Grande Comore, les villageois ont eu l'impudence de mettre dans une citerne les jeunes du comité de village. Les commandos *moissi* de Moroni, alertés, sont arrivés, ont rassemblé les gens, et, lorsqu'un civil a voulu s'emparer de l'arme de l'un d'eux, ils ont fait feu : neuf morts, cent quarante-deux blessés dont cinquante grièvement atteints par balle ou baïonnette; un massacre.

Ali pourtant continue de rêver. « Je n'ai pas eu, je n'ai pas et je n'aurai pas le moindre doute quant à la justesse de mes choix... Seule la jeunesse féminine et masculine était apte à conduire cette mission historique, parce qu'elle est désintéressée, débordante de vitalité et d'idéal... Si c'était à refaire, je referais sans doute les mêmes choix. »

Au large de Lorient, le 22 mars 1978, en fin d'après-midi, un court-circuit vient de survenir dans la salle des machines et d'immobiliser l'*Antinéa*. Plus de barre, rien. Le pilote lève les bras au ciel; M. Thomas pousse des coups de gueule. Mais l'électricien est un vrai professionnel et tout rentre dans l'ordre. La tempête s'est levée; un vent de force 10 souffle dans le golfe de Gascogne. Chacun essaie de faire bonne figure mais craint que cette traversée de six jours jusqu'à Las Palmas ne soit un cauchemar. L'infirmerie ne désemplit pas. Le capitaine Faquet, le second, raille ces « types étalés dans tous les coins par la tempête ». Le bateau se lève et entre dans la vague avec fracas. Noël, pourtant cuisinier de choc, ravale sa salive, s'emmêle les pieds dans les casseroles et les chaudrons qui volent dans la cuisine, hurle comme un damné. Raqui, son chien – le fameux chien – est « hors service, museau aplati, lamentable, et Jean-Louis le soigne aux suppositoires ». Le Patron, lui, fait la navette sans arrêt entre la passerelle et cette machine qui le préoccupe, et observe ses « techniciens de géophysique », en blouson de marine à col fourré et bonnet de mer bleu...

Le commandant Blanchard – une connaissance, encore, de Guillaume – se tient bien droit sur la passerelle. Faquet ne quitte pas son ciré qui l'a fait surnommer « le canard à l'orange »... Pour lui, comme pour les trois mécaniciens, il n'y a pas de doute : ils vont bien à Punta Arenas. Les vingt autres? Excepté le cercle proche de Bob, qui est au courant, personne ne connaît la vérité. « Ils sont mi-figue mi-raisin, ils se doutent que le but n'est pas l'Amérique latine, mais peut-être São Tomé, Santa Isabela en Guinée équatoriale, ou ailleurs... Avec le Patron, tout est possible; on ne pose pas de questions! »

Las Palmas, 27 mars 1978. Un port sale, encombré de bateaux de toutes les nationalités, des cargos, des chalutiers, des navires de guerre, « une rade franchement antipathique, un port du bout du monde, et l'*Antinéa* là, en couple avec le cargo *Santiago de Cuba.* Vu l'amour que l'on portait aux Cubains depuis l'Angola, beaucoup ont dû sourire! » Seize jours pour caréner en cale sèche, faire les ultimes vérifications et embarquer le reste du commando – vingt-cinq hommes recrutés par Gérard et Bruni, et tenus sous le coude à Paris. Après une semaine de mer et de tempête, c'est le défoulement, les bordées à terre, dans un quartier un peu perdu, par petites bandes de trois ou quatre, et, naturellement, les mêmes consignes de discrétion du Patron : « Messieurs les danseurs mondains, vous avez besoin de vous refaire une santé dans les bouges; allez donc draguer les vieilles touristes allemandes... Mais bouche cousue, compris? » Bob s'amuse intérieurement d'avoir « exigé des bandes de trois, pour s'épier mutuellement; c'est la méthode du commissaire politique ».

Le commandant Blanchard n'a pas fait d'histoires et a regagné la France; c'est prévu ainsi : pas de vrai capitaine. À Faquet qui redemande s'il n'y aura plus de commandant, Bob répond :

– Faquet, je ne vous ai pas tout dit; le commandant, c'est moi. Cela fait longtemps que je n'ai pas navigué, mais je suis commandant. N'empêche, vous faites un bon second!

Bob a regagné ses quartiers à l'hôtel Don Juan de Las Palmas d'où il tient Gérard en haleine au téléphone, en code : « Tu prépares ton monde; tu ne bouges pas. Ils s'embarqueront seulement la veille du départ. Je ne veux aucune bavure! »

Les jours s'écoulent, paisibles et laborieux, à Las Palmas. Les gars travaillent et rentrent la nuit « à quatre pattes » au bercail, ou portant Faquet, éméché, sur leurs épaules. L'atmosphère est chaleureuse : les marins ressemblent à des marins. Bob a déposé cinquante millions de centimes dans une banque qui l'accueille tout sourire. L'argent efface tout soupçon.

– Non, non et non, ce bateau est un bordel; il n'y a pas de marins dans l'équipage, ça ne va pas!, hurle soudain le chef mécanicien, fin saoul.

– Vous pensez qu'il ne sent rien? hasarde Jean-Louis à l'oreille de Bob; c'est un type intelligent, peut-être faudrait-il l'affranchir.

Bob l'a pris à part :

– Mais, chef, qu'est-ce qui vous prend? On compte sur vous!

– Non, il y a des choses à bord qui me déplaisent, des gueules!

– Quelles gueules?

– Ce mec-là, il a une gueule de mercenaire.

D'un coup de menton, il a désigné Roger Bracco qu'il ne peut pas souffrir.

– Allons, chef, qu'est-ce que vous allez chercher?

– Moi, je les connais, mon père en était un; c'était un colonel.

– Colonel où?

– Dans la gendarmerie, quoi! Moi, je suis antimilitariste. Et ici, c'est beaucoup trop militaire, trop de discipline, ça commence à m'énerver.

– Allons, vous rigolez, vous faites ce que vous voulez!

– Peut-être, mais je vois bien les autres, ils se mettent presque au garde-à-vous devant vous. Vous croyez que je ne les connais pas, ces types aux cheveux courts devant et ras derrière? Qui êtes-vous?

– Vous êtes là depuis deux mois, et vous ne me connaissez pas?

– Je sais que j'ai trop bu; mais je sais ce que je dis.

Pour Bob, c'est un rude coup. Il a pris le mécanicien pour un type équilibré et il se retrouve face à un intuitif nerveusement malade, qui s'est mis à boire pour essayer de régler ses propres problèmes. Une erreur d'autant plus désastreuse que, à la demande du chef, qui ne le supportait pas, il vient de virer l'autre mécanicien. Celui qui le remplace a déjà été embobiné et dûment saoulé par le chef.

Bob, vert de rage, a saisi le mécano au collet.

– Tu prends ton chèque, tes affaires, et toi et ton petit copain vous me foutez le camp !

– Et voilà, il nous manque deux mécanos de marine, soupire Bracco.

« En fait, le type souffrait de claustrophobie. Nous l'avons su des années plus tard. »

Bob s'envole pour Paris, retrouve son « homme-miracle », le commandant Guillaume, passe toute la nuit des coups de fil, et déniche à l'aube un vieux chef à la retraite, à Brest. Une visite à l'« antenne », une rencontre avec Dulac, un briefing avec Gérard et Bruni, une visite à Abdallah chez Mohammed Ahmed. Les dernières paroles, les dernières instructions, les derniers codes. Néanmoins, à Las Palmas, l'*Antinéa* a un nouveau chef mécanicien, le nez plongé dans sa machine, en train d'en vérifier tous les tuyaux. Carène refaite, le bateau est sorti de cale sèche et mis en couple... avec un chalutier russe... « Un Popof avec plein d'antennes... J'ai la gorge sèche, la salive passe mal, je dicte à voix feutrée à force de discrétion et de prudence... Tout ira bien. »

Il reste à opérer la phase la plus délicate : embarquer la seconde moitié du commando qui, à Paris, attend le feu vert. Le 25 avril, les hommes quittent la France par trois avions différents, rejoignent Madrid et arrivent à Las Palmas, pilotés par Gérard. Le 26, à 1 heure du matin, le port est calme, ils embarquent discrètement. La plupart reviennent de Rhodésie, ils sont fin prêts. Deux d'entre eux, Marquès et Mélis, ont rejoint Bob dès le 7 avril – l'ancien légionnaire et l'ancien de la *Bandera*, la Légion espagnole ; l'un, vrai soldat et parfait athlète, un courage hors pair et des qualités de chef ; l'autre, une figure de play-boy casse-cou, un personnage de roman, issu d'une famille de l'Est très croyante, réformé à dix-huit ans par l'armée française pour « légère insuffisance cardiaque », refusé par la Légion, mais accepté par la fameuse *Bandera*. Le 26 avril, à 4 heures du matin, le capitaine – Bob – reçoit du pilote du port l'autorisation d'appareiller.

L'*Antinéa*, refait à neuf, sort du port et gagne la haute mer. Les quarante-six gars du commando sont à bord, avec quatre Comoriens... et un nounours en peluche d'un mètre de haut, cadeau d'une « marraine » de Las Palmas. Soudain, vers 10 heures du matin, surgissent du gaillard d'avant les vingt-cinq « nouveaux » qui s'ébrouent, torse nu, cheveux ras, devant le regard embrumé du capitaine Faquet.

– Nom de Dieu, mais ces mecs ont des gueules de CRS ! soupire le second.

– Faquet, t'es encore chambré. Tu ne vois pas clair. Tu confonds maintenant les plongeurs et les CRS !

L'*Antinéa* file ses dix nœuds. La mer est belle. La vie s'organise à bord. Les quarts reviennent deux fois en vingt-quatre heures et aux mêmes heures. Entre le quart de veille et le sommeil de récupération, il ne reste guère de temps : « Juste pour se dorer la pilule ou faire un peu de sport ! » Bob n'a rien laissé au hasard pour dissuader l'oisiveté : Peinture, nettoyage, corvées, jeux d'échecs, de bridge, de dames, de dés, loto, Monopoly, scrabble, boxe, bicyclettes, rameurs.

L'*Antinéa* atteindra sa destination après vingt-sept ou trente jours de traversée. Il est équipé pour quatre mois de mer. « Je peux tenir l'océan pendant quatre mois, se réjouit Bob ; sans me ravitailler ni en gas-oil ni en vivres. Cap, donc, officiellement, sur Punta Arenas, Chili ! » Il arrive que le nouveau chef mécanicien, cheveu bien blanc, épaules rentrées, torse nu, émerge des machines au beau milieu d'un cours de gymnastique, les yeux écarquillés par-dessus ses lunettes. « C'est pour maintenir la condition physique, chef, lui lance M. Thomas ; ce sont des plongeurs pros ! » Le vieux est particulièrement intrigué par l'allure d'un gars, une montagne, un ancien boxeur surnommé « Carcasse ».

Carcasse et Michel, le Bosco, se sont embarqués parmi les derniers. Carcasse a la quarantaine, une taille impressionnante, des mains comme des battoirs. Bob l'a connu en 1967 lors de l'opération de diversion depuis l'Angola, quand il s'agissait de desserrer l'étau congolais sur Schramme et la poche de Bukavu. Il est resté un fidèle, ce personnage étonnant qui a souvent tenté l'aventure en solitaire, en Extrême-Orient ou ailleurs. À son palmarès, il compte le Yémen, le Biafra, le Bénin, le Cabinda. Contacté par Bob, il a répondu :

« D'accord, mais à telle date, je m'en vais. » On peut être assuré qu'il tiendra parole. S'il aime à jouer de ses biceps, il est aussi un homme de bon sens et de camaraderie, toujours à la recherche d'excuses pour les « canards boiteux » – ce qui crée un perpétuel sujet de discussion entre Bob et lui. Mais c'est ainsi : Carcasse est indulgent et estime que « la vie ne vaut pas qu'on se dispute ». « Son plaisir favori consiste à emmerder le Bosco, à guetter l'heure de sa sieste et, par le hublot ouvert, à lui verser aimablement un verre d'eau glacée sur le ventre. »

Quant au Bosco, « notre rencontre remonte à l'époque du Biafra. Un ancien commando marine; il travaillait pour Faulques, il n'avait fait ni Katanga ni Yémen ni Zaïre... » C'est un bourru, un parfait marin, avec sa barbe, sa pipe, ses yeux bleus, son teint basané, son air renfrogné. Depuis le Biafra, il n'a pas raté une opération : Angola, Bénin. Le revoilà ! S'il est monté à bord parmi les derniers, c'est que ce caractère entier, au verbe haut, à l'incontournable franchise, est très connu : « Je l'aime beaucoup, souligne Bob. Il vous dit en face ce que les autres pensent tout bas. »

La mer est devenue mauvaise et le Bosco a pris sa revanche sur Carcasse qui s'est enfermé dans sa cabine. Le Bosco a un grand ami, Philippe, venu à titre civil, remarquable marin et chef de quart doué d'un « inaltérable sourire ». Parmi les anciens, il y a aussi Cardinal, le célèbre « Mon-Seigneur », qui suit Bob depuis le Zaïre. Toujours « solitaire, taciturne, misanthrope, sale caractère » et administrateur de talent. Surtout, miraculeusement vivant, après qu'au Biafra une balle, tirée à bout portant par un soldat nigérian, lui a percé la face, du nez jusqu'à l'oreille. Personne ne voulait le ramener, on le croyait mort; alors Carcasse l'a juché inanimé sur ses épaules.

Max, lui, n'arrête pas de jouer aux échecs... « Max la Menace », trente-cinq ans, voyeur, titi parisien, joueur de poker, escroc sur les bords et terriblement généreux. Butéri, *alias* « Poulet-Kabyle », est un Corse très maigre, résistant et grande gueule, un ancien tout comme Michel Gouge, commando marine, nageur de combat et ami du Bosco, spécialiste parfait pour les débarquements. Paul, Daniel et Gus vont ensemble, en trio; Paul, gueule de dur et poignée de main franche; Daniel, petit, chauve, réservé; Gus, le rigolo de la bande. Ces trois anciens paras ont choisi d'emblée la corvée de vaisselle pour qu'on leur fiche la paix. Voici encore Sutter, Bosch, Guillois, Tchen, Limousin – le copain de Jean-Baptiste –, Simon, quarante ans et vieux baroudeur, Bernard, vingt et un ans, le « bébé de l'équipe », Martin, ancien para, « une petite frappe à l'œil vif et clair, sorte de petit voyou en quête de rachat, mais au fond c'est qu'il ne se pardonnait pas grand-chose à lui-même et encore moins aux autres. » Clément, lui, se promène en slip et en chaussettes sous le soleil, ce qui aggravera « un coup de bambou qu'il a par nature ». Et Jean-Marie, intellectuel distingué, « roi des échecs », Lourdet, sous-officier d'aviation, amoureux des zincs, pilote sûr et jovial, excellent à Cotonou, et « dont la manie est d'imiter les hélicoptères »...

Quant aux autres, les « vrais marins », les « techniciens », comme on les appelle, ils continuent de croire ferme à l'expédition de géophysique et de recherches pétrolières en Terre de Feu. Faquet, égal à lui-même, ressemble toujours aussi peu à un véritable capitaine de marine marchande. Il vide sec le punch et évoque volontiers son passé : « Patron, cette boucle signifie que j'ai passé le Cap plusieurs fois ! Le Mozambique, Madagascar, la Réunion, Maurice, presque tout l'océan Indien... » Il n'a pas prononcé le nom « Comores » ! Hâbleur, exubérant, il est pourtant devenu au fil des jours un vrai copain d'aventure. Dûment entortillé par le Patron, il livre avec bonne humeur ses précieux conseils, signale les bons et les mauvais courants le long des côtes d'Afrique et s'accommode de son statut de capitaine fantoche. « Il se plaît même à le dire plutôt qu'à se l'entendre dire. » Ce farfelu, « un peu détraqué par le soleil, la mer, la bouteille, mais précieux », n'apprendra la véritable destination que de la bouche du Patron.

Le vieux bonhomme Jules, le chef mécano, pour avoir embarqué au pied levé, ne s'en montre pas moins à la hauteur. Il trouve seulement la cambuse « un peu sèche et s'enfile de bons coups de pinard dans sa cabine ». Lucien, le deuxième mécanicien, finalement recruté, et Rémi, l'électricien, eux aussi hors du coup, l'un, petit brun au caractère intrépide, l'autre, chevelu, très sympathique, jouant franc jeu.

Vraiment, il ne manque que Roger pour être de la fête !

Roger Bruni, l'un des plus vieux compagnons de Bob, est absent pour raison privée. Sa femme lui a dissimulé son passeport. Obligé de choisir entre la sauvegarde de son mariage et le « vieux », il se contente finalement de diriger de main de maître l'antenne de Paris et d'assurer la base arrière. Sur l'*Antinéa,* Bruni manque à tous et à Bob plus qu'à tout autre. Cet ancien sous-officier de l'armée française, ce vétéran de la Coloniale, ce prisonnier à Diên Biên Phû, ce soldat d'Algérie, ce fidèle entre les fidèles, est un symbole de courage et de baraka. « Il n'a jamais été blessé, ce qui tient du miracle. Sa seule blessure, c'est moi qui la lui ai faite au cours d'une opération au Zaïre... Je m'en suis rendu compte car il ne parlait plus. Quand Roger ne parle plus, c'est que quelque chose le tracasse. Je l'ai blessé accidentellement, il s'en est vite remis. »

Quel culot! Le Crabe-Tambour lui-même n'en reviendra pas. Ce bateau, lorsqu'il était le *Cap Fagnet,* naviguait avec à son bord quinze marins authentiques et diplômés – du capitaine au long cours à l'officier mécanicien de 3e classe. Aujourd'hui, l'*Antinéa* va ses dix nœuds, commandé, de fait, par un faux capitaine que secondent un navigateur sans autorité, un vieux chef mécano de 3e classe à la retraite, un second mécano et un électricien de chantier et non de bord. Total : deux vrais et officiels marins de haute mer, Faquet et le vieux bonhomme Jules. Une prouesse.

Bob se félicite de son souci de la perfection, du détail : l'*Antinéa* est bien préparé. Et parmi les gars du commando, certains amateurs valent des professionnels. Philippe et le Bosco ont un vrai savoir de marin; Jean-Baptiste, quant à lui, se révèle étonnant quand il sert au Bosco de chef de quart adjoint et passe avec maestria de la sophistication du Maniavox au plaisir de la navigation astronomique.

Désormais l'*Antinéa* file sept nœuds. Jules a dû ralentir pour ne pas forcer la machine dans des eaux froides. On a pris contact avec une agence argentine, la Delfino Navicea Maritima, à Buenos Aires, ce qui donne confiance à tout le monde; cap sur Punta Arenas! Les quarts se succèdent. Jean-Paul surveille le pont avant, Faquet le pont arrière, M. Thomas la passerelle. Dix jours s'écoulent – mer splendide et soleil radieux; une bâche protège des brûlures, comme elle masque la grue hydraulique et l'activité sur le pont. On a signalé à M. Thomas, en effet, l'éventualité de satellites espions. Il a fait jeter cette bâche pour éviter qu'ils ne soient repérés.

Dans le secret de sa cabine, entre ses quarts, il griffonne son plan qu'il a décidé de ne révéler que trois jours avant le débarquement; peu à peu certains seront informés de la nature de l'expédition, mais pas de sa destination.

L'*Antinéa*, qui a doublé les îles du Cap-Vert, assez loin de la côte, entre dans le golfe de Guinée. La mer forcit et se creuse; le poste avant devient intenable et tous refluent. La bonne humeur s'altère alors et la plupart se calfeutrent dans leur cabine. Il faut être marin pour mesurer ce que pèse l'épuisement physique et nerveux que génèrent les tempêtes. Cinq jours plus tard, ils resurgissent comme des fantômes. Le Patron, qui les veut en forme, évite de les bousculer. Il passe quant à lui de la passerelle à la machine, son plaisir et son cauchemar, où il reste des heures en compagnie du vieux Jules. Quand vient le soir, après une bonne douche, Bob se détend et, souvent, rêve en compagnie de Jean-Baptiste devant une immense carte déployée. « Alors, le point, où est-il? – On est là ! » répond Jean-Baptiste, le doigt sur la carte. Jour après jour, l'*Antinéa* bouge d'un demi-centimètre, de trois quarts de centimètre sur cette gigantesque côte d'Afrique.

L'équipage est souvent malade mais tient le coup, grâce aux pilules du toubib... et aux bananes du bon Noël – deux tonnes de bananes qu'il faut ingurgiter; l'ordre du Patron est de ne rien jeter à la mer, et elles mûrissent à grande vitesse. Bananes en pudding, en hors-d'œuvre, en accompagnement, frites, flambées, en purée. Et impossible de faire un sort à Noël : devant la cuisine veille Raqui, le berger allemand qui n'obéit qu'aux ordres en flamand de son maître wallon !

Lorsqu'ils franchissent l'équateur, tous réclament une fête, l'ouverture de la cambuse. Ce que Bob refuse. « Je les ai privés depuis le départ; si je leur laisse la clé de l'alcool, ils vont me foutre le bordel sur ce bateau; et pire, se mettre à parler à tort et à travers. » Bob continue de surveiller son monde, les jeunes, les vieux, les malades, les tire-au-flanc et Max la Menace et son poker : les jeux d'argent sont source de conflits, de tricheries, de dettes, et Max n'est pas un enfant de chœur. « Il me faut les tenir pour qu'ils ne se pourrissent pas trop. Soixante-quinze mètres sur douze de large, on a vite fait le tour. »

Enfin, Bob décide qu'il est temps d'annoncer le changement de cap.

– Messieurs, je reçois un télégramme qui me dit que le contrat de Punta Arenas est annulé. On ne perd pas au change. Nous avons un nouveau contrat dans le golfe Persique. Mais il faudra forcer les machines pour l'avoir. Nous passons par le cap de Bonne-Espérance.

Il supprime toute liaison téléphonique avec la terre, où que ce soit, et veut désormais un *black-out* complet. Au vieux Jules, à Rémi le jeune mécano, soucieux d'avoir des nouvelles de son bébé qui vient de naître, on allègue : « Téléphone en panne. » Les messages codés de Bob avec Paris et Genève sont envoyés le matin, à l'insu de Faquet, durant son temps de repos. « Mais vous pouvez me passer vos télégrammes », a dit Bob, magnanime, aux trois « techniciens ». Télégrammes qui vont droit dans le bureau de M. Thomas, fermé à clé. « *Ma chérie, on navigue vers le golfe Persique, la mer est belle...* » Pour ne pas donner l'alarme, Bob pousse même le vice jusqu'à imaginer des réponses. « *Mon chéri, merci de tes nouvelles, ici tout va bien...* » « Un petit jeu très amoral. Mais qui veut la fin veut les moyens. »

Tout de même, à communiquer par messages codés en chiffres avec Saint-Hubert, à Genève, il attire l'oreille de Faquet qui contemple sur la passerelle les techniciens de géophysique s'entraînant au *close-combat*...

– Mais le radio, il trafique pas normalement; il passe des codes!

– Faquet, vous n'y connaissez rien. Vous savez bien que dans le pétrole, pour ne pas se faire piquer les contrats, on est obligé d'employer des codes. Montrez-moi plutôt comment vous parlez aux mouettes.

Faquet va vers le bastingage, imite le vol des mouettes et leur cri. Le hippie des mers adore converser avec les mouettes le jour, avec les dauphins la nuit.

Le cap de Bonne-Espérance est franchi par belle mer, ce qui est assez rare. Après cette traversée du golfe de Guinée qui n'en finissait pas, la vue d'une terre agit comme un aimant.

– Pourquoi ne fait-on pas escale au Cap?

– Non, il faut nous dépêcher si nous voulons saisir ce contrat! Chef, forcez la machine!

L'*Antinéa* remonte le canal de Mozambique. « Mes gars savent au moins que, l'opération ne pouvant avoir pour but l'Afrique du Sud, ils se dirigent, au choix, vers les Comores, Madagascar ou les Seychelles. Je les laisse encore mariner dans leur jus, faire des pronostics, jouer du pendule au-dessus de la carte... »

Jean-Louis veille à ce que les hommes s'alimentent bien, à ce qu'ils se maintiennent en forme et renouvellent leurs vaccins. Ceux qui savent – le toubib, Gérard, Jean-Baptiste, le Bosco, Bracco, les très proches –, par principe, n'évoquent jamais le but.

Que fait Abdallah à l'heure actuelle? Sans doute attend-il, il ne peut rien faire d'autre. « Je suis assuré qu'il tiendra sa langue. Il joue une trop grosse mise pour risquer de la perdre sur un menu bavardage... » La dernière rencontre a eu lieu « le jour où je m'en fus à Paris quérir, avec le commandant Guillaume, le vieux Jules... » Abdallah n'avait plus son air de chien battu; il était vivant, très enthousiaste : « Voici les pleins pouvoirs, avec protocole dûment paraphé pour éviter sur place tout ennui, et le complément de la liste des personnes à contacter. »

Le nom de Bob désormais, le nom de baptême de la libération que lui a donné Abdallah, est Saïd Mustapha M'Hadjou, cela afin de dissiper les premières attaques qui ne manqueront pas de survenir, à l'issue du débarquement, de la part de l'OUA et des pays progessistes... « M'Hadjou, je trouve cela joli et chargé de symbole; cela veut dire " arbre de vie " en comorien. »

Bob, lui, a proposé de changer le nom du directoire de rédemption nationale qui doit être mis en place en directoire politico-militaire. « Cela fait plus sérieux et moins pédant. » Après l'avoir assuré de sa totale confiance, Abdallah l'a embrassé : « C'est la première fois qu'il m'embrasse et je crois bien qu'il y a mis tout son cœur. Mohammed Ahmed aussi. »

« Je suis parti avec une grande bénédiction d'Allah. Eux ignorent ce que je vais affronter. Je me sens porté par la confiance de ces deux hommes, par celle de leur peuple. »

Mais il y a l'imprévu. Ce que Bob ne peut savoir, tandis qu'il est en pleine mer, c'est que le frère aîné d'Abdallah, le doyen de la famille, est mort à La Réunion, qu'Abdallah l'aimait, le respectait, et qu'il s'est rendu aux funérailles, acte sacré pour un musulman. À Orly, par malchance, il est tombé sur Yves Le Bret. Ils se sont parlé. Que se serait-il passé si Le Bret avait eu l'intuition que quelque chose se tramait?

Bob est convaincu d'avoir pensé à tout, jusqu'à ces moindres détails qui peuvent poser de si grands problèmes. Il ne doute pas. « J'impose à tous ces gars un rythme terrible. Pis, je les laisse dans l'incertitude pour qu'ils aient foi en moi, dans mon action et dans mon enthousiasme. » Ces choses-là, il faut une volonté d'acier pour s'y tenir. Il se sent parfois harassé par la mer et les soucis. « Tout repose sur moi, je fais des vœux, mon examen de conscience, je prie, je crois à une immense force spirituelle... Aujourd'hui, j'ai fait ce vœu : si on réussit, j'irai à La Mecque! Cette opération, j'ai décidé de la faire et rien ne me fera changer d'avis. Mais sans l'aide de Dieu, qu'est-ce qui peut marcher vraiment? Comment ce putain de bateau, ces Zodiac, cette grue... Alors, le Bon Dieu des chrétiens, celui des juifs, celui des musulmans? Les Comoriens sont musulmans, alors ce sera leur Dieu... »

À sept ou huit jours du but, sur ordre de Bob, Jean-Baptiste, Jean-Louis, Gérard, le Bosco, et Marquès commencent à préparer les Zodiac, à vérifier les échelles de débarquement. Les autres sentent l'imminence de l'arrivée et de l'opération. « Je ne dis rien, j'attends, je veux qu'ils soient tendus comme des ressorts... »

À trois jours du but, « Messieurs, nous y voilà. D'ici soixante-douze heures, c'est aux Comores que nous débarquons, à mi-chemin de Madagascar et de la terre africaine. On dit que Salomon y aurait séjourné à plusieurs reprises et que la reine de Saba aurait laissé un trésor inestimable dans le cratère d'un volcan, le Khartala... » Un silence quasi religieux règne dans le « laboratoire » de géophysique qui sert de salle de réunion. Le patron parle de légendes, d'un poisson mystérieux, le cœlacanthe; de politique, d'Ali Soilih, de dictature, d'objectifs à prendre. Des photos circulent. Les visages sont détendus. On sait enfin, c'est comme une soupape qui se libère. Les missions sont réparties, les responsables désignés.

Y aurait-il un risque à laisser Faquet, les deux mécanos et l'électricien à bord pendant le débarquement? Le Patron semble assuré du contraire, certain qu'ils ne risqueront pas leur peau à saboter le bateau : à ce stade-là, ils le savent, il n'y aurait pas de cadeau. Par prudence cependant, le Bosco et Philippe resteront à bord de l'*Antinéa*.

Dès le lendemain, Bob prend Faquet à part.

– J'ai des choses importantes à vous dire. Soyez attentif. Vous avez été remarquable jusqu'ici. Puis-je compter sur vous?

– OK, Patron, et bravo! je n'ai jamais vraiment soupçonné la cible.

– Prenez cela, Faquet, c'est une prime. Si ça tournait mal, vous ne seriez pas inquiété. Il va sans dire que vous êtes hors du coup. Un dernier point : d'ici au débarquement, je ne suis plus le Patron, mais le Colonel.

– C'est compris, Patron.

Le vieux chef, lui, ne veut rien savoir :

– Dites, Patron, est-ce que je vous pose des questions, moi?

– Écoutez, chef, il y a quand même des risques!

– Vous savez, à mon âge, on peut prendre tous les risques, conclut le vieux Jules, et puisque c'est pour la France...

– Pas de problèmes, vous me donnez un fusil, je suis d'accord, a répondu le jeune mécano Lucien.

– Doucement, mon gars, c'est encore la machine, ton problème; tu débarqueras après.

Et, en écho, la voix blanche de Rémi, le petit électricien : « On ne va pas à Mombassa? » Il semble très secoué, il demande à être rapatrié.

– Écoute, mon gars, ne t'inquiète pas, tu verras. Nous, on a l'habitude de ce genre de choses. Tu n'as aucune crainte à avoir. De toute façon tu n'es pas en cause, c'est moi le seul responsable.

Pour eux, il n'est plus possible de faire machine arrière. « C'était un peu machiavélique, je le reconnais... En gros, je les avais menés en bateau. »

Sur l'*Antinéa*, l'ambiance a changé. Les gars déploient une activité fébrile. Ils se sentent concernés à cent pour cent et se sont concentrés sur la tâche. C'est le point de non-retour. Ils parlent librement, d'eux, de leur passé. Ils n'ont plus rien à cacher. « C'est un peu comme si l'on avait enlevé le mort de la maison... » Ils méditent les dernières phrases du Patron : « Il ne sera toléré aucun écart dans le comportement. Que ceux qui désirent rester avec moi gardent cela à l'esprit. Que celui qui ne serait pas enclin à respecter ce contrat moral sache que je ne me considérerais pas lié vis-à-vis de lui. L'échec ne pourrait être dû qu'à une trahison, ou au manque de combativité et de courage. J'ai tout mis dans cette affaire. J'ai pris mes responsabilités ; à vous de prendre les vôtres. On dit qu'il n'y a pas de mauvais soldats, mais seulement de mauvais chefs. On a aussi les chefs que l'on mérite. »

Peu à peu, le matériel est sorti du fond de la cale. Les hublots sont peints en noir pour éviter qu'ils ne soient repérés à l'approche des côtes. Pendant quarante-huit heures, un apprentissage au tableau noir, une répétition. « On demandait aux gars de reconnaître les lieux. Les yeux fermés, sur la carte. On créait des réflexes. »

On voit apparaître des fusils de chasse classiques, des calibre 12, une dizaine de fusils de chasse à l'éléphant 458 capables de trouer un blindage, une dizaine de fusils Remington semi-automatiques 280 pour la chasse à l'antilope. Les hommes de Bob sont avertis qu'en face ils auront, au pire, mille deux cents types livrés à eux-mêmes, mal entraînés, non encadrés et dotés d'armes chinoises. Quant aux instructeurs tanzaniens, il n'en reste qu'une dizaine. Surtout, ils connaissent le risque qu'il y a à utiliser des armes de guerre, obtenues par la contrebande ou la complicité de pays amis : cela signifierait qu'on a mis trop de monde dans le secret. Le Patron, pour finir, leur explique que tout repose sur la capture d'Ali Soilih, la prise du camp de Voidjou, la neutralisation des commandos *moissi*, et beaucoup de courage.

À bord de l'*Antinéa*, dans l'obscurité, quarante-six hommes de commando enfilent leurs bottes de saut, leurs pantalons noirs, leurs bonnets de marine bleu foncé, vérifient leurs armes de chasse et leurs armes personnelles de poing – pistolets, Colts 45, GP 9 mm –, leurs menottes, leur corde commando, leur lampe torche, leur poignard de plongée, et, pour ceux qui sont chargés d'éliminer les sentinelles, les garrots en fil de Nylon. Dans leur musette, ils ont des vivres pour un jour, une toile de tente pour la pluie, un béret vert et des épaulettes.

Trois groupes se tiennent prêts. Le premier, commandé par Bracco, assisté de Jean-Louis, prendra Voidjou; le deuxième, avec Cardinal, protégera les embarcations et assurera la couverture arrière, tandis que Noël le cuisinier couvrira le carrefour entre la plage et la Présidence; le troisième, avec Bob, Marquès, Gérard et Jean-Baptiste, prendra la Présidence et arrêtera Ali Soilih.

13 mai. 0 heure. À dix milles de la côte de la Grande Comore, face à Moroni. L'allure est ralentie. Un pétrolier est signalé par le radar. On attendra qu'il disparaisse. La houle est forte et la nuit noire. Les creux sont de trois mètres. Le cap est mis, tous feux éteints, sur la plage d'Itsandra. À cinq milles de la côte, l'état de la houle ne s'est pas amélioré. Bob décide de s'approcher encore, jusqu'à deux milles, pour mettre les Zodiac à la mer.

Bob a dit à ses hommes qu'il voulait être le premier à mettre le pied sur le sol des Comores. Ils se tiennent à quarante-six, entassés dans le « laboratoire de géophysique ». Bob vient de remarquer que l'équipe chargée d'éliminer les sentinelles, se trouvant un peu pâle, s'est barbouillé la figure en noir. « Je sens qu'ils en veulent, du premier jusqu'au dernier, sans hésitation. » La tension est terrible et cela se sent. Tout à l'heure certains, scrutant le ciel, ont cru voir trois objets lumineux très écartés... « Des avions ! – Mais non, ce sont trois étoiles ! » En face, le volcan, très haut, les domine. Il leur semble que des milliers de paires d'yeux sont braqués sur eux.

Bob a choisi la plage d'Itsandra parce qu'elle est encaissée entre deux rochers assez larges qui protégeront un peu du vent. Il est las d'attendre que la houle se calme. « Les creux peuvent durer plusieurs jours, mon colonel », lui a dit Gouge. « On y va. » Il est 2 heures du matin, ce 13 mai 1978. Faquet met l'*Antinéa* en travers pour protéger la mise à l'eau des Zodiac; Jean-Baptiste a bien en main la grue hydraulique. « Bon sang ! cette grue, qui m'a toujours paru silencieuse, semble faire un boucan d'enfer ! » Les trois Zodiac sont à la mer. Les hommes lâchent les passerelles et s'y jettent, un à un. La houle est si forte et les embarcations tanguent si violemment que Butéri se flanque à l'eau; on le rattrape *in extremis* par les cheveux. Les conditions difficiles présentent au moins un avantage : aucun pêcheur comorien ne se sera hasardé en mer cette nuit-là.

Bob, à la barre de manœuvre du premier Zodiac, dit à son voisin : « S'ils n'ont pas tiré maintenant, c'est qu'il n'y a personne. » Il aperçoit pourtant une lumière sur la plage, au ras de l'eau; il s'agit de la mosquée d'Itsandra qui, fait inhabituel, est allumée. « La lumière de la main de Dieu qui exauce mes prières. »

Le dessin des palmiers se précise, Bob accélère à fond puis ralentit et touche terre. Il a mis le pied le premier sur le sol des Comores. Derrière lui, ses hommes sautent à leur tour. « Ce n'est ni la pagaille ni une armée hétéroclite, mais des gens de guerre aux réflexes conditionnés, capables d'analyser la situation et, surtout, de la sentir; j'ai confiance... La plupart sont comme moi; ils ne connaissent pas la peur avant, ni pendant; éventuellement après; la peur la moins invalidante... S'il y avait eu cinq mille Cubains, je ne suis pas kamikaze, il est évident que je n'aurais pas exigé que mes gars se sacrifient pour rien! Mais un choix, on le fait jusqu'au bout. J'ai fait d'autres choix dans ma vie et je n'ai pas l'ombre d'un regret. »

Chacun connaît son rôle au millimètre. Les fils du téléphone ont été coupés. Cardinal est bien en poste sur la plage. Merde! Une lumière s'allume dans une maison d'Itsandra. Silence absolu. Une fenêtre s'ouvre, qui se referme aussitôt. « Cardinal, l'œil sur cette maison. Que personne n'en sorte! » Noël et les siens se portent aussitôt vers le carrefour de la route de la Présidence. Sans perdre une seconde, Bracco, Jean-Louis et leur groupe foncent droit sur la caserne de Voidjou, distance de quatre kilomètres. Bob, lui, a pris le chemin de la Présidence; deux kilomètres de lacets semés de quelques embûches comme, aux abords de M'rodjou, l'état-major de Kandani dont il faut neutraliser les sentinelles, d'un coup de feu pour la première, à l'arme blanche pour la seconde.

Cette première détonation peut déclencher l'alerte; le succès maintenant dépend de la vitesse d'exécution. Bracco a le feu vert pour donner l'assaut au camp de Voidjou. Soudain une voiture, une R 4, déboule à deux pas de la Présidence. Les hommes tirent, le véhicule fait une embardée puis s'immobilise. C'étaient trois policiers en civil du sinistre Amada ; ils sont morts. Les gardes ripostent, tout va très vite. Dans la villa de l'inspecteur Amada, on découvre une véritable « salle des tortures », des matraques, des ficelles, des traces de sang ; les trois gardes postés là sont aussitôt désarmés.

Gérard fait sauter la porte de la Présidence d'un coup de fusil de chasse 458 ; il fonce, suivi de Marquès, vers la chambre du président qui jaillit soudain : « Ne tirez pas ! » demande Ali. Il est maîtrisé, mis à terre, revolver sur la tempe, menottes passées aux poignets sous le regard de ses deux concubines à demi nues. Il est 3 heures du matin et la garde se rend, tandis qu'à l'arrière Noël fait de la belle besogne, investit Kandani, cet ancien camp de la gendarmerie française, neutralise les instructeurs tanzaniens.

Ali s'est habillé et n'oppose aucune résistance. Très calme en apparence, il attend Bob, assis dans le salon avec ses concubines.

– Bon, eh bien, me voilà ! lance Bob en entrant.

Ali le fixe, l'air absent. Un très long silence.

– Alors, président, voilà ce qu'il en coûte d'oublier de tenir sa parole avec ses amis.

– Il n'y avait que vous pour faire une chose pareille. J'aurais dû y penser ! répond Ali.

– Qu'on le laisse tranquille ! Vous êtes responsables de sa personne, ordonne Bob.

Ali est enfermé dans une chambre soigneusement gardée. Bob a décidé de faire son QG de la Présidence.

Voidjou, de son côté, a été investie sans difficulté. Une rafale de mitraillette tirée par un soldat comorien, trois sentinelles abattues, et les hommes de Bracco font irruption dans la cour. Dans les chambrées, c'est l'affolement, « la pagaille monstre, car il n'y a ni officiers ni sous-officiers ». La nuit, le spectacle de ces hommes vêtus de noir effraie les soldats réveillés brutalement, qui courent en tous sens, refusent de sortir. Il faut les expulser à coups de fusée de détresse... « Vision dantesque que de les voir sortir bras en l'air, à moitié à poil, couverts de ce halo de lumière rouge. » On fait soixante-dix prisonniers ; puis on libère de la prison du camp ceux d'Ali et d'Amada, « une dizaine d'épaves, complètement hébétées, meurtries ».

Il est 5 heures du matin, la ville ne bouge pas et la radio est prise. Bob s'y installe et commence de passer ses coups de téléphone, dans l'espoir de joindre les « appuis » dont la liste lui a été remise par Abdallah. « Allô!... L'Armée de libération vient de débarquer. Ici le colonel Saïd Mustapha M'Hadjou. Le président Ali Soilih est arrêté, Voidjou et la radio sont prises. » L'épouse d'Abbas Djoussouf – introuvable – hésite à répondre, croyant à un piège; Abdillaï Mohammed est injoignable. Par prudence, Bob prend soin de gonfler ses effectifs à l'intention de tous ses interlocuteurs. Quarante-six, c'est un chiffre qui ne pèse pas lourd!

6 heures du matin. Les gens commencent de sortir de chez eux, voient ces hommes en noir, en colonne par un, « manifestement crevés, mais avec des mines de gagneurs »; ils comprennent que ce n'est pas l'armée d'Ali mais une troupe de libération; ils sautent, ils dansent, ils crient leur joie. Avec des véhicules fraîchement dénichés, une petite colonne motorisée s'improvise pour foncer sur la prison de Moroni, là où il est encore possible de se heurter à des commandos *moissi*. Une poignée de *Moissi* ont déjà été arrêtés, mais les autres risquent de s'en prendre aux prisonniers. La marche est ralentie par cette population en délire, qui grossit, hurle « Vive la France! Nous voulons être colonie française! », ce qui ne manque pas de sel. Merci, merci, des milliers de mercis, un triomphe, une foule de jeunes – ils doivent eux aussi être las des excès d'Ali – qui suit en cortège Bob et ses hommes en noir jusqu'à la prison.

« Rentrez chez vous, il peut y avoir encore du danger », leur lance Saïd Mustapha M'Hadjou, très ému. « Oui, colonel Gilbert », entend-il près de lui; un Comorien l'a reconnu, comme beaucoup d'autres, sans doute. « Je ne suis pas Gilbert mais M'Hadjou », réplique Bob. « Tant mieux, c'est un nom comorien, M'Hadjou! », répond l'autre.

Une rafale. C'est un *Moissi* qui a tiré et blessé un civil. Les portes de la prison sont défoncées à coups de crosse, les *Moissi* désarmés, les prisonniers, « une meute sale, hirsute, maigre, accrochée aux barreaux, mains tendues, une effroyable pyramide », libérés. « Où est Abbas? » Un doigt désigne à Bob une cellule individuelle. Dans sa précipitation, il ouvre le cadenas au fusil à pompe, et blesse Daniel à l'épaule. Abbas, épuisé, décharné, est libre. Dans la prison, il découvre aussi deux femmes au visage tuméfié. L'une d'elles, Asma, deviendra plus tard l'épouse du commandant Charles.

Moroni, 8 heures. C'est le délire dans les rues. Jean-Louis et Jean-Baptiste s'affairent à récupérer un peu partout les armes, Bracco tient Voidjou, Gérard la Présidence. Bob circule dans tous les sens, organise des équipes de surveillance, composées d'anciens soldats comoriens volontaires, pour dissuader ce qu'il craint le plus : le pillage, les vengeances, les débordements. L'île doit encore regorger de points chauds, de poches de résistance; Anjouan et Mohéli ne sont pas libérées. Il s'agit maintenant de gérer la victoire.

Les hommes en noir, crevés, qui vivent sur leur enthousiasme et sur leurs nerfs, achèvent de « noyauter » les deux aéroports – Hahaya, à vingt kilomètres, et Iconi – et le port. Par un phénomène étrange, la foule s'écarte respectueusement sur le passage de Noël, et plus encore devant Raqui, le berger allemand. Les musulmans qui, généralement, méprisent les chiens, vénèrent celui-ci... « Voilà l'histoire, M'Hadjou, de la prédiction faite à Ali. Ali devait être puni, M'Hadjou. Hier vendredi, jour de la grande prière à la mosquée, n'a-t-il pas dit à l'imam ces paroles sacrilèges : " Puisque tu crois en Allah, appelle-le donc ! " ? Le religieux s'est prosterné, obéissant, et par trois fois a prononcé le nom d'Allah. " Tu vois bien, Dieu n'existe pas, car tu l'appelles et il ne vient pas. Appelle donc maintenant Ali Soilih ! " Le mollah obéit. " Tu vois, moi je suis là ! "... Voilà, M'Hadjou, Ali a profané Dieu et Dieu l'a puni. » Bob se méfie des rumeurs; mais il ne fait aucun doute qu'Ali Soilih a offensé l'islam, dans un pays qui compte mille mosquées pour trois cent mille habitants, la plupart croyants sincères...

Le régime tenait sur du vent; commandos *moissi*, comités révolutionnaires, milices populaires se sont débandés, évaporés. Les communiqués se succèdent à la radio. Le directoire politico-militaire est proclamé. Abdillaï Mohammed est heureux, soulagé, et Abbas a repris figure humaine. « Il a beaucoup souffert, il est fatigué, très amaigri. » Bob, épuisé, s'endort cette nuit-là dans le lit d'Ali Soilih... « Un lit très confortable. »

Le lendemain, 14 mai, Mohéli, dûment avertie, s'est rendue sans dommage. Jean-Louis et douze hommes l'ont investie. L'épine reste Anjouan, dont la population multiplie les appels au secours. Une force de six cent soixante hommes, dont trois cents bien entraînés en Tanzanie, bien armés, y attendent de pied ferme. Par radio, depuis la tour de contrôle, Bob demande au responsable civil d'Anjouan de rester calme, et aux militaires de ne pas toucher un cheveu du peuple... « ou, menace-t-il, je ne vous ferai pas de cadeau ! »

« Bon sang ! Si je débarque, je ne peux le faire qu'avec vingt-cinq types, au plus ! Et si je jouais un coup de bluff ? » Les derniers mots ont été prononcés à voix haute sur la piste d'atterrissage de l'aéroport.

– Que dis-tu ? lui demande Bracco.

– Écoute, Roger, il n'y a que deux solutions. Comme il faut envoyer un plénipotentiaire sur Anjouan, je ne vois que toi ou moi.

– C'est bon, j'y vais ! tranche Bracco.

– Pourquoi toi ?

– Alors, faisons-le à pile ou face, propose Bracco.

Le sort, porté par une pièce de cinq francs, choisit Bracco, qui aussitôt appelle Lourdet, le pilote de choc.

– On prend le petit Cessna de l'aéroclub ; on met le moteur en route. On y va.

Les voici tous deux sur Anjouan, sans armes, un drapeau blanc à la main, devant le camp militaire.

– Voilà, je viens de la part du colonel Gilbert, que vous connaissez. Si vous ne vous rendez pas, nous débarquons ici en force avec quatre cents gars. Nous voulons éviter un bain de sang.

– D'accord, dit le commandant, mais je ne vous garantis pas que vous n'aurez pas de problème à M'Rémani. Ils sont trois cents là-bas, et entraînés en Tanzanie !

Entre-temps, Bob a prélevé une dizaine d'hommes sur la Grande Comore et Mohéli... « Aucune nouvelle de Roger ; il faut y aller. » Bracco est à M'Rémani, accompagné de Lourdet. « Bigre, l'accueil est froid. Deux cents ou trois cents fusils braqués sur vous. Il suffit d'un excité qui appuie sur la détente... Mais je reconnais ces gars-là ! » Ce sont des Comoriens qu'il a entraînés en 1975, qu'il appelle par leur prénom.

« Il faut vous rendre, ou nous débarquons à quatre cents. Ce sera un massacre! », leur dit Roger. Un ronflement de moteur : le DC 4 de Bob et de ses dix compagnons survole Anjouan à basse altitude. Une aubaine. Au moment où la garnison dépose les armes, la foule anjouanaise s'est massée, une population durement réprimée sous Ali. Menaçante, elle voudrait la peau de ces militaires qui embarquent rapidement dans des camions. Bob et les siens viennent d'arriver, poussent des « coups de gueule », tirent en l'air, dégagent les camions.

Bob peut enfin serrer la main de Bracco.

– Ça va?

– Très bien, répond Roger, flegmatique.

LIVRE NEUVIÈME

BAKO

1.

Il n'y a plus rien. Ali Soilih a vraiment fait table rase et laissé le chaos. Ni archives, ni papiers, ni administration. Rien, sinon des gamins de quatorze ans, auxquels il avait demandé de refaire le monde.

Une libération ne relève pas seulement de la prouesse physique et stratégique, de l'audace; libérer, c'est redonner vie à un paysage mort, à une nation exsangue. Personne n'est en place – ni président ni ministres –, et Bob estime que, pour les Comoriens, il doit assumer cette transition. Les mauvaises langues qui l'accusent de jouer au chef d'État ne le troublent pas.

La première euphorie passée, les Comores ont eu la tentation de se venger. Mais, aux antipodes de la justice, la vengeance peut ruiner une liberté fraîchement gagnée. Devant la masse des dénonciations, l'épidémie de délation, Bob ordonne de faire le tri, sans ignorer que c'est presque une gageure. Le Comorien adore écrire, griffonner sur un papier ses querelles personnelles, les grossir, gémir, suspecter, accuser; l'écrivain public, s'il le faut, transformera son venin en belles formules, d'un français succulent. Le Comorien pétitionne, signe au bas des parchemins, quitte à cautionner le lendemain une supplique résolument contraire. Cette ardeur est presque un fait de civilisation. La libération multiplie la coutume par cinquante : un déluge de vieilles rivalités, de haines, de jalousies.

Comme la nuit dernière, quand, à 1 heure du matin, on a réveillé le Patron.

– Colonel! Chouani! Il faut aller à Chouani! Vite! Ils préparent un coup.

Chouani, à quarante kilomètres de Moroni, est le village natal d'Ali Soilih, village maudit, parce que sa mère et sa famille s'y trouvent. La Jeep est arrêtée en route par des villageois.

– Attention! Là-bas, ce sont des salauds, des *mapinduzi*, armés; il faut être très prudent.

Pour leur faire plaisir, pour leur redonner confiance, on fera un petit tir d'intimidation, une fusée en l'air, trois ou quatre rafales de balles traçantes.

Chouani, un repaire de brigands? On y découvre seulement une vieille femme de soixante-dix-neuf ans, la mère du président déchu, Mahamouda Mzé, paysanne simple et agréable, qui quitte rarement sa chambre et est entourée de femmes et d'enfants morts de peur.

« On s'est laissé avoir », pensent les gars en regardant un jeune homme, le neveu d'Ali. Il n'a commis aucun crime, il tremble de peur parce qu'on déverse sur lui tout la haine accumulée contre Ali Soilih.

– Vous savez, dit Mahamouda, mon fils était un bon garçon, il venait chaque mois apporter de la nourriture et quelques francs. Il voulait le bien du peuple.

C'est un plaidoyer de mère, qui ne peut qu'attendrir Bob. Il s'assied et rédige une lettre, par laquelle il lui assure protection. Et, pour commencer, il s'adresse aux curieux :

– Si on touche à un cheveu de cette femme ou de sa famille, je vous tiendrai pour responsables. Je ne veux pas de représailles!

– Mais le fils d'Ali faisait partie des *Moissi*, hasarde l'un.

– Il sera arrêté et jugé; légalement.

Ils sont moins de cinquante pour contenir ces flux de colère et éviter le bain de sang!

Si, en trois jours, les trois îles sont prises, dix jours de consolidation vont suivre, avant l'arrivée d'Ahmed Abdallah et de Mohammed Ahmed. Dix jours pour organiser, administrer, relancer, tandis que l'on murmure déjà qu'il y a deux chefs d'État français : Valéry Giscard d'Estaing en France, et, aux Comores, Bob Denard. Il en va ainsi des légendes. Pourtant, c'est d'accord avec Ahmed Abdallah que Denard, seul Européen, entre dans le directoire politico-militaire de cinq membres, institué au premier jour. À ses côtés, entre autres, Abbas Djoussouf, le persécuté d'Ali Soilih, et Abdillaï Mohammed. C'est ensemble, avec ces deux-là, que les décisions sont prises, et assurés les contacts téléphoniques avec Ahmed Abdallah, dont il faut préparer le retour.

Abdallah, de Paris, couvre Denard de louanges, l'adopte comme son fils, un fils des Comores, un « Comorien pour services exceptionnels ». Fils ou maître? « Peut-être fut-ce une erreur de ne pas insister assez dans les communiqués sur la réalité du directoire, ce qui aurait pu désarmer le doute, les accusations fielleuses : Denard maître des Comores un mercenaire s'empare d'une île; Denard roi... »

On ne prête qu'aux riches. Et Bob s'énerve : « Alors que le directoire siège en permanence, que les décisions sont communes, les gens ne voient que la force, l'uniforme, moi, l'ombre de la dictature qui se profile, même si Abdillaï Mohammed, préfet formé à la française, connaît la loi, l'art des communiqués, l'accent à mettre sur la restauration de la légalité, le retour à la légitimité contre l'hypothèse d'un coup d'État. La mauvaise foi travaille souterrainement. »

Le temps et le tempérament manquent à Bob pour jouer les apprentis Machiavel. Il s'occupe tout entier à l'œuvre d'urgence : « Je ne veux ni débordements ni bain de sang. »

Il faut imposer la justice contre la vengeance, prévenir les lynchages, et, dans le même temps, lutter contre la famine, nourrir les ventres creux.

On l'accusera, par la suite, d'avoir rempli les prisons d'oppresseurs, leaders des comités révolutionnaires d'Ali, commandos *moissi*. En réalité, il sauvegardait la légalité et leur sauvait la vie.

« J'ai laissé se déverser la bile, et j'ai pris les leviers de commande de l'essentiel : l'armée, la police, la sécurité. »

De guerriers, ses hommes se font conseillers militaires et

civils. Lui-même, à l'aube du quatrième jour après le débarquement, quitte symboliquement la présidence de M'Rodjou pour une villa et place ailleurs son état-major. Le recrutement, anarchique dès les premiers jours, de commandos de Comoriens, qui voulaient jouer les justiciers et arrêtaient à tout va, a cessé définitivement. Il précise les titres de chacun et les siens. Chef d'état-major de l'armée et de la police, il est flanqué du lieutenant-colonel Bracco à Anjouan, du commandant Jean-Louis à Mohéli.

À Bracco, il a envoyé pour le seconder une dizaine d'hommes, Simon et Jean-Pierre pour l'armée, Michel pour l'intendance, Jean-Baptiste et Jean-Marie pour la sécurité, Pierre, Dan et Serge pour le commandement des sections, Max pour les véhicules, Fred pour la police militaire.

À Jean-Louis il en a dépêché trois – Mohéli est plus petite : Jacques pour l'armée, Paul pour la sécurité, et Lulu, un des anciens de l'*Antinéa*, pour la technique.

À la Grande Comore, il confie le camp de Voidjou et la réorganisation de l'armée à Michel – le Bosco –, l'administration à Cardinal, la sécurité à Gérard, l'intendance à Jean-Paul, l'adjoint du Bosco. À Charlier, alias Carcasse, le sport, et l'infirmerie à Coco.

Administrer implique d'éplucher les comptes des fameuses sociétés d'État, dont Ali Soilih, avec les *mudiria*, voulait faire son fer de lance. Créées pour importer et exporter, elles contrôlaient tout, du tourisme à l'agro-alimentaire. La Socomita exportait vanille, girofle, bananes et ylang-ylang et importait riz, farine et sucre; Comore-Import monopolisait, pour sa part, l'approvisionnement en viande, en essence et en carburants. On imagine sans peine le mal que ces monopoles d'État avaient fait aux riches commerçants comoriens. Cardinal, mercenaire et licencié en droit, va faire le ménage dans ce puzzle économico-financier.

Gérard, un des piliers de l'opération *Antinéa*, se retrouve au renseignement et à la sécurité, activités qui requièrent des compétences de police. À vingt-sept ans, il n'a encore jamais fait cela, et il « patine » au milieu d'une tonne de paperasses.

« Démerde-toi, renseigne-toi, rapporte-moi ce que dit la population, et évite-moi les emmerdements ! »

Gérard patauge mais il s'accroche.

« Je le voyais de temps en temps arriver la mine triste, se grattant la tête », se souvient Bob. « Capitaine, je veux ces rapports – et tous les jours. »

Au début, Gérard ignore comment on fait un rapport; au bout de quinze jours, son service est créé et fonctionne.

Bob aurait pu choisir quelqu'un d'expérimenté, qui aurait commencé par lui réclamer du matériel, des moyens, des conditions décentes de travail. Gérard, lui, ingénument, se débrouille avec ce qu'il a : le système D.

« La sécurité, c'est savoir, lui dit Bob. Tu veux savoir? Alors, commence par trier les papiers. Rassemble tous les documents et trie-les ! »

Gérard s'est attaqué à la montagne entassée dans la villa du Patron, qui rassemble la mémoire de l'ancien régime et les dénonciations toutes fraîches. Avec lui, Gus et deux autres types. Grâce à lui, en quelques jours, Bob a pu mettre fin aux règlements de compte qui sévissent entre Comoriens et botté le train de quelques exaltés. Bientôt, la police militaire enquêtera, verbalisera, arrêtera : un véritable maintien de l'ordre, nourri de longs rapports hebdomadaires. Bob connaît de nouveau la joie de bâtir. « Je crois qu'il n'est rien de plus gratifiant dans la vie que de se sentir vraiment utile. Et, à ce moment-là, on ne s'économise vraiment pas. »

Ses hommes se métamorphosent en « civils » passionnés, tels Gérard et son adjoint, le sergent Abdoul. « Abdoul », parce qu'à la poste, où il contrôle les communications et le courrier, le sergent a rencontré une jeune fille, qu'il l'a épousée et qu'il s'est fait musulman.

Gus, l'autre adjoint de Gérard, se collette, lui, avec un problème plus austère : celui d'un énorme trafic de devises, concocté depuis sa prison par un commerçant indien particulièrement ingénieux qui opère sur des billets de cent francs français. Un serpent de mer dont on ne discerne pas la queue pour le moment, mais qui semble aller loin, à l'étranger, vers la mafia peut-être, une plaie « qui peut nous éclabousser... Quarante millions de faux billets de cent francs. Une paille ! »

Il a fallu dix jours pour asseoir les bases de l'armée. Béit es-Salam étant réservée au « politique » – le directoire politico-militaire y règne désormais –, le recrutement et l'organisation militaires ont été transférés au camp de Voidjou. Le Bosco, sorti de sa retraite de l'*Antinéa*, où il devait, en cas de malheur, assurer le repli, a pris les choses en main, flanqué de Gilçou, qui connaît si bien les Comoriens, et de deux jeunes gens, sous-lieutenants, bombardés commandants de compagnie. En dix jours, ils mettent sur pied deux compagnies, grâce aux uniformes et aux armes « oubliés » par les Tanzaniens, et à la poigne du Bosco. « Cinq mille volontaires. Le camp était envahi de mômes. On ne peut pas vous prendre, leur disait-on. Ils continuaient de faire la navette entre Moroni et le camp... Il s'agit moins de recruter que de trier dans l'armée d'Ali, de garder les types intéressants, bien " instruits ", et de montrer la porte aux brebis galeuses. Ce n'est pas triste ! Je me suis retrouvé souvent avec cinq cents gars, je ne pouvais en loger que deux cents, et je ne pouvais pas les foutre dehors d'un seul coup. »

Bob a immédiatement pensé à constituer une arme d'élite, un commando spécial, issu du commando de débarquement, du Commando noir. Aux yeux de l'étranger, il faut que cette Armée de libération soit « comorienne ». D'emblée, on y enrôle soixante volontaires, triés sur le volet, jeunes, solides, motivés – des gars « qui pigent vite ». Encadrés et entraînés comme dans un commando. Ce sera le fer de lance de la reconstruction. Pour l'heure, ce groupe garde le prisonnier Ali Soilih dans sa résidence.

Le lieutenant Jean-Baptiste, bientôt, quitte le Commando noir pour s'occuper de la sécurité d'Anjouan, qui pose de sérieux problèmes. C'est Marquès qui le relaie, avec l'adjudant Coly, Melis, Bernard, Martin et Marcel. La voilà, l' « armée » d'élite. On peut en avoir besoin : certains pays voisins, semble-t-il, n'ont pas apprécié le changement de régime. Il est difficile de plaire à qui s'enivre de « progressisme ».

En quinze jours d'entraînement intensif, le commando est prêt. Équipé d'armes lourdes, il occupe le port, les aéroports, répond à tous les appels. Autant dire qu'il court partout : la population, traumatisée par trois ans de dictature, a besoin d'être rassurée. Le jour, la nuit, les rondes et les patrouilles se succèdent, incessantes. Pour un nid de guêpes dans une maison, pour rien, pour la « présence ». Les Comoriens sont en manque de sécurité, mais aussi d'ordre, de propreté.

Le régime déchu a laissé Moroni délabrée, sale. Le capitaine Charlier lui rend sa véritable couleur, sa véritable odeur. Devant Bob, il a réuni son petit peuple des prisons, ses deux cent cinquante ex-*Moissi*, des ex-comités révolutionnaires, des ex-milices populaires, pour une harangue : « Vous avez fichu le pays par terre, vous l'avez sali; vous allez le reconstruire, le nettoyer. » Carcasse les a vêtus, grâce à un stock de tenues expédiées par les Chinois, et voilà ses prisonniers politiques qui se mettent à badigeonner la ville en blanc, jusqu'aux bordures des trottoirs, les maisons, l'hôpital, le stade. Un gigantesque coup de pinceau, à la risée du public, qui se réjouit de voir d'anciens ministres transformés en peintres, mais ne jette ni pierre ni insulte violente. La prison, le domaine du sergent José, elle aussi blanchie, est un entrepôt de chaux, de ciment, de pelles, de pioches, une entreprise de reconstruction.

Charlier a un autre bras droit, l'adjudant Coco, qui vient de reprendre activement ses fonctions d'infirmier. Il fait blanchir l'hôpital Al-Mahrouf, sympathise avec les médecins italiens, qui honorent, dans des conditions épouvantables, un accord de coopération, et pique à tout va contre les maladies vénériennes et les autres.

En dix jours, la ville est blanche. Les jeunes gens jouent au foot, boxent, « baskettent » sous la houlette de Carcasse. Les écoles rouvrent. On refait la jeunesse.

Ahmed Abdallah n'en croira pas ses yeux : « Était-ce comme cela avant? » demandera-t-il. « Président, répondra Bob, si on n'avait pas fait ça, vous auriez été accablé! »

On reprochera à Bob Denard d'avoir équipé de truelles et de balais d'anciens ministres. Eût-on préféré qu'il les torturât, qu'il leur fît des procès, qu'il les laissât lyncher? Au lieu de cela, ils purgent leur peine du travail de leurs mains. La plupart, au bout de quelques mois, seront élargis. On ne jugera que ceux dont les crimes sont patents.

Pour les procès, d'ailleurs, « on n'est pas en Europe. Ici, c'est un pays de clans, où les pleurs et les lamentations se font en groupe : " Libère-le, je t'en supplie. " Ici, c'est une femme qui userait de ses charmes s'il le fallait pour son mari; là, un vieux grand-père qui se mettrait à genoux et m'embrasserait les pieds pour faire relâcher son fils, son gendre. »

2.

Que vaut la liberté sans le pain, et l'audace sans la chance? Rien. La chance, la fortune, cette grâce de Dieu, sourit aux Comores dès le surlendemain du jour J – un lundi, dans la nuit. Un cargo coréen arrive chargé de riz à en craquer, de farine – trois mille ou quatre mille tonnes. De quoi tenir quelques mois, car les réserves de l'*Antinéa*, hélas! ne pourraient pas nourrir longtemps tout un peuple. Puis abordent un deuxième et un troisième cargo, l'*Île-de-Marseille* et le *Ventoux*. Un quatrième, enfin; un petit pétrolier chargé d'essence. Quatre bateaux en quinze jours! De quoi donner la foi aux plus réticents.

La chance, on l'a aidée un peu, en nettoyant le port, en sermonnant dockers et douaniers. « Le port est le poumon d'un pays. Si vous voulez qu'il s'asphyxie, vous étoufferez avec lui », leur dit Bob. Le port, c'est l'œuvre de Christian Olhagaray, « son affaire ».

La surveillance des prix, elle aussi, concourt à garantir la survie du pays. Suffit-il que le pain, la viande, le riz réapparaissent sur les marchés si, au contrôle d'État, succèdent l'anarchie, la cupidité, la spéculation sur la faim? Bob avertit fermement les commerçants : si les prix flambent, ils passeront en jugement pour sabotage et exploitation du peuple. Il tient le même langage aux notables, à Moroni, dans les villages, à Anjouan, à Mohéli. « Faites la fête, c'est un peu la grève générale de la joie. Mais il faut que les Comoriens se remettent au travail, et vous allez m'y aider. »

Pour le moment, partout, c'est toujours le délire. Jusqu'à

l'idolâtrie, jusqu'à la gêne, lorsque s'agitent, parfois, des drapeaux français et que l'on crie : « Vive la France! »

Il y a beaucoup de Français parmi les libérateurs – ou de Belges, qui parlent français; alors, c'est peut-être la France qui revient, pour sortir les Comoriens du mauvais pas de cette indépendance qui leur a amené Ali Soilih. Bob n'ignore pas que cette interprétation des événements peut lui valoir de sérieux retours de bâton.

Les hommes du débarquement, tel Jean-Louis, qui commande à Mohéli, ne sont pas près d'oublier cet accueil : « Je savais que les Comores avaient souffert, mais cette joie, cette exubérance... J'ai eu l'impression que, d'un seul coup, on leur sauvait la vie, à tous. À Miragoni, dans le village le plus paumé, on est arrivés, Paul, Lucien et moi, sans crier gare. En cinq minutes, tout le village a débarqué, en costume de fête, femmes peinturlurées, avec des colliers de fleurs; et ils pleuraient tous de joie. J'ai eu du mal à retenir mes larmes! »

Cette opération militaire et politique qui se métamorphose en histoire d'amour, ils n'ont jamais vu cela. « Tout un peuple qui nous accueille en libérateurs, en bienfaiteurs. Le Bosco s'est retrouvé à moitié marié, avec madame au bras, et en avant! Alors qu'à l'entendre, on aurait pu le prendre – à tort – pour le plus grand raciste de son temps... J'aime Mohéli et les Mohéliens. Je me bats pour eux, pour cette petite île oubliée et perdue; je me bagarre tant et si bien que le colonel me dit : " Tu es plus mohélien que les Mohéliens! " »

Le Colonel, qui voit dans tous ces signes la preuve irréfragable de son bon droit. Jamais il ne plaidera coupable.

« Si on peut toujours discuter mes actions au Katanga, au Zaïre, au Yémen, en Angola et ailleurs, ce que je fais aux Comores ne permet aucune équivoque, aucune ambiguïté. Nulle part comme ici je ne me suis senti sûr de moi et de ce que j'accomplis. Non; je ne pourrai jamais oublier. Ces louanges à Dieu, aux « anges de Dieu », comme ils nous appelaient, des *hadj* – ceux qui ont ramené et sauvé la religion, des sortes de saints. Pourrais-je l'oublier, cet aïeul qui m'embrassait les pieds, ou cet instituteur – un des premiers instituteurs comoriens, un très vieux –, qui pleure, me saute au cou, et, soudain, se met à réciter un poème en français appris quand il était enfant? Et à M'Béni, village martyr du nord de la Grande Comore... Un autre vieux est arrivé – un ancêtre de quatre-vingt-seize ans, Ben Charraf, le plus notable des notables des Comores. Il parle avec une voix chevrotante, en comorien, et dit : « Viens chez moi. Je t'ai écrit, tu n'as pas répondu. » C'est une figure qu'on vénère. Il est entouré de sa famille, de ses fils, de ses petits-fils, de ses arrière-petits-fils jusqu'au dernier, un gamin de douze ans.

– Pardonne-moi de ne pas t'avoir répondu, lui dis-je.

– Il faut que tu viennes chez moi; c'est très important; car tu es l'envoyé de Dieu.

– Je te suis. »

« Comment oublier l'inoubliable voyage jusqu'à M'Béni, quarante kilomètres jalonnés de Comoriens en tenue d'apparat, de danses, de cris, des you-yous stridents des femmes, d'embrassades, de caresses sur le visage, sur les pieds? À M'Béni, une hauteur d'où l'on découvre une masse humaine venue nous fêter, l'ancêtre me tend solennellement ce qu'il confectionne pour moi depuis le 13 mai : un habit comorien de notable, de chef, une grande cape verte brodée d'or barrée d'une écharpe immense – deux mètres carrés – en soie brodée, elle, d'or et d'argent et, aussi, le symbole de la puissance, une canne sculptée. »

Saïd Mustapha M'Hadjou s'habille, tient le vieux par la main. Les cris, les tambourins, les prières s'accentuent tandis qu'on s'achemine jusqu'à la mosquée.

« " Tu es le fils du peuple, l'envoyé de Dieu. Plus rien de semblable ne surviendra aux Comores jusqu'à la fin des temps. " J'ai les tripes nouées et les larmes aux yeux. Et le sage qui m'amène, seul, me parle doucement. Son fils me traduit : " M'Hadjou, tu es musulman, fils de l'islam. Tu as sauvé les Comores, mais aussi la religion. C'est Dieu qui te protégera, toi, son fils, partout où tu iras. " »

Et Bob, en effet, s'interroge sur cette force qui le guide : « Sinon, pourquoi aurais-je été conduit, dans la nuit du 13 mai, par cette lumière sur la mosquée d'Itsandra? Pourquoi m'accueillaient-ils comme un fils? Et moi, pourquoi leur ai-je dit que le pays avait besoin de tous pour être reconstruit? »

3.

Une journée de Bob dure alors vingt heures. Il se couche à minuit, se lève à 4 heures, écrit, lit notes et rapports. À 8 heures, il se réunit avec le directoire. À 10 heures commence la visite des unités. Il déjeune avec ses hommes à l'hôtel Itsandra, ou en compagnie d'Abbas Djoussouf et d'Abdillaï Mohammed. Suit une heure de repas troublée par le téléphone. Puis les rendez-vous et les doléances jusqu'au soir. Le briefing de 17 heures a été supprimé; il rompait le travail. Le dîner, à 20 heures, le remplace.

« On y déballe tout, et le carnet tient souvent la place de la fourchette. Encore faut-il leur insuffler le courage nécessaire, être assez convaincu pour les convaincre à leur tour que s'ouvre alors une nouvelle aventure : après l'exploit, l'éclair d'une nuit, la longue aurore des bâtisseurs. »

Ses hommes, attelés à leur tâche, ne lui demandent pas s'ils seront payés; les Comores sont pauvres et les caisses vides, mais ils ne semblent pas craindre pour leur contrat; ils savent que Bob Denard ne transige sur aucune question d'honneur. Pour l'instant leur joie est ailleurs, dans la satisfaction du travail bien fait. Ils sont soldats, médecins, fournisseurs, pompiers. Ils répondent à tout parce que des « fils » n'ont pas le droit de ne pas répondre. Par bonheur, ils ont à leurs côtés des Comoriens, d'anciens sous-officiers de l'armée française, qui parlent et comprennent le français. « Sans eux, aurions-nous pu organiser les trois îles? »

C'est un coup d'État clé en mains, ironise-t-on à l'étranger.

Ne jamais perdre la confiance des habitants... Même si la lumière clignotante aperçue au loin est celle d'un lamparo, pas celle d'un sous-marin, il faut y aller, prendre une Jeep ou un bateau, vérifier, rassurer. Telle est la psychologie des îles : on s'y sent plus menacé qu'ailleurs. Le bouche-à-oreille l'emporte largement sur la radio officielle, et les deux réunis ne sont rien face aux « communiqués » qui s'échangent et se diffusent au sortir de la prière. À tous les bruits, les escaliers de la mosquée font une formidable caisse de résonance.

Saïd Mustapha M'Hadjou a trouvé un allié en la personne du grand moufti. Cet homme vénérable, chaleureux, rondouillard, ne parle pas français, mais il prend Bob par le bras avec affection dès qu'il le voit, sous les yeux des notables. La force spirituelle est la seule qui vaille en pays d'islam. Lorsque « Radio-Mosquée » enjoint aux fidèles de rester calmes, de ne pas se venger, de ne pas verser le sang, ils obéissent. Elle conforte aussi, et bénit en quelque sorte, les communiqués du directoire politico-militaire – et atteste qu' « un coup d'État vient de se produire », que « l'ancien président, Ali Soilih, est actuellement aux arrêts », que « l'intérim de la présidence est confié à Abdillaï Mohammed, ancien premier ministre du régime déchu », et que « le but de la loi martiale n'est pas de remplacer une terreur ancienne par une nouvelle ».

La communication, sous toutes ses formes, aide à légaliser la libération au sein des Comores. À l'extérieur, c'est moins facile, mais des observateurs convaincus se proposent, spontanément. L'ambassadeur du Sénégal remercie Bob de son action dc « salut public » et lui offre de diffuser des messages vers le monde, de s'entremettre auprès de son gouvernement et de la France.

Au début, l'ambassade de Chine, qui avait les faveurs d'Ali Soilih, a senti le vent de la menace. Mais, pour Bob, il n'est pas question d'expulser les Chinois. Il leur demande simplement de moins circuler en ville, jusqu'à l'apaisement des tensions, et fait expliquer, par la rumeur, qu'ils ne sont pas responsables de tous les maux. Sensibles à cette mansuétude, ils font don au pays de leurs stocks de gaz de ville.

Les voix des ambassades ne sont pas les seules à se faire entendre. Pilotes d'avions et capitaines de pétroliers parlent, eux aussi. À quoi bon se murer dans le silence? Les Comores sont un pays ouvert à tous, et Bob a choisi, depuis le début, de travailler à visage découvert. On n'explique pas seulement la libération; on la prouve.

Lorsque le capitaine d'un supertanker de la Shell demande l'autorisation d'évacuer un malade, on la lui accorde, bien sûr, et on lui propose même de faire cette évacuation par avion, si l'urgence le justifie. Il est médusé. Six mois plus tôt, un de ses hommes d'équipage est mort d'un palu pernicieux, après quantité d'appels infructueux vers Moroni. Les tankers, désormais, n'hésiteront plus à croiser au large des côtes comoriennes.

Reste le problème des Tanzaniens, une dizaine d'officiers instructeurs, que l'on a protégés, dès le premier jour, de la colère de la foule. Une occasion se présente, que Bob s'empresse de saisir. Le Frolinaco – le Front de libération nationale des Comores –, hostile à Abdallah, gagne les étudiants comoriens séjournant en Algérie, en Libye, en Tanzanie. Cinquante jeunes recrues comoriennes s'entraînent depuis un an à Dar es-Salaam et risquent de venir grossir les rangs du Frolinaco.

« Si vous souhaitez récupérer les vôtres, rendez-nous les nôtres », câble-t-on aux autorités tanzaniennes. Et l'échange s'opère.

Une mesure qu'approuve Abdallah, comme il approuve les décisions du directoire et les initiatives de Bob, auquel il a donné carte blanche, heureux du travail abattu par le triumvirat Bob-Abbas-Abdillaï.

Abdillaï Mohammed, ancien ministre des Affaires intérieures d'Ali Soilih, ancien préfet d'Anjouan, « dont le visage fait penser à Fernandel », est un homme précieux. Religieux, droit, honnête, ce technocrate parfait, à l'intelligence vive, travaille avec acharnement. Il prie, coordonne, met en place un embryon d'administration, rédige décrets et communiqués, disserte avec les notables, les politiques, les ébauches de partis – en un mot, il prépare l'avenir de son pays et celui d'Abdallah. Courageux, il a servi Ali Soilih tout en n'hésitant pas à communiquer avec Abdallah en exil. Son prestige est tel qu'Ali n'a pas pu se décider à le faire arrêter. Il s'en est pris à sa famille, à sa mère; mais lui, il ne l'a jamais touché. Abdillaï voulait démissionner. Ali refusait. Le ministre des Affaires extérieures a eu la même attitude : Mouzawoir Abdallah fut le diplomate d'Ali en même temps qu'une source de renseignements pour le président déchu. Mais les ambitions politiques de Mouzawoir lui interdisent de sacrifier son avenir au destin d'Abdallah, à la différence d'Abdillaï.

« Je suis très peiné. Mon frère aîné vient de mourir, mais Dieu a été clément et m'en a donné un autre. »

Fraternel, voilà bien l'adjectif qui revient le plus souvent lorsque Abdallah s'adresse à Denard. D'ailleurs, ses neuf enfants appelleront Bob « tonton »; et celui-ci, en retour, par affectueuse ironie, accordera le même titre à Abdallah.

L'aéroport de Hahaya étant fermé, Abdallah atterrit à Iconi, le dimanche 22 mai, en compagnie de Mohammed Ahmed. Une formidable ovation les accueille. Arrivé au bas de la passerelle, il prend Bob dans ses bras et l'embrasse. Il y a là le Commando noir, et, plus loin, dans la ville, une foule immense. Abdallah s'incline sur la tombe du prince Saïd Ibrahim, son maître dans la vie publique, prie à la mosquée pour les massacrés d'Iconi, ville martyre, puis, entouré de la Grande Comore tout entière, descend vers Moroni où l'attendent les notables en grande cape noire et verte bordée d'or, la taille ceinte de poignards d'apparat, et des villageois qui dansent. Dans la DS noire qu'on a réussi à lui dénicher, Ahmed Abdallah, debout, avec derrière lui Mohammed Ahmed et Saïd Mustapha M'Hadjou, retrouve son peuple.

Si Abdallah est le symbole de la libération, M'Hadjou, que l'on appelle aussi Bako « le sage » en est le bras.

Le directoire politico-militaire s'élargit aux deux coprésidents – Abdallah et Ahmed ont choisi de ne pas encore se dissocier – et, officiellement, dirige le pays. Un gouvernement est mis en place, présidé par Abdillaï Mohammed, avec Abbas Djoussouf à la Défense, Ali Mroudjaé aux Affaires étrangères, Saïd Kafé aux Finances, Adji Assanali à l'Information, Saïd Hassan à la Production, etc. Tous membres du directoire, ainsi que le Colonel, commandant en chef des forces armées et de la police.

On regorge d'enthousiasme, mais les caisses de l'État sont vides. Sans aide extérieure, les Comores vont s'essouffler, ce qui mettra un terme à la libération comme à la liberté. Les partis politiques, jusque-là interdits, vont commencer inévitablement leurs querelles. « Ne poussent-ils pas ici comme des cocotiers ? » plaisante Abdallah.

La presse, aussi, revient, et le jour même du retour d'Abdallah une équipe de FR3 l'accompagne, qui ne manque pas de se précipiter sur les hommes de Bob. Celui-ci en est un peu agacé, mais il se laisse, finalement, interroger par Francine Buchi. Il lui répond même très librement et ne lui cache pas son désir de s'établir aux Comores.

Le président n'exclut pas de son triomphe les Irakiens, la première mission étrangère qu'il reçoit. Il les emmène avec lui à Mohéli, à Anjouan, et, en vieux renard, leur demande une aide immédiate, sans contrepartie, arguant qu'il est bien prématuré de leur ouvrir en échange une mission officielle. Il est convaincant, excellent tribun, habile à faire rire la foule, à conquérir son public.

À Anjouan, les Comoriens scandent son nom et celui de Bob, tandis qu'ils marchent dix, quinze kilomètres, de lourds colliers de fleurs autour du cou, jusqu'à Domoni, le village natal du président. Deux enfants les attendent, des jumeaux de onze ans, les fils d'Abdallah. Pendant la dictature d'Ali, ils ont vécu cachés au village par les femmes, qui craignaient qu'Ali ne les prît en otages. Ils ont grandi dans la peur et, pendant trois ans, n'ont vu le jour qu'à travers les fenêtres. Aujourd'hui, radieux, entre leur père et leur « oncle », ils vont librement, jusqu'à la mosquée, pour une prière.

Sur la place du village se dresse un immense panneau où sont inscrits ces mots : « Vive l'amitié franco-comorienne ! » On serre des centaines de mains, « Jamais je n'ai serré autant de mains de ma vie » ; on prêche d'exemple la réconciliation.

Mais, pour le peuple, celle-ci passe, inévitablement, par le châtiment d'Ali. Les témoignages et les pétitions pleuvent depuis le 13 mai. Comme si, brusquement, tous les adultes réclamaient vengeance du mépris d'Ali.

Jusqu'au retour d'Abdallah, Bob a tenu ferme : Ali ne serait pas livré à la foule pour être lynché. Il ne ressent à son égard ni haine ni rancune. Son jugement est nuancé :

Ali est un homme intelligent qui s'est fourvoyé – des plans de décentralisation excellents mais un attachement idéologique obstiné et une méthode brutale, iconoclaste.

Sous la pression populaire, le directoire politico-militaire décide à la majorité absolue de déférer Ali Soilih devant un tribunal coranique. Dès lors, il risque la décapitation ou la lapidation. A l'issue de cette réunion, Bob a demandé que, au moins, il comparaisse devant eux. Mais les autres, affolés, ont majoritairement refusé. C'est à Bob qu'échoit la charge d'avertir le prisonnier.

Dès son arrestation, Ali a recouvré tout son sang-froid. On lui a enlevé ses menottes. Il demeure dans sa chambre de la Présidence, gardé par des membres du Commando noir. Bob l'a peu vu durant les journées qui ont suivi le 13 mai. Ali ne boit plus d'alcool et s'alimente normalement. On l'a accusé des pires vices. Il se serait drogué, dit-on. « Je ne l'ai jamais vu fumer du chanvre; et son cou gonflé, ses yeux exorbités témoignent probablement d'une maladie thyroïdienne », note Bob. « Mais la rumeur voulait qu'il soit le diable incarné. »

Jean-Baptiste, qui, au début, le garde, aime à s'entretenir avec lui, quand il abandonne sa lecture quotidienne du Coran. Ali nie ou feint d'ignorer certains faits, les plus graves, qui lui sont reprochés. Le massacre d'Iconi? Il n'y était pour rien. Les tortures de l'inspecteur Amada? Il prend l'air étonné de celui qui découvre. Mais, sur l'indépendance des Comores, il s'exalte. « C'était mon but suprême... J'aurais réussi. »

Il voulait des Comores qui puissent vivre en autarcie, sans dépendance extérieure – une sorte d'utopie.

– Pour y parvenir, pourquoi ne pas vous être appuyé sur une armée et une vraie police, plutôt que sur une bande de gamins? hasarde Jean-Baptiste.

– La Révolution ne passe pas par les armes; elle est conscience populaire.

Souvent, aussi, il se tait et reste prostré. Le 28 mai, il dit à Bob : « Je sais ce qui m'attend; et ce sera terrible. »

Il est pâle, mais il ne tremble pas. « Ali Soilih est un des Comoriens les plus courageux que j'aie connus. » Bob aurait pu le faire tuer lorsqu'il a débarqué. Mais il a pensé, sans doute, qu'Abdallah se rappellerait la mansuétude d'Ali à son égard, en 1976, qu'il la lui rendrait et lui ferait grâce. Hélas ! La raison d'État a peu à faire avec la gratitude et la clémence. Si les choses vont leur cours, Ali sera ignominieusement exécuté devant tout son peuple, ou plus discrètement massacré.

Ce 28 mai, Jean-Baptiste est à Anjouan. Plus un seul cadre européen ne garde le prisonnier. Seuls demeurent des Comoriens anxieux, qui ne dorment pas, même la nuit, alors que la chambre est fermée à double tour.

Bob a donné à Ali un cahier d'écolier sur lequel il puisse écrire sa confession, son testament, ce qu'il voulait faire. Pour l'histoire. Ali en a rempli quarante pages, d'un trait.

– Tu n'as pas peur de mourir ?

– C'est Dieu qui décide.

Bob lui enlève ses menottes :

– Je te donne le choix. Tu restes ici et tu seras jugé, condamné et exécuté. Ou bien tu sors et tu tentes ta chance.

– Merci, colonel.

Quelques minutes, et retentit une rafale de Kalachnikov tirée par la sentinelle comorienne qui l'a surpris.

Pourquoi Bob a-t-il agi de telle manière qu'on ne manquerait pas de le désigner comme l'assassin d'Ali Soilih ? Le sens de la dignité. S'il avait pu croire qu'il y aurait réellement tribunal et procès, il ne s'en serait pas mêlé ; cela restait l'affaire des Comoriens. Mais il savait qu'ils ne le jugeraient pas. Bob ne pouvait pas méconnaître la logique qui mènerait Ali à être supprimé publiquement. Alors, il a préféré lui donner le choix d'une mort debout, d'une mort « propre » – un choix que le prisonnier a eu le courage de faire.

Ali afou ! (« Ali est mort »), hurle-t-on dans Moroni, à l'aube du 29 mai. La population ressent cette mort comme un soulagement, comme le dernier acte de la libération. Il a fallu ce sang aux Comoriens comme conclusion nécessaire de la tragédie, comme prix du rachat.

« Ali Soilih a trouvé la mort ce 29 mai au cours d'une tentative d'évasion », proclame le communiqué officiel.

La coutume musulmane exigeant que le corps soit enseveli dans la journée, Bob fait déposer la dépouille d'Ali

Soilih sur un véhicule, qu'il conduit lui-même jusqu'à son village natal, Chouani. Il traverse Moroni, silencieuse, et les gens s'écartent du convoi. Ils semblent craindre d'ultimes maléfices du défunt. Pour une partie du peuple, mieux vaudrait le jeter à la mer, aux requins.

Passé la ville, Bob quitte la route et se dirige par un chemin caillouteux vers le volcan Khartala. Fatimi, la sœur d'Ali, attend près de la maison que l'ancien président avait fait construire pour sa mère.

– Voici Ali Soilih, dit Bob à sa sœur. Si vous avez besoin de mes hommes pour creuser une tombe, je vous les donnerai. Mais je ne veux que peu de monde aux obsèques.

Une recommandation à peine nécessaire : les gens ont si peur qu'ils se cachent. Et le trou, ce sont les soldats qui le creuseront – dans l'esprit de ces paysans, un chien, cela ne s'enterre pas. Ali sera inhumé dans le jardin de sa mère.

4.

Le pays est économiquement exsangue. Bien que le régime d'Ali ait bénéficié d'une aide extérieure de quatre cent soixante millions de francs français, la dette se monte, à sa mort, à cent quarante millions de francs (trente millions de dollars). Selon le ministre des Finances, Saïd Kafé, il ne reste en caisse que quinze mille dollars – environ quatre-vingt mille francs, « de quoi acheter deux Renault ! »

La survie des Comores passe par l'aide extérieure d'urgence et la relance d'un moteur économique grippé. Mandat est donné aux deux coprésidents d'aller chercher des subsides en Europe, particulièrement en France, en oubliant temporairement les revendications relatives à Mayotte. La reprise de la coopération, la « normalisation » sont à ce prix. Abdillaï Mohammed et Abbas Djoussouf, eux, partent pour les États arabes, où ils glanent des promesses d'aide d'urgence : un million de dollars du Qatar, deux millions d'Oman, deux millions du Koweït, trois millions de l'Arabie Saoudite.

Ces bouffées d'oxygène n'entraînent pourtant pas la reconnaissance internationale de ce que l'on persiste à qualifier de « coup de force », de « coup d'État profrançais », « extérieur », « téléguidé ». Denard, lui, devient le « loup de l'océan Indien », l'homme du « danger haute-tension pour les États africains ». Une mise au ban, un ostracisme auxquels il faut encore ce point d'orgue : la préconférence des ministres des Affaires étrangères de l'OUA, à Khartoum, où les États « progressistes » vilipendent les « Comores du mercenaire blanc », les îles du « patron blanc d'un État noir ».

Injure suprême : la délégation comorienne d'Ali Mroudjaé, prête à discuter avec les plus « progressistes » des États africains – la Libye, la Tanzanie, Madagascar, etc. –, sera expulsée de la Conférence. Gifle à laquelle les Comores, hélas ! n'ont pas les moyens de répondre. Elles ne peuvent que compter sur les plaidoyers des pays amis, Sénégal, Côte-d'Ivoire, Gabon. Alors, elles informeront et dépêcheront des ambassadeurs itinérants, partout où cela sera nécessaire.

Devant ce comportement, Bob Denard décide de rendre publique cette lettre, destinée au président des Seychelles, Albert René :

« Il est compréhensible qu'on nous fasse des procès d'intention, vu ce que nous représentions dans le passé. Mais je pense qu'il est injuste de nous juger sans nous entendre. Je suis prêt à me soumettre à un tribunal d'exception des chefs d'États africains. Qu'on me le dise en face et qu'on me condamne. J'accepte d'avance le jugement. Dans l'opération des Comores, j'ai risqué ma vie pour libérer un peuple opprimé ; demain, je recommencerais sans regret. »

Au retour des coprésidents, Bob, sans en être vraiment surpris, entend la voix de la France, et sa gêne, s'exprimer par la bouche d'Abdallah : « Bob Denard, un Français, est-il bien à sa place dans le directoire ? Ne devrait-il pas plutôt se faire discret ? »

– Tu sais, mon frère, tu es libre de faire ce que tu voudras. Je ne te demanderai jamais de te retirer de quoi que ce soit, l'assure Abdallah. Tu es seul juge, tu prendras seul ta décision. Nul ne peut exiger cela de toi. Tu es comorien à part entière, pour services exceptionnels rendus au pays ; tu as le droit d'occuper cette place, personne n'a celui de te la contester.

Bob sait, désormais, qu'il lui faudra tôt ou tard, quitter les premières loges.

Le 22 juillet, il annonce à Abdallah qu'il se retire du directoire. La décision est entérinée le jour même, en même temps qu'on le confirme dans son titre militaire de commandant de l'armée et de la sécurité.

– Vous restez un enfant chéri de la nation, lui assure Abdallah, qui le décore de la croix de Grand Officier de l'Étoile d'Anjouan.

Sans doute, mais un enfant qu'on souhaiterait voir jouer ailleurs...

Bob Denard, démissionnaire du directoire, est sans illusion sur l'effet modérateur de son geste de bonne volonté. Un jour, on exigera davantage. En attendant, il met les bouchées doubles et travaille d'arrache-pied à cette force armée comorienne, dont il pose les fondations.

La haine, à l'extérieur, ne désarme pas, orchestrée par le président de Madagascar, Ratsiraka, relayée par une presse avide de parfaire le croquis sensationnel du « loup de guerre », de l' « Affreux ». Le ton des premiers bulletins du très honnête journaliste de l'AFP, ceux des 14, 15 et 16 mai, a dû paraître fade aux amateurs d'émotions fortes.

« La situation est calme, écrivait-il. La population manifeste sa joie par des prières, des marques d'amitié à l'égard des nouveaux dirigeants et des étrangers, son soutien massif et incontestable au nouveau régime... »

Rien ne fait moins recette que les peuples contents. Aussi le grincement qui vient de France met-il un piment bienvenu dans ces lendemains trop tranquilles. Le régime d'Abdallah se tourne de nouveau vers l'ancienne patrie, et la France, brusquement, éprouve de la gêne vis-à-vis des pays amis d'Afrique, et même d'Occident. Ne va-t-on pas croire à un coup tordu, manigancé encore une fois par les services secrets français?

« Ils ont toujours fait un complexe de culpabilité à mon égard. Pas moi. Les Services savaient ce que j'allais faire. J'ai eu le feu orange, mais à aucun moment je n'ai reçu de parrainage officiel. »

À la vérité, la France ne supporterait pas l'idée de ne plus être le gendarme de l'Afrique, mais elle souffrirait bien davantage, l'étant, qu'on la désigne comme coupable – un syndrome d'ancien colonisateur. Bob sait, désormais, qu'elle ne pourra ni le « maintenir » ni l' « oublier », tandis qu'au même moment elle parachute le IIe REP sur Kolwezi.

« Je vais subir les conséquences du tohu-bohu qui va suivre. Mais c'est la rançon de la gloire. »

Son départ du directoire politico-militaire lui offre tout juste un répit. Les répits, Bob Denard sait les utiliser : en deux mois, il va bâtir comme s'il devait rester pour toujours.

5.

Dans son organisation, Paris fait office de « base », d'« antenne ». C'est Roger Bruni qui la dirige avec la sûreté de réflexes et la vivacité que la mission exige : il faut aller vite, frapper fort, renouveler les effectifs.

Dans l'équipe du 13 mai, certains n'ont pas tardé à fléchir, sous l'effet de choc du voyage ou de l'opération. Tenir dans pareille aventure exige des nerfs d'acier. Deux hommes ont craqué d'emblée, dès les premiers jours. Un sous-lieutenant de quarante ans s'est mis à pleurer comme un enfant; dépression nerveuse. L'autre a souffert d'un zona; sur le bateau, déjà, il s'était comporté d'une manière curieuse : « Il se baladait sur le gaillard d'avant en slip, chaussettes rouges et chaussures vernies, victime d'un coup de bambou qui a dû laisser des séquelles. » Deux Belges ont déclaré forfait, atteints de la « dingue rouge », cette sorte de paludisme pernicieux qui abat l'homme le plus robuste, le mieux nourri. Quelques jeunes, enfin, exclusivement tournés vers l'action, ont renoncé, faute de savoir se muer en pacificateur.

En outre, le Patron peut expulser, par conseil d'honneur interposé, tout élément dont le comportement n'est pas irréprochable. Le lieutenant Van, l'ancien légionnaire hollandais, en fait l'expérience et paie de son départ une tentation passagère : de connivence avec un Indien, il s'est servi des tampons de la Sécurité pour faire restituer à son complice des sommes empruntées par le régime déchu. Quant au lieutenant Max, s'il déniche le moindre centime rencoigné au creux des caisses d'Ali Soilih, il ne peut résister à son vieux penchant naturel pour le prélèvement à la source... Renvoyé.

« Que c'est difficile quand on a affaire à des brigands qui ont des compétences ! » soupire le Patron, qui demeure inflexible.

Ceux dont Bob a besoin incarnent l'expérience, la maîtrise, le savoir, davantage que le baroud, la casse. Il lui faut des instructeurs, et les consignes données à Bruni sont précises : « Prends-moi des hommes physiquement et moralement aptes et, j'insiste sur ce point, crucial en pays musulman, sobres ! » Il en aura sept ou huit, dûment choisis par Bruni et son adjoint Gérard. Et l'équipe, peu à peu, prend forme. Bob a désormais André pour chef d'état-major, le lieutenant-colonel André, quarante ans, breveté de l'École de guerre, ancien de l'Angola et du Bénin. « Un garçon intelligent. Militaire, policier et juriste ; triple casquette. Courageux. Un peu distant. Il lui manquerait peut-être un doigt de feeling, de chaleur humaine. Comme patron d'état-major, il est imbattable. »

Rillac, lieutenant-colonel de réserve dans l'armée française, n'est pas du « milieu ». Il sort tout droit de l'armée où il s'est illustré en Indochine – il est un des rares évadés de la cuvette de Diên Biên Phû – et en Algérie. Un mètre soixante-dix, cheveux blancs et ras, pète-sec, « un peu trop militaire » au goût des jeunes gens devenus mercenaires pour n'avoir pas à supporter la rigidité des officiers de carrière. Rillac tiendra Voidjou en remplacement du Bosco, qui doit regagner l'Europe.

En août, enfin, arrive le commandant Charles, un homme de baroud, de bureau, de cocktail, une allure qui enlève l'uniforme comme le smoking. Intelligent, loyal, il s'entend avec les anciens, qu'il connaît presque tous, et avec les bleus, qui aiment sa compagnie. Son ascendant est évident, qui procède de son autorité naturelle et de son passé. Au Zaïre, il a excellé au commandement de la base de Kisangani, en 1966. En 1967, au moment de la débâcle de Bukavu, il était en vacances en Europe, et Bob, depuis, l'avait perdu de vue. Mais le 13 mai, Charles a suivi le coup à la télévision et proposé par téléphone, de Bruxelles, sa participation. En attendant de le rejoindre, il lui envoie Jo Wallendorf, « le vieux Jo », par l'entremise duquel Bob est entré en mercenariat, à Kongolo, au groupe mobile C, en 1961.

Marc Robbyn, quarante-cinq ans, c'est aussi la vieille garde, l'histoire mercenaire – Katanga, Yémen, Zaïre. Il est fermé, timide, mais à le voir travailler sans horaire ni convention, à le découvrir capable de faire des miracles avec des vieux bouts de ficelle, les jeunes auront envie de briser la glace et d'en savoir davantage. Le commandant Massé, lui, est un militaire de carrière, comme Rillac, un peu bourru mais plus souple.

Parmi les jeunes, il faut compter avec le lieutenant Laurent, que Bob a connu pour l'opération du Bénin; officier de réserve intelligent, courageux, brillant, sympathique mais sujet à de vives colères. « Le bon grain de la nouvelle génération, comme Jean-Baptiste et quelques autres. » Jean-Baptiste, qui a fait la traversée avec le Patron et reste fidèlement à ses côtés, comme Bracco, Jean-Louis, Gérard, le Bosco, Charlier-Carcasse et Marquès. « Ces garçons n'ont pas gagné leurs grades à Saint-Cyr mais sur le tas. Le reste de l'équipe est constitué de jeunes de vingt-trois à trente ans. »

Faut-il qu'ils soient réellement motivés pour se contenter d'un salaire de mille dollars pour les subalternes ou de mille cinq cents dollars pour un major ou un colonel, sur contrat oral – car il n'est pas de contrat écrit chez Bob Denard. Pour faire l'opération de l'*Antinéa* – le débarquement, le coup d'État! –, c'est deux mille cinq cents dollars (onze mille francs). Pour mille dollars de plus, on fait un mois; pas davantage; car on a des engagements ailleurs, un job, une famille.

La relève – André, Charles, Marc, Éric, Laurent et beaucoup d'autres – est arrivée entre la fin de mai et la fin de juin. Au bout de trois mois, ne subsistent plus que 30 % du groupe initial. Bracco lui-même s'en va. Les Comores semblent, décidément, lui poser un problème : en 1976, déjà, au lendemain du coup d'Anjouan, il avait voulu réprimer une manifestation antifrançaise et déplu à Ali Soilih, qui l'avait remercié. Aujourd'hui il traverse une mauvaise passe. Cette authentique « figure » a ses faiblesses.

Ceux qui restent se donnent à fond. Jean-Baptiste, à la tête de la « sécurité » d'Anjouan, met sur pied la « permanence active ». L'île est très accidentée et mal desservie par des pistes de brousse rendues souvent impraticables par la pluie. Désormais, chacun des sept officiers tiendra permanence un jour dans un village, un autre dans un deuxième, en alternance, sur une semaine. Quatorze villages seront donc visités, chaque semaine, de façon constante. Cela signifie, en fait, un vrai contact avec l'île entière, car les nouvelles se diffusent du village vers les hameaux alentour. Voilà bien le moyen de transmettre l'information et la confiance à des gens qui, par penchant naturel, inclinent à transformer la vérité et à colporter des rumeurs alarmistes.

On recense les malades, pour mieux les suivre. Au nord de l'île, on dénombre dans un village six cent quatre-vingts lépreux laissés sans soins depuis trois ans ! Ils bénéficieront des deux premières tonnes de médicaments expédiées par l'ordre de Malte. A Moya, seulement accessible par la mer ou par une piste si étroite qu'il faut l'emprunter à pied, Jean-Baptiste fait acheminer des médicaments par deux infirmiers. C'est la première fois qu'on donne aux pêcheurs les moyens de lutter contre le paludisme, la typhoïde et la dysenterie.

Un jour, au sud, dans le village de M'remani, Jean-Baptiste remarque une ancienne station agricole, édifiée par des Français, ferme modèle à l'abandon, dotée d'installations modernes. Il achète des grains et décide de relancer la culture de ces quatre hectares. Au bout de deux mois, la station nourrit déjà les forces armées d'Anjouan.

6.

« Je voyage beaucoup plus. Je me rends dans les villages les plus reculés, à Sima, à Pomoni, à Anjouan... Pour voir tout le monde puisqu'ils veulent tous me voir. J'ai un peu plus de temps, et je sens aussi que je vais peut-être les quitter. Mes sentiments sont mêlés : la joie au milieu d'eux, le sentiment du devoir accompli, mais aussi ces pressions extérieures de plus en plus fortes. Et je songe au futur, qui ne me fait pas sourire. »

Partout, sur les tee-shirts imprimés, Bob peut lire : « Vive le Colonel ! » « Vive la liberté des Comores ! » « Vive le président ! » « Vive les coprésidents ! »

Il retourne à Mohéli aussi, qu'il a un peu délaissée parce que le temps manque et que Jean-Louis la tient parfaitement. « Mohéli ! La plus accueillante, peut-être, des trois îles, car plus petite, plus favorisée avec ses fonds marins extraordinaires, ses sources, ses produits vivriers qui poussent tout seuls. Mohéli, où il n'y a pas de marché. Si on veut acheter une poule ou une chèvre, il suffit de s'arrêter sur le bord de la route et de la demander aux villageois. » Le peuple de Fomboni le porte en triomphe, devant une délégation des Seychelles, médusée : deux Français, mandatés par le président Albert René, inquiet des intentions des nouveaux venus.

Mohéli, c'est l'apanage de Jean-Louis, juste récompense de son amour et de ses soins. C'est aussi la terre des belles, qui dansent, couvertes de colliers de fleurs – « elles profitent de la danse pour venir me caresser, essuyer la sueur sur mon visage » –, et des nuits si douces qu'on y dort portes ouvertes. Le jour venu, il est difficile de retrouver parmi ces formes ravissantes celle qui s'est glissée contre vous en silence et s'est enfuie avant le lever du soleil.

Sur ce sujet, ses amis du directoire sont formels : « Il faut vous marier, colonel ! » Bob s'amuse : « Vous voulez tous me marier, mais vous ne me présentez personne ! » Abdallah aime bien en plaisanter avec lui et, parfaitement renseigné, il l'épingle :

– Alors, mon frère, j'ai appris que tu as fait un *mariage-pantalon* hier soir? Fais attention! Après un mariage-pantalon, on a des problèmes, parce que ce sont des *sou-sou* *.

– Mais, président, toutes les filles ne sont pas des sou-sou. Les sou-sou, c'est à l'hôtel Cœlacanthe.

Ahmed Abdallah éclate de rire.

– Et vous, président, vous ne faites jamais de mariage-pantalon?

– Moi? La bête est morte; il n'y a plus rien à espérer.

L'amour, ici, est naturel et libre. Le premier jour, pendant qu'on prenait la Présidence, on a nettoyé les environs et fouillé les maisons pour voir si des gardes d'Ali ne s'y cachaient pas. Dans l'une d'elle se trouvait une famille de réfugiés de Madagascar, des Comoriens de Majunga, rescapés du massacre. Sept ou huit, des jeunes et des vieux, terrorisés par ces hommes en noir qui déboulaient avec leurs fusils et leurs lampes-torches aveuglantes. Au milieu du groupe, un visage très pur, celui d'une jeune fille de quinze ou seize ans... Bob s'est pris de compassion pour ces exilés, regardés comme étrangers par les Comoriens. Il a ordonné à ses hommes de les laisser en paix et leur a apporté des vivres et de menus cadeaux. Les vieilles femmes l'ont adopté, « Seul le visage de la fille exprime la crainte, comme un chien qu'on aurait battu. »

Il est fasciné, il lui parle; elle n'ose pas le regarder. Elle s'appelle Mazna. À mesure qu'il vient, elle sourit davantage.

– Colonel, si vous voulez une femme, on peut vous en trouver une autre; mais pas celle-là!

Une femme offerte est une femme sacrifiée, pense Bob agacé.

* *Sou-sou :* fille de « mauvaise vie » aux Comores.

– Je n'en veux pas d'autre, et, comme je suis musulman, je vais l'épouser selon la loi coranique.

Ce premier mariage reste un mariage blanc. Elle est si timide, si craintive. La rumeur – et il n'est rien de pire – dit qu'elle est malade.

– M'Hadjou, tu dois la répudier, conseille le cadi.

– Non.

– Fais un *toualag* (un divorce); donne-lui une dot; mais répudie-la.

– Non. Elle n'a rien fait de mal.

– Tu ne peux pas rester dans cette situation, M'Hadjou. Tu ne peux pas aller trouver les sou-sou; ce n'est pas digne de toi. Tu es un vrai musulman. Tu as donc droit à quatre femmes, et autant de concubines que tu veux. Légalement, je peux te marier quatre fois.

Ce serait sans peine : le Colonel reçoit chaque jour un abondant « courrier du cœur ». Mais, en vérité, le cadi a déjà pensé à une de ses parentes, de famille mi-mahoraise, mi-grande-comorienne. La mère serait d'Iconi.

– C'est très bon, M'Hadjou, et la fille est la plus belle des Comores.

Elle est là, mais Bob ne peut pas la voir : elle porte le voile, le *chiromani*. Et puis, il faut s'entendre sur tout, d'abord, même sur le prix. En droit comorien, la mariée apporte la maison et l'homme la dot, en argent, en bijoux, selon sa stature sociale; un cadeau enfin, si la fille est vierge, selon l'importance que l'on attache à la virginité.

– Es-tu d'accord, M'Hadjou?

– Oui; mais je veux voir votre fille avant.

À côté de sa mère, la jeune fille s'est dévoilée. Elle est superbement belle. Le cadi lui a affirmé qu'il l'avait déjà vue; la reconnaît-il? Oui, peut-être, une fois, sur le chemin. Elle s'appelle Amina. Elle lui donnera deux enfants.

7.

Moroni. Le président lui fait confidence de tout, librement – le directoire, les décisions, les relations avec l'extérieur, qui, peu à peu, se normalisent. Pour Abdallah, il n'est pas de grand problème qui ne trouve de solution. Pourtant, l'intransigeance des pays riverains persiste au sujet de Bob Denard. Madagascar clame partout qu'il est une menace. L'amertume que Bob en ressent est adoucie par la grâce d'Abdallah. Qui les voit ensemble peut mesurer leur mutuelle sympathie :

« Il a ma confiance, j'ai la sienne. Le soir, on se rencontre sous le grand manguier, dans sa cour, où l'entourent les notables. À mon arrivée, ils se lèvent avec déférence et se retirent pour nous laisser seuls. Le peuple a recommencé à travailler. Voilà la bonne nouvelle. Bien sûr, il y a les mauvaises. Ce qui, à Paris, aurait mis le feu aux poudres, paraît-il, serait le fait que je me suis dévoilé (moi aussi !) devant les caméras de FR3 et une Francine Buchi qui me semblait mal à l'aise. Qu'ai-je dit alors ? Que j'aime ce pays comme le mien, que je me sens comorien de cœur. Qu'y a-t-il de mal à cela ? Ai-je dit que je voulais en être le roi, le président, le dictateur ? Non. Mais est-il quelque chose de pire que le point d'interrogation, la suspicion, l'interprétation, la désinformation ? Cela arrange certains États de faire porter à la France le chapeau du 13 mai, comme si le saut des paras sur Kolwezi ne suffisait pas. L'amalgame consiste à dire : " À qui profite la remise au travail d'Abdallah ? À la France ? Alors, c'est elle. " À travers moi, on attaque Paris ;

c'est commode. Je suis devenu un pion dans leur petit jeu, la politique de la rumeur. À Paris, ils ont fait comprendre à Abdallah que, moi présent, il n'y aurait pas de coopération avec les Comores. Ma démission du directoire n'y changera rien. De politique, je n'en veux pas. À eux de se prendre en charge. J'ai remis le train sur les rails. À eux, Comoriens, de le pousser pour le faire partir ; ce n'est pas ma tâche. Moi, je me contenterai de leur assurer sécurité et stabilité. Seulement, c'est sans compter sur l'amour du peuple des Comores ; à chaque fois, il me faut préciser que je ne suis pas un homme politique, que je n'aime pas la politique, ni le pouvoir, que j'aime la démocratie, sans anarchie. Je crois encore me sortir de ce guêpier. Naïvement, je persiste à croire que je pourrai rester aux Comores, sans doute parce que je le désire. C'est pour cela seulement que j'ai voulu sortir de l'ombre, après dix ans. Les tendances politiques reprennent. J'ai dit à mes hommes : “ Surtout, ne faites pas le jeu d'une tendance politique ou d'une autre. Nous sommes apolitiques ; notre mission est administrative et humanitaire. Sinon nous commettrons des erreurs, et, à la moindre erreur, on vous achève ! ” De cette seule image de moi dont les mains sont tenues par les deux coprésidents, le premier jour, la presse dite progressiste a fait des gorges chaudes. Les Libyens, les Irakiens, tant d'autres qui sont venus sur place, relèvent volontiers ce qu'ils qualifient d' “ ambiguïté ”, comme certaines de ces lettres, erronées et maladroites, adressées au *colonel Saïd Mustapha M'Hadjou, président de la République.* Alors, la presse daube et exacerbe la haine des pays limitrophes – Madagascar, Mozambique, Tanzanie, Seychelles... –, qui montent l'affaire en épingle devant l'ONU ou l'OUA. Didier Ratsiraka, le président de Madagascar, en visite officielle à Paris, a ironisé, sur le perron de l'Élysée, devant les micros, sur “ cette mode désormais établie de perpétrer des mauvais coups par l'entremise de professionnels de la basse besogne ”, vilipendé la “ détestable pratique ” qui ne peut être réalisée qu'avec la connivence des services français, et conclu : “ Il est inadmissible qu'un mercenaire, au XXe siècle, puisse être le chef d'un pays indépendant. ” L'orchestre a bien fonctionné. Désormais, le chantage est partout. Ce n'est pas la peine d'avoir fait tout cela pour ce peuple, et puis de lui faire indirectement du mal en restant.

Puisqu'on dit que ma démission du directoire est cousue de fil blanc, que je reste la puissance, la force, que je guide le président faute d'être le vrai président, je partirai. Mais, au peuple, je dirai que, restant l'enfant du pays, je reviendrai. »

Sur la Constitution, on ne manque pas, non plus, de consulter Denard.

« J'ai réuni un petit comité au sein de l'état-major, des types qui ont fait leur droit – Charles, Jean-Baptiste – et aussi des gars de bon sens. Des amendements ont été proposés. Certains ont été retenus, comme celui sur l'abaissement de l'âge minimal d'accès aux fonctions. La gérontocratie est souvent la plaie des régimes islamiques, où la sagesse est inaccessible avant cinquante ou soixante ans ! »

Le projet de Constitution est prêt et sera bientôt soumis à l'assentiment du peuple. L'Assemblée, le président et les gouverneurs seront élus ; voilà qui règlera heureusement le problème des coprésidents. Ce système bicéphale, parfait pour ne vexer personne et attirer sur les deux la gratitude du peuple, traîne indûment en longueur.

« Mais il est évident que, si l'on opère la mise en place de ces institutions avec ma personne aux Comores, on va encore dire que j'ai tout orchestré, tout imposé, et que j'ai tiré les ficelles. Décidément, il me faut partir. »

Ahmed Abdallah se fait prier pour être le président, arguant qu'il préférerait présider une sorte de Conseil des sages et ne pas altérer ainsi ce qui représente à ses yeux son plus beau titre : celui de père de l'Indépendance. Bob le presse d'accepter, ou, à défaut, de désigner quelqu'un.

Abdallah est matois, rompu à toutes les ruses, et son éducation politique a été polie par deux décennies d'Assemblée. « Au fond, il veut un plébiscite. Prendre le pouvoir ne l'intéresse pas. Il voudrait que le peuple le lui offre sur un plateau d'argent. Je lui parle en militaire, il me répond en sénateur roublard. » Mais, un jour – cela se passe une semaine environ avant le départ de Bob –, Abdallah lui annonce qu'il a réfléchi et qu'il est d'accord.

« Je n'étais pas dupe. Dans ce jeu politique, ayant pesé tous les conseils, toutes les influences, il avait choisi et voulait abattre son joker. »

Bob lui redit alors que, s'il le désire, ses hommes et lui partiront, du jour au lendemain. Abdallah maintient son refus de les voir quitter ainsi le pays; pas avant que la France, en tout cas, ne l'ait assuré d'une coopération. Il ne veut pas se livrer pieds et poings liés à quiconque pourrait débarquer avec des intentions belliqueuses. C'est le renversement des préalables. Abdallah a eu ce raidissement de dignité.

Un Transall de l'armée française atterrit, en provenance de La Réunion. Cette première mission, cinq officiers français, symbolise la normalisation des relations avec Paris. Ils sont venus voir leur futur travail de « bâtisseurs avec des bouts de ferraille » – le travail accompli jusqu'ici par le commando spécial, qui a fait de la vieille ruine de Kandani un camp mobile où les granges pourries sont devenues garages, où les carcasses délabrées ont été transformées en Land Rover ou en camion GMC.

« La succession va être difficile, mon colonel; parce que l'accepter signifie devoir toujours faire mieux », dit l'un des officiers français. On n'imagine pas plus beau compliment. Rien n'est caché à ces visiteurs, ni l'état-major, ni les casernes, ni les dépôts, ni les pelotons d'élèves gradés comoriens, ni les concours pour les élèves officiers comoriens.

Les proches compagnons de Bob, ses « mercenaires », semblent avoir oublié la réputation d'Affreux qui les poursuit. Loyalement, ils pensent que la France va offrir des stages à leurs élèves gradés, inviter leurs élèves officiers à Saint-Cyr, à l'instar de ce qui se fait dans les autres coopérations. Fiers de leur travail, comment pourraient-ils même douter quand la population les a adoptés contre les opinions de l'OUA et de l'ONU? Ils ne renient rien de leur histoire.

« Le passé? Mon passé? s'emporterait Bob. Tout ce que j'ai fait, je l'ai fait avec un esprit chevaleresque davantage que tordu. On sait bien que le monde est divisé en deux ou trois; que, lorsqu'on n'appartient pas à un bloc, on appartient à l'autre. La seule chose qui nous fasse mal, c'est d'être lâchés par le bloc qui devrait nous défendre, et qui nous rejette par complexe de culpabilité. »

Si les gens ne les aiment pas, c'est qu'ils ne les connaissent pas. À de rares journalistes, Bob a pu dire : « Vous avez une mission de trait d'union. Soyez honnêtes moralement. Pour approcher la vérité, il faut que vous veniez voir ce que nous faisons. Remisez les fausses légendes et les racontars. Nous avons un certain code de l'honneur, qui exige que nous ne massacrions pas les gens. Nous ne sommes pas des assassins mais des soldats ! »

Le rêve qui, depuis toujours, le hante est celui de l'intégration, de la fusion avec les gens dont il partage la vie, quelle que soit la couleur de leur peau. « Commander, c'est l'art de faire de son but personnel un idéal pour les autres » ; c'est la maxime de Beaumarchais qu'il se plaît à répéter aux civils comme aux militaires. Et cette tentative devrait se briser sur l'hypocrisie ?

Avec le temps, l'acharnement cessera. « Lorsqu'on fait une opération comme celle des Comores tout seul, en y mettant toute sa foi et tout son courage, toute sa volonté, on ne peut pas penser qu'il y a des gens malfaisants et menteurs au service d'intérêts politiques souterrains. Mais je sais bien que la politique est froide, qu'elle ne fait aucun sentiment, que l'on continue de m'agiter comme un épouvantail à moineaux dans l'océan Indien. Et qu'il faut que cela cesse ! »

La séance de l'ONU, prévue pour octobre 1978, approche. Si Bob, alors, s'y trouve encore, les Comores, à coup sûr, seront une nouvelle fois frappées d'ostracisme. Cela, il ne le veut pas. Mais doit-on casser, pour autant, l'armée comorienne, bâtie à force d'acharnement, de conviction, en trois mois d'instruction ? Tout peut être sauvegardé s'il s'exile discrètement, s'il est remplacé, lui qui ne rapporte pas d'argent, par la manne promise de la coopération française : soixante millions de francs, qui pourraient maintenir l'armée et relancer l'agriculture et le tourisme, les deux espoirs des Comores.

« Je me sens trop lié au président pour le mettre en porte à faux, même si, parfois, on s'engueule à cause de nos différences de vues. Abdallah a la repartie tellement facile ! »

Abdallah joue en magicien des images, belles comme celle-ci : « On ne peigne pas un diable qui n'a pas de cheveux, Bako » ; ce qui signifie : « Qu'est-ce que tu veux que je fasse ? Je n'ai pas d'argent ! Comment veux-tu que je puisse organiser l'administration ? Il n'y a pas de budget ! »

– Président, *fofo !* Doucement, vous y arriverez !

L'argent est plus que jamais le nerf de la guerre. Le million investi par Bob dans l'opération *Antinéa*, qu'on lui a remboursé, a été aussitôt remis dans le circuit pour aider à boucler le budget de 1978 qui ne devra son salut qu'à l'aide du sultanat d'Oman et aux quatre-vingts millions de francs CFA dénichés dans la Socomita, la société d'État d'Ali, par la sagacité de Cardinal. « Tout ce qu'on a pu alors venir me proposer! Jusqu'à la mafia, prête à injecter soixante millions de dollars pour des " affaires ". Mais je déteste ces choses-là. »

Abdallah se montre inquiet du prochain départ de Bob; il craint pour la défense des îles; Amin Dada ne prétend-il pas débarquer aux Comores pour en chasser les mercenaires blancs?

À l'intérieur, le jeu politique aussi reprend. Les partis renaissent. Mouzawoir Abdallah, l'ancien ministre des Affaires extérieures d'Ali Soilih, qui avait aidé à la restauration, veut désormais rouler pour lui-même. Bob représente la caution et la protection d'Abdallah, ce qui pourrait valoir à ce dernier critiques et inimitiés.

20 septembre 1978. Personne, à l'état-major, n'ignore que Bob Denard est sur le point de partir. Les sous-officiers comoriens manifestent leur émotion, et leur incompréhension. Le Colonel a beau leur dire qu'il reviendra, que, ce qui compte, ce sont les Comores, pourquoi s'en va-t-il après avoir tant accompli? Bob s'adresse une dernière fois à ses hommes :

« L'armée est la garantie de la Constitution. Vous montrerez l'exemple, vous ferez les plus grands sacrifices. J'en fais moi-même un très grand. Par votre comportement, faites que je ne le regrette pas. »

La population sait déjà; aux Comores, il n'existe pas de secret. Par délégations entières, les habitants vont demander à Abdallah de leur conserver « leur fils », « leur père ». Avec son départ, ils craignent le retour de la malédiction.

Moroni, le 25 septembre. Prise d'armes solennelle. Le grand stade est noir de monde. Toute l'armée est là. La population aussi, coincée sur les gradins, ou sur les toits, agrippée aux arbres, aux fenêtres. Une revue digne, silencieuse, impressionnante, que passe le colonel Saïd Mustapha M'Hadjou, suivi du lieutenant-colonel André. Le porte-drapeau se présente au garde-à-vous. Bob prend le drapeau, s'agenouille, l'embrasse.

– Colonel, je vous le confie. C'est presque mon âme, et tout le travail accompli. Prenez-en soin, dit-il à André, si ému qu'il ne peut pas répondre.

Bob s'éloigne, de sa démarche claudicante, passe devant les troupes, regarde chacun dans les yeux. « J'aurais voulu le cacher, mais ça coulait aussi sur mon visage, sans que je m'en rende compte. »

L'après-midi, tous les notables se sont réunis au palais présidentiel, à Béit es-Salaam. Abdallah lui rend hommage : « Malgré ce que certains ont pu dire dans le monde, vous quittez ce pays en héros, la tête haute. »

Rentré chez lui, Bob s'endort d'un sommeil de plomb, pour « la première nuit complète, peut-être, depuis le début de l'année ». Pendant trois jours, Bob se balade dans Moroni en jean et en chemisette. Au camp, les hommes travaillent dur; ils ont l'air seulement un peu tristes. Et le président se tient, comme d'habitude, sous le grand manguier. « On parle d'avenir, puis je lui dis au revoir; on s'embrasse. »

Moroni, le 28 septembre. Aéroport. L'avion spécial décolle à 8 heures du matin. Bob a quitté sa villa en trombe, une petite valise à la main. « Je n'emporte pas grand-chose. Pour moi, ce n'est pas un adieu mais un voyage. »

Amina s'est cachée pour ne pas montrer son chagrin. Il se rend seul à l'aéroport, où l'attendent les ministres. Il salue ses collaborateurs et monte dans l'avion de Jack Mallock, un avion-cargo qui transporte de la viande de Rodhésie à Paris.

Une dernière pensée, dans l'avion qui décolle :

« Curieux, la politique... C'est tout de même Journiac qui, après avoir fermé les yeux sur le 13 mai, me demande aujourd'hui gentiment de partir... Au fond, si tu ne t'occupes pas de politique, la politique s'occupe de toi. »

Le 1er octobre a lieu le référendum sur la nouvelle Constitution des Comores. Elle est adoptée par 99,31 % des votants.

8.

« Tout ce que je fais n'a qu'un but : les Comores. Je n'accepte pas, je n'accepterai jamais l'injustice et la malhonnêteté... Je suis parti afin de ne plus gêner la mauvaise conscience, tardive, des États. Mais il n'est pas question d'oublier les Comores... Ce 28 septembre 1978, je n'ai pas décroché; par eux – par mes amis, par mes gars, par le président – tout continuait; tout devait avancer. »

Et puis Paris n'est-elle pas la deuxième capitale des Comores? Le président Abdallah a coutume de s'y rendre au moins quatre fois l'an et d'y rester de huit à quinze jours. La colonie comorienne est active autour de l'ambassade, tenue alors par le prince Kemal, fils de feu Saïd Ibrahim, le maître politique d'Abdallah. Bob logera soit à son « antenne de Paris », où Roger Bruni reçoit l'aide du lieutenant-colonel André, lui aussi de retour, soit dans sa chambre de l'immeuble comorien de la rue Alphand où il a déposé ses archives. Avec Abdallah, il continue d'entretenir des relations fraternelles. « Nos contacts étaient très libres; avant d'être le président, il était l'ami, le frère. » Dans l'appartement du président, rue de la Pompe, ils font tous les deux la cuisine, et parlent, inlassablement, des Comores. Ahmed Abdallah trouve dans la force morale de Bob l'appui dont il a besoin; en « exil », Bob reste l'irremplaçable Bako, l'éminence grise.

Aux Comores, Abdallah téléphonait à Bako tous les matins, à 4 heures précises. Désormais, au rythme de deux lettres par semaine, ils traitent de tout, de politique, d'économie, d'affaires privées et familiales. Leur amitié n'exclut pas les heurts ni les fâcheries. Abdallah a conscience de sa dignité de président ; Bod Denard ne saura jamais être un courtisan. Beau duo que celui du Gascon de trempe et du Comorien rusé et patient. « Avec le président, note Denard, il est des problèmes qu'on ne règle jamais, que les autres doivent régler, après qu'il les a lui-même mis à l'écart avec beaucoup de délicatesse et de belles images. Il n'est pas un homme de décision. *Comoriennement* parlant, d'ailleurs, il n'est jamais de décision claire et nette. On est comorien ou cartésien. »

Aux Comores, la « présence Denard » sera assurée par Charles. Le « commandant Charles », chef du Commando noir transformé en Garde présidentielle, a pour mission de devenir sur place le conseiller d'Abdallah. « Ce qui fut fait. Il s'est rendu indispensable au président. Je lui disais qu'il en faisait un peu trop. Mais le dosage est difficile. » Charles servira de relais à Bob. Il est soutenu par l'amitié d'un homme intelligent et posé : Ahmed Abdou, ancien gouverneur d'Anjouan, devenu directeur du cabinet d'Abdallah.

Bako s'appuie sur le tandem Charles-Abdou et celui-ci, en retour, s'appuie sur Bako. « Un Saint-Just, s'exclame Bob ; ils se servent de moi comme d'un Saint-Just !... “ Attention, menacent-ils ; si vous faites cela, Bako ne sera pas content. ” Ayant accepté ce rôle, je me devais de l'assumer pleinement. » Ce n'était pas facile. Malgré quelques orages, Charles répondra au souhait de Denard. « J'ai besoin d'un homme qui soit le double de moi-même. En principe ce genre d'homme ne peut être qu'un frère ou un fils. Vous êtes ma famille, je ne pourrais faire plus si vous étiez de mon sang. Te voilà désigné pour assumer ce rôle ; en un mot nous ne pouvons pas nous décevoir. »

Le sort a de ces ironies... Bob a été chassé des Comores pour délit de célébrité, et au printemps 1979 on lui propose un film et une star : l'épopée de l'*Antinéa* avec Clint Eastwood dans le rôle vedette. Warner Bros songe à un budget de deux cents millions de francs, à un tournage en décors naturels sur la véritable *Antinéa*. Le voyage, le débarquement, la liesse des Comoriens, on montrerait tout ce que l'on a tenté, dans la réalité, de voiler. Enfin, une fondation Clint-Eastwood s'implanterait aux Comores...

Aux frais de la Warner, Bob et ses amis s'installent alors dans un appartement cossu de l'avenue Floquet. Bruni, le Bosco, Jean-Baptiste et quelques autres rassemblent leurs souvenirs. Bob se rend trois fois à Hollywood. « Je n'étais pas revenu aux États-Unis depuis 1952! » Un projet qui fait tapage; trop pour n'être pas quadrillé de chausse-trapes : le producteur tombe malade, Clint Eastwood montre un attachement soudain pour la non-violence et l'écologie et se met à rêver à d'autres sujets. Surtout, Bob inscrit en marge d'un cahier : « Paris, mise en garde. Appel à la prudence. Prendre contact avec la Warner. » Le 6 novembre 1979, il confie à Abdallah : « Je ne suis plus très chaud pour réaliser le film. Les temps ne sont plus propices. Si je peux différer sa mise en route ou tout simplement l'annuler, je le ferai... Ce fut une excellente couverture, elle m'aura permis de faire diversion. » Ainsi, les doutes de la star hollywoodienne se conjuguent avec les craintes de ceux qui, à Paris, verraient se rééditer, sans plaisir, une trop forte publicité autour de la remise en selle d'Abdallah.

Pendant les mois qui suivent son retour, Denard, en effet, joue sur le fil du rasoir. Il est dans l'expectative. Ses confidences, rares, vont à René Dulac qui l'a rejoint aux Comores au moment où lui-même préparait son départ. Le passé est oublié, comme les doutes du « Grand » sur ce qu'il tenait pour la folle expédition de l'*Antinéa* et son refus d'en être. « Trois semaines après mon retour, écrit Bob, il m'est encore difficile de bien réaliser, et je dois dire qu'il m'arrive encore de tourner en rond. Je suis partagé entre l'optimisme et le pessimisme; cela dépend des jours et aussi des rencontres. »

À la fin de novembre, Journiac, conseiller de Giscard pour les Affaires africaines, doit le recevoir et l'aviser de la marge de manœuvre que lui consentent les amis du « Château » (l'Élysée) et ceux de la « Grande Maison » (les Services). « Pour l'heure, écrit Bob au Grand, il ne serait pas heureux que je rentre aux Comores; il serait préférable que j'attende le printemps... Tu m'as dit que je t'avais fait douter un moment; pour ma part je doute toujours, tout en espérant. Ils sont tous ici intimement convaincus que sans ta présence je n'aurais pas accepté de partir... La meilleure garantie à mes yeux reste votre présence. »

On n'est pas plus clair : s'il avait dû partir accompagné de tous ses amis, et ruiner, par là-même, cette garde présidentielle sur laquelle il fonde l'avenir, il n'est pas assuré que Denard eût plié. Car il parie sur la victoire à long terme et mesure toutes les embûches dans cette phase de déstabilisation, surtout, que provoque son départ. « Notre présence là-bas, ils [Paris] vont tenter de la limiter et d'influencer le Tonton [Abdallah] pour pouvoir mieux le manipuler dans un premier temps et éventuellement l'éliminer par la suite en l'isolant. S'il est profondément convaincu que notre présence encadrant une force entièrement à son service est sa seule chance de réussite, alors il ira jusqu'au bout de son mandat; en revanche, s'il se laisse influencer par des sirènes de tous bords, je ne lui donne pas un an. Restez vigilants et n'alarmez pas le Tonton... »

Ce qui signifie que le poids politique d'Abdallah réside moins dans sa légitimité élective que dans la tentative de ne pas tout jouer sur une seule carte : s'il se livre entièrement à la coopération française, s'il fond la Garde présidentielle dans une force armée encadrée d'instructeurs de l'armée française, il y perdra sa liberté et son avenir politique. Car ni Abdallah ni la France n'ont désarmé. Si Abdallah proclame toujours que Mayotte est comorienne, la France, elle, pour des raisons stratégiques, ne renoncera pas à Mayotte.

Bob est convaincu qu'il a les moyens d'aider Abdallah, et celui-ci, en habile politique, y consent, sans tenir compte des avis contraires. La rencontre de Bob avec René Journiac, le 23 novembre 1978, lui permet d'espérer et de conforter le président sur cette voie étroite. La priorité, c'est la garde, que Bob protège à distance. Lorsque Abdallah se montre un peu trop virulent à l'égard de Gérard et de Jean-Baptiste, par exemple, il réagit aussitôt : « Lors de la préparation de notre affaire, ils ont été les principaux artisans de notre réussite; cela serait mal les remercier! Notre ami [Journiac] ne vous a-t-il pas dit que " la Garde présidentielle seule vous garantira stabilité et sécurité "?... Il est impensable que sa fidélité soit remise en cause tous les huit jours. Chacun se demandera avec raison si demain l'un d'entre eux ne sera pas désigné par n'importe qui comme comploteur. Prenez garde que, en créant le doute autour de vous, vous ne fassiez le jeu de vos adversaires! » Mais il le rassure aussi : « Si vos adversaires en doutent, ils pourraient leur en cuire; vous devez savoir que dans ce domaine nous ne faisons pas de cadeaux et *je crois l'avoir prouvé.* »

Bob lui conseille encore de privilégier la relance économique : « Notre ami [encore Journiac] pense qu'avec de bons dossiers les pays amis du Golfe pourront vous aider. » La France ne peut en faire davantage car elle se trouve engagée sur trop de points en Afrique... « À vous, monsieur le président, de prendre votre bâton de pèlerin pour faire le tour de vos amis. »

Inlassablement, Denard continue de veiller. Son activité en faveur des Comores ne souffre d'aucune contre-indication – il faut simplement rester discret. On apprécie à Paris « son attachement pour les îles et pour leur président ».

Pourtant, l'édifice est bien fragile, ainsi qu'en témoignent les propos échangés le 10 juillet 1979 par le commandant Jean-Louis, et le ministre de la Coopération Robert Galley, en visite officielle aux Comores.

À Jean-Louis, qui défend le bien-fondé du débarquement, la part irremplaçable que prennent au développement des Comores les mercenaires et la nécessaire présence d'Abdallah, le ministre répond par une évocation de ces « cons » du Bénin, coupables d'avoir laissé sur le terrain un ramassis de preuves accablantes, et lui suggère de prendre contact avec le colonel de Gourvenec, qui a travaillé avec « certains services ». Une manière de désolidariser ses hommes de Denard, une tentative de récupération. Commentaire de Bob sur le rappel de l'affaire béninoise, qui a presque valeur prémonitoire : « Lorsqu'on ferme les yeux quand ça va, il faut savoir fermer sa gueule quand ça ne va pas... »

9.

À l'aube de 1979, l'épuration de la garde, les renvois, les mutations ont resserré les rangs. Jean-Louis la commande en titre et René Dulac supervise. Bob se tient étroitement informé. Parmi ce qui l'inquiète, il y a ce harassement, ce découragement du président. « Il est las, avec des réactions imprévisibles, souligne Charles. Vous seul pouvez lui remonter le moral. »

« Cher Bako, cher frère, lui écrit Abdallah, je ne suis pas encore fou, mais mes adversaires, ennemis et faux-amis, continuent et continuent. Je n'en sais pas beaucoup pour le moment. On veut établir une colonisation, la mafia, que sais-je... Je n'accepte pas; je ne peux pas dire tout. On attaque la garde. Je n'accepte pas. Il y a tellement à faire face mais je perds malgré tout mon sang-froid. »

« Regardez le chemin parcouru depuis le mois de mai dernier, lui répond Bob. Gardez confiance et ne vous découragez pas!... Créons à Paris un service de renseignements dans le cadre de l'ambassade; et puis il vous faut étoffer votre ambassade. La tutelle sénégalaise, c'est peut-être bien, mais certaines choses doivent nous être propres, sans référence étrangère... »

Et, un autre jour : « Président, un groupe propose un prêt de cinquante millions de dollars US sur trente ans. Cela ne peut être que des eurodollars hors marché ou des capitaux à blanchir. Attention! »... « Bako, très cher frère, je n'ai aucune aide encourageante nulle part. »

Décidément, Ahmed Abdallah traverse une crise. En mai

1979, il songe même à se retirer. Il n'en peut plus, il ne vit pas comme il le souhaiterait. Ses affaires commerciales périclitent, ses fils « ne sont pas à la hauteur, et lui refuse de s'en occuper tant qu'il sera président ! »... « Bako, on m'attaque parce que mes enfants font du commerce; c'est vrai; je ne peux tout de même pas les nommer ministres ! » Il désigne pêle-mêle tous les ambitieux qui lui sourient pour mieux l'abattre : Mohammed Taki et Saïd Hassan, Mohammed Ahmed, « celui qu'il craint le plus »; Abdillaï Mohammed, qu'il surnomme « le Messager »; Abbas, « un faible qui simplement me préfère à Mohammed Ahmed »... « Président, l'exhorte Bako, vous êtes un homme courageux, un négociateur redoutable... Vous pouvez puiser en moi toute la force morale et physique. Je suis pour l'éternité votre frère... »

Et Bob prêche d'exemple, et va chercher, à titre officieux, des soutiens pour Abdallah : « Au Maroc, le colonel-major Dlimi m'a assuré de tout son appui auprès des amis du Golfe, Arabie et Émirats. » Il essaie par tous les moyens de le protéger et de le rassurer. Abdallah veut se promener seul à Paris? « Il n'en est pas question. Si je ne crois pas à un soulèvement aux Comores, on est toujours à la merci d'une action individuelle. » Il craint toujours l'opinion internationale et l'agitation étudiante? « Tôt ou tard, il faudra dominer vos appréhensions. Il y aura toujours des détracteurs et nous serons toujours à la merci de l'OUA, de l'ONU, des non-alignés, de la Conférence franco-africaine... L'opposition? Vous savez ce que j'en pense. Les étudiants? De tout temps et sous n'importe quel régime, il est bien connu qu'ils sont contre tout ce qui est pour et pour tout ce qui est contre ! »

Dans ces attaques, d'ailleurs, Bob n'est pas épargné. Lorsqu'il veut pourvoir efficacement à l'approvisionnement du pays en viande ou en ciment et qu'il confie l'affaire à la société Socovia de son ami Capiau, le moindre retard de livraison, le moindre problème provoquent une charge de l'ennemi – toujours anonyme. Ce qui le fait exploser : « Soyons net : les insinuations du président ne sont pas toujours agréables, alors que tout le monde se saigne pour lui. Espère-t-on que Capiau fasse des miracles? Il est parfaitement honnête et sérieux; les banques lui font confiance. On lui fait un faux procès par jalousie, on monte une cabale; le

Tonton orchestre. Capiau a investi aux Comores, a aidé la GP dans les moments difficiles. Les attaques contre lui sont indirectement dirigées contre moi. Le premier prêt aux Comores garanti par la Coface, pour la construction d'entrepôts frigorifiques, l'a été grâce à nos efforts communs depuis un an. Les premiers cent cinquante mille francs nécessaires, je les ai moi-même avancés ! Le président ferait mieux de demander aux Kalfane et autres... où ils investissent leurs bénéfices tirés des Comores depuis cent cinquante ans qu'ils y sont installés !... En fait, au Canada ! »

Durant 1979, « cette année folle », on ne parle que de déstabilisation. Une éventuelle manipulation de la France pour remplacer le président ne serait pas à exclure. Aux Comores, l'opposition s'agite, multiplie les sarcasmes et les bruits pour attirer les mécontents. Des rumeurs de coup d'État circulent. Les FAC, conscientes de la force de la GP, la craignent et se désorganisent, se conduisent mal. La population les déteste ou les méprise quand elle reconnaît parmi eux d'anciens tortionnaires partisans d'Ali Soilih. Dans tout ce désordre, Abdallah, plus que jamais, a besoin de Bako. Bako, qui, à Paris, vit trois journées dans une seule, littéralement obsédé par les Comores. Elles lui collent à la peau. Il a gardé là-bas la petite villa qui domine la plage, désormais historique, d'Itsandra, où vit Amina, son épouse comorienne. Il a respecté patiemment le délai de décence imposé par la France avant d'y revenir en touriste. Mais en ce mois d'août 1979, il piaffe d'y retourner un peu. Alors se profile, *via* Radio-Cocotier, le spectre du diable, agité par les ennemis, avérés ou inconnus, et les faux amis. Abdallah souffle à Bako que le moment, peut-être, n'est guère propice : « Les non-alignés, l'ONU doivent se réunir ; ne risquerais-je pas des camouflets ? À Noël, ce serait tellement mieux... Mais enfin, s'il veut venir, qu'il vienne... »

L'annonce de ce séjour déchaîne les rumeurs et les supputations les plus extravagantes. Bob consent à attendre Noël.

En ce mois de juillet 1979, Bob rompt avec Dulac. Le Grand et sa trop forte personnalité ne peuvent s'accommoder de rester derrière un Patron, même absent. Rupture nette, irrévocable.

– Tu veux truster les Comores ! lui lance Dulac.

– Tu m'emmerdes; les Comores, c'est moi qui les ai libérées!

« Le Grand m'aurait littéralement bouffé si je n'avais pas réagi... » Après vingt ans d'aventures en commun dans les brousses africaines, les deux baroudeurs se séparent.

À ce coup dur en succède immédiatement un autre : le commandant Jean-Louis commet une bévue à l'égard du président pour une histoire d'alcôve. Parti filer le parfait amour à Mohéli, il se fait fraîchement accueillir au retour. Et à Abdallah qui lui demande où il était, il répond : « Je n'ai pas de comptes à vous rendre! » Le président riposte en menaçant de dissoudre la Garde : il ne peut plus avoir confiance en elle quand son commandant ose lui parler sur ce ton. Cet incident a lieu au plus mauvais moment : un avocat français vient d'arriver à Moroni pour défendre des étudiants emprisonnés... « La France veut me détruire. Cette affaire est purement comorienne. Pour qui me prennent-ils? En plus de leur ambassadeur qui me critique, du commandant de la garde qui m'injurie, ils m'envoient un avocat français pour juger les affaires comoriennes! »

L'amalgame paraît dangereux à Bob, mais Charles fait preuve d'un remarquable à-propos – « Car, à ce moment-là, il était facile de nous éliminer. Paris aurait pu sauter sur l'occasion. » Charles a eu le réflexe de proposer au président de prendre le commandement de la Garde, si Bob et lui y consentaient. C'est d'une nouvelle Garde qu'il hérite – les « anciens », Cardinal, le Bosco, Charlier, etc., en ont progressivement disparu. Le commandant Charles, en revanche, peut toujours s'appuyer sur la loyale complicité du conseiller présidentiel Ahmed Abdou. Sur la « faute » de Jean-Louis, Bob a aussitôt calmé le jeu : « Cela, président, doit bien rester dans la maison, au risque de le voir exploité par l'ennemi. Jean-Louis est jeune et impulsif, et je comprends que sa conduite vous froisse! »

« Toi, dit-il à Jean-Louis, garde ton calme et ton sang-froid. Rentre en congé et laisse passer l'orage... Il faut serrer les coudes. Je vous l'ai déjà dit : notre position est fragile. »

Cette série d'alertes s'achève sur un irréversible malheur : René Journiac disparaît dans un accident d'avion, ce qui en pousse beaucoup à passer à l'offensive anti-Denard, à poser des banderilles, toujours anonymes : « Avec Journiac, il est temps qu'Abdallah s'en aille car il ne possède plus d'amis en France; mais il ne doit pas s'en aller seul, il doit prendre avec lui ses Bob Denard! »

« Bako, Journiac était un grand ami... C'est une grosse perte, se plaint Abdallah; je sais que je vais nager... Certains ici comme là-bas croient que la mort de notre ami enterrera aussi l'amitié entre le président Giscard d'Estaing et moi. »

« Ne vous découragez pas, le rassure Bako; il n'y a aucune raison que le remplaçant de M. Journiac * change de politique. Il faut harmoniser les rapports d'homme à homme, voilà tout. Votre ami Jacques F. [Foccart] pourra vous y aider. » Et à Charles, il conseille : « En attendant, ne donnons pas dans le panneau de riposter aux attaques de l'ambassadeur de France. Plus aucun contact ni aucune initiative pour ou contre. Éviter toute prise de position, officiellement comme officieusement. Ne pas confondre l'ambassade, qui dépend des Affaires étrangères, et nos amis, qui dépendent directement de la Grande Maison. »

Abdallah, réconforté, proclame : « La GP est plus forte que l'armée. Je n'ai pas à craindre de coup d'État. » Il se garde pourtant de dire : il faudra bien la payer. Cela, c'est l'affaire de Bako, pas la sienne. Là réside le nœud gordien du système Abdallah-Denard. Il est hors de question que le budget comorien, exsangue, soutenu tant bien que mal par la France, finance la GP. Le demander à la France? Bob n'a nulle envie d'en perdre le contrôle. Il lui faut donc s'adresser ailleurs. Il y a bien les promesses des Marocains, auprès desquels Bob a gardé de solides attaches. « Si le Maroc apportait aux Comores une aide de deux milliards de francs CFA, dix pour cent pourraient aller à la GP! » Mais le Maroc soutient alors une guerre au Sahara, et l'argent tarde à venir. Quant aux Émirats ou à l'Arabie, ils prendront sans doute un peu du fardeau.

À vrai dire, ces difficultés, ces retards ne semblent pas ébranler Bob. C'est que des tractations souterraines sont en route, qui le rassurent. Les amis du Sud, c'est-à-dire les Sud-Africains, sont contactés avec l'accord de la Grande Maison : « C'est OK; l'important reste la discrétion. » Allusion indirecte au contentement d'Abdallah qui se réjouit au lendemain du défilé du 6 juillet – anniversaire de l'indépen-

* Il s'agit de Martin Kirsh. (N.d.A.)

dance : « Si le Sud prend en charge la GP, pourquoi ne pas la monter à cinq cents hommes, diminuer les FAC et instaurer un service militaire, ce qui ferait de l'emploi pour les jeunes ? »

L'accord à trois est conclu, entre les Sud-Africains, les Français et les Comoriens représentés par Bob. « La réussite de l'opération des Comores leur a donné confiance en mon étoile », confie-t-il à Charles, à propos des Sud-Africains; « les Sud-Af' acceptent de financer la GP, à compter du mois de septembre 1979 ». La France, à tout prendre, préfère (en secret) ces alliés-là à tous autres sur le champ de la lutte russo-américaine dans l'océan Indien. Les services sud-africains – au sein du ministère de la Défense – ont subordonné leur accord à l'installation aux Comores d'une station d'écoute secrète qui leur permettra de mieux contrôler les renseignements en provenance d'Afrique australe.

Très vite, de « très peu européens faux gardes présidentiels », sous uniforme de la Garde, et protégés par elle de toute indiscrétion, vaqueront à leurs secrètes activités au sein d'une station mobile aux Comores. En contrepartie de quoi l'aide sud-africaine à la GP se décompose en aide financière (trente et un million de francs CFA mensuels) et matérielle, ce qui représente cent cinquante millions de francs CFA, de septembre 1979 à mars 1980, soit l'équipement total – hommes, véhicules, armement – d'une compagnie de cent neuf hommes. « J'ai dû pratiquement signer un engagement sur l'honneur que ces fonds seraient bien utilisés pour la GP et non à des profits personnels. Chez eux le problème de l'utilisation de leurs fonds secrets est très strict. Pour ma part, je ne suis pas susceptible. Je préfère cela. Je tiens à te le préciser, indique-t-il à Charles, afin que cela soit sans ambiguïté. Les choses d'argent sont délicates. »

Bob le proscrit revient ainsi, par cette porte inattendue, avec l'autorisation des Services français. Désormais Bob Denard ne s'appellera plus le colonel Gilbert mais Rémy Destrieux, consultant officiel pour les Comores, avec rang d'ambassadeur itinérant et passeport diplomatique. « Cela arrangeait tout le monde que je change de nom, et les Services n'ont vu aucun inconvénient à m'en fournir les papiers. » Bob sera M. Destrieux ou M. Bako pour ses interlocuteurs sud-africains. M. Dupuis pour d'autres. Il est satisfait de la tournure des événements et en avise Abdallah : « Les premiers versements sont arrivés. Monsieur le président, tout démarre. Il faut persévérer. Le proverbe dit : Tout vient à point à qui sait attendre. Vous avez le courage de le faire. »

La vie de Denard-Destrieux désormais s'organise autour de l'axe Paris-Genève-Pretoria-Moroni. Cette « alliance sud-africaine » ne surprend pas si l'on se rappelle les bonnes relations que Bob entretient avec les Sud-Africains depuis longtemps. « Depuis le Biafra, j'ai connu pratiquement tous les patrons de leurs services spéciaux. Ce n'étaient pas des relations superficielles et je n'étais pas arrivé par hasard. En 1976, si je n'avais pas été engagé dans d'autres opérations, peut-être aurais-je participé à la création de leur Légion étrangère, le fameux 32e bataillon Buffalo du Colonel Breytenbach », confie-t-il.

Les Services sud-africains sont devenus puissants. Ils dépendent du ministère de la Défense (SADF), et ont, comme toutes les unités militaires, le vent en poupe dans les années 80. Sur le plan financier, l'arrangement ne pose aucun problème. « Jamais le président Abdallah ne m'a demandé de compte. Je recevais directement l'argent du Trésor public comorien et je le gérais. Trois fois par an, les Sud-Af' faisaient des audits; ils épluchaient les comptes jusqu'au moindre centime. » La Garde présidentielle sera toujours financée par la Défense (SADF) ; les Affaires étrangères, en revanche, commenceront dès 1980 de s'intéresser aux Comores, de chercher à aller plus avant en matière de coopération économique et commerciale. Novembre 1982 verra cette coopération en quelque sorte officialisée par l'ouverture à Pretoria de la Représentation commerciale des Comores, avec statut diplomatique.

Rémy Destrieux, homme-orchestre de l'axe Pretoria-Moroni, s'adjoint sur place un vieil ami : le commandant Lesage – Freddy. À la Défense, l'interlocuteur de Destrieux est le brigadier Martin Cotzé et aux Affaires étrangères Glen Babb, jeune et brillant diplomate, parfaitement francophone. Heureuse résolution du problème budgétaire, qui permet de maintenir une Garde en butte à une crise d'identité. Trois cent trente hommes, répartis en trois compagnies, encadrées par vingt-cinq Européens dont la plupart sont des nouveaux, recrutés par l'antenne de Paris. L'ensemble est tenu avec talent par Charles, assisté de Laurent et de Marquès. Souvent, les « jeunes » se montrent impatients de combattre, et le Vieux, de temps à autre, leur en fait la promesse : Les Comores ne sont-elles pas une excellente base d'entraînement?

« Si cette situation doit durer », lui écrit Laurent, qui assiste Charles, « je me poserai la question de mon utilité. Vous savez bien que nous ne sommes pas ici " pour la gamelle " et qu'il faut une autre espérance pour faire ce travail souvent ingrat ! » Et plus tard : « Mon colonel, vous ne pouvez certes pas sortir de votre chapeau des lapins roses à volonté. Mais, à nos âges, vous en aviez fait d'autres et vous comprendrez que l'on puisse *bouillir...* » Malgré cette aspiration de certains au baroud, d'autres se réjouissent de servir en pionniers le dessein du Vieux : bâtir un pays.

Sur sa Garde, Bob veut en savoir davantage pour *être et durer*, selon sa formule, et dépêche à Moroni, en 1980, le lieutenant-colonel François, officier de légion, responsable d'un service de « contre-ingérence » au Gabon. Il a chargé François de lui faire un rapport. « Gouverner, c'est prévoir », répète Bob, et il veut se donner les moyens d'avoir en la GP une arme crainte, respectée, inégalable, le vrai bouclier d'Abdallah. En Charles, proche d'Abdallah, ami d'Ahmed Abdou, il tient l'homme de la situation ; en Laurent, malgré ses foucades de jeunesse, un « formidable garçon » ; en Gérard, un homme de renseignements « en progrès » ; en Jean-Jean, un garçon d'intendance astucieux ; en Marquès et en Rio, deux très bons commandants de compagnie, et bientôt un troisième, en Stofflet.

Certes, l'instruction est insuffisante ; les munitions manquent et le renseignement est embryonnaire. Mais le Patron déteste par-dessus tout ce qui pourrait altérer la bonne entente entre ses hommes ; aux critiques, aux jalousies, il répond par l'indéfectible soutien dont il assure ceux qu'il a choisis. Il confirme à Gérard ses progrès, le déclare « bon élève ». Si l'on dénigre Roger – « un rigolo, une excellente bête de guerre », André – « un fainéant chronique » – ou Jean-Louis – « un brutal, excessif et exclusif » –, il riposte : « C'est absurde et méchant ; mais les chiens aboient, la caravane passe. »

Le lieutenant-colonel François a donné cette conclusion à son rapport : « Quelle est la finalité de la Garde? Doit-elle continuer à cautionner un régime où la magouille, le *m'karakara*, pousse, incontrôlé, jusqu'à la misère et la révolte? » Il faut prendre garde, dit-il, que les Comoriens, comme le Khartala, sont sujets à de brusques poussées de fièvre. Voilà qui serait absurde, « car le régime est issu d'un triumvirat comprenant un Européen dont l'aura est restée brillante, et sur qui reposent bien des espoirs. » Si l'on considère que la Garde, garante du régime, est de fait la propriété personnelle de Bob, ses financiers pourraient s'inquiéter un jour de cette situation pourrie... La solution, assure François, c'est que Denard intervienne dans les affaires politiques et économiques du pays, et mette un terme à ces pratiques désastreuses. C'est à lui que cette tâche incombe, personnellement; si la Garde le faisait, les instances internationales et la France ne tarderaient sans doute pas à l'accuser d'être une police politique, un outil de répression. Que le Colonel n'hésite pas, suggère François. Personne aux Comores n'est capable de concevoir un programme économique; les problèmes familiaux et les rivalités fiscales y gangrènent tout. Bob, flanqué de spécialistes, contrôlerait, freinerait le *m'karakara*! À Paris, un bureau d'études sélectionnerait et conduirait de solides projets qui déboucheraient, peu à peu, sur l'autofinancement de la Garde. Trop beau programme, trop rapide surtout aux yeux de Bob qui garde les pieds sur terre : « Avant d'arriver à l'autofinancement, beaucoup d'eau passera sous les ponts! Non, le bureau d'études n'est pas nécessaire : le rôle occulte que je détiens au travers de tout un réseau de fils conducteurs est sûrement plus efficace qu'un rôle officiel!... » Il est vrai qu'« il s'agit d'une situation unique en Afrique et peut-être dans le monde. Les Comores sont un petit pays, une sorte d'île de la Tortue qui pourrait devenir un champ d'expérience incomparable. Il ne faut pas laisser passer cette chance! » Or l'Afrique du Sud a bel et bien choisi de relancer le pays, côte à côte avec la coopération française et d'autres...

Bob s'inquiète de l'argent perdu dans la machine administrative de la coopération française, de ses lourdeurs, du poids du fonctionnariat. Une fois ces charges payées, que reste-t-il du chiffre mirifique alloué sur le papier? Trente, quarante pour cent tout au plus. Le rôle de Bob est d'abord de persuader Abdallah de la loyauté et de la bonne volonté des Sud-Africains, d'abolir ses perpétuelles réticences. Le temps presse. Le pays, certes, est parti de zéro; il a pris dix ans de retard par rapport à 1975, mais cela ne justifie pas que tout aille à vau-l'eau. La politique est une pétaudière, ce qui conduit Charles à se poser des questions : « Ne vaudrait-il pas mieux pour Ahmed Abdallah un régime présidentiel avec un super-cabinet, et des ministres expéditeurs d'affaires courantes ? Ou bien un conseiller ? Mais il est si difficile de conseiller Abdallah... »

Le premier remaniement ministériel, en juillet 1980, suscite la moquerie parce que l'ancienne équipe, surnommée « la bande à Abdallah », est presque intégralement reconduite. L'économie continue de s'effondrer, les ministres et les techniciens sont incompétents. La coopération manque aussi de punch; le code des investissements étrangers, indispensable à la relance, dort dans le tiroir du ministre des Finances. « Sans ce code, on ne peut rien, s'alarme Bob. Il doit être simple et clair, sinon il fera peur. On n'apporte pas de l'argent dans un pays pour le perdre et sans avoir la garantie de pouvoir en disposer librement ! » La paralysie est à un degré tel que les ministres doivent consulter le président avant de prendre une décision urgente, « ceux-ci [les ministres] préférant alors ne rien faire plutôt que d'être pris en défaut. » La sécurité civile est un mirage; la police des îles recrute allègrement les exclus de la Garde et des forces armées; la prison de Moroni est une passoire : les prisonniers circulent en ville et rentrent dormir chez eux...

Tout cela n'empêche pas Ahmed Abdallah de faire son numéro à la presse internationale sur l'air de « tout va pour le mieux dans le meilleur des mondes » : les Comores sont très pauvres, mais les Comoriens ne sont pas malheureux. C'est la fatalité, Dieu l'a voulu ainsi. Il faut accepter. Les Comoriens acceptent. Les journaux ne se privent pas de réagir, comme en témoignent leurs titres : *Le Figaro*, 3 janvier 1981 : « Un paradis où on ne mange pas à sa faim »; *Le Matin*, 8 mars 1981 : « Comores. Un archipel fossilisé. » *Le Monde*, 25 avril 1981 : « L'art et les risques de vivre au-dessus de ses moyens », etc.

La démographie est une plaie : quatre cent mille habitants, soit trois cents au kilomètre carré cultivable, survivent avec un revenu inférieur à trois cents dollars l'an. Les experts estiment que la population va doubler en vingt ans ! Il ne sera plus question alors de rêver à l'autosuffisance alimentaire. La dramatique érosion des sols est masquée par la végétation tropicale et l'absence d'hygiène par le doux parfum des plantes odoriférantes. Mais un enfant sur deux meurt avant l'âge de cinq ans. La situation sanitaire est épouvantable et le manque de terre cruel. On massacre des forêts : dix mille hectares anéantis en quelques années ; tandis que les sols, mal exploités, se dégradent. L'élevage y est nul et les cultures vivrières embryonnaires ; la viande vient de Rhodésie, de RSA et d'Europe, et le riz du Pakistan, quinze mille tonnes par an, importées par les grandes familles du pays, dont celle du président que la rumeur accuse de temps en temps de provoquer des pénuries fictives pour gonfler les prix. Les cultures de rapport, girofle, vanille, coprah, essence d'ylang-ylang, monopoles aux mains des mêmes familles, sont tributaires des fièvres des cours mondiaux et du bon vouloir des acheteurs. Abdallah est qualifié de « président import-export » et ses fils de « nos enfants à nous », c'est-à-dire de fils à papa. Ennemis et faux amis jubilent de l'entendre affirmer, très sérieux : « Je suis contre les nationalisations... Il suffit de voir un cocotier sans feuilles et sans noix pour être sûr qu'il appartient à l'État ! »

La France se montre tutélaire. Avec son aide de vingt-cinq millions en 1980, elle couvre le tiers du budget comorien, mais surtout lui procure le tiers de ses importations et lui achète la moitié de ses exportations. L'opposition, qui donne des leçons de morale et stigmatise le règne du *m'karakara*, ne ferait sans doute pas mieux que le pouvoir en place ; ni l'ASEC (l'association des étudiants comoriens de Paris), nostalgique de l'effervescence révolutionnaire d'Ali Soilih ; ni le comité de salut public du prince Saïd Kémal, ni Abbas Djoussouf, ni les « réformistes » de Mouzawoir Abdallah, ni Mohammed Ahmed... « Aujourd'hui ils s'attrapent ; demain ils s'embrassent. Aussi notre politique à nous est-elle simple, conclut Bob : tout voir, tout entendre, ne rien dire. »

Lucide, il a fait ce constat : l'héritage de la révolution lycéenne d'Ali Soilih n'est pas oublié, bien que les notables au pouvoir aient relevé la tête qui semblent régner sans partage par leurs réseaux, leurs clientèles et leurs caisses noires. « Je voyais que beaucoup de choses nous échappaient et qu'on allait se faire mettre des peaux de bananes. » Pourtant il ne renonce pas et continue de sermonner le président à qui il demande, par exemple, de cesser d'emporter en tournée des liasses de francs CFA qu'il glisse dans le corsage des matrones ! À essayer d'expliquer que ce n'est pas la bonne méthode, que ces pratiques féodales sont révolues, il s'entend répondre « qu'en politique comorienne, il a quatorze ans... » Peut-être, mais il sait que ces « petits gestes » représentent tout de même, bon an mal an, 300 millions de francs CFA. Les hydrocarbures de M'Radabi y pourvoient.

Souvent découragés, Charles et Ahmed Abdou tirent la sonnette d'alarme auprès de Bob. Et Bob, inlassable, repart de son conseil ou de sa réprimande; pour le bien des Comores, il amènera Abdallah à changer, car Abdallah pour le moment est bel et bien irremplaçable. « L'ordre de Malte vient d'envoyer une tonne et demie de médicaments pour les lépreux, et pas un remerciement ! Si cela n'intéresse pas les autorités, il serait préférable de le dire ! » tonne-t-il un jour. Une autre fois, il glisse à Charles : « Je te répète que la GP ne doit pas être une arme de répression ! » Le problème de la jeunesse est sans doute le plus grave. Il y a près de cent cinquante mille jeunes de moins de quinze ans ! Il est évident qu'à leur égard il faut être ferme, mais juste... Et Bob écrit à Abdallah : « Ne sous-estimez pas la subversion qui travaille les jeunes; à vingt ans on n'a rien à perdre, surtout s'il n'y a pas d'horizon. C'est bien beau de faire des bacheliers qui vont grossir les rangs des intellectuels chômeurs. À notre époque les idées circulent, c'est comme un courant qui vous emporte; il faut créer un contre-courant, fabriquer des lycées techniques pour les passionner, en agriculture, en artisanat... Croyez-vous que ce sera avec trois équipements de football, deux paires de gants de boxe et trois guitares que le problème sera résolu? Le mal est beaucoup plus profond. Le virus Ali Soilih est resté bien ancré. Le combattre serait ridicule dans une jeunesse en pleine mutation. » Le président devra choisir tôt ou tard un homme accepté par les jeunes. Après les procès d'étudiants, pourquoi n'a-t-il pas réduit les peines en appel ni usé de son droit de grâce? « Que croyez-vous? Le malaise des étudiants est mondial... Votre entourage n'est fait que de vieux! Comment emporter l'enthousiasme des jeunes sans une politique populaire en faveur des forces vives de la nation? » En général, Bob déplore une absence de rigueur et de clarté qui, parfois, le met hors de lui : « On peut faire les comptes, je considère que je ne m'y retrouve pas. Ce que j'entends et qui ne me plaît pas : Bako a de l'argent. Bako ne peut pas venir, car il y a les réunions de l'OUA, de l'ONU... La GP ne peut être un instrument personnel au seul bénéfice du président... Ah! je ne peux pas venir! conseille-t-il. Eh bien!Je serai présent à Moroni pour l'accouchement d'Amina et la naissance de mon fils. Cela fait partie de mon honneur. Je n'accepte pas ce genre d'excuses de réunion à l'échelon international. C'est un faux-fuyant qui n'est pas digne d'un homme d'État. Je suis las des tergiversations et des faux procès. »

Las, sans aucun doute, mais « je n'ai pas un caractère de démissionnaire ». À Charles qu'il sent faiblir, il écrit : « Devant cette charge, on se sent le devoir de ne pas paraître petit, d'être juste, d'être un surhomme... Mais, hélas! cela n'existe pas, et il reste seulement la possibilité d'être un homme, avec ses contradictions et ses faiblesses. Rien n'est jamais acquis, il faut se remettre en cause à tout instant, lorsqu'il s'agit de décider de la vie d'êtres humains et de leur devenir. La tâche est noble; il ne faut donc pas faillir et ne jamais faiblir car la vie te dévore et t'efface. »

10.

« J'ai su à partir de ce moment-là que ça allait changer. » En mai 1981, l'élection de François Mitterrand surprend Bob en villégiature à Biarritz. « Nous y voilà ! », écrit-il à Abdallah. « Ce changement va entraîner de graves conséquences. Les nouveaux venus sont absents des affaires depuis vingt-cinq ans et l'indépendance des pays africains date de 1960. Nos ennemis vont s'en donner à cœur joie. Méfiez-vous des sirènes qui ne chercheront qu'à vous charmer pour mieux vous noyer ; comme vous le dites si bien, la langue n'a pas d'os. »

Au vrai, si Abdallah, après avoir perdu Journiac, « perd son ami Giscard », il retrouve en François Mitterrand une vieille connaissance et se réjouit de ce que le « projet socialiste pour l'Afrique » prévoie le rattachement de Mayotte aux trois autres îles de l'archipel. Cependant Paris se montre peu empressé à quitter cette zone stratégique qui lui permet de tenir, entre les deux grands, un rôle dans l'océan Indien. Le 5 octobre 1981, les assauts de politesse entre Mitterrand et Abdallah ne peuvent masquer l'évidence : la question de Mayotte n'est toujours pas résolue.

La vie de Bob est alors maussade. La délivrance, le 23 juin 1981, d'un mandat d'arrêt contre lui, pour cette vieille affaire du Bénin qui paraissait dormir, coïncide précisément avec l'arrivée de Jean-Pierre Cot au ministère de la Coopération. Il n'a cependant pas encore abandonné Paris. Les relations sont courtoises avec les amis de la Grande Maison, mais on lui annonce qu'il sera difficile désormais de lui renouveler ses passeports. Bob note que « l'ambiance générale se dégrade en France. La chasse aux sorcières a commencé. »

À Moroni, au sein de la garde, on accuse le coup. L'humeur est morose. Les jeunes gens « se sentent assis entre deux chaises ». Fermant *sine die* l'antenne de Paris, le patron leur adresse de fermes avertissements : « Si vous retournez en France, observez la plus grande discrétion sur le passé, le présent ou l'avenir. Tenez la boutique du mieux que vous pouvez. Elle assure demain et permettra le cas échéant de bâtir ailleurs quelque chose. »

Charles enfonce le clou : « Le Colonel est resté volontairement dans l'ombre depuis l'élection présidentielle. S'il advenait que, durant la rencontre Abdallah-Mitterrand [le 5 octobre 1981], on mette notre présence en cause, le Colonel veut que nous occupions le terrain. » Au même moment, un vent de panique agite les Comores : Kadhafi recruterait des Comoriens pour sa légion islamique à partir du Kenya... « Au sein du gouvernement, ils ne savent à quel saint se vouer et viennent se raccrocher aux basques de la GP. »

À Paris, les nerfs de Bob sont soumis à rude épreuve. « La pression policière se fait de plus en plus sentir. Descente en force chez Claudette; interrogatoire de Marie-Élise. La chasse à l'homme est ouverte. J'ai grand besoin moralement de compter sur vous tous. Il est possible que je parte plus tôt que prévu chez les “ Poissons ” [nom de code des Services sud-africains] car ici le climat, pour moi, commence réellement à devenir malsain et je prends de gros risques en restant. Nos amis du Sud ont toujours été depuis vingt ans des gens de parole et d'une parfaite loyauté. »

Les relations vont se rompre avec les Services français... « C'est la fin d'une époque; mes passeports ne seront plus renouvelés. Quelqu'un, que je connais fort bien, m'en a avisé en ces termes : “ vous comprendrez, je ne vous fais pas de dessin ”. Ils sont au courant de l'accord secret avec leurs homologues sud-africains, ils n'ont peut-être pas l'intention d'en changer tout de suite les données. Car cela doit les arranger encore. » Désarmé en France, il ne perd pas de vue pourtant les affaires comoriennes. À la veille d'élections législatives, au printemps 1982, il n'hésite pas à se faire directif : « Une situation qui se détériore de jour en jour, et chaque jour qui passe nous met dans une situation plus difficile et qui finira bien par devenir irrécupérable. Charles, il faut que le président laisse l'opposition présenter ses candidats. S'il a peur d'affronter l'opinion publique maintenant, demain il sera balayé. Ou il en a le courage ou il ne l'a pas! Ce n'est pas cent millions de francs CFA pour sa campagne qui changeront les choses, c'est en profondeur qu'il faut changer, pas en apparence. Je regrette, mais à mon prochain voyage, je serai plus dur et plus direct, *car s'il faut que je le sauve malgré lui je le ferai*; je ne suis pas l'homme des batailles perdues d'avance. Ma détermination m'engage contre les aventures, mais aussi contre l'inertie qui peut engendrer une catastrophe. »

Il tente de convaincre maître Verny, un des conseillers d'Abdallah en France : « J'ai relevé dans son dernier discours que monsieur le président tenait grief aux gouverneurs et aux douanes pour les délits de corruption. Mais n'est-il pas le guide? »

« Monsieur le président », ne cesse-t-il de répéter, « puisque vous avez choisi la voie démocratique, l'important est d'aller jusqu'au bout. Laissez donc s'exprimer Mouzawoir, Kémal, Abbas et d'autres; ce sera l'occasion de connaître leur crédit populaire, tout relatif. Je ne suis pas un homme qui change facilement son fusil d'épaule, vous le savez. Je peux accepter d'être sourd et muet mais jamais aveugle. Je serai toujours très franc avec vous car je vous estime. Monsieur le président, je ne me permettrais pas de vous parler le langage du cœur si ce qui se passe aux Comores me laissait indifférent. Je rêve de voir les Comores devenir la Suisse de l'océan Indien; je suis certain que si les Comoriens faisaient preuve de bon sens, cela pourrait devenir une réalité... » Et de nouveau à Charles, un peu ébranlé par l' « engagement » de Bako : « Tu me dis ne pas vouloir être un conseiller politique, que tu me laisses ce rôle, que tu te dissocies de mes prises de position... Alors que nous nous sommes mis d'accord pour amener Abdallah sur la voie du changement. Je mène une vie de proscrit mais mon esprit est froid... Mes chers amis, pourrais-je vous conseiller, si vous ne l'avez déjà fait, de prendre pour livres de chevet Clausewitz et Machiavel, car vous n'aurez pas facilement ma peau... » Dans le même temps, il pousse à fond l' « alliance » sud-africaine : « Ils sont conscients de leur position précaire aux Seychelles et à Maurice. Les Comores sont une plate-forme plus sûre; notre présence la garantit. »

Comment une activité aussi débordante – obsédante pourrait-on dire – lui laisserait-elle des « loisirs », sous d'autres cieux d'Afrique? Cependant, son « rêve comorien » est de longue haleine alors que l'urgence continue d'éclater aux quatre coins de l'Afrique troublée, comme dans ces années 80, au Tchad. Hissène Habré s'y collette avec Goukouni Oueddei, soutenu par les Libyens de Kadhafi. Depuis dix-huit ans, le Tchad se débat dans une guerre civile dont les racines sont d'une extraordinaire complexité. Ce qu'il est coutume de classer un peu vite sous la rubrique « guerre des chefs » entre Hissène Habré et Goukouni Oueddei s'aggrave des revendications libyennes sur la bande d'Aouzou et sur une partie du Sahel tchadien. Depuis 1978, l'hostilité avérée d'Hissène Habré aux prétentions de Kadhafi lui assure les sympathies françaises contre son rival, à défaut d'un soutien absolu qui permettrait de faire pièce à l'intransigeance du chef d'État libyen. Dès lors semble devoir s'éterniser un conflit au parfum de « guerre inexpiable ».

Le Vieux ne perd jamais de vue les soubresauts de son continent d'élection. Le rôle de pompier volant qu'il se plaît à y tenir figure le vieux rêve de la brigade d'intervention mixte – cette force d'interposition au service de l'Afrique modérée et prooccidentale : « Cela coûterait moins cher au contribuable que d'envoyer des nationaux se battre pour des causes qui leur sont étrangères et que l'on soutient des deniers publics. »

Il s'agit aussi pour lui de détourner un peu l'attention, trop appuyée à son goût, que l'on porte sur son dessein aux Comores. Puisque l'affaire tchadienne occupe le devant de la scène, pourquoi n'en serait-il pas? Durant l'année 1981, il a reçu la visite de Badaire, vieil ami journaliste, qui lui a fait un point du « merdier » de N'Djamena. Pour Badaire, ceux qui semblent le mieux organisés, ceux qui se battent bien, ce sont les types d'Hissène Habré, même si celui-ci inspire une confiance mitigée. Et puis il a dans son entourage des éléments remarquables, comme Idriss Miskine, le ministre des Affaires étrangères, Idriss Deby, Al Alami et d'Abzac.

Badaire suggère à Bob de les rencontrer et de les aider. Après la bataille de N'Djamena et l'intervention des Libyens, Hissène Habré s'est replié, le dos à la frontière du Soudan, dans un coin appelé Ouadi Bari. Il est très menacé; on a essayé de s'en débarrasser plusieurs fois avec le coup des mallettes piégées, mais il est devenu méfiant.

Ainsi, à la fin de 1981, Bob rencontre-t-il Idriss Miskine, Al Alami et d'Abzac au restaurant Le Flandrin à Paris, tout à côté de son « antenne »; l'accord est conclu. « Ils n'avaient alors pas un sou. J'ai dû leur avancer le prix de leur billet d'avion. » Bako, naturellement, en a parlé à Abdallah : « Les gens d'Hissène Habré auraient besoin qu'on les aide. Mon avis est qu'il le faut. Qu'en pensez-vous? – Il faut faire ce qu'il faut faire! » assène Abdallah, toujours expert en formules. Les amis du SADF sud-africain lui répondront : « Nous n'avons pas tellement d'opinion. Le Tchad c'est bien loin. Ce n'est pas dans notre sphère d'influence. À vous de jouer. » Pour la France, les relations sont au froid avec la Grande Maison et il n'est guère informé. « Il est aisément imaginable qu'ils verront cela d'un mauvais œil. Nul doute qu'ils ont dû rester en contact avec Hissène Habré. » Une intuition très fine car Hissène Habré, rencontré un peu plus tard, lui confiera : « Les Français m'ont dit de ne pas travailler avec vous. C'est la raison pour laquelle je suis d'accord pour le faire! » Hissène Habré qui se dit las des tergiversations françaises.

Au printemps 1982, Bob aura envoyé quatre gars sur le terrain : Hugues, Rio, Jean-Baptiste et Éric, puis deux nouvelles équipes de trois, tous venus de la GP de Moroni avec mission d'encadrer les Tchadiens au maniement des armes lourdes récupérées sur les Libyens. Les hommes de Hissène Habré, courageux et bons élèves, sont repassés à l'offensive et ont repris Abéché en un raid étonnant, une *blitzkrieg* furieuse, leurs véhicules bien en ligne, fonçant tous ensemble sous un déluge de mitraille.

« Saïd » est le nom tchadien de Rio, le chef, « Ahmed Lucky » celui de Jean-Baptiste. C'est Hissène Habré lui-même qui a choisi ce dernier surnom, impressionné par la chance insolente de ce garçon superbe, qui tient bien le commando qu'il a formé. À Abéché, ils ont repris le terrain d'aviation et établi une liaison radio avec Bob, grâce à la station d'écoute sud-africaine installée aux Comores. « Patron, il nous faut des avions C 130 avec des munitions et des armes. »

Bob s'épuise toujours à essayer de convaincre les Sud-Africains qui répondent imperturbablement que ce n'est pas leur zone d'influence. Pendant ce temps s'ouvre, comme un boulevard, la route d'Abéché à N'Djamena. Les villes tombent si vite que Suresnes, Villeneuve et Laurent, dépêchés en renfort par Bako et passés à pied par la frontière du Soudan, ne pourront rattraper leurs camarades. À Goss, le 9 avril 1982, Jean-Baptiste est fauché d'une balle en pleine poitrine. Au début de juin, N'Djamena est reprise. Le 11 juin, Bob débarque par le premier avion d'Air Afrique à desservir la capitale, tente d'organiser l'état-major de Hissène Habré, lui suggère la constitution d'une garde.

L'affaire est loin d'être bouclée; les gens de Goukouni Oueddei refluent vers le nord dans l'intention de se refaire avant de passer de nouveau à l'offensive quand Kadhafi l'aura décidé. Des tribus, dans le Sud, ne sont pas encore ralliées à Hissène Habré. À la Noël de 1982, l'offensive tchado-libyenne reprenant, celui-ci rencontre Bob par trois fois et lui réclame des armes, des munitions : « Demandez donc à vos amis sud-africains ! », lui dit le Tchadien...

En février 1983, un avion Hercules C 130 sud-africain se pose à N'Djamena, chargé d'un fret de quinze tonnes de munitions. Bob Denard est à son bord, flanqué d'une délégation de Sud-Africains. Sans doute sont-ils un peu trop paternalistes, trop enclins à attendre des remerciements; Hissène Habré se raidit : « Il vaut mieux n'avoir qu'un morceau de pain à manger et être libre ! » Une phrase superbe mais qui ne réchauffera pas, on s'en doute, le dialogue. « D'ailleurs, rapporte Bob, cette livraison n'était pas un cadeau. Hissène Habré l'avait payée, par mon intermédiaire. N'en déplaise à ceux qui m'ont accusé auprès de lui d'avoir empoché cet argent. Ces accusations font mal et vous ôtent à jamais l'estime que vous pouviez porter à leurs auteurs. »

Peu de temps après, les relations se distendent entre Bob et Hissène Habré; André et deux autres hommes, venus renforcer la petite unité déjà sur place, sont froidement accueillis... « Tiens, commencerait-on à nous pousser dehors? Les tractations " secrètes " de Hissène avec les Français et les Américains feraient-elles leur chemin? »

En mars 1983, Bob apprend qu'un recrutement parallèle s'établit à Paris avec l'appui de la Grande Maison. Il apprend que c'est Dulac qui s'en occupe et lui téléphone aussitôt.

– René, pourquoi monter un groupe séparément ? Si toi tu y vas, je n'y vais pas. Mais tu peux reprendre mes types.

– Non, rétorque le Grand ; toi tu es Citroën, moi je suis Peugeot ; mais tu peux agir de ton côté si tu veux.

Un dialogue de sourds. René Dulac a, semble-t-il, rencontré Hissène Habré dès février 1983 et pris contact avec les Sud-Africains par le biais de leur ambassade à Paris. Ceux-ci, prudents, observent ; Dulac serait bel et bien commandité par la DGSE, les Services français. Il joue désormais « dans la cour des grands ». « Quand j'interrogeais les Tchadiens, se souvient Bob, ils me répondaient : " Mais c'est à l'initiative des Français " ; et les Français : " Mais ce sont les Tchadiens ! " Soit. On avait payé notre tribut. La France ne voulait pas de nous. Dommage ! Pour cent fois moins d'argent, le résultat eût été le même. Les Tchadiens, bien encadrés, se battaient bien. La France aurait pu se contenter de mettre quelques missiles Milan à leur disposition, d'assurer la logistique et éviter de s'engager. Ils ont préféré engager Dulac et une opération " *pré-Manta* " avec le fric du Carrefour du développement... C'était leur affaire ! L'opération Dulac, avec ses trente-deux types, coûterait cher. Mais nous étions en 1983, et depuis l'arrivée des socialistes, je n'avais pas le vent en poupe dans les hautes sphères. »

Ce qui s'est passé est désormais bien connu. Au printemps 1983, le pouvoir socialiste patauge dans un bel embarras, « une belle merde », aurait même dit le ministre Hernu à François Mitterrand. En moins de vingt ans, pour la quatrième fois, le désert tchadien se transforme en champ de bataille, et, depuis Tripoli, Kadhafi prend soin d'y entretenir les rivalités tribales. Le traité d'assistance militaire entre la France et le Tchad impliquerait l'aide au président légal Hissène Habré. Mais Paris a également intérêt à se rapprocher du colonel libyen. C'est ainsi que les troupes françaises, stationnées en République centrafricaine depuis l'opération *Barracuda* déclenchée par Giscard, ne bougeront pas, et que Guy Penne, successeur à l'Élysée de Foccart et de Journiac, cherchera l'ouverture.

En vain : les chefs d'État africains, Bongo en tête, inquiets de l'activisme de Kadhafi, ont semble-t-il convaincu les Américains d'apporter à Hissène Habré l'aide que lui refuse la France. Devant ce bourbier, François Mitterrand aurait dit à Penne : « Débrouillez-vous. Sortez-nous de là. Je ne veux rien savoir. » Aussitôt, Penne a contacté l'amiral Lacoste, patron de la DGSE ; ensemble, ils ont choisi de faire appel à une équipe de mercenaires pour agir vite et sauver la situation. Leur patron sera Dulac qui apparaît moins exigeant, moins difficile à manœuvrer que Bob Denard.

L'épilogue est connu : l'équipe Dulac se bat bien dans le Nord, sous les bombardements de l'aviation libyenne, reprend Faya-Largeau puis se replie sans trop de casse. Le 9 août 1983, cinq C 130 arrivent à N'Djamena ; et le 10 août débarque le 8e RPIMA : l'opération *Manta* commence. À force de clamer que Hissène Habré a repoussé l'invasion, rien n'interdit désormais qu'une force française intervienne pour assurer la sécurité du pays au sud du 15e parallèle.

Lors d'un sommet francophone, Abdallah aurait ainsi apostrophé Hissène Habré : « Alors, tu ne veux plus de mes mercenaires ? Tu as été bien content de les trouver au moment où tu étais dans la merde ! Si tu as repris N'Djamena et le pouvoir, c'est grâce à eux ; donc grâce à moi. »

« Le Tonton était parfaitement capable d'assener certaines vérités. Quant à moi, ce qui m'a blessé, c'est l'oubli, la lâcheté politique ou la lâcheté tout court de Hissène Habré, qui n'a pas voulu reconnaître la mort de Jean-Baptiste au feu ; lui dont il vantait les mérites en le créditant de la reprise d'Abéché. Cela, je l'avais entendu de sa bouche, en tête à tête ; ma parole vaut la sienne ! »

Bob sera également approché, sollicité ; par des partisans d'Ange Patassé, ancien Premier ministre centrafricain sous Bokassa, hostile au régime du président Kolingba, mais aussi par des amis du président Kolingba, puis par des opposants au régime éthiopien et au régime angolais. Il y aura aussi une théorie de projets loufoques sur le Congo-Kinshasa, sur le Congo-Brazza, sur Haïti, pour éliminer Bébé Doc... Mais, dans l'effervescence d'un monde « devenu fou », selon le mot d'Abdallah, il sait garder la tête froide et les pieds sur terre.

11.

Bob perçoit l'année 1983 comme l'amorce d'un tournant. Depuis cinq ans, les bases d'un renouveau ont été jetées aux Comores, et voilà qu'« un pays riche, l'Afrique du Sud, s'engageait à porter un pays minuscule, les Comores, sur un plateau. Il revenait à eux de relever le défi. » Il met Charles en garde contre les « environnements d'influence », les « chausse-trapes » qui guettent tous ceux qui se laissent encager dans cette prison dorée des Comores. Il souhaite, à la veille d'un nouveau départ, « un courant, une prise de conscience » et raille les « petits esprits mesquins se nourrissant de critiques stériles »... « Il m'arrive de trouver les gars tristes, la morosité engendre l'ennui. » Il cloue le bec d'un mot aux faiseurs de ragots, avides de créer la discussion entre Charles et lui : « Calmez vos hallucinations; Charles est mon ami! »

Au grand dessein du moment, il y a deux protagonistes : l'Afrique du Sud et les Comores. Ahmed Abdallah traîne un peu les pieds parce que, c'est vrai, il n'est pas simple de jouer l'alliance avec un État qui, pour raison d'apartheid, est mis à l'index par les pays progressistes africains. Il y faut une mise en scène habile qui puisse satisfaire les uns sans mécontenter ni décevoir les autres, les Africains, mais aussi la France, et même les États-Unis. Il faut à Abdallah, ainsi que le souligne Bob, « un certain courage pour cet acte politique ». Le président accepte de se rendre en Afrique du Sud en voyage officiel; Charles et d'autres conseillers, se joignant à Bob, s'y sont employés. Un voyage décisif dont Bako attend un engagement économique résolu des Sud-Africains au côté des Comores.

« Je souhaite que le président n'applique pas la politique de l'autruche. Cela serait du plus mauvais effet après le discours hostile à la RSA, à la Conférence des non-alignés, et l'intervention du ministre Kafé à l'ONU... Je pense qu'il faudra bien trouver un langage officiel qui satisfasse les deux parties... Que le président arrive ici sans ambiguïté et bien dans sa peau, sans jeu de mots. Je resterai en permanence jour et nuit avec lui. Il ne doit pas venir en assisté, prendre de l'argent et partir, mais pour relever son pays par des projets concrets, lignes de crédit, tourisme, lignes aériennes, zone franche, domiciliation de sociétés de type Panama, plan financier, création d'emplois... L'éventail est large. Ici, on voudra s'assurer que les Comores peuvent devenir une plaque tournante comme l'est l'île Maurice. J'ai déjà enfoncé le clou... »

Tout semble se préparer sous les meilleurs auspices. « Le président sait combien son geste envers la RSA est important. Il y attache lui-même une importance énorme », répond Charles, qui ajoute : « Cela tombe bien. Il est fou furieux en ce moment à l'égard de la France. Non seulement le règlement de l'affaire de Mayotte n'avance pas d'un pouce, mais deux responsables politiques, Kafé et Chaher, se sont vus, lors de leur passage à Mayotte, confisquer leurs passeports diplomatiques par les autorités françaises ! »

Abdallah a le courage de se rendre à Pretoria, mais au prix de quelle violence sur lui-même ! Réaction de crainte bien compréhensible quand on pense à ce que représentait l'Afrique du Sud pour un Noir en 1983. « En quittant Moroni, Abdallah s'est littéralement caché dans sa voiture, comme ses trois conseillers accompagnateurs, Saïd Kafé, Saïd Hassan et Ahmed Abdou, si bien que Charles, qui les amenait à l'aéroport, avait l'air tout seul ! », note Bob avec humour. À peine arrivé, prétextant le passage à Moroni de l'ambassadeur américain, il n'aura de cesse de repartir.

Pourtant, la visite se passera bien, tapis rouge déroulé, discussions fructueuses. « La glace a été brisée. Une fois dans le bain, Abdallah nous a fait un grand numéro. Les Sud-Africains désirent simplement une certaine reconnaissance en échange de leur aide présente et future. Ce n'est pas le bout du monde. Résultat immédiat du voyage : le budget de la Garde s'augmente aussitôt d'un million de rands supplémentaire (environ quatre millions de francs). Mais le petit geste de reconnaissance que les Sud-Africains attendaient d'Abdallah, il n'a pas su le leur donner. Il craint de s'isoler de l'OUA. Bob lui rappelle que Houphouët-Boigny a dit au journaliste Lacontre du *Figaro-Magazine* : « Il est évident que nous sommes opposés à l'apartheid qui nous rend malades, mais ce n'est pas le problème majeur de l'Afrique, qui reste celui du développement. L'apartheid doit être combattu par le dialogue... » Il lui représente aussi qu'il n'est pas seul, qu'il peut essayer de créer un comité avec Houphouët, justement, mais aussi avec Bongo et le roi Hassan II... « Je vais plutôt en parler à Sékou Touré ! » lui répond Abdallah.

Le président guinéen, par son aura auprès des progressistes, le rassure davantage. Influencé ou non par Ahmed Abdallah, Sékou Touré déclarera un jour à la tribune de l'OUA que les Sud-Africains sont des Africains à part entière et qu'ils devront un jour venir s'asseoir parmi eux... En attendant, Bob se démènera pour convaincre le Tonton de devenir une « petite locomotive » pour sortir peu à peu les Sud-Africains de leur « exil ». Ce qui n'exclut pas de manifester son hostilité à l'apartheid ni de réclamer la libération de Mandela.

Mais Bako ne parviendra pas à vaincre la crainte viscérale que le président a de se retrouver au ban de l'OUA. Le ton des relations entre Abdallah et l'Afrique du Sud ne changera pas. En 1985, pour le quarantième anniversaire de l'ONU, tandis que l'aide de la RSA aux Comores s'accroît sans cesse, il se paiera le luxe d'un discours violemment anti-sud-africain pour se faire bien voir des pays « progressistes ». Auprès des journalistes, sa tendance sera toujours de minimiser ou même de nier l'aide sud-africaine, ce qui agace les autorités de Pretoria. Bob ne cesse de lui répéter le même conseil, à chaque visite de ministres ou d'experts sud-africains : « Il serait maladroit de les tenir à l'écart et de leur donner l'impression qu'on les camoufle ! » Abdallah finit par consentir que s'ouvre une mission commerciale sud-africaine à Moroni, mais elle ne bénéficiera pas du statut diplomatique accordé depuis 1982 à son homologue comorienne à

Pretoria. Le président ne trouve rien de mieux pour cacher ces relations coupables avec ses amis du Sud que d'en faire un domaine réservé : aucun ministre n'a le droit de s'en occuper, de crainte que cela ne s'ébruite. Seul Bako est l'intermédiaire, il serait plus exact de dire le tampon, le punching-ball : « Je subissais la pression sud-africaine d'un côté et les refus comoriens de l'autre ! »

« En ce domaine précis, Abdallah n'a pas été un visionnaire. Il n'a pas su profiter de cette manne que proposaient les Sud-Africains. Ils ont fait beaucoup. Ils auraient fait bien davantage. Mais à chaque projet, ils se heurtaient au laxisme, à l'irresponsabilité, au désordre. À chaque fois il me fallait relancer la machine, concocter des projets concrets, hôtels, hôpitaux, maisons, routes, aides... Y avait-il un cyclone, une queue de cyclone, je ramenais cent mille, cent cinquante mille rands... L'Afrique du Sud en dix ans aura fait pour eux davantage que la France en quelques décennies de colonisation ! Mais si le président quémandait sans cesse, en bon comorien, il a voulu prendre de tous les côtés : de la France, des organismes internationaux, du côté africain, du côté des Arabes. Tout cela porte un nom : c'est une politique d'épicier. » Jugement sévère mais, après tout, Abdallah ne se cachait pas de dire de la France : « Je suis comme une fille. Pour l'instant elle m'embrasse bien. Mais je peux aussi bien passer dans d'autres bras ! »

Bob Denard va être pour les Comores une sorte d'ambassadeur itinérant, de contact officieux mais combien efficace à faire connaître le minuscule archipel sur toute la planète. Quand il quitte Pretoria ou Moroni, et qu'il n'est pas au Tchad ou à Genève, Rémy Destrieux « plaide » à Taiwan, à Hong Kong, à Tōkyō, au Malawi, au Bophutatswana, à Chypre... Deux tours du monde par an, tout en gardant un œil vigilant sur l'axe Pretoria-Moroni.

De ce point de vue, Pretoria est un incomparable point de rencontre. Les Sud-Africains, avec une parfaite loyauté, dépêchent vers la mission commerciale des Comores, vers Destrieux ou Lesage-Freddy, tous les contacts étrangers nécessaires au démarrage de grands projets. Il est alors facile de nouer des liens avec des pays en mal de reconnaissance, comme la république turque de Chypre, Taiwan ou le

Bophutatswana. Leurs autorités ont dû penser que les Comores, en échange d'une obole, pourraient bien accepter d'établir avec eux des relations diplomatiques, ce qui serait un premier pas vers de plus vastes horizons internationaux.

Ces amitiés ne sont nullement symboliques : à Taiwan, en 1983, Destrieux se voit promettre un don pour les Comores qui se situe entre dix millions et vingt millions de dollars. Pour ce qui est du Bophutatswana, qui aurait reconnu cette entité créée de toutes pièces par la RSA, ce *homeland,* comme le Ciskei ou le Transkaï, pourtant richissisme, avec ses mines de platine? L'aide aux Comores ne lui vaudra pas reconnaissance officielle – ce qui aurait pu faire jaser – mais enfin les ponts sont jetés...

Avec les puissants, Destrieux montre la plus grande prudence; à l'égard du Japon, par exemple : « Le simple fait d'accepter une aide des Japonais les propulserait aux Comores... Comprenons bien le désastre que représenterait l'autorisation pour eux de racler la zone d'intérêt maritime. » Finalement, les Japonais investissent avec, pour seule contrepartie, le droit de pêcher le coelacanthe *.

Nations et entreprises sont prêts à jouer le jeu et Bob n'en est que plus furieux de voir négliger la mise en œuvre de l'incontournable Code des investissement étrangers aux Comores : « Écoute, mon cher Charles, je ne cesse de rencontrer des personnes bien disposées à étudier nos problèmes, notaires, députés, présidents de banque, gestionnaires de fortunes, juristes. Tout un beau monde que je rassemble autour de tables de travail. Crois ce que je dis : si, pour des raisons étrangères à ma volonté, ils devaient être traités avec légèreté, ce serait la goutte d'eau qui ferait déborder le vase. J'y ai mis beaucoup de moi-même; je ne peux continuer d'aller de déception en déception. »

Hélas, il arrive à Bob de trouver Charles « comorianisé », pris aux pièges de l'archipel, freiné par Ahmed Abdou, le conseiller spécial; Ahmed Abdou est intelligent mais ce pari-là ne se fait pas sans courage. « Les femmes, plaisante Bob, sont aux Comores plus courageuses que les hommes, depuis celles d'Iconi qui se jetèrent du haut de la falaise pour échapper aux pirates malgaches; s'il advient qu'un jour les

* Poisson fossile unique au monde.

Comores soient dirigées par une femme, ce sera leur salut! Il y a ici beaucoup de Benazir Bhutto en herbe. »

Mais tous ses soins, il les porte à l'affaire sud-africaine. Il voudra toujours plus et mieux pour cette percée qu'il regarde comme sa création. Il peste dès qu'il sent autour de lui l'intensité fléchir, alors qu'il continue de foncer.

En Glen Babb, à Pretoria, il a trouvé un interlocuteur ouvert. Jour après jour, ils échafaudent ensemble des projets, dix fois, cent fois remis en discussion, dont il faut être aveugle pour ne pas voir qu'ils peuvent sauver l'économie des Comores. Il suffirait simplement d'un petit pas d'Abdallah vers les Sud-Africains alors qu'ils sont encore proscrits par l'Afrique entière. Bob Denard a eu la lucidité de dépasser les clivages et de songer au lendemain. L'Afrique du Sud est richissime, les Comores minuscules et pauvres, la coopération française insuffisante à tout y satisfaire. Bientôt sans doute, d'autres se précipiteront vers Pretoria, trop heureux de compter alors parmi ses amis.

Le raisonnement tient; mais Bob a oublié qu'il reste aux yeux des bien-pensants un mercenaire en civil et qu'il n'est pas acceptable qu'un mercenaire, fût-il de bonne volonté, se transforme en honorable pionnier. Officiellement, la France ne se montre pas encore irritée de voir le « mercenaire » s'activer ainsi et proclame à qui veut l'entendre que l'aide de la RSA aux Comores ne la perturbe pas puisqu'elle n'a pas, de toute façon, les moyens de prendre la relève. D'ailleurs les intérêts des deux pays dans la région sont convergents.

Ce n'est pourtant pas un secret qu'on déteste à Paris la main de Denard à Moroni et à Pretoria. Abdallah le sait, joue les funambules et se tient informé. Bob connaît son réseau élyséen : « la secrétaire de Guy Penne est l'épouse de maître Verny, qui donne à Abdallah des informations en provenance du bureau de Penne, ce qui lui permet, quand il rencontre l'ambassadeur, de ne rien ignorer, par ce biais, de ce qui s'est dit à son sujet. Abdallah a fait de Verny un conseiller spécial, qu'il aime tenir en lisière ». Lorsque maître Verny, en voyage en RSA, rencontre Glen Babb au sujet d'intérêts comoriens, Abdallah considère qu'il chasse sur le territoire de Bako et lui en fait reproche : « Si mes souvenirs sont exacts, maître, il me semble vous avoir dit avant votre départ que vous vous rendiez en Afrique du Sud à titre de touriste et qu'à mon sens vous n'aviez à traiter... avec quiconque pour des affaires comoriennes ! » Le président déteste qu'on lui force la main.

Bob, ainsi conforté, écrit à Ahmed Abdou : « Mon plus cher désir est de voir ce pays à qui j'ai donné le meilleur de moi-même être un havre de paix et de prospérité. Nous avons tout pour réussir, mais il nous faut travailler avec courage. Que Dieu nous prête vie pour y veiller. » Beaucoup de projets échoueront, ce qui ne saurait infirmer l'intensité du labeur accompli. Ils sont victimes de « ces paralysies inhérentes aux Comores » qui doivent servir de leçon pour l'avenir. « Monsieur le président, souligne Bob, veut toujours des réalisations rapides, mais lorsqu'on lui propose des solutions, il n'écoute pas et fait souvent le contraire de ce qu'on lui conseille. »

« C'était un travail de fourmi, se souvient-il. Il fallait parfois accueillir des projets complètement farfelus, écouter tout, analyser tout, recevoir tout le monde à Paris, à Genève, à Pretoria ou à Moroni, pour sortir la *bonne* proposition... Après quoi il fallait vaincre au moins trois obstacles : la peur d'être vu en train de traiter avec l'Afrique du Sud; l'incompétence des autorités; la confiscation des projets et leur tri par le président. »

Quelques exemples permettent d'illustrer ce mécanisme. Ainsi, celui du tourisme. Tout le monde est d'accord sur son rôle décisif, mais le président s'entêtera à le voir se développer conjointement dans les trois îles. Louable souci d'égalité, mais qui déplaît aux investisseurs, plus pragmatiques : pourquoi exploiter à perte des hôtels sur Anjouan ou Mohéli? Les plages de sable noir, volcanique – hormis celles de Galawa et de Maloudja, de beau sable blanc –, paraissent un handicap à beaucoup; pas à Bob : « Le sable noir, associé à l'art des masseuses comoriennes, peut être radical contre les rhumatismes des vieux touristes sud-africains. Le tourisme de plongée sous-marine offre de belles perspectives, mais elles sont noyées par la jalousie entre les îles, à l'intérieur de chacune, et entre le Nord et le Sud. »

Les Sud-Africains engloutiront cinquante millions de rands dans les projets hôteliers avant que le Galawa et l'Itsandra ne voient le jour à la Grande Comore. Le pays, grâce à la cotisation payée par la RSA, devient membre du

Sartoc, une organisation de tourisme de l'Afrique australe groupant l'Afrique du Sud, le Malawi, le Lesotho, les Comores, le Swaziland, etc. Les Comoriens ne feront jamais le moindre geste dans cette direction.

Les blocages sont parfois comiques, comme en témoigne l'épisode des bibles confisquées aux touristes par les autorités comoriennes. « Je croyais l'époque des croisades révolue depuis plusieurs siècles, ricane Bob. En seraient-ils restés au Moyen Âge? La liberté de culte existe en RSA. Je vois très mal le fait d'empêcher un touriste de voyager avec sa bible ou son coran. Si par hasard on confisquait un livre saint à son propriétaire, cela ferait une affaire d'État. Autant arrêter tout de suite le tourisme et tout le reste avec! »

Le projet de *Banking of Shore*, appuyé par un groupe financier de Hong Kong, tombera dans les oubliettes, après avoir suscité pourtant bien des ardeurs. Les banques étrangères y auraient gagné l'avantage de commissions perçues sur les transactions, et les Comores l'aisance en liquidités qui leur fait cruellement défaut. Mais tout cela butera sur ces mots du ministre des Finances : « Pour le moment nous réorganisons toute la structure légale bancaire, en accord avec la France », laquelle craint peut-être une trop large ouverture financière à d'autres pays...

Les projets de pêche industrielle, si utiles à la résolution de l'autosuffisance alimentaire, s'effacent derrière l'octroi à la CEE d'un droit de pêche compensé par une redevance à la tonne pêchée.

Le président est littéralement obsédé de grands travaux – le nouvel aéroport de Hahaya, le nouveau port d'Anjouan et celui de Moroni, « qui n'eussent été justifiés que par la création d'une zone franche, et non pas pour deux bateaux de passage par mois à Anjouan et de sérieux pots de vin... Au fil des temps, pour tous ces projets, zone franche, réserves marines naturelles, préservation du coelacanthe, pêche, etc., il s'est toujours trouvé quelqu'un pour reprendre l'idée sans oser trop s'engager avec la RSA, regardant plutôt du côté de la CEE ou d'ailleurs... »

L'environnement est massacré et Bob réagit en « vieux paysan ». On razzie le trop rare sable blanc des plages pour bâtir les maisons des filles qui se marient, parce que leurs familles sont généralement trop pauvres pour acheter du ciment. Avec le pillage du sable et du corail, c'est tout l'écosystème qui est menacé de destruction. Et lorsqu'on déboise massivement et anarchiquement, c'est l'agriculture qu'on ruine : la terre arable constitue sur ces îles volcaniques une couche très mince; sans arbres, elle sera balayée par les pluies. Les programmes sud-africains de reboisement viendront heureusement permettre, bon an mal an, de planter cinquante mille arbres.

Dans tous les domaines, d'ailleurs, la liste est longue de l'hyperactivité de la RSA. Maisons préfabriquées, implantation de colonies comoriennes au Mozambique, plans de santé, éradication de la malaria, premier fléau des Comores... un programme de neuf millions de rands sur cinq ans, hypothéqué par le refus de l'OMS de travailler alors avec les Sud-Africains... Ce qui n'empêche pas les évacuations sanitaires sur les hôpitaux de RSA, ni la livraison de matériel de radio, de blocs opératoires, de médicaments, de plasma, de sérum ou l'édification de projets de cliniques.

Car il y a tout à faire. Il a fallu qu'une jeune femme meure en couches dans un village isolé, Bangahani, pour qu'on se résolve à désenclaver par une route les populations installées entre Sangani et Diboini, avec l'argent de l'Afrique du Sud. Hélas, vieux réflexe, « lors de son inauguration, le peuple, rassemblé, en me voyant, s'est mis à crier *Vive la France!* devant les responsables sud-africains éberlués. Je n'arrêtais pas de donner des coups de pied aux braillards! »

La Garde présidentielle reste le pivot qui gouverne toute l'activité d'urgence. Avec son camion-citerne, elle ravitaille les villages à sec. Pour les blessés, les malades, les incendies, c'est elle qu'on appelle. Le mercenaire est devenu paysan, maçon, infirmier. Parmi les projets les plus étonnants, on relève la solution que Bob Denard a imaginé d'apporter au problème de la surpopulation : implanter au Mozambique des colonies comoriennes en terre dépeuplée, qui deviendraient progressivement des villages d'autodéfense. Cette idée, il l'a depuis 1982; avec le temps, Abdallah y a adhéré et en a convaincu le président Samora Machel. Celui-ci disparu, on continue de parlementer avec son successeur, Joaquín Chissano : « C'est un travail de pionnier qui me passionne, écrit Bob à son interlocuteur mozambiquais, Felipe Franco. Et je ne manque pas d'idées qui pourraient apporter une aide, peut-être modeste, à vos problèmes de pacification, de relance économique et de sécurité... Nous avons le devoir de penser au futur de nos enfants. »

Mais l'œuvre dont Bob est le plus fier est sans nul doute la ferme pilote de Sangani. Elle n'a pas moins de prix à ses yeux que les épisodes guerriers ou pacificateurs de sa vie passée. Elle en est le couronnement. Sur ce premier maillon d'une chaîne qu'il souhaite longue, Bob veut garder la haute main. C'est un « projet présidentiel patronné et administré par la GP », soutenu financièrement par l'Afrique du Sud à hauteur de deux cent cinquante mille rands dès la première année, en 1983, du double en 1985 et du triple en 1987. Le mercenaire-pacificateur y a trouvé l'occasion d'y relever les quatre défis comoriens au développement : un taux de croissance démographique de 3,1 % par an, alarmant pour la suffisance alimentaire? On améliore les productions vivrières, on développe l'élevage. Des surfaces cultivables qui s'amenuisent dramatiquement? On arrêtera la dégradation des sols causée par le déboisement, le climat, les jachères incohérentes. Plus de 50 % de jeunes de moins de vingt ans? On valorisera le travail et le statut d'agriculteur pour leur offrir un avenir. 100 % du riz et 80 % de la viande importés? On produira du riz aux Comores, des légumes et des fruits. On élèvera de nouvelles races pour avoir de la viande. Bob met un excellent agronome à la tête de *sa* ferme : Bachtiar Lorot, qui se passionne pour les techniques de croisement du zébu local avec la race jersey, excellente pour le lait, et la race *nguny,* excellente pour la viande. Ils se battent pour le collège et les stages agricoles, pour le dispensaire, pour l'école.

Certaines de leurs initiatives donnent des résultats immédiats. La culture de la patate douce *mafuta*, par exemple : « Avec une feuille, en quatre à cinq mois, vous obtenez entre trois et cinq kilos de tubercules. Et on peut aller jusqu'à trois récoltes par an. Un jour, le président m'accueille avec un grand sourire. Sur son bureau, il y avait un tubercule rouge grenat de deux kilos et demi... Un record! »

Tony, l'adjoint de Lorot, se donne à fond. Il réalise son chef-d'œuvre avec un impluvium de 12 000 m^3 qui approvisionne toute la ferme.

12.

La défense sud-africaine soutient entièrement la GP pour un million et demi de rands en 1979; pour plus de quatre millions et demi en 1985 (près de dix-neuf millions de francs français) et de six millions en 1987.

De 1982 à 1989, les Affaires étrangères sud-africaines ont fourni en aide et en investissement quarante millions de rands environ (cent vingt millions de francs français). Pourtant, « nos amis, monsieur le président, souffrent de ne pas être aimés, surtout, comme vous le dites, quand la fille est belle et riche! »

Par deux fois, en août 1985 et en janvier 1986, le président P.W. Botha a proclamé que le concept d'apartheid était dépassé. Le chemin est long et pénible, mais ils paraissent vouloir le faire. « Tels que je les connais, monsieur le président, ils sauront alors se souvenir de ceux qui, dans les moments difficiles de leur histoire, les auront aidés à retrouver leur place dans le concert des nations. Cessons de les culpabiliser, de les frapper d'ostracisme. Vous êtes parmi les sages de l'Afrique, ils attachent beaucoup d'importance à votre jugement, pour que prévale le dialogue sur la violence. »

De son côté, la France ne peut assister sans en être agacée à cette percée sud-africaine aux Comores, qui pourrait infléchir le destin de ce « micro-État stratégiquement important à l'entrée du canal de Mozambique ». Abdallah a beau proclamer : « Je ne deviendrai l'esclave de personne », cela inquiète, fait sourire aussi, car on ignore si cette phrase vise

Pretoria, Paris ou les deux. La France, vieille partenaire privilégiée, redouble d'effort : en 1984, elle octroie quatre-vingt-seize millions, soit une aide en augmentation de 37 % ! Et les Comores partagent avec la Guinée et le Tchad le titre envié de « pays à assistance prioritaire », ce qui signifie qu'elle ne peut être réduite. Paris met les bouchées doubles, tandis que tout ce qui vient de Pretoria, de ce pays si riche et si proche, est ressenti comme une blessure.

Les Américains semblent devoir, à terme, s'intéresser aussi aux Comores : en août 1985, ils y ouvrent une ambassade, confiée à un chargé d'affaires. À cette allure, la chasse gardée « francophile et francophone » risque de fondre comme peau de chagrin. Paris se plaint d'avaler des couleuvres ; Abdallah l'accuse d'agir plus « par raison que par le cœur ». Il évoque la possibilité de suggérer à François Mitterrand la révision des accords de défense de 1978, au moment même où se profile la visite aux Comores de hauts responsables militaires sud-africains. Abdallah est irrité par le mutisme socialiste sur la question de Mayotte. Paris s'insurge de voir la RSA s'engouffrer dans une porte tenue grande ouverte par des mercenaires. La politique autorise l'hypocrisie : cette coopération sud-africaine, dit la France, n'est pas condamnable en soi ; simplement elle doit se faire au niveau des États, pas par le canal des mercenaires. Il resterait bien pour la France une autre solution : prendre le contrôle de la GP, l'intégrer aux forces armées. Mais il y a loin de la coupe aux lèvres.

Comme personne ne mise sur la pérennité d'Abdallah, Paris se met à bichonner quelques têtes opposantes... Il ne manque pas de frustrés, de jaloux, d'ennemis sincères de la politique du père de l'Indépendance, ou plutôt de sa manière politique car, sur le fond, tout le monde est à peu près d'accord. Cependant, imperturbable, Ahmed Abdallah continue de gouverner à sa guise... En janvier 1985, un nouveau gouvernement se forme. Le représentant de Moheli perd son titre de ministre d'État. Scandale. Réélu pour six ans en octobre 1984, le président semble moins disposé que jamais à se laisser damer le pion, et pour mieux les voir se diviser, nomme ses dauphins : Ali Moudjraé, Premier ministre ; Mohammed Taki, président de l'Assemblée fédérale, et Saïd Hassan, ministre d'État.

On s'interroge en coulisses sur l'après-Abdallah, et Abdallah laisse dire. « Que le meilleur gagne ! », a-t-il déclaré, et pour mettre tout le monde à égalité il fait passer à la Saint-Sylvestre de 1985 une réforme constitutionnelle qui supprime le poste de Premier ministre et dévalue celui de président de l'Assemblée (celui-ci n'assurera plus désormais l'intérim de la présidence). On propose aux trois dauphins de devenir, les uns comme les autres, ministres d'État, ce qui n'en satisfait aucun. Taki refuse de descendre de son perchoir et gagne Paris pour se mettre « en réserve de la République ». Il y retrouve deux vieux opposants en exil : le prince Saïd Kémal et Mouzawoir Abdallah.

La situation empire aux Comores. Désorganisation, corruption, détournements, appropriation de fonds publics... Et si l'on veut sévir, on est aussitôt assailli par les parents, les amis influents. On taxe d'« artificielles » certaines pénuries de riz. La vanille se vend mal et l'essence d'ylang-ylang subit la concurrence des produits de synthèse. La BIC (Banque internationale des Comores) refuse d'assurer le découvert de cinquante millions de francs de la société Électricité et Eau des Comores (EEDC), créancière de l'État pour deux cent cinquante millions de francs. Avec cela, une dette extérieure de trente-six millions, un déficit du Trésor de quatre-vingts millions. Un État proche de la faillite, s'il n'y avait l'aide extérieure, au premier rang de laquelle se trouvent les deux concurrents, la France et l'Afrique du Sud.

Le 8 mars 1985, une tentative de coup d'État échoue, dont les instigateurs seraient « des soldats de 2e classe et des éléments civils irresponsables », selon le communiqué officiel. Des soldats de 2e classe ? La GP – car il s'agit bien d'elle et non des forces armées comoriennes – connaît depuis la fin de 1984 une épuration en profondeur. Une centaine de nouvelles recrues s'entraînent au camp d'Itzounzou, destinées à remplacer les indésirables. Cet essai de mutinerie du 8 mars provoque l'arrestation de quatorze gardes présidentiels impliqués dans un complot aux vastes prolongements, dont l'élimination des officiers européens de la GP ne représente que la première étape. C'est un ratage absolu : il y a eu trahison parmi les conjurés, mais peur aussi, et manque d'organisation.

Les arrestations se multiplient parmi les civils, tous

membres du Front démocratique (FD) – principale formation de l'opposition non légale (marxiste-léniniste). Leur leader, Mustapha Cheikh, est également pris. Leur dessein était clair : éliminer Abdallah et les mercenaires. Pour le commanditaire, le mystère reste entier. On découvrira seulement le remarquable travail de noyautage accompli parmi les organes du pouvoir, l'habile infiltration de la GP et l'exploitation en son sein des frustrations des sans-grade contre les chefs européens.

Enquêtes fiévreuses et interrogatoires musclés se succèdent... Bob, par ses lettres, appelle au calme : « Je comprends très bien votre réaction. Mais à froid, il faut avoir à l'esprit le retentissement extérieur. Il nous faut donc ne pas tomber dans l'excès et nous cantonner à en analyser les causes. »

« À mon arrivée, se souvient-il, c'était la panique. On voulait fusiller tout le monde. Charles était très choqué. Se sentant très proche des soldats, il n'aurait jamais imaginé que de petits Comoriens voulussent le flinguer... Je le comprends. Quand tu es mis en joue par un fusil-mitrailleur, même si la peur est rétrospective, cela fait froid dans le dos. »

Le commissaire Jacoudet, policier français à la retraite, appelé sur les conseils de Groussolles, un ami d'Abdallah, « a commencé par voir des Chinois maoïstes partout... Je me suis fâché parce qu'il fallait ramener les choses à leur juste proportion. » Sans doute, la patte des opposants de la gauche marxiste est-elle indéniable; cela ressort de tous les papiers saisis et des déclarations faites par les inculpés. Mais de là à sombrer dans la paranoïa...

Le procès aurait pu se tenir avant le mois de novembre, mais la justice comorienne est trop mal organisée pour progresser vite. Finalement, le tribunal attend novembre pour laisser tomber dix-sept condamnations à perpétuité sur soixante-dix inculpations. Sentences que Bob trouve « bien lourdes ». Mais Abdallah, parce qu'il a eu peur, a voulu sévir : « Je ne subirai pas passivement le sort d'un Bébé Doc ou d'un Marcos. »

« Attention, recommande Bob aux siens, une bavure est vite arrivée. Elle ruinerait sept ans d'efforts. Les comploteurs jugés, à notre tour de faire un examen de conscience. Il ne faut pas craindre d'examiner quelle part de responsabilité nous avons dans tout cela. Que cette affaire au moins nous permette de faire peau neuve et de ne pas négliger le milieu comorien, ces jeunes qui nous arrivent sans cesse. »

Pendant ce temps, à Paris, les étudiants de l'ASEC, du Front démocratique, manifestent et hurlent des slogans hostiles aux « mercenaires assassins », au maintien du président, aux relations avec l'Afrique du Sud. Bob, lui, est plus que jamais certain que Pretoria tient les clés de leur salut et de celui des Comores. C'est ainsi qu'il faut comprendre sa lettre du 4 décembre 1985 à l'amiral Putters : « L'évolution subversive continue, alimentée par l'extérieur... par Paris en particulier, au travers d'associations gauchistes qui ont pignon sur rue en France. Nous devons nous organiser en profondeur et étendre notre défense sur l'ensemble de l'archipel... car une armée sans oreilles est aussi une armée aveugle. »

Il s'agit donc d'un appel au renforcement de l'aide militaire et de la coopération économique et sociale : « Il ne faut pas se laisser dépasser par le temps. » L'enjeu est là. S'il obtient, pour la Garde, un budget planifié sur cinq ans, il pourra faire de ces îles la Suisse de l'océan Indien.

LIVRE DIXIÈME

MORT D'UN PRÉSIDENT

1.

« J'aimerais connaître le fond de ta pensée profonde, écrit Bob à Charles; ce que tu veux. Le problème, c'est que le Tonton ne fait confiance qu'à toi et pas aux autres, mais la grande roue tourne. »

« Comme je l'ai déjà dit à plusieurs reprises depuis trois ans, quitter ma fonction », lui répond Charles.

« À ta guise; Marquès commandera la Garde. »

Abdallah n'accepte qu'à une condition : Charles restera son conseiller.

« Quand Charles a quitté les Comores, en 1987, cela a représenté un grand vide pour le président, un vide que je n'ai pas voulu combler. Je ne pouvais pas passer mon temps à faire du charme. »

Denard a, en effet, bien d'autres choses à faire; les projets de réajustement du budget de la Garde traînent en longueur.

« Mais la République sud-africaine traverse de sérieuses difficultés économiques. Pourquoi s'alarmer? Évitons de faire des dettes. Ramenons les dépenses au minimum! Voilà tout. Je suis désolé pour ceux qui ont un plan de carrière bien établi, mais il faut choisir : être mercenaire ou fonctionnaire. Nous allons continuer à forcer la machine et à tirer le convoi. Cependant, j'apprécierais que ceux qui en ont le pouvoir poussent derrière, car, si je fais de l'ombre, qu'on me le dise! »

Vis-à-vis de Charles, Bob se fera encore plus précis : « Tu as mis tout le monde dans une situation de dépendance, tu as su créer autour de ta personne un pôle d'attraction indispensable où tout converge. Tu as la solution à tous les problèmes – président, ministres, notables, ambassadeurs, coopérants, entreprises publiques et privées. Tu distribues les privilèges et les sanctions, les recours, les conseils, les ordres... Je voudrais savoir ce qui te fait courir. »

Pourtant, Charles ne l'a pas trahi, et un *modus vivendi* s'établira entre les deux hommes jusqu'au départ de Charles.

« Tu es le cerveau moteur du président », lui dit Bob... Et aux hommes de la Garde présidentielle : « Il faut un sang neuf et du nerf. Je vous ai vus évoluer de l'extérieur; je vous ai vus changer, devenir plus égoïstes. »

Au détriment des « anciens », victimes de la sédentarité, il semble désormais privilégier les « nouveaux », la plupart diplômés, sortant de faculté, et même, pour certains, de Saint-Cyr, ce dont il est fier.

Bob va rester davantage aux Comores, moins voyager. L'hostilité de la France à son égard n'a pas désarmé. Peut-être avait-elle espéré dresser Charles contre lui et, qui sait?, aboutir un jour à « récupérer » cette Garde présidentielle qui dérange. Maintenant, elle le regarde sans aménité ouvrir les vannes, plus largement encore, à l'Afrique du Sud.

Au printemps 1986, la droite, moins pudique, moins complexée à l'égard des mercenaires, revient aux affaires en France. Ses amis Maurice Robert et Maurice Delaunay se retrouvent auprès de Jacques Foccart, conseiller de Jacques Chirac à Matignon.

Cependant, la visite du ministre de la Défense d'Afrique du Sud, le général Malan, aux Comores les 4 et 5 décembre 1986, ardemment souhaitée par Bob, inquiète la France. Foccart aurait même conseillé à Charles d'user de son influence auprès d'Abdallah pour qu'il limite ses relations avec l'Afrique du Sud. Charles, loyalement, en avise Denard, tout en avertissant Abdallah. Le général Malan se rend bien aux Comores et, finalement, il sera reçu officiellement par le président.

Lorsque l'ambassadeur de France Deschamps demande des informations sur la visite de Malan et cherche à savoir si elle remet en cause l'accord de défense en vigueur avec la France, il se heurte à Ahmed Abdou qui lui réplique sèchement : « Les Comores sont un État souverain, qui n'a de comptes à rendre à personne. » Abdallah consent que la France lui conseille discrètement de ne pas trop en faire – ce qui l'autorise à garder une certaine distance avec l'Afrique du Sud –, mais il ne supporte pas qu'*officiellement* on le lui dise. Sans doute aussi l' « alliance » sud-africaine est-elle trop irrémédiablement avancée pour qu'on se permette de reculer. Bob y veille. Le fait est qu'Abdallah, politicien madré, aime à nager dans ces situations floues. Denard prise moins l'ambiguïté.

Or, si, d'un côté, les fils rompus jadis avec les Services se renouent dans la cordialité, à la faveur de la cohabitation, de l'autre, la chambre d'accusation de la cour de Paris ordonne un supplément d'information sur le raid des mercenaires français contre le Bénin, en 1977. Dix ans plus tard! C'est seulement en juin 1979, plus de deux ans après les faits, qu'une plainte avec constitution de partie civile est déposée par des familles de victimes du raid, auprès du juge d'instruction de Paris. Le 25 août 1986, un non-lieu semble conclure l'affaire. Elle est relancée sur appel interjeté par les parties civiles. Ce ne sont peut-être que des questions de procédure, cependant, le fait de réveiller cette vieille plainte pour association de malfaiteurs, qui dort depuis des années, peut signifier aussi que Bob Denard, irrémédiablement « sud-africanisé », a bel et bien cessé de plaire en France, même à la droite.

Bob reconnaît avoir alors rencontré deux fois Foccart. Sans doute celui-ci l'a-t-il averti du danger qu'il courait. Mais l'homme de l'ombre, si expérimenté, devait se douter que Bob ne lâcherait pas d'un pouce, qu'il essaierait jusqu'au bout de le convaincre qu'il ne trahissait pas la France en voulant sauver les Comores. Voici ce que Bob lui écrit le 11 janvier 1987 :

« J'avais l'intention d'apaiser dans votre esprit l'effet de certains échos malvenus, concernant mes prétentions aux Comores. Si un climat de suspicion est entretenu de façon malveillante par un certain entourage du président, croyez bien qu'il ne repose sur aucun fondement et ne signe que l'intérêt personnel et borné de ses colporteurs. Bien que l'incohérence qui consisterait à vouloir compromettre un travail de près de dix années me paraisse le meilleur garant de ma fidélité à venir, je tiens à votre disposition tous les éléments et arguments nécessaires pour finir de vous convaincre de ma loyauté. En ce qui concerne la présence de nos amis du Sud, je puis vous assurer qu'elle n'a pas pour objectif de supplanter à terme, de quelque manière que ce soit, l'influence de la France. Leur aide relative, bien que providentielle pour les Comores, ne traduit qu'une volonté bien légitime d'établir au mieux un dialogue avec un pays voisin. »

Belle plaidoirie, qui ne peut que tomber à plat, puisque la France a choisi d'agir pour que cesse l'insupportable « ingérence » venue du Sud par le canal mercenaire. Comme il serait malséant de le leur dire, on choisit de discréditer Denard. Il suffit d'en trouver le moyen. Rien n'est plus étranger à la rigide et puritaine morale afrikaner que ce *m'karakara*, cette magouille comorienne féodalo-paternaliste, dans laquelle se complaît le régime de Moroni. Insuffisante à chasser les industrieux Boers par une voie directe, la France, qui proclame à qui veut l'entendre sa « non-ingérence dans les affaires intérieures des Comores », peut, en revanche, se réjouir de les sentir de jour en jour davantage excédés par les camouflets, les oublis, les rebuffades subies, les échecs dus à l'incroyable laxisme comorien. Ils finiront bien par se lasser et par comprendre que Denard ne peut rien pour eux, pense-t-on dans certains milieux à Paris.

La plus grosse « faute » de Bob Denard réside dans son impuissance à changer les mœurs de ce pays, dont il voulait changer la vie. Pouvait-il y réussir? Sans doute non, et moins encore qu'Ali Soilih, qui avait échoué et qui en était mort. Influent, il demeure étranger; nécessaire, il reste officieux. Là est son drame. Son passé, son « étiquette » le desservent. La France en joue, qui espère le voir « éjecté » des Comores à cause d'une gangrène endémique qu'il n'est pas parvenu à enrayer.

L'opposition comorienne, elle, ne cesse d'agiter, derrière Abdallah, l'épouvantail Denard, le seul et vrai rempart du président. Avec la bénédiction de Paris, elle focalisera sur le mercenaire toutes les haines. La propagande redouble de violence : « Les Sud-Africains soutiennent un régime de prétoriens », autrement dit de « fascistes ». Ce slogan-là finira par devenir invincible. Prétoriens que l'on accuse de fermer les yeux sur la confiscation de la politique et de l'économie au bénéfice du « clan Abdallah » et même de s'enrichir, avec ces notables richissimes qui trustent le pays à coups d'élections truquées – aux législatives du 22 mars 1987, vingt-deux des quarante et un élus du premier tour le sont avec 100 % des voix ! Faux casiers judiciaires, intimidations, bourrage des urnes, bureaux de vote fantômes... Omar Tamou, ministre de l'Intérieur, avoue avec candeur avoir « tiré toutes les ficelles que l'on a pu ». Ahmed Abdallah excelle à ce genre d'exercice et règne en sorcier sur un jeu politique qui consiste à récupérer les opposants quand bon lui semble. Quant au népotisme, comment faire mieux ? Nassuf et Salim, deux de ses fils, sont déjà sur la ligne de départ pour l'avenir.

Le « mercenaire » aurait-il de plus en plus de mal à tenir le gouvernail ? Deux ans ne se sont pas écoulés depuis le procès des comploteurs, condamnés en 1985 – d'ailleurs élargis pour la plupart, ce qui montre la relative clémence du régime –, que survient une nouvelle poussée de fièvre, naturellement amplifiée par la rumeur. Ce n'est pas très grave : une douzaine d'ex-militaires des Forces armées comoriennes et de la Garde présidentielle, dont certains nostalgiques, dit-on, d'Ali Soilih, auraient tenté de libérer les prisonniers du camp d'Itzoundzou, dont le fameux sergent-chef Anouar, dit Rambo, qui a défrayé la chronique durant les événements de mars 1985.

Il y a eu trois morts parmi les « conspirateurs », et tout est rentré dans l'ordre. Mais on aura beau jeu, à Paris et ailleurs, de dénoncer une nouvelle tentative de coup d'État, de se réjouir en sous-main du pourrissement du régime et de dénoncer la brutalité de la répression. Par le fait de la rumeur, les trois morts, brusquement, se multiplient, deviennent vingt-cinq ! On ira jusqu'à parler de types découpés, abandonnés dans des sacs en plastique, retrouvés dans des citernes. En bref, un régime de tontons macoutes, qu'il est bien malsain de soutenir.

Bob est ébranlé par ces attaques. Il se rappelle ce mot d'Abdallah : « Il ne faut pas simplement écouter le vent qui souffle dans la cocoteraie, il faut venir voir les fruits qui y poussent ; d'autres fois, il faut voir les fruits et ne pas écouter le vent. » Sa Garde présidentielle n'est certes pas une réunion d'enfants de chœur, mais elle maintient l'ordre en se gardant des excès.

Depuis dix ans, il ne cesse d'adresser, par lettres, les mêmes mises en garde à Abdallah : « Je n'arrête pas de demander combien il y a de prisonniers. Certains le sont depuis deux ans sans jugement, et je suis prêt à parier que personne ne viendra les juger. Il est regrettable que le président ne prenne pas de mesures de clémence à l'égard de la plupart. Ils ne représentent plus de danger politique mais servent beaucoup plus à mobiliser l'opinion internationale contre les Comores à travers la Ligue des droits de l'homme. Veillez à ce qu'ils soient traités humainement... Qu'en est-il de l'assassinat de cet étudiant? Ceux qui pratiquent des arrestations sans preuve portent préjudice au Tonton. »

Ces lettres, la presse ne les connaît pas, et, d'ailleurs, il est souvent plus commode de persister dans l'image d'un Bob Denard buveur de sang.

« En 1989, j'ai fait relâcher les derniers prisonniers politiques. Certains étaient grabataires. J'aurais dû le faire constater. On disait que je dirigeais le pays. Voilà qui est bien absurde! Jamais je n'aurais accepté que des prisonniers soient maltraités. Les conseillers français de l'assistance technique et militaire vivaient à côté de ces prisons; tous les jours ils passaient devant elles. Ils sont restés muets. Voilà ce qu'on appelle pudiquement la non-ingérence des États! »

La situation se détériore sans cesse aux Comores. Les soldats des Forces armées comoriennes, non payés, désertent, volent, violent. Ahmed, leur commandant, n'a aucune autorité sur eux. L'assistance française continue imperturbablement de les « instruire » et la France de ne pas s' « ingérer ». L'Afrique du Sud, elle, commence à douter et à traîner les pieds.

« Je n'ai pas toutes les cartes pour le comprendre, note Bob le 17 octobre 1987. Le problème est dû sans doute à des dépenses annexes, et nous en faisons les frais. Pourtant, je ne note pas de signe de désengagement. »

Le 18 décembre de la même année, il écrit au général Malan, ministre de la Défense : « Monsieur le Ministre, amputer la Garde présidentielle d'un quart de ses effectifs serait dangereux et préjudiciable pour l'avenir. Sa situation financière présente un déficit de 1 620 275 rands pour l'année budgétaire en cours. Je ne puis continuer à la faire vivre avec des dettes et des découverts bancaires; il est de mon devoir, aujourd'hui, de tirer la sonnette d'alarme. »

Pas de réponse. Le 7 février 1988, Benjamin Mkampa, ministre des Affaires étrangères de Tanzanie, vient à Moroni représenter à Abdallah les inquiétudes officielles « africaines ». Le ministre Malan s'est bel et bien rendu en visite aux Comores. Des accords de défense ont-ils été signés? Les Comores servent-elles de plaque tournante pour un trafic d'armes à destination de l'Iran ou d'autres pays? « Non, non et non, répond Abdallah. D'ailleurs, puis-je interdire à quiconque de venir passer des vacances aux Comores? C'est ce qu'a fait le ministre Malan. En revanche, si une tonne de ciment coûte cinq cents francs en République sud-africaine et mille francs en Tanzanie, comme je suis pauvre, je l'achèterai à Pretoria. »

Assuré, désormais, d'un début de désengagement, Bob confie à ses proches que la situation ressemble à celle du *Désert des Tartares*. « Des deux côtés, on nous creuse sous les pieds, constate-t-il. Si, pour des raisons faciles à interpréter, on veut donner le coup de grâce à la Garde, il faudra le faire en face, mais pas en traître, car ce sont les Comores qui sont en jeu! »

2.

Le coup, en 1987, vient de Paris, où d'anciens cadres de la Garde présidentielle, qui ont rompu leur contrat, projettent de renverser Abdallah et d'écarter par la même occasion Bako.

Ce complot-là, auquel d'anciens amis prêtent la main, croit trouver en Vieillard – alias Servadac – le maître d'œuvre, et en Mohammed Taki, la relève politique. Il échoue avant d'avoir connu un début d'exécution, faute de discrétion sinon de moyens. Servadac, démasqué, sauve sa peau et est seulement expulsé de l'archipel. Mais ce n'est, se dit-on alors de part et d'autre, que partie remise. Le départ de Charles laisse Bob en première ligne, aux côtés d'Abdallah. La configuration inédite de la politique française, qui voit cohabiter en matière africaine Jacques Foccart du côté de Matignon et Jean-Christophe Mitterrand, fils du président, à la cellule africaine de l'Élysée, est un terrain mouvant propice à toutes les manœuvres. Comme souvent depuis trente ans de décolonisation, c'est l'allié plus encore que l'adversaire qui apparaît comme l'ennemi ; et on a déjà vu, dès 1960 et la lutte contre l'OAS, que Foccart n'en avait pas de plus acharné que dans le camp de la droite. Sa personne, son rôle et son « système » cristallisent de nouveau, à l'approche de l'élection présidentielle, les agissements de ceux qui, au pouvoir ou dans l'opposition, entendent non pas casser ce système, mais en capter à leur profit les bénéfices de toute nature. En 1988, comme en 1969, en 1974 ou en 1981, l'enjeu africain est bien le même.

Aux Comores, le Colonel le sait, et le président Abdallah aussi, dont les ruses, les habiletés de langage, le double ou triple jeu vis-à-vis de la gauche et des diverses fractions de la droite finiraient par lasser tout le monde. Celui-ci irait-il trop loin en menaçant, comme l'affirme la rumeur, les partis politiques « amis » de ne plus leur « ristourner » une part substantielle de l'aide apportée par la France à son pays? Et, accessoirement, en agitant l'épouvantail de Mayotte? Ce serait assez probablement, aux yeux des plus excédés de ses tuteurs, signer son arrêt de mort politique. Passe encore qu'Abdallah et son clan « touchent », comme l'écrit à Bob un ami de Paris, mais qu'ils se mettent en tête de ne payer que d'ingratitude...

La Garde présidentielle, l'identité de son chef, sa composition et ses moyens, constituent évidemment, dans ces enchères, une pièce maîtresse.

La carte Barril, qu'Abdallah ait été désireux de la « voir », comme on dit au poker, ou qu'on lui ait suggéré qu'elle rapporterait gros, entre dans le jeu dès la mi-87, parallèlement à la tentative avortée de Servadac. Le capitaine du GIGN et second du commandant Prouteau, chef de la cellule antiterroriste élyséenne, se présente à Bob, dans une lettre du 28 octobre 1987, comme désormais « totalement indépendant, en dehors de tout service, et loin des querelles politiques », se « contentant de collaborer à la sécurité des chefs d'État arabes », et propose une rencontre à son « ancien ». L'ancien n'est pas dupe; le fringant capitaine pourrait se voir, à la faveur d'une sorte de « nationalisation » de la Garde présidentielle, rachetée à l'Afrique du Sud, maître d'œuvre d'une réorganisation de la sécurité comorienne. « L'admiration et le respect » dus à l'« ancien » suffiraient-ils à garantir son avenir comorien? Encore faut-il qu'Abdallah, de son côté, apporte sa caution; et comment s'y reconnaître, tandis qu'il souffle le chaud et le froid?

« Durer », se répète Bob en se tournant plus que jamais vers l'Afrique du Sud. Mais, à Pretoria aussi, dans cette année 1988 décidément insaisissable, « la machine à fabriquer les cabales s'est mise en marche ». Et Bob ajoute, à propos de la campagne qui vise la politique sud-africaine aux Comores : « Les reproches qui nous sont faits sont les mêmes que colportent l'opposition et le Front démocratique ici. C'est à peine croyable! »

Bailleur de fonds de la Garde présidentielle, la République sud-africaine s'engage en fait dans un tournant dont Bob et son œuvre comorienne ne peuvent, à terme, que faire les frais. La négociation, à Genève, en juillet 1988, avec l'Angola sur le sort de la Namibie préfigure cette mutation. Le désengagement soviétique en Afrique, en ces temps de perestroïka galopante, a rendu possible cette négociation. Les sanctions économiques contre Pretoria produisent simultanément leurs effets. L'Afrique du Sud est forcée de sortir de son bunker politique, et elle y trouve en même temps son intérêt économique. Cela ne va pas sans affrontements dans les cercles du pouvoir, et Frederik De Klerk n'est pas encore aux commandes pour accélérer le processus qui, avec la fin de l'apartheid, réintégrera son pays dans la communauté internationale, mais le train est déjà sur les rails.

Pour ce qui concerne les Comores, les intérêts politiques et économiques de Pretoria convergent, mais ils se heurtent aux insurmontables contradictions comoriennes. Pour se parer d'une respectabilité politique toute neuve, la République sud-africaine doit en finir avec le soutien clandestin qu'elle apporte à la « légion étrangère », pilier du régime de Moroni; elle doit cesser de fournir des arguments à ceux qui désignent la Garde présidentielle comme la « garde prétorienne de Pretoria ».

Les investisseurs, pour leur part, veulent toucher les dividendes de leur engagement dans l'archipel. À l'Union Building, siège du ministère des Affaires étrangères, on exprime sans ambages cette double volonté : que l'aide sud-africaine soit désormais discutée d'État à État, dans le cadre de conventions officielles, et qu'en échange Moroni accorde à son « partenaire » une reconnaissance diplomatique en bonne et due forme.

De cette redéfinition des relations, Bob n'entend pas se tenir à l'écart. Auprès de l'amiral Putters, il plaide sa bonne volonté : « Une nouvelle approche serait déterminée, dans le cadre des relations République sud-africaine – République fédérale et islamique des Comores, par la signature de deux conventions régissant les accords de coopération pour cinq ans, l'une, au titre des Affaires étrangères, pour le développement bilatéral, l'autre, au titre de la South African Defence Force, pour l'assistance militaire. Je me tiens à votre disposition pour élaborer cette dernière. Mais permettez-moi d'attirer votre attention sur la situation de la Garde présidentielle. Tout ce développement demande qu'on prenne en considération plus particulièrement les problèmes de sécurité. »

L'approche militaire passe au second plan pour les diplomates sud-africains, avant tout soucieux d'ouverture politique, comme pour les hommes d'affaires. Les militaires de la South African Defence Force sont plus sensibles aux arguments de Bako, tandis qu'aux Affaires étrangères Glen Babb, directeur général adjoint, est le principal soutien des Comores. Si le budget de la South African Defence Force pour 1988-89 est reconduit, pour un montant de cinq millions de rands (environ treize millions de francs), non seulement il reste loin du compte, mais l'exigence d'un strict contrôle de sa gestion annonce pour ses destinataires une véritable cure d'austérité.

Les Sud-Africains ont leur manière de traduire cette nouvelle attitude. Leur représentant commercial à Moroni, Roger Harding, met les pieds dans le plat, traite cavalièrement les autorités comoriennes, expose sans nuances dans la presse le nouveau rôle que son pays entend jouer aux Comores, sous peine d'un désengagement total.

M. Harding aurait déclaré, rapporte une note d'information de janvier 1989, « qu'il n'approuve pas que l'aide financière de son pays ne profite qu'au personnel étranger d'encadrement de la Garde présidentielle, et non au peuple des Comores. »

« Propos calomnieux qui ne vous honorent pas! s'insurge Bako. Vous continuez à faire de la provocation néfaste aux relations de nos pays. Vous saviez bien, pourtant, qu'à travers sept cents soldats, ce sont dix mille personnes qui vivent. »

Deux mois plus tard, à la BBC, Harding se dit « préoccupé du rôle joué par la Garde présidentielle, garde composée de mercenaires étrangers. » Tous les projets sud-africains aux Comores sont présentés, se plaint-il, comme émanant de la Garde présidentielle elle-même. L'Afrique du Sud en a assez, « elle est à bout de patience. Il est temps [pour elle] de prendre l'affaire en main et de gérer ses propres projets ». Harding reconnaît ensuite qu'il y a des divergences, parmi les autorités de son pays, entre les partisans de deux politiques : se retirer des Comores ou essayer de raccommoder les choses et de continuer. Et il ne fait pas mystère de sa préférence pour le retrait, au nom d'une fermeté intransigeante envers les mercenaires.

Dès mars 1988, Ahmed Abdou peut, à juste titre, constater, dans une lettre à Glen Babb : « Dans le cadre de notre coopération, on sent qu'il y a quelque chose qui ne va pas. La façon d'agir de votre représentation commerciale à Moroni manifeste une intention douteuse. »

L'« affaire Harding », jusqu'au départ de celui-ci, en 1989, empoisonne les relations entre les Comores et l'Afrique du Sud. Sortant de son isolement, nouant de nouvelles relations officielles avec d'autres pays d'Afrique, comme le Zaïre, Pretoria paraît oublier, aux yeux d'Abdallah, ses « anciens amis ». « Si on voulait me déstabiliser, dit le président comorien, on n'agirait pas autrement. »

Bako met toute son énergie à préserver les relations avec la République sud-africaine, négocie avec Babb le contrôle des fonds sud-africains par Harding lui-même et le retrait de la Garde présidentielle de la ferme de Sangani, prêche l'économie à Marquès et se raccroche à l'influence des militaires sud-africains pour contrecarrer l'action du lobby anti-Garde présidentielle de Pretoria.

Abdallah, lui, se tourne plus volontiers vers la France, dont la volonté d'aider davantage les Comores lui a été réaffirmée par Jacques Foccart, en mars 1988. Mais, deux mois plus tard, c'est François Mitterrand qui est réélu.

Pour Bob et ses amis, les effets sont immédiats. « L'optimisme n'est pas de mise. Une victoire de Mitterrand nous couperait des administrations qui nous renseignent si complaisamment du déroulement des affaires », avait averti Suresnes. Le fait est là, constate le même après le verdict des urnes : « Sourds et aveugles ; voilà ce que nous sommes devenus. Les ponts sont coupés. »

Avec la fin de la cohabitation et la défaite de la droite, les turbulences qui menacent la Garde présidentielle et, à travers elle, le régime d'Abdallah, ne font que s'aggraver. Si les fils paraissent rompus, à Paris, pour Bob et ses amis – au moins provisoirement –, ceux qui lient les Comores à la France d'une part, et à l'Afrique du Sud d'autre part, sont vite renoués.

Jean-Christophe Mitterrand est désormais chargé à part entière de la politique africaine de l'Élysée, et Abdallah, séjournant à Paris à titre privé, en attendant d'être officiellement reçu, en mai 1989, rectifie le cours de sa barque politicienne et s'adapte au nouveau courant. Aucun changement radical ne risque en fait d'inverser celui-ci. Peu ou prou, c'est la continuité qui l'emporte dans la conduite des affaires africaines, de Foccart à Mitterrand fils.

Le Tonton de Moroni s'y reconnaît sans peine, il a trop pris soin de ménager les uns et les autres, de combler les attentes des uns comme des autres, pour être pris au dépourvu. L'aide aux Comores reste prioritaire; son montant augmente jusqu'à atteindre cent dix, puis cent trente millions de francs. Fait-on valoir qu'il serait temps de mettre un peu d'ordre dans la gestion de cette manne et un peu de vernis démocratique dans la vie politique comorienne? Que la célébration des droits de l'homme, *via* le bicentenaire de la Révolution, exige quelques efforts? Que les changements perceptibles à l'Est auront des retombées jusqu'en Afrique et dans l'océan Indien? Le président acquiesce et prodigue des assurances. Si la France paye et se déclare prête à prendre la relève de l'Afrique du Sud, cela vaut bien quelques promesses, y compris au sujet de la Garde présidentielle et des mercenaires, qui, dans le vent nouveau de la liberté, apparaissent comme les pesants témoins d'un ordre ancien, qui doit se repeindre de neuf.

À Paris, Abdallah semble seulement chercher le moyen de s'en défaire, alors que, roublard, il assure à Bako : « Ne t'inquiète pas, je les posséderai. » Dans les hautes sphères du pouvoir, on attend de lui qu'il fasse preuve de détermination. Ailleurs, on avance une solution toute faite, déjà suggérée. Le capitaine Barril est de retour, en compagnie de Hilali, métis kényan, et ami du docteur Maecha M'Tara. Barril, cette fois, rencontre, pour un entretien privé, le président dans son bureau; mais après cette entrevue, Abdallah s'arrange pour que Bob soit mis au courant de la conversation : les mercenaires et l'Afrique du Sud nuisent à l'image de marque des Comores et ligotent son président; il est temps de renvoyer les premiers et de rompre avec la seconde. Denard n'est pas irremplaçable; d'autres, plus jeunes et plus « efficaces », sont à même de prendre le relais, dans l'intérêt de la France et des Comores. Des officiers instructeurs français payés sur le budget de la coopération française en lieu et place de mercenaires payés par Pretoria... Autant le père de l'indépendance se rebiffe face aux nouvelles exigences sud-africaines, autant l'ancien conseiller de l'Union française se fait patelin à l'écoute des suggestions parisiennes, qu'elles émanent du pouvoir ou des milieux qui en ont été écartés en mai 1988.

– Mais qui va vous payer, monsieur Barril? feint de s'inquiéter Abdallah.

– Mais vous, monsieur le Président, répond Barril, surpris.

– Ah! Mais c'est que je ne paie pas Denard, moi!

Barril en reste muet. À peine est-il parti qu'Abdallah se répand en louanges sur l'action de Bob, « qui a fait tant de bien à son pays », et répète que l'Afrique du Sud, elle, paye, au lieu de prodiguer conseils et leçons de morale. La France dépense bien davantage encore, mais toute la politique d'Abdallah réussirait à le faire oublier.

Les pressions sur les Comores, néanmoins, sont de plus en plus vives. Aux menaces et aux conseils s'ajoutent les admonestations de la Banque mondiale et du FMI, prêts à couper les vivres à l'archipel faute de réformes en profondeur des finances publiques et de l'économie. Privé, après le départ de Jacques Foccart, de son principal soutien, Abdallah se trouve dans une position de plus en plus fragile.

Un texte, intitulé *Comores : le vent tourne*, émanant probablement des proches de Mohammed Taki, toujours actifs malgré leurs échecs répétés, mais illustrant aussi la position de la gauche française, résonne, en février 1989, comme un avertissement. D'après ce texte, Abdallah se livrerait à une « véritable provocation » en annonçant un référendum pour pouvoir modifier la constitution et briguer un troisième mandat. « La dictature de l'incompétence », dénoncée de toutes parts, « ne peut plus durer ». « Sans un bouleversement de la situation, les Comores risquent de s'enfoncer plus encore dans le marasme. La pièce qui se joue dans ce pays menace de tourner au drame. »

En affichant par ce projet de réforme sa volonté de rester au pouvoir, Abdallah conforte la détermination de ses opposants à le renverser et irrite ceux qui attendaient son départ au terme de son second mandat. Ses louvoiements débouchent sur une impasse. Les mesures qu'il se décide à appliquer, réductions de salaires des agents de l'État notamment, ne sont pas à même de conforter sa popularité. Si la population de l'archipel reste calme, l'opposition trouve dans le référendum annoncé un motif de se ressouder, et elle appelle au boycott. La gendarmerie et les Forces armées comoriennes sont en proie à un malaise croissant. La Garde présidentielle n'est pas épargnée par les restrictions, même si elle paraît jouir d'un traitement de faveur.

Du côté sud-africain, les difficultés de financement s'aggravent. « L'étau se resserre », écrit Freddy, responsable de la mission commerciale comorienne à Pretoria. Les Affaires étrangères ne veulent plus assurer le budget complémentaire de la Garde présidentielle. Celle-ci doit quitter la ferme avant le 1er juin 1989, date à partir de laquelle la République sud-africaine entend gérer directement et au grand jour, par des relations de gouvernement à gouvernement, ses investissements aux Comores.

Les arguments de sécurité invoqués par Bako pour sauver la Garde n'ont « convaincu ni les Affaires étrangères ni les militaires ». Ceux-ci ont même affirmé « qu'en cas de rupture ils pouvaient facilement se passer de la station d'écoute ». Pour Glen Babb, « il faut considérer simplement cela comme la conséquence logique des événements et du sentiment général, qui prévaut [à Pretoria], que le temps est passé de donner et d'aider, et de ne recevoir en retour que des baffes ».

Les temps nouveaux, pour l'Afrique du Sud, se traduisent par une réactivation des liens avec Paris. Non pas que ceux-ci aient jamais été rompus, loin de là, pendant la cohabitation. À l'instar de Mauricheau-Beaupré à la fin des années soixante, d'autres émissaires ont développé, vers la fin des années quatre-vingt, la diplomatie souterraine de la France à l'égard de la République sud-africaine. L'affaire

Albertini – coopérant français emprisonné pour cause d'activités pro-ANC – a pu se dénouer grâce à ces entremises. Ne dit-on pas qu'Alain Juppé, envoyé en « mission de reconnaissance » à l'approche des présidentielles de 1988, a reçu un accueil mitigé à Pretoria qui mise, semble-t-il, sur la victoire de la Gauche? Mais l'Afrique du Sud est encore le pays de l'apartheid, officiellement mis au ban, subissant à ce titre un boycott économique contraignant.

Le meurtre, à Paris, le 29 mars 1988, de Dulcie September, militante de l'ANC, est un épisode dramatique qui pourrait casser la diplomatie parallèle de la France. Une partie de la presse, sans preuve et d'absurde façon, accuse des mercenaires français basés aux Comores d'être, en l'occurrence, les exécutants des services spéciaux de Pretoria, ce qui ne peut qu'envenimer les rancœurs des uns et des autres au sujet de l'archipel. La vente au Congo de missiles Mistral, destinés en réalité à être réexportés en Afrique du Sud, en décembre 1988, a produit, malgré l'échec final du projet, le même effet, justifiant, en avril 1989, l'expulsion de conseillers sud-africains par Paris. Mais, selon une enquête publiée par *Libération* le 6 juillet 1990, Jean-Christophe Mitterrand rencontre Rusty Evans à deux reprises à la fin 1988, à Paris. Jean-Yves Ollivier, un proche du RPR, courtier diplomatique officieux de la France en Afrique, permet de renouer les fils. Comme le dit fort bien Jeanny Lorgeoux, député socialiste chargé d'un rôle similaire : « Pour ce qui est de l'Afrique, la politique de la France est au-dessus des contingences partisanes. »

L'avenir des Comores, à n'en pas douter, se joue au cours de ces échanges, et plus encore à partir de l'accession au pouvoir de Frederik De Klerk, à Pretoria, le 14 septembre 1989. Entre-temps, les services français adressent des signes à Denard. Le 29 mars 1989, dans une brasserie parisienne, le capitaine de réserve Bernard Courcelles, membre de la coopération française mais surtout des renseignements militaires, rencontre deux émissaires de Bob, contactés séparément. Il insiste sur le rôle de la France dans l'océan Indien, sur la volonté confirmée de l'État d'engager aux Comores des dépenses plus importantes. Il se défend qu'on veuille nuire au président Abdallah ou à ses intérêts. Ne s'agit-il pas, en somme, de concrétiser le projet Foccart : la relève complète de l'Afrique du Sud par la France? « Plus de bleu, blanc, rouge aux îles, et moins de Poissons », rapporte-t-on à Bako. La coopération assurerait le budget de la Garde présidentielle, rénovée, « débarrassée de ses éléments les plus voyants ».

Bako, lui, y conserverait ses prérogatives, son rôle de conseiller en investissements, et ses « ennuis de justice », comme l'affaire béninoise, pourraient trouver une solution... Que souhaiterait Courcelles? Organiser, pour régler toutes ces questions, une rencontre directe entre Bob et les responsables de la coopération. Réponse réservée des amis de Bako : « Le Colonel est indépendant dans ses capacités de financement, et sa faculté est absolue de décider de l'opportunité d'une réunion. » « On commence à y voir plus clair, commente peu après Suresnes; plusieurs influences se tirent mutuellement dans les pattes. Dans le jeu, il y a la coopération, l'Élysée et les Affaires étrangères. »

Dans le même temps, la rupture entre les Comores et l'Afrique du Sud, à la suite de l' « affaire Harding », paraît pouvoir être évitée. Les militaires renouvellent leur promesse de ne pas laisser tomber la Garde présidentielle, et, pour les Affaires étrangères elles-mêmes, il n'est pas question de rompre les relations. L'heure est toujours à la redéfinition de celles-ci. « J'ai temporisé au maximum, écrit Bob, et freiné le président pour éviter la cassure. » N'empêche, l'expulsion envisagée de Harding, à laquelle aurait correspondu celle de Freddy de Pretoria, amène les deux pays « au point de non-retour ». Sur les effets désastreux de la nouvelle attitude de l'Afrique du Sud, Bob conclut : « De toute façon, plus rien ne sera jamais comme avant; la confiance est partie. Il faudra bien, un jour, qu'on me dise pourquoi. » Pas un instant, il ne baisse les bras; il réitère ses demandes pour que le nouveau budget de la South African Defence Force soit arrêté, car « depuis trois mois, tout financement a été stoppé; seuls les travaux civils extérieurs de la Garde, facturés aux bénéficiaires, ont pu nous maintenir la tête hors de l'eau ». Encore faudrait-il qu'Abdallah acceptât de légaliser la mission sud-africaine à Moroni, de lui donner un statut diplomatique officiel. Mais, lorsque Pretoria suggère que soit organisée une réunion au plus haut niveau, Abdallah oppose des réponses dilatoires.

« Je ne peux plus faire face à la situation ; nous sommes au bout du rouleau », constate amèrement Bob le 8 avril 1989. La semaine suivante, aucune date pour un voyage à Moroni de Glen Babb et de Badenhorst, patron de la sécurité militaire, n'a pu être agréée. Et Harding se trouve à Paris, où les émissaires de la coopération et les amis de Barril reviennent à la charge pour tenter d'imposer une nouvelle donne comorienne, selon, disent-ils, le souhait d'Abdallah lui-même.

Les bruits les plus alarmants courent sur la situation de la Garde et la position de Bako. Prélude quasi obligé à la visite officielle du président comorien à Paris, à la mi-mai. Il n'est pas reçu à l'Élysée, remarque-t-on, mais il rencontre le ministre de la Coopération, Jacques Pelletier, Edwige Avice, ministre déléguée auprès du Premier ministre, chargée de la Défense nationale, et Michel Rocard. « La mission se déroule bien... »

Le 1er juin, Bob s'enquiert auprès de son avocat de l'état du dossier judiciaire béninois. « Je souhaiterais savoir quand je pourrai rentrer chez moi en toute liberté. » Dans une interview au journal *The Star*, le mois suivant, il dresse le bilan de son activité aux Comores, insiste sur l' « équilibre » souhaitable de l'action de la France et de l'Afrique du Sud dans l'archipel, sur les réalisations économiques et humanitaires de la Garde présidentielle. Réponses aux accusations des milieux sud-africains, qui font campagne contre la politique comorienne de leur pays, sans doute. Mais ce recours inhabituel à la presse pour défendre son œuvre témoigne aussi de la fragilité de la position de Bob, isolé entre Paris et Pretoria et qui ignore si Abdallah obtiendra un troisième mandat, envers et contre tout.

À l'Union Building, à Pretoria, Van Heerden précise à nouveau, au cours d'une réunion avec Bob et Freddy, la ligne de conduite de son pays, sa ferme résolution de voir « changer un certain nombre de choses ». Marco Boni remplace Harding à Moroni ; les formes évoluent ; mais, sur le fond, les exigences sud-africaines demeurent : la République sud-africaine gérera directement, et en son nom, la ferme expérimentale « au bénéfice de la population comorienne et avec la publicité nécessaire ». Les infrastructures financées par l'Afrique du Sud (routes, hôpitaux, hôtels) seront traitées par le représentant officiel de Pretoria, doté d'un statut consulaire. Si les autorités comoriennes n'acceptent pas ces conditions, tous les crédits seront coupés. Les nouvelles relations de l'Afrique du Sud sur le continent africain offrent à Pretoria d'autres terrains d'action, plus prometteurs...

À la mi-juillet, Bako constate, à la suite d'une réunion avec Abdallah, que l'ouverture d'un consulat n'est pas jugée urgente par les Comores; celles-ci s'en tiennent à une représentation commerciale avec statut diplomatique. Devant le refus de l'Afrique du Sud de financer la Garde présidentielle – en cessation de paiement, avec cent vingt-cinq millions de francs CFA (deux millions et demi de francs français) de budget à couvrir, plus le manque à gagner des premiers mois de 1989 –, il est prévu d'instaurer différentes taxes sur les carburants et le tabac et de réorganiser certaines tâches assurées jusque-là par la Garde en matière économique. Abdallah veut recourir à des recettes classiques de finances publiques pour trouver de l'argent, sans sacrifier la Garde que les temps difficiles, l'agitation qui règne dans l'armée et la gendarmerie, l'exploitation par l'opposition du mécontentement populaire rendent plus que jamais nécessaire à la sauvegarde de son régime. Bako écrit à Freddy aussitôt après : « La phase finale est arrivée, le président a reçu Marco Boni et lui a signifié en termes très clairs que le statut actuel ne serait pas changé. C'est à prendre ou à laisser, il assume toutes ses responsabilités : “ Vous voulez rester, vous êtes mes amis; vous voulez partir, vous partez. ” Les Sud-Africains ne doivent ni lui dicter sa politique ni s'ingérer dans les affaires de son pays. Il a l'air sûr de lui. Pour la Garde, on s'arrangera. »

Fort des assurances fournies par la France, Abdallah rabroue les Sud-Africains, auprès desquels Bako, lui, poursuit ses efforts de conciliation. À Paris, on attend de se réapproprier la Garde présidentielle et de raccourcir la laisse, très distendue il est vrai, au bout de laquelle le Tonton de l'océan Indien s'arc-boute à son pouvoir.

La situation sociale se dégrade dans l'archipel à mesure qu'approche le référendum constitutionnel de novembre. « Si nous n'étions pas là, note Bob en août, ce serait un beau bordel ! » Devant se rendre en visite officielle dans la région, François Mitterrand a été invité aux Comores. Abdallah ne dédaignerait pas, vis-à-vis de ses électeurs, un coup de pouce, utile à relancer sa popularité déclinante. Mais le voyage est différé. Est-ce seulement parce que le président français ne désire pas serrer la main du « conseiller présidentiel des Comores », Bob Denard? Par différents canaux, on a pourtant fait savoir que le « problème Denard » ne regardait pas l'État français, qu'il était du seul ressort d'Abdallah lui-même. Bob, de son côté, a dit et répété au président qu'il serait absent de l'archipel si sa présence devait gêner. « Quand Jacques Chirac est venu avec Foccart, en 1986, la Garde s'est chargée de la sécurité, et il n'y a pas eu de problèmes. Mitterrand avait dit à mon sujet à Abdallah : " Si vous avez confiance dans cet homme-là, gardez-le. " Je n'ai jamais eu l'intention de rendre les choses plus difficiles entre les Comores et Paris. »

La réticence de l'Élysée à l'égard du président comorien a sans doute des raisons plus sérieuses, dont l'accumulation, depuis deux ans, rend la position d'Abdallah aussi précaire, finalement, que celle de Bob – plus fragile même, si l'on tient compte du contexte politique. Le renouvellement, en 1989, d'une partie des membres de l'assistance militaire française aux Comores, l'attitude de ces militaires qui, visiblement sur instruction, ignorent les mercenaires et leur battent froid, signifient que, par-delà la Garde, c'est le régime lui-même qui est dans le collimateur de Paris.

En attendant le référendum, on gratte les fonds de tiroir, on obtient quelques subsides sud-africains, et on se demande quand viendra l'argent promis par Abdallah pour remplacer l'aide de Pretoria. Marquès, commandant de la Garde présidentielle, établit le budget prévisionnel de celle-ci pour 1990 : dix millions de francs français environ, à comparer avec les quarante millions programmés en 1987-1988 à l'intention de l'Afrique du Sud.

Dans le même temps, Marquès annonce la démission du commandant Ahmed, chef des Forces armées comoriennes – « le président lui aurait fait des remarques » –, les propositions de restructuration de ces Forces armées, et la visite, pour le début d'octobre, du général d'armée Castaldi, chef de la coopération militaire française. « Il visitera les différents corps sauf la Garde. »

Le 5 novembre, le référendum maison d'Abdallah donne un résultat bien conforme à la tradition électorale comorienne : 92,5 % de oui ! Pas de quoi apaiser les craintes de Paris quant à la sincérité des intentions réformatrices d'Abdallah. À l'évidence, il ne veut rien apprendre des leçons de démocratie que les événements d'Europe de l'Est dispensent au monde.

La note d'information hebdomadaire du bureau B 2 de la Garde présidentielle, chargé de la surveillance et du renseignement politique dans l'archipel, annonçait pourtant, le 30 octobre, une forte poussée de l'opposition qui, unie, rassemblait ce jour-là quatre mille personnes dans un meeting où le représentant de Mohammed Taki appelait à voter non. Arrestations d'instituteurs grévistes avant le référendum, de militants d'opposition lors d'incidents provoqués par l'organisation et les résultats du scrutin... Les mêmes rapports faisaient état du très bas moral des Forces armées, en quête de commandement, et de l'écho des thèses de l'opposition dans l'armée et la gendarmerie, où les soldes ne sont pas payées.

Le référendum « gagné », Abdallah envoie à Paris son conseiller, le docteur Maecha M'Tara, qui passe pour avoir plus que tout autre des liens avec la cellule africaine de l'Élysée, et le ministre des Finances Saïd Kafé, pour rediscuter notamment de la visite du président français dans l'archipel, à laquelle on tient tant à Moroni, future élection présidentielle oblige. Selon l'enquête, déjà évoquée, de *Libération*, Abdallah lui-même aurait rencontré, à Paris, chez Jean-Yves Ollivier, Jean-Christophe Mitterrand, qui, rapportent les auteurs, aurait dit ensuite : « J'aurais dû refuser; c'était à la limite du piège. »

Le 14 novembre, à l'Union Building, à Pretoria, en présence de Freddy, de Marco Boni et de militaires sud-africains, Bob et ses interlocuteurs font le point sur la situation aux Comores après le référendum.

Bako n'a pas perdu l'espoir, en jouant la carte sud-africaine, de perpétuer son action et de contrebalancer les manœuvres de séduction parisiennes. Il informe son interlocuteur de l'état économique et des projets des Comores, de la question de Mayotte, dont François Mitterrand ne manquera pas de parler à Moroni. À cet égard, Abdallah continue d'espérer une initiative des socialistes, malgré ses déceptions passées et les pressions de la Réunion sur les Mahorais pour qu'ils restent dans le giron français.

Du point de vue intérieur, explique encore Bob, outre la rééligibilité du président, le changement constitutionnel entraîne que, en cas de vacance du pouvoir, c'est le président de l'Assemblée fédérale, et non plus le président de la Cour suprême, qui assurera l'intérim, après le délai de mise en application du référendum, bien sûr. Quand on sait que le premier vice-président de l'Assemblée fédérale est alors le fils d'Abdallah, Nassuf, on comprend l'accusation portée contre Abdallah d'avoir voulu assurer sa succession dans sa famille. Bob souligne l'aggravation des maux endémiques de l'archipel – corruption, trafics –, qui privent l'État, a-t-on estimé, de deux milliards de francs CFA annuels. Il parle des jeunes sans travail, sans perspective, et de l'opposition, que la tournure des événements rend, sinon plus crédible, du moins plus active. Quoi qu'elle ait pu faire, et elle a fait beaucoup, la Garde présidentielle n'a pas changé essentiellement la nature du pouvoir comorien.

À Van Heerden, qui réitère les souhaits sud-africains d'une nouvelle forme de coopération, Bako confie que « la Garde présidentielle en tant que telle a vécu », que lui-même est « en passe de rentrer dans l'ombre », que « les Forces armées comoriennes vont être dissoutes, ainsi que la Garde présidentielle, pour être refondues dans une nouvelle structure unique, style Garde républicaine – cela facilitera les relations avec la République sud-africaine ».

Les deux hommes sont d'accord pour que les deux pays concluent un accord-cadre de coopération sur cinq ans qui « reprendrait tous ces points ainsi que certaines concessions que l'Afrique du Sud désirerait voir acceptées ». Bob renouvelle la demande d'Abdallah que soit épongée la dette de la Garde, soit un million sept cent mille rands.

Trois jours plus tard, cependant, le 17 novembre, Bako écrit à Van Heerden et lui rapporte que le 16, le général Badenhorst lui a fait part, au nom de la Defence Force, « de leurs difficultés budgétaires ainsi que de la décision de réduire leur participation au financement du budget de la Garde de 60 %, ce qui nous pose un grave problème de sécurité générale ». Il lui rappelle l'intention des autorités comoriennes de restructurer les Forces armées. « Cette transition nécessite des moyens financiers pour régler les problèmes de personnel et de matériel. »

« L'étau se resserre », comme l'écrivait Freddy quelques mois plus tôt. Les pressions de Paris et de Pretoria s'exerçaient jusque-là séparément. Politiques et insidieuses côté français, économiques et plus franches côté sud-africain. Désormais, elles sont conjointes. À compter de l'arrivée au pouvoir de De Klerk, Paris a demandé à Pretoria que la question de l'existence de la Garde présidentielle soit réglée d'un commun accord entre les deux capitales. Le jeu de balancier entre les deux tuteurs est devenu impossible.

En constatant qu'« on creuse sous [ses] pieds », Bob devine que, de part et d'autre, ceux qui tiennent la pelle ont uni leurs efforts. Sa situation rappelle à maints égards celle qu'il a connue au Zaïre au printemps de 1967. Lui réserverait-on le même avenir, vingt-deux ans plus tard, au nom, cette fois, de la démocratie et des droits de l'homme – les habits neufs de la raison d'État? « La démocratie, dit-il, ce sont des lois et la volonté d'assurer leur respect. » Contre un pouvoir qui confond intérêts privés et bien public, la Garde présidentielle reste le garant d'un ordre qui permette à la loi d'être appliquée.

Dans la nasse où on l'enferme, le mercenaire revendique le respect des engagements pris, la reconnaissance du travail accompli. Il plaide à fond pour le compromis, pour la transition, pour une réorganisation sans heurts. En acceptant de transformer la Garde présidentielle après avoir déjà réduit ses effectifs et ses ressources, en proposant de « rentrer personnellement dans l'ombre », il plaide en fait pour Abdallah et la survie de son régime. Conscient que toute autre solution politique serait en fait un remède pire que le mal, il continue de se battre pour une réforme en douceur.

La restructuration des Forces armées comoriennes, telle qu'elle est envisagée et proposée par une commission, présidée par Ali Nassor, le 15 novembre 1989, puis communiquée, le 18, aux commandants de l'assistance militaire française, correspond à ses vœux. Il convient de rassembler Forces armées et gendarmerie sous un commandement unique pour assurer les missions prioritaires de l'État en matière de sécurité, d'ordre public et de participation au développement. L'organigramme futur prévoit une réduction notable des effectifs, ramenés en tout à sept cent cinquante et un hommes – contre près de deux mille jusqu'alors –, répartis à égalité entre Garde présidentielle, Forces armées et gendarmerie. La Garde républicaine serait dotée d'un état-major général, composé d'un chef et de son adjoint, l'un issu de la gendarmerie, l'autre de l'armée de terre, assistés d'un conseiller présidentiel. Une seule chaîne de commandement et le respect des spécificités des corps d'origine guident cette réforme, où vingt-six « officiers expatriés » conservent leur place.

Cette refonte, en fait, vise les Forces armées comoriennes davantage que la Garde présidentielle. La fusion de cette dernière dans la Garde républicaine doit préserver le travail accompli par les mercenaires, en promouvant, par exemple, le service de contre-ingérence qu'ils y ont récemment créé. Au contraire, les Forces armées comoriennes y apparaissent condamnées. Comme le résume un commandant d'unité à ses officiers : « Les Forces armées ne servent à rien et ne veulent rien faire. Il faut les dissoudre. » Le désordre qui y règne, les dissensions entre les anciens, accusés de tremper dans toutes sortes de trafics, et les plus jeunes, formés pour beaucoup dans la Garde, exigent un assainissement – perspective inacceptable pour certains, qui stigmatisent une réforme où ils ont tout à perdre.

Dans le même temps, les autorités comoriennes, par souci politique de complaire à l'opinion internationale, présentent cette transformation comme réalisant la mise à l'écart des mercenaires et la « disparition » de leur œuvre. Double langage bien connu sur le thème éprouvé du « comment s'en débarrasser tout en conservant le bénéfice de leurs services? ». Double langage nécessaire pour qu'Abdallah ait le temps de trouver l' « arrangement » qui doit lui permettre de conserver son « rempart », Bako.

Mais dans le piège qui se referme, Bob Denard est seul, au milieu d'une partie triangulaire où les arrière-pensées sont plus fortes que les discours, où même les accords secrets sont pour chacun à géométrie variable. L'Afrique du Sud, toute à sa politique d'ouverture, est une forteresse qu'on démonte.

De Klerk s'apprête à rencontrer, et bientôt à libérer, Mandela, premier pas sur un chemin au bout duquel seront levées les sanctions économiques qui frappent son pays. Pour lui, les Comores ont perdu leur statut de « vitrine » africaine.

Ainsi qu'elle le souhaitait vis-à-vis des Belges au Katanga en 1960, ou des Anglais au Biafra dix ans plus tard, la France vise la relève. Mais, aux Comores, elle est déjà chez elle; elle entend bien « rafler la mise » sans partage au nom de cette légitimité historique – avec Abdallah et un Denard « désudafricanisé », avec l'un ou l'autre seulement, ou, pourquoi pas?, sans l'un ni l'autre. Si le mercenaire est trop voyant, ou seulement trop réticent à confirmer auprès des socialistes la bonne volonté manifestée du temps de Foccart, si Abdallah tire trop sur la corde des services rendus et s'obstine à revendiquer Mayotte comme à s'accrocher à son pouvoir, des solutions plus conformes aux intérêts français sont à portée de main. Le président comorien le comprend-il assez, qui, tout en appelant Mitterrand à la rescousse de son régime trop contesté, accuse Paris d' « autoriser le terrorisme » anti-comorien à partir de Mayotte? Dans le déséquilibre créé par la mutation sud-africaine, face à l'harmonisation des ambitions de Paris et de Pretoria, les Comores d'Abdallah et de Denard ont perdu leur meilleur atout. Le balancier penche désormais d'un seul côté. Un coup de pouce suffirait à faire tomber le funambule de l'océan Indien; un faux-pas, et son rempart mercenaire « porterait le chapeau » de cette chute. Au lendemain d'un référendum truqué, à la veille d'élections locales et présidentielles qui s'annoncent tout aussi peu démocratiques, alors que le monde n'a d'oreille que pour la chute du Rideau de fer, la situation du petit archipel comorien pourrait basculer sans fracas. D'autant que la situation intérieure se dégrade encore : une bombe explose au domicile du ministre des Finances, responsable, dit-on, des magouilles budgétaires et des trafics d'influence; les « pots de coco » se distribuent à tout-va lors des « sirops d'honneur ».

À l'Union Building, au SADF, Bob l'a dit, comme il l'a fait savoir à Paris : « S'il faut que je parte, je partirai, comme en 1978. » Rentrer dans l'ombre, ou, si on le lui demande, quitter les Comores. « Je crois qu'Abdallah, au fond, ne voulait pas qu'on parte. Il espérait trouver une formule, un arrangement, pour qu'on reste. Un autre cadre, plus acceptable. »

Ce nouveau cadre, à travers le projet de Garde républicaine, réduit le rôle des mercenaires à la portion congrue, mais il satisferait Bob. « Il ne serait resté que cinq ou six Européens " mercenaires" et une centaine de Comoriens issus de la Garde présidentielle sur six cent cinquante. La gendarmerie, c'était l'affaire de la France ; leurs assistants techniques se seraient chargés de son encadrement. Moi, je restais auprès d'Abdallah comme conseiller privé, et je gérais la Sogecom, la société que j'avais fondée et qui employait cent cinquante personnes. Tous les projets entamés ou envisagés pouvaient être poursuivis ou concrétisés – et il y en avait beaucoup. Le changement qui s'opérait dans le monde ne me gênait pas, au contraire ; j'avais assez participé à des travaux non militaires pour apporter ma contribution au nouveau cours des choses. »

Mais, pour le mercenaire qui avait su, au tournant des années soixante-dix, se recycler dans les activités secrètes, une nouvelle reconversion, vingt ans plus tard, se heurte à trop de défiance, de hargne ou simplement de scepticisme. Malgré tout son réalisme, il bute contre le mur de son passé, contre la mémoire courte d'États pressés de faire oublier leurs propres compromissions en Afrique et les cahots d'une décolonisation qui n'a pas ignoré leurs intérêts. Les assurances que lui donne chaque jour Abdallah, leur échange privilégié, et qui se renouvelle, le rassérènent mais suffiront-ils à vaincre les autres obstacles?

3.

Le matin de ce dimanche 26 novembre, Bob se rend, comme d'habitude, à Kandani et discute avec Marquès, le commandant de la Garde présidentielle, de la situation dans l'archipel. La situation politique est trouble. L'opposition a démontré sa force, et le résultat du référendum renforce sa détermination. Elle prévoit de ne pas présenter de candidats aux élections des conseillers des îles, prévues pour le 3 décembre. La situation sociale reste tendue, même si les instituteurs ont suspendu une grève plusieurs fois reprise depuis septembre. Les mesures économiques du programme d'ajustement structurel (réduction de salaires, licenciements...) sont fortement impopulaires. Dans la fonction publique et l'armée, les salaires n'ont pas été versés depuis cinq mois. Dans la gendarmerie, on parle d'hospitalisations pour cause de sous-alimentation. Dans ce climat général délétère, fait de « pourrissement politique, magouilles et corruption », les signes d'agitation sont nombreux, les rumeurs de coup d'État, d'attentats et d'« actions extérieures », innombrables et incontrôlées. Tantôt la Garde présidentielle, tantôt Abdallah lui-même en sont les cibles désignées.

« Marquès m'a fait part, ce matin-là, d'informations qui prévoyaient une attaque contre la Garde. Dans le cadre des mesures habituelles, rodées de longue date, un dispositif d'alerte était en place pour faire face à toute éventualité. »

La Garde est sous pression, mobilisée au moindre prétexte pour afficher sa capacité à contrôler la situation. Le soir du 26, la section de sécurité rapprochée, groupe d'élite au sein de la Garde, est en faction sur les plages, haut lieu de la contrebande, à une vingtaine de kilomètres de Moroni, et ce à la demande du directeur des douanes, M. Calvet, un Français. Cette contrebande à laquelle des figures du régime, commerçants et dignitaires, ont leur part... Le président est en compagnie d'une amie française, Monique Terrasse. Les relations de celle-ci avec Abdallah ne sont un secret pour personne. Maman Nassuf *, l'épouse légitime du président s'en plaint, d'ailleurs, avec virulence et Bob a déjà dû calmer le jeu. Monique Terrasse quitte la Présidence à 22 h 15. Trois quarts d'heure auparavant, Nassuf Abdallah, fils du président, s'y est présenté pour être reçu par son père. Sous prétexte que celui-ci avait une communication téléphonique importante, il n'a pas pu le voir.

Bob est chez lui, à cinq minutes de voiture de la Présidence, quand l'officier de permanence l'avertit par téléphone, peu avant minuit, que des tirs sont déclenchés contre la Présidence. Il arrive sur les lieux, rejoint à l'entrée des bâtiments par les lieutenants Tony et Joël. Le commandant Marquès et le capitaine Siam, chargé du renseignement, sont déjà là, venant du domicile du premier, tout proche. Les gardes en faction ont pris position défensivement et ripostent à un tir d'armes automatiques et à des explosions qui se produisent à l'arrière des bâtiments, où un portail donne sur les établissements Abdallah fils. De la cour principale, il apparaît que « la confusion est générale, les armes tirant de toutes parts. Impossible de distinguer qui, des assaillants ou des gardes, continue le feu ». La section d'alerte, cependant, se déploie à l'extérieur, vers l'arrière du complexe présidentiel et en direction de la corniche et d'un promontoire, où d'autres tirs retentissent, provenant, semble-t-il, d'un second groupe d'assaillants.

Dans le hall du rez-de-chaussée, Abdallah s'informe auprès de Marquès et de Siam de ce qu'il a d'abord pris pour une manœuvre. Bob lui dit de ne pas rester là, exposé. Aucun des gardes du corps personnels d'Abdallah n'est présent. Ils sont quatre – choisis par Abdallah dans sa famille élargie pour trois d'entre eux –, qui, en principe, se relaient deux par

* La coutume aux Comores veut qu'on désigne par le nom de son fils aîné l'épouse légitime. (N.d.A.)

deux. Les gardes de service, dont le sergent-chef Jaffar, ne sont pas à leur poste tandis que s'organise la défense à l'intérieur de la Présidence.

Les lieutenants Joël et Tony prennent position dans le hall et dans les escaliers. Marquès donne des ordres, tandis que Bob accompagne le président dans ses bureaux, à l'étage du nouveau bâtiment, qui jouxte ses appartements privés. Les rejoignant, Marquès trouve Jaffar dans le hall, affolé et à demi vêtu, que les tirs ont surpris dans le lit de sa petite amie, non loin de la Présidence.

« C'étaient des gardes du corps à la comorienne. Jaffar était un costaud, très grand pour un Comorien, qui appartenait à la famille de la femme du président. »

Son fusil d'assaut Kalachnikov à la main, Jaffar se fait engueuler par Marquès pour n'être pas à son poste. Le commandant lui intime de remettre de l'ordre dans sa tenue et de rester en faction dans le hall. Les tirs se sont calmés à l'extérieur, et, dans son bureau, Abdallah signe l'ordre, à 0 h 10, le 27 novembre, de désarmer les Forces armées comoriennes, apparemment responsables de l'attaque, décision prise dès l'arrivée de Bako dans le hall et entérinée par écrit à sa demande.

« Ordre est donné à la Garde présidentielle de désarmer les Forces armées comoriennes. Les autorités civiles et militaires – en l'occurrence la gendarmerie – doivent leur apporter assistance à toute réquisition de leur part. » Telle est la résolution par laquelle Abdallah se décide à vider l'abcès des Forces armées, dont le désordre et l'agitation paraissent la plus grande menace pour son pouvoir. Il signe d'une main qui ne tremble pas.

Aussitôt, Marquès donne par radio l'ordre aux unités d'appliquer le plan de désarmement. « Mainte manœuvre avait prouvé qu'on pouvait prendre le contrôle de tous les points sensibles de Moroni en sept minutes. » Puis le commandant de la Garde cherche quelqu'un pour faire photocopier l'ordre présidentiel. Il s'adresse à Jaffar qui a rectifié sa tenue et obtempère, soucieux de faire oublier son absence initiale. À ce moment, du poste de garde situé à cent cinquante mètres au nord de la Présidence, les tirs reprennent. Des gendarmes font feu sur des soldats de la Garde qui ratissent les abords de la Présidence.

« Ça s'est remis à tirer de partout. C'était le genre de fusillade qui pouvait survenir pour un rien – un type qui fait feu sur un chien qui passe; après, tout le monde défouraille, et, pour obtenir que les gars se maîtrisent, comme dans une armée régulière, entraînée à une discipline du feu, c'est très difficile. Dans l'ambiance qu'il y avait, tout pouvait arriver. Un banal incident pouvait dégénérer; alors, vous pensez, l'attaque concertée de la Présidence, la première vague de tirs, c'était autrement plus grave, et la Garde était sur le qui-vive. À l'entraînement, ils tiraient à balles réelles, la discipline fonctionnait; mais il suffisait de peu de choses pour que le naturel reprenne le dessus, et les soldats africains, partout, tirent pour se rassurer, même si c'est à l'aveuglette, même s'ils ignorent ce qu'ils ont en face d'eux. »

Après avoir officialisé, à la demande de Bob, l'ordre de désarmement des Forces armées, Abdallah a quitté son bureau pour s'asseoir dans le salon attenant. Bako a pris place dans un fauteuil voisin du sien. La Garde paraît avoir la situation bien en main. Marquès et Siam sont présents. Abdallah et Bako discutent. Une femme, probablement l'amie française du président, appelle. Siam décroche, transmet la réponse d'Abdallah – « Je rappellerai » –, puis on entend arriver les véhicules de la 2e compagnie.

« C'est à ce moment-là que c'est reparti. Marquès est allé aux nouvelles, est revenu. Le président, dans son fauteuil, s'est mis à paniquer. Une roquette pouvait aussi bien exploser dans la pièce. »

Après l'accalmie, qui a duré environ un quart d'heure, l'effet de la fusillade sous les fenêtres du bureau présidentiel est d'autant plus saisissant. Les rafales d'armes automatiques crépitent dans toutes les directions; la 2e compagnie d'alerte, qui s'est disposée autour des bâtiments, réplique avec des armes lourdes. Les flammes des départs de bazooka illuminent la nuit, et les explosions font trembler les vitres.

Bob s'agenouille près d'Abdallah et lui tient les mains. « Il était tétanisé. Ce n'était pas un homme d'armes et, dans une circonstance comme celle-là, président ou pas, la peur reste la peur. J'essayais de le calmer; il parlait en anjouanais; il priait, je crois. Je ne comprends pas l'anjouanais, moi. »

Au dehors, l'échange de tirs avec les gendarmes, qui cause la mort de deux de ceux-ci, fait penser que la gendarmerie s'est rangée du côté des assaillants. « C'est pour cela que la gendarmerie a été désarmée en même temps que les Forces armées, alors qu'il n'en était pas question au départ. »

L'intensité des tirs redouble. Bob tient les mains d'Abdallah et les frotte, le voyant près de tourner de l'œil. À cet instant, le garde du corps Jaffar fait irruption dans la pièce. Visiblement terrifié, les yeux exorbités, il s'avance vers le coin du salon, stoppe puis, soudain, épaule sa Kalachnikov. Affolé par la violence des tirs, comme Abdallah? Se méprenant sur l'attitude de Bako, penché au-dessus du président? Sur le sens des gémissements de ce dernier, dont il croit la vie menacée?

« Comme garde du corps et familier d'Abdallah, Jaffar était souvent là, à côté du président, écoutant les conversations, prêtant l'oreille aux rumeurs... Comment savoir ce qu'il avait en tête à cet instant? En tout cas, il était affolé; il était gris. »

Pris en faute moins d'une heure plus tôt, Jaffar croit-il se racheter? Il est à quelques mètres de Bob, à demi relevé devant Abdallah. Il tire. Bob se plaque au sol. Le capitaine Siam, en retrait du garde du corps, sur le côté droit de celui-ci, fait feu sur lui en même temps que la rafale de Kalachnikov atteint le président. Quatre balles dans la région du cœur, une cinquième en haut du thorax. Tué sur le coup, Abdallah est tassé dans son fauteuil, le buste en avant. Jaffar s'écroule sur son arme, tué net. Les trois mercenaires sont incrédules, tétanisés. « Il n'y a pas d'autre explication à ce drame que la panique. »

La panique et la méprise. Jaffar a poussé un battant de la double porte et s'est dirigé droit vers l'endroit où Abdallah se trouvait mal et gémissait. « Il n'a pas pu voir Siam, placé latéralement, dans l'alignement d'un pilier. Il s'est arrêté. J'ai voulu parler, et il a épaulé. Il n'a pas balancé une rafale comme ça, en surgissant, il a visé. Il m'a visé. Siam a réagi en soldat entraîné – il en avait le passé et l'expérience, les réflexes. Dans la même seconde, je me suis jeté au sol, hors de la ligne de tir, la rafale est partie et Siam a abattu Jaffar. »

À l'extérieur, les tirs se sont tus. Il y a deux cadavres dans le salon et trois hommes atterrés. « On a fermé les portes. J'ai ressenti le contrecoup quelques minutes après. Moi, je n'ai pas peur avant ou pendant, mais après... J'ai dû m'asseoir. »

Bob fait prévenir les responsables de l'État, Ahmed Abdou en tête, les ministres, puis la famille.

« Ils n'ont pas voulu voir le corps, ni faire un constat des lieux. Ils sont restés trois heures cloîtrés à Beit es-Salaam, siège du gouvernement, sans oser faire quoi que ce soit, sans prendre la moindre responsabilité. Après discussion, j'ai donné l'ordre au commandant Marquès de désarmer les Forces armées à Anjouan, où le commandant Ahmed se trouvait. »

Démissionnaire en août, Ahmed est toujours chef des Forces armées comoriennes, bien que le Conseil des ministres ait accepté son départ. « La situation aurait pu dégénérer à Anjouan si on n'était pas intervenu tout de suite. » À Anjouan, le commandant Ahmed reste introuvable. À Moroni, son adjoint, le commandant M'Radabi est le seul, avant l'arrivée de Salim, le fils d'Abdallah, à vouloir prendre des dispositions pour que le corps du président, d'abord déposé dans une chambre attenante, soit enlevé pour être emmené à Anjouan.

Dans sa chronologie des faits, Bob note que, « durant les heures qui se sont écoulées jusqu'à 4 heures du matin, les bureaux, bien que fermés à clé, ont été visités. Peut-être la famille ou les proches; ils avaient les clefs ». Et il insiste sur l'inertie des responsables. « Même Abdou Razack, le patron de la gendarmerie, qui était là, à Beit es-Salaam, a refusé de faire quoi que ce soit – constat, enquête... rien. On nous laissait prendre des initiatives, désarmer la gendarmerie comme les Forces armées, à Anjouan comme à Moroni, et il ne fallait rien dire, rien à faire, respecter le deuil, la famille, la mémoire du président. Tout le monde, ou presque, s'est défilé, s'abritant derrière la religion, la famille. »

À la fin de la nuit, Bob rentre chez lui, encore sous le choc. Quelques heures plus tard, il revient à la Présidence et, par le téléphone par satellite, donne des coups de fil. Le premier est pour un ami de la DGSE, à Paris, le second pour son avocat, Me Alexandre, à Paris également. Il prévient aussi

Bongo, au Gabon, « pour qu'il n'apprenne pas la nouvelle par la presse ». Il donne ainsi plusieurs dizaines de coups de téléphone. À Jean Lartéguy par exemple, qui lui a consacré, quelque temps auparavant, un reportage. Au romancier, ancien militaire, Bob explique la « bavure » qui s'est produite dans la nuit.

Le lundi, le calme règne dans l'archipel, mais des groupes circulent à Moroni, colportant la version de la rue : « Denard assassin ! La Garde présidentielle a pris le pouvoir, et le colonel Bako a tué Abdallah. »

« Parmi ces groupes, se trouvaient notamment des membres de l'assistance militaire française habillés en civil, des anciens militaires comoriens ayant la nationalité française. Tout de suite, on me faisait porter le chapeau. Jaffar avait voulu me descendre et, aussitôt après la mort du président, c'est moi qui faisais figure d'assassin. De quoi se poser des questions ! »

Des questions, il y en a beaucoup, qui restent à ce jour sans réponse. Sur l'identité des assaillants de la Présidence : « Deux groupes distincts connaissant bien le maniement des armes, ayant pu s'approcher de la Présidence avec méthode et discrétion », note le rapport d'enquête de la Garde présidentielle, qui parle de « militaires et d'anciens militaires ». Sur l'objectif de l'attaque : diversion, intimidation, coup d'État? Sur son origine et ses commanditaires : ils seraient évidemment différents selon que les attaquants appartiendraient à des éléments incontrôlés des Forces armées comoriennes ou à un groupe extérieur. Il pourrait donc s'agir de l'opposition intérieure comorienne, d'exilés comoriens recourant à des mercenaires, ou, comme cela se reproduira en 1990, de l'assistance militaire française – éventuellement renforcée d'unités basées à la Réunion –, qui aurait piloté une opération contre la Garde présidentielle, contre Abdallah, ou contre les deux.

Deux gendarmes et deux gardes ont été tués ou blessés, mais aucun des assaillants n'a été touché, arrêté, identifié, ce qui fera suggérer par certains une complète mise en scène.

« Il n'y a pas de preuves, seulement des hypothèses, des doutes, et ma conviction demeure que l'attaque de la Présidence et la mort du président sont deux choses distinctes, la panique créée par la première expliquant par son effet de contagion l'acte qui a entraîné par accident la seconde. »

Comment l'argumentation de Bob ne forcerait-elle pas la conviction ?

« À qui profite le crime ? Pas à nous ! Si j'avais voulu faire un coup d'État, je n'avais nul besoin de tuer le président ; il me suffisait de le déposer, et, au matin, il était remplacé par n'importe lequel des candidats à sa succession – et ils étaient tous partants ! Il aurait pris la parole à la radio, annoncé la nouvelle, décrété un couvre-feu et le tour était joué, sans bavure. Alors que, le 27, la Cour suprême a constaté les faits et a appliqué la Constitution, l'article 22 sur la vacance du pouvoir. Il n'y a pas eu de coup d'État mais l'application de la loi, le respect des procédures constitutionnelles prévues, sans désordre grave, parce que la Garde présidentielle remplissait sa mission de sécurité dans le cadre des textes existants. Si, comme on m'en accusé, j'avais eu le pouvoir aux Comores avant, jamais le pays ne se serait trouvé dans un telle situation. Si j'avais voulu le prendre, rien ne se serait passé ainsi. »

Dès le lendemain de la mort d'Abdallah, Saïd Djohar exerce, en vertu des textes, l'intérim de la présidence, exhorte la population au calme et atteste la continuité des institutions. Les premières nouvelles diffusées dans le monde, par Pretoria, Radio-France internationale et les agences de presse, vont dans le même sens. Une source gouvernementale française, selon Reuter, incrimine le commandant Ahmed, chef des Forces armées comoriennes dans le meurtre d'Abdallah. Tandis que la rue et les médias se retournent contre la Garde présidentielle et le conseiller Bako, Djohar respecte scrupuleusement la légalité, annonce l'ouverture d'une enquête, le report des élections du 3 décembre, l'organisation d'un scrutin présidentiel et une période de deuil national. Au nom de celui-ci, des souhaits de la famille Abdallah et des coutumes musulmanes, Bob se tait, sentant monter au fil des jours la puissante coalition de ceux qui veulent son départ et ne se privent pas, eux, de parler...

« Partir, je l'avais déjà dit, je l'aurais accepté, mais partir comme un voleur, un assassin, non! » S'il doit se plier à la volonté des États, ce sera dans l'honneur. En attendant, il se tait; la vie comorienne a repris son cours quasiment normal, même si, en coulisses, on s'agite beaucoup. Une semaine après le drame, Jean-Pierre Bercot, premier conseiller de l'ambassade de France, rencontre Marco Boni, représentant sud-africain à Moroni. La République sud-africaine a annoncé qu'elle allait mettre fin à toute aide financière à la Garde présidentielle. La France s'est déclarée « vivement préoccupée » par la situation à Moroni « où un groupe armé joue un rôle incompatible avec le fonctionnement de l'État ». Les opposants comoriens de Paris manifestent, ceux de Moroni réclament le départ des mercenaires. Djohar fait chorus, tout en reconnaissant que « sans eux, ce serait actuellement la jungle ».

Du côté de Paris, on attend. À Pretoria, on s'empresse de fournir des gages de bonne volonté. L'Afrique du Sud décide, le 4 décembre, par son ministre des Affaires étrangères – et le fait savoir à Bob par l'intermédiaire de Marco Boni –, la suspension de toute aide à la Garde présidentielle, et aux Comores en général, et l'appel au départ de tous les mercenaires; elle affirme aussi son souci d'élections démocratiques, et son esprit de coopération avec toutes les parties prenantes. Dans la nuit, des graffiti hostiles à la Garde présidentielle sont apparus sur les murs de Moroni. Bob refuse tout contact avec la presse. À New York, l'ONU adopte, après dix ans de travail, un texte qui est la première convention internationale contre le recrutement, l'utilisation, le financement et l'instruction de mercenaires.

S'il entend rester aux Comores, Bob, au moins, doit pouvoir s'appuyer sur les autorités comoriennes et la population de l'archipel. Il faut que les responsables jugent nécessaire le maintien, au moins provisoire, de la Garde présidentielle pour assurer l'ordre et la paix civile, que les Comoriens, par leur calme, contredisent les accusations selon lesquelles c'est lui qui détient le pouvoir et constitue l'obstacle à une « évolution démocratique ».

C'est dans cet esprit qu'il se rend à la grande mosquée de Moroni le 5 décembre, coiffé d'un *kofia*, pour y solliciter du grand *moufti* de l'archipel et des dignitaires religieux, le *hitima* – le pardon, cérémonie musulmane destinée à lever les soupçons qui pèsent sur un croyant.

Mais les autorités religieuses ne viennent pas, et une petite foule prend Bob à partie, le traitant d'assassin. La tentative de retourner l'opinion publique internationale en sa faveur, par le truchement de l'opinion comorienne, échoue totalement.

Simultanément, à Paris, on apprend de source judiciaire que, dans l'affaire béninoise, rouverte après avoir été conclue par un premier non-lieu, Bob Denard est renvoyé pour association de malfaiteurs devant le tribunal correctionnel.

Le jeudi 7, une centaine de jeunes manifestants défilent à Moroni pour protester contre la présence des mercenaires. Des incidents éclatent avec la Garde. Dans la soirée, huit journalistes sont expulsés vers Mayotte par les mercenaires. « Pourquoi partirais-je ? » leur avait lancé Bob, à Kandani, la veille. « Je n'ai pas entendu que le gouvernement français ait demandé mon départ. »

À Paris, Barril y va de son mot : « Abdallah aurait aimé m'avoir à ses côtés; il avait des problèmes de sécurité. » Commentaire de Bob : « Comment prêter foi aux allégations gratuites d'un homme qui a déjà quelques mensonges notoires à son actif ? »

À Moroni, Saïd Djohar constate une évidence : « On ne peut se passer de la France », et donne le coup de pied de l'âne : les mercenaires sont inutiles ici, « ce n'est pas moi qui les ai fait venir. Quand je serai président, je n'aurai pas de Garde présidentielle, la police me suffira ».

On le voit : chacun y met du sien. Le courant paraît d'ores et déjà impossible à remonter. Djohar, tout en se plaignant d'être empêché de gouverner, « sera président », les premières élections démocratiques comoriennes le prouveront d'ici à quelques mois. Le système Abdallah se perpétuera, à la différence que les poches auront changé. La France pourra afficher la nouvelle virginité démocratique de l'archipel, et Pretoria sa qualité de partenaire honorable. Le jeu doit se poursuivre jusqu'au bout, y compris avec l'envoi de renforts militaires français à la Réunion et d'hélicoptères de transport Puma à Mayotte pour faciliter l'évacuation des ressortissants français des Comores, au cas où...

« Mesure humanitaire », commente le commandement

supérieur des forces armées de la zone sud de l'océan Indien. Puis ce sont trois, bientôt quatre navires de guerre qui font route vers l'archipel, dont un navire amiral ! Ironie de l'histoire, durant cette même semaine, le général Kérékou, toujours au pouvoir à Cotonou, annonce que le Bénin abjure sa religion marxiste-léniniste et entame lui aussi sa marche vers la démocratie !

Bob négocie, dos au mur, avec Bercot et Boni. Partir, mais la tête haute et dans l'honneur. Après quinze jours de silence, d'attente et d'initiatives malheureuses, Bob joue ses dernières cartes, pour mener le jeu à son terme, et laisser la place.

« L'engrenage des faits a été tel qu'on était coincés, montrés du doigt de telle façon qu'on ne pouvait plus se défendre. Le silence jouait contre nous, et, quand j'ai parlé, ça s'est retourné aussi contre moi. Avant, on nous aurait achetés, mais on n'était pas à vendre. Après la mort d'Abdallah, il fallait nous éjecter et nous salir en plus, nous faire payer moralement, et effacer d'un coup de torchon ce que nous avions réalisé là-bas, parce que ce qu'on ferait ensuite aux Comores, ce que la France ferait des Comores après notre départ, serait forcément jugé par rapport à ce que nous, nous y avions fait. Alors, il fallait nous mettre dehors et effacer nos traces. »

Après l'annonce par la France que l'aide financière aux Comores est à son tour suspendue, cent cinquante hommes de la Légion étrangère, un bataillon de paras du 1er RPIMA et le commando de marine Jaubert sont à pied d'œuvre à Mayotte. Avec quatre bâtiments de la force navale, cinq puis sept avions cargos Transall, cinq Puma, ce sont cinq cents soldats et autant de marins qui sont mobilisés dans l'opération *Oside,* impressionnant déploiement de forces « prêtes à entrer en action », selon ses chefs, qui n'attendent, à partir du 10 décembre, qu'un feu vert politique. Un accord de défense lie la France et les Comores, mais le ministre Jean-Pierre Chevènement prend soin d'expliquer que les autorités légitimes de Moroni étant en place, une opération militaire ne sera engagée qu'à leur demande.

Au sujet de cette mobilisation spectaculaire, le colonel Charrier, chef d'état-major du Sirpa, reconnaît avec une fausse ingénuité : « Cela peut être interprété comme une opération de gesticulation, c'est-à-dire une opération consistant à montrer sa force pour ne pas avoir à s'en servir. » Une gesticulation qui coûte cher, sans nul doute, mais que ne ferait-on pas pour prouver à l'opinion publique que la France ne badine plus avec les mercenaires?

Dans une interview accordée à Renaud Girard, envoyé spécial du *Figaro* à Moroni, Bob explique, le 12 décembre, ce qui s'est passé depuis un an aux Comores, ce qui s'est produit le 26 novembre, et affirme : « Je ne vais pas, moi, m'opposer à deux superpuissances. Je ne suis qu'un grain de sable qu'on peut broyer. Qu'on nous propose une porte de sortie honorable. Si on nous indemnise, si on trouve une garantie pour nos soldats, alors, ce sera la mort dans l'âme, mais nous partirons. Qu'on nous intimide, c'est ridicule. Je ne tirerai jamais le premier sur un soldat français. »

Le soir du même jour, à Kandani, entouré des officiers de la Garde présidentielle en uniforme, Bob fait une déclaration à la presse. « J'en ai marre de faire figure d'assassin », clame-t-il. Et il donne sa version de la mort d'Abdallah, décrit l'ambiance des Forces armées comoriennes, l'attaque de la Présidence, « l'absurde connerie » de Jaffar... Pâle, la voix bouleversée par l'émotion, il évoque les tractations avec la France et l'Afrique du Sud, sa décision de rompre le silence pour réagir aux accusations portées contre lui. À Patrick Bourrat de TF1 qui lui assène : « Savez-vous que le président Djohar s'estime prisonnier des mercenaires? », Bob rétorque : « Première nouvelle! », abasourdi que personne n'ait l'idée de renverser la question : n'est-ce pas plutôt lui l'otage de calculs qui dépassent complètement Djohar? Il se contente de reprendre : « L'enquête se poursuivra. »

Le procureur général de l'archipel, Ali Salim, se charge de cette enquête plusieurs jours après la mort du président. Les questions qu'elle soulève n'apparaîtront que plus tard encore, à propos de la scène qui s'est déroulée dans le salon d'Abdallah au moment où il a été tué, de la visite des « démineurs », venus de Paris au lendemain de sa mort, et de ce qu'ils sont venus chercher à la Présidence, du sort de Monique Terrasse, l'amie française d'Abdallah, qui s'est suicidée le 27 novembre, quelques heures après le drame...

Pour l'heure, il n'est question que des tractations entre les superpuissances alliées et Bako. Elles n'ont pas cessé depuis trois semaines. Elles se concluent sous la menace des armes, du dispositif *Oside,* encore renforcé le 13 décembre, après que François Mitterrand et Michel Rocard ont réaffirmé la détermination de la France à garantir la sécurité des mille six cents ressortissants français de l'archipel. « Ils se sentaient si peu en sécurité, qu'ils ont continué à jouer tranquillement au tennis. »

Le 13 décembre au matin, Bob rencontre une nouvelle fois les émissaires de la France et de l'Afrique du Sud, la première jouant le rôle essentiel dans ces négociations. Bob voudrait une passation de pouvoir officielle entre lui et ses hommes et les militaires français. Trente officiers pour une relève avec remise de drapeau, qui équivaudrait à une reconnaissance par l'État français de sa légitimité. Mais les officiers qui, en privé, ne s'effrayaient pas de serrer la main de mercenaires, ne veulent pas d'un tel scénario. « Devant le colonel Rigaud, responsable de l'opération, le commandant Léonard, qui se présente comme le remplaçant de Marquès, nous déclare avec aplomb que, depuis deux mois, il a en poche un contrat de deux ans pour les Comores. Marquès et moi nous nous sommes regardés, sidérés. »

Outre une indemnisation des Comoriens de la Garde présidentielle, il veut obtenir les « indemnités de licenciement auxquelles ses hommes ont droit », et qu'il « soit tenu compte de tout l'investissement, moral et matériel », réalisé depuis douze ans aux Comores par la Garde présidentielle. La rumeur évoque, à ce moment, une somme de trente millions de francs, que verseraient à parts égales la France et l'Afrique du Sud. « Il n'y a rien eu de tel. » Il exige encore qu'aucune poursuite judiciaire ne soit menée contre lui et ses hommes à propos des affaires comoriennes, et, enfin, que la presse assiste à la « passation de pouvoir à l'armée française ». Quant à lui, faisant allusion à sa situation judiciaire en France, suite à l'affaire béninoise, il se dit prêt à rentrer pour en répondre devant la justice française.

« Toutes ces discussions ont été faites devant témoins et engageaient les États eux-mêmes, la France et l'Afrique du Sud, à propos de ma résidence en Afrique du Sud, du fait que mes hommes qui avaient un casier judiciaire vierge ne seraient pas inquiétés, et du fait qu'on nous dédommagerait pour ce que nous perdions en quittant les Comores. Si on pensait que j'étais coupable de quoi que ce fût, pourquoi ne m'a-t-on pas mis dans un avion pour la France, pour me faire comparaître ? »

Le 14 décembre, des familles de mercenaires et quelques-uns de ceux-ci s'envolent pour la France. Au cours d'une cérémonie, à Kandani, Bob et ses officiers organisent la seule passation de pouvoir qui leur soit finalement permise : la relève, au sein de la Garde présidentielle, des officiers étrangers par des Comoriens. Plusieurs sous-officiers comoriens sont promus, au nom du président par intérim, sous un orage tropical qui détrempe les uniformes et la saharienne de Bob et lave les visages des traces d'émotion trop visibles. Bob s'est résigné : des camarades partiront ce soir, et lui, demain. Mais du moins la continuité de l'ordre, grâce à cette Garde qu'il a créée, sera-t-elle assurée. Et il sait que les Comores, ses responsables et sa population lui en savent gré. Tous redoutent la transition, le vide et les règlements de comptes sanglants. La France s'est engagée à prendre le relais, mais la sauvegarde de la seule unité de sécurité crédible de l'archipel est la meilleure garantie de la paix civile.

Ils sont deux cent cinquante soldats alignés face aux officiers pour cette ultime parade, sur la place d'armes de Kandani, et, sous l'apparence stricte des honneurs militaires, des saluts au drapeau, des « présentez armes », c'est un adieu déchirant pour ceux dont la valise est prête, l'avenir incertain et les souvenirs trop obsédants.

Le lendemain, vendredi 15 décembre 1989, à 9 heures du matin, cinquante paras de l'infanterie de marine débarquent d'hélicoptères Puma sur l'aéroport de Moroni-Hahaya, suivis par deux avions de transport Transall. À l'autre extrémité de la piste, trois cent cinquante hommes de la Garde présidentielle, au garde-à-vous derrière leurs véhicules, mitrailleuses lourdes notamment. Vingt-cinq Bérets rouges et le colonel Vieillard, attaché militaire français à Moroni, traversent la piste. Ni salut ni poignée de main côté armée française. La Garde présidentielle présente les armes. Après quelques mots échangés, Bob repart. Marco Boni se plaindra d'avoir été tenu à l'écart. Bob, lui, ne se plaint pas, quoi qu'il pense et souffre, des manières françaises. Tel est le jeu, et sa cruauté, pour qui l'a perdu. Les deux cents hommes du 1er RPIMA prennent le contrôle de la Garde et tournent une page de l'histoire comorienne.

À 13 h 20, le même jour, Bob et vingt-cinq de ses compagnons montent à bord d'un Hercules C 130 sud-africain, à destination de Johannesburg, Bob en civil, les autres en uniforme, emportant leurs armes personnelles, et trente-deux malles de documents, les archives de la Garde. « Ce n'est pas ce que j'espérais », lâche Bob avant de monter dans l'avion. Il écrivait, quelques jours plus tôt : « On me fait porter un lourd chapeau, mais c'est la rançon de ce que j'ai fait ici. J'attends en toute quiétude car ma conscience est propre dans cette affaire. »

Via le Trésor des Comores, la France verse trois millions de francs : six mois de solde pour les gardes comoriens – « des clopinettes », dira l'ambassadeur de France en Afrique du Sud, confirmant, par ailleurs, grâce à un télégramme de Paris, que ceux des mercenaires qui n'avaient pas de casier judiciaire ne seraient pas inquiétés. Avant que ne reprenne son combat pour faire appliquer les accords sur cette dernière promesse, bientôt violée, et sur la « compensation financière » – Bob l'évalue à vingt millions de francs – due aux mercenaires pour ce qu'ils ont investi et perdu aux Comores, Bob imagine, au moment où l'archipel disparaît sous l'avion qui l'emmène en exil, ce qu'aurait pu être son adieu définitif.

« Quand les Pumas ont atterri, ce matin-là, puis les Transall, et que les navires patrouillaient au large des côtes proches de l'aéroport – toute cette mise en scène à grand spectacle pour bien montrer que la France faisait le ménage –, quand j'ai vu cela, j'ai pensé me foutre en l'air avec panache. Devant tout le monde, les diplomates français, Boni, les journalistes... J'avais songé rassembler tout le monde, les ministres comoriens qui m'avaient mangé dans la main... Quand l'armée française serait arrivée, j'aurais fait jouer *La Marseillaise* par la musique des Forces armées comoriennes, ils étaient dissous, mais, en les payant, ils seraient venus, et la Garde en uniforme noir et en gants blancs derrière moi. *La Marseillaise*, présenter les armes, et me tirer une balle dans la tête. Voilà ce que j'avais imaginé pour ce moment-là. Et je ne l'ai pas fait ; je ne m'en suis pas senti le droit, par égard pour mon pays, pour la France. Si j'avais fait cela, qui aurait été filmé, photographié, qui aurait causé une drôle de sensation, tout de même, j'aurais ridiculisé la France. Pas seulement son gouvernement, ses représentants, mais la France, son armée. Ceux qui étaient là, ces soldats qu'on a déplacés pour nous dans cette opération qu'on aurait pu éviter, en nous payant nos indemnités, ce sont les mêmes qui étaient dans le Golfe un an après. Je ne pouvais pas faire ça à ma patrie. »

ÉPILOGUE

15 décembre 1989, Jan Smuts, aéroport de Johannesburg.

La démarche est claudicante mais vive, le buste bien droit, Bob Denard rejoint le salon d'honneur, suivi de vingt-cinq hommes en treillis et béret vert.

Un transit à huis clos accordé par l'Afrique du Sud, sans presse ni fanfare, un buffet organisé par des officiels courtois. Bob obtient des autorités sud-africaines une journée de repos pour ses hommes épuisés. Les dernières agapes du compagnonnage se feront avec du champagne et du foie gras, comme une fête de famille ou une veillée de Noël anticipée. « Nous avions tous le cœur gros, mais nul ne voulait le laisser paraître. Ce n'était qu'un au revoir. On a plaisanté sur les paras qui avaient trouvé sur place, à Moroni, la dinde dans le réfrigérateur, la table mise, les lits faits; il ne leur manquait que nos femmes dedans! »

Le lendemain, le 16 décembre au soir, c'est un peu comme si le Vieux, en tenue safari, accompagnait ses enfants jusqu'à la passerelle du Jumbo de la SAA; il serre la main de chacun, regard bien appuyé dans le leur. Tout est dit; il s'éloigne. Bob Denard est seul, sans doute pour la première fois de son incroyable chemin. Dans l'*Anabase*, livre de chevet des condottieres de tous les temps, on trouve ce conseil, repris plus tard par Machiavel dans *Le Prince* : *Ne te sépare jamais de tes soldats, ou tu es perdu...*

La villa de l'« exil », le *Longwood* de Denard, se trouve dans un quartier résidentiel de Pretoria; assez spacieuse pour suggérer qu'on y restera, trop sommairement meublée pour ne pas évoquer le temporaire, le provisoire... Un jardin bien entretenu, clos de murs, une petite piscine confiés aux soins du jardinier Simon. La salle à manger est devenue salle d'archives, des malles de fer-blanc y conservent le secret de quarante ans d'aventure, à côté d'un vestige cher au maître des lieux : la barre de l'*Antinéa*...

Bob Denard commence sa longue marche, muni d'un seul papier : ce permis de séjour d'un mois, octroyé « dans l'attente d'un compromis satisfaisant avec les autorités françaises afin de préciser sa destination finale ». Un ton de diplomate gêné par une présence sinon indésirable, du moins non désirée, tolérée en vertu de l'accord secrètement passé avec la France. Par loyauté envers ses hôtes, Bob jouera franc-jeu, ne communiquera pas avec la presse, se claquemurera et se taira autant que possible, tandis que se ferment les portes de l'Union Building jadis grandes ouvertes, que se font rares les amis sud-africains jadis légion et que sont prudemment écartés les soldats de fortune qu'il pourrait rencontrer. Il se soumet à cette loi : « Je ne suis ni fou, ni suicidaire, je vis sur le fil du rasoir et je ne suis ici que toléré. »

Le silence devient d'or, tandis que la légende noire court les rêves de chefs d'État africains « qui la nuit se réveillent, pensant le trouver sous leur lit ».

La raison d'État choisit l'amnésie; elle ne veut se rappeler que l'affaire du Bénin * qui, soudain, semble presser et peser davantage. La France, à l'évidence, ne veut pas de mercenaires retraités – ces archives vivantes d'une décolonisation que l'on souhaiterait parfois oublier.

L'Afrique du Sud, quant à elle, accepte avec réserve ce trop vivant témoin pour complaire à la France auréolée des fastes du Bicentenaire, de la Déclaration des droits de l'homme, et de la *Marseillaise* de Goude.

Seul à Pretoria, Bob n'a pas besoin de méditer sur le *Léviathan* de Hobbes pour mesurer l'incapacité de l'État à ressentir ne fût-ce qu'une parcelle de la conscience humaine. Le pouvoir ne respectera pas les engagements non écrits, encore moins les pactes sur l'honneur. « Je vis jour et nuit

* Le 16 octobre 1991, la 14e Chambre correctionnelle de Paris a condamné par défaut Bob Denard à cinq ans d'emprisonnement pour « association de malfaiteurs ».

avec cette image de deux États qui ont choisi de me mettre le pied sur la tête pour m'enfoncer plus profondément dans l'oubli qu'ils m'ont creusé. »

Bako, cependant, se tient coi, par loyauté, pour ne desservir ni l'État qui l'héberge ni celui dont il espère toujours qu'il tiendra sa promesse. Une situation qui confine à la torture morale, fielleusement entretenue du côté de Moroni et d'ailleurs par de perfides et terribles assertions – « Oui, ce sont des assassins »...

Pretoria, elle, souffle le chaud et le froid. Tout en renouvelant deux fois son permis de séjour, elle laisse entendre qu'il ne serait pas inopportun « que M. Denard s'en aille dans les meilleurs délais », qu'il mette fin à un séjour « qui ne saurait se prolonger indéfiniment », puisque, dit-on, « il n'a jamais été prévu que Bob Denard s'éterniserait en Afrique du Sud ». Ce qui n'empêche pas Pik Botha d'assurer que Bob doit rester en RSA « jusqu'à la tenue d'élections présidentielles aux Comores [car]... s'il retournait en France maintenant, cela risquerait d'enflammer les esprits dans l'archipel... ».

Ce ballet diplomatique tiendrait-il, en partie, à la condamnation par l'ONU du mercenariat, ce « métier de criminel indépendant », comme le stigmatise le rapport du 5 février 1990?

« Il a décliné, fort heureusement », précise l'ONU, durant l'année symbole de 1989, à cause de la réduction des conflits dans les petits États, « spécialement dans les archipels, Comores, Maldives »; du processus de détente entre l'Angola et l'Afrique du Sud, de l'indépendance de la Namibie. Rapport qui souligne à loisir certaines relations entre mercenaires et narco-trafiquants en Amérique latine, comme pour discréditer définitivement *tous* les mercenaires; et déplore en conclusion que « la convention internationale contre le recrutement, l'utilisation, le financement, et l'instruction des mercenaires, adoptée le 4 décembre 1989 par l'Assemblée générale, ne comporte nul mécanisme pour son application ». L'ONU désigne du doigt l'Afrique du Sud; qu'elle s'explique sur les raisons qui la conduisent à continuer d'abriter « le plus célèbre d'entre eux », Bob Denard...

Aux Comores, le « miracle » annoncé n'a pas suivi l'éviction des mercenaires : le pays n'est pas subitement devenu un éden politique.

En ce début d'année 1990, la France veut y avoir désormais toute liberté d'agir et s'occupe en sous-main, par l'entre mise de la cellule africaine de l'Élysée, de cette élection présidentielle qui doit y conforter sa présence. Son choix semble se porter sur Saïd Mohammed Djohar, qui a eu tout loisir de prouver sa malléabilité comme président intérimaire depuis la mort d'Abdallah. Le 4 mars 1990, Mohammed Taki arrive en tête au premier tour, devant Djohar. « Les suspicions de fraude pour le second tour demeurent bien vivaces », alerte l'envoyé spécial de l'AFP. « Ce seront des fraudes massives », assure le communiqué des partisans de Taki. Mais les élections ne seront pas annulées car la cellule africaine de l'Élysée a décidé que M. Djohar serait élu « démocratiquement ». Le 11 mars, Saïd Djohar l'est, en effet. Beau progrès que cette démocratie comorienne délestée des Affreux.

Le 4 avril, l'opposition se mobilise contre « l'illégitimité de l'élection de M. Djohar »; la foule se rassemble; c'est alors que les Bérets rouges des Forces comoriennes de sécurité (qui ont succédé à la Garde présidentielle) font feu à balles réelles : onze blessés, dont quatre grièvement!

Le 10 mars, la veille du scrutin, Djohar a exprimé le désir de voir « traduits Bob Denard et ses complices devant les tribunaux comoriens pour répondre de l'assassinat d'Ahmed Abdallah », alors même que ne sont pas encore déposés les résultats de l'enquête diligentée par Ali Salim, procureur général de l'archipel; de cela, Djohar n'a cure : « Les mercenaires, on en a marre! » Telle est l'heureuse conclusion de sa philippique.

Le 3 avril, information judiciaire contre X est ouverte par le parquet de Paris « pour homicide volontaire, vol aggravé », sur la plainte, avec constitution de partie civile, qu'a déposée la famille d'Abdallah auprès de la cour d'appel de Paris. « Est-il indécent d'être perplexe, se demande Bob, d'une part sur le fait qu'on puisse être président d'un État indépendant et garder en même temps un passeport tricolore... d'autre part, devant le si long délai observé par la famille avant de se mouvoir? Aurait-on, par hasard, attendu quelque chose de moi qui soit en relation avec l'ancestrale coutume de la compensation pécuniaire?.. Cela me navrerait de l'apprendre. »

On peut s'interroger aussi sur le mystérieux génie de

Me Vergès, le nouvel avocat de la famille, qui, à peine saisi, opère une conclusion et une démarche assez évidemment contradictoires. « Nous connaissons minute par minute le calendrier de la nuit de l'assassinat... Il a été assassiné par le mercenaire Bob Denard et le commandant Marquès », proclame cet excellent avocat au cours d'une conférence de presse. Pourquoi, alors, émettre auprès des autorités françaises la demande que soient restituées les « pièces à conviction » saisies dans la villa présidentielle après le départ des mercenaires par de prétendus « démineurs » français, fortement soupçonnés de faire partie des services spéciaux? Pièces à conviction dont le défaut à l'intérieur du dossier ne dissuade pas de proclamer la culpabilité des deux hommes.

Me Vergès, pourtant, s'interroge assez haut pour que Paris, quelques jours plus tard, démente avoir demandé à Pretoria la prolongation du permis de séjour de Bob Denard octroyé le 16 mai « jusqu'à la conclusion de l'enquête aux Comores ». « Faut-il entendre comme un revirement du célèbre avocat cette confidence qu'il fit au mariage du président Bongo : " Nous savons que le Colonel n'a pas tué le président. Mais il faudrait qu'il me l'écrive. " »

Dans l'archipel, comment douter que la situation s'améliore? Le président Mitterrand le visite officiellement le 13 juin, accepte le présent fort original d'un cœlacanthe congelé de un mètre vingt, mais n'en avertit pas moins que le poids de l'aide française dépendra de la destination des fonds et de la « démarche démocratique [qui] encouragera nos amis à s'engager plus encore ». Ce qu'il est permis d'appeler une aide au futur conditionnel, un thème cher au président français qui le développera avec plus d'ampleur lors du sommet franco-africain de La Baule, quelques jours plus tard.

En ce qui concerne Abdallah, François Mitterrand s'est tout juste contenté d'expédier un compliment hâtif à sa mémoire, négligeant – impératif horaire oblige – d'aller s'incliner sur la tombe de son vieil ami.

Les observateurs ont eu le loisir, en tout cas, de souligner quelle désillusion s'est emparée de l'opinion aux Comores. L'envoyé spécial de l'AFP a pu glaner dans la rue d'innombrables commentaires de ce type : « C'est toujours la règle du *m'karakara*... L'aide française? Elle passe dans les Mercedes et les comptes en Suisse... les fonctionnaires ne sont toujours pas payés, les villages sont toujours privés d'eau courante... l'enseignement est toujours aussi sommaire, les dispensaires aussi sales. »

Cette indéniable réalité n'empêche pas d'agiter en haut lieu le « syndrome Denard » comme un épouvantail, d'alimenter à loisir la psychose. Le docteur Maecha M'Tara, ministre comorien des Affaires étrangères, répète à qui veut l'entendre : « Je ne me sentirai en sécurité qu'avec Bob Denard derrière les barreaux. »

Cette obsession – réelle ou utilement feinte – de la menace Denard revêt parfois un tour qui prêterait à rire s'il ne choquait pas d'abord. Deux enfants de dix et neuf ans, accompagnés de leur mère, sont arrêtés en transit à l'île Maurice alors qu'ils vont voir leur grand-mère malade à Mayotte : Hamza et Kaïna sont coupables de répondre, sur leurs passeports français, au nom de Denard. Ils sont mis sous haute surveillance et prestement rembarqués dans le premier avion pour Johannesburg, tandis que le président des Seychelles, en alerte, téléphone à Pretoria pour s'assurer sans doute que leur redoutable père n'a pas quitté les lieux. « Il est honteux que des États puissent agir ainsi ; ce sont des enfants, et je ne suis pas un criminel », commente Bob, visiblement secoué. On n'a pas fini, contre lui, de faire feu de tout bois. Aux Comores, par exemple, on utilise sciemment « l'affaire Vieillard » pour nourrir la flamme. Max Vieillard, *alias* Servadac, a fait, le 19 août, une rocambolesque tentative de débarquement à quatre sur l'archipel. Il aurait agi, dit-on, au bénéfice de Mohammed Taki ; mais il échoue, puis échappe à la traque, pour se faire tuer, enfin, sur Anjouan. Il est commode, pour Moroni, de feindre d'oublier que Bako et lui étaient irrémédiablement fâchés depuis 1986. L'occasion est trop belle de gloser une nouvelle fois sur les desseins maléfiques de Denard, le non-repenti. L'étau se resserre encore autour de Bob et de ses compagnons. Le 14 septembre 1990, Siam – Jean-Paul Guerrier –, l'un des deux hommes présents à ses côtés dans la pièce où Abdallah fut tué, est arrêté dans le train Paris-Genève et écroué. « Attention, ne reste pas en France... ils vont te tomber dessus », recommande Bob à Marquès – Dominique Malacrino. « Je ne partirai pas en cavale, je n'ai rien à me reprocher », répond celui-ci.

Un an plus tard, leur détention paraîtra plus insupportable

encore à Bob * : « Leur seul tort est d'avoir cru à la parole de la France. S'il doit y avoir un responsable, c'est moi, pas eux. Responsable, parce que le président est mort alors que j'étais en charge de sa sécurité. Responsable, mais pas coupable. On nous traite en assassins, notre honneur est atteint et cette torture morale est intolérable. »

1991. L'instruction continue. Bob Denard n'a jamais été entendu. Depuis un an, il est sans visa ni papiers officiels. Comme si les États, soucieux de préserver leur quiétude au sacrifice de la mémoire, s'ingéniaient à le priver d'une voix, d'une identité, d'une existence trop fermes, trop éclatantes. Mais lui n'est pas près de se laisser enterrer vif : « Que l'on n'y compte pas... tant que j'aurai de la voix et la tête sur les épaules. Au cours de ma carrière, j'ai pris de sacrés coups et cela ne m'a pas achevé. Je ne vois pas comment on pourrait y réussir aujourd'hui... »

Tony de Saint-Paul, Karl Couke, Marc Gossens, Alain Henry, Bruno Émery, Jean-Baptiste Pouyet... tous ceux qui, un jour, sont tombés sur la piste l'accompagnent : « Je pense à eux souvent. La nuit surtout. Ils sont allés jusqu'au bout. Je les voyais comme l'avenir, ils m'aident à ne penser qu'à lui. Continuer ne suffit pas. Il faut durer, bâtir en dur sur le temps. J'ai envie de construire, de fonder une œuvre qui nous survivra. »

Il ne se satisfait pas d'être le plus célèbre mercenaire vivant. Parce que le mercenariat est mort, sans doute, avec un monde. Parce que, surtout, il n'a jamais dû donner au mot la seule définition qu'on lui prête. Comment nier qu'il y ait vu, d'abord, l'aventure et l'engagement, le moyen d'un compagnonnage qui n'exclut pas la solitude, la porte qui ouvre sur tous les ailleurs?

Au fond, il vit ses rêves et ses « contrariétés » comme peu d'entre nous osent encore le faire. Indifférent au scandale comme au mythe, sûr de ses erreurs comme de son bon droit, il ignore les idéologies et méprise les trop belles façades de la politique pour avoir vu de près ce qu'elles recouvrent. Peut-on se plier aux conventions d'un univers mouvant quand on a choisi de commander des hommes?

Les infortunes de l'Histoire n'ont pas entamé cette force

* Au jour où nous imprimons, Dominique Malacrino et Jean-Paul Guerrier ont été remis en liberté sous caution. L'instruction continue.

qui ne s'est jamais reniée. Bob Denard est prêt à d'autres défis, désireux surtout d'apporter une pierre à l'édifice qu'on ne puisse détruire d'un tour de passe-passe. Il rêve d'une fondation qui lierait les hommes dans un autre combat et les opposerait à la violence de la faim, du dénuement, de l'abandon. Pour la première fois peut-être, ceux *pour* lesquels on se bat importeraient autant que ceux *avec* lesquels on se bat.

« L'homme ne vaut que par ce qu'il fait ou ce qu'il crée. Faut-il être lâche pour avoir le droit de survivre dans notre monde? Je ne le crois pas. Il existe heureusement un bien supérieur, à l'abri du temps et de la corruption, l'honneur. Tout le reste est dépendant des caprices des hommes. Sauf, peut-être, la force de la vie. »

CRÉDITS PHOTOGRAPHIQUES

Charles Courrière : pages 3 et 4
GAMMA : pages 7 et 8
Gilles Caron/Gamma : pages 10 (haut)
Gilles Caron/Contact Press Images : page 10 (bas)
SYGMA : page 14
Autres : collection particulière de Bob Denard

Cet ouvrage a été réalisé par la
SOCIÉTÉ NOUVELLE FIRMIN-DIDOT
Mesnil-sur-l'Estrée
pour le compte d'Édition•1
en novembre 1991

Cet ouvrage a été imprimé par la
SOCIÉTÉ NOUVELLE FIRMIN-DIDOT
Mesnil-sur-l'Estrée
pour le compte d'[illegible]
en [illegible]

Imprimé en France
Dépôt légal : novembre 1991
N° d'édition : 5874 – N° d'impression : 19002
49-28-0709-01
ISBN : 2-863-91456-1

49-0709-3